阅读日本
书系

日本新地方财政调整制度概论

〔日〕石原信雄 / 著
米彦军 / 译 尹晓亮 王美平 / 校

社会科学文献出版社
SOCIAL SCIENCES ACADEMIC PRESS (CHINA)

Shin Chihou Zaisei Chousei Seidoron
Written by Nobuo Ishihara
Copyright © Nobuo Ishihara 2000
Simplified Chinese translation copyright © Social Sciences Academic Press (China). 2016
All rights reserved
Original Japanese Language edition published by GYOSEI Corporation
Simplified Chinese translation rights arranged with Social Sciences Academic Press (China) and GYOSEI Corporation through Beijing Hanhe Communications.

本书根据株式会社行政 2000 年版译出

阅读日本书系编辑委员会名单

委员长 谢寿光 社会科学文献出版社社长

委　员 常绍民 三联书店（北京）副总编辑
　　　　　张凤珠 北京大学出版社副总编辑
　　　　　谢　刚 新星出版社社长
　　　　　章少红 世界知识出版社副总编辑
　　　　　金鑫荣 南京大学出版社社长兼总编辑
　　　　　韩建民 上海交通大学出版社社长

事务局组成人员
　　　　　杨　群 社会科学文献出版社
　　　　　胡　亮 社会科学文献出版社
　　　　　梁艳玲 社会科学文献出版社
　　　　　祝得彬 社会科学文献出版社
　　　　　梁力匀 社会科学文献出版社

《日本新地方财政调整制度概论》出版感言

1999年7月，日本中央政府制定了地方分权制度综合法。该法自2000年4月1日开始生效。这一法律是在全面修改日本地方自治法等475条法律的基础上制定的。随着地方分权制度综合法的制定，机关委托事务制度被废除。机关委托事务制度是指日本中央政府根据相关法令，委托地方公共团体的行政长官亦即东京都知事、北海道知事、大阪府知事、京都府知事、各县知事、市长、镇长、村长处理事务。在这种情况下，地方公共团体的行政长官被作为"中央政府的机构"看待。1999年，日本中央政府制定了地方分权制度综合法。法律规定大幅度减少中央政府对日本地方公共团体的强制性规定，将中央政府的部分事务、权限移交地方公共团体。这一法律生效后，地方公共团体的主体性、自主性得到了加强。在很大程度上，地方行政可以根据地方公共团体的意志予以实施。而且，地方公共团体对地方行政的结果负责。中央政府和地方公共团体的关系也由原来的"上下关系、主从关系"转变为"对等合作关系"。机关委托事务制度的废除从根本上改变了日本中央政府对地方公共团体（亦即地方自治政府）的行政、财政等工作干涉的方式。

为了进一步推进地方分权制度的实施，日本中央政府的相关部门在改革地方行政制度的同时，必须彻底改革地方税收制度和地方财政制度。1998年5月，日本内阁会议接受地方分权制度改革委员会的建议，制订了地方分权制度推进计划。计划中明确指出："为了增加地方税收等地方公共团体的一般性财政收入，必须进行彻底的财政制度、税收制度改革。"但是，近年来，由于各种原因，日本经济现状堪忧。通过扩大内需促进经济增长是日本政府的

日本新地方财政调整制度概论

工作重点。因此，税制改革问题尚未被提上政府的议事日程。另外，由于日本经济长期萧条，日本中央政府和地方公共团体的税收大幅减少。为了提振经济，日本中央政府大幅削减所得税和居民税，增加公共投资额度。这样一来，日本中央和地方的财政收支状况捉襟见肘，难以为继。为了使中央财政正常运营，政府不得不发行国债和地方债。除此之外，还从交付税特别会计账目借款。交付税制度是日本的一种财政制度，是中央政府为了调整地方公共团体财政收入来源不均衡而设立的地方财政调整制度。具体来说是根据地方公共团体的财政收入来源不足额的具体情况，将特定国税收入按一定比例分配给地方公共团体。

眼下，日本经济险象环生，已经出现财政危机的苗头。只有通过经济复苏和重建财政，才能解燃眉之急。要重建日本财政，需要开源节流。总之，要量入为出，彻底改革财政支出制度，与此同时增加财政收入。展望21世纪，税制改革是日本政府工作的重中之重，而财政重建正是改革地方税收制度、地方财政制度的良机。

要改革地方税收制度和地方财政制度，必须加强地方公共团体的行政、财政运营的自主性、主体性和主观能动性。为此，要将工作重点放在加强地方税收上。这是因为日本的地方自治制度要健康发展下去，必须向地方居民提供高质量的行政服务。为此，必须通过征收地方税来筹措必要的行政经费。地方公共团体必须创造良好的经济环境，以增加地方税收。

地方交付税制度非常重要，其作用是补充日本各地方公共团体的地方税收不足。地方交付税占地方公共团体财政收入的比重过高，会影响地方公共团体（亦即地方自治政府）的自主性和自律性。最近几年，日本地方公共团体的财政税收呈不断减少的趋势。不仅如此，为了刺激经济，扩大财政支出，地方财政收入越发捉襟见肘。为此，日本各地方公共团体绞尽脑汁研究财政对策。它们采用的方法是设置特例措施，通过增加地方交付税的额度来弥补财政收入的不足。具体方法是从交付税特别会计账目借款。这样，地方交付税在地方财政收入中所占的比例过高，会受到日本中央政府的

《日本新地方财政调整制度概论》出版感言

干涉,严重影响地方自治制度的健康发展。

鉴于日本财政收支现状不容乐观,在地方行政、财政运营过程中,必须对地方交付税等地方财政制度进行必要的调整,这是必由之路。1984年,笔者出版了《地方财政调整制度概论》一书。之后,日本各地方公共团体的执政环境发生了巨变。日本经济出现泡沫,泡沫经济崩溃后,生育率长期处于低位,日本已经进入老龄化社会,形势异常严峻。不仅如此,随着地方分权制度综合法开始生效,人们对地方财政改革方式的看法也在悄然发生变化。

因此,有必要对上述著作中不合时宜的陈旧材料进行更新和补充,以赶上时代潮流。之后,因为日本中央政府进行了制度改革,在新的地方自治制度下,有必要重新审视地方交付税制度。因此,这部分内容也需要修改。这些更新和修改内容都写进了《日本新地方财政调整制度概论》一书中。

本书的相关工作具体由荒木庆司自治省交付税科科长(现任总务科长)等实施。他们对旧版内容进行了部分补充和修改。大石利雄交付税科科长等在资料收集、数据收集工作方面也积极配合。笔者对上述内容进行了总结、校对,最终成稿。这里,谨对上述人员的精诚合作和辛勤努力致以衷心的感谢。

石原信雄

2000年2月

前　言

　　1954年，日本中央政府制定地方交付税制度。时光荏苒，至今已有30个年头。当时实施的是六三制。二战后，日本中央政府进行了制度改革。受此影响，日本地方公共团体（亦即地方自治政府）的工作量、行政业务量不断增加。朝鲜战争爆发后，由于朝鲜战争产生特需，日本经济一度繁荣。朝鲜战争结束后，需求减少，日本经济开始萧条。受此双重打击，日本地方公共团体的财政收支处在破产的边缘。

　　日本地方交付税制度创设于1954年，是在吸收以下两个制度长处的基础上形成的。从二战前开始，日本就有地方分配税制度。这一制度能够稳定地保障各地方公共团体的财政收入，是日本从美国占领下获得独立后，日本中央政府进行的地方行政制度改革、财政制度改革的重要一环。二战后，美国经济学专家夏普使节团一行来到日本，指导税制改革。根据夏普使节团的建议，日本中央政府实施了地方财政平衡交付金制度。这一制度为当今日本地方财政制度的建立奠定了坚实的基础。

　　从二战前至今，日本政府制定并实施了若干个地方财政调整制度。遗憾的是都因为这样或那样的缺陷，寿命不长。地方分配税制度存在了10年，地方财政平衡交付金制度仅存在了4年，就被或修改或废除了。而地方交付税制度自创设以来已有30个年头。不仅如此，这一制度对今后地方公共团体的财政运营也会越来越重要。这正好说明地方交付税制度是个很完善的制度，经得起实践的检验。

　　如上所述，日本地方交付税制度创立于1954年。时过境迁，当今日本的社会环境、经济环境与当初大相径庭。1954年，日本

日本新地方财政调整制度概论

刚从二战后的种种困境中挣脱出来，经济发展开始步入正轨。之后，日本经济高速发展，其速度和成就史无前例，举世瞩目，一跃成为仅次于美国的资本主义世界第二大经济体。日本人民的生活水平和福利水平也有了显著提高。但是，好景不长。1973年秋，爆发了世界性的石油危机。以此为分水岭，日本经济开始滑坡，进入低增长时期。最近几年，日本中央政府和地方公共团体都陷入了严重的财政危机。日本中央政府不得不绞尽脑汁应对这一新形势下的挑战。与此同时，日本的财政环境也发生了巨变。在这一形势下，须从各个侧面重新审视地方交付税制度。

因此，本书主要分以下两个部分进行论述。第一编，在论述日本地方财政调整制度历史沿革的基础上，对其今后的发展趋势进行展望。具体从日本地方财政调整的意义、地方财政调整制度的历史沿革、地方交付税的总额确定方式、地方公共团体的财政收支计划等几个方面进行论述。第二编，分析和论述地方交付税的计算方法。在这一部分里，具体论述地方公共团体的基准财政需求额以及基准财政收入额的计算方法、现行制度结构及其理论根据。在此基础上，介绍迄今为止的制度改革的前因后果，针对现行制度的批判意见、改革意见以及驳论等，进而对今后的制度改革方向进行展望。

现行日本地方交付税分配方式的前身是日本地方财政平衡交付金的计算方式，是在继承和发展其前身的基础上形成的。在设立地方财政平衡交付金制度时，专家们进行了热烈的讨论。美国经济学专家夏普也提出了强制性建议，这在今天依然有着重要的现实意义。这是因为通过这些建议，可以了解日本现行地方交付税的基本结构。不仅如此，在计算基准财政需求额、基准财政收入额时，需要确定计算单位，从中可以推测当时对多种计算单位进行取舍的原因，而且还可以从中了解调整系数的应用背景。因此，笔者在行文过程中，根据实际需要对当时的讨论内容以及夏普劝告的内容进行了适度引用。

今天，日本地方交付税的计算方法复杂、精微，在世界上也无

前　言

出其右者。这与以下人士艰苦卓绝的不懈努力是分不开的。奥野诚亮财政科科长（现任日本众议院议员）等相关人员发挥聪明才智，群策群力，创立了地方财政平衡交付金制度；柴田护财政科科长（现任日本自治制度综合研究中心主任）使地方财政平衡交付金制度向地方交付税制度的转型得以实现。笔者认为，日本的地方财政调整制度对今天欧美各国的地方财政调整制度也有着重大影响。

日本地方交付税的计算过程复杂、规模庞大。因此，不少人动辄用特定的一小部分数据来研判整体计算结果的正确与否。这种做法的弊端是只见树木不见森林。地方交付税的目的是保障日本所有地方公共团体公平地享有一定水准的一般性财政收入。在论述某一个枝节问题时，笔者希望在充分理解地方交付税目的的基础上，将其置于地方交付税制度的整体结构中进行论述。也就是说，地方公共团体的基准财政需求额的计算内容（水准）和基准财政收入额的计算内容（基准税率等）密切相关。不仅如此，单位费用的计算内容和调整系数也互为表里。

地方交付税的目的是保障日本所有地方公共团体公平地享有一定水准的一般性财政收入。因此，不论是税收来源匮乏的地方公共团体还是税收来源丰富的地方公共团体，地方交付税都是其进行财政运营的最终经济依靠，至关重要。因而，这要比结算过程中每年度的财政收入构成比例（所有地方公共团体的平均值为17%）所显示的数据意义重大。所以地方交付税的计算内容对地方公共团体的财政运营具有重大影响。正是这个原因，在修改地方交付税的计算方法时，各地方公共团体之间（比如发达地区的府、县与欠发达地区的府、县）的利害冲突往往非常尖锐。

在行文过程中，笔者将尽可能多地介绍针对现行计算方法的批判、修改意见以及建议等。在决定是否采纳这些建议时，要慎重考虑它是否损害了地方交付税制度的公平性、中立性。地方交付税制度的另外一个目的是保障地方公共团体能够有计划地实施地方行政。因此，有必要根据社会经济形势的变化，适时地修改其计算方法。

日本新地方财政调整制度概论

另外，为了维持日本各地方公共团体的行政服务水准的平均化和标准化，在分配地方交付税时，要在保证制度的客观性和公平性的前提下，尽量考虑各地方公共团体的实际情况和实际困难。但是，过分考虑个别地方公共团体的实际困难，就会助长该地方公共团体对中央政府财政的过度依赖，而不去积极地想方设法增加地方财政收入，稍有差池，就会损及日本地方自治制度的根本亦即地方公共团体的自主、自立精神。负责执行制度者需要将这一点铭刻在心。

本书对日本地方交付税制度改革的前因后果以及改革思路进行了记录和整理，希望能对改良和优化现行制度有所裨益。若果真如此，笔者将深感欣慰。本书在内容方面，由于时间、精力、水平有限，尚有诸多地方需要进一步挖掘和深化。希望各位读者和专家不吝赐教，对本书提出宝贵意见。

笔者常年从事日本地方财政制度研究，文中意见部分纯属笔者个人不成熟的见解，仅供参考。如有不当之处，望读者和专家予以斧正。在本书写作过程中，日本自治省财政局财政科以及交付税科的各位先生在资料收集等方面给予了不少帮助。另外，本书是在株式会社 gyosei[①] 任职的镰田彰三先生的推荐和合作下才得以出版的。在这里对以上各位表示衷心的感谢。

成书于川崎市王禅寺

石原信雄

1984 年 2 月

---

① 出版社名字，日语原文是"ぎょうせい"，没有汉字。因此，用字母代替。

《日本新地方财政调整制度概论》的执笔人以及章节分担情况

关博之（奈良县总务部长、原自治省交付税科科长助理）负责编写第二编第三章至第五章

黑田武一郎（熊本县总务部长、前自治省财政科财政计划主任）负责编写第一编第四章、第五章

时泽忠（自治省地方债科理事官、前自治省交付税科理事官）负责编写第二编第二章

松崎茂（松山市市长助理、前自治省财政科理事官）负责编写第二编第六章

滨田省司（自治省交付税科科长助理）负责编写第一编第一章至第三章、第二编第一章

荒井阳一（自治省交付税科科长）负责编写第三编

凡　　例

本书中对法令名等有时采用略称：
日本地方交付税法→交付税法
日本地方财政法→地财法
日本地方自治法→自治法
日本地方公共团体[①]→地方团体

[①] 注：地方公共团体以一定地区为存在基础，其成员是该地区的居民，通过居民自治处理行政事务，不受中央政府直接管辖。其种类和权限因国家政治体制而异，又称地方自治体、地方自治团体。地方公共团体和地方自治政府是同义词，为了突出日本地方自治制度的特色，本书在行文过程中采用了"地方公共团体"的说法。

目 录

第一编 日本地方财政调整制度的历史沿革以及对今后发展趋势的展望

第一章 绪论
第一节 日本地方财政调整的意义……………………………………003
第二节 日本地方财政调整的形式……………………………………004

第二章 日本地方财政调整制度的历史沿革
第一节 日本地方财政调整制度产生的背景…………………………015
第二节 日本地方财政调整交付金制度的提出及形成过程…………017
第三节 日本临时村镇财政补贴制度的创设和发展趋势……………022
第四节 日本地方配付税制度的创设和发展趋势……………………031
第五节 日本地方财政平衡交付金制度的创设………………………044
第六节 从地方财政平衡交付金制度向地方交付税制度的转型……074
第七节 日本地方分权推进委员会的建议以及地方分权推进
　　　　计划的详细内容………………………………………………094

第三章 地方交付税在地方财政收入中的地位
第一节 地方交付税在地方财政收入中所占比例——
　　　　变化过程和现状………………………………………………102
第二节 地方税收的加强和国库补贴负担金、地方
　　　　交付税的关系…………………………………………………106

第四章　地方交付税总额的计算方法

第一节　现行地方交付税制度的概要及其计算方法的形成过程............ 113

第二节　地方交付税的总额与地方公共团体的财政来源不足额
　　　　产生重大出入时的应对措施.. 120

第三节　地方交付税总额特例措施.. 128

第四节　对现行地方交付税总额确定方式的批判............................ 153

第五节　日本地方交付税总额的计算方法.................................... 166

第五章　地方公共团体的财政收支计划

第一节　制订地方公共团体财政收支计划的意义............................ 247

第二节　地方公共团体财政收支计划的历史沿革............................ 247

第三节　地方公共团体财政收支计划所起的作用............................ 249

第四节　地方公共团体财政收支计划的结构.................................. 251

第五节　2000年度地方公共团体的财政收支计划............................ 268

第六节　地方公共团体财政收支计划的问题点............................... 276

第二编　浅析日本地方交付税的计算方法

第六章　地方交付税的计算方法概要

第一节　地方交付税分配的基本结构.. 287

第二节　有关日本地方交付税的计算方法的论争............................ 304

第七章　日本地方公共团体基准财政需求额的计算方法

第一节　日本地方公共团体的行政项目和测定单位......................... 316

  第二节 单位费用 *347*
  第三节 调整系数 *364*

第八章 投资性经费和基准财政需求额
  第一节 投资性经费所需基准财政需求额计算方法的历史沿革 *494*
  第二节 投资性经费所需基准财政需求额计算方法的合理化措施 *499*

第九章 地方公共团体基准财政收入额的计算方法
  第一节 基准财政收入额的意义和计算对象税目 *505*
  第二节 标准税率和财政收入均衡化措施的局限性 *507*
  第三节 地方公共团体基准财政收入额的计算基础 *512*
  第四节 税率和征收率 *515*
  第五节 市、镇、村标准税额的计算方法 *516*
  第六节 免税特例 *516*
  第七节 标准税额的计算方法 *522*
  第八节 有关地方公共团体基准财政收入额的计算方法的论争 *541*

第十章 市、镇、村合并与地方交付税的关系
  第一节 针对市、镇、村合并采取的财政措施 *544*
  第二节 市、镇、村合并交付税的计算特例 *547*

第十一章 日本特别交付税制度
  第一节 日本特别交付税制度的意义 *556*
  第二节 特别交付税的总额 *557*
  第三节 特别交付税的计算方法概要 *558*

第四节　特别交付税的计算方法..................564

第五节　有关特别交付税的论争..................565

第三编　其他国家的地方财政调整制度

第十二章　其他国家的地方财政调整制度

第一节　美国的地方财政调整制度..................569

第二节　英国的地方财政调整制度..................571

第三节　法国的地方财政调整制度..................575

第四节　德国的地方财政调整制度..................580

第五节　加拿大的地方财政调整制度..................588

第六节　韩国的地方财政调整制度..................591

参考文献

第一编
日本地方财政调整制度的历史沿革以及对今后发展趋势的展望

第一章 绪论

第一节 日本地方财政调整的意义

日本地方公共团体为了维持并提高该地区居民的生活水平和福利水平，从事各种行政活动。为此，需要保证充足的财政收入来支付所需的行政经费。地方公共团体运用自己的权限，通过征收地方税和其他收入来筹措行政经费。从地方自治制度角度来看，这是最合理的做法。

自治法就地方公共团体和地方居民的关系、居民的权利义务做了以下规定："地方公共团体的居民根据法律规定有权平等享受其所属的普通地方公共团体所提供的行政服务，同时有义务分担行政所需经费负担。"（自治法第10条第2项）

为地方居民提供行政服务所需经费由该地方居民直接负担。这样一来，居民自己为了节省经费，不会对行政服务提出过分要求。每个居民都是纳税人，也会关注并监督地方公共团体的经费支出情况。只有这样，才能建立健全的地方自治制度。

众所周知，现阶段，美国也实行地方自治制度。地方自治的主体是各个州政府。各州的主要财政收入就是财产税（相当于日本的固定资产税），其税率和财政支出的增减挂钩。因此，与日本的地方自治制度相比，美国的居民以及议会对地方财政支出的监督更为严厉。

在现阶段，日本各地区间的经济实力参差不齐，税收来源和税收额度也极不均衡。在统一的税制下，各地方公共团体的财政收入和财政需求也有相当大的差异，有的有盈余，有的是赤字。如果对这种情况放任自流的话，各地区居民的税负会产生较大差距。不仅如此，受此影响，各地的行政服务水准也会参差不齐，产生不公平现象。

在现行的日本地方自治制度下，所有公民都是地方公共团体的居民，都在负担一定的税负。因此，必须从大局出发，保障所有地方公民都享有全国平均水平的行政服务。众所周知，日本全国各地方公共团体之间财政收入参差不齐。在这种情况下，为了消除或缩小各地方公共团体的财政需求和财政收入的不均衡，需要削减或增加财政需求，亦即减轻或加重财政负担。有时候还需要采取切实可行的措施，增加或减少财政收入，通常称上述措施为财政调整措施。为了缩小各地方公共团体的财政收入差距，中央政府向各地方公共团体提供财政资金。我们把这一制度叫作地方财政调整制度。

第二节 日本地方财政调整的形式

地方公共团体的财政需求和财政收入之间存在巨大差距。弥补这一差距的方法大致有以下两个：一是加重或减轻财政负担；二是增加或削减财政收入。

一 加重或减轻财政负担的方法

减轻或加重地方公共团体财政负担的方法如下：

①根据各地方公共团体的财政能力状况，分配不同程度的行政事务；②向各地方公共团体交付金额不同的国库补贴负担金，或者设置不同的国库补贴负担比例。

第①种方法的具体例子有生活低保法（都、道、府、县等地方自治政府对镇、村等居民采取生活低保措施）、计量法以及保健所法（仅限于一定规模以上的特定的市负责计量行政事务量或者保健所行政事务量）、道路法（规模较大的城市，由其市长管理该区域内的国道以及道、府、县的公路）、自治法第252条第19项（包括第18项中人口50万以上的城市的行政事务特例）等。

第一章 绪 论

第②种方法的具体例子如下。

a. 地方公共团体处理行政事务所需经费的全部或者一部分由国库负担，或者由中央政府通过支付补贴款的形式来负担。

b. 根据各地方公共团体的具体财政收入和支出情况，设置不同的补贴对象范围（比如公共下水道由各地方公共团体来承担建设，中央政府给予资金补贴。其中的管道、渠道建设部分，如果是一般的市、镇、村的话，补贴比例定为75%，而对东京都23区以及大阪市等人口在50万以上的城市的补贴比例定为45%）。

c. 在计算国库负担的经费额度时，根据各地方公共团体的具体财政状况区别对待（比如义务教育经费国库负担法第2条补充条款规定：对于财政收入很充足的地方公共团体不予支付地方交付税。而且将根据1953年第106号政令亦即所谓限额政令计算得出的金额作为日本中央政府国库负担的最高限额。另外，根据这一制度，1997年，东京都的国库负担费用被限制在214亿日元以内）。

d. 根据各地方公共团体具体的财政状况，设置不同的国库补贴比例。比如，中央政府对公共下水道事业和粪便处理设施的建设经费都给予一定额度的补贴。一般市、镇、村的补贴比例为1/3，而东京都23区、川崎市、横滨市、名古屋市、大阪市以及神户市的补贴比例为1/4。另外，日本中央政府对一些财政状况较好的地方公共团体不予支付地方交付税。不仅如此，这些地方公共团体的国库补贴款比例也要低于一般的地方公共团体。除此之外，对公共土木设施灾害恢复事业经费国库负担法以及为了应对重大灾害而给予特别财政援助的相关法律做了如下规定：对于公共土木设施灾后重建事业经费，国库也要负担一定费用。在公共事业灾后重建费用比该地方公共团体的标准税收额多的情况下，国库负担比例则应相应上调。在对欠发达地区实行开发而进行公共事业建设时，中央政府也应负担一定费用。就这一点，中央政府作为特例制定了相关法律。法律做了如下具体规定：其一，提出了财政状况指数概念，亦即用基准财政需求额除以基准财政收入额所得比例的过去三年的平均值；其二，对于财政状况指数低于0.46这一全国平均值的地方公共团体，根据其财政收入额不足程度，对于中央政府指定开发的项目，国库负担比例最高上浮25%。根据法律规定，1997年度的上浮额度为2148亿日元。其中，岛根县最高，达173亿日元。对于新兴产业工业地区、特区、产煤地区、首都圈、近畿地区等特定区域内的市、镇、村实施的建设项目，国库也负担一定费用。具体负担比例按照上述方式予以一定程度的上浮。采取国库负担金上浮措施的目的是直接促进区域开发进程。与此同时，还可以减轻该地方公共团体的财政负担。在这个意义上，可以说具有财政调整功能。

二 增加或削减财政收入的方法

使地方公共团体的财政需求额和财政收入额取得均衡的方法有以下几种：一是对各地方公共团体设置不同的课税权限；二是使特定的国税收入全部或者一部分不受征收地限制，根据其财政需求状况，按一定比例分配给各地方公共团体；三是计算各地方公共团体的财政需求以及财政收入状况。在此基础上，通过中央政府拨付该部分款项，以此来弥补地方公共团体的财政收入不足部分。

1. 对各地方公共团体设置不同的课税权限

这种方法的典型例子就是事业所税亦即办公场所税，意思是将事业所税课税权限赋予各个市（具体指东京都的特区区域、人口在50万以上的城市、首都圈、近畿地区的已建市区或者城区、人口在30万以上的市）。

都市计划税（亦称城市建设税）、洗澡税等也是根据特殊财政需求而创设的，中央政府将这一课税权限赋予各地方公共团体。在某种意义上可以说，这也属于财政调整措施。对于固定资产税中的大规模折旧资产的课税应根据地方税法第349条第4项以及第5项的规定实施。根据这一规定，市、镇、村的课税权限要限定在根据其人口规模所确定的金额内。超过这一金额的话，要按照该法律第740条的规定由都、道、府、县的政府来课税。这一制度旨在纠正征税来源过分偏重特定市、镇、村的不公平现象。

第一章　绪论

另外，还有一种方法就是根据地方自治体的财政状况，变更中央政府和地方自治体的共同税收来源的课税比例，这也属于一种财政调整措施。而现阶段，这种方法在日本尚未实施。

2. 使特定的国税收入的全部或者一部分不受征收地限制，根据其财政需求状况，按一定比例分配给各地方公共团体

中央政府将部分税收转让给地方公共团体的制度，如地方道路让与税①、石油天然气让与税、汽车重量让与税等就是上述方法的典型案例。将作为国税征收上来的地方道路税收的全部、石油天然气税收的1/2、汽车重量税收的1/4，按照各地道路的长度及面积支付给地方公共团体，作为其道路建设的专用财政来源。航空燃料让与税是指中央政府支付给机场等相关地方公共团体的款项。具体来说，是将作为国税征收的航空燃料税收的2/13，根据飞机着陆费用收入以及因超过一定基准的噪声对机场区域内的住户进行补偿的情况，支付给地方公共团体，专门用于支付降低飞机噪声经费以及机场相关经费。

另外，还有港湾让与税。港湾税（特别是指对进入开放港口的外国贸易船只征收的税）首先作为国税征收上来，然后原封不动地拨付给征收地的各级地方公共团体。实质上，这是一种退税措施，不属于地方财政调整制度范畴。另外，还有一种制度就是根据一定基准，将特定的国税收入的全部或者一部分交付给地方公共团体，这不属于让与税范畴。比如，促进电源开发措施交付金就是一个典型例子。将作为国税征收上来的来自发电厂等的电源开发促进税收的大部分，在一定期限内交付给相关地方公共团体。此款项用于发电站及其相关设施的建设，以一定的单价乘以新建发电站的发电量所得金额为基准计算得出具体的让与额度。石油储藏设施建设交付金也属于中央政府拨给地方公共团体的让与税。将作为国税征收上来的石油税收的一部分交付给该设施所在地的市、镇、村等地方公共团体。此款项主要用于石油储藏设施的建设，除此之外，还

---

① 将征收来的国税的一部分拨付给地方公共团体，作为其财政来源，这就是让与税。——译者注

日本新地方财政调整制度概论

用于相关公用设施的建设。上述两项款项都是为了顺利实施能源政策而拨付给地方公共团体的款项，同时都具有财政调整的功能。

还有一种叫做交通安全对策特别交付金，如违反交通罚款等。这虽不属于国税，但属于国库收入的一部分。将这一税收的几乎全额交付给地方公共团体，用于道路交通安全设施建设经费。具体来说，要按照交通事故发生数量以及人口集中地区的人口数量来拨付。这也属于地方财政调整制度范畴。

3. 中央政府交付地方公共团体一定资金以满足其财政需求

中央政府着眼于地方公共团体特定的行政需求，从一般会计账目中拨付一定资金给地方公共团体。这一制度的适用对象主要包括支付给国有设施所在的市、镇、村的交付金，特定国防设施周边建设维护交付金等。另外，因为实施减税政策，地方税收会相应有所减少。为此，中央政府拨付给地方自治政府一定款项，予以补偿。这一类交付金也属于上述类型的交付金。

还有一种交付金是由中央政府拨付给地方公共团体的，其主要目的是纠正各地方公共团体间存在的财政不均衡状况。1936年，日本实施了临时村镇财政补贴制度，其目的是减轻村镇一级政府的税负，其分配标准是课税能力和财政需求额度。因此，在某种意义上可以说，狭义的地方财政调整制度的滥觞就在于此。1937年至1939年，日本实施了临时地方财政补贴制度。这一制度规定，将补贴对象扩大至市以及道、府、县层面。美国将联邦所得税收入的一定额度交付给各州、各地方公共团体，以提供财政援助，就是财政收入让与制度。这一制度也属于上述类型。

4. 中央政府为了全额补贴地方公共团体的财政来源不足部分而拨付所需资金

从1950年开始，日本实施地方财政均衡交付金制度。每年，用客观、公信度高的方法计算得出所有地方公共团体维持标准行政水准所需的财政经费额度和该地方公共团体能够征收到的税收额度。在此基础上，假如财政需求额超过财政收入额，亦即入不敷出的话，中央政府就会支付不足额度部分。为了补贴各地方公共团体

第一章 绪论

的财政赤字,中央政府需要通过国家预算来筹措地方财政均衡交付金。这是日本中央政府义不容辞的义务。因此,地方财政均衡交付金制度是最彻底的地方财政调整制度。通过这一财政收入保障制度,可以有效地保障各地方公共团体维持标准化的行政服务水准。

5. 为了缩小各地方公共团体的财政状况差距,与此同时,补贴地方公共团体的财政赤字,中央政府将一定比例的特定国税支付给地方公共团体

从 1940 年开始,日本实施地方分与税制度。地方分与税制度有个子制度,名为地方配付税(日本中央政府将所得税、法人税等国税的一定比例分配给各地方公共团体。在分配国税时不考虑征收地因素,其目的是进行财政调整)制度。中央政府先将所得税、法人税、入场税(指对观看电影、戏剧、演出、音乐会、体育比赛、杂耍、赛马、自行车赛所征收的税,属于国税)以及娱乐税、饮食税作为国税征收上来,然后,根据地方公共团体的课税能力和财政需求额度这两个标准将上述国税的一定比例分配给各地方公共团体。这一制度可以说是真正意义上的地方财政调整制度。另外,地方分与税虽是作为国税来征收的,但一般认为这本来就是地方税,因此,可以认为这是以间接课税形式征收的地方税。

从 1954 年开始,日本实施地方交付税制度。这一制度的形成过程如下:日本中央政府首先将所得税、法人税、酒税、消费税以及烟草税作为国税征收上来,然后将这一国税的一定比例拨付给出现财政赤字的各地方公共团体,以补贴其财政赤字。在计算地方交付税总额时,采用地方配付税的计算方式。根据相关法律的规定:假如地方交付税额度持续不足,可以适当变更交付税率。另外,在财政需求额和财政收入额的计算方法上,继承了地方财政均衡交付金制度的做法。因此,可以说地方交付税制度是在以往相关制度的基础上博采众长的最优秀的地方财政调整制度。

除了上述纵向财政调整模式外,还有一种地方财政调整制度,称作德国模式,亦即横向财政调整制度。对税收在一定水准以上的地方公共团体,令其交出超出部分,以此作为财政调整分担金。直到1999年以前，东京都一直采用横向财政调整制度，让税收超额的东京都内自治体交出其超出部分。而地方交付税制度规定：假如基准财政收入额超出基准财政需求额，亦即出现财政盈余时，没有必要将超出部分上交给中央政府。正是这个原因，有人批判地方交付税制度是不彻底的财政调整制度。①

一部分日本学者和日本政党提倡实行"第二种交付税"制度。眼下，其具体内容尚不太明晰，笔者认为其主要内容如下：对由日本地方公共团体投资并实施建设的公共项目，从中央政府国库按照一定基准将补贴款、负担金等拨付给这些地方公共团体，以此作为其进行公共事业建设的补贴款。补贴款的具体用途，应该让相关地方公共团体发挥主观能动性来决定，而不应过多干涉。这样一来，就会大大简化补贴款的拨付手续，提高办事效率。上述补贴款属于笼统型补贴款项。因此，所谓的"第二种交付税"制度其目的就是缩小各地方公共团体之间的行政水平差距。但值得注意的是，这与狭义的地方财政调整制度的性质大有不同。

三 地方公共团体的财政调整和财政运营的自主性

地方自治制度的理想模式是所有地方公共团体都能有效地维持并提高当地居民的福利水平。为了实现地方居民的这一共同需求或愿望，该地方公共团体应根据自己的意志筹措必要的财政收入亦即地方税以及其他自主性财政收入。但是，经济不断发展导致产业结构不断升级。在这一过程中，人口和经济活动开始向特定地区集中。这样一来，日本各地区间的经济实力差距越来越大。因此，有的地方公共团体为了满足公共行政服务的需要，必须尽可能地筹措

---

① 日本临时行政调查会在第三次基本答辩（1972年7月30日）中，就"第4章中提到的中央政府和地方公共团体的职能分担以及地方行政制度、财政制度的改革方案，地方财政的制度、运营的合理化、效率化，地方公共团体间的财政来源调整强化对策"作了如下论述：

"有些地方公共团体因为出现财政盈余，日本中央政府没有拨付交付金。就上述这些地方公共团体的数量及其财政盈余部分的实际状况，今后会一面进行观察，一面做出调整，以期实现各个地方公共团体的财政来源的均衡化。"

第一章 绪论

到足够的财政收入;而有的地方公共团体无论怎样提高征税税率,都无法满足公共行政服务所需的巨额经费。表1-1通过对比日本经济发达地区的都(亦即东京都)、府(京都府和大阪府)、县(相当于中国的省,日本共有43个县)和经济较为落后地区的各县的人均收入所得和市、镇、村居民纳税额,来说明最近几年日本各地区之间的经济实力差距。

表1-1 日本各地区之间的经济实力差距

单位:日元

都、道、府、县	县人均居民所得(1996年)	市、镇、村人均纳税额(1997年)	都、道、府、县	各县人均居民所得(1996年)	市、镇、村人均纳税额(1997年)
东 京	4330327	95734	熊 本	2656601	34606
爱 知	3888232	65967	和歌山	2655131	42452
滋 贺	3556593	52722	佐 贺	2620698	35614
大 阪	3505839	63383	岛 根	2603764	37744
埼 玉	3437736	64133	长 崎	2566318	35768
神奈川	3412867	81577	青 森	2549455	33887
千 叶	3343410	68501	高 知	2460835	37690
栃 木	3312920	47461	宫 崎	2333372	31495
静 冈	3208069	55365	鹿儿岛	2323384	31372
富 山	3196688	51825	冲 绳	2196819	27525

注:1. 日本各县居民人均所得数据来源于日本经济企划厅下属经济研究所编写的《日本各县居民经济数据统计年报》(1999年版)。

2. 日本各市、镇、村居民的纳税额是用1998年3月31日的居民基本台账(市、镇、村长官以户为单位,制作全体居民的居民票亦即户口)人口数除各都、道、府、县内的市、镇、村居民税收得到的数值。资料来源于在日本自治省税务局查阅的《地方税参考统计资料》(1999年版)。

在日本现行税制下,受各种纳税额扣除制度以及累进税制的影响,近几年的趋势是税收差距比收入所得差距还要大。而且,日本各地区之间的经济实力差距和财政收支差距日益加大。另外,近年来,日本交通、通信网络覆盖面积日益扩大,城镇化步伐加快,市民自我保护意识不断提高,要求政府提供最低生活保障。受此影

日本新地方财政调整制度概论

响，地方行政事务的内容在日本全国范围内渐趋同化。不论地区经济实力和地方公共团体的财政收支状况如何，各地方公共团体的财政需求都有增无减。

现阶段，日本各地区之间的财政收支状况参差不齐。如果对这一情况视而不见的话，税收来源匮乏的地方公共团体或者大幅度提高地方税征税税率，或者降低行政服务水准。除此之外，别无选择。日本国家宪法规定：要采取切实措施，保障所有日本公民平等享受行政服务。众所周知，降低行政服务水准有悖日本国家宪法精神。因此，必须采取相应措施，消除日本各地方公共团体之间财政收支状况的差距。

在后面的章节也会讲到，日本的地方财政调整制度是昭和（1925～1988年）初期，在日本内务省财政官员的倡导下创设的。当时，日本各地的农村、山区、渔村财政收入非常匮乏，情况非常严峻。因此，1936年，日本国会制定了临时村镇财政补贴制度。之后，随着时间的推移，逐步对其各项内容进行完善，补贴金额也随之有所增加。这样一来，日本地方财政调整交付金占地方财政收入的比例越来越大。

如表1-2及表1-3所示，最近几年，财政调整制度逐步得到贯彻。从人均一般性财政来源额度来看，日本各地方公共团体之间的财政状况差距越来越小。道、府、县的人均行政服务经费出现了以下趋势：地方公共团体规模越小，人均行政服务经费越高。表1-3就清楚地反映了这一趋势。另外，道、府、县（其管辖区内也有人口为50万以上的城市）行政职能的一部分已经移交给人口为50万以上的城市。因此，各地方公共团体的人均财政需求额度也会相应减少。

通过财政调整制度，可以消除日本各地方公共团体之间存在的财政收支状况的差距。这样一来，可以保障日本所有地方公共团体在一定的水准下行使行政职能，有效、有序地进行财政运营，加强其独立性和主观能动性。但是，如果财政调整的方法不当，反而会

第一章 绪论

表1-2 实施地方配付税时期的财政来源均衡化的实际状况

单位：日元

地区	人均税收额 A	人均地方配付税额 B	人均一般性财政来源额（A + B）
东京	3182	626	3808
大阪	1172	216	1388
兵库	1003	303	1306
福冈	991	287	1278
京都	990	307	1297
神奈川	899	358	1257
爱知	856	301	1157
岛根	584	587	1171
岩手	573	562	1135
山梨	558	599	1157
茨城	526	433	959
宫城	526	514	1040
秋田	518	576	1094
鹿儿岛	507	535	1042

资料来源：日本政府于1949年度制定的《地方财政概要》。

表1-3 通过拨付地方交付税实施财政来源均衡化的实际状况

单位：日元

地区	人均道、府、县税额 A	人均地方让与税额 B	人均地方交付税额 C	人均一般性财政来源额（A + B + C）
爱知	148340	2578	700	151618
大阪	122818	2866	6710	132394
神奈川	107577	2134	6594	116305
静冈	127211	4317	33885	165413
埼玉	91022	1807	28895	121724
千叶	92292	2077	28278	122647
兵库	98829	2649	52327	153805
青森	74453	3204	162272	240329
德岛	86922	3304	198348	288574
宫崎	73123	3307	173739	250169
鸟取	86015	4927	234558	325500
冲绳	61037	1945	159157	222139
岛根	84024	4708	255785	344517
高知	73338	3975	240801	318114

资料来源：《日本都、道、府、县的财政指数表》（1997年版）。

日本新地方财政调整制度概论

影响到地方公共团体的行政、财政运营的自主性和质量。日本各地方公共团体的税收来源极不均衡，需要按照一定基准进行调整。在调整过程中，具体选择怎样的政策，可由各个地方公共团体来决定。但是，各个地方公共团体也应该就其造成的后果负责任。另外，还要让各个地方公共团体的经费支出的实际金额在财政调整交付金的分配额度中得到如实反映。但是，这样做也会带来负面影响，亦即地方公共团体在实施财政运营时会过度依赖财政调整交付金，不会积极地、主观能动地努力运营地方财政。

因此，要彻底消除各个地方公共团体之间存在的财政收支差距，就要做到客观性、整齐划一性。由于日本各地方公共团体有权进行政策选择，地方公共团体的财政需求额度有所增加。由上述可知，要尽量避免将各个地方公共团体的财政需求额反映在基准财政需求额的计算上。

换句话说，计算地方交付税的目的就是调整日本各地方公共团体之间的一般性财政来源的失衡。在计算过程中，对地方公共团体的政策取向，要尽量采取中立立场。[1]

---

[1] 就这一点而言，地方交付税制度的作用不仅仅是要消除现存于地方公共团体之间的财政状况的不均衡现象，而且要消除日本各地方公共团体之间的行政水准差距、经济实力差距。为此，在计算基准需求额度时，应该侧重投资经费的计算。同时，为搞活地方经济，要采取切实措施，而这需要一定的经费。在计算基准需求额度时，也要对这一经费的计算引起足够重视。欠发达地区的地方公共团体对此提出了强烈要求。

第二章 日本地方财政调整制度的历史沿革

随着时间的推移，日本地方财政调整制度的内容逐渐变得精细、复杂。这主要受以下两个因素影响：一是日本的经济发展阶段；二是对日本的地方自治理念乃至整个地方行政制度的理解不断发生变化。日本地方财政调整制度是在怎样的背景下创立并修改的？搞清楚这一问题有着重大的现实意义。不但可以正确地理解日本现行地方交付税制度，而且可以预测其将来的发展趋势。以下所引用的论文对理解日本地方财政调整制度产生的背景及其理念大有裨益，以供参考。

第一节 日本地方财政调整制度产生的背景

20世纪20年代后半期（昭和初期），日本地方财政调整制度开始出现思想萌芽。第一次世界大战结束后，日本资本主义经济体制日渐成熟。一方面，城市和乡村的经济发展水平的差距越来越大。1929年（昭和4年），美国爆发了严重的经济危机。以此为开端，世界性经济危机爆发。日本各地的经济发展水平参差不齐，受世界经济危机的巨大冲击，各地方公共团体之间的财政收支差距越来越大。特别是日本农村地区，由于经济长期凋敝，税源枯竭问题逐渐凸显出来。

另一方面，当时，日本各地方公共团体的行政事务量呈逐年增加趋势，为此，必须保障行使行政事务不可或缺的财政收入。日本农村地区财政税收来源日益枯竭。在这种情况下，不得已对每户增税，居民税负越来越重。税负沉重，民怨沸腾。这已经成为日本农村最主要的社会问题，引起了相关人士的重视。但是，各地方公共团体尤其是市、镇、村，即便增税也无法保障足够的财政收入。当

日本新地方财政调整制度概论

时，日本各市、镇、村最重要的行政工作之一就是抓好义务教育工作。但是，巧妇难为无米之炊，财政来源不足对义务教育工作造成了重大影响。日本各地方公共团体之间的财政收入能力差距拉大，人们意识到这是各地方公共团体在行政上、财政上遇到的重要问题。在这种情况下，人们越来越感到创立地方财政调整制度势在必行，刻不容缓。①

---

① 1. 日本内务省事务官员永安百治在《自治研究》（第7卷第4号，1931年4月5日发行）上刊登了《论贫穷弱小的村镇财政的救济政策》一文。论文详尽地论述了当时日本各村、镇财政的窘状。"小村镇财政异常拮据，除了中央政府的机关委托事务以外，其他行政事务只能荒废。日本地方自治徒有其名。各地居民不堪沉重税负。市、镇、村是日本的基层行政单位，如果不能实现基层单位的名副其实的自治，国家的兴旺发达就是句空话。因此，日本中央政府必须向市、镇、村伸出援助之手，使其摆脱财政困境，让市、镇、村财政走上健康运营的轨道。具体的救济方法就是日本中央政府对市、镇、村进行财政补贴。而且，财政补贴并非是为鼓励实施对中央政府有利的特定的事业而拨付的，而是将其直接用于地方财政支出。而要确保财政补贴所需的财政来源，必须下调各地方公共团体的国税附加税的课赋限制，将此转交国税，进而将其分配给需要救济的地方公共团体。这是切合实际的最佳方案"。另外，上述论文认为要实现日本地方财政调整的目标，中央政府国库必须向地方公共团体拨付补贴款。但是，"没有必要对所有的村镇支付补贴款，因为这样做会违背地方自治精神。补贴款拨付过多会助长地方公共团体对日本中央政府的过分依赖。这一倾向也是有悖地方自治精神的"。这一论述非常精辟，值得相关人士予以注意。"另外，还有一些财政状况较佳的地方公共团体并未接受中央政府的补贴款，对它们来说意味着财政收入的减少。但是，好在财政减少比例并不太大，它们会通过地方公共团体之间的相互协助来渡过难关。这一做法正是遵循和发扬了地方自治精神。"

2. 日本内务省事务官员三好重夫在《日本地方自治研究》（第7卷第7号，1931年7月5日发行）上刊登了《倡议创立财政调整交付金制度》一文。文中指出：日本中央政府将部分国有的税收征收权限移交给了各地方公共团体。这样做的前提条件是各个地方公共团体的税收及其财政需求基本保持均衡。但是，实际情况却事与愿违，各地方公共团体的财政状况参差不齐，很不公平。造成这一状况的原因是二战后，日本经济快速发展，交通工具日新月异，交通状况不断改善，文化水平不断提高，社会形势发生了巨变。因此，日本政府必须想方设法纠正各地方公共团体之间存在的财政收入不均衡现象。"我们谁都清楚日本现行的财政制度是各地方公共团体的义务教育费用由中央政府国库负担。与此同时，这一制度担负的另一个任务就是调整各地方公共团体的财政收支状况。为此，日本中央政府有必要重新分配各地方公共团体的财政收入。"

他又提出了调整地方财政的具体方法。①将现在由日本各个地方公共团体负责的部分行政事务移交给日本中央政府。②不承认日本地方公共团体的征税权限，租税统一由日本中央政府征收。根据地方公共团体的实际需要，将国税统一进行分配。③增加对各地方公共团体财政收入的分配比例，扩大地方公共团体的课税权限。（转下页注）

第二章　日本地方财政调整制度的历史沿革

第二节　日本地方财政调整交付金制度的提出及形成过程

一　日本地方财政调整交付金制度大纲

此前，日本内务省是主管日本地方自治行政的专门机构。鉴于上述情况，日本内务省于1932年8月公布《日本地方行政调整交付金制度大纲》。之所以这样做，是因为内务省认为创设地方财政调整制度势在必行，日本内务省对日本各地方公共团体之间的财政收入极不均衡状况忧心忡忡，特别是日本农村、山区财政拮据，捉襟见肘，无法正常进行地方自治行政业务。要彻底解决这些难题，不能单纯采用迄今为止的税收来源移交方式，而应该直接向各地方公共团体进行财政拨款，这些拨款由日本中央政府国库支出。日本地方财政调整交付金制度的主要内容如下。

（1）通过新设税种，地方税和国税都会有所增加。将税收增加部分的一定比例以及义务教育费用由中央政府国库负担部分的一

（接上页注①）④维持现行制度，但是对不合理的地方应进行微调。其中方案①~③都有瑕疵，方案④有较强的可行性。"说到底，这一措施的实质就是劫富济贫，亦即日本中央政府将从富裕地区征收来的税收的一部分分配给财政状况不佳的地区。这是一种财政收入再分配制度"。进而，他指出：应将地租附加税和房屋税等地方税移交国税，以此作为交付金的财政来源。中央政府拨付补助金用于各地方公共团体的警察费用、义务教育费用。而这些费用也可以作为交付金的财政来源。

另外，他在论文的末尾这样写道："针对上述种种有关交付金制度的主张，最初很多人都付之一笑，不以为然。究其原因是大家都认为这一想法过于荒诞不经。"可以看出，这一想法在当时来说相当新潮，尚未获得人们的广泛认可。在他提出上述观点的第二年，英国实施了一般性国库交付金制度。因此，人们开始意识到其想法并非无稽之谈，可以进行试点。就此，他指出："我并非故弄玄虚，标新立异。有人曾认为我的观点是痴人说梦，现在他们开始赞同我的观点。我曾任岩手县后勤科长，当时冥思苦想，偶有所得。至今想来真是感慨万千。"

就三好重夫（原公营企业金融公库总裁）是否日本地方财政调整制度的最初倡议者，日本学界的观点莫衷一是。但不可否认的是，三好重夫是地方财政调整制度理念的集大成者，并通过长期努力将这一理念制度化。

定比例作为地方交付金的财政来源。

（2）将交付金总额的 1/3 分配给道、府、县，2/3 分配给市、镇、村。

（3）先将交付金划分为一般交付金、资金匮乏的地方公共团体交付金、特别地方公共团体交付金三类。在此基础上，将其分配给道、府、县和市、镇、村。

（4）一般交付金占交付金总额的 1/3，以该地方公共团体的人口为基准进行分配；资金匮乏的地方公共团体交付金以及特别地方公共团体交付金占交付金总额的 2/3（其中，特别地方公共团体交付金占交付金总额的 1/15 以下），资金匮乏的地方公共团体交付金以课税能力为标准，特别地方公共团体交付金分配给人口较少的地方公共团体、公债发行额较多的地方公共团体。

（5）各地方公共团体将日本中央政府分配给的交付金用于减轻租税负担。

[参考] 日本地方财政调整交付金制度大纲

（1932 年 8 月由日本内务省公布）

一 地方财政调整交付金总额

地方财政调整交付金总额以另计财政来源为上限，其总额为地方税收总额的约一成。义务教育费用中的中央政府国库负担部分加上分配给市、镇、村的地方财政调整交付金，二者之和约 6600 万日元。除此之外，考虑到将来遗产继承税收会有所增加，地方财政调整交付金的金额也会相应增加。1932 年度的地方财政调整交付金总额为 6600 万日元，减去义务教育费用中的中央政府国库负担部分，剩余金额为 5700 万日元，将其一半亦即 2850 万日元作为地方财政调整交付金。

二 地方财政调整交付金的财政来源筹措措施

从上述费用中扣除征税费用，以其剩余额作为地方财政调整交付金的财政来源。除此之外，中央政府的国库补贴款 2500 万日元用于支付各类学校教职工的工资，这部分款项也要从上述费用中支付。

第二章　日本地方财政调整制度的历史沿革

单位：千日元

	1932 年度半年额	该年度额
（一）义务教育费国库负担金中的特别市、镇、村交付金	0	9000
（二）第二种所得税的增税（五成）	7350	14700
（三）资本利息税的增税（十成）	7850	15700
（四）遗产继承税的增税（五成）	700	1400
（五）新设奢侈税（销售额的一成）	15300	30600
共　计	31200	71400

注：地方财政调整交付金所需经费：遗产继承税的增税部分每年度通常约为 140 万日元，每年度新增税种征收额约为 33 万日元（半年为 16.5 万日元）。

三　将地方财政调整交付金分配给道、府、县和市、镇、村

地方财政调整交付金按照以下比例分配给道、府、县和市、镇、村。

（一）道、府、县层面：地方财政调整交付金总额的 1/3。

（二）市、镇、村层面：地方财政调整交付金总额的 2/3。

四　道、府、县层面的地方财政调整交付金分配标准

针对道、府、县层面，按照以下标准进行分配。

（一）一般地方财政调整交付金

将地方财政调整交付金总额的 1/3 以各地方公共团体的人口为基准进行分配。

（二）资金匮乏的地方公共团体地方财政调整交付金

从地方财政调整交付金总额的 2/3 中减去特别地方公共团体财政调整交付金，将剩余额除以 2，按照以下标准分配给道、府、县。但是，地方财政调整交付金额度不得超过分配标准额。其剩余部分可以加入一般地方财政调整交付金中。

（1）直接国税以及自耕农土地免地租总额的人均额未达全国平均水平的道、府、县，其不足额乘以人口数而得到的数额。

（2）直接国税附加税以及特别地税限额的人均额未达全国平

日本新地方财政调整制度概论

均水平的道、府、县，其不足额乘以人口数而得到的数额。

（三）特别地方公共团体地方财政调整交付金

对于以下的道、府、县可以增加地方财政调整交付金额，但是其总额不得超过地方财政调整交付金总额的1/15。

（1）人口稀少或者人口密度很低的道、府、县。

（2）以府、县税支付的道、府、县债务的本息偿还额过多的道、府、县。

（3）其他财政状况异常窘迫的道、府、县。

五 对于市、镇、村层面，按照以下标准分配地方财政调整交付金

（一）一般地方财政调整交付金

将地方财政调整交付金总额的1/3按照地方公共团体的人口基准进行分配。

（二）资金匮乏的地方公共团体财政调整交付金

从地方财政调整交付金总额的2/3减去特别地方公共团体财政调整交付金，其剩余额除以2，按照以下标准分配给道、府、县。

（1）直接国税以及自耕农土地免地租总额的人均额未达全国平均水平的市、镇、村，其不足额乘以人口数而得到的数额。

（2）直接国税附加税以及特别地税的限额的人均额未达全国平均水平的市、镇、村，其不足额乘以人口数而得到的数额。

道、府、县层面依据前项将其接受的交付金的总额除以2，按照以下标准分配给市、镇、村。

（1）直接国税及其府、县税附加税、自耕农土地免地租额、特别地税、房屋税、营业税以及杂税的合计额的人均额未达该道、府、县的平均额的市、镇、村，其不足额乘以人口数而得到的数额。

（2）直接国税以及对府、县税的市、镇、村的附加税限额的人均额未达该道、府、县的平均额的市、镇、村，其不足额乘以人口数而得到的数额。

第二章　日本地方财政调整制度的历史沿革

（三）特别地方公共团体财政调整交付金

对于以下的市、镇、村可以适当增加地方财政调整交付金，但是其总额不得超过地方财政调整交付金总额的1/15。

（1）人口很少或者人口密度很低的市、镇、村。

（2）以府、县税支付的市、镇、村债务的本息偿还额过多的市、镇、村。

（3）其他财政状况异常窘迫的市、镇、村。

针对财政窘迫的水利设施团体可以在前项交付金总额范围内支付交付金。

六　地方财政调整交付金的用途

地方财政调整交付金用于减轻税负，具体应减轻的税目如下所示：

（一）道、府、县层面的减税税目

（1）各种限制外课税。

（2）房屋税、营业税以及各种杂税。

（二）市、镇、村层面的减税税目

（1）按户征税及其替代税，亦即房屋税附加税。

（2）各种限制外课税税目。

（3）因道、府、县税减税而导致的附加税额度的减少。

上述《日本地方财政调整交付金制度大纲》公布以后，社会各界反响强烈，而且当时它还被作为政党政策提出。在1934年第65次帝国议会上，政友会、民政党、国民同盟等政党分别提交了《日本地方财政调整交付金法案》、《日本地方财政调整法案》和《农村救济负担均衡法案》。这些法案都体现在《日本地方财政补充调整交付金法案》中，这一法案在众议院获得通过，但是，在贵族院审议时，由于反对声音强烈而搁浅。在1935年第67次帝国议会上，政友会和国民同盟联合提交了《日本临时地方财政补充调整金法案》，民政党提交了《日本地方财政调整法案》。《日本临时地方财政补充调整金法案》在众议院获得通过，但是在贵族院未获得通过。

二 马场、潮改革方案概论

1936年，广田内阁中的马场财政大臣、潮内务大臣公布了日本地方财政以及税制改革大纲，其内容如下。

首先就日本地方税制做了以下规定。①只承认道、府、县拥有所得税附加税的征收权限，而且所得税附加税征收税率要限定在一定的范围内。②将房屋税从地方税移交给国税，道、府、县以及市、镇、村可对其征收附加税。③对地租、营业收益税以及房屋税的课赋限制比例要与各税种保持一致。④主要从社会政策角度对杂税及其附加税进行整理。⑤废除按户征税制度，为了实施地方财政调整制度，进行地方税制改革。与此同时，创设永久性地方财政调整制度。为了保障地方公共团体的财政收入，特采取以下措施。①将所得税的一部分（大体上相当于主干税的两成）以及资本利息税交付道、府、县的地方公共团体，作为其财政来源。②地租、营业收益税以及房屋税交付市、镇、村的地方公共团体，作为其财政来源。③市、镇、村的小学教员工资由道、府、县来负担。

马场财政大臣、潮内务大臣的改革方案早在第70次帝国议会上就已经提交了，但是，因为发生政变，未经审议，不知所终。但是，这一改革方案的价值不容小觑。因为1940年进行的日本地方税财政制度改革就参考了马场财政大臣、潮内务大臣的改革方案。

第三节 日本临时村镇财政补贴制度的创设和发展趋势

随着时间的推移，日本农村、山区、渔村等地区的财政状况日益窘迫。如果对此放任自流会产生严重的社会问题，进而引起社会动荡。因此，从1936年开始，日本政府对财政状况拮据的村镇采取应急性措施，支付临时村镇财政补贴2000万日元，使之能借此渡过财政难关。

临时村镇财政补贴款的支付对象仅限于村镇一级，具体来说，是财政状况极度拮据、税负过重的村镇以及贫困地区的村镇。政府

第二章　日本地方财政调整制度的历史沿革

对财政补贴款的用途有严格规定，原则上用于减轻税负。这一补贴措施是临时性的，仅限 1936 年。临时村镇财政补贴款的交付对象仅限于村镇，而且金额仅为 2000 万日元，明确规定用于减轻税负。从这几点内容来看，这一措施和迄今为止地方公共团体强烈要求实施的地方财政调整交付金制度相去甚远，明显过于保守。但是，这一措施在地方财政史上意义重大，因为这意味着出现了财政调整制度的萌芽。

1937 年，上述临时村镇财政补贴更名为临时地方财政补贴，交付对象也扩大至所有的地方公共团体，补贴金额也增至 1 亿日元。之后，临时补贴金额逐年增加，这一临时补贴制度一直持续到 1939 年。临时地方财政补贴的计算方法是 1940 年开始实施的地方配付税制度的雏形，这也可以认为是地方财政调整制度的雏形，意义重大。以下是其详细规则和具体的交付方式。

［参考］临时地方财政补贴款规则

第 1 条　日本政府为了减轻沉重的地方税负担，向北海道等经济欠发达地区拨付临时地方财政补贴款（以下简称"补贴款"）2750 万日元，向市、镇、村拨付补贴款 7250 万日元，具体的交付方法另行规定。

第 2 条　北海道或者市、镇、村在接到日本中央政府拨付的补贴款后，按照日本内务大臣的具体指示，将其用于减轻北海道的地方税或者府、县税中的地租附加税（宅基地税除外）、特别地税以及杂税或者市、镇、村税中的杂税附加税以及户税的负担。

第 3 条　如有特殊情况，北海道府、县向其内务大臣，市、镇、村向其地方长官进行申请。如果获得批准，可以不遵循前一条规定，也可以不按照内务大臣的指示将财政补贴款用到特定用途上。由于减税措施或者日本中央政府增税，会造成财政收入不足，在这种情况下，可使用财政补贴款。另外，由于发行地方公债会给将来造成过重的财政负担，可以用上述财政补贴款提前偿还公债。

第 4 条　财政补贴款在确定其具体用途后方能拨付。

日本新地方财政调整制度概论

第5条 如有必要，内务大臣或者地方长官有权让接受财政补贴款的北海道府、县或者市、镇、村追加或者更正其财政收入、支出预算。

第6条 当发生以下情况时，内务大臣或者地方长官有权不向北海道府、县或者市、镇、村交付补贴款的全部或者一部分，还有权命令北海道府、县或者市、镇、村退还已经交付的财政补贴款的全部或者一部分：①假如北海道府、县或者市、镇、村违反本法令或者未按本法令执行时；②尽管存在重大过失还是接受了财政补贴款，或者打算接受财政补贴款时。

第7条 共同处理村镇行政事务的全部或者一部分的村镇联合体在应用本法令时将其视为一个村镇。在尚未实施村镇制度的地方，将其视为村镇或者按照村镇税的方法来适用本法令中有关村镇或者村镇税的规定。

附则

本法令自公布之日起开始实施。

之前的临时地方财政补贴款规则从今日起失效。

临时地方财政补贴款的拨付办法

临时地方财政补贴款的拨付办法的规定如下。

地方财政补贴款具体分为道、府、县财政补贴款和市、镇、村财政补贴款两类。自1937年3月31日起，对现在的道、府、县的地方公共团体以及市、镇、村的地方公共团体按照以下办法予以拨付。

一 道、府、县层面的财政补贴款

（一）道、府、县层面的财政补贴款的分配标准及分配办法

道、府、县层面的财政补贴款分为两部分：一部分为750万日元，与道、府、县的课税能力成反比分配；另一部分为2000万日元，与道、府、县的减税所需款项成正比分配。其具体的分配额按照下面的方法进行计算。

（1）按照课税能力进行分配的财政补贴款

对该地区的课税能力未达到标准课税能力的道、府、县，用其

第二章 日本地方财政调整制度的历史沿革

差额乘以该道、府、县的人口数得出一个数值,以此数值为标准来分配财政补贴款。

该道、府、县的课税能力是指根据课税限制率计算得出的该道、府、县的国税附加税额的人均额。

标准课税能力是指根据课税限制率计算得出的全国道、府、县的国税附加税额的人均额。

(2) 根据减税所需额对财政补贴款进行分配

以该道、府、县的地租附加税(宅基地除外)、特别地税的限制外课税额(就地租附加税而言,有关限制地方税的法律第5条第1项的限制外课税额除外)以及杂税减税额之和为标准,对财政补贴款进行分配。

(3) 因限制而产生的额度的分配

对于该道、府、县之外的其他道、府、县按照(1)和(2)的办法对财政补贴款进行再分配。

(二) 受地方财政调整交付额的限制

(1) 对于课税能力超过标准课税能力2倍的道、府、县不予拨付道、府、县财政补贴款。

(2) 道、府、县财政补贴款的分配额可看作根据限制率计算得出的国税附加税额,对于以此计算得出的课税能力超过标准课税能力2倍的道、府、县,将道、府、县财政补贴款减至最低额度予以拨付。

(3) 对于根据道、府、县财政补贴分配额和限制率计算得出的国税附加税额及减税后的杂税以及其他税额之和超过现在税收总额的道、府、县,将道、府、县财政补贴款降至最低额度予以拨付。

(4) 对于道、府、县财政补贴的分配额未达到现在总税额的2%的道、府、县,不予拨付道、府、县财政补贴款。

(三) 财政补贴款分配标准等的计算办法

(1) 对根据课税能力分配财政补贴款有关的人口及国税附加税额做了如下规定

日本新地方财政调整制度概论

A. 人口

以 1935 年人口普查得到的人口数为准（在陆军部队、海军舰船服役以及在监狱服刑人员除外）。

B. 国税附加税额

国税附加税额是以下内容之和。

a. 1936 年度的地租附加税的最终定期赋课（征收）日的地租额（即征收地租附加税得到的数值。如果不征收地租附加税的话，姑且假定算作征收，从而得到的地租附加税的基本地租额也包括在内）乘以 82% 得到的数值。

b. 地租附加税以外的 1936 年度既定国税附加税（即征收国税赋课税得到的数值。如果不征收国税赋课税的话，姑且假定算作征收，从而得到的国税附加税也包括在内）的基本国税额（包含税外收入部分，但是因滞纳造成的部分除外）乘以各法定限制率所得额度。

c. 1936 年度特别地税的最终定期赋课日的租赁价格乘以 3.1% 得到的数值。

d. 用 1936 年度地租附加税赋课率除以 82% 得到的数值乘以 1936 年度既定免租年各地段比例额度（包含税外收入，但是因滞纳造成的部分除外）得到的数值。

e. 1936 年度接受日本皇室赏赐的园林的金额。

f. 1936 年度中央政府交付的国有林野的金额。

（2）用于依据减税所需额的地租附加税及特别地税的限制外课税额以及杂税中减税额规定如下

A. 地租附加税限制外课税额

用 1936 年度最初预算规定的地租附加税赋课率扣除地租的 91.84% 的比例乘以依据 1936 年度地租附加税的最终定期赋课日的地租额（宅基地除外）所得到的数值。

B. 特别地税限制外课税额

用 1936 年度最初预算规定的特别地税赋课率扣除租赁价格的 3.1% 乘以 1936 年度特别地税的最终定期赋课日的租赁价格所得到

第二章　日本地方财政调整制度的历史沿革

的数值。

C. 杂税中的减税额

就 1936 年度既定杂税额（包含税外收入，但是因滞纳造成的部分除外）而言，根据内务大臣的指示进行减税时所需要的金额。

（3）就用于限制交付额的国税附加税额、减税后的杂税额、之后的税额以及现在总税额做如下规定

A. 国税附加税额，亦即（三）（1）B 部分的数额。

B. 减税后的杂税额。是指 1936 年度既定杂税额（包含税外收入部分，但是免租年起各地段以及因滞纳造成的部分除外）扣除（三）（2）C 部分的数额（免租年各地段的减税所需额除外）的数额。

C. 其余税额。1936 年度既定房屋税额以及营业税额（包含税外收入部分，但是因滞纳造成的部分除外）之和。

D. 现在的总税额。1936 年度既定道、府、县总税额（包含皇室园林赏赐金、国有林野交付金及税外收入，但是因滞纳造成的部分除外）。

二　市、镇、村层面的财政补贴款

市、镇、村层面的财政补贴款分为一般补贴款和特殊补贴款两种。

（一）一般补贴款的分配

一般补贴款将 3250 万日元与市、镇、村（人口为 5 万以上的市除外）的课税能力形成反比，将 3500 万日元与村镇的户税过重额形成正比，根据这个进行分配。其分配额按照下面的方法进行计算。但是，不向伊豆七岛以及小笠原岛拨付一般补贴款。

（1）按照课税能力进行分配

对于课税能力未达到标准课税能力的市、镇、村，用其差额乘以该市、镇、村的人口数得出的数值为标准进行分配。

该市、镇、村的课税能力是指根据课税限制率计算得出的该市、镇、村的国税附加税额以及道、府、县附加税额的人均额。

标准课税能力是指根据课税限制率计算得出的全国市、镇、村

日本新地方财政调整制度概论

（伊豆七岛以及小笠原岛除外）的国税附加税额以及道、府、县的附加税额的人均额。

（2）按照户税过重（超过）额进行分配

对于每户平均户税超过 7 日元的村镇，以该村镇的户税过重额为标准进行分配。

户税过重额是指该村镇的平均每户户税额减去 7 日元得到的数额乘以该村镇的户数得到的数额。

（二）特殊财政补贴款的分配理由

政府特殊财政补贴款为 500 万日元，针对伊豆七岛、小笠原岛以及因特殊情况负担过重的市、镇、村，综合考虑其特殊情况进行分配。

a. 因为杂税减税，杂税附加税显著减少。

b. 对每户居民征收的房屋税附加税。

c. 因为人口稀少，需要拨付特殊财政补贴款。

d. 公用土地过多导致财政收入匮乏。

e. 自然灾害导致地方公共团体债台高筑。

f. 由于失去临时村镇财政补贴款而导致地方公共团体财政来源匮乏。

g. 各地方公共团体村镇的课税能力和村民、镇民的经济收入、经济实力显著脱节。

h. 因为其他特殊情况分配特殊财政补贴款。

（三）因受到各种限制而产生的额度分配

由于受到一般财政补贴款交付额的限制而产生的额度，计入特殊财政补贴款中。

（四）一般财政补贴款拨付额的限制

（1）对于课税能力超过标准课税（亦称征税）能力 2 倍的市、镇、村，不予拨付一般补贴款。

（2）对于将一般补贴款的分配额看作根据限制率计算得出的国税附加税额以及道、府、县税附加额，以此计算得出的课税能力超过标准课税能力 2 倍的市、镇、村，将一般财政补贴款减至最低额度予以拨付。

第二章　日本地方财政调整制度的历史沿革

（3）对于由一般财政补贴款的分配额及课税限制率计算得出的国税附加税额及道、府、县税附加税额（如果是杂税附加税额的话按照减税后的额度来计算）以及其他税额之和超过了现在的总税额的市、镇、村，将一般财政补贴款减至最低额度之后予以拨付。

（4）对于一般财政补贴款的分配额未达到现在总税额的2%的市、镇、村，不予拨付一般财政补贴款。

（五）有关财政补贴款的分配标准等的计算办法

（1）与根据课税能力分配相关的人口、国税附加税以及道、府、县税附加税额按照以下规定处理

A. 人口

指1935年进行人口普查所得的人口数值（在陆军部队、海军舰船服役或者在监狱服刑人员不在其列）。

B. 国税附加额以及道、府、县税附加税额（是下面所列各种税额之和）

a. 1936年度的地租附加税的最终定期赋课日的地租额（是指征收地租附加税得到的数值。如果不征收地租附加税的话，姑且假定算作征收，从而得到的地租附加税的基本地租额也包括在内）乘以66%得到的数值。这一数值就是国税附加额以及道、府、县税附加税额。

b. 1936年度的特别地税附加税的最终定期赋课日的租赁价格乘以248%得到的数值。

c. 将1936年度的既定杂税额（含税外收入，但是因滞纳造成的部分除外）看作道、府、县根据日本内务大臣的指示进行减税的额度，以此额度计算得出的数值乘以89%得出的额度。

d. 地租附加税、特别地税附加税及杂税附加税以外的1936年度既定国税附加税，道、府、县附加税（是指征收附加税而得到的额度，倘若没有征收该税，可按已经征收情况处理。经过这一处理，得到的附加税也包含在内）的基本国税及道、府、县税额（含税外收入，但是因滞纳造成的部分除外）乘以各法定限制率得

日本新地方财政调整制度概论

到的数值。

e. 1936 年度的地租附加税赋课率（倘若有的市、镇、村没有征收地租附加税，姑且按照其所属的道、府、县的市、镇、村的地租附加税赋课率的平均值计算）除以 66% 得到的数额，再乘以 1936 年度既定免租年份的各地段额度得到的数额。但是，假如该道、府、县征收免租年各地段租税的话，对同一块土地征收特别税段税的市、镇、村而言，可认为没有征收特别税段税。

f. 1936 年度接受日本皇室赏赐的园林金额。

g. 1936 年度日本中央政府拨付的国有林野金额以及海军补贴款。

（2）与根据户税超出额分配相关的户税额以及户数应按照以下办法处理

A. 户税额

指从计入 1936 年度预算（包含同时在日本国会表决通过的追加预算或者更正预算）的户税额中减去财政支出预算中的纳税奖励金以及类似的回扣额（从道、府、县层面接受的财政补贴款或者用奖金作为财政来源的要扣除这一额度）而得出的数额。

B. 户数

按照 1935 年日本政府进行人口普查时的户数计算。

（3）用于限制交付额的国税附加税额，道、府、县税附加税额，其他税额以及现在的总税额应按照下面的办法处理。

A. 国税附加税额及道、府、县税附加税额是指上述（五）（1）B 部分的额度

B. 上述税额以外的其他税额

a. 1936 年度征收户税的村镇。

3. 5 日元乘以上述（五）（2）B 部分的额度得到的数额和户税以外的特别地方税的 1936 年既定额（包含税外收入部分，但是因滞纳造成的部分除外）之和。

b. 各市或者 1936 年度未征收户税的村镇。

1936 年度已调整的特别税额（包含税外收入部分，但是因滞

第二章　日本地方财政调整制度的历史沿革

纳造成的部分除外)。

c. 现阶段的总税额。

1936年度已调整的市、镇、村总税额（包括皇家园林赏赐金、国有林野交付金、海军财政补贴款以及各项税外收入。但是，因滞纳造成的费用、将临时村镇财政补贴款用于村镇税减税、1936年度未能更正已调整额度者进行更正的额度等除外）与临时村镇财政补贴款之和。

附则（省略）。

第四节　日本地方配付税制度的创设和发展趋势

一　日本地方配付税制度的概况

日本地方配付税制度（又称分与税）是日本最早建立的真正意义上的地方财政调整制度。1940年，日本中央政府和各地方公共团体都积极尝试对税制、财政制度进行彻底改革。在财政制度和税制改革过程中，创设了地方分与税制度，将其作为永久性的根本税收制度。地方分与税是指日本中央政府征收一定数额的税，将其作为国税，再拨付给各地方公共团体。地方分与税由退税和配付税构成。

退税所遵循的基本原则是国税属于对人税，地方税属于对物税。进行课税时，为方便起见，将从国税移交给地方税的地租、房屋税、营业税三种税作为配付税的计算标准。基于这一需要，将其一部分作为国税来征收，之后将全额原封不动地退还给道、府、县等税收征收地。这些不属于财政调整制度范畴。

地方配付税是真正意义上的财政调整制度。其具体含义如下：将所得税、法人税、入场税以及娱乐饮食税的一定比例，不考虑税收征收地因素，拨付给道、府、县及其市、镇、村，用于调整财政收入。地方配付税的分配基准如下：将地方配付税总额分为道、府、县配付税和市、镇、村配付税两部分，将各自的1/2与其课税能力形成反比，将剩余的 1/2 与财政需求形成正比由日本中央政府统一拨付。课税能力采用上上年度的地租、房屋税、营业税三种税为标准，财政需求基准采用已增人口数。

1947 年，由于进行了税制改革，地租、房屋税、营业税变更为完整的地方独立税，退税制度随之废除。在这一背景下，地方配付税更名为地方分与税。随着娱乐饮食税的征收权限从日本中央政府移交给地方公共团体，地方配付税的财政来源中刨除了娱乐饮食税。

1948 年，地方分与税又改称地方配付税。因为入场税从国税移交给地方税，因此入场税也从地方配付税的财政来源中刨除。第二次世界大战后，地方行政规模急速扩大，地方财政需求额度也迅速膨胀。在这种情况下，要求保障各地方公共团体的财政收入的呼声越来越高。地方分与税的计算方法经过了多次技术上的调整，日趋精细、复杂起来。地方分与税法案等的提案说明书概要对了解地方分与税制度创设的前因后果以及制度创设之初的思路大有裨益，因此在以下部分予以引用，以资各类读者参考、借鉴。

［参考］日本内务大臣关于地方税制改革相关法案的提案说明书概要。

（第 75 次日本帝国议会）

下面就地方税法案、地方分与税法案等地方税制改革法案以及府县制、村镇制、北海道会法以及北海道地方经费法中的各项法律修改案等议题进行总结发言。先前，日本政府为了创立新型税制以适应当今日本的财政形势、经济形势，现已着手对中央政府和地方公共团体的税制进行改革。去年春天以来，政府设立税制调查会，对上述法案反复慎重地进行审议，最终制定了改革方案大纲。

除此之外，还制定了地方税制改革的目标，主要有以下三点：一是实现各地地方税负担的均衡；二是奠定地方公共团体的财政基础；三是简化税制。我本人认为要实现这一目标，地方公共团体的

第二章　日本地方财政调整制度的历史沿革

独立财政来源必须以对物税为本位，创设地方分与税制度，以此作为地方税制的根本内容。我以此为工作重心，进行了扎扎实实的调查研究。在此基础上，逐渐形成了上述法案。以下就法案的具体内容进行详细说明。另外，经过这次系统性的修改，将地方税制体系划分为以下两类：其一，直接课税的地方税制体系；其二，间接课税的地方税制体系。从这两个角度进行说明的话，法案内容会更趋清晰、更易理解。（其他内容略）

地方分与税制度属于间接课税的地方税制体系，现在就地方分与税制度的创设过程进行说明，详细内容如下。

第一，地方分与税可以分为退税和配付税两种。退税是指日本中央政府先作为国税进行征收，然后，原封不动地将其返还给税收征收地的地方公共团体。这实际上属于一种地方分与税。地方配付税是指日本中央政府先作为国税进行征收，然后，不考虑征收地因素，按照一定标准将其分配给地方公共团体。这实际上也是一种地方分与税。

第二，现就上述退税做进一步说明。退税就是日本中央政府先将税金作为国税征收上来，再原封不动地返还给征收地的道、府、县。退税的目的是使地方税负担均衡，使其更趋公平。先作为国税征收的税种的详情如下：地租、房屋税以及营业税等三种收益税。这些是地方公共团体的独立性财政收入。具体来说，先将道、府、县财政来源的1/2，亦即地租为土地租赁价格的2%，房屋税为房屋租赁价格的1.75%，营业税为纯营业利润的1.5%作为国税征收上来，然后原封不动地返还给征收地。而退税要直接计入地方分与税的分与金特别会计账目，中央政府每年分四次拨付。

第三，地方配付税是指作为地方财政调整的财政来源而分配的分与税。众所周知，在当今社会形势下，日本地方税收财政来源区域分布极不均衡。因此，仅改革依赖独立财政来源的地方税制是无法根除地方财政来源分布不均这一弊端的，而且也不能夯实地方公共团体的财政基础。所以，当务之急是需要采取切实有效的措施，

033

日本新地方财政调整制度概论

调整地方财政收支水平。在考虑具体的解决方案时，需要综合考虑，目的是不要与地方自治制度发生抵触。因此，在这次税制改革中，将地方配付税制度引进了地方税制中。

第四，地方配付税的税种选择以及分配比例。为了加强所有地方公共团体的财政力量，选择了国税中的所得税、法人税等四种税，都具有很强的伸缩性。在平常年度，所得税、法人税等地方分与税的分配比例为一成，六分五厘五毛，娱乐饮食税以及入场税为五成，比例是一定的。但其伸缩性可以反映在地方财政中。

第五，向道、府、县及其市、镇、村分配地方配付税时也要慎重实施。具体办法如下：在计算得出各自财政需求额度的基础上，将地方配付税总额的 62% 分配给道、府、县，将地方配付税总额的 38% 分配给市、镇、村，而且地方配付税每年分四次由中央政府予以拨付。

第六，市、镇、村地方配付税以课税能力和财政需求为标准，进而划分为大城市配付税、城市配付税和村镇配付税等三种。

第七，地方配付税的分配也应根据相应的标准来实施。地方配付税制度的目的是让依靠地方配付税得到的收入加上依靠地方独立财政来源得到的收入能够满足各地方公共团体的财政需求。为此，采用以下两个标准分配地方配付税：一是地方公共团体的课税能力；二是地方公共团体的财政需求。大体采用三种收益税来测算地方公共团体的课税能力，按这种方法计算得出的单位税额的反比来分配地方配付税和按以人口为基准估算得出的财政需求额度的正比来分配地方配付税。对于课税能力很强的地方公共团体，要设置一定基准对地方配付税额度加以限制。另外，大城市以外的市一级和村、镇除了按照上述办法分配地方配付税之外，对情况特殊的地方公共团体视其具体情形再另行分配一些地方配付税。

第八，地方配付税的会计处理方式。将地方配付税计入地方分与税分与金特别会计账目，而不是一般会计账目。每年度的分配额度原则上按照上上年度的地方配付税收入额来计算。但是，根据地

第二章　日本地方财政调整制度的历史沿革

方公共团体的财政收支的实际状况可酌情增减额度,可以通过公积金和借款等方式来做年度之间的调整。

第九,阶段性措施。这次对地方税制进行了彻底改革。由于实施税制改革,会导致财政收入产生剧烈变动。为了缓和这一剧烈变动,在拨付地方配付税的一段时期内,将因税制改革造成的财政收入减少额度计入地方配付税分配基准。5年内,采用递增或者递减的方法对地方配付税进行分配。另外,还有地方分与税的分配方法问题需要解决。如上所述,其基本事项都在地方分与税法中有明确规定。但是,因为要对法律实施重要事项进行审议,要设立以众议院、贵族院两院议员为主体的委员会,以示分配的公正性。(其他内容省略)

以上对这次地方税制改革以及与此相关的地方财政制度改革大纲做了详细说明。根据上述这些法案,对现行地方税制及财政制度进行检查,予以整理、改善,不合理的或者不合时宜的地方要予以废除。这样,各地方公共团体就能获得满足其财政需求的财政收入,以期有效提高和完善地方自治体的行政水准。不仅如此,日本各地地方居民的税收负担渐趋合理,对地方经济和社会发展的复苏也大有裨益。上述法案拟从下一年度开始实施。但愿国会的众位同仁慎重审议,在国会中通过上述法案,不胜感激。

二　日本地方分与税法

1940年,日本政府进行了地方税制改革,其中一项重要内容就是制定地方分与税法(请参见[参考1])。地方配付税税率的具体沿革情况请参见[参考2]。

[参考1] 日本地方分与税法
(1940年3月29日法律第61号)
第1章　日本地方分与税法的总则
第1条　以退税及地方配付税作为地方分与税的主要内容。将

日本新地方财政调整制度概论

退税拨付给道、府、县；将地方配付税分配给道、府、县以及市、镇、村。

第2条 将地租、房屋税以及营业税的征收额的全部划归为退税。

将所得税及法人税的征收额的17.38%以及入场税、娱乐饮食税的征收额的50%作为地方配付税。

第2章 有关退税的规定

第3条 每年度应分配的退税额为该年度应征收的地租、房屋税及营业税。

地租、房屋税或者营业税在某年度支出的退款应从该年度的征收税额中扣除。

第4条 应分配给各道、府、县的退税为在其管辖区域内应征收的地租、房屋税以及营业税。

对在数个道、府、县设立营业所而实施营业行为者所征收的营业税，按照前项规定的营业税额由计算确定营业税的税务局来定。

税务局在确定营业税额度时，要直接按照前项规定决定营业税额，并将之通知给相关府、县知事（包括北海道厅长官，下同）。

相关府、县知事对税务局按照第2项规定计算确定的营业税额有异议的话，由日本内务大臣及日本财务大臣（亦即大藏大臣）决定其额度。

如对前项有异议的话，自接到通知后之日起30日内予以申诉，过期不候。

内务大臣及财务大臣受理第4项异议申诉之后三个月以内予以裁决。

就第1项规定的地租、房屋税或者营业税支出的退款从该道、府、县征收税额中予以扣除。

第5条 退税每年度分四次由日本中央政府拨付。

第3章 有关地方配付税的规定

第1节 通则

第6条 每年度应分配的地方配付税额为上上年度征收的所得

第二章　日本地方财政调整制度的历史沿革

税及法人税的 17.38% 以及入场税及娱乐饮食税的 50%。

按照前项规定，应分配的地方配付税额超出上一年度分配额度的 110% 的情况下，其超出额从该年度应分配的额度中予以扣除。

按照第 1 项规定，应分配的地方配付税额不足前一年度分配额的 90% 时，其不足额在当年应分配额中增额。

第 7 条　根据地方财政收支状况，如有必要，可在根据前一条规定应分配的地方配付税的额度上增加以下各条中规定的额度。

1. 在前一条第 2 项的情况下，超出前一年度分配额的 110% 额度的全部或者一部分。

2. 在前一条第 3 项的情况下，不足前一年度分配额的额度的全部或者一部分。

3. 前一条第 1 项的额度不足前一年度的分配额，而且超出其 90% 的情况下，其不足额的全部或者一部分。

4. 在该年度配付税的预计收入额超出前一条第 1 项的情况下，其超出额的全部或者一部分。

第 8 条　根据地方财政收支的实际情况，如有必要的话，可以从按照第 6 条的规定应分配的地方配付税额中减去下面各条中规定的额度。

1. 在第 6 条第 2 项的情况下，超出前一年度分配额的额度的全部或者一部分。

2. 在第 6 条第 3 项的情况下，不足前一年度分配额的 90% 额度的全部或者一部分。

3. 在第 6 条第 1 项的额度超出前一年度的分配额，而且不足其 110% 的情况下，其超出额的全部或者一部分。

4. 在该年度地方配付税的预计收入额不足第 6 条第 1 项的额度的情况下，其不足额的全部或者一部分。

第 9 条　如有必要，在根据地方分与税分与金特别会计法第 4 条的规定偿还借款本息的情况下，可以从该年度配付税的分配额中减少其所需额度。

第 10 条　地方配付税按照以下类别可分配给道、府、县及市、

日本新地方财政调整制度概论

镇、村。

1. 道、府、县层面的地方配付税，为地方配付税总额的 62%。
2. 市、镇、村层面的地方配付税，为地方配付税总额的 38%。

第 11 条 分配给各道、府、县及市、镇、村的地方配付税的分配额自前一年度首日算起。上述日期后，如果道、府、县或者市、镇、村实施废除或者合并、拆分，或者行政管辖界线发生变更，分配给该道、府、县或者市、镇、村的地方配付税的分配额可按照相关命令规定进行变更。

第 12 条 地方配付税每年度分四次予以拨付。

第 2 节　道、府、县层面的地方配付税

第 13 条 道、府、县层面的地方配付税进一步细分为第一种配付税额和第二种配付税额。第一种配付税额以道、府、县层面的地方公共团体的课税能力为基准进行分配；第二种配付税额以道、府、县的财政需求为基准进行分配。

第 14 条 第一种配付税额及第二种配付税额各为道、府、县层面的地方公共团体的地方配付税总额的一半额度。

第 15 条 就第一种配付税额而言，如其单位税额不足道、府、县层面的地方公共团体的标准单位税额的道、府、县，按照其不足额乘以该道、府、县的人口得出的数额来进行分配。

上述条文中提到的单位税额是指从该道、府、县的退税额及国税附加税额之和中，扣除因自然灾害救济所需费用和土木工程费用而产生的负债额的 1/15 得到的数值除以该道、府、县的人口得出的数值。

上述道、府、县层面的地方公共团体的标准单位税额是指从全部道、府、县的退税额及国税附加税额以及道、府、县层面的地方配付税总额之和中，扣除全部道、府、县的因自然灾害救济和土木工程费用而产生的负债额的 1/15 所得数值除以全部道、府、县的人口得出的数值。

上述两项国税附加税额是指以赋课（亦即征税）率百分之百计算得出的地租附加税、房屋附加税及营业附加税之和。

北海道开拓建设所需费用的每年度支出额中的一定部分除以北

第二章　日本地方财政调整制度的历史沿革

海道人口得到的数值、冲绳振兴事业费用的每年度支出额中的一定部分除以冲绳县人口所得的数值加上第 2 项额度所得数值就是单位税额。

前项支出额中的一定部分额度根据相关命令来确定。

第 16 条　第二种配付税额按照该道、府、县的人口增加比例来分配。

前项人口增加比例是指原有人口中加上以下各条中所列人口数目。

1. 30 万人。
2. 对于该道、府、县普通小学儿童数与其占总人口数比例超出全部道、府、县平均比例的道、府、县，其超出率乘以该道、府、县的人口得出的数值的 4 倍。

第 17 条　对单位税额超出道、府、县层面的地方公共团体的标准单位税额的一倍半的道、府、县不予分配第二种配付税额。

以该道、府、县的人口除根据前两条计算得出的道、府、县层面的配付税额得到的数值及该道、府、县的单位税额之和超出道、府、县标准单位税额的一倍半的道、府、县，用该道、府、县的人口乘以其超出额得到的数额从地方配付税的分配额中减额。

第 18 条　对按照前一条第 2 项的规定减额后的数额不符合前一条规定的道、府、县层面的地方公共团体，按照第 16 条的规定施行再分配。

如果按照前一项的规定实施再分配的话，前一条第 2 项的规定可以适用。

依照前一项规定减额的数额如果不产生剩余额，可按第 2 项例子施行再分配。

第 3 节　市、镇、村层面的地方配付税

第 1 款　通则

第 19 条　市、镇、村层面的地方配付税分为大城市地方配付

税、普通城市地方配付税以及村镇地方配付税三种。大城市地方配付税面向大城市实施分配，普通城市层面的地方配付税面向普通城市进行分配，村镇层面的地方配付税面向村镇进行分配。

上文中的大城市是指人口为70万以上的城市，普通城市是指人口不足70万的城市。

第20条 大城市层面的地方配付税、普通城市层面的地方配付税以及村镇层面的地方配付税的各自总税额为以下数额之和。

1. 将市、镇、村层面的地方配付税总额的一半，大城市、普通城市或者村镇层面的平均单位税额，从市、镇、村层面的标准单位税额中扣除。按其剩余额乘以各自总人口，以这个数额进行分配得到的额度。

2. 将市、镇、村层面的地方配付税总额的一半按大城市、普通城市或村镇的各自总人口分配的数额。前项第1号的大城市、普通城市或村镇层面的平均单位税额是指大城市、普通城市或村镇层面的国税附加税额除以各自总人口所得到的数额。第1项第1号中的市、镇、村层面的标准单位税额是指所有市、镇、村层面的国税附加税额以及市、镇、村层面的地方配付税总额之和除以所有市、镇、村人口所得到的数值。

前两项的国税附加税额是指以赋课率200%计算得出的地租附加税、房屋附加税及营业附加税之和。

第2款 大城市层面的地方配付税

第21条 大城市层面的地方配付税可分为第一种配付税额和第二种配付额。第一种配付税额是以大城市的课税能力为标准来分配，第二种配付额是以大城市的财政需求为标准来分配。

第22条 第一种配付税额及第二种配付税额分别为大城市地方配付税的一半。

第23条 对于单位税额不足大城市层面的标准单位税额的市，第一种配付税额按照其不足额乘以该市人口所得额度进行拨付。

上文中的单位税额是指该市的国税附加税额乘以该市的人口所得额。

第二章 日本地方财政调整制度的历史沿革

大城市层面的标准单位税额是指全部大城市的国税附加税额及大城市层面的地方配付税总额之和除以全部大城市的人口所得到的数值。

前两项的国税附加税额是指以 200% 的赋课率计算得出的地租附加税、房屋税附加税以及营业附加税之和。

第 24 条 第二种配付税额按照该市的比例增加人口进行分配。

前项的比例增加人口是指人口数加上以下数字得到的人口数。

1. 40 万人。

2. 就该市的普通小学儿童数与该市人口的比例超出其全市、镇、村平均比例的城市而言，其超出率乘以该城市的人口得出的数值的 10 倍。

第 25 条 对于单位税额超出大城市层面的标准单位税额的一倍半的城市不予拨付第二种配付税额。

对于用根据前两项的规定得出的大城市层面的地方配付税额除以该市的人口得到的数额及该市的单位税额之和超出大城市层面的标准单位税额的一倍半的市，从配付税的分配额中减去该市人口乘以其超出额所得的数额。

第 26 条 对于根据前一条第 2 项的规定的减额得出的数额不符合前一条规定的市根据第 24 条的规定施行再分配。

当根据前一条的规定实施再分配时，适用于前一条第 2 项的规定。

依照前一项的规定进行减额的数额不产生剩余额的话，依照前两项之例施行再分配。

第 3 款 普通城市层面的地方配付税

第 27 条 普通城市层面的地方配付税可分为第一种配付税额、第二种配付税额和第三种配付税额。第一种配付税额以城市的课税能力为标准；第二种配付税额以该城市的财政需求为标准；第三种配付税额对有特殊情况的城市，在斟酌其特殊情况的基础上予以分配。

日本新地方财政调整制度概论

第 28 条 第一种配付税额、第二种配付税额以及第三种配付税额分别为普通城市层面的地方配付税总额的 47.5%、47.5% 和 5%。

第 29 条 对于单位税额不足普通城市层面的标准单位税额的市来说，第一种配付税额按照其不足额乘以该市的人口得出的数额来进行分配。

上述单位税额是指该市的国税附加税额除以该市的人口得到的数额。

普通城市层面的标准单位税额是指全部城市的国税附加税额以及普通城市层面的地方配付税总额之和除以全部城市人口所得的数额。

前两项的国税附加税额是指以 200% 的赋课率计算得出的地租附加税、房屋附加税以及营业附加税之和。

第 30 条 第二种配付税额按照该市的比例增加人口来进行分配。前一项的比例增加人口是指其人口数加上以下各项数字而得到的人口数。

1. 15000 人。

2. 该市的普通小学儿童数占其人口的比例超出全部市、镇、村平均比例的市，其超出率乘以该市的人口得出的数字的 10 倍。

第 31 条 第三种配付税额的分配方法按照相关规定执行。

第 32 条 对单位税额超出普通城市层面的标准单位税额的一倍半的市不予分配第二种配付额。

对于根据第 29 条和第 30 条的规定，计算得出的普通城市地方配付税额除以该市人口得到的数额以及该市单位税额之和超出普通城市层面的标准单位税额的一倍半的市，从配付税的分配额中减去其超出额乘以该市人口所得的数额。

第 33 条 通过按照前一条第 2 项的规定进行减额而得到的数额加入第三种地方配付税额中。

第 4 款　村镇层面的地方配付税

第 34 条 将村镇地方层面的配付税分为第一种配付税额、

第二章　日本地方财政调整制度的历史沿革

第二种配付税额和第三种配付税额。第一种配付税额以村镇的课税能力为标准进行分配；第二种配付税额以村镇的财政需求为标准进行分配；针对有特殊情况的村镇，在斟酌其特殊情况的基础上，予以分配第三种配付税额。

第 35 条　第一种配付税额、第二种配付税额以及第三种配付税额分别为村镇层面的地方配付税总额的 47.5%、47.5% 和 5%。

第 36 条　对于单位税额不足村镇层面的标准单位税额的村镇，按照其不足额乘以该村镇的人口得出的数额来分配第一种配付税额。

上述单位税额是指该村镇的国税附加税额除以该村镇的人口得到的数额。

村镇层面的标准单位税额是指全部村镇的国税附加税额以及村镇层面的地方配付税总额之和除以全部村镇人口得到的数额。

前两项的国税附加税额是指以 200% 的赋课率计算得出的地租附加税、房屋附加税以及营业附加税之和。

第 37 条　第二种配付税额按照该村镇的比例增加人口来分配。

前一项的比例增加人口是指其人口数加上以下各项数字而得到的人口数。

1. 800 人。

2. 该村镇的普通小学儿童数占其人口的比例超出全部市、镇、村平均比例的村镇，其超出率乘以该村镇的人口得出的数字的 10 倍。

第 38 条　第三种配付税额的分配方法按照相关命令的规定执行。

第 39 条　对单位税额超出村镇层面的标准单位税额的一倍半的村镇不予分配第二种配付税额。

对于根据第 36 条和第 37 条的规定，计算得出的村镇层面的配付税额除以该村镇人口所得到的数额以及该村镇单位税额之和超出村镇层面的标准单位税额的一倍半的村镇，从配付税的分配额中减去其超出额，乘以该村镇人口所得的数额。

第 40 条 按照前一条第 2 项的规定进行减额而得到的数额加入第三种配付税额中。

第 4 章 附则（略）

[参考 2] 1940~1949 年度地方配付税税率的变迁过程

年度	地方分与税中的退税	地方配付税(1947 年度为地方分与税、1940~1946 年度为地方分与税中的配付税)									该年度实际分配额(千日元)
		转入率				分配率			
		该年度征收额				该年度的上上年度征收额			
		所得税	法人税	入场税	娱乐饮食税	所得税	法人税	入场税	娱乐饮食税	
1940	地租及营业税征收额全部	(277335620 日元)				(277355620 日元)				277356
1941		14.17%	14.17%	29.35%	14.17%	(281114527 日元)				320063
1942		13.42%	13.42%	21.42%	13.42%	22.35%	22.35%	50%	50%	452640
1943	地租、房屋税及营业税征收额全部	14.24%	14.24%	13.11%	14.24%	19.45%	19.45%	31.62%	31.62%	572237
1944		10.30%	10.30%	10.32%	10.30%	13.66%	13.66%	20.21%	20.21%	668674
1945		10.32%	10.32%	14.56%	10.32%	16.28%	16.28%	13.78%	13.78%	896481
1946		19.35%	19.35%	42.16%	19.35%	36.37%	36.37%	57.90%	57.90%	2335232
1947		23.79%	23.79%	29.30%		181.86%	181.86%	221.85%	221.85%	19520573
1948		23.32%	23.32%	30.78%		233.74%	233.74%	396.77%	396.77%	49331104
1949		(66687518000 日元)				49.77%	49.77%	61.37%		66687518

第五节 日本地方财政平衡交付金制度的创设

1940 年，日本政府制定了地方配付税制度。在第二次世界大战期间以及战后不久，这一制度一直支撑着日本地方财政的正常运营。但是，第二次世界大战后，日本发生了严重的通货膨胀。仅仅根据法定滚入率获得的地方财政收入是无法应对不断膨胀的地方财

第二章　日本地方财政调整制度的历史沿革

政需求的。因而，日本政府不得不每年度都调整滚入率和分配率。特别值得一提的是，1949年日本政府实行了道奇路线。日本中央政府为了编制超（亦即极端的）均衡预算，竟然不顾地方财政极端窘迫这一实际情况，将配付税率定为所得税以及法人税征收额的33.14%。根据地方配付税法特例法，将这一税率减半，定为16.29%，实施期限仅为1949年这一年。即便如此，这一做法还是带来了严重后果。这从根本上动摇了人们对地方配付税制度稳定性的信任。

1949年4月，以美国哥伦比亚大学教授夏普博士为团长的夏普税制调查使节团应驻日盟军司令部长官之邀来到日本，开始对日本中央政府和地方公共团体的税制进行实际调查。同年8月，夏普税制调查使节团对地方税、地方财政制度的改革提出了切实可行的建议，这些建议被称为夏普劝告。它为第二次世界大战后的日本新型地方税制、财政制度的建立打下了坚实的基础，具有历史意义。

夏普劝告也就日本地方配付税制度提出了可行的改革建议。虽然夏普劝告规定地方配付税总额是特定国税的一定比例额度，但是，日本全国人心惶惶，财政状况极不稳定，通过日本中央政府向地方公共团体分配地方配付税，实现地方公共团体之间的财政来源均衡化的思路是对的。但是，这一制度既不彻底，计算方法也独断专行，缺点颇多。基于以上理由，应将地方配付税修改为从中央政府国库的一般性项目资金支出的"平衡交付金"。"平衡交付金"总额要限定在合理标准之下，在研究地方当局的财政能力和实际需要的基础上确定。另外，日本中央政府在将"平衡交付金"分配给地方公共团体之际，要充分认识到各地之间的财政能力和实际需要参差不齐这一情况，将这些因素结合起来进行分配。

在这一背景下，日本中央政府按照夏普劝告制定了日本地方财政平衡交付金制度。假如标准财政需求额度超过了地方公共团体的财政收入额，超出部分由中央政府国库支出的一般性交付金进行全

日本新地方财政调整制度概论

额补贴。日本地方配付税制度仅用于调整地方公共团体之间的财政状况不均衡。而地方财政平衡金制度比地方配付税制度更为彻底,旨在保障所有的地方公共团体具有一定水准的行政能力。其实质属于一种地方公共团体财政收入保障制度,可以说是一种具有划时代意义的地方财政调整制度。

另外,地方财政平衡交付金所补贴的额度是基准财政需求额扣除基准财政收入额的部分。因此,在实现各地方公共团体之间的财政均衡这一点上,远比根据地方公共团体的财政实力和财政需求额度而分配的地方配付税彻底。如上所述,夏普博士在日本进行税制调查并提出了可行性建议。而当时,美国一部分学者正在研究英国当时的财政调整制度在美国实施的可行性。据说这些观点也及时地反映在了夏普劝告里。不要说当时,就是在今天,欧美发达国家中也没有采用如此彻底的地方财政调整制度的。这一点值得高度评价。①

在创设地方财政平衡交付金制度之际,日本政府尽量排斥中央

---

① 实际参与讨论并制定日本地方财政平衡交付金制度者有以下人员:当时的地方自治厅财政部部长(后任次长)荻田保(现任地方财务协会特别顾问)、财政科科长(后来兼任地方财政委员会计划科长)奥野诚亮众议院议员、科长助理立田清士(现任自治研修协会理事长)。为了让盟军总司令部(又译为盟军最高司令官总司令部、盟军最高司令部,是美国远东军司令兼驻日美军总司令道格拉斯·麦克阿瑟将军在同盟国军事占领日本期间的一个头衔。第二次世界大战结束后,为执行美国政府"单独占领日本"的政策,麦克阿瑟将军以"驻日盟军总司令"名义在日本东京都建立盟军最高司令官总司令部)的相关负责人充分理解日本的地方财政实际情况,日方相关人员煞费苦心。

地方财政平衡交付金的计算办法的制定也并非一帆风顺。当初,盟军总司令部的相关负责人提出的方案是由地方财政委员个别审查各地方公共团体的财政需求额。但是,日本方面提出的方案是通过人口以及其他客观性数值来估算较为合理的地方公共团体的财政需求额。经过反复讨论,日方的方案被采纳。

另外,单位费用的确定也颇费周折。夏普劝告的方案是按照人口数量进行阶段性计费。但经过几番讨论得出的结论是,这一方案有诸多不合理之处,需要进一步改良。而日本方面提出的方案是在市、镇、村层面采用大城市、普通城市、村镇的三级方案(参考:市、镇、村分配税也划分为这三个级别)。但是,盟军总司令部方面认为以规模大小为标准的话,会含有歧视市、镇、村的意味,不妥当。因此,最终统一为市、镇、村层面。

第二章　日本地方财政调整制度的历史沿革

省厅（相当于中国的各部委）对地方公共团体的支配，加强地方公共团体的自主性。从这一指导思想出发，对中央政府国库补贴负担金做了大幅度调整。在此基础上，将其转化为一般性财政来源。也就是说，创设地方财政平衡交付金制度的目的之一就是通过大幅度整理中央政府国库补贴负担金，实现该交付金的拨付。1947年制定了地方财政法。通过这部法律，国费、地方费负担区分制度成为一个体系。而地方财政平衡交付金制度就是在对这一体系做了彻底修改的基础上形成的。正式修改方案要等地方行政调查委员会会议结果出炉才能付诸实施。仅限于1950年、1951年两年时间，暂时停止适用该法律规定。另外，为了尊重夏普劝告的精神，将中央政府的普通补贴负担金划分为A、B、C、D、E五个系统。"和现在不同，以前是作为负担金以及交付金来处理的。从行政事务性质上来看，这一业务一般由地方公共团体来负责。不仅如此，已经和地方公共团体的行政事务进行了充分磨合"，这一类属于A系统，被地方财政平衡交付金吸收合并。A系统的具体对象包括义务教育费用的国库负担金、儿童保护费用负担金等110种，所涉金额达305亿日元。

另外，当时地方自治厅曾设想将补贴款挪作他用，具体涉及的补贴款达143种，金额为500亿日元。但是，相关省厅强烈反对，并且向盟军总司令部相关部门反映了这一情况。盟军总司令部相关部门也对挪用补贴款一事持反对意见。因此，最终规定生活低保费用等不允许挪用，最终挪用资金额度减为305亿日元。

夏普劝告中原来设想的地方财政平衡交付金的金额为1200亿日元，而结果仅筹措到1050亿日元，资金缺口较大。再有，文部省（亦即教育部）强烈反对将义务教育费用国库负担金合并到地方财政交付金中。在此基础上，提出了以下方案：通过制定特例法，明文规定标准教育费用是根据文部大臣确定的基准财政需求额计算得出的，专门用于义务教育费用，不准挪用。但遗憾的是，这一提案没能付诸实施。

日本新地方财政调整制度概论

日本地方财政平衡交付金制度的基本理念、计算办法等都在现在的地方交付税制度中得到了继承，对正确理解日本地方交付税制度的内涵、了解日本地方财政平衡交付金制度创立初期的具体情况不可或缺。因此，下面引用当时的第一手资料，就夏普劝告亦即日本地方财政平衡交付金制度的雏形、日本地方平衡交付金法以及其提案理由的详细情况做一说明。

[参考1] 夏普税制调查使节团的日本税制报告（抄录）
（1949年8月27日第2卷）
第三编　附录
H　财政平衡交付金

我等经过实地调查，对日本税制提出以下建议：应大幅度增加税收，以资地方公共团体当局使用。现阶段，日本地方财政支出中的若干款项由中央政府国库支付，今后应减少中央政府财政补贴款。日本地方当局财政收入的不足差额应由财政平衡交付金全额进行补贴。日本各地方公共团体的课税能力和财政需求各异。要通过财政平衡交付金的分配，使得日本各地方公共团体的税负和地方公共团体的行政服务质量实现均衡。

财政平衡交付金这一概念对日本来说并非是新鲜事物。这是因为迄今为止的地方配付税其目的也是谋求日本各地方公共团体的税负和行政服务质量的均衡化。日本的地方配付税法规定从属于国税的所得税和法人税中拨出一部分资金，分配给各地方公共团体。1948年，日本法律规定将上述两种税收的33.14%分配给地方公共团体。但是，最近几年，由于中央政府的国库预算被削减，这一比例减半。1949～1950年度的分配预定额为570亿日元。

实际上，这一分配比例年年发生变化，无法做出精确预测。时至今日，很多地方官吏原以为能够从中央政府获得全额配付税，根据这一额度编制了地方预算。但是，之后从中央政府的国库得到的配付税仅为原来的一半，相当狼狈和尴尬。因此，日本的地方官吏认为国家财政状况一年不如一年，而且配付税额由中央政府的命令

第二章　日本地方财政调整制度的历史沿革

来确定，因此，配付税额度很不稳定。即便每年度的配付率不变，领到的配付税金额的变动也很大。这是因为所得税对经济形势的变动极为敏感。

地方配付税额的一半归都、道、府、县，另一半归市、镇、村。各个地方公共团体之间也要进行资金分配，确定分配额要综合考虑地方自治政府的课税能力和财政需求等各种因素。贫困地区或者财政需求较大的地区要多分配一些，而富裕地区或者财政需求较小的地区可以少分配一些。这样看来，地方配付税的目的是减少贫困地区和富裕地区的税务负担的不公平和行政服务水准的差距。

但是，这一办法也有主观武断的缺点。因为它未必能够反映各地方公共团体的实际财政状况或者财政需求。比如，地方配付税的一半归都、道、府、县，另一半归市、镇、村。这一分配方式只不过是为了图方便而已，并非是在仔细研究上述两种地方的实际需要的基础上制订的分配方案。不少有识之士指出，这种分类方法的出发点是都、道、府、县的财政地位远比市、镇、村的财政地位重要。同样，按照这一方式，要对人口数目不同的城市在分配额上做若干人为性调整。

但是，对这一方式，很多人持反对意见。为了对上述反对意见有个交代，将地方配付税改称"财政平衡交付金"，由中央政府国库的一般性项目资金支出。要深入研究日本地方公共团体当局的财政能力和实际财政需求。在此基础上，将这一财政交付金的总额限制在合理的标准之下。在将财政平衡交付金分配给地方公共团体时，要充分考虑到各地方公共团体的财政收入能力和财政需求是有差异的。

财政平衡交付金的分配方法和现行的地方配付税的分配方法在原则上有相同之处。但是，地方配付税的分配方式存在问题。这是因为里面反映了日本中央政府的立场。中央政府基于财政需要、财政收入和行政业务上的方便，对地方配付税进行了分配。因此，我等建议财政平衡交付金的总配付额和分配方法一定要根据地方公共团体的实际财政需要和财政收支状况来确定。

日本新地方财政调整制度概论

　　行政服务所需必要经费以及特别活动经费因地而异。因此，有必要采取切实可行的措施使其均衡。下面拿日本的具体例子进行说明。某一都、道、府、县的人均课税能力是其他都、道、府、县的3～4倍，最富裕的市、镇、村和最贫困的市、镇、村之间的课税能力差距竟然高达10倍。更有甚者是以下情况：有些地方儿童数最多，患病率最高，犯罪率也最高，迫切需要失业救济。然而遗憾的是，这些地方公共团体课税能力很差。结果，对这样的贫困地方来说，重税会对其造成毁灭性打击，甚至使其无法维持最低水准的行政服务。而富裕地区相对来说税负过轻，能够维持高水准的行政服务。这些地区间的巨大差异和不均衡性对个人福利以及国民福利来说都是不公平的，是日本国民最不希望看到的。出现这一不公平现象的原因有二：一是人们居住区域不同，所受行政管辖不同；二是人生下来是平等的，按理说人们之间本没有任何不同，但是，实际上因为贫富差距大，穷人和富人所担负的相对税负有着重大不同。这一不公平和不均衡对国民福利也造成了重大影响。这表现在贫困地区的教育、保健、行政、道路、民生措施等都不能维持适当的水准。

　　应采取相应措施，使得福利和收入水平均等化。为实现这一目标，中央政府在拨付财政平衡交付金时要考虑以下因素：要与地方公共团体当局的财政来源和财政收入挂钩。诚然，拨付给各地方公共团体的财政平衡交付金有一定合理性。但是，这一交付金金额的决定是基于以这一金额可以维护最小限度的标准化行政这一假定。支持这一假定的是设想了实施标准化行政所必需的地方财政收入总额。另外还设想了财政来源，亦即通过能够征收的税收的标准税率来推算财政收入的额度。而中央政府分配给各地方公共团体的交付金金额就是上述地方公共团体必需的财政收入总额减去设想的地方财政来源所得的额度。中央政府分配的财政平衡交付金的全额就是支付给各地方当局的金额之和。

　　拨付给各地方公共团体的财政平衡交付金是通过同一个公式计算得出的。这一公式由两部分组成：一是估算（财政平衡交付

第二章　日本地方财政调整制度的历史沿革

金）对地方行政服务的必要程度；二是地方公共团体当局的财政收入实力。通过观察不同级别的地方公共团体可以发现，现行地方配付税的行政必要程度因责任分量不同而有所不同。根据地方公共团体能够自由支配的财政来源种类的不同，财政能力的测定结果也有所不同。各级都、道、府、县及市、镇、村应该分别计算。

地方公共团体的各项行政对财政需求的计算方法如下：要保障地方公共团体的最低限度的行政服务的量和质所需要的单位标准费用乘以被给予的行政单位数。综合全部行政所需经费之和就是全部的财政需求。这一计算方法并不意味着地方公共团体必须将其每年度的财政支出额度限定在全部的财政需求额度上。这一额度只不过是在计算平衡交付金时使用而已。地方公共团体可以自由地超出这一标准编制预算。而且，中央政府通过财政补贴款和其他方式对此予以鼓励。

但是，地方公共团体要获得接受财政平衡交付金的资格，至少要用完以上估算得出的金额。各地方公共团体的财政实力是根据每年度的财政收入额计算得出的。而这一财政收入额是在使用标准税率课税的情况下得到的税收。全部财政实力是全部租税的税收额之和。但前提条件是假设地方公共团体以标准税率进行课税。上述各种情况的标准税率是指适当的最低限度的税率。由于将标准税率压得足够低，地方公共团体当局如果想设定高于最低水准的税率，中央政府也会允许其超过这一最低税率。也就是说，并不是在实际操作过程中中央政府强制地方公共团体严格按照标准税率课税。地方公共团体根据自己的实际财政情况所设置的税率可高于或低于标准税率。获得财政平衡交付金资格的唯一条件是地方公共团体的所有财政收入至少和采用标准税率能够征收到的税收数额相同。

理想的做法是在计算必要财政需求额度时，里面应该包含地方公共团体的所有行政项目。在计算地方公共团体的财政能力或者实力时，应该包括所有的财政收入项目。但是，在实际操作中，要估

日本新地方财政调整制度概论

算必要财政需求额度，只分别考虑地方行政的主要项目，而其他的琐碎行政项目合并为1个单位进行考虑。同样，在估算地方公共团体财政能力的时候，只有主要财政收入项目才分别考虑，其他的琐碎财政收入项目作为1个单位来考虑。

有人认为，财政平衡交付金制度对地方自治是有害的。当然，中央政府国库将补贴款支付给地方公共团体会削弱地方当局的行政独立性。而且，日本中央政府也打算通过这一措施限制地方公共团体的权力，甚至考虑将其置于自己的直接管辖之下。这也都是不可争辩的事实。但不可忽视的是，财政平衡交付金将中央政府对地方公共团体事无巨细的管制降到了最小限度。

地方公共团体在接受日本中央政府的各种补贴时，事无巨细，都会受到中央政府的管制或限制。但是，接受平衡交付金时所受的管制要比接受具有特殊目的的特定财政补贴款时少得多。诚然，为了得到获取财政平衡交付金的资格，地方公共团体必须提高行政服务效率，所使用的经费也要限制在标准必要财政需求额度（包含财政平衡交付金）内。通过这一办法，来维持最低限度的地方行政水准。另外，至少得用标准税率征收到标准租税，以此作为标准的行政收入，并且负担公正的地方行政费用。

除了受到上述两个条件限制之外，地方公共团体有很大的自由度。其一是可以自由决定自己的行政职能的具体内容；其二是可以自由决定以多少税率来征收多少租税，来维持行政功能。另外，如果地方公共团体当局充分利用这一自由权限的话，可以对中央政府提出的特定要求提出种种附带条件。不管怎么说，财政平衡交付金对日本中央政府的冲击力很大，这表现在日本中央政府对日本地方公共团体所进行的限制或者要求的数量会减少至最低限度，或者是人们所希望的程度。我等认为当今日本需要强有力的、独立性很强的地方公共团体，它的发展壮大是日本的重点工作之一。正是这个原因，我等强烈要求通过财政平衡交付金制度，将中央政府对地方公共团体的管制或限制降到最低限度。我等认为因过度自由犯错要比过度管制犯错好得多。

第二章　日本地方财政调整制度的历史沿革

诚然，财政平衡交付金制度对地方自治是有危害的。但是，其危害程度与交付金的金额大小和地方公共团体当局对其依赖程度有着密切关系。正因为如此，最好将财政平衡交付金限制在与均等化一致的最低额度。这样一来，富裕地区的地方公共团体还有一个选择枝，那就是可以选择不接受日本中央政府的平衡交付金。这反过来会要求地方公共团体当局被赋予能有效提高地方财政收入的地方独立税的征收权限。

1. 财政均等化的实施

日本的地方公共团体正面临严重的财政危机，眼下，需要得到日本中央政府更多的资金层面的支持。鉴于日本各地方公共团体的财政状况窘迫，令人担忧，静待全面实施财政平衡交付金制度显然不合时宜，会贻误时机。因此，我等建议应将均等化计划作为日本的长期目标来定位，并予以实施。而且应该立即采取切实措施，改善地方公共团体的财政收支状况。需要注意的是，这些措施必须是行之有效的，能够在短短两三年间为财政均等化计划的顺利实施做好必要铺垫。具体实施措施如下：

措施1　废除现行的地方配付税制度。这是因为这一制度全部分配额是和所得税以及法人税（两个都属于国税）的收入结合在一起的。

措施2　1950~1951年度的财政平衡交付金总额为1200亿日元。这一点已经在本报告书的正文第2章做了说明。

措施3　向地方公共团体分配财政平衡交付金之际，要采用与迄今为止不同的暂定方式。这一暂定方式是接近真正的财政均等化的第一步。不可否认这一方式里面残留着地方配付税的某些方法。

措施4　为了进一步充实和完善相关资料，摸索出切实可行的财政均等化的模式，应立即着手研究各类地方行政服务现状以及地方财政收入的详细情况。

措施5　设置计划过渡阶段，该阶段结束以后完全实施财政均等化计划。

我等建议今后不再采用现行的地方配付税方式。当地方公共

日本新地方财政调整制度概论

团体的财政收入大幅度增加之时，必须不失时机地向新型的财政均等化计划过渡。到那个时候，很多地方公共团体当局每年度的财政收入的绝对量都会有所增加。因此，地方公共团体当局会对新的财政均等化计划产生好感，会积极付诸实施。与此相反，如果迟迟不完成计划过渡过程，有些地方公共团体当局会因为资金额度有所削减等状况反对财政改革。那样的话，改革会举步维艰，半途而废。

1950~1951年度，实行新的暂定方式。只要日本现存的相关资料允许，必须充分利用，深入挖掘，制订最佳方案。同时，尽量使其接近理想的财政均等化。在确定地方配付税方式过程中，对地方行政单位进行了以下分类：拥有大城市的府、县；其他类别府、县；人口在50万以上的城市；其他市；设有常驻警察的村镇；未设常驻警察的村镇。如果根据人口规模进一步细分的话，会更趋合理。

我等运用为各方所接受的适当的标准税率为各级地方公共团体当局计算得出了能够征收到的主要税种的税收明细，以供参考。考虑到还有一些零星琐碎租税以及其他财政来源未列入上述明细项目中，各级地方公共团体可根据标准税率对上述额度予以适当调整。通过上述计算结果，可以测算各级地方公共团体的实际财政收支状况。

我等还对日本各级地方公共团体的各主要地方行政业务所需标准经费进行了估算。以下具体以日本某一级地方公共团体的标准教育费用为例进行说明。这一标准教育费用是根据以下金额计算得出的：该地方公共团体管辖下的各类学校的平均每个学生所配置的教职员工的工资、学习用品、设施、管理、新建校舍等所需要的资金金额。

同样，标准地方公共团体警察费用是指维持标准地方公共团体的警力所需要的经费。具体的费用要按人头来计算。在市、镇、村层面的标准地方公共团体道路费用，基本上是按人头计算其所需费用，而在都、道、府、县层面的地方公共团体，按每英里的所需建

第二章　日本地方财政调整制度的历史沿革

设费用进行计算。标准卫生保健行政费用基本上按人口和地方病的发生数量为基准进行计算。标准民生福利行政费用按照人口数量和失业人数来计算。很明显，标准额度是根据各级地方公共团体当局现阶段的实际支出额推导出来的。

另外，应该确定各级地方公共团体的各项行政经费的标准额度。在此基础上，将这一标准额度推广到其他各级下辖政府机构。比如：假设某小城市的小学校的每个小学生所需标准行政经费计算得出为 X 日元，该城市如果有 2000 名小学生的话，其经费额度为 $2000 \times X$ 日元。其他的行政经费计算方法与此相同。首先将各项重要行政经费相加，因为里面不包括各项琐碎行政经费，因此将这些琐碎经费也要按标准计算出来，再与上述数额相加，就会得出该地方公共团体的全部财政需求额。

地方公共团体的全部财政需求额减去所有的该地方公共团体的财政收入额，所得差额就是计算中央政府应该拨付给该地方公共团体的财政平衡交付金的法律根据（如果计算结果为零或者负数，表示该地方公共团体不需要中央政府的财政平衡交付金的补贴）。日本中央政府所分配的财政平衡交付金的全额与财政需求额和财政收入额之间的差额成正比分配给所有的地方公共团体当局。

1950~1951 年度的地方公共团体的财政收入能力，特别是地方公共团体的财政需求额的计算是不完整的。为了应对特殊情况，可以对这一额度进行适当调整。现行的地方配付税规定：允许将整体额度的 10% 用于应对特殊情况和紧急事态，今后，这一规定至少还要持续一段时间。

另外，为了制定一个有权威性的地方行政标准经费的尺度，地方财政委员会已经着手研究地方公共团体的行政事务。当然，在这一研究内容中，应该包括地方行政业务本身及其所需费用的分析。上述研究已经取得了阶段性成果。计算地方财政需求额的基准得到了大幅改善。地方财政平衡交付金的计算方法、计算过程也越来越客观。这些研究在其他方面也具有重要意义，为改善和提高地方公

日本新地方财政调整制度概论

共团体的行政服务水平发挥了重要作用。对各地方公共团体的行政经费进行比较，可以清楚了解行政经费浪费和行政工作低效的根源。日本各地居民为了维持地方公共团体的行政职能和行政服务水平，应该积极纳税。通过上述研究，我们还可以判断日本各地居民所花的钱亦即所纳的税是否"物有所值"，而且日本中央政府还可以通过地方财务、税务的相关信息获得确定财政平衡交付金总额的根据，将好钢用到刀刃上。

地方公共团体当局通过征收各种租税获取地方财政收入。研究这一地方财政收入有助于确定地方公共团体的财政收入能力，了解地方税务工作、行政工作是否效率低下。这些研究工作还为了解标准地方公共团体的行政经费和标准地方公共团体的财政收入额提供可信的材料。如果能做到这一点，就会为中央政府的财政工作打下坚实的基础。这样，每年度支出的财政平衡交付金的额度就会等于所有地方公共团体的总标准需求额和总标准财政收入能力之间的差额。

在经济社会，不论哪个国家，发生通货膨胀和通货紧缩是"家常便饭"。因此，为了应对由此导致的地方公共团体的种种财政问题，根据当时日本全国和各地的经济形势，灵活地对财政平衡交付金相应地进行调整，中央政府责无旁贷。这是因为处理复杂多变的经济问题，地方公共团体政府既无完善的设施又无足够的财政实力，日本中央政府应发扬风格，勇挑重担。

日本中央政府拨付给各地方公共团体的财政平衡交付金的额度应在拨付年度的年初计算出来，在该年度中分四个季度予以拨付，在该年度末进行最后一次拨付。值此之际，在充分考虑各地方公共团体的实际课税能力和年度之初的估算额的差额的基础上，予以适当调整。

[参考2] 日本地方财政平衡交付金法

（1950年5月30日第211号法律）

（本法律的实施目的）

第1条 本法律的实施目的如下：设定地方财政平衡交付金的

第二章　日本地方财政调整制度的历史沿革

拨付基准，保障各地方公共团体的行政业务按照计划有条不紊地进行运营，实现各地方公共团体的财政来源的均衡化。这样一来，各地方公共团体就能够自主性地管理其公共财产，处理行政、财政等事务，顺利地执行其行政职能。通过上述措施，实现真正意义上的地方自治，为地方公共团体提供较为充裕的财政来源，加强其行政的独立性和自主性。

（法律条文中的专业术语释义）

第 2 条　本法律对以下各专业术语做了如下解释。

一　日本地方财政平衡交付金。意思是为了让所有地方公共团体能够充分、圆满地执行行政业务，日本中央政府拨付给地方公共团体的交付金。

二　地方公共团体是指都、道、府、县、特别市以及市、镇、村。

三　地方行政是指地方公共团体的行政（包含由地方公共团体负担其行政经费的该地方公共团体的机关实施的行政业务）。

四　基准财政需求额，是指为了合理测算各地方公共团体的财政需求额，按照第 11 条的规定计算得出的该地方公共团体的财政需求额。

五　基准财政收入额。为了合理测算各地方公共团体的财政收入能力，按照本法律第 15 条的规定计算得出的该地方公共团体的财政收入额。

六　估算单位。按照地方行政项目而设，目的是估算每个行政项目的额度的单位，计算每年度交付金的总额，进而在向各地方公共团体分配时使用。

七　单位费用。其作用有二：一是确定用于计算平衡交付金的地方行政的各项经费总额；二是确定用于乘以估算单位数值的地方行政的每个计算单位的费用。

（财政运营的根本方针）

第 3 条　1. 日本中央政府按照法律规定，根据每年度各地方公共团体提交的相关资料估算各地方公共团体的财政需求额和财政收入额。在财政需求额超出财政收入额的情况下，对该超出额进行财政补贴。为此，中央政府需要准备充足的资金，用作地方财政平衡交付金，并将这一交付金计入国家预算。

2. 当国家预算在国会通过后，中央政府不得中途在该年度采取一些措施，直接增加估算单位数值。因为这样做会给地方公共团体带来财政负担。

3. 地方财政委员会（又可简称"委员会"）要经常致力于掌握各地方公共团体详细的财政状况，按照相关法律规定，将计入国家预算的交付金总额分配给各地方公共团体。分配条件是其财政需求额超出了其财政收入额。中央政府用财政平衡交付金来补贴这一超出额，以实现各地方公共团体的财政来源均衡。

4. 日本中央政府在拨付财政平衡交付金之际，应尊重其地方自治精神，有条件地限制其具体用途。

（地方财政委员会的权限和责任）

第4条 为了让地方财政委员会顺利实施本法律，特赋予其以下权限和责任。

一 估算每年度中央政府应拨付的交付金总额。

二 确定应拨付给各地方公共团体的交付金额度，并予以拨付。

三 在发生第10条和第19条所规定的情况下，变更、减少或责令其退还拨付给该地方公共团体的交付金额度。

四 受理本法律第18条所规定的地方公共团体的审查请求，并给出具体的处理意见。

五 受理本法律第19条第4项所规定的异议申诉，并给出处理意见。

六 就本法律第20条举行听证会，并听取各方意见。

七 估算财政平衡交付金总额，测算应拨付各地方公共团体的交付金额度。为此收集并准备必要的相关材料。

八 根据所收集的资料，经常性地了解并掌握地方财政状况，

第二章 日本地方财政调整制度的历史沿革

灵活应用并不断改善交付金制度。

九 为实施本法律,制定必要的地方财政委员会办事规则(以下简称"规则")。

十 除上述各项规定之外,本法律所规定的事项。

(计算财政平衡交付金的相关资料)

第5条 1. 都、道、府、县的知事以及特别市的市长应根据地方财政委员会规则的有关规定向委员会提交有关该都、道、府、县或者特别市的基准财政需求额以及基准财政收入额的资料以及其他必要的资料。

2. 市、镇、村的行政长官应根据地方财政委员会的规则向都、道、府、县知事提交有关该市、镇、村的基准财政需求额以及基准财政收入额的资料以及其他必要的资料。

3. 都、道、府、县的知事必须审查根据前一项规定提交的材料,附上批复意见,送交地方财政委员会。

4. 假如在前一项情况下,市、镇、村行政长官提交的材料中提出了修改意见的话,都、道、府、县的知事应通知相关市、镇、村行政长官。在这种情况下,市、镇、村行政长官如有异议,可以将其意见向地方财政委员会申诉。

5. 有些地方行政业务涉及基准财政需求额中的经费问题。如果地方财政委员会提出相关要求,负责该地方行政业务的中央政府行政机构(指1948年第120号法律亦即国家行政组织法第3条第2项以及第24条的行政机构)必须确定交付金总额的计算或者分配方式,并向该委员会提交必要材料。

(财政平衡交付金总额的计算)

第6条 1. 每年度必须拨付的交付金总额计算办法如下:该年度地方公共团体的基准财政需求额超出基准财政收入额时就会产生超出额,全国所有地方公共团体的这一超出额之和就是交付金总额的计算基础。

2. 地方财政委员会以根据第5条规定提交并送交的资料为参考,计算得出下一年度交付金的总额,并向日本内阁提议将其计入

日本新地方财政调整制度概论

国家预算额。在这种情况下，地方财政委员会必须将记载着第 7 条事项的文件以及其他必要文件送交日本内阁。

3. 当内阁打算变更地方财政委员会提议的交付金总额并将变更后的总额计入国家预算时，应提前征求地方财政委员会的意见。

4. 内阁在变更地方财政委员会建议的交付金总额或者交付金总额的计算基础的情况下，必须将以下信息以附录形式写在每年度的财政收入支出预算中：一是地方财政委员会提议的交付金总额的计算基础；二是内阁会议决定的涉及交付金总额的财政支出预算的基础；三是这两个计算基础的比较情况。在这种情况下，地方财政委员会根据地方财政委员会设置法（1950 年第 210 号法律）第 13 条的规定可以向有关部门申诉意见。地方财政委员会向内阁会议提议了交付金的总额，而内阁也确定了财政平衡交付金的总额，两者之间会有一定差额。为了合理地调整这一差额，应该相应地对国家预算进行必要的调整。因此，地方财政委员会的申诉意见中必须包含调整国家预算的意见。

（有义务提交并公布财政收入、财政支出总额的估算额）

第 7 条 地方财政委员会每年度都要制作关于下一年度的地方公共团体的财政收入、财政支出总额的估算额的文件。这一文件中详细记载了以下事项。经日本内阁会议讨论之后，将这一文件提交国会，之后必须实时公布。

一 地方公共团体的财政收入总额的估算额以及以下各项中的具体内容：

（1） 各项税目课税标准额、税率、调整估算额以及征收估算额

（2） 相关设施使用费以及地方公共团体收取的各项手续费

（3） 地方公共团体的地方债发行额

（4） 中央政府的国库支出金

（5） 其他杂项收入

二 地方公共团体的财政支出总额的估算额以及下面各项所列内容：

第二章　日本地方财政调整制度的历史沿革

（1）财政支出项目经费

（2）根据中央政府国库支出金计算得出的经费总额

（3）地方债的利息以及本金偿还金额

三　地方财政平衡交付金总额的估算额以及下面各项所列内容：

（1）非奖励性财政补贴款（指1948年第109号地方财政法第16条规定的财政补贴款以外的补贴款，下同）、因非奖励性财政补贴款造成的地方负担金以及非奖励性财政补贴款的经费总额。

（2）每个行政项目的测算单位数值的总额（指的是根据本法律第13条规定，应进行修改的总额）、单位费用、基准财政需求额、基准财政收入额以及必要的财政平衡交付金总额。

（财政平衡交付金额度的计算日期）

第8条　由中央政府拨付各地方公共团体的交付金额度于每年度4月1日进行计算。

（都、道、府、县、市发生行政单位的废除、新设、分割、合并或者地界变更状况时的财政平衡交付金的处理办法）

第9条　假如在前一条规定的日期以后，地方公共团体发生废置分合（亦即合并、废除、新设、分割、地界变更）等情况，就中央政府拨付给该地方公共团体的交付金的处置按照以下各项规定办理。

一　由于废除、新设、分割、合并，一个地方公共团体的区域完完整整成为其他地方公共团体的管辖区域。在这种情况下，自该废置分合之日起，应拨付该废置分合或者地界变更前的地方公共团体的交付金额度，按照地方财政委员会规则的相关规定做如下处置：假定以发生废置分合或者地界变更的区域之前的该地方公共团体的区域为基础的独立的地方公共团体，各自分别在每年度4月1日存在，在这种情况下，按照应该拨付给这些地方公共团体的交付金额度，分别拨付废置分合或者地界变化后所属的地方公共团体。

（财政平衡交付金额度的计算方法）

日本新地方财政调整制度概论

第 10 条 1. 每年度应将财政平衡交付金拨付给基准财政需求额超出基准财政收入额的地方公共团体。

2. 应拨付前项所说的地方公共团体的交付金额度的计算办法如下：按照该地方公共团体的基准财政需求额超出基准财政收入额的额度计算得出财政平衡交付金的总额。

3. 地方财政委员会最迟在每年 8 月 31 日前，根据前两项的规定，确定应拨付的财政平衡交付金额度。但是假如增加交付金总额或者发生其他特别情况的话，可以在 8 月 31 日后确定交付金额度或者变更已经决定的交付金额度。

4. 地方财政委员会按照前一项规定，确定或者变更交付金额度时，必须将此事通知给该地方公共团体。

（基准财政需求额的计算方法）

第 11 条 基准财政需求额可按照下面的方法计算得出：根据第 13 条规定，对测算单位数值进行修改，之后，将这一修改后的数值乘以该测算单位的单位费用得到一个数值，把上述数值相加得到的额度即为所求额度。

（测算单位的计算方法）

第 12 条 1. 地方行政业务所需经费的测算单位为下表中的地方公共团体各项经费确定的数值，详细情况见下表。

2. 前一项测算单位数值的计算方法由地方财政委员会的相关规则来确定。

第 13 条 前一条的测算单位数值的计算方法如下：以道、府、县或者市、镇、村的下面各事项为基础，乘以地方财政委员会规则中就该测算单位规定的调整系数而得到的数值。

一　根据人口、小学的儿童数目及其他测算单位的数值的多少而确定的阶段。

二　人口密度。

三　测算单位的数值所归属的市、镇、村的规模。

四　寒冷程度以及积雪程度。

五　面积、河流的长度以及其他构成测算单位基础的项目。

第二章 日本地方财政调整制度的历史沿革

（测算单位的数值调整详情）

地方公共团体种类	经费种类	测算单位
道、府、县	一 土木工程费用	
	1. 道路费用	道路的面积
	2. 桥梁费用	桥梁的面积
	3. 河流水利费用	河流的长度
	4. 港湾费用	港湾船舶吞吐量
	5. 其他土木工程费用	人口及面积
	二 教育费用	
	1. 小学教育费用	小学儿童数、年级数以及学校数目
	2. 初中教育费用	中学学生数、年级数以及学校数目
	3. 高中教育费用	高中学生数目
	4. 其他教育费用	人口
	三 民生福利费用	
	1. 社会福利费用	人口以及使用儿童福利设施的人数
	2. 卫生费用	人口以及食品相关产业营业人数
	3. 劳动费用	工厂公司数目以及工人数目
	四 产业经济费用	
	1. 农业行政费用（包括畜牧业等在内）	耕地面积以及农业（含畜牧业）的从业人员数目
	2. 林业行政费用	民营林野面积以及林业的从业人员数目
	3. 水产业行政费用	水产业的从业人员数目
	4. 工商业行政费用	工商业的从业人员数目
	五 战争灾害复兴费用	因战争而受灾的面积
	六 其他行政费用	
	1. 征税费用	道、府、县税的税额以及纳税人数
	2. 其他各项费用	人口
	七 公债费用	用于灾害复兴费用以及防空相关事业费用的财政来源的地方债本息偿还金
市、镇、村	一 警察消防费用	
	1. 警察费用	警察人数
	2. 消防费用	房屋使用面积
	二 土木工程费用	
	1. 道路费用	道路的面积
	2. 桥梁费用	桥梁的面积
	3. 港湾费用	河流的长度
	4. 城市建设费用	港湾船舶吞吐量
	5. 其他土木工程费用	人口及面积

日本新地方财政调整制度概论

续表

地方公共团体种类	经费种类	测算单位
市、镇、村	三　教育费用 1. 小学教育费用 2. 初中教育费用 3. 高中教育费用 4. 其他教育费用 四　民生福利费用 1. 社会福利费用 2. 卫生费用 3. 劳动费用 五　产业经济费用 六　战争灾害复兴费用 七　其他行政费用 1. 征税费用 2. 户籍事务费用 3. 其他各项费用 八　公债偿还费用	 小学儿童数、年级数以及学校数目 中学学生数、年级数以及学校数目 高中学生数目 人口 人口以及使用儿童福利设施的人数 人口以及食品相关产业营业人数 工厂公司数目以及工人数目 人口 因战争而受灾的面积 市、镇、村税的税额以及纳税人数 原籍人口 用于灾害复兴费用以及防空相关事业费用的财政来源的地方债本息偿还金

（单位费用）

第 14 条　1. 每个都、道、府、县或者市、镇、村，其地方公共团体须具备所规定的标准条件，而且以合理、适当的水准进行地方行政服务。本法律规定第 11 条的单位费用的计算方法要以上述情况下的各测算单位的费用为基础。

2. 前一项的每个单位的费用应在刨除以下各项费用的基础上进行计算：补贴款、负担金、各种行政服务手续费、设施使用费、分担金、地方债以及其他类似于这些费用的收入以及地方税收中相当于基准财政收入额以外的为财政来源的部分。

（基准财政收入额的计算方法）

第 15 条　1. 基准财政收入额是指根据地方财政委员会相关规则规定的方法，以标准税率计算得出的该地方公共团体的普通税（但法定外普通税除外）的收入估算额。

2. 前一项中所说的标准税率相当于地方税法（1950 年第 226

第二章　日本地方财政调整制度的历史沿革

号法律）第 1 条第 1 项第 5 号中所说的标准税率（没有规定标准税率的地方税按照地方税法中规定的税率执行）的 70%。

（财政平衡交付金的具体拨付日期）

第 16 条　1. 财政平衡交付金在每年度下表中所示日期拨付，需要按照各地方公共团体的项目类别拨付，其具体额度按照下表规定。

地方公共团体种类	拨付日期	每个拨付日期应拨付的金额
道、府、县	5 月和 7 月	上年度应拨付该道、府、县的交付金金额乘以该年度交付金总额与上年度交付金总额之比得到的数额。5 月和 7 月交付额各为上述数额的 1/4
道、府、县	11 月和 1 月	从该年度应拨付该道、府、县的交付金金额中减去 5 月和 7 月拨付的交付金金额得到的剩余额。11 月和 2 月交付额各为上述数额的 1/2
市、镇、村	5 月和 8 月	上年度应拨付该市、镇、村的交付金金额乘以该年度交付金总额与上年度交付金总额之比得到的数额。5 月和 8 月交付额各为上述数额的 1/4
市、镇、村	12 月和 2 月	从该年度应拨付该市、镇、村的交付金金额中减去 5 月和 8 月拨付的交付金金额得到的剩余额。12 月和 2 月交付额各为上述数额的 1/2

2. 倘若该年度国家预算尚未编制出来，或者因为国家预算的追加措施，或者调整措施致使财政平衡交付金总额发生变更，从而无法按照前一项规定执行。在这种情况下，财政平衡交付金的拨付日期以及各拨付日期应拨付的金额在对国家暂定预算额以及预算编制进展情况、交付金总额的变更程度、上一年度的交付金的金额等进行综合斟酌的基础上，根据地方财政委员会规则的相关规定可以按照特例来相机处理。

3. 道、府、县或者市、镇、村根据前两项规定，在各拨付日期接受财政平衡交付金。假如这一金额超出了该年度应拨付的交付金金额，该道、府、县或者市、镇、村的地方公共团体应立即将超出额部分退还中央政府。

日本新地方财政调整制度概论

4. 假如在按照第一项相关规定办理的情况下，4月1日以前一年内发生地方公共团体的废置分合（亦即废除、新设、分割、合并）或者地界变更的情况，那么上一年度的相关地方公共团体的交付金金额计算办法准照第9条规定，按照地方财政委员会的相关规则来确定。

（市、镇、村层面的财政平衡交付金的计算办法以及在办理具体拨付事宜之际的都、道、府、县知事的义务）

第17条 1. 都、道、府、县知事必须按照地方财政委员会相关规则规定，为该都、道、府、县区域内的市、镇、村办理应拨付的交付金金额的计算以及与拨付相关的事务。

2. 为了办理前一项规定的各项业务，都、道、府、县知事应下大力气，准确掌握其所辖市、镇、村的财政收支状况。

（有关财政平衡交付金金额的审查或者复查请求）

第18条 1. 根据本法律第10条第4项规定，应将已经确定的交付金金额或者变更了的交付金金额等事宜及时通知给地方公共团体。如果该地方公共团体对交付金金额的计算基础或根据有异议，自接到通知的30日内，可以向地方财政委员会提出审查或复查请求。

2. 假如地方财政委员会接到了上述审查或复查请求，自接到该请求之日起30日内进行复查，并将复查结果通知给该地方公共团体。

（用于纠正计算财政平衡交付金额度时出现的错误等）

第19条 1. 地方财政委员会根据本法律第10条第4项，通知地方公共团体财政平衡交付金金额。之后，地方公共团体可根据前一条第1项的相关规定，向地方财政委员会提出审查或复查请求。值此之际，当地方财政委员会发现用于计算财政平衡交付金金额的根据或者数值有错误时，可做以下处理：其一，如果该地方公共团体应接受的交付金金额有缺额的话，应该进行补发；其二，如果该地方公共团体应接受的交付金金额有超出额的话，可以减额或者令地方公共团体退还。但是，让地方公共团体退款时，就具体的

第二章　日本地方财政调整制度的历史沿革

退款方法，应提前征询该地方公共团体的意见。

2. 为了计算得出财政平衡交付金的金额，地方财政委员会要求地方公共团体提交相关材料。而地方公共团体当局有可能通过在资料上面做手脚或者在上面做虚假记录，从中央政府那里骗取财政平衡交付金。在这种情况下，地方财政委员会就超出该地方公共团体应接受的交付金金额或进行减额，或责令地方公共团体将其退还。

3. 地方财政委员会在因地方公共团体弄虚作假而对其接受的财政平衡交付金采取减额或者责令退还的措施后，要将其具体理由、金额以及其他必要事项，以书面形式通知该地方公共团体。在这种情况下，符合前项规定的该地方公共团体应将地方财政委员会出示的书面通知下发，让管辖区内居民周知。

4. 在发生第1项以及第2项的情况下，地方公共团体如对处理结果不服，自接到上述地方财政委员会的书面通知的30日内，可向地方财政委员会提出异议或申诉。

5. 假如地方财政委员会接到上述地方公共团体提出的异议或申诉，那么自接到申诉后30日内做出决定，并通知该地方公共团体。

（就财政平衡交付金金额的减额措施等举行听证会）

第20条　1. 地方财政委员会可以按照本法律第10条第3项、第4项以及前两项的规定采取相应措施。如果地方财政委员会认为有必要，可以就该地方公共团体的相关事宜召开听证会。

2. 地方财政委员会根据本法律第10条第3项、第18条第2项以及上一条第1项及第4项对地方公共团体做出相应的决定或处分。受处理或处分的地方公共团体如果能够提供充分证据证明上述决定或处分有失公允的话，地方财政委员会必须就此事召开听证会。

3. 根据上述听证会的结果，假如地方财政委员会认为该地方公共团体的申诉理由正当的话，必须撤销或变更对该地方公共团体做出的决定或者处分。

4. 前三项规定的内容之外的有关听证的手续以及其他关于听

日本新地方财政调整制度概论

证的必要事项由地方财政委员会的相关规则确定。

（东京都等的财政平衡交付金的拨付特例）

第21条 1. 将财政平衡交付金拨付道、府、县之际，可将东京都全部区域准照道、府、县来对待；将财政平衡交付金拨付市、镇、村之际，可将东京都的特别区准照市、镇、村来对待。

2. 将财政平衡交付金拨付道、府、县等地方公共团体之际，可将特别市准照道、府、县对待；将财政平衡交付金拨付市、镇、村等地方公共团体之际，可将特别市准照市、镇、村对待。

3. 在适用本法律时，所有的工作组都准照村、镇一级的地方公共团体对待。

附则

1. 本法律自公布之日起实施，从1950年4月1日起正式生效。

2. 将相当于财政平衡交付金的总额中的1/10作为特别交付金，对符合条件的地方公共团体予以拨付。但是这一措施的实施期间仅限于1950年度和1951年度。

3. （以下各项条款省略）

［参考3］日本地方财政平衡交付金法案提案理由说明

（众议院地方行政委员会第7次会议，1950年4月29日）

小野（哲）政府委员 发言内容如下：受自治大臣和财务大臣委托，由我来就日本地方财政平衡交付金法案概要简单做一下说明。首先，我讲一下为什么向国会提交本法案。发挥地方公共团体的主观能动性，使其遵照地方自治精神积极行使地方行政职能，不断取得发展。这一点对奠定日本国家民主主义政治的基础不可或缺。正是这个原因，一方面，相关部门着手制定地方自治制度；另一方面，制定与之配套的地方税制、财政制度。这是现阶段的当务之急。而要制定地方税制、财政制度必须适时地制定以下基本方针：其一，中央政府给日本各地方公共团体提供充沛的财政来源；其二，建立自主性、自律性的地方税制。因为这项措施是地方公共

第二章　日本地方财政调整制度的历史沿革

团体的财政收入的根本保障；其三，地方公共团体要维持正常合理的地方自治活动，必须保障其拥有足够的财政收入。

随着社会、经济的迅速发展，经济活动逐渐向城市集中，人文、政治活动也日趋活跃。因而，地方公共团体的行政工作内容较之前有所增加，行政服务所涉及的领域也大大扩展。这是最近日本的大趋势。在这一背景下，有的地方公共团体因为有很强的财政收入能力，地方税的负担相对较轻，其地方自治活动也相应开展得丰富多彩、有声有色。另外，有的地方公共团体财政收入能力较差，即便提高税率或者对所管辖地区居民征收重税，也不能维持最低的地方行政服务水准，可谓两个极端。造成这一地区间不平衡的主要原因就是上述日本各地的经济发展水平不均衡。为此，日本政府应把眼下的工作重点放在纠正富裕和贫穷的地方公共团体财政收入能力的不均衡上。而要实现这一目标，当务之急是夯实全国所有地方公共团体的财政基础。早在1940年，中央政府和地方公共团体都开始着手税制改革，创设了长久性的地方配付税制度。时至今日，该制度仍然是调节各地方公共团体间的财政收入不均衡的重要手段，并且还是向各地方公共团体拨付财政资金的重要手段。虽然这一制度有诸多不尽如人意之处，但大体上看还是行之有效的。不仅如此，还为日本地方自治制度的进步和发展做出了重大贡献。但是，地方配付税制度也有一些不容忽视的弱点。因为这一制度将地方配付税额的一半与各个地方公共团体的课税能力成反比分配，将另一半与地方公共团体的财政需求的多寡成正比进行分配。而对课税能力超出一定限度的地方公共团体不予分配。

调节地方财政收支的不均衡措施和保障地方公共团体的自主性措施本来就势不两立。因此，在实施地方配付税制度之际，要重点考虑确保地方公共团体的自主性。并且，对地方配付税的分配方式和具体行政手续应尽可能地予以简化。为了公平合理地分配地方配付税，日本中央政府需要测算各个地方公共团体的课税能力和财政需求。在进行这项工作时，日本中央政府也要尽量避免影响到该地方公共团体的财政运营的自主性。正是因为这层顾虑，日本中央政

日本新地方财政调整制度概论

府反而不能够彻底调节各个地方公共团体之间财政收入不均衡的状况。这也正是地方配付税制度的短板所在。在这种情况下，日本中央政府尝试采取适当措施，由中央政府国库对各个地方公共团体行政经费的一部分予以负担或者进行财政补贴。这样一来，财政补贴款、负担金名目繁多，大大小小多达数百种。不仅如此，这还为日本中央政府对各个地方公共团体的行政、财政工作进行干涉埋下了隐患。

既然让各个地方公共团体具体负责行政事务的办理，就应该放手发动其主观能动性，日本中央政府应尽量避免对其行政工作指手画脚、横加干涉。因此，有必要加强各个地方公共团体的财政实力，让地方自治制度名副其实。公共事业不仅关系到一个地方的利益，还与日本全国的整体利益息息相关。原则上，日本中央政府应将公共事业的具体实施全部委托给地方公共团体，让其真正担起重任，明确责任的归属。这样一来，既能排除中央政府的无端干涉，又能让地方公共团体放开手开展工作。另外，为了使地方公共团体能够顺利完成所赋予的任务，中央政府有必要保障其最小限度的必要财政收入。为此，有必要建立健全的财政、税收制度，保障各个地方公共团体有充足的财政来源。

为了保障地方自治制度的实施，美国夏普使节团曾经提出一些可行性建议。日本政府应该充分揣摩其内容实质，将其灵活运用在日本地方税制、财政制度改革中。迄今为止，日本中央政府通过名目繁多的财政补贴款、国库负担金等对地方公共团体的行政自治横加干涉。这次地方税制、财政制度改革要彻底防止日本中央政府对地方公共团体工作的干涉，让地方公共团体自主管理其财产，处理行政事务，尊重其地方自治权限。具体来说，这次改革要对迄今为止的财政均衡方式进行大幅度变更。与此同时，要更精准、更周密地测算地方公共团体的课税能力以及财政需求，对各地方公共团体的财政不均衡进行彻底性、综合性的调整。另外，还要进行与之配套的地方税制改革，为所有的地方公共团体提供充足的财政来源，保障地方自治制度名副其实地实施，使其有计划地处理地方行政业

第二章　日本地方财政调整制度的历史沿革

务，加强各个地方公共团体的独立性。为了实现这一目的，我们决定废除现行的地方配付税制度，创设新的地方财政平衡交付金制度。上述内容就是我等提交本法案的主要理由。以下对本法案的大体内容进行简述，有不周之处，望不吝赐教。

首先是地方财政平衡交付金制度应采取的均衡方式。采用适当可行的办法对各个地方公共团体测算的财政需求额和财政收入额进行比较。在此基础上，由国库对财政需求额超出财政收入额的部分进行财政补贴。如果采用这种方式就能准确把握各个地方公共团体的财政需求额和财政收入额。只要做到这一点，就为实现各地方公共团体之间的财政均衡打下了坚实的基础。

其次是每年度中央政府应向地方公共团体拨付的交付金总额的问题。采取切实可行的方法，测算地方公共团体该年度的财政需求额。如果这一额度超出财政收入额的话，将超出额的估算值之和作为确定交付金总额的计算基础。为此，要求各个地方公共团体以及中央政府的相关行政机构提交必要的税收、财政支出等材料。以此为参考，由地方财政委员会负责具体测算。

地方财政委员会按照上述措施计算得出交付金总额后，向内阁提议，将其计入国家预算。内阁如要变更其内容，并将变更内容计入国家预算的话，应提前征求地方财政委员会的意见。而且，假如内阁变更了交付金总额或者这一总额的计算根据，应将地方财政委员会提议的交付金总额的计算根据等附在预算后面。假如地方财政委员会对日本内阁的修改意见有异议的话，可将其异议直接提交国会。日本中央政府一定要保障地方财政委员会的申诉权。

最后是交付金的具体计算方法。按照各个地方公共团体的基准财政需求额超出基准财政收入额的部分来计算平衡交付金总额。地方公共团体为了实现自己的地方自治的目标，必须维持一定水准的合理的地方行政服务，为此，需要一定的财政经费。这就是基准财政需求额。基准财政需求额中不包括以财政补贴款、国库负担金、各种行政服务手续费等特定收入为财政收入的经费。要计算基准财政需求额，需要将地方行政业务按照项目细分成几类。在此基础

日本新地方财政调整制度概论

上，测算每个行政项目所需经费，并确定测算单位的数值。用每单位费用乘以测算单位数值，就能得出基准财政需求额。在这种情况下，测算单位数值不使用实数。为了更精准地测算地方公共团体的财政需求额，应适当斟酌添加人口密度、寒冷程度、积雪程度等条件来予以补充。另外，地方财政委员会要实地调查每个道、府、县、市、镇、村的具体财政收支情况，看看是否有一些地方公共团体具备一定的标准条件，能够实施合理而且有适当水准的地方行政。如果有的话，从这些地方公共团体的行政活动中采集各项测算单位，以其每个单位的费用为基础，确定单位费用。

日本中央政府在向各地方公共团体拨付财政平衡交付金时，为了不失公正，一定要摸清各个地方公共团体的具体征税状况。利用标准税率，客观地估算该地方公共团体的法定普通税收额，以此为根据来计算基准财政收入额。而且，标准税率要给地方财政留有余地。与此同时，为了避免挫伤地方公共团体的征税积极性，标准税率要采用日本地方税法规定的标准税率的70%。因为这一税率比较公允。

地方财政平衡交付金的计算方法主要采用比例计算方法。中央政府每隔一段时期，要对地方公共团体的交付金金额进行计算，在每年度4月1日进行。如果在4月1日以后发生地方公共团体的废除、新设、分割、合并、地界变更等情况，在确定其交付金金额时，要分别相应采取必要的变更措施。

为了彻底实现地方公共团体的财政均衡化，精确掌握各个地方公共团体的课税能力和财政需求不可或缺。但是，对现阶段的课税能力和财政需求等的精准测算方式等还处于研究阶段。地方公共团体情况复杂，参差不齐。因此，采用一般的计算方法很难掌握其详细情况。因而，这是需要攻关解决的难题。为了弥补这一缺陷，日本中央政府于1950年、1951年制定了临时措施，决定设立特别交付金制度，将特别交付金总额定为平衡交付金总额的1/10。有些地方公共团体会有特别的财政需求，因此，用一般的测算方法很难计算得出特别交付金的额度。这是因为有时在交付金额度计算出来

第二章　日本地方财政调整制度的历史沿革

之后会发生各种自然灾害，从而产生特别的财政需求。另外，还有一些地方公共团体发生其他特殊情况，交付金金额与财政需求相比会显得过于单薄，捉襟见肘。针对上述这些地方公共团体，要在充分斟酌其具体特殊情况的基础上，拨付给其财政平衡交付金。再有，交付金每年分四次拨付，而特别交付金每年拨付一次。

以上讲了交付金总额的计算方法以及交付办法的大体情况。交付金是实现地方公共团体财政均衡化必不可少的制度，是日本中央政府根据一定的基准，拨付给地方公共团体的拨款。之所以产生交付金制度是因为地方公共团体的财政收入缺乏自主性，而且在财政运营上也有不当之处。因此，毋庸讳言，交付金会加强中央政府对地方公共团体的控制或管制，加强中央集权。正是因为这个原因，要对地方财政平衡交付金制度和地方自治制度进行适当调整，使之相得益彰。为此，日本中央政府应采取以下措施。

首先，将交付金的总额限定在能够发挥地方公共团体的财政均衡化功能的最低必要限度。与此同时，要在中央政府设立地方财政委员会，让其具体负责交付金的相关业务。而且，地方财政委员会要与内阁保持一定的独立性，以维护地方公共团体的利益。另外，就交付金的拨付方法其主要章程要由相关法律来规定。进而，制定地方财政委员会规则。根据地方财政委员会规则处理其他具体的、琐碎的项目。之后，予以公示，让地方公民和相关人员周知。这样就可以最大限度地减少中央政府对地方自治制度的干涉。

其次，日本中央政府要充分尊重地方自治制度精神。为此，不允许中央政府在拨付交付金之际附加若干条件，限制地方公共团体对交付金的具体用途。这是地方财政平衡交付金制度的基本方针之一。因此，虽然原则上要测算各项地方行政项目的财政需求额，但是说到底，这只不过是为了方便计算平衡交付金的金额而已。这并不意味着日本中央政府给地方公共团体每年度的财政支出计划设置限制框架或者增添附带条件。各个地方公共团体可以自由支配财政平衡交付金，而且财政平衡交付金也可以纳入地方公共团体的一般性财政收入进行自由支配。但是，希望地方公共团体根据其管辖区域的实际情况用好财政平衡交付金,高效率、高水准地搞好地方行政工作,为当地居民谋福利。

再次,如果地方公共团体对交付金金额的计算基础有异议,或者交付金金额被减额,或者被勒令退还交付金,可以向有关部门提出异议,并要求重新审查。这项申诉权利的赋予是为了保护各地方公共团体的切身利益。如果经地方财政委员会认定,地方公共团体有行使其申诉权限的必要,可以就相关地方公共团体举行听证会。如果相关地方公共团体拥有充分证据证明地方财政委员会所确定的交付金金额,或者做出的退还交付金的决定等有失公平、公正的话,可以提出申诉,地方财政委员会必须召开听证会进行处理。经过听证,地方财政委员会认为该地方公共团体的申诉理由正当的话,可以变更或者撤销决定或处分。这一规定也是为了公平、公正地实施地方财政平衡交付金制度。

本制度对以前的财政均衡化方式做了大幅度的变更。因此,为了取得令人满意的效果,今后应进一步研究地方行政所需经费以及地方财政收入的测算方法,使得财政平衡交付金的计算方法更为客观和公允。为此,今后需要继续努力来不断改进和完善。

最后要说的是,由于创设了地方财政平衡交付金制度,为了使之顺利实施,必须对地方财政法的一部分进行修改,与上述制度进行配套。以上简要论述了提交本法案的理由以及内容概要。衷心希望各位议员在慎重审议的基础上,提出修改意见,并尽快表决通过。

第六节 从地方财政平衡交付金制度向地方交付税制度的转型

一 地方财政平衡交付金制度的破产

如上述章节所述,创设地方财政平衡交付金制度的目的是保障所有的地方公共团体都具有标准化的行政水准。而这一目标理想化色彩浓厚,因此,在现实的实施过程中,往往有些事情与现实脱

第二章　日本地方财政调整制度的历史沿革

节，不遂人愿。法律对地方财政平衡交付金制度的总额做了以下规定："地方公共团体的基准财政需求额超出基准财政收入额时就产生超出额，全国所有地方公共团体的这一超出额之和就是交付金总额的计算基础。"（地方财政平衡交付金法第 6 条第 1 项）事实上，这一规定采用的是累计方式。然而遗憾的是，实际上并未采用这种方法。而是运用以前就有的地方公共团体的财政收支计划，宏观地计算得出各地方公共团体的财政收入不足额，以此地方财政不足额作为基础来计算地方财政平衡交付金的总额。

不仅如此，对地方公共团体的财政收支计划的每年度的财政收入估算值和每年度的财政支出的累计估算值，地方财政委员会和日本财务省的意见完全相左。因此，每年度在编制国家预算时，就上述问题争论不休。[①]

日本地方财政平衡交付金法第 6 条第 3 项规定："当内阁打算变更地方财政委员会提议的交付金总额并将变更后的总额计入国家预算时，应提前征求地方财政委员会的意见。"该条第 4 项又规定："内阁在变更地方财政委员会建议的交付金总额或者交付金总额的计算基础的情况下，必须将以下信息以附录形式写在每年度的财政收入支出预算中：一是地方财政委员会提议的交付金总额的计算基础；二是内阁会议决定的涉及交付金总额的财政支出预算的基础；三是这两个计算基础的比较情况（以下内容省略）。"这些法律规定的目的都是为了确保平衡交付金的所需额度。但是，在现实政治生活中，地方财政委员会和日本财务省二者力量或者说权力不对等，前者处于弱势，后者处于强势。这样一来，结果往往是每年度的地方财政平衡交付金总额明显低于实际地方财政收入不足额。原因如下：地方公共团体当局总是期望能够征收超额居民税，因此，在制订地方公共团体的财政收支计划时，过分夸大了每年度的地方财政收入额。但是，居民税的超额征收并没有任何保障。另

---

① 当时，日本全国的都、道、府、县的知事代表在首相官邸前静坐示威，要求增加地方财政平衡交付金额度，形势剑拔弩张，极为紧张。

外，地方财政支出也有问题。尽管没有任何客观的地方财政基础作为支撑，认为地方公务员工资水平应该超过国家公务员的工资水平。但是工资相关费用的累计估算的一定额度被削减，这造成地方财政支出估算额过少。这也意味着财政需求额超出财政收入额的部分会很少。

由于上述原因，尽管创设地方财政平衡交付金制度的初衷是保障所有的地方公共团体拥有标准的地方行政服务水准，按既定计划进行行政、财政运营。但是，在这一制度下，各地方公共团体的财政越来越入不敷出。再有，地方财政平衡交付金总额的确定，原则上采用所谓的累加方式。因此，地方公共团体的财政运营一旦出现问题，就会要求日本中央政府增加平衡交付金的额度。这样，就会助长地方公共团体对这一制度的依赖性。这一点是毋庸置疑的，不容忽视。

基于上述理由，一部分地方公共团体并未在地方财政平衡交付金制度中得到实惠，逐渐对这一制度产生怀疑。而中央国库当局因为不知道每年度要确切拨付多少平衡交付金，无法编制国库预算。因此，很多地方公共团体强烈要求制定明确的、长久性的法律规定来确定财政平衡交付金的总额。

给地方公共团体的行政服务水准设定一定的目标水准，由中央政府提供相应的财政来源，以此保障这一目标的实施。这是一种保障地方公共团体财政来源的价值理念。很多有识之士指出这种价值理念本来就不适合日本国情，而最适合日本国情的应该是地方配付税制度，亦即用特定的国税收入的一定比例纠正各个地方公共团体之间存在的不均衡的财政收支状况，以此实现财政来源的均衡化。

二　地方制度调查会等进行的答辩

1952年，日美讲和条约正式生效，日本恢复国家独立。以此为契机，日本中央政府设立了地方制度调查会。在美军占领时期，日本政府制定了地方行政、地方财政制度。地方制度调查会的主要工作就是重新审视和修改占领时期的各项制度。在这一背景下，地

第二章　日本地方财政调整制度的历史沿革

方制度调查会开始讨论地方财政平衡交付金制度的存废问题。于是，在1953年10月进行的第一次答辩会上，地方制度调查会提出了以下改革意见，并获得通过。

[参考] 有关地方制度改革的答辩（抄录）

（1953年10月16日）

第二，有关地方财政制度的改革事项

3. 有关调整中央政府与地方公共团体之间以及地方公共团体相互间的财政收入事项

（1）将地方财政平衡交付金制度改称地方交付税制度（暂定名称）。

（2）设立特别会计账目，地方交付税的总额为所得税、法人税以及酒税的各一部分计入其中。

（3）地方交付税分为普通交付税（暂定名称）以及特别交付税（暂定名称）。

（4）每年度，日本中央政府拨付地方公共团体的普通交付税的总额为各个地方公共团体的财政收入额与财政需求额的不足部分之和。特别交付税的总额为普通交付税总额的8/92（也就是说，普通交付税为92%，特别交付税为8%）。

（5）在根据第（2）条规定计算得出的地方交付税的计入额和前一项计算得出的地方交付税的交付总额不一致的情况下，倘若不同额度在特别交付税的总额的一半以下的话，相应增减特别交付税的额度。倘若超出了特别交付税总额的一半的话，原则上，在特别会计账目中，按照以下方法进行年度之间的调整。

①计入额超出普通交付税总额的104/92的情况下，以超出额返还下述②的相关金额。如仍有余额的话，其超出额作为公积金计入特别会计账目。

②计入额不足普通交付税总额的96/92的情况下，填入①部分的公积金。仍然不足的话，其不足额在特别会计账目中算作借款。

日本新地方财政调整制度概论

（6）前一项公积金或者借款额度明显大的话，要对这一制度进行改革。

（7）日本中央政府拨付给各个地方公共团体的普通交付税的额度是指各个地方公共团体的财政收入额对财政需求额的不足部分。财政收入额以及财政需求额度的计算大体上沿袭了地方财政平衡交付金的方法。

（8）日本中央政府在向各地方公共团体拨付特别交付税时，如果有的地方公共团体普通交付税的交付额过少，要考虑其特殊情况。

（9）现行的地方财政平衡交付金的计算方法中尚有未制定为法律明文的部分。将这一部分进行合理的梳理，尽快将之法律化、明文化，以此来稳定和完善新的地方交付税制度。

在上述地方制度调查会答辩中提到的地方交付税制度可以说是各种措施的大杂烩。之所以这样说，是因为其总额计算方式酷似地方配付税制度，而向各个地方公共团体的分配方式则是沿袭了地方财政平衡交付金制度的分配方式。

另外，地方制度调查会的答辩中还提到了制度改革方案。其具体内容如下：当地方交付税的总额与地方财政收入不足部分相比，超出或者不足部分超过一定基准时，可作为特别会计账目的公积金或者借款。就这一点，财务省等相关负责人员强烈反对。也就是说，关于公积金额度和借款额度这一点，财务省与地方制度调查会的意见产生了严重分歧。财务省的具体反对意见如下：地方交付税的目的是将地方交付税总额和国税的一定比例挂钩，以此来保障地方财政收入的稳定性。而上述做法不仅会使这一目的落空，而且虽然称之为特别会计账目，但是其允许借款和国家预算不允许借款这一原则相违背。

1953年11月，税制调查会进行了答辩。在答辩中，税制调查会主张地方交付税制度即便稍有瑕疵，交付税率也不应有所变更。答辩的具体内容如下。

第二章　日本地方财政调整制度的历史沿革

［参考］税制调查会答辩记录（抄录）
（1953 年 11 月）

二　有关地方公共团体的财政来源调整事项

（1）地方交付税的相关事项

随着时间的推移，日本现行的地方财政平衡交付金制度弊端毕露，有可能危及地方公共团体的财政收支。因此，特做如下改革，以利于财政收入的合理分配。

①废除地方财政平衡交付金制度，随之设立地方交付税制度。

②地方交付税的总额为所得税、法人税以及酒税各自的一定比例，设置特别会计账目，将地方交付税计入其中。另外，所得税、法人税以及酒税的一定比例原则上不能变更。

③地方交付税分为普通交付税以及特别交付税两种。普通交付税的总额相当于地方交付税总额的 92%，特别交付税的总额相当于地方交付税总额的 8%。

④每年度，日本中央政府向地方公共团体拨付普通交付税，其总额的计算方法如下：各个地方公共团体的财政收入额与财政需求额之间存在不足额，这些不足额之和就是地方交付税总额。在这一交付税总额中，与该地方公共团体的该不足额所占比例相对应，计算得出普通交付税的总额。上述财政收入额以及财政需求额的计算方法大致是在对现行地方财政平衡交付金的计算方法进行简化的基础上形成的。

⑤特别交付税是在综合考虑自然灾害赈济和灾后重建所需费用以及其他无法预测的各种经费的基础上，认为该地方公共团体的普通交付税过少，才给予拨付。

⑥现行的地方财政平衡交付金的计算方法中尚有未形成法律明文的部分。将这一部分进行合理的梳理，尽快将之法律化，以此来稳定和完善新的地方交付税制度。

三　从地方财政平衡交付金制度向地方交付税制度过渡

在仔细斟酌地方制度调查会和税制调查会的上述答辩内容的基

日本新地方财政调整制度概论

础上，从 1954 年开始，日本中央政府废除了地方财政平衡交付金制度，开始实施地方交付税制度。地方交付税制度与地方财政平衡交付金制度的不同之处可以总结为以下两点：其一，二者的总额计算方式迥异；其二，对地方财政调整的基本认识有所不同。所以，着手重新进行相关立法，以法律形式将制度改革成果固定下来迫在眉睫。因此，对地方财政平衡交付金法的全文进行了修改。

针对上述所采取的措施，地方自治厅内部提出了强烈的反对意见。他们认为地方交付税制度和地方财政平衡交付金制度都主张中央政府对地方财政收入的不足额部分进行财政补贴，也就是说，其基本目标都是保障地方公共团体的财政来源（亦即财政收入）稳定，只不过在单年度补贴还是长期补贴上的主张有分歧而已，二者的内容实质区别并不大，因此，即便采取法律形式进行相关制度改革，也应该仅限于修改地方财政平衡交付金制度的部分内容。在这一背景下，最终在第 19 次国会上，有关方面提交了《部分修改地方财政平衡交付金法法案》，1954 年 5 月，地方交付税制度成立。[①]

这样，经过对地方财政平衡交付金制度进行部分修改，形成了地方交付税制度，其要点如下。

（1）将地方公共团体的财政来源保障和一定比例的国税收入额挂钩。这样一来，地方公共团体就拥有了独立的财政收入来源。此前，地方财政平衡交付金制度所采用的是单年度财政来源保障制度，经过这次修改，采用了长期财政来源保障方式。

（2）在日本中央政府拨付给各个地方公共团体的交付额上，沿袭了地方财政平衡交付金的补贴地方公共团体财政收入的不足额的做法，这样做能够发挥保障地方公共团体财政收入的功能。因

[①] 基于上述原因，地方交付税法的法律编号采用的是地方财政平衡交付金法的法律编号，亦即 1950 年第 211 号法律。柴田财政科长具体负责制度的修改，山本悟科长助理辅助其进行法律修改工作。他们的工作相当辛苦，而且受夹板气。因为三好重夫时任地方制度调查会委员，事实上是地方配付税制度的创始人。时任税务部长的奥野诚亮实际上是地方财政平衡交付金制度的创始人。三好重夫和奥野诚亮意见对立，争吵不已。

第二章　日本地方财政调整制度的历史沿革

此，主要是对交付金总额的确定等进行了彻底修改。除此之外，就计算办法等细节也进行了相应修改，其概要如下。

1. 关于交付金总额事项

（1）总额

修改后的法律规定地方交付税的总额为所得税、法人税以及酒税收入额的 20%，明确指出地方交付税是替代地方税的地方公共团体的独立共享财政来源。估算得出该年度的国税三税亦即所得税、法人税、酒税收入额，将这一国税收入额的法定比例加减以前年度的精算额，得出的数值就是每年度的地方交付税总额。所得税、法人税、酒税收入额等国税收入额的法定比例规定为 20%，这一比例是按照以下方法得出的。1954 年，日本政府制订了地方公共团体的财政收支计划，采用地方财政平衡交付金制度的办法测算得出地方财政收入的不足额为 1216 亿日元。用这个不足额除以国税三税的估算收入额得出的比例就是法定比例。

另外，这一比例未必正好是 20%。因此，将第一个年度的地方交付税占国税三税的比例作为特例来处理。具体来说，酒税规定为 20%，所得税以及法人税均为 19.66%。在该年度的后半期，制定了有关 1954 年度的地方交付税总额的特例法律（1954 年 12 月 8 日第 210 号）。该法律规定将上述所得税以及法人税的 19.66% 改为 19.874%。而且，在本则中规定的地方交付税占国税三税的比例在国会上进行了调整，修改为 22%（众议院将其调整为 25%，参议院对此进一步进行调整，最终定为 22%）。

（2）交付税的种类

地方交付税分为两类：一是普通交付税，占地方交付税总额的 92%；二是特别交付税，占地方交付税总额的 8%。

（3）对交付税额进行的调整

地方制度调查会就交付税额以及具体的计算问题进行了以下答辩：各个地方公共团体的财政收入不足额相加得出的数值和普通交付税的总额之间会产生差额。如果这一差额小于特别交付税总额的一半的话，相应增减特别交付税来进行调整。如果这一差额超出特

日本新地方财政调整制度概论

别交付税总额的一半的话，超出部分作为公积金或者作为借款，计入特别会计账目。通过上述方式对交付税总额进行相应调整，具体要按照以下实施要点使之制度化。

a. 假设各个地方公共团体的财政收入不足额超出普通交付税的总额。这一超出额以交付税总额的2%为上限，而且将这一超出额从特别交付税中减去（也就是说，从特别交付税中的减额最大值为交付税总额的6%）。

b. 因为日本各个地方公共团体的财政收入不足额之和会超出普通交付税总额。因此，要对特别交付税额度进行减额。在这种情况下，这一减额如果超出了交付税总额的2%，对将这一超出额乘以调整比例得到的数值进行减额（也就是说，普通交付税的交付额最多为交付税总额的94%）。

c. 当各个地方公共团体的财政收入不足额之和不足普通交付税总额时，普通交付税的剩余额要计入特别交付税。

d. 当上述两者的差额持续显著不同时，可以改革地方行政、地方财政制度，或者变更地方交付税在国税三税中所占比例。

由上述可知，日本中央政府并没有建立地方交付税年度之间的调整制度，也没有为此将公积金或者借款计入特别会计账目。其理由如下。

首先，尽管进行年度之间的调整对于完全保障地方公共团体的财政收入非常必要，但是完全保障地方公共团体的财政收入的做法也有不少弊端。这是因为地方公共团体的财政收支现状不容乐观，这样做会损伤地方公共团体的财政自律性。

其次，基于地方公共团体的财政收支现状不容乐观，公积金方式几乎行不通。这是个不容忽视的现实问题。

再次，如果想筹措足够数额的借款，只能通过发行公债的方法来解决。而就现在地方公共团体的财政状况而言，发行地方公债是不合适的。

鉴于以上原因，日本政府还是倾向于加强各个地方公共团体的独立财政来源。这样做，单观察某一个年度，多多少少会有所波

第二章　日本地方财政调整制度的历史沿革

动。但是，从长期来看，能够确实保障各个地方公共团体的财政来源的稳定性。这是一个不可动摇的基本原则。但是，假如这一差额长期持续过大，单就这一问题来说，可以对制度进行部分调整或者变更相应比例。由地方公共团体自己进行小范围内年度之间的调整也不失为妥当的做法。

鉴于上述情况，有关方面对地方财政法进行了部分修改，规定：地方公共团体可以进行年度之间的调整（第4条第3项）。另外，以前，当各个地方公共团体的财政收入不足额之和超出普通交付税总额时，通过对部分特别交付税减额来补贴上述不足额。但是，这一做法会给特别交付税的公平分配带来困难，因此从1955年开始，予以废除。

2. 有关基准财政需求额的事项

（1）有关费用项目以及测算单位数值的修改

a. 很早以前，相关各方就要求确定测算单位数值的计算根据，并将其以法律的形式确定下来。另外，其详细项目由内阁总理府令具体规定（对第12条第2项的修改）。

b. 现阶段，地方自治体的警察制度正在向府、县警察制度过渡。在这一过程中，"警察费用"从市、镇、村层面的地方公共团体转移到道、府、县层面的地方公共团体，而且测算单位也改为"警察公务员人数"。另外，警察制度的改革是从1954年7月1日开始的。因此，为了计算1954年4~6月的市、镇、村的财政需求额，通过附则，在市、镇、村层面的地方公共团体设置警察费用项目（仅限于该年度）。

（2）对调整测算单位数值的有关规定进行修改

调整测算单位数值和确定测算单位数值一样都以法律形式进行了明确规定。各项费用都应进行调整，并将其法律化。就这一点会在后面章节中进行论述。

a. 有关测算单位数值的调整方法。其基本事项要以法律形式固定下来，详细项目由内阁总理府令进行详细规定（对第13条第1项的修改）。

日本新地方财政调整制度概论

b. 将各项目的调整方法以法律形式固定下来。具体来说，这一数值的计算方法如下：通过内阁总理府令以每个项目的单位费用的比例为基础而确定的比例，乘以各个项目的测算单位的数值而得到的数值。这就是具体的调整办法（第 13 条第 2 项新增）。

c. 按照阶段、密度、形态、寒冷程度等项目进行调整，并将其法定化。在对两个以上的项目进行调整时，要将这些调整比例连乘（亦即顺次相乘）。进而，将其法定化（第 13 条第 4 项新增）。

d. 在对形态进行调整时，要按照以下相关规定进行。根据人口、经济结构、宅基地的平均价格指数以及工作单位津贴支付比例等项目分别计算得出的数值之和。将市、镇、村分为 1～10 类地区，或者根据不同的行政职能进行划分（第 13 条第 5 项新增）。

e. 通过相关法律来明确规定进行寒冷程度调整时的区域划分根据（第 13 条第 6 项新增）。

f. 有些地方公共团体因为人口急速增长，增设了一部分行政组织。因此，就这些地方公共团体的测算单位数值的调整方法设置了特例规定（1952 年以后，针对人口激增的地方公共团体，通过"其他各项经费"的名目，进行了形态调整。而在 1954 年以后，在一段时期内，作为形态调整的特例来处理）。

3. 基准财政收入额的有关事项

（1）将基准财政收入额的计算根据以法律明文形式确定下来。而就其详细项目，通过内阁总理府令来使之法律化（对第 14 条第 1 项的修改）。

（2）从 1954 年起，入场税由地方税移交给国税，新设入场让与税制度予以替代。因此，将其全额计入基准财政收入额（对第 14 条第 1 项的修改）。

（3）在创设道、府、县层面的居民税后，将其计入基准财政收入额。随着市、镇、村层面的居民税所得比例的降低，将用于计算基准税额的税率由 18% 下调至 13%（第 14 条第 3 项新增）。

（4）房产获得税、烟草消费税等税创设后，将其列入基准财政收入额（第 14 条第 3 项新增）。

第二章 日本地方财政调整制度的历史沿革

有关修改地方财政平衡交付金法一部分的法案提交理由及有关地方交付税制度运营的中央政府有关决定的下达文件,对理解从地方财政平衡交付金制度向地方交付税制度过渡的前因后果以及地方交付税制度的基本精神大有裨益。因此,对其主要内容进行了抄录。

[参考 1] 有关《部分修改地方财政平衡交付金法法案》提交理由及其概要说明

(1954 年 3 月 10 日第 19 次国会上众议院地方行政委员会的说明)

塚田国务大臣 发言内容如下:本次国会议题之一就是对地方财政平衡交付金法的一部分进行修改的问题。下面就这一提案的理由及其主要内容做简要说明。

众所周知,1950 年,美国夏普使节团对日本地方财政制度给出了一些建议。现行的地方财政平衡交付金制度就是根据夏普使节团的建议而创设的,是地方财政制度改革的重要工作之一。自那时起,这一制度对地方行政、地方财政的有计划地实施发挥了重要作用。遗憾的是,这一制度尚未稳定下来就出现了很多问题。就每年度的平衡交付金的总额问题,中央政府和地方公共团体当局之间争议不断,动辄通过政治方式予以解决。再加上地方公共团体财政拮据,每况愈下,各个地方公共团体在进行财政运营之际,在很大程度上依赖日本中央政府拨付的地方财政平衡交付金。这已经形成了时代风潮,是与地方财政平衡交付金制度的基本精神背道而驰的。不仅如此,地方财政平衡交付金制度还严重损伤了地方财政的自主性和自律性。各个地方公共团体为了谋求稳定,严重依赖日本中央政府。

这一事态也与地方自治的基本精神相悖,应尽快进行大刀阔斧的改革。造成这一事态的原因有多种,而主要原因之一就是现行的地方财政平衡交付金制度理想化色彩过于浓厚,存在不少缺陷。

基于这一考虑,日本中央政府在对日本地方制度调查会以及日

日本新地方财政调整制度概论

本税制调查会的答辩内容进行充分斟酌的基础上,对现行的地方财政平衡交付金制度进行了激烈讨论,决定废除地方财政平衡交付金制度,实施地方交付税制度。根据相关规定,地方交付税的总额是国税的所得税、法人税以及酒税的一定比例。这样一来,明确了地方交付税是地方独立财政来源,提高了地方财政的自律性,确保了地方财政收支状况的稳定。另外,地方交付税的拨付基准沿用了地方财政平衡交付金的办法。地方公共团体的地方交付税和地方税收入都是实施地方行政不可或缺的财政收入。地方交付税的目的就是对这一财政来源进行财政补贴。通过设定拨付基准,保障地方行政按照计划顺利实施。因此,我等向本次国会提交了本法案,希望各位议员进行审议。换句话说,地方交付税制度基本上和现行的地方财政平衡交付金制度的精神实质是一致的。其目的都是保障各个地方公共团体拥有必要的财政来源,但是本法案和现行的地方财政平衡交付金制度也有不同之处。具体来说,是财政来源的保障方式有所不同,不是单年度的,而是长期性的。和以前的地方配付税一样,都是保障各个地方公共团体拥有独立的财政来源,与地方财政平衡交付金制度相比,更能提高地方公共团体财政工作的自律性和稳定性。也就是说,根据地方财政收支的现状,采用了地方财政平衡交付金制度和地方配付税制度的优点,舍去各自的缺点,取长补短后将两种制度进行调和。在此基础上,形成了地方交付税制度。下面讲一下本法案的内容概要。

首先,地方交付税的性质及其功能。地方交付税是国税的所得税、法人税以及酒税的一定比例。地方公共团体以此为财政来源,来执行行政事务,由中央政府拨付。也就是说,地方交付税的额度是国税的所得税、法人税以及酒税的一部分,和以前的地方配付税一样,都是地方公共团体的独立财政来源。地方交付税的目的有三:一是通过设定交付基准保障地方行政业务按计划实施;二是对财政需求额超出财政收入额的地方公共团体,中央政府通过拨付交付税补贴其超出部分;三是中央政府拨付交付金,让所有的地方公共团体都能够实施标准化行政事务。地方交付税和以前的地方配付

第二章　日本地方财政调整制度的历史沿革

税以及现行的地方财政平衡交付金一样，其目的都是调整地方财政的财政来源。换句话说，地方交付税是地方公共团体的共享财政来源。地方交付税的基本理念是设定交付基准，向地方公共团体拨付交付金，和地方税一道成为地方公共团体的一般性财政来源。这样一来，地方公共团体就能实施合理的、妥当的标准化水准的地方行政。因此，地方交付税还有一个重要功能就是调整地方公共团体之间的财政收入。

其次，关于地方交付税的总额问题。其一，每年度应拨付的交付税总额。地方交付税是属于国税的所得税、法人税以及酒税的20%。该年度以前的年度的财政收入估算额、已经拨付的额度和结算额度之间会有所出入。国税的所得税、法人税以及酒税加减这一出入额所得到的额度就是每年度应拨付的地方交付税的预算总额。其二，交付税的种类。和地方财政平衡交付金制度一样，地方交付税也分为普通交付税和特别交付税两种。普通交付税占交付税总额的比例为92%，特别交付税占交付税总额的比例为8%。其三，普通交付税的总额和各个地方公共团体的基准财政需求额是超出基准财政收入额的额度之和的调整额。法律上规定普通交付税的总额可以自动确定。交付税的终极目标就是补贴各个地方公共团体的基准财政需求额超出基准财政收入额的部分。这样一来，倘若在现实操作过程中，各个地方公共团体计算得出的基准财政需求额超出基准财政收入额之和，长期、持续性地和普通交付税的总额显著背离的话，必须做出相应调整：一是改革地方财政制度或者地方行政制度；二是变更交付税在国税三税（亦即所得税、法人税以及酒税）中所占比例。但需要注意的是，这一差额如果是计算失误造成的，而且误差较小的话，由地方公共团体在其地方财政职权范围内自行处理。假如交付税总额超出基准财政需求额与基准财政收入额差额的话，其超出额计入特别交付税进行分配。在交付税总额不足基准财政需求额与基准财政收入额差额的情况下，从特别交付税中刨除，其最大额度不能超过交付税总额的2%。如果其最大额度超过交付税总额的2%，和现行的地方财政平衡交付金制度一样，通过调整基准财政需求额来进行处理。另外，中央政府拨付的地方交付税额度超出了财政收入不足额之和的话，在地方财政法调整方案中，应就此进行必要调整。内容就介绍到这里，希望另找机会恳请各位议员批评指正，并予以审议。

最后，关于地方交付税的拨付方法。基于交付税本身的性质，原则上，日本中央政府仍沿袭现行的地方财政平衡交付金制度的拨付方法。前些日子，修改了公务员工资的发放方法，实行各年度之间的平均化。但是，随着时间的推移，经济形势发生了变化。因此，需要根据经济形势，相应做出若干调整。其一，由于工资发放实施了年度之间的平均化，对单位费用也要进行相应调整。其二，要将测算单位数值、调整系数以及基准财政收入额的计算办法以法律形式固定下来。毋庸赘言，和地方财政平衡交付金的情况相同，在计算地方交付税时，要尽量避免主观随意性。按照这一思路，确定测算单位的数值、调整系数等的计算方法，并在相关法律中将其明文化。

以上所述是本法案的内容概要。我等恳请各位国会议员在对上述内容认真慎重审议的基础上表决通过。

[参考2] 向各都、道、府、县知事下达地方交付税制度的具体运营通知

（1954年6月12日，乙财政第30号）

现公布1954年第101号法律的具体内容。此前的地方财政平衡交付金制度从即日起废止，并开始施行地方交付税制度。这一制度是在对地方财政平衡交付金制度进行部分修改的基础上形成的。当然，在对地方财政平衡交付金制度进行修改时，要充分斟酌地方财政平衡交付金制度的优点和缺点，继承其优点，摒弃其缺点。不仅如此，还要借鉴以前曾经实施过的地方配付税制度的长处。这样一来，就可以提高地方公共团体的财政运营的自律性和自主性，确实保障地方公共团体财政收入的稳定性。除此之外，作为上述配套措施，实施了地方税制度改革。与此同时，对地方财政法也进行了

第二章　日本地方财政调整制度的历史沿革

部分修改。这样做的目的不外乎是为地方公共团体提供独立的财政来源，以实现真正意义上的地方自治。希望相关人员仔细阅读下面所列通知事项，以期对地方财政运营有所裨益。另外，希望都、道、府、县的相关负责人尽快将本通知的内容传达给其管辖下的市、镇、村等各级单位，尽快按照通知精神予以实施。再者，1950年7月22日，以地方财政委员会为主体制定了《地方财政平衡交付金制度运营措施》（地方财政委员会第29号文件）。由于上述通知的下达，这一措施也予以废止。具体通知内容如下。

一　整个制度的相关事项

1. 地方交付税由国税三税（亦即所得税、法人税以及酒税）的一定比例构成，其目的如下：为了让地方公共团体都能履行行政职责，日本中央政府针对财政需求额超出财政收入额的地方公共团体，补贴其超出部分，以平衡地方公共团体相互之间的财政来源。在这一点上，和以前的地方财政平衡交付金制度是有共性的。通过设定拨付基准，保障地方行政业务能够按计划有步骤地进行。为此，日本中央政府向各地方公共团体补贴必要的财政来源。与以前的地方财政平衡交付金制度相比，其独立性更强，而且在性质上属于地方公共团体所共同享有的独立财政来源。

2. 地方交付税是指国税的所得税、法人税以及酒税收入额的法定比例，根据法定基准，予以拨付。地方交付税可以有效地保障地方公共团体的财政来源，而且保障方式是长期性的、大体性的。从单个年度来看，未必都能对基准财政需求额超出基准财政收入额的部分（以下简称"财政来源不足额"）进行补贴，而且有时所交付的额度会超出财政来源不足额。

从地方财政平衡交付金制度的运营情况来看，其与制度本身的精神宗旨背道而驰。这损害了地方财政运营的自主性，使得地方公共团体严重依赖日本中央政府，弊端众多。鉴于这一实际情况，将地方交付税的总额定为国税三税的一定比例。单年度的财政来源不足额参差不齐，极不均衡。因此，地方公共团体应采取切实措施，使其财政走向自律性运营轨道。这样一来，就可以克服上述问题。

日本新地方财政调整制度概论

总而言之，地方交付税制度的宗旨是中央政府为地方公共团体提供长期性的财政来源保障服务，而非只争一朝一夕，仅满足单个年度的财政收支平衡。因此，要求地方公共团体自身也要努力加强本区域财政运营的自律性。与此同时，当地方公共团体的基准财政收入额与中央政府拨付的地方交付税额度之和亦即一般性财政来源额明显超出地方公共团体的基准财政需求额时，应根据另行制定并业已生效的地方财政法第4条第2项的规定自行采取措施，进行年度之间的财政来源调整，使得财政运营按照计划顺利实施。

3. 地方交付税是调整并赋予地方公共团体稳定的财政来源的一种手段，其特色是日本中央政府在拨付地方交付税之际，不得附加任何条件来限制其具体用途。因此，用于计算地方交付税的基准财政需求额以及基准财政收入额只不过是拨付地方交付税的相关资料和根据而已，并非是为了约束地方公共团体的预算行为而设置的。

4. 必须保障日本任何地区的地方行政都能顺利实施。这是所有日本公民发自内心的愿望。为了不辜负这一期望，在法律中明确规定："要努力维持合理、妥当的行政服务水准，至少要具备法律或者政令上明确要求的行政规模和行政内容。为了实现这一目的，地方公共团体义不容辞。"而且，在地方行政运营过程中，要有全局观念，将维护国家利益放在第一位。对要求地方公共团体办理的行政事务，要从财政上予以充分支持，让其圆满完成工作任务。

5. 法律或者政令要求地方公共团体维持一定的行政规模和行政服务水准，这是各个地方公共团体义不容辞的义务。假如消极懈怠，会导致地方行政水准下降。这样一来，中央政府的相关行政机构有权对该地方公共团体提出警告，促其整改。有的地方公共团体在没有发生自然灾害也没有其他不得已的理由的情况下，无视日本中央政府的警告，我行我素。这意味着该地方公共团体没有使用与行政规模或者行政内容相对应的地方交付税。在这种情况下，中央政府可对该地方公共团体采取以下措施：对即将拨付给该地方公共团体的地方交付税的全部或者一部分进行相应减额。如果已经拨

第二章　日本地方财政调整制度的历史沿革

付，可以令其退还地方交付税的全额或者一部分。这样做是为了保障日本的所有地方，都能达到中央政府所要求的行政服务水准。另外，中央政府的本意是地方公共团体的行政业务应尽量由地方公共团体自主处理。中央政府应在法令中明文规定：除了特殊情况，地方公共团体有责任和义务维持一定的行政规模和行政内容，要尽量避免地方公共团体因不履行相关职责而受到相关行政机关的警告等事态的发生。

二　地方交付税总额的有关事项

1. 地方交付税的总额为国税的所得税、法人税以及酒税收入额的22%（仅限于1954年一年实施，地方交付税的总额为所得税、法人税的19.66%以及酒税的20%）。每年度应拨付的地方交付税额度为该年度所得税、法人税及酒税的估算收入额的22%加减上一年度以前年度未拨付完或者拨付超出额所得到的额度。每年度的日本国家预算规定，上述额度计入交付税及让与税配付金特别会计账目，从该特别会计账目向地方公共团体拨付该年度的地方交付税。每年度应拨付的地方交付税总额由以下两部分额度自动计算得出：其一，计入该年度国家财政预算的所得税、法人税及酒税的估算收入额；其二，上年度以前年度的所得税、法人税及酒税的预算计入额及其结算额。

2. 每年度，中央政府拨付给地方公共团体的地方交付税应计入特别会计账目。针对财政需求额超出财政收入额的地方公共团体，该年度中央政府应将地方交付税全额拨付。而且，因为每年度应拨付的地方交付税总额自动计算得出，因此，该年度地方公共团体所需要的财政来源不足额之和与地方交付税总额未必一致。在这种情况下，在该年度，应通过在一定范围内增减特别交付税的总额进行相互调整。

3. 地方交付税是地方公共团体的独立财政来源。因此，在通常情况下，原则上所得税、法人税及酒税的税率不应进行变更。只有在普通交付税的总额长期、持续明显和计算得出的各个地方公共团体的财政来源不足额之和发生较大出入的情况下，才能改革地方行政制度和财政制度，或者变更地方交付税在所得税、法人税及酒税的所占比例。

三 地方交付税的分配事项

1. 将地方交付税分为两类：一是普通交付税，占地方交付税总额的92%；二是特别交付税，占地方交付税总额的8%。而上述分类只是原则性规定。当该普通交付税的总额超出各地方公共团体的基准财政需求额与基准财政收入额的差额之和亦即超出财政来源不足额时，该超出额要加到特别交付税的总额中。财政来源不足额以地方交付税总额的2%为上限，从特别交付税总额中刨除，加到普通交付税里。因此，特别交付税总额与地方交付税总额的比例根据年度而有所变动。

2. 因为普通交付税的计算方法整齐划一，财政需求额或者财政收入额无法精确测算，存在或多或少的问题。发生自然灾害，特别财政需求会相应有所增加，或者说财政收入额会有所减少，还由于种种因素，有的地方公共团体会发生普通交付税额显著少于财政需求额的情况。日本中央政府应在充分斟酌上述具体情况的基础上，向符合条件的地方公共团体拨付特别交付税。拨付特别交付税的主要目的是纠正普通交付税的计算错误，因此，从本质上来说，这种制度和普通交付税没有任何区别。

3. 在现实生活中，往往有些地方公共团体曲解特别交付税制度的本质，寄希望于用特别交付税解决财政收支上的难题。因此，就特别交付税的具体含义要多做些解释工作，避免因为特别交付税的存在使地方交付税的合理性和客观性受到质疑。

4. 在测算基准财政需求额及基准财政收入额之际，原则上不使用各地方公共团体的实际收入数据、支出数据，而是采用客观的指标，间接地进行测算。这一做法是为了确保地方交付税制度的公正实施，保持地方财政的健全性。

5. 为了彻底实现地方财政的均衡化，地方公共团体的财政需求额等的计算方法越来越复杂。因此，要致力于准备或者制作各种统计数据以及台账等数据，根据正确的资料公正地计算得出地方交

第二章　日本地方财政调整制度的历史沿革

付税的额度。如果台账等资料准备不周全的话，会犯一些基础性的数学错误。因此，应尽量避免这种情况的发生，将错误扼杀在萌芽状态。

6. 基准财政收入额的计算方法如下：用地方税法中规定的标准税率的80%计算得出的法定普通税的收入估算额与入场让与税的估算收入额相加即可得出道、府、县层面的地方公共团体的基准财政收入额。市、镇、村层面的地方公共团体的基准财政收入额为以标准税率的70%计算得出的法定普通税的估算收入额。计算基准财政收入额是为了确保地方财政的自主性，并非是地方公共团体在实际征税情况下应遵守的标准税率。在这种情况下，入场让与税的全额应计入基准财政收入额。这样做是因为入场让与税本质上和地方交付税没有任何区别。

7. 原则上由都、道、府、县的知事计算应拨付给该都、道、府、县管辖区域内的市、镇、村的地方交付税的额度，并处理地方交付税的相关拨付事宜。在具体执行过程中，一定要避免侵害市、镇、村的地方自治权。与此同时，要致力于准确掌握该市、镇、村的财政收支状况。现阶段，在办理地方交付税相关事宜时，错误频出，因此应根据另行制定的《交付税（金）事务指导要领》，竭尽全力，顺利完成地方交付税的计算任务，防止错误的再次发生。

8. 在实际运用地方交付税制度的过程中，制定重新审查请求、异议申诉以及听证会制度。这样做的目的是在计算地方交付税的过程中保护地方公共团体的切身利益，公平、公正地执行地方交付税制度。

9. 通过法律形式，明确规定用于计算各地方公共团体基准财政需求额的计算单位以及单位费用。除此之外，通过法律明文规定测算单位的数值、调整系数及基准财政收入额以及各自的计算方法和计算根据。进而，用内阁总理府令的形式使之具体化。这些都是确立实施地方交付税制度的客观合理的基础工作。就地方交付税的计算办法而言，将来随着技术的进步可完全法律化。

第七节　日本地方分权推进委员会的建议以及地方分权推进计划的详细内容

一　地方分权推进法以及地方分权综合法的制定

如上所述，1954年，日本政府创设了地方交付税制度。但是，在实施初期，这一制度还有诸多需要完善之处。比如日本中央政府和地方公共团体之间的行政工作的分工存在不少问题，中央政府和地方公共团体的相互关系问题等亟须解决。为此，日本政府应设立临时行政调查会、地方制度调查会、行政改革审议会等机构，就上述问题进行讨论、答辩。这是一个长期和艰辛的工作。

1993年6月，国会众议院、参议院两院全会一致通过《有关地方分权的决议》。决议的主要内容如下：日本的政治、经济、文化等功能过分集中在首都东京，因而出现众多弊端，应予以纠正。要建设一个美好社会，让老百姓过上富裕生活，而且能有较多的闲暇时间，这是日本要实现的长期目标。为了实现这一目标，必须改革中央集权式的行政方式，促进地方分权的进一步发展。这是大势所趋，也是民众的呼声。对日本社会来说，当务之急是改革日本中央政府和地方公共团体的功能和作用，将中央政府的部分权力移交给地方公共团体，充实和加强地方税以及地方财政收入，以此来加强地方公共团体的自主性、自我约束性，建立健全的地方自治制度。这些措施符合21世纪的时代要求。为了有力地促进地方分权制度的实施，日本中央政府着手制定相关法律，群策群力，发动民众，大刀阔斧地进行相关制度改革。上述决议在日本国会表决通过之后，第三次临时行政改革审议会、地方制度调查会各方面就地方分权制度的实施方案等纷纷建言献策，着手法律的制定工作。1995年5月，日本中央政府制定《地方分权制度实施推进法》，规定了推进实施地方分权制度的基本思路和基本框架，指出今后日本政府5年内的目标是有计划地全面实施

第二章　日本地方财政调整制度的历史沿革

地方分权制度。

日本中央政府根据上述《地方分权制度实施推进法》，开始讨论制订《推进地方分权制度五年计划》。计划里面详细规定了为实施地方分权制度，在法制上和财政上应该采取切实可行的措施，并积极付诸实施。1995年7月，国会相关议员制定出上述计划的大纲，并提交给日本内阁总理大臣，征求具体的指导意见。除此之外，日本政府还设立专门机构，目的是监督上述计划的实施状况。这一机构的正式名称为"地方分权推进委员会"，由7名有识之士组成，其中包括地方公共团体的相关人员。

地方分权推进委员会分四次向日本中央政府提出切实可行的建议。1998年5月，日本政府制订了《地方分权制度推进计划》。与此同时，日本政府还制定了地方自治法等相关法律，多达475条。为确实保障这一法律的制定和顺利实施，日本政府首先制定了《推进地方分权制度实施的相关法律》（简称"地方分权综合法"）法案，提交国会众议院和参议院审议。1999年7月，该法案在第145次国会上进行审议，并表决通过。

上述地方分权综合法等一系列地方分权制度推进计划，采取了以下切实有效的措施：一是调整了日本中央政府和各地方公共团体的关系。迄今为止，二者的关系是上下级、主从关系，今后，拟调整为对等、合作关系。这一调整措施具有划时代的意义。二是调整了日本中央政府和地方公共团体之间的行政工作分工问题，废除中央政府机构向地方公共团体（实际上是其行政长官，亦即知事）的行政工作委托制度。由于这一制度的废除，日本政府重新进行了行政工作分工。改革中央政府对地方公共团体工作的参与方式，推进中央政府的部分权限向地方公共团体的移交，修改必置（必须具备的）规则，完善和制定行政制度。上述制度内容从2000年4月开始实施。另外，从加强和充实地方税、地方财政收入的角度论述了中央政府和地方公共团体之间的财政关系。在此基础上，提出了财政制度改革的具体思路。以下就上述内容进行概述。

二 保障地方税收，尊重地方公共团体的课税自主权

《地方分权制度推进计划》在"第四，对国库补贴负担金进行整理，使之合理化，对地方税、地方财政收入予以充实、保障"一项中，就中央政府和地方公共团体之间财政关系的改革提出了基本思路，明确其坚持的原则是由实施行政事务的主体负担该项费用。除此之外，日本中央政府还提出了以下具体方针：① 整理中央政府的国库补贴负担金，使其合理化；② 改革现行的国库补贴负担金的运用方式以及参与方式；③ 充实并保障地方交付税等地方公共团体的一般性财政来源。其以上述三点措施作为改革的基本方向。除此之外，制订切实可行的改革方案，对个别的国库补贴负担金进行整理，使之更趋合理化，更易运用。

充实和确保地方税收、地方财政收入措施的主要内容如下：一是完全采纳1998年7月由地方分权推进委员会第二次提出的建议；二是建立有关地方交付税的计算方法的意见申述制度；三是支持各地方公共团体的市、镇、村的合并工作；四是将上述观点反映在地方公共团体的财政需求中。其详细内容如下。

地方分权推进委员会就地方税收的充实和保障一事提出了以下建议：指出每年度的地方公共团体的财政支出占每年度的中央政府和地方公共团体的纯财政支出的比例约为2/3，地方税占租税总额的比例约为1/3，财政支出规模和地方税收入之间明显存在背离现象。因此，地方分权推进委员会主张应尽量缩小每年度的地方财政支出规模和地方税收入之间的差距。为此，要大幅度提高地方税收入。进而指出，既要充实和保障地方税收，又要尊重地方公共团体的课税自主权。

在地方分权制度实施进程中，地方公共团体在财政方面要进一步扩大自我决策权，加强自我责任感。与此同时，向所辖地区地方居民阐释受益和义务负担是相辅相成的关系。明确中央政府和地方公共团体的行政工作分工，从中长期角度考虑日本中央政府和地方公共团体的征税来源的分配问题。通过这一系列措施来充实和保障

第二章　日本地方财政调整制度的历史沿革

充足的地方税收。

重视百姓民生已经成为社会和时代的潮流，为此，中央政府和地方公共团体应该齐心协力做好税收工作，确保所得、消费和资产等的均衡关系。与此同时，建立一个完善的地方税体系，以此来保障地方税收的稳定和税收来源的地区之间的均衡。除了采取上述措施外，还要就如何进一步完善地方税、中央政府的国库补贴负担金、地方交付税等问题展开讨论。

当前，日本政府正在考虑废除或者削减中央政府的国库补贴负担金。但是，国库补贴负担金业务在一段时期内，还有必要继续实施。日本中央政府的部分行政工作、部分权限正在移交给地方公共团体。在这种情况下，要在对上述措施的内容、规模等进行通盘考虑的基础上，确实保障地方公共团体的地方税等一般性财政来源。

为了使尊重地方公共团体的课税权名副其实，应废除法定外普通税的审核制度。在此基础上，逐渐向事前协商制度（亦即在做出决定前，中央政府须征得地方公共团体的同意）过渡。与此同时，设立法定外目的税制度，废除个人的市、镇、村居民税限制税率制度。

三　简化地方交付税的计算方法，创立地方公共团体的意见申述制度

《地方分权制度推进计划》（简称"计划"），就地方交付税制度、计算方法的简化、地方公共团体的意见申述制度的创设等提出了明确方针，具体内容如下。

第一，指出"中央政府不应侵害地方公共团体自主性地执行行政业务的权限。地方公共团体之间的税收来源分配不均造成了各地方公共团体的财政力量的悬殊。中央政府应该采取相应措施予以纠正。与此同时，加强地方交付税的财政调整功能至关重要。因为这样做可以保障地方公共团体根据相关法律有计划地实施一定水准的行政业务"。在此基础上，通过制订切实可行的地方公共团体的财政收支计划，保障今后地方交付税总额的稳定。

日本新地方财政调整制度概论

第二，在《地方分权制度推进计划》中，对地方交付税的计算方法也做了大体规定。基本方案是采取静态的计算方法，其计算根据是人口、面积等基本指标。与此同时，还适当采用了与地方公共团体的行政工作量挂钩的动态的计算方法。除此之外，在《地方分权制度推进计划》中，还制订了计算地方债本息偿还金的相关措施。具体来说，根据地方债的实际偿还额的多少，将其计入基准财政需求额。其具体内容为："地方交付税制度的目的是保障地方公共团体的财政收入。根据这一基本精神，采取相应措施，将地方债本息偿还金计入基准财政需求额。但是，这一措施要限定在以下行政事业上：救灾及灾后重建事业、惠及各地方公共团体以外的事业、地区分布上有偏重性的事业、为振兴人口过于稀少地区的经济而采取政策倾斜的公共事业等"。除此之外，还做了以下规定："对迄今为止实施的制度的不合理之处进行修改，与此同时，采取必要的新措施"。

第三，就地方交付税的计算方法的简化问题，提出了以下指导意见。一是关于地方公共团体的行政业务问题。中央政府根据法律、法令等，要求地方公共团体执行相关行政事务，承接对日本和当地都有利的公共事业。与此同时，地方公共团体也要维持一定水准的地方行政业务。而地方公共团体为了完成这些行政工作，需要有充足的行政经费。地方自治法等法律规定日本中央政府有义务保障地方公共团体的财政收入。为了保障地方公共团体的财政收入，地方交付税制度应运而生。而在拨付地方交付税时，应根据实际情况和具体内容，计算得出地方公共团体的实际财政需求额。同时，也要简化地方交付税的计算方法。迄今为止，日本中央政府将一些行政工作和对国家有利而与地方公共团体关系不太大的公共事业，强制性地分配给各地方公共团体。从今往后，日本中央政府要尽量减少这些烦琐的业务总量，尽量不要下达强制性任务。在这种情况下，简化计算方法势在必行。《地方分权制度推进计划》明确规定："改革日本中央政府和地方公共团体的行政工作分工方式。迄今为止，日本中央政府通过法律、法令形式强制性地要求地方公共

第二章　日本地方财政调整制度的历史沿革

团体执行中央政府的部分行政工作或者仅对中央政府有利而与地方公共团体利益无关的公共事业。这一做法今后要予以停止或者减缓实施",而简化计算方式也是一项重要工作。

为使地方交付税的计算方法的简化工作顺利实施,《地方分权制度推进计划》做了以下规定:"在计算普通交付税的基准财政需求额时,尽可能采用可信度较高的客观性的统计数据作为测算单位来使用。运用调整系数计算得出地方公共团体的财政需求额,以此作为法律规定的单位费用"。与此同时,对特别交付税也做了相关规定:"尽可能使用简明可行的方法计算地方公共团体的财政需求额"。

第四,要计算得出地方公共团体的基准财政收入额。值此之际,根据个别法律,采取适当措施扣除因为地方税免税措施等造成的相应税收减少额度。在《地方分权制度推进计划》中,也对此做了相关规定:"迄今为止所执行的制度或者方法,由于已经到了适用期限,应对其必要性、适用对象及其主要内容进行修改,采取最小限度的新措施"。

第五,创设相应制度,允许地方公共团体对不合适的计算方法提出意见申述。就这一点,在《地方分权制度推进计划》中指出:"地方交付税的计算方法要更准确地反映地方公共团体的意见。与此同时,要将其计算过程更加透明化。为此,应允许地方公共团体就普通交付税以及特别交付税的计算方法提出申诉意见。在接到申诉意见之后,日本自治省大臣召开地方财政审议会,附议有关地方交付税事项。值此之际,附上该申诉意见。同时应将这一制度以法律或者法令的方式确定下来。"根据上述方案,在地方分权综合法中,具体要在地方交付税法中加上下面一条,并从2000年4月开始实施。

(有关地方交付税额度计算方法的申诉意见)

第17条之4　1. 地方公共团体有权就地方交付税额的计算方法,向自治省大臣提出申诉意见。在这种情况下,如果是市、镇、村层面的地方公共团体的话，其申诉意见必须经过都、道、府、县知事呈递。

2. 日本自治省大臣在接到上述申诉意见之后，要认真予以处理。根据自治省设置法（1952年第261号法律）第10条的规定，就地方交付税事项进行附议。值此之际，将上述处理结果向地方财政审议会予以汇报。

除此之外，《地方分权制度推进计划》还规定："在计算地方交付税额度之际，要敦促各地方公共团体努力征税、通过自主性努力，重建地方公共团体的财政基础，积极支持市、镇、村实施合并。与此同时，将这些措施和地方公共团体的财政需求密切挂钩"。另外，该计划还就地方分权综合法提出了以下建议：修改"有关市、镇、村合并特例的法律"的一部分，延长普通交付税的相关合并计算期限，创立合并特例债，进一步采取财政措施，促进市、镇、村的合并进程。

第六，关于将地方交付税直接计入交付税特别会计账目的问题。有很多人主张应明确将地方交付税定位为地方公共团体固有的财政收入。为此，地方交付税不必经过中央政府的一般会计账目，而是通过国税收纳整理资金，直接计入地方交付税特别会计账目。另外，又有一部分人认为有必要以一揽子形式，在一般会计帐目中明示主要税目的情况。可见上述做法问题颇多。因此，地方分权制度推进委员会进行了第二次提案。值此之际，将上述两种观点一并做了记录，就此问题在以后章节继续论述。《地方分权制度推进计划》也是沿袭了这一处理办法。

四 废除地方债许可（亦即审批）制度，向事前协商制度过渡

由上述可知，日本中央政府充实并加强了地方税、地方财政收入的一系列措施，是在地方分权推进委员会的提议下实施的。除了上述措施之外，还决定废除地方债许可制度，并向事前协商制度过

第二章　日本地方财政调整制度的历史沿革

渡等。另外，在地方债制度方面，也做了一些配套改革。为了进一步提高各地方公共团体行政上和财政上的自主性，决定废除现行的地方债许可制度。同时要确保地方债的顺利发行，确保各地方公共团体有充足的地方财政收入，保障地方财政的健全性。为了实现上述目标，地方公共团体在发行地方债之际，原则上要和中央政府或者都、道、府、县进行协商。这就是事前协商制度。为此，在地方分权综合法中，修改了部分地方财政法，允许地方公共团体发行地方债。但是，前提条件是要明确其经费的具体用途。与此同时，重新制定地方债发行时的事前协商制度。除此之外，制定特例规则，允许中央政府参与地方债发行。另外，要按照地方分权制度推进委员会的建议，制定发行地方债协商制度的具体规定。日本政府将2005年定为财政健全化目标实现年度，从这一年起，日本政府的财政结构改革终于告一段落。从这时到2005年之间的这段时期，根据地方财政法附则，依然维持地方债许可制度。

除此之外，在《地方分权制度推进计划》中，还明确指出因为要将中央政府的行政事务的一部分及其权限的一部分移交给地方公共团体，确保地方税、地方交付税等地方一般性财政来源。同时，允许地方公共团体收取某些行政手续费。根据这一方针，逐步完善地方自治法的相关规定。

第三章　地方交付税在地方财政收入中的地位

第一节　地方交付税在地方财政收入中所占比例——变化过程和现状

日本所有的地方公共团体都独自课税，以此来筹措财政收入。这样一来，可以获得维持行政活动所不可或缺的经费。地方公共团体可以根据自己的实际需要，对这部分财政收入进行自由支配。也就是说，地方公共团体可以通过自主性财政来源维持地方自治制度。这就是最理想的地方自治制度。

如前些章节所述，现实并非如此。日本各地方公共团体之间经济发展水平和经济实力参差不齐，在同一个地方税制度下，很多地方公共团体并不能保障稳定的收入，因此也就无法满足其财政需求。1950～1998年，地方公共团体的每年度的财政收入构成比有所不同，这一变化情况如表3-1所示。整体来看，地方税大致在30%徘徊。但是，以下两个时间段情况完全不同，1965～1974年，日本经济持续高速增长；1990年前后，日本正值泡沫经济时期。在上述两个时期，地方税收都很高，因此相应在整体中所占比例也较高。

一般将地方公共团体分为都、道、府、县和市、镇、村两类。以下将这两类地方公共团体的具体情况进行分析。首先看一下都、道、府、县的情况。在经济高度增长时期和泡沫经济时期，地方税占整体的比例较高，高达40%左右。而在石油危机之后，日本经济进入低增长时期。泡沫经济崩溃后，日本经济受到重创，从此一蹶不振。这两个时期的地方税所占比例急剧下降到30%左右。原

第三章 地方交付税在地方财政收入中的地位

因如下：都、道、府、县层面的地方税收的大部分依赖事业税，而事业税对经济景气度极为敏感。

表 3-1 地方交付税等占地方公共团体每年度财政来源的比例

单位：%

分类	年度	1950	1954	1960	1970	1980	1990	1998
都、道、府、县	地方税	26.3	25.0	30.9	37.4	32.7	39.9	31.9
	地方让与税	—	3.4	2.7	1.6	0.6	1.8	0.7
	地方交付税	24.0	12.9	16.5	15.9	17.4	18.2	16.6
	小计（一般性财政来源）	50.3	41.3	50.2	54.9	50.7	59.9	49.2
	国库支出款	26.5	35.0	29.4	25.6	27.0	16.8	17.9
	地方债	6.0	8.4	3.9	4.2	8.4	73	14.5
	其他	17.2	15.3	16.5	15.3	13.9	16.0	18.4
	共计	100.0	100.0	100.0	100.0	100.0	100.0	100.0
市、镇、村	地方税	44.4	42.4	42.8	34.2	32.8	41.7	38.7
	地方让与税	—	0.1	0.1	0.3	1.1	2.1	13
	地方交付税	15.0	8.5	12.2	18.4	15.6	15.5	15.8
	小计（一般性财政来源）	59.4	51.0	55.2	52.9	49.5	59.3	55.8
	国库支出款	14.2	14.9	12.5	11.7	15.6	8.0	9.1
	地方债	6.1	8.1	5.7	9.5	11.3	7.8	12.3
	其他	20.3	26.0	26.6	25.9	23.6	24.9	22.8
	共计	100.0	100.0	100.0	100.0	100.0	100.0	100.0
纯计	地方税	34.6	33.4	36.7	37.1	34.0	41.6	36.2
	地方让与税	—	2.1	1.8	1.1	0.9	2.1	1.1
	地方交付税	19.9	11.5	15.4	17.8	17.3	17.8	17.1
	小计（一般性财政来源）	54.5	47.0	53.9	56.0	52.2	61.5	54.4
	国库支出款	20.9	27.7	23.6	20.6	22.5	13.3	14.3
	地方债	6.0	8.6	4.7	6.4	10.1	7.8	14.1
	其他	18.6	16.7	17.8	17.0	15.2	17.4	17.2
	共计	100.0	100.0	100.0	100.0	100.0	100.0	100.0

注：1. 1950 年度的地方交付税为地方平衡交付金。
2. 市、镇、村层面的轻油交易税交付金、汽车购买税交付金、利息交付金、地方消费税交付金等包含在地方税中。
3. 1950 年度的纯计栏为单纯合计额度。
4. 各年度额度都是根据结算额计算得出。

日本新地方财政调整制度概论

市、镇、村的详细情况如下：1950 年度，日本实施夏普税制。夏普税制的重点就是充实并加强市、镇、村的税收。正是这个原因，地方税占整体比例高达 44.4%。由于其税目构成偏重于固定资产税、居民税等稳定性较强（但是，同时缺乏伸张性亦即膨胀性）的税种，其每年度的财政收入占整体的比例在日本经济高速增长时期下降到 30% 左右，而在之后的泡沫经济时期又恢复到 40% 以上的水准。但是，最近几年，这一比例一直徘徊在 30% ~ 35%。

日本政府遵照夏普税制建议，将义务教育教职工薪金部分的国库负担金、儿童福利费用部分的国库负担金等挪用到地方财政平衡交付金中。因此，国库支出款占整体的比例比较低，仅为 20.9%。之后，上述国库补贴负担金又开始有所增加。因此，1954 年，国库支出款大幅增加，占整体的比例也提高到 27.7%。之后，在 20% ~ 24% 徘徊。但是，从昭和五十年代（1975 ~ 1984 年）后半期开始，日本中央政府严厉控制每年度的财政支出，开始采取较为严厉的措施，下调国库补贴负担比例。地方公共团体在每年度的财政支出方面，用于单个公共事业支出的比重有所增加。国库支出款占整体的比重也相应下降到 10% 以下。

1954 年度和 1955 年度，日本的地方财政收入情况最为严重。除了这两个年度，直到 1970 年，因为要建立健全的财政制度，尽量控制地方债的发行，因此地方债占整体的比例一直徘徊在 4% ~ 6%。但是，昭和五十年代（1975 ~ 1984 年）以及最近几年，泡沫经济崩溃以后，经济形势急剧恶化，地方税等一般性财政来源也随之大幅度减少。为了弥补地方财政收入的减少额度，几乎都是通过发行地方债来支付应由地方负担的那部分公共事业经费。因此，地方债占整体的比例上升到 10% 关口。

日本中央政府向各地方公共团体拨付地方交付税的目的基本上是为了弥补地方公共团体的财政收入的不足。但是，每年度地方交付税占整体的比例受到国库支出款、地方债的动向的影响。从表

第三章 地方交付税在地方财政收入中的地位

3-1可分析出以下结果：接受夏普使节团的建议，1950年度，上述国库支出款被挪用到一般性财政来源。1954年度，恢复了义务教育费用由国库负担金支付的制度。受这两项措施的影响，地方交付税占整体的比例下降到11.5%。之后，地方税占整体的比例又开始下降。因此，地方交付税占整体的比例也相应逐年上升。1970年以后，这一比例为17%左右。特别是市、镇、村，其地方交付税占整体的比例，1954年度为8.5%，1970年度这一比例又上升到18.4%，增加了1倍，之后这一比例保持在15%左右。其原因是市、镇、村层面的地方公共团体的税收增加速度赶不上其财政需求的增加速度。为了弥补这一财政亏空，日本政府增加了地方交付税的拨付额度。

由表3-1可以看出，地方税的地位不断下降，而地方交付税的地位不断上升。这一趋势清晰地表现在接受地方交付税的地方公共团体数目上。表3-2是接受普通交付税的地方公共团体和未接受普通交付税的地方公共团体的变化情况。

表3-2 接受普通交付税和未接受普通交付税的
地方公共团体的变化情况

分类	年度	1950	1954	1960	1970	1980	1990	1998
都、道、府、县	接受	44	42	42	42	46	43	46
	未接受	2	4	4	4	1	4	1
	计	46	46	46	46	47	47	47
市、镇、村	接受	9995	8232	3335	3220	3191	3066	3145
	未接受	420	649	191	60	64	179	84
	计	10415	8881	3526	3280	3255	3245	3229

注：1. 各年度的额度为当初的计算值。
2. 1950年度是地方平衡交付金。

1954年，日本开始实施地方交付税制度。这一年，在都、道、府、县层面，东京、大阪、神奈川、爱知等四个地方公共团体属于未接受地方交付税的地方公共团体。但是，昭和五十年代（1975~

1984年）初期，由于爆发世界性的石油危机，地方税收减少。因此，神奈川县、爱知县、大阪府税收锐减，财政收入受到重大影响，只能依靠从中央政府接受地方交付税进行弥补。上述三个地方公共团体在昭和五十年代后半期至泡沫经济时期，并未接受地方交付税。但是，从1993年度开始，全部又沦为从中央政府接受地方交付税的地方公共团体。

1954年，未从中央政府接受地方交付税的市、镇、村层面的地方公共团体为649个，占整体的7.3%。之后，这一数字逐年减少。泡沫经济时期，该数字一度有所增加，但是，1999年度，仅剩84个地方公共团体（占整体的2.6%）。迄今为止，人口在50万以上的城市的地方税收较为充足，但是，此时也都沦为从中央政府接受地方交付税的地方公共团体。这一数据说明城市地区税收来源正在减少。

第二节　地方税收的加强和国库补贴负担金、地方交付税的关系

如上所述，地方税的地位日益下降。针对这一现状，要求加强和确保地方税收入的呼声日益高涨。地方制度调查会在日本国会进行的答辩中，几乎每次都提及此事。1998年5月，日本政府制订了《地方分权制度推进计划》。在这一计划中规定：每年度的地方财政支出占中央政府和地方公共团体的每年度纯财政支出的比例约为2/3，而地方税占租税总额的比例约为1/3。可以看出，每年度的财政支出规模和地方税收入之间背离的现象较为严重。在此基础上，该计划又指出："要尽可能减缓地方公共团体的每年度财政支出规模和地方税收的背离程度。在尊重地方公共团体的课税自主权的基础上，确实保障地方公共团体能够征收较为充足的地方税"。

为此，日本政府相关部门制定了加强地方税的具体目标。现阶段，地方公共团体的独立税的大体分配比例为：中央政府占

第三章　地方交付税在地方财政收入中的地位

65%，地方公共团体占35%。有人主张将这一比例做以下修改：中央政府和地方公共团体各占50%。现在，每年度地方税的税收占整体的比例为30%，有关人士主张将这一比例提高到50%。

1964年9月25日，日本税制调查会基础问题小委员会就上述问题做了详尽论述。以下予以抄录，以资参考。

［参考］基础问题小委员会的论述资料

（地方税的基本事项）

一　地方税的基本思路

1. 1963年度的地方财政决算结果显示：地方税收入占每年度的地方财政收入的比例仅为34%。其他部分的比例如下：地方交付税以及地方让与税各占17%；中央政府国库补贴负担金占25%，地方债收入占5%。为了充实并加强地方公共团体的自主性财政来源，首先要提高地方税收入占地方公共团体每年度财政收入的比例。就这一点，基础问题小委员会专门委员柴田做了相关报告。他运用相关资料指出地方税的总体思路是提高地方税的总量，让地方税收入占每年度地方财政收入的一半以上。

2. 就如何加强和充实地方税收入，是否在中央政府、地方公共团体的现行租税负担总量范围内采取措施，还没有定论。另外，正在研究讨论租税负担比例的问题。可以将这两者结合起来，综合进行考虑。

3. 最近几年，随着国民经济的发展和国民生活水平的不断提高，地方公共团体的行政业务内容也发生了重大变化，因而，行政业务所需经费也不断增加。为了应对这些变化，地方公共团体的财政需求显著增加，特别是在城市地区，要整修道路、购置环境设施，进行城市设施建设。这些都是地方公共团体要做的重要行政工作。而要进行上述城市建设，必须以地方税收入为经济后盾。然而，现实状况是地方财政入不敷出，形势不容乐观。鉴于上述现状，在加强和充实地方税收入之际，应该深入挖掘那些有成长性的税目。

日本新地方财政调整制度概论

人口为50万以上的大城市的财政情况极为复杂。除了上述一般城市所面临的财政困难之外,还有以下财政困难:中央政府与府、县层面的地方公共团体在进行行政工作分工时,要考虑这类大城市具有特殊的财政需求。因此,在税制财政上也要相应采取特别措施。

4. 所有地方公共团体都有一些共同的税种,可以征收足够的税收,是较为可靠的地方税收入。也就是说,尽量让每个地方公共团体拥有普遍的稳定的税收来源。要加强和充实地方税收入,除了成长性好的税种外,也要加强具有普遍性的稳定性税收的税种。

二 地方税的具体实施方案

1. 综合斟酌上述各种情况,在现行租税体系下,在现行的租税负担总量范围内,研究充实和加强地方税收入的方案。1964年度,日本政府的相关部门制订了地方公共团体的财政收支计划。以此为基础,制订了以下试行方案。

(1) 增加地方税收入额度,使得地方税收入占每年度地方财政收入的比例达到50%。

(2) 有些税种成长性好,而且具有普遍性,可增加这类税种的征税额。

(3) 根据上述思路,对以下税种试行增税,具体额度如下:

居民所得税增加额	1400亿日元
道、府、县层面的烟草消费税增加额	900亿日元
法人税增加额	500亿日元
共计	2800亿日元

在这种情况下,要将居民所得税的归属普遍化。其具体计算方式如下:设立居民税扣除制度,将该居民税扣除额加入到居民税中。在现行制度下,扣除额为收入在10万日元以下者适用8%的额度。这一税额是所得税中课税额最低的一档。

(4) 增加的2800亿日元税额大体上平均分配给道、府、县以及市、镇、村,具体分配额度如下:

第三章　地方交付税在地方财政收入中的地位

道、府、县税	1400 亿日元
道、府、县民所得税	500 亿日元
道、府、县烟草消费税	900 亿日元
市、镇、村税	1400 亿日元
市、镇、村民所得税	900 亿日元
市、镇、村法人税	500 亿日元

2. 由于实施了上述税源分配措施，中央政府也应采取相应措施，补贴款合理化审议会就这一点进行了答辩。根据其答辩宗旨，采取切实可行的具体方案。

另外，全国知事会还撰写并提交了临时地方行政财政基本问题研究会报告书。其主要内容如下："在现行税收制度下，中央政府和地方公共团体之间的税源分配与各自的财政支出状况相比，显得极不均衡。很多相关人士都指出了这一点。因此，至少应将地方税收入占地方财政收入总额的比例增加到50%以上。对法人所得税、个人所得税、各种间接税以及道路税等税源进行全面改革，完善税收体系。在中央政府和地方公共团体之间，实行税源再分配。这样做的目的是满足地方公共团体的财政需求"（请参照1978年7月13日全国知事会临时地方行政、财政基本问题研究会提交的《为应对新时期地方行政财政基本问题今后应采取的措施报告》，第8页）。

最近，有关人士指出应将所得税的基础税率部分移交给居民税（1997年5月东京都地方税财政研究会《模拟税源移交调查研究》等）。还有人主张应将消费税的一部分移交给地方公共团体，以此来增加地方消费税收入。

要想加强地方公共团体的独立税收来源，就得大幅度提高租税负担比例。将通过这种方法增加的税收来源优先分配给地方税，这样做在原则上当然毫无问题。但是，假如不增加租税负担的绝对值而扩大地方税所占比例，那么就只有两个选择：要么大幅度整理中央政府的国库补贴负担金，要么下调地方交付税税率。

地方制度调查会等部门主张将国库补贴负担金挪作一般性财政

日本新地方财政调整制度概论

来源。为此，从加强地方自治的角度，进行了多次讨论和答辩，在《地方分权制度推进计划》中也提出了一些方案。主要是通过整理国库补贴负担金，使之更趋合理化，"中央政府拨付财政补贴款给地方公共团体，其目的是使地方公共团体的行政业务与中央政府的部分行政事务同化，进而将这一措施固定化、模式化。这一财政补贴款原则上可以作为地方公共团体的一般性财政来源"。

对国库补贴负担金进行整理，使之合理化，在此基础上，将其挪用为地方公共团体的一般性财政来源。总体来看，很少有人反对这一措施。但是，在一些细枝末节问题上，还是有人对此有所抵触。主管省厅（相当于中国的部委）、地方公共团体的相关部门的公务员、地方议员、相关业界等对废除国库补贴负担金意见颇大。他们担心如果废除了国库补贴负担金，迄今为止接受国库补贴负担金拨款的地方公共团体的行政服务水准会有所降低。与此同时，还有人对国库负担金的作用大加称赞，其理由是这一制度能够提高财政效率。比如，日本经济调查协议会撰写了一份报告书，题目是《为了克服财政危机》，在报告中就这一点进行了如下论述。

[参考] 国库支出金措施问题颇多

很多人士期待加强地方公共团体的财政自主性。他们认为，通过加强国库支出金来充实地方财政来源会损害地方财政的自主性，因而强烈反对。但是，与地方税制度、地方交付税制度相比，国库支出金的内涵更为丰富，以偏概全地理解这一制度是极不合适的。国库支出金的共性是用于支付特定的公共事业的经费，由中央政府提供财政补贴。而且国库支出金可看作地方公共团体的财政收入，具有稳定性、可靠性等优点，不仅如此，还不给地方居民增加经济负担。地方公共团体当局对国库支出金的条件进行调整的余地很小。而且和地方税、地方交付税一样，都能成为地方财政收入的一部分。基于以上原因，有必要就国库支出金的存废问题进行充分讨论和研究。

现阶段，国库补贴款很少用于警察费用。第二次世界大战前，国库补贴款的相当一部分用于警察费用，这一点值得我们借鉴。各地区

第三章 地方交付税在地方财政收入中的地位

居民的人均警察费用参差不齐。其中，东京都的警察费用高得离谱，大城市所在的府、县的警察费用也很高，而其他各县都很低。警察费用占国库补贴款的具体比例为：东京都占六成，大阪府占三点五成，其他道、府、县占六分之一。采用这一财政补贴方式对加强国库支出金意义重大。如果将国库支出金和义务教育费用的国库负担比例的二分之一大幅上调，就可以稳定府、县层面的财政收入。另外，如果中央政府决定增加警察费用，根据处于义务教育年龄的人口的增减情况对教育费用做相应调整的话，就可以避免财政收支状况的不稳定。

下面以市、镇、村层面的地方公共团体的财政状况为例进行说明。当前最受瞩目的是提高市、镇、村的义务教育设施费用等相关费用补贴比例问题。现行方式是对人口急剧增加地区增加义务教育费用补贴比例，而这种做法力度不够，在满足一定基准的情况下，应该考虑进行全额补助。还有一种做法与财政补贴方式不同。在计算地方交付税的基准财政需求额时，将义务教育相关费用计入测算条件。这样一来，也可以提高义务教育相关费用。但是，绝不能因为没有财政来源就放弃义务教育。中央政府要担负起最终责任，将筹措义务教育所需费用的措施制度化。这是维持义务教育费用的基本条件（日本经济调查协议会：《从纳税人的角度论如何克服财政危机》，1978年2月第85~87页。另外，这部分由驹泽大学经济系教授西村纪三郎执笔写作）。

由上述可知，全国知事会临时地方行政财政基本问题研究会在报告书中要求高中阶段的教育费用和警察费用由中央政府国库负担，并将其制度化。"当今，由于对中央政府拨付给地方公共团体的地方交付税的用途进行了限制，其做法僵硬。这一措施致使警察、高中教员的薪金问题成为一大难题。要解决这一问题，可参照义务教育费用国库负担制度，制定相同的制度，也由国库负担，并且将国库负担部分作为地方公共团体的一般性财政来源，使之能够灵活使用"。（请参照前述报告书第10页）

1995年7月，日本政府成立地方分权推进委员会。长期以来，

日本新地方财政调整制度概论

中央政府机关将部分行政事务或者公共事业委托给地方公共团体来实施，这就是机关委托事务制度。这一制度废除后，该委员会讨论了如何处理中央政府和地方公共团体的经费分担问题。该委员会提议仅限于法定委托行政事务，该行政事务所需经费的全额由中央政府负担，而地方公共团体的自治行政事务所需经费的全额由地方公共团体负担。但是，这一思路还有诸多不妥之处。因为法定的中央政府的行政委托事务虽然也向地方公共团体拨付相应的国库委托金，但金额极少，而法定委托行政事务的量往往很大，因此这一金额更是杯水车薪。鉴于这一情况，要考虑将法定的中央政府委托地方公共团体办理的行政事务等划归地方公共团体的行政事务。这样一来，可以确保地方公共团体自主地办理行政事务，明确其行政责任。在经费问题上，不论是地方公共团体自治事务，还是法定的中央政府委托的行政事务，原则上都要按照现行地方财政法第9条的相关规定，由地方公共团体全额负担。地方分权制度推进委员会事实上也是在沿袭现行地方财政法第9条的思路的基础上，提出了第二次建议。

另外，如上所述，在《地方分权制度推进计划》中，提出对国库补贴负担金进行合理的整理使之更趋合理化。"现阶段，地方公共团体的每年度的财政支出规模和地方税收之间发生了严重背离。当务之急是缩小这一背离程度"。可以看出，这为充实加强地方税收指明了方向。

《地方分权制度推进计划》还提到了充实和加强地方税的中长期方案，"从中长期来看，对中央政府和地方公共团体的行政工作做出明确分工，可以使中央政府和地方公共团体的税源分配更趋合理。但是，其前提条件是充实和保障地方税"。

《地方分权制度推进计划》的相关论述，结合实际，可行性极强。要下大力气完善地方税体系，使得税源分配均衡、税收稳定。为此，当务之急是研究事业税的征收办法，研究外形标准课税（亦即根据企业规模、业务量来课税的办法）是否可行，研究地方税和国库补贴负担金、地方交付税等的相关关系。

第四章　地方交付税总额的计算方法

第一节　现行地方交付税制度的概要及其计算方法的形成过程

地方交付税法第 6 条第 1 项规定："地方交付税的构成比例为国税的所得税、法人税以及酒税收入额的各 32%，消费税收入额的 29.5%，烟草税收入额的 25%"。另外，地方交付税法附则第 3 条之 2 规定：1999 年以后，一段时期内，适用第 6 条的规定，亦即法人税的 35.8% 归地方交付税（1999 年度为 32.5%）。

由上述可知，上述五种税都属于国税，由中央政府征收。因此，其收入额的一定比例理所当然地自动成为地方交付税，进而成为地方公共团体财政来源的一部分。地方交付税法第 2 条第 1 号对地方交付税下了如下定义："地方交付税是中央政府拨付给地方公共团体的，目的是让所有的地方公共团体都能够执行标准化的行政事务。地方交付税由根据第 6 条规定计算得出的所得税、酒税、消费税以及烟草税的各自一部分构成"。因此，地方交付税本来就是地方公共团体的财政来源，而且地方公共团体有权自由支配。其实质是"中央政府代替地方公共团体征收的地方税"，具有"地方公共团体共享的固有财政来源"的性质。[1]

---

[1]　自治省和财务省（亦称大藏省）之间就地方交付税的性质，看法不一。1981 年 4 月 15 日，在众议院地方行政委员会上，社会党细谷委员就相关问题提出了质疑。财务省的西垣委员做出如下回答："就地方交付税而言，我们和自治省的理解稍有不同。刚才财务大臣也讲到地方交付税是由中央政府拨付给地方公共团体的交付金。其目的是调整地方财政，让所有的地方公共团体都能够维持一定水准的行政服务。法律规定：地方交付税的总额是特定国税收入的一定比例。我同意这一看法。地方交付税虽然是地方公共团体的一般性财政来源，但我们并不认为这是固有的地方公共团体的财政来源。说到底，地方交付税是中央政府拨付给地方公共团体的交付金。"（转下页注）

日本新地方财政调整制度概论

之所以将所得税、法人税以及酒税作为地方交付税的构成税种，是因为这三种税是国税的基础税目和主干税目。而且将这三种税组合起来，可以保障税收的成长性和稳定性，作为地方公共团体的财政来源最为恰当。也就是说，法人税对经济景气度反应最为灵敏，伸缩性极强。酒税对经济状况变动的反应相对弱一些，较为稳定。所得税对经济状况变动的反应度在法人税和酒税的中间，有着稳定的增长性。1954 年，日本政府创设了地方交付税，当时正值第二次世界大战后，一段时期（1948 年）曾经征收酒税。后来，一度废除。日本政府实施了夏普税制后，又开始征收酒消费税。为了与酒税的征收相呼应，将其一定比例计入了地方交付税。

1988 年，日本政府进行了彻底的税制改革，新设了消费税。之后，消费税的一部分也加入了地方交付税。这样做是因为消费税在收入规模上属于日本中央政府的主干税目。它既稳定又具有成长性，是在所得税、法人税大幅度减税的情况下创设的，有助于确保

（接上页注①）1969 年 4 月 17 日，在众议院地方行政委员会上，社会党山口鹤男委员也就地方交付税进行了提问。福田财务大臣进行了如下回答："地方交付金是地方自治团体有权支配的资金。在这个意义上说，是地方公共团体固有的财政来源，也是地方公共团体的自主性财政来源。"可以看出，这位议员明确承认地方交付税是地方的固有财政来源。这一观点与之前财务省的看法截然不同。

1982 年 2 月 23 日，召开了众议院正式大会。在会上，社会党议员五十岚也就地方交付税问题提出质疑。铃木内阁总理大臣对此进行了答辩，而且渡边财务大臣在提到地方交付税的性质时，也说和总理大臣的看法一致。铃木内阁总理大臣的答辩内容如下。

"有人认为地方交付税是地方公共团体的固有财政来源。法律规定地方交付税是由三种国税的一定比例构成，在法律上当然归属地方公共团体。在这种意义上说，地方交付税就是地方公共团体的固有财政来源"。

1988 年，地方交付税的构成由原来的三种国税增加为五种。1992 年 5 月 18 日，在参议院召开的正式大会上，社会党野别隆俊议员就地方交付税问题提出质疑。宫泽喜一内阁总理大臣对此提问进行了答辩，详情如下："根据地方交付税法规定，地方交付税由五种国税的一定比例构成。在法律上，地方交付税归属于地方公共团体。因此，可以说是地方公共团体的固有财政来源"。

1991 年 1 月 30 日，在参议院正式会议上，渡边四郎议员就地方交付税问题进行了提问。桥本财务大臣进行了答辩。1994 年 11 月 11 日，在众议院的税制改革特别委员会上，佐藤惠议员也提出了相关问题。武村财务大臣在答辩中也做出类似的回答。

第四章 地方交付税总额的计算方法

地方交付税总额的稳定。

1988年，日本政府的相关部门讨论了地方财政对策。由于改革了国库补贴的负担比例，地方公共团体的财政负担有所增加。为了确实保障地方公共团体的财政来源，将烟草税也加入了地方交付税中。1986年以后，日本中央政府暂时将国库补贴负担比例下调，这一措施对地方公共团体的财政收支状况影响重大。1988年以后，日本政府曾尝试将国库负担比例长久化。在这种背景下，将烟草税加入地方交付税，作为永久性财政来源。

每年度应拨付的交付税总额及其构成比如下：该年度的所得税、法人税以及酒税的收入估算额（对每年度的中央政府预算计入额、每年度财政收入进行调整的话，按照调整后的额度，下同）的各32%，消费税收入估算额的29.5%以及烟草税收入估算额的25%之和加减该年度的上一年度以前年度的精算额（地方交付税法第6条第2项）。①

除此之外，地方交付税法第20条之3做了如下规定：根据地方交付税法第20条第4项以及地方财政法第26条的规定，将地方交付税的返还额计入该年度特别交付税的总额中。根据地方交付税法第19条第2项至第5项的规定，因为各种错误或者失误而导致的返还额以及加算金的纳付额计入该年度的下年度或者下下年度的地方交付税总额里。

但是，从地方交付税制度创立到今天，从未将按照地方交付税法本则规定计算的额度原封不动地作为该年度地方交付税的总额。这一点在后面的章节也会讲到。在现实操作过程中，每年度都会采取一些特例措施。表4-1所示的是2000年度地方交付税的计算根据。

在现行的地方交付税制度下，假如地方交付税相当于五种国税的收入估算额的各自一定比例（亦即地方交付税的总额），地方交付税总额的94%（亦即普通交付税总额）和各个地方公共团体计算得

---

① 1999年以后，在一段时期内为法人税收入估算额的35.8%（1999年度为32.5%）（地方交付税法附则第3条之2）。

出的财政来源不足额之和有出入的话，按照以下方法采取调整措施。

（1）普通交付税的总额大于各地方公共团体的财政来源不足额之和

在这种情况下，各地方公共团体的财政来源不足额原封不动地作为该地方公共团体的普通交付税额。将普通交付税额的剩余额加到特别交付税的总额里，在该年度进行分配（地方交付税法第6条之3第1项）。

（2）普通交付税总额小于各地方公共团体的财政来源不足额之和

在这种情况下，按照以下公式进行计算：财政来源不足的地方公共团体的基准财政需求额减去普通交付税的不足额，得出的数据的一定比例（地方交付税法第10条第2项补充条款）。

各地方公共团体的普通交付税之额 = 该地方公共团体的财政来源不足额 − 该地方公共团体的基准财政需求额 × ［（财政来源不足额之和 − 普通交付税总额）÷基准财政需求额超出基准财政收入额部分的地方公共团体的基准财政需求额之和］。

这样，在现行制度下，普通交付税的额度是由五种国税的收入估算额的一定比例来决定的。原则上，如果国税的收入估算额超出各个地方公共团体的财政来源不足额之和，将其分配到该年度的普通交付税中。如果国税的收入估算额不足，仅仅调整减额不足额部分，不进行年度之间的调整。

1953年10月，日本地方制度调查会就地方交付税制度的创设可行性进行了答辩。其主要内容如下：假如普通交付税的总额超出地方公共团体的财政来源不足额之和，而且该超出额超出了特别交付税的一半左右的话，用该超出额返还地方交付税特别会计账目借款。如果在返还借款之后仍然有剩余的话，将其作为公积金计入特别会计账目。相反，如果普通交付税总额不足，而且该不足额在特别交付税的一半以上的话，用上述公积金来补贴。进行补贴之后仍然不足的话，通过从地方交付税特别会计账目借款来进行年度之间的财政来源调整。

第四章 地方交付税总额的计算方法

表4-1 2000年度地方交付税总额计算根据

单位：百万日元，%

区分		2000年当初预算额 A	1999年度 当初预算额 B	1999年度 调整额 C	1999年度 调整后 D (B+C)	增减额 E (A-B)	增减额 F (A-D)	增减率 E/B	增减率 F/D
国税	所得税（A）	18680000	15685000	-618000	15067000	2995000	3613000	19.1	24.0
	酒税（B）	1860000	1981000	-114000	1867000	-121000	-7000	-6.1	-0.4
	以上两税计①	20540000	17666000	-732000	16934000	2874000	3606000	16.3	21.3
	法人税②	9947000	10428000	-629000	9799000	-481000	148000	-4.6	1.5
	消费税③	9856000	10376000	0	10376000	-520000	-520000	-5.0	-5.0
	烟草税④	900000	896000	0	896000	4000	4000	0.4	0.4
	①×32%	6572800	5653120	-234240	5418880	919680	1153920	16.3	21.3
	②×32.8%*	3561026	3389100	-204425	3184675	171926	376351	5.1	11.8
	③×29.5%	2907520	3060920	0	3060920	-153400	-153400	-5.0	-5.0
	④×25%	225000	224000	0	224000	1000	1000	0.4	0.4
	小计	13266246	12327140	-438665	11888475	939206	1377871	7.6	11.6
一般会计项目	以前年度精算额	0	0	—	0	0	0	—	—
	据地方交付税法附则第4条之2第2项及第3项加算额	208700	121000	—	121000	87700	87700	72.5	72.5
	据地方交付税法附则第4条之2第4项及第5项加算额	—	—	—	—	—	—	—	—

117

日本新地方财政调整制度概论

续表

区分		2000年当初预算额 A	1999年度 当初预算额 B	1999年度 调整额 C	1999年度 调整后 D (B+C)	增减额 E (A-B)	增减额 F (A-D)	增减率 E/B	增减率 F/D
一般会计账目	据地方交付税法附则第4条之2第6项加算额	391300	214900	—	214900	176400	176400	82.1	82.1
	临时特例加算额	150000	220100	-438665	220100	-70100	-70100	-31.8	-31.8
	计入一般会计账目	14016346	12883140	—	12444475	1133206	1571871	8.8	12.6
特别会计账目	返还金	4174	16	—	16	4158	4158	25470.9	25470.9
	特别会计账目借款	808810	8419340	438665	8858005	-331240	-769905	-3.9	-8.7
	充作借款利息	-827900	-588260	—	-588260	-239640	-239640	40.7	40.7
	余款应用	130000	150000	—	150000	-20000	-20000	-13.3	-13.3
	以上合计	21410720	20864236	0	20864236	546484	546484	2.6	2.6
总计		21410720	20864236	0	20864236	546484	546484	2.6	2.6
地方交付税详情	普通交付税	20122153	19612367	—	19612367	509786	509786	2.6	2.6
	特别交付税	1288567	1251869	—	1251869	36698	36698	2.9	2.9

注：*法人税交付税率 H②为35.8%，H①为32.5%。

第四章　地方交付税总额的计算方法

但是，以上述形式进行调整也有弊病，具体情况如下：

（1）会助长地方公共团体对地方交付税制度的依赖心理。不仅如此，日本中央政府和地方公共团体之间会就公积金和借款额产生意见分歧。现阶段，日本政府正考虑从地方财政平衡交付金制度向地方交付税制度过渡，以此来加强地方财政调整。但是，如果地方公共团体过于依赖中央政府，会大大削弱地方交付税制度的效果。

（2）现阶段，日本地方财政的现状不容乐观。因此，地方财政无力将地方交付税的一部分结余下来作为公积金。

（3）从地方交付税特别会计账目借款的做法不符合日本中央政府的不发行公债的原则。

基于上述原因，各界人士都提出了反对意见，特别是财务省对此措施意见最大。因此，上述方案并没有被政府采纳。在普通交付税总额不足的情况下，应首先支付特别交付税的一部分（当时，地方交付税总额的8%被作为特别交付税，其中的2%就是这个额度），如果额度仍然不足的话，可以通过上述方式进行调整，可以适当减额。[①]

另外，地方财政法第4条之2（现在修改为第4条之3）规定，在普通交付税总额仍有剩余的情况下，假如特别交付税在该年度进行分配，由该地方公共团体来进行年度之间的财政来源调整。

[参考]　地方财政法

（地方公共团体进行年度之间的财政来源调整）

第4条之3　1. 假如地方公共团体该年度的地方交付税额度以及用于计算这一额度的基准财政收入额之和显著超出用于计算该地方交付税的基准财政需求额，或者假如该地方公共团体该年度的一般性财政来源额度（普通税、特别让与税、国有资产等所在的市、镇、村的交付金，国有资产等所在的都、道、府、县的交付金，国有设施等所在的市、镇、村的补贴交付金以及地方交付税额之和，下同）超出该

---

① 如上所述，将特别地方交付税的一部分用来支付普通交付税不足额。这一措施的实施仅限于1954年，之后予以废除。

地方公共团体上一年度一般性财政来源额度，在这种情况下采取以下措施。当这一超出额显著超出一般性财政来源额度（新增加的，而且属于该地方公共团体有义务承担的经费）时，将该超出部分作为地方公共团体的财政来源并用作以下用途：①由日本中央政府来补贴因自然灾害产生的经费支出或者因自然灾害导致的财政收入减少额度；②日本中央政府对直到上一年度末产生的每年度的财政收入不足额进行补贴；③由日本中央政府来补贴需要紧急实施的大规模土木工程或者其他建设事业所需经费；④由日本中央政府来补贴因其他不得已的原因而造成的经费支出；⑤地方公共团体为了保证下一年度的行政、财政安全运营，要积累并创造长期、稳定的财政来源，需要一定的经费，这些经费都需要由日本中央政府来补贴；⑥地方公共团体提前偿还地方债，需要充足的财政来源，这部分也由日本中央政府来补贴。

2. 通过上述措施，可以积累一定的资金。这些收入一律计入公积金。

3. 针对上述公积金，需通过采取以下措施进行理财，力求保值、增值：存到银行以及其他金融机构；购买国债证券、地方债证券、政府担保证券（是指政府担保还本付息的债券），以及其他证券。①

第二节 地方交付税的总额与地方公共团体的财政来源不足额产生重大出入时的应对措施

日本现行地方交付税制度的目的是确保地方交付税的独立性和稳定性。因此，即便地方交付税的法定额与地方财政来源不足额之间或多或少发生了背离，也不应变更地方交付税税率。但是，假如地方交付税法定额与地方财政来源不足额的背离程度过于明显，而且长期持续的话，就不能够听之任之。这是因为如果放任不管的话，会影响地方公共团体有计划的行政和财政运营。因此，专门在地方交付税法第6

---

① 1999年，日本政府创设地方特例交付金制度。因此，在一段时期内，依然适用地方财政法第4条之3第1项的规定，将地方特例交付金计入一般性财政来源。

第四章 地方交付税总额的计算方法

条之3第2项做出以下规定：日本中央政府每年度应拨付的普通交付税总额持续与地方公共团体的财政来源不足额之和显著发生背离的话，要修改地方财政制度或者地方行政制度，或者变更地方交付税税率。

1954年5月，召开参议院地方行政委员会。会议的目的是审议并修改部分地方财政平衡交付金法的法案。在会议上，塚田自治厅长官在答辩中指出：上述规定中所说的"持续"是指地方公共团体的财政来源不足状态持续两个年度，而且估计第三个年度以后这一状态还会持续。"显著背离"是指上述不足额达到地方交付税总额的一成左右（1954年度地方交付税总额为1216亿日元，地方交付税总额的一成约100亿日元）的状态。①

---

① 1954年，日本政府创设地方交付税制度。在国会审议过程中，对地方交付税法第6条之3第2项的解释部分进行了讨论。昭和五十年代（1975~1984年）以后，地方财政入不敷出的状况日益严重。因此，国会就如何改善地方财政收支现状展开了激烈的争论。之后，除了昙花一现的泡沫经济时期之外，几乎每年都就地方交付税法的部分修改法案的审议展开讨论。1954年5月4日的参议院地方行政委员会和1975年10月23日的众议院预算委员会，在进行答辩时，也对上述问题展开了讨论和答辩。这两场答辩都很具有代表性，以下对其内容予以抄录。

1954年5月4日，参议院地方行政委员会在国会进行了答辩，具体内容如下。

伊能芳雄参议员指出：刚才塚田长官回答了若木委员的提问。因为这是在别人说话过程中回答问题，开始说的几句话意思不太好懂，相信一会儿就容易懂了。在变更地方交付税税率的情况下，第6条之3第2项的条文中使用了"持续"一词。这个词到底指持续几年后才采取措施？还有"显著背离"一词，到底指背离亦即超出额或者不足额达到多大程度？大体上尚无定论。

国务大臣（塚田十一郎）：所谓"持续"是指地方公共团体的财政收支状况两年以上一直是赤字，而且三年以后估计还是赤字。"显著背离"是指与财政计划相比，不足额达到一成。

伊能芳雄："显著"的意思是，比如说现在是1216亿日元，假如增长额为100亿日元，我们也大体上认为是在设想范围内，不算"显著"。

政府委员（森永贞一郎）：在这一点上，我们尚未和日本自治厅商量，从心情上说稍微轻松一些了，但是还没有打算减少额度。相反，多少有些不足，也不会轻易提高比例。

1975年10月23日，日本众议院预算委员会在国会进行了答辩，其具体内容如下。

松浦功政府委员：1973年5月31日，先生您在众议院地方行政委员会上，就地方交付税法的解释提出了质疑。1954年5月4日，时任自治厅长官的塚田也就此做出回答。"日本参议院的议事录上就'持续'进行了解释，意思是财政收支两年以上一直处于赤字状态，而且估计之后三年也是赤字"。此前，先生您明确表示认可这个说法，我等也这样认为。如果地方公共团体的财政赤字持续两年的话，就可以适用第6条之3的第2项。所谓"显著"正如先生您所说的那样，大体上10%就算"显著"。（以下省略）

日本新地方财政调整制度概论

日本政府在设立地方交付税制度之初,根据地方交付税法第6条的规定,将地方交付税税率定为22%。之后,直到1966年,对地方交付税税率一步一步进行了修改,最终定为以下税率,如表4-2所示。在1966年以前,日本政府对地方交付税税率进行了上调。由于构成地方交付税的所得税、法人税和酒税三种国税实施了减税措施,地方交付税收入也有所减少。为了应对其他地方财政来源的不足,日本政府上调了地方交付税税率。日本政府虽然上调了地方交付税税率,但是这一做法并不符合地方交付税法第6条之3第2项的规定。

表4-2 地方交付税税率变更情况

单位:%

年度	所得税	法人税	酒税	消费税	烟草税
1954	19.874	19.874	20		
1955		22			
1956		25			
1957		26			
1958		27.5			
1959		28.5			
1960~1961		28.5+0.3*			
1962~1964		28.9			
1965		29.5			
1966~1968		32			
1989~1996		32		24**	25
1997~1998		32		29.5	25
1999	32	32.5	32	29.5	25
2000~至今	32	35.8	32	29.5	25

注:*0.3%是指临时地方特别交付金。
**24%是指消费税比例(不含消费让与税)。

如果地方财政收支状况符合地方交付税法第6条之3第2项的规定,可对地方财政制度进行相应修改。1977年,相关法律规定:在该年度的交付税特别会计账目上计入临时地方特例交付

第四章　地方交付税总额的计算方法

金，其额度相当于归还从特别会计账目借款的1/2。1978年，日本政府又进行了一次修改（地方交付税特别会计账目借款返还额的1/2由国库负担，以后这成为规则），理由同样也是地方财政状况符合地方交付税法第6条之3第2项的相关规定。

另外，地方交付税法第6条之3第2项中写有"修改地方财政制度或者地方行政制度"的内容。当初，日本政府的立法思路如下：长期以来，日本地方公共团体的财政来源严重不足，成为相关人士的心病。地方财政来源不足是财政和税收结构不合理造成的。为了从根本上解决这一痼疾，要进行税制改革、国库补贴负担制度改革、地方行政制度改革。这样一来，可以削减地方公共团体的行政需求额度。

但是，由于中央政府财政状况不佳，不能够按照当初的立法宗旨进行一系列财政改革。有关制度改革的法律条文含糊其辞，有众多的选择项，容易产生歧义。1977年，日本政府召集有识之士讨论如何改善地方公共团体的财政收支状况。为了弥补地方财政来源不足额，以法律形式规定中央政府向地方公共团体拨付临时地方特例交付金4225亿日元。这一金额是从地方交付税特别会计账目中借出的9400亿日元的一半，也是应还款的一半。政府官员在答辩中解释说这是根据地方交付税法第6条之3第2项的规定进行制度改革的。但是，在野党委员对这一说法进行了批判："1977年，曾规定由日本中央政府来负担从地方交付税特别会计账目所借款项。这一措施虽采用了法律形式，但是这项财政措施只不过是一种临时救济措施，仅限于当年一年，称不上是制度改革。因此，这一做法是不符合地方交付税法第6条之3第2项规定的。"在这种情况下，日本自治省和日本内阁法制局就这一问题交换了意见，在最终统一口径的基础上，提交国会审议。

[参考] 日本内阁法制局的相关意见

（1977年2月）

问：口口声声说要进行地方行政、财政改革，但是仅仅采取了

日本新地方财政调整制度概论

单年度的特例措施,难道这也是制度改革吗?制度一旦改革,就应该是长久性的。而且改革的重点应该放在地方交付税法第6条之3第2项上,你们做到了吗?

答:1.当发生符合地方交付税法第6条之3第2项的情况时,可以进行地方行政制度、财政制度改革或者变更地方交付税税率。这是法律明文规定的。

2.一般来讲,这里所说的地方行政、财政制度改革是长久性的制度改革。但是,仔细斟酌地方交付税法第6条之3第2项的词句就会发现,其部分内容闪烁其词,并未明确指出改革地方财政、行政制度的具体方面。因此,选择枝众多,让人无所适从。比如由于经济形势变幻莫测,日本将来的地方财政的发展方向很难预测,无法做长久打算。因此,我们决定仅限于该年度采取特例措施,增加地方交付税总额。从这个意义上讲,这一措施也属于地方行政、财政制度改革范畴,符合相关法律规定。

1977年以后,日本全国经济状况依然不佳,地方公共团体的财政状况丝毫没有好转的迹象,而且人们预测1978年度以后,地方公共团体财政入不敷出的状态不会有所改观。另外,日本中央政府的财政状况也很窘迫。因此,原则上可以要求中央政府上调地方交付税税率。但是,在这种情况下,即便提出这一要求,也无法实现。

在这种背景下,国会开始讨论采取何种措施渡过难关,最终决定让国库负担1977年度地方交付税特别会计账目的借款。1978年,在讨论应对地方财政困难时,遵循了上述先例,采取特例措施,"限定期间为当下一段时期",由国库负担地方交付税特别会计账目的借款。在地方交付税法附则第8条之3(1983年,经过修改,列为附则第5条)中规定将临时地方特例交付金从一般会计账目挪到地方交付税特别会计账目。这一临时地方特例交付金金额相当于从地方交付税特别会计账目借款的纯增加额的1/2。采取上述措施的目的是确保地方财政在入不敷出状况持续期间,地方交付税能够弥补这一不足额。今后,要将这一措施"制度化"。

第四章　地方交付税总额的计算方法

另外，1977年12月23日，日本自治省大臣和日本财务省大臣在备忘录中就上述"当下一段时期"的意思进行了如下阐释："具体是指1978年以后，直到地方公共团体的财政状况好转或者对地方行政、财政制度进行基本改革之间的期间"。1966年12月24日，地方制度调查会就构成地方交付税的三种国税减税时的地方交付税税率进行了如下论述。

［参考］　地方交付税的具体事项

1. 1954年，根据地方制度调查会的答辩内容，创设了地方交付税制度。之后，就地方交付税税率问题，日本国会每年都进行激烈的争论。直到本年度，才将这一比例定为25%，终于稳定下来。在制定地方财政平衡交付金制度时，日本国会就预算总额年年争论不休。为了不重蹈覆辙，日本国会决定中央政府和地方公共团体分享税源。在这一方针的指导下，采取了自动计算地方交付税总额的办法。租税以及其他各项制度是确定地方交付税税率的前提。只要这些制度不发生太大的变化，地方公共团体的通常项目经费可以自然增增减减。通过地方税和地方交付税获得的财政收入来维持地方公共团体的自主性行政和财政业务。

2. 如果对归属国税的所得税进行大幅度减税的话，必须采取相应措施予以应对，否则，地方财政就会失去其本应得到的收入，给其财政、行政业务的正常运营带来负面影响。这也有悖地方交付税制度的宗旨。因此，要采取切实可行的措施，应对各种不测事态的发生。比如因为中央政府改革租税制度，会直接导致地方交付税的减少。为了避免这一事态的发生，可以上调地方交付税税率，以此来弥补上述地方财政收入的损失部分。地方配付税制度是地方交付税制度的前身，在地方配付税制度下，也经常调整配付比例。其中的一些做法可以借鉴。去年，因为没有采取调整措施，地方财政发生混乱。经过激烈争论，终于将地方交付税税率提高到现在的水平。这样一来，地方交付税制度才站稳了脚跟。因此，应以上述措施为基础，使各地方公共团体的财政状况得到

日本新地方财政调整制度概论

改善和健全。其实，上述措施也是地方交付税制度本身的要求，不能半途而废。①

1984年，日本政府依然执行地方交付税法第6条之3第2项的规定。在这种状况下，废除了1978年创设的制度，原则上不允许再从地方交付税特别会计账目中借款。在一段时期内，每年度采取以下地方公共团体的财政来源特例措施：①用精算额调整特例措施额度；②进行相关制度改革，中央政府国库可以偿还从地方交付税特别会计账目中的已借款项，将国库的负担额度挪到一般会计账目的借款中进而进行整理。

之后，1988年，日本政府相关部门开始着手改革税制和国库补贴负担比例。以此为契机，将消费税、烟草税也加入了地方交付税的税目中。1998年，日本政府将消费税的地方交付税税率上调至29.5%。这是综合考虑了以下因素决定的：一是1994年进行了彻底的税制改革，导致所得税减少；二是对个人居民税实施

---

① 地方制度调查会委员三好重夫（原公营企业金融公库总裁）是地方配付税制度实质上的创始人。他曾强烈主张废除地方财政平衡交付金制度，实行地方交付税制度。他阐述了自己对地方交付税税率的看法："地方交付税是由所得税、法人税、酒税等三种国税的一定比例构成。假如中央政府根据自己的判断进行财政、税制政策调整，会对所得税、法人税采取减税措施。在这种情况下，应该对所得税、法人税和酒税等三种国税实施减税。但是，就所得税和法人税而言，单单从国家所持有的比例中减税在技术上是不可能的。因此，如果对上述税种进行减税的话，地方公共团体的所持比例也会减少。为了弥补这一减少额度，每当实施减税，就应该上调地方交付税税率。"

地方交付税制度成立后，由于对所得税、法人税实施减税措施，地方交付税总额就会有所减少。在这种情况下，各地方公共团体都通过上调地方交付税税率进行弥补。而具体的弥补额和上调比例的计算根据正是地方制度调查会在进行审议时屡屡要求提供的重要资料。因为每当对所得税、法人税实施减税时，日本自治省当局都没有相应上调地方交付税税率，因此屡屡受到诟病。因为自治省当局作为管理地方财政来源的衙门，没有履行其责任和义务。另外，自治省也有苦衷。当自治省以"因为减税，地方交付税有所减少，应采取相应措施"为由，要求上调地方交付税税率时，财务省的回复是"要综合考虑地方财政的状况"，不予批准。这说明自治省和财务省在地方交付税的性质认识上有分歧。很显然，财务省不赞同"三种国税的一定比例理所当然属于地方财政来源"的观点。

第四章　地方交付税总额的计算方法

减税也导致了税收减少；三是创设地方消费税，地方税收有所增加。

1988年度至1995年度的地方财政状况都不符合地方交付税法第6条之3第2项的相关规定。1996年度以后，地方财政状况又符合该项规定。但是，1996年度和1997年度各自就上述规定进行了修改，中央政府和地方公共团体对半出资，对地方财政收入不足额中的地方交付税的相应部分进行了财政补贴。1998年，日本政府进行了中期制度改革，将预计从1998年度开始到2000年度偿还从地方交付税特别会计账目中的借款计划延长至2001年度以后。与此同时，因为这一时期地方财政来源严重不足，对其中的地方交付税的相应不足部分采取了中央政府和地方公共团体各自出资一半，进行财政补贴的措施。

值得注意的是，日本政府严格按照地方交付税法第6条之3第2项的规定，上调了地方交付税税率。通过这一措施，只有1999年解决了财政收入不足的问题。1996年之后连续四年，地方财政状况十分严峻，因此符合上述地方交付税法第6条之3第2项的规定。1999年，日本中央政府和各地方公共团体都面临着前所未有的困难。不仅财政状况极端恶化，而且对多种国税实施了永久性的减税。这一措施导致地方财政收入锐减。对税制进行彻底改革，当然不失为良策。但是，远水解不了近渴。在这一远景目标实现之前的一段时期，必须采取临时措施弥补地方财政收入的不足，渡过眼前的难关。

在这种情况下，日本政府采取了以下措施来应对地方财政危机。

（1）日本政府对若干种国税实施了永久性减税措施，这直接导致了地方财政收入的减少。为了应对这一局面，日本政府决定将烟草税的一部分移交给地方税，上调法人税的地方交付税税率，创设地方特例交付金，进行彻底的制度改革。

（2）此外，日本政府就单年度的财政来源不足问题，采取了以下应对措施。1998年，制订了三年制度改革计划。具体内容如下：1998~2000年度，因为对国税实施减税措施，造成地方交付税额度有所减少，因此，规定由中央政府和地方公共团体各出一半资金，对地方交付税减少部分进行财政补贴。另外，委员会就地方交付税法修改方案进行了审议，其目的是保障地方公共团体的行政、财政顺利运营。当时，也是根据地方交付税法第6条之3第2项的宗旨，在国会进行了答辩。

第三节 地方交付税总额特例措施

前面讲到，地方交付税由五种国税的一定比例构成，通过地方交付税可以弥补地方公共团体的财政来源不足额。这样一来，地方公共团体才能长期地、有计划地进行财政运营。换句话说，地方交付税制度起着自动安全阀的作用。原则上，不能轻易变更地方交付税税率。

但是，地方交付税制度自创立以来，日本经济活动、景气指数变动剧烈。因此，仅凭已有的地方交付税制度已经无法处理地方财政来源的盈余和不足问题。这是不可回避的严峻现实。如表4-3所示，1954~2000年度，日本政府每年度都采取了形式各样的地方交付税制度的特例措施。

表4-3列举了日本中央政府在1956年度、1960年度、1961年度、1962年度、1963年度、1966年度、1967年度、1968年度、1969年度、1970年度、1973年度、1974年度、1982年度（最初）、1991年度、1992年度、1993年度各年度采取的特例措施。上述年度，其实际地方交付税总额都超出了该年度的地方公共团体的财政来源不足额之和。纵观上述年度，可以发现以下三个特点：①通过调整预算，将额度有所增加的地方交付税额度的全部或者一部分转入下一年度。②从最初的预算阶段就减少了地方交付税额度。原因有二：一是为了健全地方公共团体的财政收支状况；二是与中央政府编制预算工作进行合作。③过去曾经从地方交付税特别会计账目借款，在上述年度，都提前偿还了借款。

第四章 地方交付税总额的计算方法

表4–3 地方交付税率以及地方财政的特例措施

年度	交付税率	特别措施的内容	依据的法律	备注
1954	22%	总额特例： 所得税、法人税的19.874% 最初为19.66% 酒税的20%	有关1954年度的地方交付税总额等特例的法律	政府原方案：20% 众议院调整案：25% 参议院调整案：22%
1955	22%	烟草专卖特别地方配付金（45亿日元）	部分修改地方交付税法的法律附则	应对1956年度上调烟草消费税的暂定措施
1956	25%	临时地方特别交付金（160亿日元）	有关部分修改地方财政的特别措施法	为解决地方财政困难而采取的特别措施
1957	26%	地方交付税率的修改（194亿日元）（调整）	有关部分修改地方交付税法的法律	地方债挪为一般性财政来源、防止地方财政产生赤字以及合理化措施
1958	27.5%	转到下一年度（86亿日元）	有关部分修改地方应拨还地方交付税的特例措施的法律	将交付税增额的一部分用于偿还下一年度地方债的本息的措施
1959	28.5%	地方交付税率的修改（72亿日元）	有关部分修改地方交付税法的法律	采取措施避免因所得税减税造成地方交付税的减额
1960	28.5%（0.3%）	修改交付税率以及普通交付税的分配比例（92:8→94:6）	有关部分修改地方交付税法的法律	永久解决已发行地方债公债费问题以及为修改单位补贴制度采取的措施
1960		地方交付税率的修改（82亿日元）	有关部分修改地方交付税法的法律	对因国税减税以及入场税减税而造成的税收减少采取补贴措施
1960		临时地方特别交付金 （三种国税的0.3%，最初为30亿日元，调整后为35亿日元） 转到下一年度（207亿日元）（调整）	有关临时地方特别交付金的法律 关于1960年度地方交付税特例的法律	对因居住税减税而造成的增额以及减少采取补贴措施 调整预算造成的增额超出工资改革所需财政来源，为此采取的措施

129

日本新地方财政调整制度概论

续表

年度	交付税税率	特别措施的内容	依据的法律	备注
1961	28.5%（0.3%）	临时地方特别交付金（三种国税的0.3%，最初为37亿日元，调整后为40亿日元）转到下一年度（99亿日元）	有关临时地方特别交付金的法律	措施等与上一年度相同
1962	28.9%	修改地方交付税税率，废除临时地方特别交付金制度 临时地方特别交付金（以前年度结算盈余2亿日元）转到下一年度（100亿日元）（调整）	有关1961年度应拨付交付税的地方交付税总额的特例法律 有关1962年度地方交付税法的部分修改的法律 有关1962年度地方交付税总额特例的法律	创设地方公务员退休养老金制度，采取措施废除临时地方特别交付金制度 同上一年度
1963	28.9%	临时地方特别交付金（以前年度结算盈余5亿日元）转到下一年度（137亿日元）（调整）	有关1963年度地方交付税总额特例的法律	同上一年度
1964	28.9%	借款额（150亿日元）（调整）	有关1964年度地方交付税特例的法律	因工资改革造成财政赤字，采取措施予以补贴（规定1969年度全额偿还）
1965	29.5%	修改地方交付税税率 1964年度偿还借款30亿日元，借款（300亿日元）（调整） 调整后的三种国税减税额（-2590亿日元）。由于国税减税，地方交付税税额（-512亿日元～最终-482亿日元）由国库进行补贴	有关1965年度地方交付税法的部分修改的法律 有关1965年度地方交付税总额特例的法律 有关1965年度财政处理特别措施的法律	1964年度和1965年度因为国税减税导致地方交付税减少，采取相应措施予以补贴 因工资改革造成财政赤字，采取措施予以补贴 512亿日元通过中央政府发行赤字国债予以补贴

130

第四章 地方交付税总额的计算方法

续表

年度	交付税税率	特别措施的内容	依据的法律	备注
1966	32%	修改地方交付税率（586亿日元） 临时地方特例交付金（最初为414亿日元，调整后为51亿日元）： 第一种特例交付金为240亿日元； 第二种特例交付金为174亿日元； 第三种特例交付金为51亿日元（调整）	有关部分修改地方交付税的法律	地方公共团体的财政需求不断膨胀，由于国税减税造成地方交付税减少，为此采取应对措施 国税、地方税减税导致地方财政源不足，为此采取特例措施进行补贴（计算方法：第一种特例交付金按照消费的香烟根数；第二种特例交付金按照都、道、府、县的财政源不足额；第三种特例交付金按照人口分配），其中的20亿日元用于提前偿还债务
1967	32%	临时地方财政交付金（120亿日元）： 第一种交付金为95亿日元； 第二种交付金为25亿日元	有关1967年度地方财政特别措施的法律	特制事业债务偿还费用（第一种），为充实市、镇、村道路建设财政采取的措施（第二种），分配方法：第一种交付金按照都、道、府、县的财政源不足额进行，第二种交付金按照市、镇、村道路的长度
1968	32%	总额特例： 减额为450亿日元 借款额为250亿日元 转到下一年度的额度为684亿日元（调整后）	有关部分修改地方交付税的法律	采取措施筹措用于偿还特别事业债务的财政源 由于预算调整造成的地方交付税增加额超出经济恢复所需必要财政源（52亿日元）时采取的措施

131

日本新地方财政调整制度概论

续表

年度	交付税税率	特别措施的内容	依据的法律	备注
1969	32%	总额特例： 减额为310亿日元(最初为690亿日元，调整后为310亿日元) 加算额为150亿日元(1968年度特例措施部分) 借款额为165亿日元 特别事业债务偿还交付金(103亿日元)转到下一年度(调整后为382亿日元)	有关部分修改地方交付税的法律 地方交付税法附则	由于预算调整，地方交付税总额超出了工资改革所需财政来源，为此采取措施
1970	32%	总额特例： 减额为300亿日元(调整后增额为300亿日元) 市、镇、村居民税临时减税补贴、债务还本付息补贴以及特别事业债务偿还交付金计入地方交付税(为117亿日元和101亿日元)	有关部分修改地方交付税的法律 地方交付税法附则	由于提高法人税负担来地方交付税增收(1970年度，1971年度地方交付税两次采取措施)
1971	32%	总额特例： 加算额为10亿日元 市、镇、村居民税临时减税补贴、债务还本付息补贴(为108亿日元和98亿日元(调整) 借款额为1296亿日元(调整) 临时地方特例交付金为28亿日元(调整)	有关1971年度地方交付税特例等的法律	确保计入预算额度，为工资改革、所得税采取的措施(另外，528亿日元为补贴地方交付税增额减额－1650亿日元为补贴地方交付税的年度减少部分)

第四章 地方交付税总额的计算方法

续表

年度	交付税税率	特别措施的内容	依据的法律	备注
1972	32%	总额特例： 临时地方特例交付金为 1050 亿日元 临时冲绳特别交付金为 365 亿日元 借款额为 1600 亿日元 加算额为 300 亿日元 市、镇、村民临时减税补贴，债务还本付息补贴，特别事业债务偿还交付人地方交付税（为 80 亿日元和 94 亿日元）；借款额的减额为 65 亿日元（调整）	有关 1972 年度地方交付税特例等的法律	为解决地方财政困难所采取的特例措施（另外，1050 亿日元用于补贴因为居民税减税造成的第一年度减收额） 由于冲绳回归日本而采取的措施
			有关部分修改有关 1972 年度地方交付税特例等的法律，进而制定对此法律进行修改的法律	从最初预定借款额的 1600 亿日元减额
1973	32%	总额特例： 借款额为 950 亿日元 临时冲绳特别交付金为 388 亿日元 加算额为 300 亿日元 1971 年度，1972 年度借款偿还为 1121 亿日元（最初为 75 亿日元，调整为 1046 亿日元，共计 1121 亿日元） 年度最初借款的减额 950 亿日元（调整）	有关部分修改地方交付税法的法律	保障地方财政来源措施（缓和剧烈变动）
			有关 1973 年地方交付税特例的法律	中止最初借款预定额 950 亿日元
1974	32%	总额特例： 减额为 1680 亿日元 临时冲绳特别交付金为 321 亿日元	有关部分修改地方交付税法的法律	地方交付税特别会计账目借款余额的提前偿还
1975	32%	总额特例： 临时冲绳特别交付金为 209 亿日元 借款额为 11200 亿日元 临时地方特例交付金为 220 亿日元（调整）	地方交付金税法附则 有关 1975 年度地方交付税及地方债特例的法律	保障地方财政来源的措施

133

日本新地方财政调整制度概论

续表

年度	交付税税率	特别措施的内容	依据的法律	备注
1976	32%	总额特例： 借款额为13141亿日元 临时地方特例交付金为636亿日元	有关部分修改地方交付税法的法律	保障地方财政来源的措施 636亿日元中559亿日元与1974年度减额部分相当，剩余部分是利息负担减轻部分
		总额特例： 特例措施额为124亿日元 借款额为9400亿日元 临时地方特例交付金为1557亿日元	有关部分修改地方交付税法的法律	1974年度减额部分 保障地方财政来源的措施（偿还9400亿日元时，国库负担4225亿日元） 1557亿日元中200亿日元为财政来源对策减债偿还部分，407亿日元为地方财政来源对策部分，950亿日元措施确保最初预算计人额（国库负额偿还） 采取措施确保最初预算计人额全额偿还）
1977	32%	借款增额（第一次调整）为960亿日元 通过第二次调整，对三种国税实行减额（伴随-8370亿日元交付税的减少），取消总额特例的-2678亿日元	有关部分修改地方交付税法的法律 有关1977年度地方交付税特例等的法律	国会通过调整案，决定追加所得税减税（3000亿日元），减额取消部分的2678亿日元的1/2由国库负担，剩余1/2从为了返还1975年度及1976年度的地方交付税特别会计赊目的借款而拨付的临时特例交付金中扣除（通过大臣备忘录予以确认）

134

第四章 地方交付税总额的计算方法

续表

年度	交付税税率	特别措施的内容	依据的法律	备注
1978	32%	总额特例： 特例措施额为 470 亿日元 借款额为 15500 亿日元 临时地方特例交付金为 2251 亿日元	关于部分修改地方交付税法的法律	1974 年度减额部分 保障地方财政来源的措施。1978 年度以后，一段时期内，地方交付税特别会计借款目借款纯增加额的 1/2 由国库负责偿还，并将此措施制度化 2251 亿日元中 1500 亿日元用于筹措 1978 年度地方财政来源（其中的 425 亿日元为 1975 年度地方交付税特别会计借款目借款偿还额的 1/2 其他已经决定部分；1975 年度以及 1976 年度的地方交付税特别会计借款目的借款偿还额的 1/2 由国库负担。这一点通过大臣备忘录来确认调整预算中所得税减额，地方交付税减少，为此采取措施进行财政补贴（偿还费用由国库负担全额）
1979	32%	总额特例： 借款额为 22800 亿日元 临时地方特例交付金度为 6197 亿日元（调整） 借款增额 960 亿日元（调整） 转入下一年度的额度为 6197 亿日元（调整）	关于部分修改地方交付税法的法律 有关部分修改地方交付税法的法律 有关修改部分地方交付税法的法律，进而制定对此法律进行修改的法律	保障地方财政来源的措施 因为调整预算，地方交付税总额的增额超出了调整，复兴财政来源，所以采取三种国税的增额后增额 6392 亿日元，其中随着增加的调整措施增加 4474 亿日元，1978 年度增加而剩余额为 1918 亿日元），6197 亿日元转入下一年度

135

日本新地方财政调整制度概论

续表

年度	交付税税率	特别措施的内容	依据的法律	备注
1980	32%	总额特例： 借款额度为8950亿日元 临时地方特例交付金为3795亿日元 转入下一年度的额度为3705亿日元	有关部分修改地方交付税法的法律 有关1980年度应拨地方交付税总额特例的法律	保障地方财政来源的措施 3795亿日元中1300亿日元用于地方财政来源，剩余额为利息负担减轻部分等 因为调整预算、复兴财政措施以及特别交付税总额的增额出了调整，因而采取三种国税的增加而增2909亿日元，其中随着三种国税的增加而增2909亿日元，3705亿日元转入下一年度
1981	32%	总额特例： 借款额为1320亿日元 临时地方特例交付金为1306亿日元 借款增额为440亿日元（调整）	有关部分修改地方交付税法的法律 有关部分修改地方交付税法的法律	保障地方财政来源的措施 1306亿日元中1300亿日元用于地方财政来源，剩余额为利息负担减轻部分等 因为调整预算，因而采取税减额，所得税采取措施，进行补贴。因为所得税减额155亿日元，导致地方交付税减额155亿日元，偿还费用由中央政府全额负担；由于自然减收890亿日元，导致地方交付税减收285亿日元，偿还费用的1/2由中央政府负担

136

第四章　地方交付税总额的计算方法

续表

年度	交付税税率	特别措施的内容	依据的法律	备注
1982	32%	总额特例： 借款增额为2098亿日元	有关部分修改地方交付税法的法律	地方财政来源保障的措施 2098亿日元中1098亿日元为利差临时特别交付金；1000亿日元为地方财政对策临时特别加入借款（相当于利息所得税分离费用由国库中的居民税），计入借款额，偿还费用由国库全额负担
		减额保留1135亿日元		这一措施的目的是在地方交付税特别会计账目中保留，从1984年度开始三年内加到总额中
		借款增额为15432.8亿日元（调整）	有关部分修改地方交付税法的法律	由于调整预算，三种国税减额为52900亿日元，从而地方交付税减额为16956.8亿日元。从这一额度中扣除因工资改革的延期、老人保健法的实施财政需求减少的1524亿日元。余额15432.8亿日元作为借款

137

日本新地方财政调整制度概论

续表

年度	交付税税率	特别措施的内容	依据的法律	备注
1983	32%	总额特例： 借款额为 18957.5 亿日元 临时地方特例交付金为 20 亿日元 特例加算额为 1135 亿日元 用于偿还借款利息的款项为 −3446 亿日元 特例加算额增加（调整）322 亿日元	有关部分修改地方交付税法的法律 有关部分修改地方交付税法的法律	保障地方财政来源的措施 借款中 984 亿日元为已发行地方债利差；临时地方特例交付金 1100 亿日元归入地方财政对策临时地方特例交付金借款，偿还费用全额由中央政府负担 根据地区特例临时法亦即行政改革特例法，地区特例补贴负担比例减少 1/6，为了进行财政补贴，发行了地方债。本息偿还额 1/2 的 13 亿日元以及 1983 年度新发行的地方债利息 7 亿日元 提前计入 1982 年度初，减额保留的 1135 亿日元 1983 年度的地方交付税特别会计账目借款年度末余额为 115218.78 亿日元的利息支付额为 7004 亿日元，根据中央政府和地方公共团体的本金负担比例，地方公共团体应该负担这一额度

138

第四章 地方交付税总额的计算方法

续表

年度	交付税税率	特别措施的内容	依据的法律	备注
1984	32%	总额特例（最初）： 特例措施费用为1760亿日元 用于偿还借款利息的款项为-3638亿日元 转入下一年度的额度（调整）为-1272亿日元	有关部分修改地方交付税法的法律 有关1984年度应拨付的地方交付税总额特例的法律	1760亿日元的详情： 1460亿日元为临时特别交付金，300亿日元为1991年度，1992年度减额 1984年以后，借款中中央政府所负担部分转入并调整预算到中央政府一般会计账目之中 由于调整预算，交付税总额有所增加，这一增加额超出了必要财政来源，因此采取措施予以补贴
1985	32%	总额特例（最初）： 特例措施费用为1000亿日元 用于偿还借款利息的款项为-3694亿日元 从上年度转入的金额的确保（调整）总额为1272亿日元	有关修改部分地方交付税法的法律 有关1985年度应拨付的地方交付税总额特例的法律	由于大幅上调库补贴负担比例，经常性经费系统的地方负担部分增加，就其额度的一部分采取特例措施 由于调整预算，尽管三种国税减额，将税收估算额最初预算计入额 由于调整固定在调整前，以确保三种国税减额作为减额
1986	32%	总额特例（当初）： 特例措施费用为1200亿日元 借款增额（调整）为4502.5亿日元	有关部分修改地方交付税法的法律 有关部分修改地方交付税法的法律	由于经常性经费系统的国库补贴负担比例下调，加算了临时特例交付金 由于调整预算，三种国税减额，将这一减额作为借款额

日本新地方财政调整制度概论

续表

年度	交付税税率	特别措施的内容	依据的法律	备注
1987	32%	总额特例（当初）： 特例措施费用为3317.8亿日元 地方交付税特别会计账目剩余金的灵活使用部分为510亿日元 用于偿还借款利息的款项为−3461亿日元 总额的确保（调整）： 总额增额为3500亿日元 总额增额（二次调整）为5520亿日元 借款偿还额为−2304亿日元	有关部分修改地方交付税法的法律（最终成为无效法案） 有关部分修改地方交付税法的法律 有关部分修改地方交付税法的法律	1986年度，采取了下调补贴负担比例的措施，为此，支出特例措施费用1200亿日元。1987年度，采取了下调补贴负担比例的措施，为此，支出特例措施费用296亿日元。1986年度地方交付税特别会计账目借款利息总负担额为287亿日元，就此，实施了特例措施；由于进行税制改革，实施了减税。为了弥补税收的减少，支出特例措施费用1135亿日元。为了弥补其他通常性收支不足，拨出特例措施费用400亿日元 由于销售税法案成为废案，地方交付税减额2206亿日元。用1986年度结算盈余额来弥补（通过这一手段，确保了最初计入预算额） 由于追加实施公共事业等原因，总额增额用1986年度结算盈余额来弥补 由于三种国税自然增收而增加5472亿日元1986年度结算盈余额为48亿日元

140

第四章 地方交付税总额的计算方法

续表

年度	交付税税率	特别措施的内容	依据的法律	备注
1988	32%	总额特例（最初）： 特例措施费用为2275亿日元；-230亿日元 用于偿还借款利息的款项为-2780亿日元 总额增额（调整）为21256亿日元 转入下一年度的额度为-3600亿日元 借款还款额为-11837亿日元	有关部分修改地方交付税法的法律 有关部分修改地方交付税法的法律	1986年度由于国库补贴负担比例下调，产生相关特例措施费用为1200亿日元；1987年度由于国库补贴负担比例下调，产生相关特例措施费用为295亿日元；国保制度改革产生550亿日元费用；1986年度借款利息负担特例措施费用为230亿日元；偿还了1985年度地方交付税总额特例措施费用的一部分-230亿日元 1987年度结算盈余额为10808亿日元，1988年度自然增收估算额为10448亿日元，振兴故乡费用为-2480亿日元，长期互助养老金减额的1/4为-1120亿日元
1989	国税三税32% 消费税24% 烟草税25%	总额特例（最初）： 特例措施费用为230亿日元；-230亿日元 借款还款额为-11360亿日元 用于偿还借款利息的款项为-1929亿日元 地方交付税特别会计账目剩余额的灵活使用部分为686亿日元 总额增额（调整）15959亿日元 借款还款额为-6096亿日元	有关部分修改地方交付税法的法律 有关部分修改地方交付税法的法律	1986年度借款利息额为230亿日元，这一款项用1985年度地方交付税总额特例措施费用的一部分归还-230亿日元 1988年度结算盈余额为6042亿日元，自然增加估算额为9917亿日元

141

日本新地方财政调整制度概论

续表

年度	交付税税率	特别措施的内容	依据的法律	备注
1990	国税三税 32% 消费税 24% 烟草税 25%	总额特例（最初）： 特例措施费用为 230 亿日元；-230 亿日元 借款偿还额为 14106 亿日元 用于偿还借款利息额为 -1053 亿日元 总额增额（调整）为 6557 亿日元 借款偿还额为 -519 亿日元 用于偿还借款利息的款项为 -353 亿日元	有关部分修改地方交付税法的法律	1986 年度借款利息额为 230 亿日元，1985 年度地方交付税总额特例措施费用的一部分偿还额为 -230 亿日元 1989 年度结算盈余额为 1560 亿日元，自然增收估算额为 4997 亿日元
1991	国税三税 32% 消费税 24% 烟草税 25%	总额特例（最初）： 特例措施费用为 -4502.4 亿日元；-497.6 亿日元 借款偿还额为 107196 亿日元 用于偿还借款利息的款项为 -627 亿日元 总额缩减额（调整）为 1747 亿日元 借款偿还额缩减 2230 亿日元	有关部分修改地方交付税法的法律	1986 年度调整借款额为 4502.4 亿日元，1985 年度地方交付税总额特例措施费用的部分偿还额为 497.6 亿日元 1990 年度结算盈余额为 4042 亿日元；由于国税减收，地方交付税额减少 5789 亿日元

142

第四章　地方交付税总额的计算方法

续表

年度	交付税税率	特别措施的内容	依据的法律	备注
1992	国税三税 32% 消费税 24% 烟草税 25%	总额特例（最初）： 特例措施费用为 -8500 亿日元；-207.6 亿日元 法定加算额（一部分）为 4138 亿日元 借款偿还额 -556 亿日元 用于偿还借款利息的款项为 -372 亿日元 总额减额（调整）为 15682 亿日元 借款增额（调整）为 15682 亿日元	有关部分修改地方交付税法的法律	1975~1984 年度的借款额中，中央政府负担的本息偿还额为 -8500 亿日元，偿还 1985 年度地方交付金总额特别措施费用的一部分为 -207.6亿日元
			有关部分修改地方交付税法的法律	1991 年度结算盈余额为 542 亿日元；因国税减收，地方交付税减少 -16224 亿日元
1993	国税三税 32% 消费税 24% 烟草税 25%	总额特例（最初）： 特例措施费用为 -4000 亿日元 法定加算额（一部分）为 370 亿日元 借款偿还额 -578 亿日元 用于偿还借款利息的款项为 -1246 亿日元	有关部分修改地方交付税法的法律	
		总额减额（第一次调整）-464 亿日元 特例减额缩减 464 亿日元 总额减额（第二次调整）-16675.2 亿日元 借款增额为 16675.2 亿日元	有关部分修改地方交付税法的法律 有关部分修改地方交付税法的法律	由于国税减收，地方交付税缩减，当初的特例减额由 4000 亿日元缩减为 3536 亿日元 由于国税减收，地方交付税减少

日本新地方财政调整制度概论

续表

年度	交付税税率	特别措施的内容	依据的法律	备注
1994	国税三税 32% 消费税 24% 烟草税 25%	总额特例（最初）： 借款增额为 29179 亿日元 法定加算借款利息借款项为 1760 亿日元 用于偿还交付税特别会计账目剩余额的灵活使用部分 400 亿日元 总额减额（第一次调整）-7190.4 亿日元 借款额增额的保障（第二次调整）-7190.4 亿日元	有关部分修改地方交付税法的法律 有关部分修改地方交付税法的法律 有关 1994 年度地方交付税总额特例等的法律	由于所得税进行特别减税，采取补贴措施，额度达到 12432 亿日元；针对通常项目收支不足的补贴额达到 16747 亿日元 因为国税减收地方交付税减少，其中包括因为税制改革造成的减税部分 虽然对国税估算收入额进行了减额，但是采取措施将这一收入额固定在第一次调整后的额度，保障了地方交付税的总额 为应对阪神淡路大地震等采取的措施
		特别交付税的特例增额为 300 亿日元		
1995	国税三税 32% 消费税 24% 烟草税 25%	总额特例（最初）： 借款增额为 33399 亿日元 法定加算借款利息借款项为 1810 亿日元 用于偿还借款利息借款项为 -4033 亿日元 总额减额（第一次调整）-377.6 亿日元 特例措施费用 377.6 亿日元 总额减额（第三次调整）-9132.8 亿日元 借款额增额为 9132.8 亿日元	有关部分修改地方交付税法的法律 有关部分修改地方交付税法的法律 有关部分修改地方交付税法的法律	由于所得税进行特别减税，采取补贴措施，额度达到 12429 亿日元；针对通常项目收支不足的补贴额达到 20970 亿日元 因为国税减少，地方交付税减少 因为国税减少，地方交付税减少

144

第四章 地方交付税总额的计算方法

续表

年度	交付税税率	特别措施的内容	依据的法律	备注
1996	国税三税 32%	总额特例（最初）： 法定加算额为 4138 亿日元 临时特例加算额为 4253 亿日元	有关部分修改地方交付税法的法律	以下原计划为 1997 年度以后加算，但是 1992 年度因为特例减额，提前增加了加算额的 1/2。1993 年，因为特例减额，提前减额，提前增加了加算额的全额
	消费税 24% 烟草税 25%	借款增额为 36897 亿日元 用于偿还借款利息的款项为 4830 亿日元 地方交付税特别会计账目剩余额的灵活使用部分为 300 亿日元 转入下一年度额度为 2931 亿日元（调整）		借款额中的 10225.5 亿日元其偿还金在以后年度加入地方交付税总额
1997	国税三税 32%	总额特例（最初）： 法定加算额为 2600 亿日元 临时特例加算额为 1000 亿日元	有关部分修改地方交付税法的法律	由于调整预算，地方交付税总额有所增加，这一增额超出了普通交付税额的恢复所必需的财政来源，因此采取了措施
	消费税 29.5% 烟草税 25%	借款增额为 17690 亿日元 用于偿还借款利息的特别会计账项为 -5259 亿日元 地方交付税特别会计账目剩余额的灵活使用部分为 1100 亿日元		1992 年度进行了特例增额，因此提早增加了加算额的一部分 借款额中的 9082 亿日元，将其偿还金在以后年度加入地方交付税总额
		临时特例加算额：2221 亿日元（调整）	关于部分修改地方交付税法的法律	因为实施国税特别减税，地方交付税减额

日本新地方财政调整制度概论

续表

年度	交付税税率	特别措施的内容	依据的法律	备注
1998	国税三税32% 消费税29.5% 烟草税25%	总额特例（最初）： 法定加算额为2191亿日元 中央政府借款利息负担额为609亿日元 烟草特别借款相关特例措施费用为200亿日元 借款增额为19457亿日元 用于偿还借款利息的款项为－4974亿日元 地方交付税特别会计账目剩余额的灵活使用部分为2000亿日元	有关部分修改地方交付税法的法律	借款额中的7550亿日元，其偿还金在以后年度加入地方交付税总额
		总额特例（第一次调整）： 特例加算额为4714亿日元 借款增额为4000亿日元	有关部分修改地方交付税法的法律	由于实施所得税特别减税措施，地方交付税减少，采取了补贴措施。另外，为了顺利实施公共事业，进行了地方交付税增额（4000亿日元）
		总额特例（第三次调整）： 特例加算额为4000亿日元 借款增额为16956亿日元	有关部分修改地方交付税法的法律	由于国税减收，地方交付税相应减少，为此采取了补贴措施。为了顺利实施非公共事业，地方交付税进行了增额，其额度为1300亿日元（不适合于发行地方债）

第四章 地方交付税总额的计算方法

续表

年度	交付税税率	特别措施的内容	依据的法律	备注
1999	所得税、酒税32% 法人税32.5% 消费税29.5% 烟草税25%	修改地方交付税税率(521亿日元) 总额特例： 法定加算额为2149亿日元 中央政府借款利息负担额为1210亿日元 临时特例加算额为8201亿日元 借款偿还额为84193亿日元 用于偿还借款特别会计账目剩余款项为-5883亿日元 地方交付税特别会计账目剩余额的灵活使用部分为1500亿日元	有关部分修改地方交付税法的法律	由于长久性减税导致地方交付税减收，其他通常性收支不足。为了进行补贴，采取了相应措施 由于长久性减税导致地方交付税减收，对比将来要进行彻底的税制改革。而在当下一段时期采取的制度改革措施是借款中的42067亿日元，其偿还金在以后年度计入地方交付税总额
2000	所得税、酒税32% 法人税35.8% 消费税29.5% 烟草税25%	总额特例（调整）： 借款增额为4386亿日元 修改地方交付税税率(3780亿日元) 总额特例： 法定加算额为3913亿日元 中央政府借款利息负担额为2087亿日元 临时特例加算额为1500亿日元 借款偿还额为80881亿日元 用于偿还借款特别会计账目剩余款项为-8279亿日元 地方交付税特别会计账目剩余额的灵活使用部分为1300亿日元	有关部分修改地方交付税法的法律 有关部分修改地方交付税法的法律	由于国税减收，导致地方交付税减少，对这一减额进行补贴 借款中的40440亿日元，将其偿还金在以后年度加入地方交付税总额

日本新地方财政调整制度概论

另外,在上述以外的年度,为了克服地方交付税总额不足这一难题,日本中央政府采取了上调地方交付税税率、拨付临时特例交付金、特例加算、从地方交付金特别会计账目借款等措施。一直到1999年度,从地方交付税特别会计账目的借款都是从资金运作部门借来的。这些借款都要支付利息,一直到1982年度,这些利息都是由一般会计账目负担的。而1983年度以后,在综合考虑每个时期借款的性质以及当时中央政府和地方公共团体具体财政状况的基础上,决定中央政府和地方公共团体具体负担的内容。

由上述可知,在现行的地方交付税制度下,没有制定地方交付税的年度之间的调整制度。当有必要进行年度之间的调整时,每个年度采取立法措施进行年度之间的调整。不管怎么说,对现在的日本来说,采取某种形式对地方交付税进行年度之间的调整不可或缺。纵观表4-3中地方交付税税率以及地方交付税总额特例的变迁过程,可以得出以下结论。

(1) 1956年度,日本政府将地方交付税税率从22%上调至25%。从创设地方交付税制度时的地方公共团体的财政收支情况来看,这一措施是天经地义的。1955年末,为了重振财政,在临时国会上就此进行了讨论。讨论结果决定采取上述措施。[①]

(2) 从1957年度至1965年度,地方交付税税率由26%上调至29.5%。这是因为所得税进行了减税,这导致地方交付税减少。为了弥补这一减额,通过修改地方行政制度、财政制度,调整了这一比例。

(3) 1966年度,日本政府将地方交付税税率从29.5%上调至32%,并对采取这一措施的原因做了说明。由于对所得税、法人税实施了大幅度减税,地方交付税相应减收,因而,中央政府对此进行了财政补贴。除此之外,还有一个根本原因,其内容如下:中央

---

① 1954年,对地方财政平衡交付金制度做了部分修改。在这一法案中,日本政府制定了地方交付税税率。政府原来的方案里地方交付税税率是20%,在众议院审议时,将这一税率上调为25%,在参议院中再次被调整为22%。

第四章　地方交付税总额的计算方法

政府的财政政策或者财政理念发生了变化。原来中央政府恪守的是财政均衡主义，亦即不允许在财政收支上出现赤字。而这一时期，中央政府开始转换思路，通过发行公债度过眼前的财政危机。在这种情况下，开始调整中央政府和地方公共团体之间的财政来源分配比例。这一调整措施是综合性地方财政对策的重要环节之一。①

1966年度，日本中央政府上调了地方交付税税率。但是，当时地方公共团体相关人员对这一措施并不满意。比如，日本自治省要求将地方交付税税率上调5.9%，亦即从29.5%上调至35.4%。但是，日本财务省相关人员以下列原因进行强烈反对：既然引进了国债制度，那么在地方财政来源不足的情况下，可以通过增发地方债或者采取临时特例交付金制度予以解决。而上调地方交付税税率，则属于长久性的政策措施，这种措施不应轻易采取。之后，财务省相关人员中也有很多人主张应将地方交付税税率的上限定为30%。尤其值得一提的是，1966年度一下子就上调5.9%，幅度过大。还有人主张在下列情形下，应考虑下调地方交付税税率：①日本中央政府发生了严重的财政危机；②地方公共团体的财政收支状况得到改善。②

1967年以后，由于日本国内经济状况好转，税收也自然而然

---

① 就这一措施的详情请参照1966年12月8日的地方制度调查会答辩记录。
　①1966年度的地方公共团体的财政来源不足额：　　　　－2469亿日元
　②财政来源补贴措施　　　　　　　　　　　　　　　　　2200亿日元
　　a. 上调地方交付税税率（2.5%）　　　　　　　　　　　586亿日元
　　b. 临时地方特例交付金　　　　　　　　　　　　　　　414亿日元
　　c. 特别事业债务　　　　　　　　　　　　　　　　　　1200亿日元
　③地方公共团体的自筹资金　　　　　　　　　　　　　　　269亿日元
　　a. 调整固定资产税等负担的措施　　　　　　　　　　　119亿日元
　　b. 节省既定经费　　　　　　　　　　　　　　　　　　150亿日元
　　如上所述，1954年度，日本中央政府首次通过采取综合财政措施，对地方公共团体的财政收支计划中估算的巨额财政来源不足额进行财政补贴。上述做法为以后采取灵活财政措施开了先例。1966年度、1975年度都制定了类似的地方财政政策。
② 当时日本财务省主管地方财政的有主计局次长鸠山威一郎等人。财务省内的很多人认为，在上调地方交付税税率问题上，他们对自治省方面过于迁就。因此，他们也是有苦难言。

日本新地方财政调整制度概论

开始增加。在这种背景下，日本中央政府开始阶段性减少公债发行额。在这一过程中，地方交付税额度也随之增加。与地方财政收支状况相比，中央政府财政收入状况更令人担忧。财政制度开始僵化。因而，日本财务省开展了改革运动。财务省认为，造成中央政府财政状况拮据的主要原因是地方交付税制度。日本财务省于1968年，对地方财政措施进行了多次讨论和折中之后，向日本自治省提议下调地方交付税税率。①

现阶段，由于日本中央政府和地方公共团体的财政关系微妙，如果大幅增加国债发行额会出现以下后果：一是在这种情况下，不论是日本中央政府还是地方公共团体，税收的自然增额会下降；二是与日本中央政府相比，地方公共团体的财政状况会更为窘迫，而大幅削减国债发行额则意味着无论是日本中央政府还是地方公共团体，由于经济状况好转，其税收步入自然增长（亦即即便不加税也增长）轨道，地方公共团体的财政状况相对好转。

1968~1970年度，中央政府和地方公共团体的税收状况都有所改善，削减了国债发行规模。这一时期，地方公共团体的财政状况较好，为将来的财政健全化奠定了经济基础。与此同时，地方公共团体还与日本中央政府在预算编制工作上进行合作。这一时期，地方交付税法定额度都有所减少，具体情况如下：1968年度减额为450亿日元；1969年度最初预定减额为690亿日元，调整后减额为310亿日元；1970年度最初预定减额为300亿日元。1971年度和1972年度，日本中央政府和地方公共团体税收减少，不得不大量发行国债，以渡过财政难关。地方公共团体从地方交付税特别会计账目借款。1971年度，经过调整将借款额定为1296亿日元，

---

① 改革僵硬的财政制度迫在眉睫。推动这一运动的核心人物是当时的主计局长村上孝太郎（原来的财务省事务次官）。这一运动的具体方案是在编制1967年度至1968年度预算时提出的。他们指出，日本中央政府的财政制度过于僵硬。造成这一局面的主要原因是4K，4K是指国铁（kokutetsu，亦即日本国家铁路）、米（kome，归属食品管理会计账目）、健康保险（kenkouhoken，政府管理的健康保险）以及交付税（kouhuzei）。因为上述四个词日语假名的第一个罗马字母都是"K"，因此简称为4K。他们都主张对4K进行彻底改革。

第四章 地方交付税总额的计算方法

1972年初，预定借款额为1600亿日元。

（4）1967~1974年度，地方交付税税率没有变化。在这一时期，日本中央政府也采取了地方交付税总额的特例措施。根据经济动向、景气指数，制定了一系列财政政策，其目的是调整地方公共团体的财政来源的盈余与不足。但是，这些措施都是暂时性的财政来源调整政策。这一时期内，日本中央政府对地方交付税的减额部分予以恢复，而且已经偿还了从地方交付税特别会计账目的借款额。

（5）1975年度，经过调整，开始出现慢性的地方财政来源不足状况。1983年度，日本政府开始采取措施整饬地方公共团体的财政。在此以前，经常性地采取特例措施从地方交付税特别会计账目借款。1984年度，采取切实措施改善地方公共团体的财政收支状况。为此进行了制度改革，废除了1978年度创设的相关制度。这一制度规定原则上今后不允许地方公共团体再从地方交付税特别会计账目借款。在此基础上，进一步规定用结算额来调整各年度的特例措施。

之后，日本进入泡沫经济时期。日本中央政府和地方公共团体的财政税收都有较大增长。在这一背景下，日本政府开始探讨中期性地方财政健全化方案。为此，采取了以下措施：一是偿还地方交付税特别会计账目的借款；二是建立财政来源对策债偿还基金。日本财务省对此相当乐观，甚至认为地方公共团体的财政收支状况处于盈余状态。

而日本自治省则对财务省的看法不以为然，做了如下反驳。为了健全和完善财政体系、财政制度，日本政府采取了很多相应措施。但是，问题依然很多：一是地方财政债台高筑，债务偿还对今后的地方财政来说是个沉重包袱；二是现阶段，从表面来看，地方公共团体的财政收支仍有盈余，但那是因为地方税收等一般性财政来源有所增长，而这种状态只不过是暂时的，当经济状况恶化时，地方财政就会出现亏空；三是日本已经进入老龄化社会，为了解决这一社会问题，财政支出额度会越来越大。基于上述种种原因，认

日本新地方财政调整制度概论

为地方公共团体的财政收支状况有盈余的观点是错误的。因为所谓的盈余是指财政需求额小于财政收入额。而事实上，当时并不属于这种情况。

之后，曾经一度给日本带来繁华的泡沫经济崩溃。受此影响，1994 年度以后，地方公共团体财政状况再度出现巨额亏空。不仅如此，从 1994 年度开始，日本中央政府开始实施减税措施，这样做的目的是配合税制改革，而减税措施意味着地方交付税将会有所减少。为了应对这一局面，一开始就从地方交付税特别会计账目借款以保障地方交付税的总额。特别是在 1996 年度以后，出现了符合地方交付税法第 6 条之 3 第 2 项规定的情况。因此，日本政府允许从地方交付税特别会计账目借款，为此还进行了配套改革。改革措施规定中央政府和地方公共团体对半出资，负担上述借款的本息偿还。只有采取上述根本措施，才能彻底解决悬而未决的问题。

（6）在这一背景下，1999 年，日本政府又采取了一些措施，以应对眼前的财政困难。但是，因为当时实施了永久性的减税措施，造成了地方财政收入的减少。为了弥补这一减少额度，日本中央政府采取了以下具体措施：一是将烟草税的一部分移交给地方税；二是提高法人税在地方交付税中的比例；三是创设地方特例交付金。需要注意的是，因为将来要进行彻底的税制改革，这些措施只不过是过渡性的临时措施而已。

日本政府规定要进行永久性的税制、财政等制度改革，必须采取相应的财政措施，这是不可动摇的基本原则，只有采取这样的措施，才能奏效。现阶段，每一年度都会发生巨额的经常性财政收支不均衡，而日本中央政府和地方公共团体都面临着严重的税收不足问题。在这种情况下，立即实施彻底的制度改革还有不少困难，而且地方财政处于危机状态，必须动用各种经济手段重振地方财政。首先是要刺激经济，使之走向复苏轨道，只有日本经济复苏才能保障税收。在这一前提下，日本政府才能进行税制、财政制度等综合性制度改革。

第四章　地方交付税总额的计算方法

第四节　对现行地方交付税总额确定方式的批判

现阶段，对于如何确定地方交付税总额，相关人士意见颇多，莫衷一是：一是恢复以前的地方财政平衡交付金方式；二是这一总额应该与整个国税收入情况挂钩；三是将国债特别是赤字国债的收入额加入挂钩对象；四是将地方交付税总额与每年度中央政府的全部财政收入额挂钩。除此之外，给地方交付税定性也是一个令日本政府头疼的问题。有人主张修改地方交付税的会计管理方式，采用直接计入特别会计账目的方式；还有人主张应将地方交付税年度之间的调整措施制度化、长期化。下面对这些意见和看法的概要以及问题点进行梳理，具体内容如下。

一　地方财政平衡交付金方式复归论

如上所述，自地方交付税制度建立以来，日本中央政府每年度都对地方交付税总额采取某种形式的特例措施，以渡过财政难关。尽管地方交付税法第6条对上述地方交付税总额做出了明确规定，但是事实上没有任何一个年度仅凭这一条规定就能够解决财政问题。日本政府痛感这一规定具有很大的局限性。因此，对地方交付税制度进行局部修改，将地方财政调整交付金总额规定为特定国税的一定比例。然而，这一制度对保障地方公共团体适度的财政收入收效甚微，而且还有其他负面作用。因此，有人敦促日本政府废除地方交付税制度，恢复此前实施的地方财政平衡交付金制度所采取的交付方式。地方财政平衡交付金制度的地方交付税总额的计算方式如下：各地方公共团体都要以合理的基准计算得出基准财政需求额，日本中央政府要对这一基准财政需求额超出基准财政收入额的超出额之和进行财政补贴，而且补贴所需额度要计入日本中央政府的一般会计账目。

既然上述意见颇有群众基础，而且有一定的合理性，为什么非得从地方财政平衡交付金方式过渡到地方交付税方式呢？为了解释这个问题，需要根据当时的时代背景和实际情况进行分析。

日本新地方财政调整制度概论

在日本的政治文化背景下，地方财政平衡交付金方式理想色彩过于浓厚。因为要完全按照地方公共团体的补贴要求确保地方交付金额度，必须有一个强有力的行政机构作为后盾。但是，日本内阁要顾全方方面面的利益，制定综合性财政政策，如果只顾提供足够的地方交付税额度来维护地方公共团体的利益，就会损害国家的整体利益。因此，这项制度在日本实行起来困难重重。

在地方财政平衡交付金制度下，长期以来，日本中央政府和地方公共团体因交付金总额的确定方式争论不休。令人遗憾的是，争论结果是地方公共团体并未得到自己希望的财政补贴额度。在这一制度下，即便是 1 亿日元，地方公共团体如果不历数其必要性，也无法获得日本中央政府的补贴增额。与此相比，地方交付税制度则不然。原则上，如果所得税、法人税和酒税等三种国税自然增收额大幅改善的话，与法定的地方交付税税率相应的额度就会自动地拨付给地方。地方公共团体一方没有必要向中央政府证明其计算额妥当与否。由于日本的社会形势、经济形势发生了重大变化，日本政府对财政制度、行政制度进行了改革。经过改革，做出以下决定：地方交付税税率需要进行变更时，才需要地方公共团体向中央政府陈述税率变更事由。有些人妄加指责说，地方交付税税率是保障地方公共团体的一般性财政来源的枷锁，这种观点是无视现实的曲解。毋宁说，地方交付税税率是保障地方财政来源的"防波堤"，起至关重要的作用。

而且，地方交付税制度是在日本经济从二战后的复兴阶段向经济进入发展轨道过渡的时期建立的。法人税和所得税与日本经济发展状况的好坏亦即景气指数成正比。这一时期，日本经济高速发展，法人税和所得税的税收额相当可观。因此，这一地方交付税制度将法人税、所得税与地方交付税总额挂钩，对地方公共团体的财政贡献很大。

笔者自地方财政平衡交付金制度创立以来，很长一段时期从事日本地方公共团体的财政工作。根据亲身体验，可以断定假如地方财政平衡交付金制度持续到今天的话，绝对无法保证今天这种规模的地方交付税额度。因此，笔者认为应该坚持现行的地方交付税总额确定方式，而不能轻言恢复地方财政平衡交付金方式。

第四章　地方交付税总额的计算方法

二　交付税特别会计账目直接计入论

交付税特别会计账目直接计入论与其说是论述如何保障增加交付税总额，不如说是明确主张交付税的本质是地方财政来源。因此，说到底交付税特别会计账目直接计入论属于一种地方交付税拥护论。1968年，日本财务省牵头开展了与中央政府国库财政僵化作斗争的运动，交付税特别会计账目直接计入论与这一运动关系密切。当时，日本中央政府在编制预算时，由于每年度的常规性经费增额显著变大，用于实施新政策的财政来源受到很大限制。

日本财务省认为上述常规性经费增额的最大元凶是所谓的3K［国铁（kokutetsu）、健康保险（kenpo）、大米（kome，计入食品管理会计账目），因三个词日语假名的第一个罗马字母都是"K"而得名］。但是事实上，由于所得税、法人税、酒税等三种国税自然增收，计入地方交付税的额度也显著增加。因此，日本财务省相关负责人多数都主张地方交付税也是令日本中央政府财政僵化的重要原因之一，应尽快下调地方交付税税率。

日本自治省和各地方公共团体对此却不以为然，进行了反驳，其具体内容如下：地方交付税是地方公共团体的固有财政来源，所得税、法人税、酒税等三种国税是日本中央政府和地方公共团体的共享税源。如果这三种国税出现自然增收的话，其一定比例的税收当然要归属地方公共团体，而且地方公共团体有权将日本中央政府拨付的地方交付税和其他经费一样自由支配。这就是地方交付税制度的本质。而上述日本财务省相关人员曲解了地方交付税的本质。比如，1967年12月7日，地方制度调查会就此做了如下答辩。

［参考］日本地方制度调查会答辩
（1967年12月7日）
第一，日本中央政府财政制度的僵化与地方财政的相关关系

最近几年，日本各地方公共团体的财政收支状况令人担忧。义

日本新地方财政调整制度概论

务性经费增加显著，财政结构越来越僵化，缺乏财政灵活性，而且地方公共团体的行政服务水准也不容乐观，与地方居民生活息息相关的设施建设和整修非常滞后。日本社会经济形势变化巨大，需要采取各种行政措施予以应对。但是，日本全国人口分布极为不均，有的地区人口密度过大，而有的地区人烟稀少，已成为亟待解决的社会问题。日本政府需要制定各种政策，进行投资开发建设。除此之外，还有环境污染问题、交通安全问题等新旧课题堆积如山。这些都需要日本政府拨付行政经费予以支持。解决上述社会问题要循序渐进，要做好进行长期斗争的心理准备，这是因为上述社会问题并非一朝一夕所能解决的，而且有时还需要跨行政区域进行合作以解决难题。

在这种情况下，地方制度调查会审时度势，对日本当今社会经济形势进行充分调研。在此基础上，摸索地方行政、财政改革方案。在这一过程中，因为日本地方行政、财政制度改革涉及财政来源的再分配问题，因此应尊重地方自治精神，慎重商讨解决方案。

最近，日本中央政府的财政状况出现了新趋势，中央政府每年度的财政支出规模不断加大，其中，常规性经费增加率非常明显。正是这个原因，财政僵化问题渐渐成为朝野议论的焦点。就这一点，我等认为应将议论焦点放在地方交付税增额过大这一现实上，这才是财政僵化的主要原因。因此，日本中央政府应该压缩对地方公共团体的财政补贴额度。

但是，在现行的日本税制下，地方交付税减额的话，仅仅依靠地方公共团体的独立性财政税源，无法满足各个地方公共团体的实际行政需求。因此，要完善日本中央政府和地方公共团体的税源分配制度，建立一套取代地方税的更趋合理的制度。因此，将中央政府拨付给各地方公共团体的地方交付税等同于其他经费，并认为它是财政僵化的原因的观点是错误的。另外，为了解决财政僵化问题，本地方制度调查会也在地方公共团体的地方议会做了第 11 次调查会答辩，指出应有效使用行政经费，日本中央政府在这一点上

第四章 地方交付税总额的计算方法

也应积极配合。

现阶段，不少人把地方交付税和其他经费等同，认为这才是日本中央政府财政僵化的一个原因。他们会这样认为，是因为地方交付税将一般会计账目计入了地方交付税特别会计账目，甚至还有人主张将地方交付税和地方让与税一并从国税收纳金整理资金账目中移出，转而计入直接交付税特别会计账目。这就是所谓的特别会计账目直接计入论。1970年1月19日，地方制度调查会就这一问题在答辩中做了如下论述。其具体内容如下。

[参考] 地方制度调查会答辩
（1970年1月19日）
有关地方交付税的内容

最近，人们对日本地方交付税问题议论纷纷。我等认为其中有些观点曲解了地方交付税制度的本质。本地方制度调查会曾不止一次地指出：地方交付税是地方公共团体的固有财政来源，其目的是按照中央政府和地方公共团体的行政事务分工和经费负担划分，为中央政府和地方公共团体进行合情合理的税源分配。所得税、法人税和酒税等国税收入的32%，首先以国税形式征收上来计入国家预算。但是，这一措施实质上只不过是日本中央政府统一征收了各个地方公共团体的财政收入而已。因此，现阶段，虽然将地方交付税计入了日本中央政府的一般会计账目的每年度财政支出预算，但是把地方交付税和其他每年度财政支出项目混淆，把它当做日本中央政府经费的话，就是对地方交付税制度本质的误解。也就是说，地方交付税的增加在本质上和地方税的增加没有任何区别。因此，不能把地方交付税包含在日本中央政府的常规性增加经费中，并指责它是造成日本中央政府财政僵化的一个原因。（中间省略）

1973年11月9日，日本地方制度调查会再次进行了答辩，其观点与上述内容类似。1976年10月22日，日本地方制度调查会

日本新地方财政调整制度概论

又进行了答辩,除了以下论述外,1982年12月22日,地方制度调查会在答辩中也表达了同样的观点。

[参考] 地方制度调查会答辩
（1976年10月22日）

有关地方交付税制度的内容

地方交付税是地方公共团体的固有财政来源。其目的是按照日本中央政府和地方公共团体的行政事务分工和经费负担划分,为日本中央政府和地方公共团体进行合理的税源分配。这一制度反映出以下社会现实:各地方公共团体的经济条件、社会条件、财政状况参差不齐,财政结构多种多样。在这一现状下,日本中央政府向地方公共团体拨付地方交付税,保障地方公共团体都能自主稳定地进行行政、财政运营。

由上述可知,地方交付税的本质就是地方公共团体的固有财政来源。在日本现行的财政制度下,地方交付税都要通过中央政府的一般会计账目来拨付。为了进一步明确地方交付税是地方固有财政来源这一基本性质,拨付时不应该通过一般会计账目,而应该采取切实措施,和地方让与税一样,脱离国税收纳金整理资金账目,直接计入交付税以及让与税配付金特别会计账目。

另外,又有人指出,现阶段各地方公共团体的财政收支状况处于盈余状态。1991年12月6日,地方制度调查会就此进行了答辩。

[参考] 地方制度调查会答辩
（1991年12月6日）

就地方交付税制度之我见

地方交付税虽然是由日本中央政府拨付给地方公共团体的,其实质是地方公共团体的固有财政来源。其目的是按日本中央政府和地方公共团体的行政事务分工和经费负担划分规则,为日本中央政府和地方公共团体进行税源分配。这正是地方交付税的本质所

第四章　地方交付税总额的计算方法

在。最近几年,有人主张下调地方交付税税率。很明显,这一观点是站不住脚的,因为它是在没有充分理解地方交付税的本质的基础上提出的。本地方制度调查会早就指出:按照地方交付税的基本精神,地方交付税总额不应通过日本中央政府的一般会计账目来拨付,而应该采取切实措施,将其从国税收纳整理资金账目中移出,计入直接交付税以及让与税配付金特别会计账目。

另外,如有必要,还可以对日本中央政府和地方公共团体之间的财政来源分配方式进行讨论。本地方制度调查会曾不止一次地指出:首先应该从推进地方分权制度实施的角度,修改日本中央政府和地方公共团体之间的行政事务分工,对中央国库补贴款进行整理,使之更加合理化。而下调地方交付税额度的目的是削减地方公共团体的固有财政来源,这一论点和做法是断然不能接受的。

1994年11月22日,日本地方制度调查会在"有关推进地方分权制度之意见"的答辩中,就特别会计账目直接计入论提出了同样的看法。1997年7月8日,地方制度调查会在地方分权推进委员会第二次建议书中,指出要继续就特别会计账目直接计入论进行探讨。

[参考] 地方分权推进委员会提交的第二次建议
(1997年7月8日)

第1章　国库补贴负担金整理和优化以及地方公共团体的财政来源的充实与保障

Ⅴ 地方公共团体的财政来源的充实与保障

1. 地方交付税

(7) 有人主张,拨付地方交付税时不应经过日本中央政府的一般会计账目,而应从国税收纳整理资金项目中移出,计入地方交付税特别会计账目。通过这一措施,可以明确地方交付税是地方公共团体的固有财政来源这一本质问题。另外,也有人认为有必要在日本中央政府的一般会计账目中大致明确主要税目的实际状况。从

日本新地方财政调整制度概论

这一角度来看，这一措施问题还很多。鉴于这一实际情况，应继续就此问题进行探讨。

日本中央政府最大限度地采纳了地方分权推进委员会的四次建议，在此基础上制订了《地方分权制度推进计划》（1998年5月29日，在日本内阁会议上做出正式决定）。日本内阁在这一计划中明确指出要根据地方制度调查会的第二次建议，就地方交付税计入特别会计账目问题继续进行讨论。日本财务省从很早以前就强烈反对将地方交付税计入特别会计账目的做法。1940年，日本政府创设了地方分与税制度。从那时起，对从事地方财政工作的相关人员来说，直接计入特别会计账目就是他们梦寐以求的目标。尽管如此，时至今日，这一目标尚未实现。日本中央政府在《地方分权制度推进计划》中列举了日本财务省的反对理由。其内容大致如下。

（1）地方交付税额是每年度日本中央政府的一般会计账目财政支出总额的两成左右。如果将它从一般会计账目中拿走，那么一般会计账目规模就无法反映出日本中央政府财政的实际状况，会给日本中央政府的财政、经济政策的执行带来困难。

（2）所得税、法人税、酒税、消费税以及烟草税是国税的主干税目。从日本中央政府的一般会计账目角度来看，如果将上述税种的一部分直接计入地方交付税特别会计账目的话，是无法从整体上弄明白这些税目的税收额的，非常不便。

（3）假如将所得税、法人税、酒税、消费税以及烟草税等国税直接计入地方交付税特别会计账目，必然会导致以下情况发生：日本中央政府在向地方公共团体拨付地方交付税时，只能按照各个拨付时期以前的五种国税的征收情况来进行，不能像现阶段那样，由日本中央政府运用年度财政现金收入，或者通过财务省发行债券，计入会计账目，暂时向地方公共团体拨付法定额度的地方交付税。因此，这对地方公共团体反而不利。

现阶段，日本政府从地方交付税特别会计账目大量借款，其利息偿还额由一般会计账目负担。有人指出：在这种情况下，讨论地

第四章 地方交付税总额的计算方法

方交付税直接计入特别会计账目的问题对地方公共团体的财政反而不利。地方交付税的本质是各个地方公共团体共享的固有财政来源，明确这一点就可以维护地方交付税制度。为此，地方交付税直接计入特别会计账目措施不可或缺。而日本自治省在备注里注明了以下内容：相关部门在每年度要提出概算要求。在此，对地方交付税采取的措施是将五种国税一定比例自动计入地方交付税特别会计账目。

三 日本地方交付税年度之间的调整措施

如表4-3所示，日本地方交付税制度自创立以来，每年度都要以某种形式进行若干调整。鉴于这一实际情况，很多人都强烈要求在地方交付税法中设置进行年度之间调整的相关规定。迄今为止，所得税、法人税、酒税等国税三税的自然增收部分较大，从而地方交付税的增额也较大。鉴于这一情况，日本中央政府国库要求逐渐减少中央政府向地方公共团体拨付的地方交付税额度。上述建议就是在这种情况下提出来的。因此，可以认为地方公共团体一方对地方交付税年度之间的调整制度一贯持消极态度。比如，1970年1月14日，财政制度审议会提交相关报告，就地方交付税的年度之间的调整制度的建立做了如下论述（见参考1）。另外，1970年1月19日，日本地方制度调查会在答辩中做了如下论述见（见参考2）。

[参考1] 财政制度审议会报告
（1970年1月14日）

1. 建立地方交付税年度之间的调整制度

（1）地方交付税是指所得税、法人税、酒税等国税三税的一定比例。国税三税中的所得税以及法人税容易受到经济周期、景气指数的影响。在现行地方税制下，地方交付税额增加时，地方税收也同时有所增加，这一趋势非常明显。另外，日本地方公共团体的财政收支状况也随经济形势剧烈波动。所得税、法人税和酒税等国税

日本新地方财政调整制度概论

也与经济周期联系密切。因此,当初的估算额与实际数据之间经常有较人出入。由于日本中央政府对预算额度进行了调整,地方交付税有时会相应有所增加。有时,日本中央政府会对以往年份的地方交付税进行复查和结算,这样会使地方交付税的变动更为剧烈。

（2）另外,地方交付税是维系中央政府财政和地方财政的纽带,而且在每年度的中央政府财政支出中占相当大的比例。因此,上述地方交付税的变动程度会对日本中央政府的财政运营造成重大影响。与此同时,也要注意到地方交付税有利于中央政府和地方公共团体财政的顺利运营,对财政政策的顺利实施大有裨益。

（3）迄今为止,因经济周期发生变动,地方交付税的额度也相应发生剧烈波动。为了应对这一情况,日本中央政府采取以下措施或者特例措施,对地方交付税的额度进行年度之间的调整。具体措施如下:一是将日本中央政府拨付给地方公共团体的地方交付税计入交付税及让与税配付金特别会计账目,在此基础上进行减额或者增额处理;二是由于中央政府调整预算额度,地方交付税会相应出现增额,在计入交付税及让与税配付金特别会计账目时,要将其转入下一年度;三是从交付税以及让与税、配付金特别会计账目中的资金运用部门借款。最近几年又出现了新情况,也要求采取地方交付税年度之间的调整措施。值此之际,要综合考虑以下因素:在公营或者国营企业中,中央政府财政和地方公共团体财政各自占有一定比重;中央政府以及地方公共团体的财政状况;地方交付税的规模有所增加;地方行政需求的动向等因素。只有这样,才能保障长期稳定的健全的地方财政制度,保障中央政府和地方公共团体的财政顺利运营。

（4）在上述情况下,要确定地方交付税是否进行年度之间的调整、调整的程度以及做出这一判断的基准。当然,为妥善解决这些问题,有众多方案可供选择。从这些备选方案中,尽量选择简明扼要的、客观的指标作为年度之间调整的基准。这样才能使财政制度运营顺利进行。另外,解决方案要和地方交付税年度之间的调整制度的目的和性质相吻合。

第四章　地方交付税总额的计算方法

［参考2］地方制度调查会答辩

（1970年1月19日）

2. 日本各地方公共团体的当务之急是采取切实可行的措施，充实社会资本，建设和完善各种地方行政设施，为地方居民谋福利，为其日常生活提供方便。为了顺利实现这一目标，各地方公共团体要根据本地区的特点和具体情况，高瞻远瞩，有计划地搞地方建设，不能鼠目寸光。为此，要对地方交付税进行年度之间的调整，以保障拥有足额的稳定财政来源。

毋庸置疑，对各地方公共团体的财政来源进行年度之间的调整有利于地方财政有计划地运营和实施。但是，地方财政是自主性财政的总称，是一个庞杂的系统，不像中央政府财政那样单一。地方财政的规模、内容各异，其总数超过3000。不仅如此，每个地方公共团体所处的经济、社会环境迥异。正是这个原因，原则上，各地方公共团体一定要根据各自的财政状况进行自主性调整，切不可机械模仿，东施效颦。

3. 还有一种意见与上述意见不同，值得注意。其主张的具体内容如下：要确实保障财政政策行之有效，确保中央政府以及地方公共团体的财政运营顺利实施。这就是将年度之间的调整制度引进地方交付税制度的主要目的。本地方制度调查会在第13次答辩中指出：日本经济会发生周期性变动，地方财政可以通过公共事业投资，在一定程度上发挥调节经济周期的作用。这是因为地方行政业务种类繁多，涉及土木工程、教育、民生、卫生等，而这些公共事业又与地方居民的日常生活息息相关。其中，很多行政事务，不论日本经济状况、景气指数是好是坏，必须按照既定计划实施。这样一来，地方财政可以在一定程度上刺激经济加速复苏。但是，这一措施所影响的范围较为狭窄，不能对其抱有太大希望。因此，有人主张将年度之间的调整措施引进地方交付税中就可以让地方财政起到调节经济周期或者刺激经济的作用。这种想法有诸多欠妥之处。因为日本中央政府往往以刺激经济，需要资金为借口，削减对地方公共团体的财政补贴额度。

而且，为了使财政工作顺利开展，日本中央政府和地方公共团

日本新地方财政调整制度概论

体会对地方交付税进行年度之间的调整。这样的话，日本中央政府会根据自己的财政状况，变更每年度的地方交付税额度。地方交付税是地方公共团体的固有财政来源，这是地方交付税的基本性质。从这一点来讲，上述做法是不妥当的。

1973年11月9日，日本地方制度调查会在日本国会的答辩中，就地方交付税的年度之间的调整措施进行了论述。这次答辩和以前不同，其观点有了一定的灵活性。

［参考］ 地方制度调查会答辩
（1973年11月9日）

有人主张将年度之间的调整制度引进地方交付税。其理由是，这样做可以确保财政政策行之有效，地方财政能够长期有效运营。地方财政法第4条之3规定：原则上，地方财政的年度之间的调整由地方公共团体自己实施。但是，最近几年，所得税、法人税、酒税等三种国税或大幅度增收或大幅度减收。为了应对这一情况，确保地方交付税的稳定是当务之急。为此采取了以下措施：或者将地方交付税增额的一部分转入下一年度；或者从地方交付税以及让与税配付金特别会计账目中借款；或者从中央政府的一般会计账目挪用一部分款项来弥补地方交付税的减收部分。但是，很多人对这一做法提出了批评意见。其具体内容如下：假如在年度之初，地方交付税额度大幅增加，按照规定应将一部分转入下一年度，这样做就意味着可以根据中央政府的财政情况对地方交付税的总额进行变更。这一措施不符合地方交付税制度的性质。为了保障地方交付税额的稳定，将年度之间的调整制度引进地方交付税，这样做有其合理之处。但是，应该立足于地方交付税的基本性质，确保地方财政由地方公共团体自主运营。与此同时，建立长效机制，确保地方交付税的长期稳定。只有这样，日本中央政府才能做到顾全地方财政大局。因此，要改变现行做法，采取特例措施。具体来说，地方交付税不必通过中央政府的一般会计账目，而是和地方让与税一样，

第四章 地方交付税总额的计算方法

脱离国税资金整理账目，直接计入交付税以及让与税配付金特别会计账目。再有，日本中央政府对地方交付税额度实施年度之间的调整时，最好按照一定基准和规则办理。对其具体实施步骤，今后有必要继续讨论，拿出可行方案。

日本中央政府和地方公共团体对地方交付税额度进行年度之间的调整有两种办法：一是大幅度增加税收，将增收额转入下一年度；二是从地方交付税特别会计账目借款。但是，为此要设立令人信服的客观指标。有人主张可以尝试将国税收入的增长率作为指标。而现阶段，日本中央政府的财政现状极为不稳定，不管采用什么指标，都各有所长，各有所短，目前尚无定论。1970 年 1 月 19 日，日本地方制度调查会在答辩中就这一点做了如下论述。

[参考] 地方制度调查会答辩
（1970 年 1 月 19 日）

就日本中央政府在对地方交付税进行年度之间的调整时，使用何种客观指标众说纷纭：经济增长率、政府采购的商品以及服务的增长率、中央政府一般会计账目预算规模的增长率、国税收入的增长率等。但是，这些指标的通病是当初的估算额与实际额度之间出入很大。因为地方公共团体要有计划地提高地方行政服务水准等情况，今后地方财政需求额也会相应有所增加，而上述指标未能客观地反映这一地方财政需求额。因此，上述指标不能被称为地方交付税年度之间的调整指标。

4. 迄今为止，在处理地方交付税年度之间的调整问题时，日本中央政府和各地方公共团体坚持了以下立场：一是地方交付税是地方公共团体的固有财政来源，这是地方交付税的本质；二是地方财政自主。在此基础上，保障地方财政有计划地运营，而不应该受中央政府财政的干涉。

（中间省略）

从长期来看，地方公共团体必须有计划地提高地方行政服务的水准，这是地方公共团体的长期目标。为此，要将地方交付税年度之间的调整基准与上述目标结合起来综合考虑。应该建立健全机制，在对地方交付税进行年度之间的调整时，要反映出地方公共团体的自主性判断。但是眼下，立即制定地方交付税年度之间的调整基准、指标、机制，难度很大，今后有必要就此进行慎重商讨和研究。

近年来，人们对地方交付税年度之间的调整谈论得较少，但是地方交付税制度并不逊色于地方财政的自动稳定装置，应该充分发挥其功能。为此，应将地方交付税年度之间的调整措施长期化、制度化。但是眼下，地方公共团体的财政来源非常匮乏。不仅如此，地方公共团体还从地方交付税特别会计账目借了巨款。在这种情况下，将地方交付税年度之间的调整措施制度化困难重重。而要实现这一目标，需对日本中央政府、地方公共团体的税制、财政制度进行根本改革，在整体上确保其所需要的地方财政来源，使得地方财政能够长期稳定运营。在满足上述条件的情况下，对年度之间财政来源的波动进行微调便可奏效。因此，地方交付税的年度之间的调整制度应该在进行上述微调措施的基础上制定。

第五节　日本地方交付税总额的计算方法

一　1975 年度至 1983 年度的日本地方财政措施概要

1975 年度以后，由于社会形势发生了变化，地方交付税制度面临考验。如上所述，地方交付税制度建立于 1954 年度。1954～1966 年度，日本政府对这一制度进行了数次修改，大体上奠定了地方交付税制度的基础。进入昭和四十年代（1965～1974 年）后半期以后，尽管每年度多多少少有所变动，但是从整体上看，地方交付税对地方财政的有计划运营做出了重大贡献。

1975 年度，日本政府开始对地方交付税制度进行修改。从这一时期起，地方公共团体就陷入了严重的财政收支不均衡状态。如

第四章　地方交付税总额的计算方法

表4-4所示，各年度日本中央政府都采取了一些措施，补贴地方公共团体所需的财政收入。但是，这些都是应急性措施，日本中央政府并没有进行恒久性的行政、财政制度改革以从根本上解决财政收支的不均衡状态。这是因为1975年以后，日本中央政府和地方公共团体一样陷入了严重的财政危机，这给采取根本性的地方财政改革行动带来了诸多困难。

1. 1975年度的地方财政措施

日本地方财政措施概要如下。

1975年度初，预测地方公共团体的财政收支会取得均衡。但是，该年度中间发生了以下情况：地方公共团体的税收下降（-10632亿日元）；由于下调所得税、法人税和酒税等三种国税在地方交付税中的比例，致使地方交付税减额（-11004.8亿日元）；由于工资改革，造成2万亿日元的巨额财政亏空。

表4-4　财政来源不足额的状况和补贴措施的变化情况
（最初的数据库）

单位：亿日元

年度	财政来源不足额	地方交付税的增额（因特别会计账目借款）	补贴措施			
			地方债的增发			
			财政来源对策债等	减税补贴债等	调整债等	临时财政特例债
1975	—	—	—			—
1976	26200	13700	12500			—
1977	20700	10350	10350			—
1978	30500	17000	13500			—
1979	41000	24600	16400			—
1980	20550	10250	10300			—
1981	10300	3400	6900			—
1982	—	—	—			
1983	29900	16654	13246			
1984	15100	3049	12051			
1985	5800	1000	—		2800	2000
1986	11700	2400	—		5100	4200

167

日本新地方财政调整制度概论

续表

年度	财政来源不足额	地方交付税的增额（因特别会计账目借款）	补贴措施			
			地方债的增发			
			财政来源对策债等	减税补贴债等	调整债等	临时财政特例债
1987	23758	5028	6456		6174	6100
1988	17259	3245	—		6614	7400
1989	7600	—	—		—	7600
1990	7600	—	—		—	7600
1991	6300	—	—		—	6300
1992	6100	—	—		—	6100
1993	1500	—	—		—	1500
1994	58779	33318	9000	16461	—	(400)
1995	69497	39401	15600	14496	—	(200)
1996	86278	49553	20300	16425	—	(120)
1997	58544	26644	19900	12000	—	(6)
1998	54059	28919	18900	6240	—	—
1999	130497	104511	22500	3486	—	—
2000	133699	104640	24300	4759	—	—

注：1. 1994 年度以后的财政来源不足额中不包含临时财政特例债。

2. 从 1994 年度到 1996 年度、从 1998 年度到 2000 年度的巨大财政来源不足额中包含所得税、居民税、法人事业税减税等造成影响的额度（1994 年度为 28893 亿日元，1995 年度为 26925 亿日元，1996 年度为 28745 亿日元，1998 年度为 7597 亿日元，1999 年度为 26803 亿日元，2000 年度为 35026 亿日元）。

3. 1998 年度的巨大财政来源不足额中包含因受地方消费税未进行年度平均化而造成影响的额度为 12000 亿日元。

  因为正处于该年度中间，只能采取暂时性的应急措施来应对紧急事态。因此，根本性改革措施推迟到 1976 年以后。日本政府根据地方财政法第 5 条采取特例措施，允许地方公共团体因地方税的减收，发行地方公债，并对其进行财政补贴。除此之外，日本中央政府用工资改革部分的补贴款、从地方交付税特别会计账目借来的 11199.8 亿日元和临时地方特例交付金 220 亿日元对地方交付税的减额部分进行补贴。此前，从地方交付税特别会计账目借入的

第四章　地方交付税总额的计算方法

111998.8 亿日元的利息由日本中央政府全额负担。而就本金的偿还问题，日本自治省大臣和财务省大臣仅在备忘录中进行了确认，详情如下："在中央政府和地方公共团体进行协商的基础上，如果认为有必要，日本中央政府可适当考虑减轻地方公共团体的还款负担"。

1975 年，为处理地方财政问题，日本中央政府允许地方公共团体发行特例地方债，以此来弥补地方税减收额度。在发行特例地方债时，地方公共团体参照了 1971 年度的做法（1971 年度，日本经济急速滑坡，地方税收大幅减少。为了弥补这一巨额亏空，中央政府特允许地方公共团体发行多达 1000 亿日元的地方债。但是，其中的 40% 左右是从政府资金中借来的），将相当于总额 40% 的 4300 亿日元用来补贴地方债利息，这一利息参考日本政府资金的利息。其中 2000 亿日元是从政府资金借来的，剩下的 2300 亿日元是因为政府资金不足而从民间资金筹集的借款。民间资金借款采用了公募地方债的形式，民间资金和政府资金之间有息差，将这一息差作为临时地方特例交付金计入地方交付税特别会计账目。1976 年度到 1981 年度，将从政府资金的借款和民间资金的借款息差计入临时特例交付金。1982 年，最初估计地方公共团体的财政收支会取得平衡，因此暂时中断了上述措施。但是，1983 年，日本政府又恢复了上述措施。

2. 1976 年度的地方财政措施

地方财政措施概要如下。

1976 年，日本经济长期萧条，中央政府和地方公共团体的税收情况都很不理想。不仅如此，为了刺激经济，日本政府增加了公共事业费用，随之，工资费用、社会保障相关费用也不断增加。基于上述原因，日本政府估计会产生 26200 亿日元的财政亏空。日本政府为了解决这一难题，采取了以下措施：从地方交付税特别会计账目借入 13141 亿日元；为了筹措地方财政收入，发行地方债 12500 亿日元（其中，8000 亿日元为地方交付税，用于投资性经费而产生的地方建设债；根据地方财政法第 5 条特例，发行 4500 亿

日本新地方财政调整制度概论

日元地方债），拨付临时地方特例交付金559亿日元。

地方财政措施决策过程如下。

1976年，日本政府在商讨地方财政措施时，很多人建议政府借鉴1966年度的做法。其具体措施如下：上调地方交付税税率；拨付临时特例交付金；发行特别事业债，用于还本付息。日本经济形势复杂多变，一时不见好转迹象，日本中央政府财政收入也是依靠大量发行国债来筹措。鉴于这一严峻的经济形势，地方公共团体不再要求提高地方交付税税率。日本中央政府采取了以下措施：其一，通过从地方交付税特别会计账目借款的方法，对地方交付税进行特例增额；其二，发行投资性经费债。

在制定具体实施措施时，日本自治省主张要尽量增加地方交付税的特例增额。而日本财务省则主张要尽量发行赤字地方债等，充分发挥地方债的作用以渡过财政难关。在发行地方债时，注意不要给一般的市、镇、村层面的地方公共团体的财政运营带来负面影响。日本政府共计发行12500亿日元的地方债，其详细情况如下：公共事业费用（除道路相关费用）、新增高中相关费用为8000亿日元（利用率为95%），基准财政需求额中的综合计入费用为4500亿日元（利用率为100%），合计12500亿日元。地方财政来源不足额为26200亿日元，扣除上述金额，还有13700亿日元的不足额。这一部分要通过地方交付税的特例增额来补偿。地方交付税特例增额部分的13700亿日元由两部分组成：一是1974年度的临时地方特例交付金559亿日元，其实质是地方交付税的减额结算部分；二是地方交付税特别会计账目的借款13141亿日元。[1]

---

[1] 1974年度，日本中央政府调整了预算额。其中，所得税、法人税、酒税等国税三税的估算收入额为增收16100亿日元，国税增收导致地方交付税增收5152亿日元。鉴于当时的经济形势，很多人估计保障上述地方交付税的增额是没有悬念的。日本国会对上述预算调整额度进行了审议。社会党的细谷委员对上述问题提出了质疑，大平正芳财务大臣进行了答辩。大平说："即便税收额度低于预算估算额，也不会给地方公共团体带来负面影响。" 1974年，所得税、法人税、酒税等三种国税的收入额低于对该年度的预算进行调整后的估算额。这样一来，地方交付税减额结算额为559亿日元。这明显属于日本中央政府的责任。因此，采用临时地方特例交付金方式进行了处理。

第四章　地方交付税总额的计算方法

日本中央政府借鉴1975年的做法，从地方交付税特别会计账目借入13141亿日元，其利息全额由中央政府负担。日本自治省大臣和日本财务省大臣通过备忘录形式就其本金偿还问题做出了如下处理："在协商的基础上，如果认为有必要，日本中央政府可适当考虑减轻地方公共团体的还款负担。"

特例地方债12500亿日元中的4500亿日元其实就是地方交付税的挪用，这部分款项可以用于地方财政法第5条规定以外的经费。日本中央政府要按照笼统计算得出的基准财政需求额分配给各个地方公共团体，将这一经费的100%的本息偿还额计入基准财政需求额。上述4500亿日元的作用实质上代替了从地方交付税特别会计账目筹措的借款，其利息全额由临时地方特例交付金偿还。另外，其中2000亿日元的本金也由临时地方特例交付金偿还。

至于12500亿日元中的剩下的8000亿日元，日本中央政府采取了以下措施：挪用一部分基准财政需求额作为补贴对象的经费。根据具体的实施情况，尽量和迄今为止的财政收入筹措措施保持一致，其本息偿还金的大致80%要计入基准财政需求额。就这8000亿日元，要将其利息负担和政府资金看齐，息差临时特别交付金也要计入地方交付税特别会计账目。

1976年度，中央政府资金捉襟见肘，因此从地方交付税特别会计账目借款。分配到地方债资金的额度仅有14200亿日元，大幅度低于上一年度的17100亿日元。1976年度，计划发行地方债的总额为48010亿日元，其中60%（在1975年度的地方债发行计划中，政府资金比例为60.3%）的额度的利息要和政府资金水平一致。息差临时特别交付金也要计入地方交付税特别会计账目。这一措施一直持续到1981年度。

3. 1977年度的地方财政措施

地方财政措施概要如下。

1977年，日本经济增长率长期在低位徘徊，中央政府和地方公共团体的税收难以提振。不仅如此，公共事业投资也有所增加。因此，地方财政出现20700亿日元的财政亏空。为此，日本中央政

日本新地方财政调整制度概论

府采取以下两个措施来弥补地方财政来源不足额：其一，其中的一半以特例形式增加建设地方债发行额度来弥补；其二，剩余的一半以特例形式增加地方交付税来弥补。1977 年度，日本中央政府实际上是通过发行赤字地方债来渡过财政难关的（1976 年，赤字地方债额度为 4500 亿日元）。但是，由于日本自治省强烈反对，取消了赤字地方债的发行。

地方交付税获得增额，其中 9400 亿日元是来自地方交付税特别会计账目的借款，950 亿日元是临时地方特例交付金。10350 亿日元的一半 5175 亿日元减去 950 亿日元得到 4225 亿日元。根据地方交付税法第 6 条之 3 第 2 项的规定，日本中央政府修改了地方财政制度。上述 4225 亿日元是以临时地方特例交付金的形式偿还的，而且日本中央政府以法定形式将临时地方特例交付金计入地方交付税特别会计账目。

但是，很多人对上述做法颇有微词，认为上述法定措施只不过解决了某个年度的财政不足问题。因此，这一做法还算不上是根据地方交付税法第 6 条之 3 第 2 项对地方财政制度进行的改革。比如，1977 年 12 月 16 日，日本地方制度调查会就此进行了答辩。答辩的详细内容如下。

[参考] 地方制度调查会答辩

（1977 年 2 月 16 日）

保障地方交付税的所需额度

日本中央政府就地方交付税采取了暂时措施，对地方交付税税率做了一定比例的上调。如果上调之后仍然不能弥补地方财政不足的话，就得采取临时性措施，从地方交付税特别会计账目借款，以确保地方交付税的所需额度。与此同时，为了不对以后年度的地方财政的运营产生影响，日本中央政府就来自地方交付税特别会计账目的借款以及本息偿还金的财政来源问题采取了以下措施：其一，通过法律形式设立一定的规则，做到有法可依，有章可循；其二，大幅度延长从上述地方交付税特别会计账目借款的偿还期限。

第四章　地方交付税总额的计算方法

4. 1978 年度的地方财政措施

地方财政措施概要如下。

1978 年度，日本地方财政状况不容乐观。日本经济形势持续恶化，地方财政收入减少，财政来源不足额增加。对此日本中央政府采取了特例措施，提前征收国税以提高地方交付税的总额。采取这些措施后，预计地方交付税额会有所增加：所得税、法人税、酒税等国税三税额度为 18380 亿日元 × 32% = 5882 亿日元。即便如此，仍然有 30500 亿日元的巨额财政亏空。

因此，日本中央政府采取了以下两项措施：一是作为特例，再度增加 17000 亿日元地方交付税；二是增发 13500 亿日元的特例地方建设债。作为特例增加的 17000 亿日元地方交付税中，1500 亿日元是临时地方特例交付金，15500 亿日元是来自地方交付税特别会计账目的借款。在从地方交付税特别会计账目借款之际，日本中央政府遵循了上述地方制度调查会的答辩宗旨。日本政府制定相关法律，明文规定：1978 年度以后的一段时期内，借款纯增加额的 1/2 由中央政府的一般会计账目负担。而且，1975 年度、1976 年度，来自地方交付税特别会计账目借款的偿还额的 1/2 也由中央政府的一般会计账目负担。日本自治省大臣和日本财务省大臣通过备忘录形式对这一措施进行了确认，从而使这一措施有了法律保障。①

日本中央政府将从地方交付税特别会计账目的新借款偿还期限延长至 15 年（其中有 5 年不是每年还款，而是隔 5 年一并偿还 5 年的借款。剩余的 10 年，每年还款。原来规定偿还期限是 10 年，其中有 2 年不是每年还款，而是隔 2 年一并偿还 2 年的借款。剩余的 8 年，每年还款）。另外，适用这一规则是有一定期限的。日本自治省大臣和日

---

① 借款纯增加额的计算方法如下：①各年度的地方交付税特别会计账目的新借款 – 地方财政每年偿还的借款（以前各年度从地方交付税特别会计账目借款分期偿还，分配到每一年度地方财政要负担一定比例的偿还额）。另外，在地方交付税法附则第 5 条第 2 项中，日本中央政府对借款纯增加额做了以下规定：①该年度借款额 + ②上一条或者第 4 项规定的该年度的临时特例地方交付金额（亦即所谓的临时特别交付金偿还额）– ③该年度的上一年度的借款额。

日本新地方财政调整制度概论

本财务省大臣在备忘录中明确规定:"在今后的一定时期内,实施上述措施。'一定时期'是指地方公共团体的财政收支状况有所好转,或者直到地方税制、财政制度进行基本改革之前的一段时期"。

地方财政措施决策过程如下。

1977年3月,日本自治省向日本国会提交地方财政收支估算报告。在报告中,自治省指出按照B类亦即名义经济增长率为13%计算,1978年度的财政来源不足额估算为14800亿日元。进行上述收支估算的前提条件是在1980年以前,中央政府和地方公共团体将针对国民所得的租税负担比例提高3%。由于采取这一措施,1978年度的地方税、地方让与税以及地方交付税的增收额为11100亿日元。这一数额也包含在上述的14800亿日元中。

然而,日本的经济形势并不像预测的那样乐观。因此,从1978年度开始,日本政府不能通过增税政策来增加税收。如果推迟增税日期的话,会对地方财政收支测算产生重大影响。地方公共团体的财政来源不足额会因为增税推迟达到25900亿日元之巨。

1977年9月,日本中央政府实施了财政结算。根据这一结算结果,法人税等的申报情况一览无余。1977年12月,职工奖金额度增长乏力。因此,个人所得税征收情况不太理想。在这种情况下,政府的财政状况更趋恶化。1977年度的国税收入减少8000亿日元。1978年度的地方税收和地方交付税的额度大幅度低于收支估算额度,地方财政来源不足额估算也超过3万亿日元。

鉴于上述地方财政收支估算结果不容乐观这一情况,在参考国会数次商讨的结果的基础上,日本自治省要求相关各方采取以下措施,来改善地方公共团体的财政收支状况。

(1) 将地方交付税税率上调6.5%[①]。
(2) 将新设的石油税列为地方交付税范围。

[①] 将地方交付税税率上调6.5%的计算根据如下:
11100亿日元(收支测算B类中因增税而导致的1978年度的一般性财政来源增收估算额)÷164372亿日元(收支测算B类中三种国税的额度)×100%≈6.5%。

第四章　地方交付税总额的计算方法

（3）临时地方特例交付金（亦即地方财政对策临时特例交付金）为 1680 亿日元。①

（4）将从地方交付税特别会计账目所借款项由中央政府负担偿还一事以法律形式确定下来。

（5）增发建设地方债（亦即财政来源对策债），确保中央政府资金，改组公营企业金融公库。

1977 年 12 月 16 日，日本地方制度调查会在答辩中表明了对 1978 年度地方财政措施的基本态度。在"第一，有关今后的地方公共团体的财政工作的基本思路"部分讲道："为了应对现阶段地方公共团体的财政收支恶化的严重事态，中央政府要求各个地方公共团体要尽量自力更生，实施制度改革，充实地方财政收入。但是，从眼下的经济状况、财政状况来看，立刻实施永久性的制度改革是极为困难的。因此，不得已才实施临时性的地方财政措施。而在实施临时性地方财政措施之际，应该采取以下财政措施：①要认真研究现行财政制度的结构、中央政府和地方公共团体的性质以及职能的差异。在此基础上，从财政制度、税收制度入手，解决地方公共团体财政上存在的问题，使之顺利运营。②1975 年以来都是得过且过，仅暂时解决了单年度的地方财政问题。要从长远角度考虑问题，至少要解决今后几年间的地方公共团体的财政问题，使之稳定运营"。

针对日本自治省提出的上述要求，日本财务省强烈反对提高地方交付税税率。原因如下："地方公共团体财政收支状况窘迫，这是不争的事实。但是，中央政府的财政状况也令人担忧，财政赤字比地方公共团体还要严重。在现阶段的经济形势下，通过彻底的税制改革加强和充实每年度的财政收入在现阶段是不现实的，只能通过增发公债来应对财政困难。中央政府和地方公共团体都应通过增

---

① 其详细数据构成分为以下三部分：①所得税收入额中的居民税（利息所得税等分离选择课税）为 650 亿日元；②1978 年度偿还 1975 年度从地方交付税特别会计账目所借款项 850 亿日元；③1976 年度的地方交付税结算额为 182 亿日元。

日本新地方财政调整制度概论

发公债弥补财政亏空"。

但是，此前，日本国会对上述问题也提出了处理办法。具体内容是：让中央政府以某种形式资助地方公共团体，帮助其偿还从地方交付税特别会计账目借的款项，并将其以法律形式确定下来。日本财务省对国会的处理方法表示赞同。从中央政府、地方公共团体的经济现状和财政现状来看，如果不进行彻底的税制改革是不可能上调地方交付税税率的。这是一个无法回避的现实问题。因此，1978年度，并未上调地方交付税税率。1976年度以后，采取了其他模式来弥补财政亏空。具体内容如下：①发行财政收入措施债；②挪用临时地方特例交付金来弥补财政赤字；③从地方交付税特别会计账目借款。另外，1977年12月16日，国会对从地方交付税特别会计账目借款一事进行了讨论，日本地方制度调查会就此进行了答辩。在此基础上，将这一措施以法律形式确定下来。

1975年，日本中央政府从地方交付税特别会计账目借款11200亿日元，1977年度又从这一账目借款13141亿日元。就如何偿还这些借款，日本财务省大臣和日本自治省大臣每年度都做了备忘录："调查每年度中央政府、各个地方公共团体的财政收支的实际状况。在协商的基础上，如果认为有必要的话，日本中央政府可以考虑缓解地方公共团体偿还地方交付税特别会计账目借款的负担。"但是，其具体措施尚未确定。

1978年，日本政府开始偿还1975年度的借款，因此，必须采取具体还款措施，偿还借款。在这种情况下，日本自治省大臣和日本财务省大臣针对当前地方公共团体的财政收支现状，在备忘录中给出了以下处理意见："1975年度、1976年度，日本政府从地方交付税特别会计账目借了款。1978年以后，在日本地方公共团体的财政收支状况有所好转之前，或者地方税制、财政制度进行改革之前，以下规定将作为暂定措施来实施。每年度将借款额的1/2作为临时地方特例交付金，从中央政府的一般会计账目转入中央政府的特别会计账目"。

地方公共团体负责实施临时地方道路修建、临时河川相关水利

第四章　地方交付税总额的计算方法

设施的修建、中学建设等公共事业。为了筹集到足够的资金，顺利实施上述公共事业的建设计划，地方公共团体需要发行地方债。日本自治省强烈要求改组公营企业金融公库，让其给予资金援助，以偿还上述地方债的本息。而日本财务省则强烈反对这一措施。

另外，日本政府修改相关法律，在不变更公营企业金融公库名称的前提下，扩大融资对象范围。而上述法律的修改方式要在修改部分地方交付税法的过程中修改公营企业金融公库法。经过上述努力，长期以来，财务省、自治省争执不休的公营企业金融公库的改组问题终于得到了彻底解决。

5. 1979 年度的地方财政措施

地方财政措施概要如下。

1979 年度，中央政府和地方公共团体的税收情况很不理想。1978 年度，日本政府对国税会计年度所属划分进行了变更。受这一措施的影响，所有地方公共团体的财政来源不足额达到 41000 亿日元，规模空前。以下是 1978 年度采取的弥补财政赤字的财政模式。1979 年度，借鉴这一模式，弥补了这一财政亏空。

（1）增发建设地方债	16400 亿日元
（2）增加地方交付税的额度	24600 亿日元
A. 临时地方特例交付金	1800 亿日元
B. 地方交付税特别会计账目借款	22800 亿日元

6. 1980 年度的地方财政措施

地方财政措施概要如下。

1980 年，由于日本经济开始复苏，中央和地方的税收开始增加。因此，政府采取抑制每年度财政支出的方针，优先进行重建财政工作，减少赤字公债，比如将公共事业费用的增长率降至零。受这一方针的影响，每年度地方公共团体的财政支出增加率大幅度低于地方公共团体的财政收入估算额。因此，在现行财政制度下，估算地方财政收支的不足额为 27100 亿日元，与上一年度相比有较大的改善。1980 年，由于进行了税制改革，地方税的增加额估计达到 2300 亿日元。1979 年，因为所得税、法人税、酒税等国税三税自然增收，1979 年度的地方交付税增加额中有 4250 亿日元转到 1980 年度。因为中央政府和地方公共团体的每年度财政收入都有所增加，最终地方财政来源不足额预计为 20550 亿日元。①

根据 1978 年度日本政府制定的规则，采取以下措施对上述地方公共团体的财政来源不足额进行了弥补。

（1） 地方交付税的增额　　　　　　　10250 亿日元
　　　A. 临时地方特例交付金　　　　　1300 亿日元
　　　B. 地方交付税特别会计账目借款　8950 亿日元
（2） 建设地方债　　　　　　　　　　10300 亿日元

另外，日本中央政府将用于财政来源措施债的比例下调至 75%。

7. 1981 年度的地方财政措施

地方财政措施概要如下。

1981 年，中央政府确定了财政工作的运营方针，将工作重点放在了财政重建上，目标是使财政运营早日步入正轨。当初预定发行公债额度为 142700 亿日元，结果比预定发行额减少了 20000 亿日元。因此，将每年度的一般会计账目的财政支出规模的增长率限定在了个位数。比照中央政府财政预算，地方公共团体也将财政工作的重点放在了抑制每年度的财政支出上。经过上述努力，1981 年度估算地方财政收支额为 16500 亿日元，大幅度低于地方财政来源不足额 25000 亿日元。②

1980 年，日本政府调整了预算额，所得税、法人税、酒税的估算收入额有所增加。地方交付税增加至 2910 亿日元，其中 2550 亿日元转入 1981 年度预算。另外，1981 年度因为实施了税制改革，地方税收增加 750 亿日元。所得税、法人税和酒税等三种国税收入也有所增加。因此，预测地方交付税会增加 2900 亿日元，最

---

① 1978 年地方交付税的结算额为 1918 亿日元，计入了 1979 年度的调整预算中，与 1979 年度的调整增加部分一同转入 1980 年度。因此，转入增加额为 6197 亿日元。

② 1979 年度，地方交付税的结算额净增 1160 亿日元，上述数据已经将这一额度估算在内。

第四章　地方交付税总额的计算方法

终的地方财政来源不足额减少至 10300 亿日元。这一财政来源不足额全额最终通过以下方式予以补偿。

（1）地方交付税的增额　　　　　　　3400 亿日元

　　A. 临时地方特例交付金　　　　　1300 亿日元

　　B. 地方交付税特别会计账目借款的偿还方法的变更

　　　　　　　　　　　　　　　　　　1910 亿日元

　　C. 地方交付税特别会计账目借款增加额

　　　　　　　　　　　　　　　　　　190 亿日元

（2）建设地方债　　　　　　　　　　6900 亿日元

迄今为止，日本中央政府规定：地方交付税特别会计账目借款的偿还期限为 10 年（其中有 2 年不是每年还款，而是隔 2 年一并偿还 2 年的借款。剩余的 8 年，每年还款）。1975 年度至 1977 年度，对上述还款方式做了变更（还款期限为 15 年，其中有 5 年不是每年还款，而是隔 5 年一并偿还 5 年的借款。剩余的 10 年，每年还款）。这样一来，1981 年度的还款预定额为 3480 亿日元（其中，地方公共团体负担额为 1910 亿日元，国库负担额为 1570 亿日元），顺延至以后年度。

另外，根据日本自治省大臣和日本财务省大臣的备忘录，1981 年度的息差临时特别交付金为 1130 亿日元，这部分款项不计入一般会计账目的预算。但是，从地方交付税特别会计账目借款 1320 亿日元，实际增加地方交付税分配额 190 亿日元。1320 亿日元的借款中，其中的息差临时特别交付金 1130 亿日元部分的本息偿还全额由国库负担；剩余的 190 亿日元由国库负责偿还其本息的 1/2（具体手续如下：国库负担部分要计入临时特例交付金账目）。6900 亿日元的财政来源对策债利用率为 60%。

8. 1982 年度的地方财政措施

地方财政措施概要如下。

1982 年 7 月 10 日，日本临时行政调查会在国会上进行了第一次答辩。根据答辩内容的精神，日本中央政府在编制预算时，通过压缩每年度的财政支出额度来减少公债发行额。这就是所谓的预算

日本新地方财政调整制度概论

零增长政策，从这一年度开始首次实施。

1982年度，日本政府在编制地方财政预算时，尽最大可能压缩了年度财政支出额度。因此，尽管地方公共团体单独实施的公共事业费用增加了8.5%，但地方公共团体的财政收支状况在地方交付税制度修改8年后恢复了均衡。原因有以下两个：一是实施了税制改革，地方税收增加310亿日元；二是所得税、法人税和酒税等三种国税增收，因而地方交付税增收1114亿日元。另外，日本中央政府财政收入严重不足，而且渐显长期化趋势。

在上述情况下，日本政府采取了以下各类措施，以解决地方财政问题。

（1）息差临时地方交付金（1098亿日元）以及财政对策临时特例交付金（1000亿日元）都是从地方交付税特别会计账目借款筹措到的，共计2098亿日元。

（2）地方交付税的减额保留为 –1135亿日元。

（3）暂时停止发行财政来源对策债。

（4）迄今为止，地方债发行时，要相应采取息差临时特别交付金措施。1982年度，日本政府废除了这一措施。

上述从地方交付税特别会计账目借来的2098亿日元本金的偿还，全额由日本中央政府负担。因为这部分款项本来就是由中央政府应该负担的地方特例交付金，而中央政府将其用借款的形式来筹措。

1982年度，预测日本地方公共团体的财政收支会取得均衡。但是，1984年以后，日本政府开始偿还从地方交付税特别会计账目所借款项的本息。日本中央政府为了减轻地方公共团体的财政负担，对地方交付税采取了减额保留的措施，将地方交付税减额保留的1135亿日元均等分摊到1984年度、1985年度和1986年度。1982年度，日本政府要偿还从地方交付税特别会计账目借款的利息，上述的1135亿日元就用于这一目的，而且这部分款项要计入一般会计账目。因此，上述减额保留措施的目的是配合中央国库的财政运营。

第四章　地方交付税总额的计算方法

1982 年度地方财政调整措施的具体内容如下。

1982 年初，日本政府预测地方公共团体的财政收支状况在地方交付税制度修改 8 年后会出现账目均衡。但是，从 1981 年下半年开始，日本的出口量下滑，导致经济衰退。受此影响，1982 年度的税收收入大幅低于年初预算额。在这种情况下，日本中央政府调整了预算额度，其原因是国税收入大幅度减少（61460 亿日元）。为了应对这一局面，日本政府决定增发特例公债（33850 亿日元）。

日本政府估计受经济滑坡的影响，以法人税为首的地方税会减少税收 12092 亿日元。与此同时，所得税、法人税、酒税等国税三税收入也减少 52990 亿日元（其中，所得税减少 22100 亿日元，法人税减少 28950 亿日元，酒税减少 1940 亿日元）。受此影响，地方交付税减少 16957 亿日元。因此，尽管 1982 年度初日本政府预测地方财政收支会出现均衡，但是基于上述经济形势，出现大幅度财政收入不足，其不足额竟高达 20000 亿日元。为了应对经济形势的突变，由日本中央政府负责全额补偿地方交付税的减额部分（这属于临时特例交付金措施范畴）。除此之外，有人主张应立即采取得力措施，应对地方税减收问题。具体来说，就法人税问题而言，应该增加地方交付税额度以重新计算基准财政收入额。但是，因为租税收入剧减，日本中央政府因财政状况拮据而焦头烂额。

（1）日本中央政府通过发行税收减收补贴债弥补居民税（所得税、法人税的一定比例）、法人事业税的税收减少部分，以此弥补地方税的减收部分（实际允许发行的补贴债的额度为 6497 亿日元）。

（2）由于推迟了工资改革日程，用于工资改善的部分费用并没有使用。从地方交付税的减额部分中减去上述额度所得的数值，由从地方交付税特别会计账目借款来弥补（16957 亿日元 − 1524 亿日元 = 15433 亿日元）。

一般市、镇、村层面的地方公共团体所发行的地方税减收补贴债全额由政府资金来购买。地方税减收补贴债中，法人税的本息的

日本新地方财政调整制度概论

偿还办法参照基准财政收入额的结算措施进行。道、府、县税的80%，市、镇、村税的75%计入基准财政需求额。

从地方交付税的调整减少额16957亿日元中减去不需要的1524亿日元的计算根据（拨付团体）如下：

  A. 工资改革费用的减少额　　　　　　　－830亿日元

  B. 由于变更了老人保健法的实施日期（1982年10月～1983年2月1日），一般会计账目负担有所减轻：－333亿日元

  C. 由于节约既定经费有所减少　　　　　－561亿日元

  以上合计　　　　　　　　　　　　　　－1724亿日元

  D. 保障直到1982年9月需拨付的额度　　　80亿日元

  E. 恢复最初计算过程中的调整减额　　　120亿日元

  扣除额度　　　　　　　　　　　　　　1524亿日元

1982年8月27日，日本政府确定了1982年度的各地方公共团体的普通交付税的额度，并将这一结果通知各相关地方公共团体。自地方交付税制度实施以来，尚无减额或者变更已经决定拨付的普通交付税的额度的先例。因此，很多人对上述减额额度持怀疑态度。但是，考虑到今后的中央政府和地方公共团体的财政状况，尽量不要增加从地方交付税特别会计账目的借款额度。很明显，这是用从地方交付税特别会计账目的借款弥补扣除不需要的经费所得到的数额。值此之际，要保障截至1982年以前用现金方式拨付完毕的额度，尽量避免发生用现金偿还的情况。

按照以前的相关规定，由日本中央政府负责偿还从地方交付税特别会计账目借款的本息的1/2。但是，长期以来，就借款利息的负担方式意见并不统一。1982年度从地方交付税特别会计账目的借款仍然按照以前的办法由日本中央政府全额负担。

9. 1983年度的地方财政措施

地方财政措施概要如下。

从1982年开始，日本经济形势一直没有好转迹象。受此影响，1983年度，地方公共团体的财政收支状况令人担忧。经过税制改革，地方税收入虽然有所改善，但与上一年度相比，还是减

第四章　地方交付税总额的计算方法

少了 254 亿日元。不仅如此，1981 年的地方交付税结算额大幅减少，仅为 8502 亿日元。所得税、法人税、酒税等国税三税收入也大幅减少（比上一年度初减少 37290 亿日元）。这样，地方交付税的法定额度也有所减少（减额为 11933 亿日元），比上一年度初减少 21269 亿日元，整个年度的财政收入预计会减少 25582 亿日元。

另外，1983 年度，地方公共团体与中央政府步调一致，尽量压缩每年度的财政支出额度。以地方公共团体单独实施的公共事业投资为例，与上一年度相比，投资额度增长率为零（1982 年度为 8.5%）。但是，由于地方公债所需费用增加了 4959 亿日元，地方公共团体整体上的年度财政支出额度预计增加 4318 亿日元。因此，1983 年度的地方财政收支出现巨额财政赤字，高达 29900 亿日元。这一数额仅次于 1979 年度和 1978 年度。

1983 年度，尽管地方公共团体极力压缩年度财政支出，但是地方财政仍然出现巨额亏空。这一结果主要是因地方交付税收入急剧减少造成的。这与以前的地方财政来源不足额的产生及其背景有所不同，可以说地方公共团体的财政危机越来越严重。为了解决地方公共团体的财政来源不足额问题，日本中央政府采取了以下弥补措施。

1983 年度的地方财政措施（1982 年 12 月 25 日）

1. 1983 年度的财政来源不足额　　　　　　　　　　29900 亿日元

（注）1983 年度，从地方交付税特别会计账目借款，以弥补财政收入不足。中央政府和地方公共团体各自负担一部分本息偿还额。该年度，地方公共团体的本息偿还额为 3446 亿日元，加上上述的 29900 亿日元，各地方公共团体的财政来源不足额最终结果为 33346 亿日元。

2. 地方公共团体的财政来源不足额补贴概要
　　（1）地方交付税的增额　　　　　　　　　　　　16654 亿日元
　　　　①地方交付税特例（加算）[注1]　　　　　　　1135 亿日元
　　　　②临时地方特例交付金[注2]　　　　　　　　　　 7 亿日元
　　　　③地方交付税特别会计账目的借款额[注3]　　18958 亿日元

日本新地方财政调整制度概论

共计　　　　　　　　　　　　　　　　　　　　　　20100 亿日元
④地方交付税特别会计账目借款利息（地方公共团体负担部分）(注4)
　　　　　　　　　　　　　　　　　　　　　　　　－3446 亿日元

（注）1. 1982 年度的减额保留部分、从 1984 年度到 1986 年度各年度的特例加算部分都作为特例计入 1983 年度。

2. 1983 年度，为了减轻各地方公共团体的负担，发行了地方债，将其从一般会计账目转入地方交付税特别会计账目，这就是临时地方特例交付金。

3. 借款额中，临时地方特例交付金（1976 年度至 1981 年度的各年度发行的地方债的息差临时特例交付金为 984 亿日元，财政对策临时特例交付金为 1100 亿日元）2084 亿日元，其本息偿还全额由中央政府负担，剩余额度的本息偿还费用由中央政府和地方公共团体各自负担一半。

4. 这一额度是地方交付税特别会计账目借款余额中地方公共团体负责本息偿还部分的利息。

（2）增发建设地方债　　　　　　　　　　　　　　　13246 亿日元

地方财政措施决策过程如下。

在以下两个问题上，日本财务省和自治省之间意见分歧很大，争执不休：其一，有关从地方交付税特别会计账目的借款利息由地方公共团体负担部分的问题；其二，在弥补地方公共团体的财政来源不足额之际，地方交付税的特例增额和增发的地方债的分配问题。就第一个问题，日本财务省和自治省各不相让，没有达成一致意见。就第二个问题，财务省和自治省达成了以下妥协：自治省接受了将投资性经费的一部分通过发行地方债（但是，将用于偿还财政来源对策债的比例限定为 90%）来筹措的方案；日本财务省也赞同将从地方交付税特别会计账目所借款项和 1982 年度的减额保留额的 1135 亿日元计入地方交付税。与此同时，日本中央政府恢复了息差临时特别交付金制度（但是，将这一额度限定为地方债计划额的 50%）。

日本自治省认为："日本中央政府从地方交付税特别会计账目借款是为了提高地方交付税税率，是一项行之有效的措施。保障地方公共团体的财政工作有计划地运营，日本中央政府责无旁贷。因

第四章　地方交付税总额的计算方法

此,中央政府负担借款利息理所当然。让地方公共团体负担借款利息意味着中央政府放弃了自己的责任和义务。1978年以后,制定了地方交付税保障措施原则,而中央政府的这一做法正是从根本上否定了这一原则。这是绝对不能接受的"。

而日本财务省则主张:"现阶段,日本中央政府的财政状况陷入了空前危机。在这一背景下,修改了以前的规章制度。当前,中央政府的财政工作重点是保持一般性年度财政支出的零增长率。如果由国库全额负担从地方交付税特别会计账目的借款利息的话,中央政府在编制1983年度的财政预算时就不能完成上述财政赤字零增长的目标。因此,借款利息应由地方公共团体来负担"。

1982年12月22日、1982年12月24日,日本地方制度调查会进行答辩,在《有关节俭和优化每年度的财政支出方针的报告》中谈到了这一问题。其详细内容如下。

[参考] 日本地方制度调查会进行的"有关现阶段地方行政措施的答辩"

(1982年12月22日)

中央政府财政状况恶化,上调地方交付税税率相当困难。在这种情况下,日本中央政府不得不从地方交付税特别会计账目借款。中央政府有责任和义务提供足够的财政收入,保障地方公共团体的财政工作顺利运营。因此,在偿还交付税特别会计账目借款问题上,应该按照现行负担规定(中央政府负担本金的1/2,利息全额负担)由中央政府负担。[1]

1978年度,日本政府制定地方交付税修改法案,规定由国库

---

[1] 1964年12月,第一次从地方交付税特别会计账目借款,在第47次国会参议院财务委员会上(1964年12月14日),成濑幡治议员就地方交付税特别会计账目借款的利息负担一事进行了提问。日本财务省主计局次长鸠山威一郎回答说,"这一款项是由日本中央政府借的,因此,应由日本中央政府负担利息",明确表示应由日本中央政府负担。

负担地方交付税特别会计账目借款本金的 1/2。1978 年 4 月 11 日，日本众议院地方行政委员会对此法案进行了审议。日本自治省大臣加藤就齐藤实议员的提问回答说，"从地方交付税特别会计账目的借款应该是无息的"，明确表示利息应该由日本中央国库全额负担。

[参考] 日本财政制度审议会报告

(1982 年 12 月 24 日)

迄今为止，日本中央政府将所得税、法人税、酒税等国税三税的一定比例充作地方交付金，除此之外，还偿还地方交付税特别会计账目借款本金的 1/2 和利息全额。但是，这些负担数额巨大，而且当前中央政府正处于财政危机之中。因此，中央政府已经没有任何余力以上述方式给地方公共团体以财政补贴。今后，中央政府和地方公共团体应该齐心协力共同采取措施刺激经济。为此，要采取适当措施使财政工作顺利运营。地方公共团体所借款项应由它自己负担偿还其本息。

为了摆脱财政困境，日本自治省大臣和日本财务省大臣再次就此难题进行磋商，达成了以下协议：根据中央政府和地方公共团体的借款本金的负担比例，各自负担 1983 年度的借款利息。有人主张地方公共团体应负担 3446 亿日元，日本中央政府应给予资金贷款援助。日本财务省官员对此面有难色。日本自治省官员反驳说："如果地方公共团体负担借款利息，1983 年度的地方财政收入就会相应减少。这样一来，会给地方公共团体的财政工作的运营带来负面影响。"最终决定将上述 3446 亿日元计入财政来源不足额的 29900 亿日元中，对 33346 亿日元采取补贴措施。这样，问题才得到了彻底解决。

二 1984 年度的法律修改及其意义

1. 法律修改的背景

1978 年度，日本中央政府修改相关法律条文，将从地方交付

第四章　地方交付税总额的计算方法

税特别会计账目借款的措施规章化、制度化，从而确定了地方交付税的特例增额方式。其实，这只不过是在中央政府和地方公共团体完成彻底的税制、财政制度改革之前的过渡性措施。鉴于经济形势不容乐观，推迟了税制改革的日程。然而，日本中央政府和地方公共团体的财政收支状况没有任何改观，地方交付税特别会计账目的借款额持续增加，1983年度末的借款余额高达11.5219亿日元。

地方交付税特别会计账目的借款额有增无减，而且借款数额巨大，对中央政府和地方公共团体将来的财政运营都是一个沉重的包袱。不仅如此，假如今后继续从地方交付税特别会计账目借款，即便减少一般会计账目的特例公债，日本中央和地方的财政重建工作也遥遥无期。各个地方公共团体为了保障地方交付税总额，大举借款，这样做不符合财政均衡的原则，应该立即予以阻止。

1984年度，地方公共团体的财政政策发生了重大变化。日本各地方公共团体模仿日本中央政府的财政措施，彻底压缩年度财政支出规模。这时，日本经济形势也有所好转，地方税收也随之有所增加。因此，财政来源不足额预计会由上一年度的33346亿日元缩减到15100亿日元。在这种情况下，日本中央政府原则上废除了通过从地方交付税特别会计账目借款来增加地方交付税收入的特例增额方式。

2. 财政工作思路改弦更张

地方公共团体的财政收支现状不容乐观，完全符合地方交付税法第6条之3第2项的相关规定。因此，如果废除了从地方交付税特别会计账目借款的制度，必须制定新制度以保障地方交付税总额。在这种情况下，在修改地方交付税法附则第5条的基础上，采取了以下措施：在今后一段时期内，为了确保地方交付税总额的稳定，根据相关法律规定，就地方交付税的法定额采取特例措施。

在现阶段，日本地方公共团体的财政收支状况依然欠佳。因此，特例措施的内容也只能局限于对地方交付税采取特例加算的措施。将来，当地方公共团体的财政收支状况有所好转时，才能考虑减少地方交付税特别会计账目的借款额，确保地方交付税的稳定。因此，从理论上说，在必要的范围内进行特例减税是可能的。

日本新地方财政调整制度概论

所谓"在一段时期以内"是指从现在到 1990 年度的一段时间。1990 年度正好是日本中央政府实现重建财政目标的年度。上述的特例措施额度要在 1991 年度以后进行结算。1984 年度，日本中央政府通过进行相关制度改革，对地方交付税总额采取了特例措施。今后，日本中央政府还要根据实际情况，从法律上宣布对地方交付税实施增额或者减额措施。在对地方交付税采取增额或者减额之际，具体内容都要以法律形式明文规定。这一做法实际上也属于地方交付税的年度之间的调整措施。以前也曾采取过类似的年度之间的调整办法。二者的区别在于以前的做法是在没有修改相关法律的情况下，每年度以一定的基准变更地方交付税的总额，而现在的做法是以法律形式对地方交付税的总额予以确定。因此，认为这次的改革是将年度之间的调整措施引进了地方交付税制度的看法是有失偏颇的。

3. 法律修改的概要

日本中央政府根据上述基本思路，废除了通过从地方交付税特别会计账目借款来对地方交付税进行特例增额的方式。1984 年度，中央政府又采取新的特例措施，从一般会计账目的年度财政支出额中筹措了 1760 亿日元，以这一额度作为特例措施，对地方交付税进行增额。另外，由于废除了从地方交付税特别会计账目借款的筹措资金方式，地方公共团体的财政收支状况发生了以下变化：借款余额高达 115219 亿日元，其中由中央政府国库负担的 58278 亿日元通过从中央政府的一般会计账目借款来筹措，剩余的 56941 亿日元的本息偿还额还由地方公共团体负担。1983 年度以来，围绕从地方交付税特别会计账目借款的利息负担问题争论不休。经过上述一系列措施，这一问题终于得到了较为圆满的解决。

1984 年度以后，日本中央政府规定原则上不再从地方交付税特别会计账目借款。而这样一来，还有一个历史残留问题尚未解决，那就是截至 1983 年度的借款本息偿还问题。为了解决这一问题，日本中央政府决定将借款本息偿还问题从 1984 年度一直搁置到 1990 年度。这一年度正是日本中央政府实现既定的财政重建目

第四章　地方交付税总额的计算方法

标的年份。中央政府从 1991 年度开始着手解决本息偿还问题。1984 年度的预定偿还额为：中央政府负担 1291 亿日元，地方公共团体负担 1289 亿日元。根据上述决定，这一额度暂时不必立即偿还。

1991 年度以后，日本中央政府开始对地方交付税特别会计账目借款进行偿还，每年度的偿还额如表 4-5 所示。

表 4-5　各年度地方交付税特别会计账目借款的偿还额

单位：亿日元

年度	1991	1992	1993	1994	1995	1996	1997	1998	1999	2000	合计
1975	165	520	565	620	675	735	809.9	—	—	—	4089.9
1976	340	560	610	665	725	790	865	945.5	—	—	5500.5
1977	334	519	564	616	673	731	801	872.2	740	—	5850.2
1978	450	510	570	640	710	800	890	1000	1130	1262.5	7962.5
1979	760	830	920	1000	1110	1210	1320	1440	1580	1735	11905
1980	340	370	400	450	490	520	580	630	700	762.5	5242.5
1981	15	15	15	20	25	25	25	25	35	37.4	237.4
1982	580	615	655	695	740	785	830	885	940	991.4	7716.4
1983	650	685	725	765	810	855	905	955	1010	1076.75	8436.75
合计	3634	4624	5024	5471	5958	6451	7025.9	6752.7	6135	5865.55	56941.15

1991 年度以后，日本政府对用新方式采取的特例措施额度进行结算。以往所谓的息差临时特别交付金额度为 925 亿日元，地区特例临时交付金为 35 亿日元。由于未征收居民税，就采取完全分离方式，对利息所得课税额为 500 亿日元，合计为 1460 亿日元。参考迄今为止的处理措施，这一额度未被列入结算对象，只有 300 亿日元被列入了结算对象。

4. 财政改革的意义以及今后的课题

1984 年，日本中央政府通过对相关法律进行修改，原则上废除了从地方交付税特别会计账目借款来增加地方交付税的方式。采取这一措施之后，进一步修改了相关法律。这些工作为重建中央政府的财政和地方公共团体的财政打下了坚实的基础，这一点值得我

日本新地方财政调整制度概论

们肯定。但是，新出台的特例措施应该在中央政府的一般会计账目框架内实施。因此，这一措施会受到中央政府一般会计账目财政来源的限制。这势必会加大对地方交付税总额的增加的监管力度。1984年，中央政府进行了相关制度改革。因此，地方财政会进一步受到中央政府财政重建方针路线的影响。1984年，中央政府进一步采取有力措施，以振兴地方财政。为了确保地方交付税总额的稳定，中央政府采取了地方交付税总额特例措施，并将这一措施以法律形式固定下来。1984年，日本中央政府又增加了1760亿日元的地方交付税。从上述这些措施可以看出，尽管中央政府国库的财政状况不佳，但还是为振兴地方公共团体财政做出了最大限度的努力。

另外，当时虽然采取了一系列地方财政措施，但是并未将上调地方交付税税率问题提到议事日程。毋庸置疑，各个地方公共团体对这一点强烈不满。1966年度，中央政府将地方交付税税率上调至32%，之后，地方交付税税率一直没有上调。在这一段时期，日本中央政府建立了儿童补贴制度、老人免费医疗制度。与此同时，在教育方面出台了以下措施：改善各类教师的工资待遇；实施义务教育；确定高中阶段的班级编制；提高教师的配置标准。上述这些措施消耗了大量的地方公共团体的财政收入，地方公共团体的财政已不堪重负。这是地方公共团体对日本中央政府所采取的政策产生强烈不满的重要原因。比如，日本全国知事会临时地方财政基本问题研究会在《新时期应采取的地方行政财政措施报告》中，做了如下论述。

[参考] 日本全国知事会临时地方财政基本问题研究会报告
（1977年7月13日）

再谈地方交付税制度

长期以来，日本中央政府向地方公共团体拨付的地方交付税额度一直不足。本研究会认为造成这一结果的原因除了日本经济状况欠佳之外，另有其他原因。自1966年度以来，现行的地方交付税税率一直没有上调，而在这一段时期内，教师人数、警务人员人数

第四章　地方交付税总额的计算方法

大大增加。另外，提高教师待遇也增加了工资支出。为治理和预防环境污染，扩建和新建了很多社会福利设施。上述所需经费数额巨大，而且经费全额由地方公共团体负担，地方公共团体也将地方交付税应用到了上述措施中。因此，日本中央政府上调地方交付税税率已成当务之急。为此，必须进行配套的财政制度和税制改革。

1977年度，日本中央政府针对地方公共团体采取了以下三个财政措施：一是从地方交付税特别会计账目借款；二是拨付临时特例交付金；三是采取应急措施，将用于公共事业建设的地方交付税通过发行地方债来筹措。这些措施和过去的两年并无二致。这些措施都在客观上推迟了制度改革的日程。

因此，下一年度，日本中央政府将根据地方交付税法第6条第2项的精神，对地方交付税制度进行彻底改革，以按时实现预期目标。

有必要上调地方交付税税率。要求中央政府提高地方交付税税率的原因有以下几个方面：其一，1966年以后，地方公共团体产生了新的财政需求；其二，为了筹集公共事业建设所需资金，发行地方债，其本息偿还金由地方公共团体负担；其三，中央政府要通过地方公共团体进行一些公共事业建设，所需资金也由地方公共团体负担。1977年度，中央政府采取了临时应急措施。将这一额度换算成地方交付税税率为14.6%，其具体内容包括以下几部分：一是地方交付税特别会计账目的借款额为6.6%；二是临时特例交付金额度为0.7%；三是转入地方债的额度为7.3%。这就是地方公共团体财政收支的现状。从这一现状来看，要恢复地方交付税原有的功能，上调地方交付税税率不论从理论上还是从实际情况来看，都是刻不容缓的。日本中央政府应该对这一点有清楚的认识。

通过观察表4-6中1976年度的各种财政、税制数据，可以发现以下情况：1966年度以后，由于实施了财政制度改革，地方公共团体的财政需求额增加了9835亿日元。为了筹措相应的财政收入，中央政府创设汽车购买税等新税种，同时上调了国税税率和中央政府国库对地方财政的补贴比例。通过这一系列措施筹集到了10100亿日元，地方公共团体的财政状况得到改善。也就是说，通过上述的相关制度改革，地方公共团体的财政收支状况在这一段时期有了改善，基本上实现均衡。

但是，地方公共团体的财政收支均衡只不过是昙花一现，不久又出现了巨额的财政亏空。其主要原因如下：一是日本中央政府相继进行了社会保障制度、教育制度等制度改革；二是老龄人口所占日本全国总人口的比例上升，社会形势发生巨大变化，因此财政支出大幅增加；三是租税收入虽有所增加，但仍然入不敷出；四是日本的租税制度有一定缺陷，偏重于所得税和法人税；五是昭和五十年代（1975～1984年）以后，日本经济形势发生重大变化，经济增长率开始滑坡，并呈现长期化趋势。在这种经济形势下，日本租税的 GNP 弹性值有所下降。租税收入增长缓慢，大不如前。

因此，日本中央政府和地方公共团体必须采取有效措施，打破这一财政僵局。具体的解决方案如下：一是中央政府和地方公共团体齐头并进，彻底压缩每年度的财政支出额度；二是进行彻底的税制改革。上述两项措施至关重要，除此之外，别无他途。这是因为如不进行税制改革，仅仅抑制年度财政支出增加额，上调地方交付税税率的话，中央政府的财政状况会陷入窘境。

三 1985年度至2000年度的日本地方财政措施概要

1. 1985年度的地方财政措施

地方财政措施概要如下。

1985年度，随着日本经济形势好转，地方税、地方交付税等一般性财政来源大幅增加。中央政府和地方公共团体统一步调，压缩每年度的财政支出额度。因此，不必下调中央政府国库的补贴比例，就实现了财政收支均衡这一目标（见表4-6）。

第四章 地方交付税总额的计算方法

表4-6 通过制定实施新政策实现财政收支均衡

单位：亿日元

年度财政收入额度

事项	金额	备注
汽车购买税	1800	1976年度地方公共团体的财政收支计划额度
汽车重量让与税	920	同上
航空燃料让与税	34	同上
特别土地拥有税	797	同上
办公场所税	789	同上
交通安全措施特别交付金	498	同上
电源开发促进措施交付金	240	同上
法人相关税	1304	由于法人税的税率上调而增加
烟草消费税	602	由于税率上调而增加
居民税	395	同上
汽车税、轻型汽车税	1047	同上
轻油交易税、地方道路让与税	759	1976年度由于上调税率而增加
人口剧增地区国库补贴款	505	因为人口剧增地区国库补贴特例措施而增加
小学校舍等国库补贴款	370	因小学校舍、房屋等国库补贴比例上调而增加
高中新增设建筑物的国库补贴款	40	因高中新增设建筑物的国库补贴制度而增加
共计	10100	

年度财政支出额度

事项	金额	备注
对私立学校进行补贴	1091	地方公共团体的财政计划额中的地方负担额
教职员工调整额	800	同上
教职员工的人才保障	2750	同上
公费负担老人医疗	886	同上
儿童补贴额度	356	同上
消防和急救措施的常态化	615	村镇交付税的增加额
环保措施所需经费	370	地方公共团体的财政计划额（地方公共团体的单独实施部分）
交通安全措施所需经费	1232	同上
中小企业振兴资金	636	地方公共团体财政计划额中的地方负担额
因冲绳回归日本产生的经费需求	980	超出收入增加额的财政需求的增加额
大型石油联合企业的防灾措施	120	被指定为特别防灾地区团体的交付税增加额
共计	9836	

注：1. 每年度的财政收入除了上述部分，也应将下列增收部分考虑在内：由于上调法人税以及酒税税率，所得税、法人税、酒税等三种国税增收。三种国税增收部分的32%就相当于地方交付税的增收。除此之外，由于香烟价格上调，今后，烟草消费税也会增收。

2. 从1975年度开始，日本中央政府对私立学校实施国库补贴制度。1976年，编制预算，总额为180亿日元。

日本新地方财政调整制度概论

另外，截至 1985 年 8 月底，日本中央政府对大致的经费所需额进行了估算。厚生省（主管劳动保障、福利等）等 9 省厅（相当于中国的部委）实施了生活低保负担金等非公共事业。中央政府国库对这些非公共事业进行了财政补贴（地区改善措施经费、冲绳相关经费等除外）。其中，将财政补贴比例超过 1/2 者的补贴比例一律下调 10%。这样一来，地方公共团体的财政负担越发加重，日本中央政府备受诟病。

日本中央政府下调国库补贴比例，造成了地方公共团体的负担加重。为了应对这一局面，各地方公共团体纷纷采取相应措施，提振地方财政。对此，日本自治省则主张："必须改革中央政府和地方公共团体之间的行政职能分工制度，切勿一刀切式地下调对地方公共团体的国库补贴比例。因为这样做会将日本中央政府的财政负担转嫁给地方公共团体。这是地方公共团体所不能忍受的。"为此，日本自治省和财务省进行了磋商，当时的执政党自民党和自治省、财务省之间也进行了磋商，但是，仍然没有找到解决方案。直至开始编制预算阶段，各方的意见分歧仍然很大。

1984 年 12 月 21 日，自民党内的五大班子召开会议，做出了以下最终决定：其一，将这次采取的措施作为 1985 年度的临时财政措施；其二，对公共事业的国库补贴比例过高者予以下调。通过上述措施，保障了公共事业项目的总量不减。具体的地方财政措施如下。

补贴比例下调带来的影响额	5800 亿日元
经常性经费系统	2600 亿日元
投资性经费系统	3200 亿日元
（1）地方交付税增额	1000 亿日元

经常性经费系统中，对所拨付的地方公共团体的影响额为 2000 亿日元，是应拨付的地方交付税总额的 1/2。

（2）地方债的增额　　　　　　　　　4800 亿日元

　　A. 临时财政特例债（投资性经费补贴比例下调部分）

　　　　　　　　　　　　　　　　　　2000 亿日元

第四章　地方交付税总额的计算方法

本息偿还款的 1/2 从一般会计账目转入地方交付税特别会计账目。

B. 调整债　　　　　　　　　　　2800 亿日元

经常性经费下调部分转入地方债。由于公共事业规模不断扩大，投资性经费也相应增加。

1985 年度地方财政调整措施如下。

1985 年度，日本经济整体上形势良好，经济规模持续扩大。但是，经济增速开始下滑，其主要原因是 1985 年下半年日元急剧升值。因此，1985 年度的经济增长率略低于当初的估算值，国税收入有所减少。日本中央政府对预算额做出了调整，在这种情况下，地方交付税收入减少 1405 亿日元。

1985 年度，日本地方公共团体的财政状况令人担忧。因此，不能缩减年初中央政府预算中计划拨付的地方交付税总额。日本中央政府考虑再三，终于制定了《1985 年度地方交付税总额的特例法律》。该法律规定：通过采取特例措施，保障列入年度初预算中的地方交付税总额，原来规定的经费不允许减额。然而，以下情形除外：因为要照顾瘫痪老人，需进行政策性减税。为此，地方交付税需支付 9.6 亿日元。

2. 1986 年度的地方财政措施

地方财政措施概要如下。

1986 年，在中央政府不下调财政补贴比例的前提下，地方财政收支会取得均衡。1986 年，中央政府在编制财政预算之际，自治省、财务省、厚生省的三大臣交换了备忘录。备忘录指出："现阶段，国库对社会保障的财政补贴比例居高不下。因此，应该对其予以下调，并将此作为 1985 年度的暂定措施。1987 年度以后，在决定财政补贴比例时，要对中央政府和地方公共团体之间的行政事务分工和费用负担比例进行适当调整。与此同时，要在政府内部进行商讨，在今后一年内得出结论"。

1985 年 5 月 24 日，日本政府就上述三大臣的备忘录中提到的财政补贴问题召开内阁会议。经过讨论，在内阁会议上获得通过。

日本新地方财政调整制度概论

在 1985 年 5 月 27 日召开的内阁会议上，决定召集有识之士随时召开补贴问题商讨会。1985 年 5 月 31 日以后，中央政府集中讨论与社会保障有关的财政补贴款问题。之后，地方制度调查会、地方财政审议会、财政制度审议会等就财政补贴款问题商讨会的讨论内容进行了答辩。

1985 年 12 月 20 日，日本政府就财政补贴款问题召开内阁会议，在会上指出要最大限度地尊重财政补贴款问题商讨会的相关报告。但是，就生活低保的补贴比例问题，意见分歧较大。日本内阁最后决定将两种意见一并写入议事录中。其具体内容如下："一种意见认为：要对财政补贴比例进行系统性修改，这一比例调整为 2/3 比较合适。另一种意见认为：日本中央政府要负起责任来，应该维持迄今为止的 8/10 的比例。"其中，财务大臣和厚生大臣主张将财政补贴比例定为 2/3，而自治大臣则主张将财政补贴比例定为 8/10。双方争论不休，各不相让。最终由政府执政党联络会议进行调整。

调整结果的具体内容如下：中央政府的财政状况相当严峻，因此，应下调中央政府国库财政补贴款的额度，并以此作为今后三年的暂定措施。与此同时，对生活低保补贴比例进行调整，将今后三年的该比例定为 7/10。三年以后，由财务省、厚生省、自治省等三大臣就生活低保补贴比例再次进行协商。同时，上调烟草消费税税率，并采取了以下地方财政措施。

因财政补贴利率下调而产生影响的额度	11700 亿日元
经常性经费系统	6100 亿日元
投资性经费系统	5600 亿日元

（1）经常性经费

    A. 上调地方烟草消费税额度　　1200 亿日元

    B. 地方交付税的特例增加额　　1200 亿日元

    （与中央政府烟草消费税增额一致）

（2）投资性经费

    A. 临时财政特例债（所削减部分）　　4200 亿日元

第四章　地方交付税总额的计算方法

将本息偿还金的 1/2 从一般会计账目转入地方交付税特别会计账目。

B. 调整债（扩大公共事业规模部分）：

1400 亿日元

1986 年度地方财政调整措施如下。

1987 年度，个人消费、住宅投资等国内需求增速放缓，日元不断升值，出口形势开始恶化。受此影响，日本经济增长率低于预期。于是，日本中央政府调整了预算，下调了国税收入估算额，因而，地方交付税也减少 4502 亿日元。1986 年度，地方公共团体的财政收支状况不佳。因此，如果减少年度初预算中的地方交付税总额，地方公共团体在财政上会无法承受。另外，中央政府的国税收入大幅减少，财政状况也非常严峻。而且，为了使财政收支更趋均衡，中央政府无论如何都要避免增发特例国债。因此，在对减收额进行补贴的问题上，中央政府和地方公共团体无法达成妥协。

从理论上讲，从一般会计账目筹措借款有以下两种方法。其一，采取 1985 年度的财政调整方式。也就是说，在年度中间，对所得税、法人税、酒税等国税三税进行减额调整。但是，根据特例法，1985 年度，计划拨付的地方交付税的额度是根据当初预算估算的国税三税收入计算得出的，其差额部分另根据相关法律规定进行结算，决定现阶段暂时采取特例处理方式。也就是说，法定额度的减少部分要根据地方交付税法附则第 3 条规定的特例措施，用从一般会计账目的借款进行补贴，其额度在以后年度进行结算。

其二，中央政府财政当局主张应先按照 1982 年的先例，经过二次计算得出地方交付税的应减额部分。经过多次磋商，达成了一致意见。其具体内容如下：由于对地方交付税减额较为困难，因此，对地方交付税的不足部分采取了财政补贴措施，通过从地方交付税特别会计账目借款予以补贴，并从下一年度开始借款利息全额由日本中央政府负担。

假如从地方交付税特别会计账目的借款利息全额由日本中央政府负担的话，中央政府和地方公共团体的债务分担关系就会和

日本新地方财政调整制度概论

1985年度的财政调整方式或者特例措施方式大同小异。如果采取这样的措施，地方公共团体就会积极和中央政府合作，重建中央政府财政（规避增发特例国债），以此筹措地方交付税所需资金。

3. 1987年度的地方财政措施

地方财政措施概要如下。

1987年，日本朝野人士都期待通过扩大内需促进日本经济稳步增长。在具体实施过程中，应注意以下问题：其一，由于实施彻底的税制改革，会出现中央政府和地方公共团体之间的税收、财政来源分配不均问题；其二，既要坚持日本中央政府的财政重建路线方针，又要保障公共投资的规模，只有这样才能成效显著地扩大内需。基于上述两点，日本政府的某些官员要求下调中央政府国库对地方公共团体的财政补贴额度，并且指出在对地方财政采取相应措施之际，应把这一点作为政府的工作重点。

日本政府实施税制改革，调整相关税收比例。与此同时，创设新税，暂定为销售额税。另外，为解决地方财政中存在的问题，日本中央政府采取了以下措施：坚持财政收入中立的原则，全额补贴地方税和地方交付税收入的减少部分；采取相应措施，应对财政收入不足问题；进一步下调对由地方公共团体实施的公共事业进行的国库补贴负担比例。但是，在税制改革方案中，有人主张创设销售税，并以此作为新型间接税。而也有人主张在选举时，执政党（这里指自民党）曾承诺不引进大型间接税，因此，如果创设销售税，就等于违背诺言，欺骗选民。基于上述原因，在野党竭力反对。结果，税制改革相关法案在国会（众议院）表决中没有通过，成为废案。之后，中央政府采取折中方案，在不创设销售税的前提下，进行税制改革。与此同时，为了刺激经济复苏，中央政府采取紧急经济措施，进行总额达5亿日元规模的公共投资。今后政府工作的重点是实施符合日本国情的税制改革，保障地方公共团体的财政收入。中央政府应该采取必要的财政措施，追加公共事业经费，减轻地方公共团体的经济和财政负担。1986年度，通过对所得税、法人税、酒税等三种国税进行结算，产生了5700多亿日元的地方

第四章　地方交付税总额的计算方法

交付税余额。于是，中央政府将这部分款项用于上述地方财政相关措施。

经过上述一系列努力，1987 年 9 月 19 日，日本国会通过了地方税法调整法案、地方交付税法调整法案。不仅如此，中央政府还对紧急经济措施进行了适当调整。往年的惯例是每年 8 月末以前就要确定地方交付税额度，而现在要根据地方交付税法第 10 条第 3 项补充条款的规定，在 9 月 22 日计算地方交付税额度。从长期来看，这种情况极为特殊。地方公共团体的最终财政措施框架如下。

各地方公共团体的财政来源不足额　　　25603 亿日元
（1）继续实施地方烟草消费税特例税率　1200 亿日元
（2）地方交付税总额特例　　　　　　　3828 亿日元
　　 A. 实施烟草税的特例税率所得税款　1200 亿日元
　　 B. 1987 年度，日本中央政府下调了财政补贴负担比例，对所应拨付的地方公共团体的经常性经费造成较大影响，具体额度为 296 亿日元（义务教育费用的国库负担部分以及互助会长期负担金的中央国库负担比例由原来的 1/2 下调至 1/3。下调期间暂定为两年）
　　 C. 根据以往的相关部门的申请实施加算措施等额度
　　　　　　　　　　　　　　　　　　　2332 亿日元
（3）增发建设地方债　　　　　　　　　20575 亿日元
　　 A. 财政来源对策债　　　　　　　　6951 亿日元
　　 B. 调整债：　　　　　　　　　　　6174 亿日元
　　 C. 临时财政特例债[①]　　　　　　 7450 亿日元

1987 年度地方公共团体的财政调整措施的具体内容如下。

1987 年 12 月 23 日，日本内阁会议通过政府部门提交的第二次调整预算方案。经过调整，所得税、法人税、酒税等三种国税额

---

① 1987 年度，中央政府采取相应措施，下调了国库财政补贴负担比例。正是这个原因，产生了临时财政特例债。将临时财政特例债的本息偿还金的 9/10（相当于交付给地方公共团体的地方交付税的全额）从一般会计账目转入地方交付税特别会计账目（相当于 1986 年度下调额度的 1/2）。

度有所增加，从而地方交付税也增额5520亿日元。中央政府将地方交付税的增额部分用于以下项目：①恢复普通交付税的调整额（共计193亿日元）；②为了缩减财政来源对策债（2830亿日元），增加普通交付税额度；③为应对上述情况，增加了地方特别交付税额度（193亿日元）；④与此同时，将剩余的2304亿日元用于中期性健全和完善地方财政措施。为了实现这一目标，用上述2304亿日元提前归还从地方交付税特别会计账目筹措的借款。这笔借款属于日本中央政府和地方公共团体的共同借款，其本息预定在1981年度以后归还。

4. 1988年度的地方财政措施

地方财政措施概要如下。

在日元持续升值的冲击下，日本经济受到重创。但是，从1986年秋天开始，经济衰退势头有所遏制，日本经济筑底成功。加之，日本中央政府实施了经济结构转型政策，采取了相应的紧急经济措施。上述一系列措施效果显著，日本经济开始回暖，并开始步入增长轨道。在这种情况下，地方税和国税税收有所增加。除了因下调国库补贴负担比例，一些经常性项目受到影响之外，其他财政收支状况取得均衡。

1987年度，在编制预算时，中央政府推迟了国民健康保险等问题的处理日程。另外，又针对国库补贴负担比例采取了一些暂定措施，最后一个年度地方公共团体的负担比例问题也尚未处理妥当。这些问题的解决都是1988年度政府工作的重点。为了解决上述问题，日本政府采取了以下地方财政措施。

（1）由于下调国库补贴负担比例，受到较大影响，其具体额度为16569亿日元。

  A. 因上调地方公共团体的烟草消费税，增收额度为1200亿日元

  B. 地方交付税总额特例额度   1495亿日元

  国家烟草消费税的特例税率部分 1200亿日元

  1987年度，由于下调了中央国库补贴负担比例，接受地

第四章　地方交付税总额的计算方法

方交付税的地方公共团体的经常性经费受到影响，其额度为295亿日元

C. 调整债　　　　　　　　　　　　　　　　6474亿日元

D. 临时财政特例债　　　　　　　　　　　　7400亿日元

（2）由于中央政府实施了国民健康保险制度改革，导致地方公共团体的财政负担有所增加。为了缓解地方公共团体的财政压力，中央政府采取了以下措施。

A. 地方交付税的增额（特例加算措施对接受地方交付税的地方公共团体造成影响的部分）　　　550亿日元

B. 调整债（未接受地方交付税的地方公共团体所受影响部分）　　　　　　　　　　　　　　140亿日元

1988年度地方财政调整措施如下。

1988年度，来自国外的贸易订单持续减少。所幸的是，个人消费增长势头强劲，设备投资增长迅速，内需持续增加。因此，日本经济规模持续增长。在这一可喜的经济形势下，日本中央政府进行了根本性的税制改革，与此同时，实施了减税措施。然而，由于财政状况欠佳，不得已又上调了国税税率。除此之外，还调整了预算，地方交付税额度相应有所增加。其详情如下：1987年度，地方交付税的结算部分为10808亿日元；1988年度，由于所得税、法人税、酒税等三种国税增收，地方交付税也随之增收10448亿日元。中央政府对上述增收部分的用途做了以下安排：其一，年度之初，中央政府计算得出了普通交付税额度，后来又对其进行了调整，而恢复这一调整额需要资金444亿日元。其二，由于中央政府调整了预算计划，地方公共团体的财政负担有所增加（义务教育长期互助部分额度缩减了1/4，如今又予以恢复。农产品自由化措施产生一定的财政支出，税制改革广告也产生一定费用），对这部分财政亏空进行补贴需要389亿日元。剩余部分资金用于健全和完善地方财政制度（缩减地方债发行额度，提前偿还从地方交付税特别会计账目筹措的借款），"大搞故乡建设"，使"故乡经济"获得重生。

日本新地方财政调整制度概论

"使故乡经济获得重生"意味着"自己思考,自己动手,自力更生搞故乡经济建设"。为实现这一目标,需要筹措数额庞大的经费。对每个市、镇、村分配 1 亿日元,并将其计入基准财政需求额,这就是所谓的"故乡 1 亿日元建设事业项目"。1987 年度,所得税、法人税和酒税等三种国税收入有所增加,结算额也有所增加,将这一税收增加额应用到上述故乡建设项目中。因为时值年度末,1988 年对其中的 1/5 额度进行了分配,剩余的 4/5 转入 1989 年度。

5. 1989 年度的地方财政措施

税制的根本改革如下。

1988 年 6 月 15 日,日本税制调查会向日本内阁提交"有关税制改革的答辩"文件。1989 年 6 月 28 日,日本内阁召开会议,就此文件进行了讨论。在此基础上,制定了政府税制改革大纲。1989 年 7 月 29 日,根据上述大纲,日本内阁会议通过了税制改革六法案(具体内容为:《税制改革法案》《有关修改所得税法等一部分的法律案》《消费税法案》《有关修改部分地方税法的法律案》《消费让与税法案》《有关修改部分地方交付税法的法律案》)。在同一天,日本内阁将上述六法案提交给日本国会。

日本国民不堪重税,生活水平下降,纷纷抱怨税制不公平。上述税制改革方案的宗旨是改变国民对税制的负面印象,使之顺应社会、经济形势的变化,让所得、消费和资产三者均衡发展。这一税制框架的具体内容如下:对国税和地方税的直接税实施减税措施,额度达 56000 亿日元,废除已有的间接税等计 34000 亿日元,共计减少税收 90000 亿日元。但是,通过改革有价证券的过户费等税收制度,实施征税合理化计划,可以有效增加税收 12000 亿日元。除此之外,中央政府创设了消费税。消费税课税对象广,属于间接税,预计可以增收 54000 亿日元。

根据中央政府提交的税制改革方案,预计平常年度的国税、地方税的减税超出额会达 24000 日元。这一方案最终在日本众议院进行部分修改后,表决通过。结果,减税超出额扩大至 26000 亿日元。在税制改革过程中,日本中央政府采取了以下

第四章 地方交付税总额的计算方法

两项主要财政措施：一是创设消费让与税；二是将消费税列为地方交付税之一（地方交付税税率为24%）。在税制改革过程中，日本中央政府采取了一系列地方税制措施、财政措施。具体内容如表4-7、表4-8所示。在税制改革过程中，由于种种原因，地方税收会有所减少。对地方税减收部分的补贴比例约为71%，而对中央政府的国税减收部分的补贴比例为66%，前者明显高于后者。可见，对地方公共团体采取了比中央政府更为优厚的财政补贴措施。

表4-7 税制改革导致的增收额与减收额（平常年度）

单位：亿日元

减收	所得税、个人居民税减税	遗产继承税减税	法人税、法人居民税减税	废除物品税等个别间接税
92000	33000	7000	18000	34000
增收	减税	确保负担比例公平	消费税的创设	
66000亿日元	26000亿日元	12000	54000	

表4-8 税制改革过程中地方公共团体采取的税制、财政措施

单位：亿日元

税　目	减收额	消费税配分额	让与税、交付税的区分
1　地方税	-20832		消费让与税（消费税的1/5）　10885
个人居民税 　法人居民税 　法人事业税	-9213 -625	1003	
现行间接税 　（与消费税进行调节）	-10994	10994	10885 109 地方交付税
2　地方交付税	-9338	9338	10450 【消费税（除让与税）的24%】
			减收超过额　8835
合　　　计	-30170	21335	

注：根据1988年度数据推测得出。本表数据根据具体的检查结果可能出现变动。

日本新地方财政调整制度概论

[参考] 日本中央政府、地方公共团体的税收
减收额和消费税分配额

单位：亿日元，%

	税收 减收额①	消费 税分配额②	减收超出额 （①-②）	措施比例 （②/①）
日本中央政府	50300	33100	17200	66
各地方公共团体	30100	21300	8800	71
共　计	80400	54400	26000	68

注：本表的数据根据具体的检查结果，可能出现变动。

地方财政措施概要如下。

在税制改革过程中，中央政府按照上述税制改革框架采取筹措财政收入措施。与此同时，还编制了1989年度的中央政府预算，采取切实措施，搞好地方财政。在这一过程中，遇到了诸多财政困难。最令人头疼的问题是如何下调国库补贴负担比例。1989年1月18日，日本财务省在内部公示中央政府预算编制情况，在政府执政党之间对这一预算案进行了调整。最终方案由日本财务省大臣和自治省大臣经过协商，拍板决定。具体内容是遵循财政补贴款问题商讨会报告的精神，将经常性经费从机关委托事务转入地方公共团体委托事务。今后，随着地方分权制度的进一步实施，中央政府的部分权限将不断移交给地方公共团体。因此，首先对事务委托方式进行了改革。其中，将儿童福利费用、老人福利费用等的负担比例暂定为1/2，并规定对这些费用实施永久性负担措施。除此之外，还将义务教育费用互助会长期负担金的负担比例恢复如前（1989年度采取临时措施，暂定为3/8）。综上所述，日本中央政府决定根据公共事业的性质来确定中央政府国库对地方公共团体的财政补贴比例。与此同时，地方公共团体也采取了相应的财政措施。1986年度以后，日本中央政府暂时下调了国库补贴负担比例，这要求地方公共团体采取相应的财政措施。为了弥补因此造成的地方财政收入减收，日本中央政府将属于国税的烟草税列入地方交付税（地方交付税税率为25%，亦即将烟草税收入的25%划归地方交付税）。同时，日本

第四章　地方交付税总额的计算方法

中央政府又将地方烟草消费税的特例税率长久化、固定化。这样一来，地方公共团体的一般性财政来源得到了充实和保障。

不论是中央政府承担的公共事业还是地方公共团体承担的公共事业，其承担主体实质上都是地方公共团体。因此，各地方公共团体之间要求保障公共事业经费的呼声越来越强烈，有必要综合考虑修改中央政府国库对公共事业的财政补贴负担比例来保障地方公共团体有充裕的投资经费。这一措施有着浓厚的"紧急避难性质"，也就是说，是临时性的。1987年度，日本中央政府下调了对其直接管辖的公共事业的财政补贴比例。1991年，这一补贴比例又恢复如前。同时规定临时财政特例债可用于补充地方财政来源的不足，由日本中央政府负担其本息偿还。这样一来，地方财政收入有了较大的改善。具体来说，日本中央政府主要通过以下方式筹款偿还：其一，下调1987年度由中央政府交付给地方公共团体的地方交付税款项的全额；其二，下调1986年度财政补贴款中由中央政府拨付给地方公共团体直接管辖部分的全额。

由上述内容可知，由于中央政府下调国库补贴负担金额度，对公共事业投资性经费有所影响。尽管如此，由于日本经济持续增长，地方公共团体的税收状况良好。因此，1989年度地方公共团体的财政收支取得均衡。这主要得益于采取了以下措施，改善了地方公共团体的财政收支状况。

（1）中央政府下调国库补贴负担比例带来的影响（参看暂定措施部分）

  A. 经常性经费（义务教育追加费用等）　　912亿日元
    地方交付税特例加算等额度　　732亿日元
    调整债额度　　180亿日元
  B. 投资性经费
    临时财政特例债额度　　7600亿日元

（2）为了健全地方财政而采取的具体措施

  A. 归还部分从地方交付税特别会计账目筹措的借款
    11360亿日元

日本新地方财政调整制度概论

B. 财政来源对策债偿还基金　　　　　　9605 亿日元

（为 1976 年度到 1980 年度间，日本政府发行的债务余额）

1989 年度地方财政调整措施如下。

1989 年度，日本的个人消费领域继续坚挺，制造业和非制造业的设备投资持续增加，住宅建设增长率也在高位运行，国内需求旺盛。在这一背景下，日本经济持续平稳增长。因此，中央政府上调了经济增长率预期。在上述经济形势下，国税、地方税税收都平稳增长。在这种情况下，中央政府进一步调整了预算，地方公共团体对财政政策也做出了相应调整。地方交付税增额 15959 亿日元（1988 年度的地方交付税的结算额为 6042 亿日元，1989 年度的地方交付税的预计增收额为 9917 亿日元）。

就地方交付税的这一增额部分采取了以下措施。

（1）对年度之初计算得出的普通交付税的额度进行调整。但是，基于经济形势欠佳这一实际情况，调整措施一度中止。如今将调整额恢复如前，所需经费额度为 588 亿日元。

（2）工资改革所需额度为 482 亿日元。

（3）中央政府对地下高速铁路建设支付财政补贴负担金，而此时停止了此项财政补贴。因而，地方公共团体的财政负担有所增加，其增加额度为 237 亿日元。

（4）因为缩减了临时地方道路整修事业债额度，普通交付税有所增加，其额度为 1500 亿日元。

（5）中央政府设立地区振兴基金，所需额度为 2500 亿日元。

（6）中央政府财政来源对策债偿还基金（1981 年度发行余额）公积金，所需经费为 3964 亿日元。

（7）中央政府决定对地方特别交付税予以增额，所需经费为 592 亿日元。

（8）从地方交付税特别会计账目筹措的借款的还款额为 6096 亿日元。

其中第（4）（6）（8）项措施是为了健全和完善地方财政所需经费额度，共计 11560 亿日元。

第四章　地方交付税总额的计算方法

6. 1990 年度的地方财政措施

地方财政措施概要如下。

由于日本经济形势持续乐观向好，1990 年度，日本中央政府预测国税税收会持续增加。迄今为止，为了实现中央财政、地方财政健全化的远期目标，一直依靠发行特例公债来维系。而现阶段，日本经济形势转好，日本政府应考虑摆脱依靠发行特例公债维持账目平衡的窘境。由于地方公共团体的地方税收有望持续增收，地方财政的通常性收支状况也有望得到改善。为了搞好地方财政，地方公共团体具体采取了以下措施。

（1）日本中央政府下调国库补贴负担比例，这给地方公共团体的财政带来了负面影响。为消除这一影响，采取了以下措施。

  A. 经常性账目（义务教育追加费用等）902 亿日元
    地方交付税特例加算额度　　　　　　722 亿日元
    调整债额度　　　　　　　　　　　　　180 亿日元
  B. 投资性经费
    临时财政特例债额度　　　　　　　　 7600 亿日元

（2）为健全地方财政，各地方公共团体所采取的主要措施如下。

  A. 因偿还从地方交付税特别会计账目筹措的部分借款所需额度　　　　　　　　　　　　　　　　14106 亿日元
  B. 建立财政来源对策债偿还基金（1983 年度以及 1984 年度的发行余额）　　　　　　　　　　20753 亿日元

1990 年度地方财政调整措施如下。

1990 年度，日本中央政府编制预算调整方案，计划给地方交付税增额 6557 亿日元（其中 1989 年度的结算额为 1560 亿日元，1990 年度的预测增收部分为 4997 亿日元）。这样做是为了提振地方财政。具体来说，将这一增额用作以下用途。

（1）中央政府对年度之初计算得出的普通交付税额度进行了适当调整。但是，鉴于日本经济形势依然欠佳，一度中止了这一计划。而今，经济形势好转，恢复了上述调整额。为此，所需经费额度为 501 亿日元。

（2）工资改革所需经费额度为 2820 亿日元。

（3）中央政府对消费让与税减收额度进行财政补贴，额度为 1028 亿日元。

（4）因为缩减了临时地方道路整修事业债额度，普通交付税有所增加，其额度为 750 亿日元。

（5）其他财政需求额为 245 亿日元。

（6）地方特别交付税增额所需经费为 341 亿日元。

（7）从地方交付税特别会计账目筹措的借款利息增额为 353 亿日元。

（8）从地方交付税特别会计账目筹措的借款的还款额为 519 亿日元。

7. 1991 年度的地方财政措施

地方财政措施概要如下。

对日本中央政府来说，1991 年是不平凡的一年，主要有两件棘手的事情亟须解决，刻不容缓：一是国库对地方公共团体实施的公共事业也要负担一定费用，因此，要确定中央政府和地方各自的负担比例；二是日本财务省强烈要求相关各方精诚合作，对地方交付税额度进行削减，为中央政府的预算编制做好准备。具体的地方财政措施如下。

（1）日本中央政府下调国库对公共事业的经费负担比例，对地方财政造成了负面影响。地方公共团体应竭尽全力，消弭这一负面影响。

  A. 经常性经费（义务教育追加费用等）

    地方交付税特例加算额度 726 亿日元

    调整债额度 181 亿日元

  B. 投资性经费

    临时财政特例债额度 6300 亿日元

（2）为健全和完善地方财政所采取的主要措施如下。

  A. 因偿还从地方交付税特别会计账目筹措的部分借款，

第四章　地方交付税总额的计算方法

所需经费额度为 10719 亿日元（事实上，已经全部偿还了从地方交付税特别会计账目筹措的借款）
B. 地方交付税的特例减额额度　　　　5000 亿日元
C. 财政来源对策债等偿还基金
日本政府设立财政来源对策债偿还基金（1987 年度发行余额）　　　　2963 亿日元
调整债额度（从 1985 年度到 1988 年度的发行余额）
　　　　16497 亿日元

1989 年，日本中央政府调整了对地方公共团体实施的公共事业的国库补贴负担比例。中央政府本打算通过刨除义务教育追加费用的一部分来筹措资金，将这部分资金用于生活低保、儿童福利和义务教育等经常性经费，使之长久化、制度化。另外，因为需要维持一定的公共事业建设项目数量，中央政府在编制预算时要抑制一般性年度财政支出额度。1990～1991 年度，中央政府曾经采取暂定措施。因而，这次中央政府仍将公共事业等的投资性经费额度维持在上述暂定措施的额度上。基于上述情况，1989 年 10 月，日本中央政府设立相关问题商讨会。这一商讨会的核心成员是相关 11 省厅，它们就如何处理今后的国库补贴比例等暂定措施进行了紧密协商。但是，商讨进展过程异常缓慢。

1989 年 9 月以来，日美贸易摩擦加剧。为了解决日美两国间的国际贸易收支不平衡问题，日本中央政府就日本和美国的经济结构问题和美国政府进行了磋商。结果，双方就相关问题达成了以下共识：一是日本政府应该通过扩大本国内需来缩小经常性收支盈余额度；二是将提高日本人民生活水平作为政府工作重点。为了做好这项工作，必须扩大公共投资规模。1990 年 6 月，日本政府制订了《公共投资基本计划》。这一计划自 1991 年以后的 10 年间，预计投资规模会达到 430 万亿日元。

在这种情况下，日本中央政府制定了 1991 年度的概算要求基准，并规定了具体额度。此外，中央政府还恢复了国库负担比例，这部分所需款项为 2000 亿日元，暂时以 1986 年度的国库负担比例

日本新地方财政调整制度概论

为标准,提出了概算要求。与此同时,记录了1984年度和1986年度的国库负担比例差额,之后,在相关省厅商讨会上就此进行了详细讨论。但是,相关各方并没有达成协议。最终,日本中央政府在年末编制预算之际,对由地方公共团体具体实施的公共事业的国库财政补贴比例做了以下调整:①将国库补贴比例标准恢复到1986年度,并将这一标准作为暂定措施,一直适用到1993年度;②中央政府要求相关人员充分体会行政改革审议会的答辩内容,力求系统地、简明扼要地在相关省厅之间进行充分商讨。在此基础上,争取在暂定期间内得出对各方来说公允可行的结论。

1991年度,为了改善地方财政状况,相关各方商讨了应采取的措施。在具体决策过程中,最大的争议就是对地方交付税进行减额问题。就这一问题,日本财务省提出了自己的主张。其具体内容如下:中央政府在编制1991年度预算之际,制定了新的努力目标。具体内容是要摆脱公债剩余额累增体制,实现真正意义上的财政收支均衡。而且应该在1991年度的预算中开个好头。为了降低对发行公债的依存程度,中央政府决定减少建设国债发行额4000亿日元,并将此作为政府工作重点来抓。但是,日本经济现状仍不容乐观。为了增加中央政府和地方公共团体的年度财政收入,同时适当削减一般性年度财政支出,日本中央政府付出了艰苦卓绝的努力。即便如此,也无法通过对建设国债进行减额来构筑财政收支的基本框架。因此,希望相关各方精诚合作,通过减少地方交付税总额,为日本中央政府的预算编制做出贡献。

然而,日本自治省对上述措施提出了反驳意见。其具体内容如下:1991年度,地方公共团体有很多棘手的财政工作要做。其中健全和完善地方财政制度这项工作是重中之重。为此,需要有充足的地方交付税总额来做财政保障。因此,相关各方应该根据地方财政收支的实际情况,商讨延长法定加算额度措施,而不能根据中央政府的财政状况而对地方交付税总额进行减额。有一种情况需要注意,这就是"财政收支状况出现盈余"。这对地方公共团体来说是梦寐以求的。而现阶段,地方财政根本无法实现这一目标。

第四章　地方交付税总额的计算方法

最终，日本自治省和财务省在进行协商的基础上达成了以下协议：1991年度，日本中央政府要采取切实措施，健全和完善地方财政。其具体内容如下：其一，大幅扩大地方公共团体单独实施的公共事业建设的规模，创设地方福利基金。通过这些措施，提高各个地方公共团体的居民福利水平。其二，日本中央政府要准确预测1991年度地方公共团体的财政需求。与此同时，还要偿还从地方交付税特别会计账目筹措的借款，并设立财政来源对策债偿还基金。在此基础上，制订合理的年度支出计划。其三，进一步进行改革，健全和完善财政制度，以确保地方交付税总额的稳定。在此基础上，在不减少地方财政收入的前提下，减少地方交付税5000亿日元。其具体措施如下。

（1）1986年度，实施财政调整措施。所需经费是来自地方交付税特别会计账目的借款，其具体额度为4502亿日元（按照地方交付税法附则第3条规定，进行特例减额）。这就是地方交付税减额额度（亦即4502亿日元）。

（2）1985年度，进一步实施财政调整措施。所需经费也是来自地方交付税特别会计账目的借款，其剩余额度为705亿日元。拨出其中的498亿日元用于以下用途：原来计划对地方交付税实施5000亿日元的减额，但是上述（1）中的额度不足这一数额。因此，用于这一不足部分的还款（这一措施的法律根据是1985年度的地方交付税总额特例法附则第2项）。

1991年度地方财政调整措施如下。

1991年度，日本经济增长速度放缓。在这种情况下，中央政府着手调整预算，地方财政预算额度也随之有所调整。地方交付税额度减少174亿日元（1990年度结算额为4042亿日元，1991年度预计减少收入 -5789亿日元）。由于日本云仙岳火山爆发，中央政府决定设立救灾基金，其性质属于地方债。支付此项地方债利息所需经费额度为8亿日元。另外，为了修建废物处理设施，需要筹措的经费额度为260亿日元。为了搞活中、小工商业，所需经费额度为92亿日元。由于要支付上述几项经费，地方交付税的额度增加

日本新地方财政调整制度概论

483亿日元。为了筹措这部分款项，日本政府采取了以下具体措施：年度之初，计划提前偿还从地方交付税特别会计账目筹措的借款。因为要筹措上述几项经费，缩减上述提前偿还额2230亿日元。

8. 1992年度的地方财政措施

1992年度，为健全和完善地方财政，日本政府出台了一系列措施。值此之际，要解决的最大问题是适度减少地方交付税额度。其原因如下：上一年度后半年以来，国税收入增长缓慢，中央政府在编制1992年度的财政预算时困难重重。因此，希望地方公共团体克服地方财政上的重重困难，精诚合作，协助日本中央政府顺利完成财政预算编制工作。

为了和中央政府进行合作，各地方公共团体应首先出台适当的财政措施，处理好眼下的地方财政需求问题。这是与中央政府进行有效合作的基本思路。为了实现这一目标，具体采取了以下措施。其一，各地方公共团体的财政需求多种多样，其中要将一部分经费用于提高当地居民的生活水平。除此之外，还要维持、加快地方经济的发展速度。为了实现这一目标，要下定决心加大对由地方公共团体单独实施的公共事业建设的资金投入力度。其二，积极推进各地方公共团体经济建设和政治、文化的发展。为了实现上述目标，各地方公共团体要筹措充分经费，增加地方福利基金额度，丰富地方公共团体的福利内容。此外，还要筹措足够经费，保护环境，实现经济的可持续发展。通过这一系列措施，积极支援中央财政的稳定和对保险事业的投入。其三，对上述主要财政工作提供足够的财政支持。在此基础上，从地方交付税总额中减额8500亿日元（根据地方交付税法附则第3条规定，采取特例减额措施）。其具体措施如下。

（1）日本中央政府下调了对地方公共团体实施的公共事业的国库负担比例，这一措施给地方公共团体的财政状况带来了较大影响。

　　　　发行临时财政特例债额度　　　　　　　　6100亿日元

（2）为了健全和完善地方财政制度，出台了以下主要措施。

第四章　地方交付税总额的计算方法

　　A. 对地方交付税进行特例减额　　　　8500 亿日元
　　B. 设立临时财政特例债偿还基金　　　11882 亿日元
　　（具体由 1985 年度以及 1986 年度的发行余额以及 1987 年度发行余额的 1/2 构成）

1992 年度地方财政调整措施如下。

1992 年度，日本国内终端需求等止步不前，证券、房产等资产价格下跌，日本经济面临严峻挑战。在这种情况下，1992 年 8 月 28 日，日本中央政府决定采取综合性经济措施。由于日本整体经济滑坡，国税收入预计会出现减收，因此，中央政府着手调整预算，下调了国税收入预期，地方交付税也会相应减收 16224 亿日元。为了弥补地方交付税的这一亏空额度，日本中央政府采用以下措施对其进行全额补贴。其一，1991 年度的结算额为 542 亿日元；其二，从地方交付税特别会计账目筹措 15682 亿日元借款。年度之初，中央政府曾计划对地方交付税进行特例减额，具体额度为 8500 亿日元。而此一时，彼一时，日本中央政府决定中止这一减额措施，并将其转入以后年度的法定加算额，其额度为 3035 亿日元。由于目的的发生变化，中央政府转而打算增加地方交付税额度。但是，由于中央政府财政状况十分严峻，没有实施这一计划，而是采取临时特例措施，通过借款进行了处理。鉴于上述情况，这部分借款利息全额由中央政府负担。

9. 1993 年度的地方财政措施

1993 年度，中央政府计划采取有力措施健全和完善地方财政，并乐观地预测，通过这些措施地方财政会出现收支均衡。但是，日本经济形势持续低迷，中央政府税收额度以及将来的动向难以预料。因此，中央政府改弦更张，采取了较为稳健的地方财政措施。其基本思路是采取行之有效的措施，应对地方公共团体面临的财政需求。具体措施如下。其一，这一时期，地方公共团体的财政需求呈现多样化趋势。为适应这一趋势，日本政府制订了公共事业投资计划，以此来提高各地方公共团体居民的生活水平，刺激地方经济的发展。为此，中央政府要果断增加对地方公共团体独自实施的公共事业的经费投资力度。其二，多方筹措足够的资金，解决政府的财政难题。积极推进第二次故乡建设计划，增加地方福利基金额度，充实地方福利经费。筹措足够经费，用于保护环境。采取有效措施保护森林、山村。其三，从地方交付税总额中减额 4000 亿日元，将这部分资金借给中央政府财政，与中央政府通力合作，搞好中央政府财政运营。

另外，提前一年修改中央政府对地方公共团体承担的公共事业项目的财政负担比例。在编制 1993 年度预算计划时，相关大臣在备忘录中写道："在相关省厅之间进行商讨，由易到难，逐步予以实施。"除此之外，还在备忘录中提到了由地方公共团体承担的公共事业中中央政府的经费负担比例问题。现阶段，中央政府的经费负担比例是暂时的，不稳定的，因此，应该提早一年废除这一措施，构筑中央政府和地方公共团体的稳定和健全的财政关系。

一直到 1993 年度，中央政府对由地方公共团体承担的公共事业所需经费负担一定比例，而且针对这一比例采取了暂定性或者临时性措施。在实施这一措施之际，应该在充分顾及地方公共团体自主性的基础上，系统地、综合地、简明扼要地进行修改。具体方案如下：有些公共事业建设项目由中央政府直接管辖，但由地方公共团体负责具体实施，对这些公共事业项目，将中央政府的经费负担比例定为 2/3；有些公共事业建设项目，中央政府仅起着辅助性作用，对这部分公共事业项目，将中央政府的经费负担比例定为 1/2，并将上述所定比例长久化、制度化。具体措施如下。

（1）地方交付税的缩减额度　　　　　　4000 亿日元
（2）增发地方债额度　　　　　　　　　6700 亿日元

  A. 如上所述，中央政府对地方公共团体负责实施的公共事业项目所需经费负担一定比例，并将这一措施长久化。这一措施必然会给地方公共团体的财政带来负面影响。为了应对这一负面影响，地方公共团体通过发行公共事业临时特例债来筹措相关经费。特例债的具体额度为 5200 亿日元（由中央政府负担支付利息的

第四章　地方交付税总额的计算方法

9/10）。

B. 不仅如此，中央政府国库负担了以往各年度因实施公共事业建设项目而发行的公债。中央政府对这部分债务采取了暂定措施，规定了中央政府的经费负担比例。这一措施给临时财政特例债带来了影响，具体额度为 1500 亿日元。

1993 年度地方财政调整措施（第 1 号）如下。

1993 年度，日本经济依然低迷。因此，日本政府为了稳定经济增长势头，于 1993 年 4 月 13 日制定了"综合性经济措施"，对预算进行了适度调整（第 1 号）。"综合性经济措施"的具体内容如下：设立鼓励购房税制和鼓励设备投资税制，上调特定家属抚养家庭的减税额等，采取一系列减税措施。在对预算进行调整过程中，对所得税、法人税等进行减税。由于采取了上述措施，地方交付税减少 464 亿日元。1993 年，在实施地方财政相关措施之际，按照地方交付税法附则第 3 条的规定，对地方交付税实施特例减额，额度达 4000 亿日元。为避免变更年度之初的地方交付税总额，将上述特例减额缩减为 3536 亿日元。

1993 年度地方财政调整措施（第 2 号）如下。

在日本中央政府决定实施综合性经济措施之后，个人消费和民间投资额度持续萎靡，日元急剧升值，厄尔尼诺现象频仍（夏天低温、阴雨绵绵、台风肆虐）。受此影响，日本经济疲软，迟迟没有恢复迹象。因此，日本政府于 1993 年 9 月 16 日出台"紧急经济计划"，并着手予以实施。因为所得税、法人税、酒税等国税三税收入大幅减少，中央政府不得不在年度中途调整年初预算（第 2 号）。由于调整了预算，地方交付税相应减少 16675 亿日元。中央政府通过从地方交付税特别会计账目借款对上述地方交付税减额予以全额弥补。这样做是为了保障完成年度之初制订的地方公共团体的财政收支计划所需地方交付税总额。如上所述，为了弥补地方交付税的减额部分，采取了以下措施：其一，年度之初，对地方交付税总额采取特例减额措施，额度为 4000 亿日元（在第一次调整措施中缩减至 3536 亿日元）；其二，中止法定加算额 2924 亿日元，将 4317 亿日元转入以后年度的特例加算额。之所以采取上述措施，是因为中央政府的财政状况不佳，不得已而为之。因此，借款利息应该由中央政府全额负担。

10. 1994 年度的地方财政措施

1994 年度，日本地方财政状况令人担忧。造成这一状况的原因如下：其一，日本经济持续萎靡，法人税等地方税收大幅减少；其二，最近中央政府的国税收入也大幅减少，1993 年度结算结果表明国税减少，结算额也有所减少，受此影响，地方交付税大幅减收；其三，为了刺激经济复苏，对所得税实施大幅度减税措施。如何弥补上述财政收入不足成为地方财政工作的重点。

由于对所得税以及居民税实施特别减税措施，地方财政收入减收额度达到 28893 亿日元。由于实施特别减税，中央政府的国税收入也大幅度减少。日本中央政府通过发行特例国债，对上述两项减收额进行弥补。针对地方交付税减收部分，通过从地方交付税特别会计账目中借款来弥补。针对地方税收减少部分，根据地方财政法第 5 条特例发行地方债（亦称减税补贴债）来进行弥补。

另外，由于实施减税措施，需要从地方交付税特别会计账目借款。在偿还借款利息问题上，采取了以下措施。①刺激经济措施是当务之急，刻不容缓，实施规模庞大。地方公共团体在财政上有必要通力合作，互帮互助。②因为税制改革计划要在年内实施，势必要想办法解决中央政府和地方公共团体的税源分配问题。1994 年度，由于实施了减税措施，需从地方交付税特别会计账目借款来弥补税收减少部分。与此同时，需要筹措资金来偿还借款本息。综合考虑以上各种因素，中央政府决定借款利息由地方公共团体来负担。

由于地方公共团体的经常性账目收支出现较大亏空，需增加 20886 亿日元地方交付税予以弥补。为了筹措这笔资金，中央政府采取了以下具体办法：其一，采用法定加算额方式；其二，从地方交付税特别会计账目筹措借款，借款利息的偿还全额由中央政府负担。

第四章 地方交付税总额的计算方法

1984年度，中央政府实施了制度改革。其具体措施如下：原则上废除从地方交付税特别会计账目借款的制度，为了保障地方交付税总额，根据地方交付税法附则第3条的特例措施，从中央政府的一般会计账目拨款，在以后各年度结算。1994年，由于日本经济持续低迷，中央政府实施了所得税特别减税措施，受此影响，所得税以及法人税大幅减收。因为所得税和法人税是地方交付税的重要组成部分，地方交付税也相应大幅减收。1992年，中央政府的国税收入减少，地方交付税结算额也相应减额约1万亿日元。中央政府认为必须补偿这部分税收亏空。

基于上述原因，地方财政收支状况持续恶化。另外，中央政府的财政状况也不容乐观，中央政府采取相应措施，按照一定比例增加国债整理基金额度。基于上述中央政府和地方自治政府的财政情况，不得不中止这一措施。因此，要维持地方财政的顺利运营，不得不采取以下措施来确保地方交付税总额：其一，对一般会计账目采取加算措施；其二，从地方交付税特别会计账目借款。具体做法如下。

（1）应对所得税、居民税等实施特别减税的措施

    A. 由于对所得税等进行减税，地方交付税相应减收。因此，不得已从地方交付税特别会计账目借款12432亿日元（中央政府规定这部分借款的本金、利息都由地方公共团体负担）。

    B. 由于对居民税等实施减税，造成地方税税收减少。因此，地方公共团体不得已发行减税补贴债16461亿日元。

（2）地方公共团体的经常性账目收支亏空额　　29886亿日元

    A. 地方交付税增额　　20886亿日元

        法定加算额度　　1760亿日元

        推迟借款本金偿还日期，这部分额度　　1979亿日元

        灵活运用剩余资金　　400亿日元

        从地方交付税特别会计账目借款（规定借款利息由中

日本新地方财政调整制度概论

央政府负担）　　　　　　　　　　　　　　　16747 亿日元

B. 建设地方债（财政来源对策债）增发额度

9000 亿日元

税制改革（创设地方消费税以及上调消费税的地方交付税税率）的具体内容如下。

1993 年 9 月以来，日本政府税制调查会、执政党税制调查委员会一直在商讨减轻个人所得税、上调消费税税率等问题，与此同时，着手税制改革。1994 年 2 月 3 日，细川护熙内阁总理大臣向日本国会提交《税制改革草案》。这一草案中包含废除消费税，创设国民福利税等内容。

不少人认为《税制改革草案》在形成过程和决策手续上是有问题的。因此，对这一点诟病颇多。正是这个原因，执政党联盟协调会经过讨论决定对这一草案推迟表决日期。另外，日本中央政府明确表示要在 1994 年实施税制改革，对个人所得税等实施特别减税，其总额达到 6 万亿日元规模。与此同时，指出 1994 年的税制改革是过渡性措施，仅限期一年。1994 年 6 月 30 日，自由民主党、日本社会党、新党魁等三党建立了以村山富市为内阁总理的联合政权，执政党税制调整委员会在进行商讨的基础上，终于实现了税制改革。这次税制改革的宗旨是将日本建设成充满活力的福利社会。其具体内容如下。

（1）中央政府对个人所得税做出了以下规定：对正值壮年的中坚、中年收入阶层来说，即便收入有所增加，拿到手的实际收入增加额度也微乎其微。鉴于这一实际情况，针对中坚、中年收入阶层的个人所得税、个人居民税的税率结构进行了适当调整。缓和税收的累进度，减轻了所得税税负。

（2）中央政府决定将税负让更多的社会成员来分担，对现行的消费税制度进行了彻底改革。具体措施是上调消费税税率，充实消费税内容。

（3）为了推进地方分权制度的实施进程，充实地方公共团体的福利内容，必须保障充裕的地方财政来源。为此，中央政府决定创

第四章　地方交付税总额的计算方法

设地方消费税。实质上地方消费税是道、府、县税，其特点是让更多的人来分担税负。这样一来，地方消费税会逐渐替代消费让与税。

为了进行税制改革，中央政府设置了财政收入框架，将减收额和增收额设置为相同额度（见表4-9）。由于要进行税制改革，中央政府配套出台了增加地方税收、财政来源措施，与此同时，通过设立地方消费税增加地方税收入和地方交付税收入。在实施税制改革之前，消费税占地方交付税的比例为24%。如今，中央政府决定将消费税占地方交付税的比例上调5.5%，增至29.5%。

表4-9　税制改革的主要内容

单位：万亿日元

税收减少额		税收等的增收额	
由于所得税减税而导致的减收额	-3.8	上调消费税税率(3%→5%)而纯增收	4.1
所得税、个人居民税的永久减税	-3.5	上调消费税税率而增收	4.8
1994年度税制改革中的遗产税减税	-0.3	上调消费税税率政府负担消费税增加额	-0.7
用于偿还过渡性公债的财政收入	-0.5	消费税改革（改革特例）	0.3
社会保障的相关内容	-0.5	政府负担的消费税增加额中由发行公债而得	0.4
养老金等与物价挂钩	-0.1		
社会福利	-0.4		
合计	-4.8	合计	4.8

1994年度地方财政调整措施（第1号）如下。

乌拉圭回合农业领域谈判需要一定经费，在调整预算时，将这一经费考虑在内。另外，由于中央政府对国税进行减额调整，地方交付税减少7190亿日元。为了弥补这一亏空额度，中央政府从地方交付税特别会计账目筹措了借款。其中，扣除由于减税而减额的部分，剩余6250亿日元。中央政府负责偿还这6250亿日元的利息。

1994年度地方财政调整措施（第2号）如下。

1995年1月17日，因发生阪神淡路大地震，日本受灾严重，其受灾程度和1923年发生的关东大地震不相上下。日本政府为了筹措阪神淡路救灾以及灾后重建所需经费，迅速采取措施，调整了预算额度（第2号）。

日本新地方财政调整制度概论

表 4 – 10　与税制改革配套实施的地方税制以及财政措施

单位：亿日元

项　　　目	减收额 （含年度支出增额）	地方税制度 财政措施
1. 个人居民税等的永久减税 ①个人居民税 ②地方交付税（所得税减税的返还）	18100 10300 7800	⎰确保地方税财政 ⎱来源必要额度 　　25400
2. 对以往减税部分进行的财政补贴	2600	※ ⎰地方消费税部分 ⎱　　10200
3. 地方公共团体消费税负担增加部分 ①消费税负担增加部分 ②①中通过发行地方债而得到的	2400 4000 -1600	
4. 社会保障 ①随物价波动部分 ②社会福利	2300 300 2000	地方交付税部分 　　15200
合　　　　计	25400	

```
┌─────────────────┐              ┌──────────────┐
│地方交付税中现    │              │地方交付税部分│
│行消费税的额度    │              │    15200     │
│    13700        │              └──────────────┘
└─────────────────┘
        │                              │
        └──────────┬───────────────────┘
                   ▼
          ┌──────────────┐
          │  地方交付税  │
          │    28900     │         ┌──────────────┐
          ├──────────────┤    =    │地方交付税税率│
          │日本中央政府  │         │    29.5%     │
          │的消费税（4%）│         └──────────────┘
          │    98000     │
          └──────────────┘

  ※        地方消费税         现行消费让与税部分
┌─────┐   ┌──────────┐       ┌──────────────┐
│10200│ = │  24500   │   -   │    14300     │
└─────┘   └──────────┘       └──────────────┘
          ┌──────────────────┐
          │日本中央政府的消费税25%│
          │    （1%额度）     │
          └──────────────────┘
```

注：核算结果、数值变动情况。

　　因为调整预算，地方财政受到重大影响。中央政府因为国税收入额度减少，也相应减少了地方交付税的拨付额度。由于阪神淡路大地震，一部分地方公共团体蒙受巨大损失。中央政府对这些地区的地方税实施了规模较大的减税措施。因此，地方税收入会相应减少。另外，当务之急是追加赈灾和灾后重建的相关费用。因而，相关财政需求会有所增加。在这种情况下，相关政府部门采取了以下

220

第四章 地方交付税总额的计算方法

地方财政调整措施。

（1）因为发生阪神淡路大地震，采取特例措施，增加了地方交付税额度 300 亿日元。

规定结算年度为 1995～2001 年度，具体措施另通过法律予以规定。因为中央政府的国税收入减额，地方交付税相应减少额度为 1773 亿日元。

将年度之初的计入额固定下来，按照 1995 年初额度结算。

（2）其他相关措施

发行减税补贴债 10 亿日元。

因为发生阪神淡路大地震，减免了地方税和相关设施使用费。为此，发行财政收入补偿债，其额度为 145 亿日元。

11. 1995 年度的地方财政措施

1995 年度，根据税制改革方案，对所得税、居民税实施了减税措施。这导致了税收的减少。当时日本经济正处于复苏阶段，但是估计法人税等税收还会减收，地方税在整体上增长乏力。1994 年度，中央政府的国税收入额大幅缩水，还要处理 1993 年度结算额中的国税结算减额部分，因此，拨付给地方公共团体的地方交付税额度不会有所增加。再有，公债费用逐年累增，每年度的财政支出额度不断增加，在经常性账目收支上也会出现较为严重的赤字。另外，日本中央政府财政状况极为严峻。基于上述原因，如何保障必要的地方交付税总额成为 1995 年度地方财政措施的重中之重。

1995 年度，由于实施减税措施，导致税收减少。为了应对这一严峻形势，中央政府借鉴了 1994 年度的经验。由于中央政府实施了所得税减税措施，地方交付税收入大幅减少。在这种情况下，中央政府拟从地方交付税特别会计账目借款渡过难关。由于对居民税实施减税措施，地方税收入减少。根据地方财政法第 5 条特例的相关规定，发行了减税补贴债，以此来解燃眉之急。由于地方财政的经常性账目收支严重失衡，中央政府从地方交付税特别会计账目借款增加地方交付税的额度。在此基础上，中央政府还增发建设地方债（亦即财政来源对策债）。日本中央政府拟通过这两项措施解

日本新地方财政调整制度概论

决以上财政难题。具体内容如下。

（1）对所得税、居民税实施减税措施，导致税收减少额

26925 亿日元

由于对所得税实施减税措施，减少向地方公共团体拨付地方交付税的额度　　　　12429 亿日元

因对居民税实施减税措施，导致地方税税收减少额度

14496 亿日元

（2）经常性账目收支不均衡额度　　42572 亿日元

A. 地方交付税增额　　　　　　26972 亿日元

　法定加算额度　　　　　　　　1810 亿日元

　延期偿还从地方交付税特别会计账目筹措的借款本金

4192 亿日元

　从地方交付税特别会计账目筹措借款（借款利息由中央政府负担）　　　　　　20970 亿日元

B. 增发建设地方债的额度　　　15600 亿日元

1995 年度地方财政调整措施（第 1 号）如下。

1993 年 10 月，日本经济衰退见底，开始缓慢复苏。但是，好景不长，到 1995 年 3 月，日元急速升值，而且幅度很大。由于日本经济正处于复苏阶段，因此受到重创。为了应对外汇市场的剧烈波动，日本中央政府实施了综合性经济政策，其范围涉及经济活动的所有领域。1995 年 4 月 14 日，中央政府出台了《日元升值紧急经济措施》。为了实施这一措施，与此同时，对受到阪神淡路大地震影响的地区进行赈灾和灾后重建，中央政府决定调整预算额度（第 1 号）。

中央政府在调整预算过程中，从税制方面采取相应措施，应对阪神淡路大地震灾害。同时，还要出台措施抑制日元的急剧升值，以阻止经济滑坡。在这种情况下，中央政府下调了国税收入预期，受此影响，地方交付税总额预计减额 377.6 亿日元，负面影响较大。鉴于地方公共团体的财政收支状况依然不佳，根据地方交付税法附则第 3 条的规定，采取加算措施，对财政来源不足额予以弥

第四章　地方交付税总额的计算方法

补。这样一来，1995 年度的地方交付税总额得到了保障，年度之初的地方公共团体的财政收支计划也得以顺利实施。另外，中央政府规定上述加算额度要在 1997～2001 年度的一段时间内进行结算。

1995 年度地方财政调整措施（第 3 号）如下。

中央政府进行了第三次预算调整，下调了中央政府国税收入预期。因此，地方交付税总额也相应减少 9132.8 亿日元。鉴于地方财政收支状况仍然不佳，中央政府决定从地方交付税特别会计账目借款，予以弥补。只有这样，才能保障年度之初制订的地方公共团体的财政收支计划如期实施。在采取这一措施之际，有人建议政府应参照 1995 年初的地方财政补贴措施，根据地方交付税法附则第 3 条的规定，采取加算措施。相关部门就这一建议进行了商讨，但是，鉴于中央政府的财政状况非常严峻，没有采纳这一建议，而采取临时特例措施，从地方交付税特别会计账目借款进行应对。因为这是中央政府根据自己的实际情况筹措的借款，因此相关利息应该全额由中央政府负担。

12. 1996 年度的地方财政措施

1996 年度，地方公共团体的财政收入大幅减少，而且减少额度是第二次世界大战后以来最严重的一年。因此，在出台地方财政措施时，需要考虑这一情况。地方公共团体和日本财务省之间就如何处理地方财政赤字进行了协商，但是协商进程举步维艰。财务省甚至认为发行赤字国债势在必行，这实际上等于宣布中央政府出现了财政危机。与此同时，财务省又主张应尽量缩小赤字国债的发行额，尽量避免将赤字国债延期至以后的财政年度。针对财务省提出的建议，相关部门认为要搞好地方财政，需采取以下措施：其一，实施所得税、居民税减税；其二，由于地方税收入增长乏力，中央政府拨付给地方公共团体的地方交付税总额持续回落，地方公共团体债台高筑，需要发行大量公债进行偿还。因此，预测继 1994 年度和 1995 年度之后，各地方公共团体会产生大幅度的财政收入亏空。这一情况明显符合地方交付税法第 6 条之 3 第 2 项的规定，应该适时修改地方交付税税率和改革地方行政、财政制度。

日本新地方财政调整制度概论

为使地方公共团体的财政运营顺利进行，中央政府经过慎重考虑，最终决定采取以下措施。①对所得税、居民税实施减税措施，对地方财政收入造成了重大影响，通过发行减税补贴债，从地方交付税特别会计账目借款来弥补地方公共团体的财政来源不足额度。②实施减税措施对地方财政造成了影响。除此之外，经常性账目也会产生亏空。其中，地方交付税部分的亏空额度就高达 37233 亿日元。为了弥补这一部分财政来源不足额，根据地方交付税法第 6 条之 3 第 2 项的规定，改革相关制度，中央政府和地方公共团体要各出资一半予以弥补。但这项措施是临时性的，仅限 1996 年一年。剩余的 20300 亿日元，通过增发建设地方债来筹措。具体情况如下。

（1）对所得税、居民税实施减税措施，造成地方税减收 28745 亿日元。

为对所得税实施减税措施，造成地方交付税减收 12320 亿日元。

另外筹措 16425 亿日元，具体由以下两部分构成：其一，从地方交付税特别会计账目借款；其二，因对居民税实施减税措施，造成地方税减收，为此，发行减税补贴债。

（2）经常性账目收支亏空

  A. 地方交付税增额 　　　　　　　　　　37233 亿日元
   a. 中央政府筹措款项（占总额的 1/2） 　18616.5 亿日元
    法定加算额度 　　　　　　　　　　　4138 亿日元
    临时特例加算（提前偿还额度）额度　 4253 亿日元
    从地方交付税特别会计账目借款（以后的年度由一般会计账目负担） 　　　　　　　　 10225.5 亿日元
   b. 地方政府筹措款项，从地方交付税特别会计账目的借款 　　　　　　　　　　　　　　 18616.5 亿日元
  B. 因偿还从地方交付税特别会计账目的借款，发行财政来源对策债 　　　　　　　　　　　　20300 亿日元

1996 年度，在采取地方财政措施过程中，中央政府对制度改革和地方交付税法附则第 3 条的相关关系进行了梳理。1984 年度，

第四章　地方交付税总额的计算方法

日本国会在审议的基础上，创设了地方交付税法附则第3条。这一附则规定："原则上不应从地方交付税特别会计账目借款。"但是，下面这种情况属于例外：由于日本经济形势发生令人难以预测的剧烈变动，导致中央和地方财政状况发生了重大变化，因此，必须采取相应措施，从地方交付税特别会计账目借款。除了上述情况以外，一概不许借款。因此，附则第3条未必适用于符合第6条之3第2项规定的情况。在现实经济生活中，有的年度财政来源不足额不是太大。即便在这样的年度，也可以灵活运用附则第3条，出台地方交付税总额特例措施。

如上所述，在对1984年度地方财政措施进行修改的基础上，根据附则第3条的相关规定，对地方交付税总额采取了特例措施。值得注意的是，在采取这一措施时，并未预测到地方公共团体的财政收支状况会产生大幅度赤字。另外，地方公共团体已连续三年出现了大幅度财政赤字。1996年，出现了符合第6条之3第2项规定的情形，这时并未按照附则第3条的规定进行处理，而是新设附则第4条，亦即按照"1996年度的地方交付税总额"的相关规定来灵活处理。

1996年度地方财政调整措施如下。

由于日本发生阪神淡路大地震，中央政府需要筹措救灾和震后重建经费以及紧急防灾措施经费，为此，适当调整了预算。在调整预算的过程中，地方交付税额度增加了3412亿日元（1995年度的结算额为2868亿日元，1996年，五种国税自然增收544亿日元）。为了筹措这一部分款项，1996年，交付给各地方公共团体481亿日元，以此来调节并恢复了普通交付税。在此基础上，进一步采取相应措施，通过加算到1997年度应交付的地方交付税的总额中来筹集其余的2931亿日元。

1984年以来，日本政府一直采取上述措施。采取这些措施是基于以下原因。

（1）1996年度的普通交付税计算过程已经结束。

（2）年度中途产生了财政需求额。为了筹措该款项，通过计

日本新地方财政调整制度概论

入当初地方公共团体的财政收支计划额度，追加财政需求额（5900亿日元，其中用于灾害救助部分为600亿日元）。

（3）原先估计1996年度地方税会自然增收1万亿日元。因此，增额的地方交付税即便不分配给1996年度，也不会影响到地方财政的正常运营。预测1997年度也会产生大量的财政收入亏空。因此，为了健全和完善地方财政，要设法保障1997年度的地方交付税总额，缩减从地方交付税特别会计账目借款的额度。

13. 1997年度的地方财政措施

1996年度，日本经济继续缓慢复苏，民间需求开始自动恢复，而且这一趋势日益明显。1997年度，受中央政府上调消费税率的影响，前半年度的经济发展缓慢。但是，中央政府放松管制，实施了一系列经济结构调整措施。这些措施为日本经济的持续性增长扫清了道路。1997年度，中央政府为健全和完善地方财政制度，采取了以下措施：上调消费税税率；从1997年4月开始征收地方消费税；对所得税、居民税实施特别减税措施。但这些措施是临时性的，仅限1996年度。

采取上述措施是基于以下原因：在现阶段，无法出台特别财政措施来刺激经济。1997年，地方消费税收入无法实现年度平均化。受此影响，即便压缩所有年度财政支出项目，也会产生大量的财政账目亏空。而各年度的地方消费税收入多少不一，这给地方财政工作带来了不利影响。因此，和1996年一样，地方公共团体的经常性账目亏空相当严重，完全符合地方交付税法第6条之3第2项的相关规定。

由于各年度的地方消费税收入多少不一，也未采取年度平均化措施，给地方财政工作带来负面影响，亏空额度高达12000亿日元。因为这种情况发生在税制改革第一年度，根据地方财政法第5条特例，通过发行"临时税收补贴债"来予以弥补。另外，经常性收支账目亏空额度高达46500亿日元。因此，需要增加地方交付税26644亿日元。为了筹措这一笔款项，中央政府决定增发建设地方债19900亿日元予以弥补。

第四章　地方交付税总额的计算方法

在实施过程中，参照 1996 年的先例，由中央政府负责筹措上述增额的地方交付税款项的 1/2。具体筹措办法是根据地方交付税法第 6 条之 3 第 2 项的规定，仅限于某一个年度对相关制度进行部分修改，筹措相关款项。

（1）由于各年度的地方消费税收入多少不一，又未实施年度平均化，这给地方财政工作带来负面影响。为了解决这一问题，通过发行临时税收补偿债予以弥补，具体额度为 12000 亿日元。

（2）经常性账目财政收支亏空

    A. 增加地方交付税额度　　　　　　　　　26644 亿日元
       a. 中央政府负担 1/2　　　　　　　　　　13322 亿日元
          加算额度　　　　　　　　　　　　　3600 亿日元
          从地方交付税特别会计账目借款（以后的年度由一般会计账目负担）额度　　　　　　9722 亿日元
       b. 地方公共团体负担 1/2　　　　　　　　13322 亿日元
    B. 通过发行财政来源对策债偿还从地方交付税特别会计
       账目筹措的借款　　　　　　　　　　　19900 亿日元

1997 年度地方财政调整措施如下。

迄今为止，日本实力雄厚，是亚洲各国经济的"领头羊"，而亚洲经济状况非常严峻，远远超乎预测。这一形势势必会对日本经济造成负面影响。鉴于这一情况，日本内阁总理做出了以下决定：从 1998 年 2 月开始，实施高达 20000 亿日元的特别减税措施。这样做的目的是恢复日本经济的增长势头，为此，日本中央政府适时调整了预算额度。

在预算调整过程中，减少中央政府拨付给地方公共团体的地方交付税额度，减少额为 2221 亿日元（1996 年度结算增加额为 1487 亿日元，1997 年度，由于五种国税自然减值，地方交付税总额减少 575 亿日元。由于对所得税实施特别减税，交付税总额减少 3133 亿日元）。中央政府采取一般会计账目加算措施，来弥补这部分亏空额度。这样一来，可以保障计入当初地方公共团体的财政收支计划的地方交付税总额。

另外，在采取加算措施之时，尽量不要给地方财政收支运营带来不利影响。为此，根据地方交付税法的相关规定，2001年度至2008年度，将加算到该各年度的地方交付税总额的额度予以适当减额处理。

14. 1998年度的地方财政措施

1998年度，相关各方采取了以下措施：中央政府和地方公共团体按照财政结构改革法的宗旨，对年度财政支出进行了严格限制。但是，日本经济依然萎靡不振，地方税和五种国税税收增长缓慢。因为这五种国税是地方交付税的来源，因此，地方交付税额度也增收甚微。另外，日本政府又发行了大额公债，公债额度累增。1994年度以来，财政收入大幅亏空。因此，相关人士建议1998年度应该借鉴1996年度和1997年度的做法，根据地方交付税法第6条之3第2项的相关规定进行财政制度改革。1998年12月17日是出台地方财政措施的最后冲刺阶段，为此，抓紧时间对所得税和居民税实施特别减税，因而，各地方公共团体的财政状况更加拮据。最终，为了推进财政结构改革，采取了抑制地方一般性财政支出，缩减财政赤字的措施。与此同时，为了不影响地方财政的顺利运营，中央政府决定采取一切措施，保障地方公共团体的一般性财政来源，特别是地方交付税总额，以此推进地方财政措施的顺利实施。

对所得税、法人税实施特别减税，造成了7597亿日元的税收减额，其中，因为对个人居民税实施特别减税，减少税收6240亿日元。对这部分税收减少额度，拟通过发行减税补贴债来弥补。由于针对所得税实施特别减税，地方交付税也相应减少收入1357亿日元。这部分减少额度可从地方交付税特别会计账目借款进行弥补。由于对所得税实施特别减税，地方交付税收入减少，这对1997年度和1998年度的地方交付税总额产生了负面影响。但是，1997年度财政状况不佳。因此，如果减少列入当初预算中的地方交付税总额，会遭到地方公共团体的强烈反对。由于1998财政年度行将结束，参照1993年度和1995年度的做法，中央政府通过一

第四章 地方交付税总额的计算方法

般会计账目实施加算措施，予以全额补偿。1998年度，中央政府一般会计账目年度之初的预算状况极为严峻，因而，决定从地方交付税特别会计账目借款，对财政亏空额度予以补偿。而1998年度的地方交付税特别会计账目借款会产生利息，在利息产生的当年，从一般会计账目计入地方交付税特别会计账目。因此，地方公共团体仅仅负担借款的本金偿还即可。1998年度，采取了和1997年度同样的财政措施。

1998年度，相关各方需要采取适当的地方财政措施，改善其经常性收支状况。用于地方公共团体单独实施的公共事业的投资性经费比上一年度减少4%，这样，地方公共团体的一般性财政支出会减少1.6%。通过上述一系列措施，努力抑制年度财政支出额度。然而，地方税收入增长乏力，而且由于所得税、法人税、酒税、烟草税等五种国税增长缓慢，地方交付税也增幅放缓，加之，公债费用逐年累增，这导致了46462亿日元的财政收支账目亏空。参照1996年度和1997年度的做法，中央政府按照地方交付税法第6条之3第2项的相关规定进行了处理。1998年度，实施了以下地方财政措施：鉴于上述情况，制定中央和地方财政结构改革法，将1998年度至2000年度定为集中改革时期，在这一时期，进行年度支出改革，缩减支出规模，中央政府和地方公共团体同时采取健全和完善财政制度的相关措施。在此基础上，花费三年时间改革制度，保障地方交付税总额的中期性稳定。将预定在这一段时期进行偿还的地方交付税特别会计账目的借款推迟到2001年度以后。与此同时，原则上，由中央政府和地方公共团体对半出资，补偿财政来源不足额中地方交付税部分的不足额。

（1）由于实施特别减税措施，造成税收减少

对所得税实施减税措施，造成地方交付税减少1357亿日元，这部分从地方交付税特别会计账目筹措借款（借款利息由日本中央政府负担）进行补贴

由于对居民税实施减税措施，造成地方税减收6240亿日元，这部分款项通过发行减税补贴债来偿还

日本新地方财政调整制度概论

(2) 经常性账目收支出现亏空
  A. 增加地方交付税额度   27562 亿日元
    a. 对地方交付税特别会计账目借款采取延期偿还措施
                     6462 亿日元
    b. 中央政府负担 1/2   10550 亿日元
     加算额度   3000 亿日元
     从地方交付税特别账目借款（以后的年度由一般会
     计账目负担）额度   7550 亿日元
    c. 各地方公共团体负担 1/2   10550 亿日元
  B. 发行财政来源对策债   18900 亿日元
1998 年度地方财政调整措施（第 1 号）如下。

  1998 年，在中央政府编制了年度预算后，日本经济出现变数，内外交困，形势极为严峻。为了早日摆脱经济低迷状态，使日本经济回到快速增长的轨道，日本中央政府在 1998 年 4 月 24 日决定实施"综合性经济措施"。为了实施这一措施，适当调整了预算额度。

  为了对所得税和法人税实施特别减税政策，日本中央政府调整了预算额度，并下调了国税的预收额度。所得税、法人税、消费税、酒税、烟草税等五种国税是地方交付税的来源，因此，地方交付税也相应减收 4714 亿日元。中央政府通过一般会计账目加算（亦即追加计算）措施对上述减额部分予以全额补偿。与此同时，为了不给各地方公共团体的财政运营带来负面影响，根据地方交付税法的相关规定，从 2001 年度到 2013 年度的各年度，要减少加算到该年度地方交付税总额中的额度。另外，由于中央政府对个人居民税等实施特别减税措施，还对购置房地产实施减税政策，造成了较大的税收减额（里面包括 1999 年度由于实施减税措施，个人居民税收减少的 808 亿日元）。中央政府决定对这部分税收减少额度通过发行减税补贴债来弥补。

  在决定如何出台综合性经济措施之际，日本中央政府应该考虑到地方财政收支状况十分严峻这一现实，要利用各种机会，努力调

第四章　地方交付税总额的计算方法

查并摸清各个地方公共团体的实际财政收支状况。在此基础上，根据所了解到的实际情况，对在综合性经济措施中追加的公共事业项目以及地方公共团体单独承担的公共事业项目采取相应财政措施，使之顺利实施。为此，要采取临时特例财政措施，增加地方交付税额度 4000 亿日元。但这项措施是临时性的，而且仅限 1998 年度。与此同时，设置"紧急地区措施经费"，使之作为基准财政需求额的计算方法特例。

此前，日本中央政府也曾在年度中途采取临时性经济措施，追加中央层面的公共事业项目数量以及由地方公共团体单独实施的公共事业项目数量，刺激经济发展。在这种情况下，此前采取的方法是将所发行的地方债全额划拨给地方公共团体应负担的公共事业经费部分。但是现阶段，经济形势发生了较大变化。地方公共团体公债费用逐年累增，居高不下，财政收支状况也相当糟糕。中央政府追加实施公共事业项目，让地方公共团体负责具体实施，并让其负担部分的经费。在对财政结构实施集中调整、改革期间，完全由地方债来弥补地方公共团体负担的公共事业经费部分是不合时宜的。中央政府应该采取相应措施从一般性财政来源筹措经费，寻求解决方案。

如上所述，中央政府在出台经济措施之际，追加了公共事业投资额度，所需经费要走普通交付税会计账目。地方公共团体在普通交付税会计账目中负担的经费额度约为 2 万亿日元。而一般性财政来源所负担的公共事业经费额度要占到地方公共团体所负担的公共事业经费额度的 20% 左右，亦即 4000 亿日元。这 20% 是计算单位费用的额度，是通过调整预算债务的标准事业费用方式计算得出的，而且采取了提前拨付方式。

为了顺利实施经济刺激政策，日本中央政府从地方交付税特别会计账目借款来增加地方交付税总额。这一做法属于临时性特例措施，史无前例。通过向各地方公共团体追加分配一般性财政来源意义重大，具体表现在以下两个方面：其一，可以相应提高地方公共团体发行地方债的潜力；其二，帮助地方公共团体顺利完成中央政

日本新地方财政调整制度概论

府追加的公共事业项目和由地方公共团体独自承担的公共事业建设项目。

1998 年度地方财政调整措施（第 3 号）如下。

1998 年 7 月 12 日，日本进行了众议院选举。1998 年 7 月 30 日，小渊惠三当选日本首相，组阁成功。1998 年 8 月 7 日，小渊惠三进行了内阁总理大臣就职演说。在演说中，他将新成立的内阁称为"经济重建内阁"。之后，小渊惠三内阁制定了以下方针政策：为了使日本经济在一两年内重新走上增长轨道，调整预算额度，使公共事业规模超过 10 万亿日元。鉴于日本经济形势不容乐观，1998 年度下半年度至 1999 年度要采取相关措施，对日本今后的经济动向进行密切观察。1998 年 11 月 16 日，为了在一两年内让日本经济有所提振，决定实施"紧急经济措施"。与此同时，暂时冻结了财政结构改革法案。

日本政府为了实施紧急经济措施，大幅度调整预算额度。由于国税收入有所减少，地方交付税额度也相应减少。1998 年度之初，日本政府决定在今后三年内进行财政制度改革。根据这一基本精神，中央政府和地方公共团体各自按照以下方案对半出资补偿财政亏空。1998 年度，对预算（第 1 号）额度进行了适当调整，规定了调整预算后，地方交付税的额度不应受到过多影响。

（1）地方交付税总额度减少 19656 亿日元。日本中央政府负担额度为总额度的一半，亦即 9828 亿日元。为了尽快筹措这笔款项，中央政府采取了以下两项措施：其一，一般会计账目加算额 2700 亿日元；其二，从地方交付税特别会计账目筹措借款 7128 亿日元。进而，又就上述 2700 亿日元加算额采取了以下措施：根据地方交付税法附则第 4 条之 2 第 4 项的相关规定，1999 年度对加算到地方交付税总额中的经费额度进行了减额。为了偿还来自地方交付税特别会计账目的借款，需要筹措还款所需的必要经费。2001 年度以后，要将相关经费从一般会计账目转入地方交付税特别会计账目。

（2）如上所述，地方公共团体负担的公共事业项目所需经费

第四章　地方交付税总额的计算方法

额度为 9828 亿日元，这部分款项通过从地方交付税特别会计账目借款来筹措。借款本金和利息由地方公共团体负担。

1998 年度中途，地方税收入大幅度减少（由于实施特别减税措施，截至 1998 年 11 月，地方税税收减少了 3 万亿日元左右）。为了顺利实施紧急经济措施，中央政府决定开工建设一批公共事业项目。这些公共事业项目中，有一些是不能使用地方债做建设资金的。为了顺利实施这部分公共事业项目，中央政府采取了临时性特别措施，规定不能将地方债用作公共事业项目建设经费，地方公共团体要负担其中的 1300 亿日元。为了帮助地方公共团体筹措这部分建设资金，通过对中央政府的一般会计账目采取加算措施（亦即从中央政府的一般会计账目进行拨款），来增加地方交付税的总额。

上述增额部分加算到了地方交付税特别会计账目总额里，不能将地方债用作公共项目经费，地方公共团体应负担相应经费。因此，中央政府应将这一增额部分分配给各地方公共团体。此外，中央政府就上述 1300 亿日元的加算额度进行了以下处理：为了不给地方公共团体的财政运营带来负面影响，根据地方交付税法附则第 4 条之 2 第 4 项的相关规定，2001 年度到 2008 年度，对加算到该年度的地方交付税总额中的额度进行适当减额。

另外，在实施紧急经济措施的过程中，日本中央政府要求地方公共团体增加由其单独实施的公共事业项目，这一点至关重要。因为不论是地方公共团体单独实施的公共事业建设项目，还是中央政府直接管辖的公共事业项目，或者中央政府协助地方公共团体实施的公共事业项目，其性质都属于公共事业投资，都是行之有效的经济刺激措施。尤其是由地方公共团体单独实施的公共事业项目，是不可或缺的社会资本，与各地方公共团体的居民生活息息相关，而且符合当地的实际情况，自主性、主体性较强，对地方经济的支撑作用非常明显，其作用不容忽视。

基于上述各种情况，日本中央政府最近几年采取了以下经济措施：其一，追加公共事业建设项目；其二，追加由地方公共团体单独实施的公共事业项目。在 1998 年度之初，出台了综合性经济措施，规定追加建设经费 1.5 万亿日元。尽管中央和地方财政收支状况依然严峻，截至 1998 年 9 月实施预算调整前，出台了总额度达 15500 亿日元的追加措施。

但遗憾的是，在最终阶段实施的紧急经济措施中，没有要求地方公共团体进一步追加由其单独实施的公共事业建设项目。其原因如下：①地方公共团体的财收支政状况急剧恶化，财政亏空状况进一步加重；②1998 年度内，两次实施迄今为止最大规模的经济措施，这实属例外。很多中央政府的辅助性公共事业建设项目都是以各地方公共团体为主体而实施的。

15. 1999 年度的地方财政措施

1999 年度，地方公共团体的财政收支状况极为严峻。在这种情况下，中央政府采取了和以往年度不同的财政措施。① 因为实施永久性减税，各地方公共团体的财政收入在今后很长一段时期会持续减少。因此，要采取相应措施，弥补这部分减额。②除此之外，还会产生其他的财政来源不足额。针对这一情况，中央政府出台了两个特例措施。1999 年度，由于对多个税种实施了永久性的减税政策，地方公共团体的财政收支状况恶化，经济形势不容乐观，因此，很难期待地方税收入和地方交付税在短期内有所增加。各年度的地方财政支出情况如下：其一，公债相关费用会有所增加；其二，日本政府经济工作的重点是提振日本经济，为此要采取一系列紧急经济措施，这样一来，会产生巨额的财政赤字；其三，参照 1996 年度、1997 年度以及 1998 年度的做法，按照地方交付税法第 6 条之 3 第 2 项的相关规定，采取相应的经济措施。

地方公共团体的财政收支状况持续恶化，令人担忧。不仅如此，为了提振经济，中央政府针对一些税种实施了永久性减税，这项措施会大幅度减少地方财政收入，将来必须采取彻底的税制改革，一举解决这一问题。在实施彻底的税制改革之前，在一段时期内要改革相关制度，对地方财政进行适当的补贴。这样一来，可以让地方公共团体渡过财政难关。中央政府应该对有限的财政来源进

第四章　地方交付税总额的计算方法

行重点分配，节俭和合理使用经费，提高经费的使用效率。在此基础上，地方公共团体也要采取得力措施，引进老年人看护费用保险制度，制定综合性地区福利政策。这样可以有效地促进日本经济重生，而这些措施和政策的实施需要必要的财政收入予以支持。对此，应确实保障地方税、地方交付税等地方公共团体的一般性财政来源，提高地方公共团体财政运营的自主性和自立性。与此同时，尽量避免对地方公共团体的财政运营产生负面影响。

由于日本中央政府针对一些税种实施永久性减税措施，地方公共团体的财政收入大幅缩水。为了解决这一难题，1998 年 11 月 26 日，日本自治省大臣和日本财务省大臣进行紧急磋商，就关键问题达成协议，使问题得到了初步解决。除此之外，在地方公共团体的经常性账目上也产生了额度较大的财政收支亏空。因此，各地方公共团体采取相应措施，压缩行政经费支出额度以改善地方公共团体的财政收支状况。但是，由于地方交付税是国税收入的一部分，随着中央政府国税收入大幅缩水，中央政府拨付给地方公共团体的地方交付税也相应大幅减收。不仅如此，日本政府还有诸多难题亟待解决。公债费逐年累增，当务之急是采取必要措施，重振日本经济。现阶段，日本人口生育率低，人口结构已经日趋老龄化。因此，各地方公共团体要制定地区福利政策，应对这一趋势。这样一来，会产生 103694 亿日元的巨额财政亏空。在编制 1999 年度预算的前一天（亦即 1998 年 12 月 19 日），日本中央政府召开了内阁会议。在会上，日本自治省大臣和日本财务省大臣进行了紧急磋商，直到最后阶段才达成协议。其概要如下。

（1）由于中央政府对一些税种实施永久性减税措施，对地方公共团体的财政收支状况影响巨大，为此，必须采取相应措施予以补偿

1999 年度进行了地方税制改革。这是因为既然对一些税种实施了永久性减税，作为配套措施，必须进行彻底的税制改革，寻求最终解决方案。在当前这一过渡时期，拟采取以下措施：1999 年度，地方公共团体的财政收入减少了 25995 亿日元（平常年度地方

日本新地方财政调整制度概论

财政收入减收 34500 亿日元左右）。因此，为了不给地方公共团体的财政运营带来负面影响，出台了以下办法。

A. 由于中央政府对某些税目实施永久性减税，地方税税收也随之减少。为了不影响地方财政的正常运营，对地方税税收减少部分进行弥补。由于永久性减税措施的开展，1999年度的地方税税收减少了 10771 亿日元（平常年度平均减少 19000 亿日元）。为了对地方税税收的减额部分进行补偿，日本中央政府采取了以下措施。

    a. 将烟草税的一部分额度移交给地方财政

    将中央政府烟草税税收的一部分（每 1000 支香烟征收 410 日元烟草税）移交给地方财政。这样一来，1999 年度的地方财政会增收 1113 亿日元（地方财政平常年度约增收 1300 亿日元）。

    b. 提高地方交付税中的法人税税率

    由于中央政府对法人税实施减税措施，地方税税收也相应减少。减少额的 8/10 要通过上调地方交付税中法人税的所占比例予以弥补。具体来说，将现行的法人税在地方交付税中的所占比例由 32% 上调至 35.8%。1999 年度，由于对法人税实施减税措施，地方税收减少。但是，这一减收额度并未实施年度平均化措施。因此，将法人税在地方交付税中所占的比例逐渐下调至 32.5%。1999 年度，预计增收 521 亿日元（平常年度均额为 4000 亿日元）。

    c. 创设地方特例交付金制度

    由于中央政府对某些税种实施永久性减税措施，地方税收入相应减少。为了弥补地方税收入的减额部分，中央政府创设地方特例交付金制度。这一制度具有替代地方公共团体部分财政收入的性质。地方特例交付金总额计算方式如下：永久性减税导致地方公共团体的各年度税收减少，各年度税收减少总额的 3/4 减去

第四章 地方交付税总额的计算方法

上述通过 a 和 b 的措施进行的弥补额度,这一额度就是地方特例交付金总额。1999 年度的地方特例交付金额度会达到 6399 亿日元(平常年度均额为 8900 亿日元)。

d. 发行减税补贴债

由于中央政府对部分税目采取永久性减税措施,地方税税收相应减少。为了弥补地方税的这部分减额,中央政府采取了以下措施:其一,对地方税减收总额的 1/4 亦即 2678 亿日元(平常年度为 4700 亿日元左右)进行补偿;其二,根据地方财政法第 5 条特例,通过发行减税补偿债进行补偿。

B. 采取措施,弥补地方交付税的减额。由于中央政府实施永久性减税,地方交付税总额减少 15284 亿日元(各年度平均减少 15500 亿日元)。中央政府和地方公共团体各出资一半(亦即 7642 亿日元),负担补偿这一减额部分。中央政府所负担的部分应通过地方交付税特别会计账目借款来筹措。为了筹措偿还这笔借款的资金,自 2001 年度以后将款项从一般会计账目转入地方交付税特别会计账目。这笔借款利息的偿还办法是在借款当年由一般会计账目拨款支付。地方公共团体所负担的经费部分通过从地方交付税特别会计账目借款来筹措。

(2)对地方财政的经常性收支项目采取的措施

1999 年,日本政府采取有力措施改善地方公共团体的财政收支状况,所采用的办法是尽最大努力彻底压缩行政经费的支出额度。但是,地方税收入滑坡,国税收入也锐减,形势不容乐观。众所周知,地方交付税的来源就是所得税、法人税、消费税和酒税、烟草税等国税的一定比例,因而地方交付税的总额也受到影响。另外,公债费用逐年累增。在这种情况下,即便不将因中央政府对某些税种实施永久性减税而造成的地方税收减少额度计算在内,也会出现 103694 亿日元的地方财政亏空。1996 年以后,连续四年地方公共团体的财政收支状况不佳。这一情况符合地方交付税法第 6 条之 3 第 2 项的相关规定。

1999 年度，在充分考虑以上情况的基础上，日本政府出台了一系列振兴地方财政的措施。1998 年度出台了从 1998 年度到 2000 年度的相关制度改革措施。1999 年度也应该参考 1998 年度的做法。地方财政来源不足的原因就是地方财政的主要来源之一是地方交付税，而地方交付税总额亏空 81194 亿日元。为了弥补地方交付税的这部分亏空，出台了以下措施：其一，从一般会计账目拨出加算额 5500 亿日元，计入地方交付税特别会计账目；其二，将 1997 年度结算额（减额 6725 亿日元）延期至 2001 年度以后；其三，剩余额 68969 亿日元的一部分由中央政府和地方公共团体对半出资进行补偿；其四，剩余的财政来源不足额 22500 亿日元通过增发建设地方债来补偿。具体内容如图 4-1 所示。

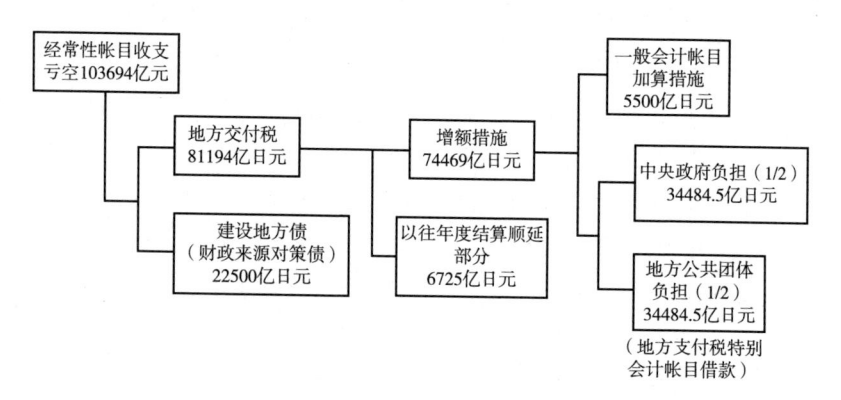

图 4-1　1999 年度财政来源不足额的补偿措施（包括因永久性减税造成的税收减少部分）

注：1998 年度，随着综合性经济措施的出台，中央政府进行特别减税，受特别减税措施影响的部分（808 亿日元）除外。

1999 年度地方财政调整措施（第 2 号）的具体内容如下。

1999 年度，中央政府出台一系列紧急经济政策，效果开始逐步显现，日本经济状况也逐步得到改善。但是，民间需求依然疲弱，没有政府投资，公司利润还不能自主性、自立性地增长。因

第四章 地方交付税总额的计算方法

此，为了保障就业，消除人们对失业的顾虑，让人们大胆消费，日本中央政府出台相应措施，以实现由投资拉动型经济向消费拉动型经济转型。出台这些措施的目的是早日让日本经济走上复苏轨道，与此同时，树立21世纪的新型社会理念，夯实这一理念的社会基础。为此，1999年11月11日，中央政府出台"经济重振计划"。为了圆满实施这一计划，适当调整了年初的预算额度。

在对预算额度进行适当调整的同时，中央政府下调了国税收入预期。因此，地方交付税总额也相应减少了4386亿日元。为了确保年度之初的地方交付税总额不受影响，根据1998年初制定的三年税制改革计划的基本精神，由中央政府和地方公共团体各自负担一半地方交付税减少的额度。中央政府和地方公共团体负担的经费通过从地方交付税特别会计账目借款筹措。

由于调整了预算额度，地方公共团体也需负担一定比例的公共事业项目建设经费。原则上，将发行地方债的全额用于地方公共团体负担的公共事业。地方债的本金、利息全额的偿还通过计入以后年度基准财政需求额（80%为通过走事业经费账目，20%通过走单位费用账目来筹措）的方式来实施。虽然中央政府并未另行要求地方公共团体追加新的由其单独实施的公共事业建设项目，但是通过发行临时经济措施事业债等措施，对地方公共团体给予足够的财政支持，协助其圆满完成由地方公共团体单独实施的公共事业建设项目。

16. 2000年度的地方财政措施

2000年度地方财政措施概要如下。

2000年，地方公共团体的财政收支状况堪忧。具体表现如下：地方税收和国税收入依然萎靡不振。由于地方交付税是由所得税、法人税、消费税、酒税、烟草税等国税收入的一定比例构成的，因而地方交付税也增长乏力。另外，为了刺激经济，中央政府数次追加公共事业建设项目，与此同时，对某些税种实施减税措施。因此，借款额剧增，截至1999年末，借款额高达179万亿日元。个别地方公共团体因为公债费用居高不下，财政收支状况更糟。

另一方面，中央政府制定《推进地方分权制度实施的相关法律》，地方分权制度进入了实施阶段。另外，日本生育率低，而且进入了老龄化社会。为了解决这些社会问题，需要制定相应的地方福利政策，充实和加强与地方居民生活息息相关的社会资本。中央政府将这项措施当作政府工作重点来抓，地方公共团体在其中所起的作用也越来越大。与此同时，地方公共团体所承受的财政压力也会越来越大。鉴于上述情况，和1999年度相同，2000年度的地方财政收支状况也不容乐观，会产生庞大的财政赤字。1996年度以来，连续五年，地方公共团体的财政收支状况一直不佳。这一状况符合地方交付税法第6条之3第2项的相关规定。

  为了改善上述地方公共团体的财政收支状况，中央政府出台了以下具体措施：其一，要将有限的财政收入进行重点分配，提高财政经费的使用效率；其二，节俭经费，合理使用经费；其三，在此基础上采取措施，提振经济，充实和加强地方福利措施；其四，保障地方税、地方交付税等地方公共团体的一般性财政来源，满足地方公共团体的财政需求；其五，增强地方公共团体财政运营的自主性和自立性，避免给地方公共团体的财政运营带来负面影响。

  2000年12月19日黎明，即日本中央政府内部公示预算内容的前一天，日本自治省大臣和日本财务省大臣进行紧急磋商，最终就2000年度地方公共团体的财政措施做了以下决定：鉴于中央政府财政收支状况极为严峻这一现实，按照1998年度出台的1998年度至2000年度制度改革方案，确保一般会计账目加算额度要比前一年度有所增加。这次出台的地方公共团体的财政措施具有以下特点：其一，加大了缩减行政经费支出的力度；其二，通过对一般会计账目的加算措施，切实保障地方交付税的总额，以确保地方公共团体财政收入的稳定；其三，尽量减少今后从地方交付税特别会计账目的借款行为。通过上述一系列措施，一步步健全和完善地方财政制度，拟采取的具体措施如下。

  （1）从经常性账目入手，改善地方公共团体的财政收支状况

  2000年，中央政府带头节俭经费，合理使用经费，开源节流。但是，地方税收和国税收入情况依然不佳。在前面章节讲过，地方

第四章 地方交付税总额的计算方法

交付税是由所得税、法人税、消费税、烟草税、酒税等国税的一定比例构成的，因而地方交付税也相应有所减少，而且公债费用逐年累增。在这种情况下，产生了高达 98673 亿日元的财政赤字。从 1996 年度开始，连续五年，地方公共团体的财政收支状况很糟。这一状况完全符合地方交付税法第 6 条之 3 第 2 项的有关规定。鉴于这种情况，2000 年度，中央政府按照 1998 年度出台的 1998 年度至 2000 年度制度改革方案，采取了一些相关措施改善地方公共团体的财政收支状况。

地方公共团体财政赤字额中，地方交付税亏空情况最为严重，额度高达 74373 亿日元。为弥补这一亏空，中央政府采取了以下相关措施：其一，将 7500 亿日元（比 1999 年度多出 1940 亿日元）从一般会计账目划入地方交付税特别会计账目；其二，将 1998 年度的结算额（减额 1981 亿日元）延期至 2001 年度以后；其三，剩余的 64892 亿日元由中央政府和地方公共团体各出一半资金予以弥补。除了 74373 亿日元的地方交付税亏空，地方公共团体财政赤字还有 24300 亿日元，对这部分通过增发建设地方债，予以弥补。具体内容如图 4-2 所示。

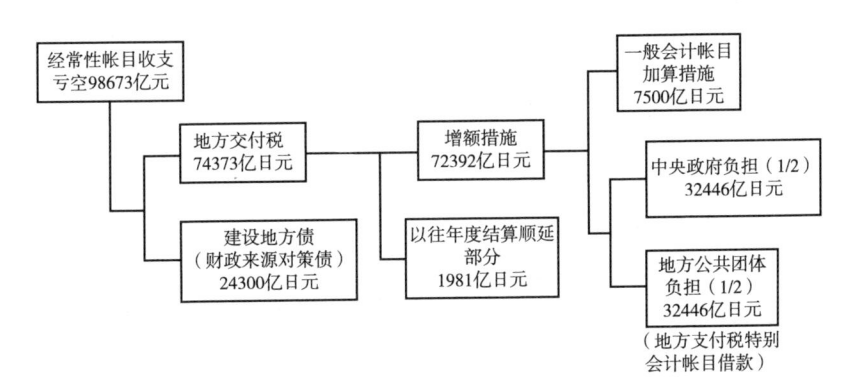

图 4-2 2000 年度财政来源不足额的补偿措施（经常性帐目部分）

（2）由于中央政府对若干税种实施永久性减税，对地方财政的收支状况造成重大影响，因此，要筹措经费，对地方财政亏空部

日本新地方财政调整制度概论

分进行补偿

由于中央政府对某些税目实施永久性减税,2000 年度地方财政收入减少 35026 亿日元,地方税税收减少 19037 亿日元,地方交付税也减额 15989 亿日元。要根除地方财政赤字这一痼疾,必须实施彻底的税制改革。这是相关人士的共识。但在现阶段,只能出台一些临时性措施"头痛医头,脚痛医脚"。具体措施如下:其一,将烟草税(属于国税)的一部分移交给地方公共团体的财政收入;其二,提高地方交付税中法人税所占的比例;其三,拨付地方特例交付金,发行减税补贴债,补偿地方财政亏空额;其四,中央政府和地方公共团体各自负担地方交付税亏空额度的一半。通过上述四项措施,使地方公共团体的财政运营顺利实施。具体内容如下。

2000 年度,中央政府对若干税种采取永久性减税措施,地方公共团体的财政收支受到很大影响。因此,予以补偿,采取的财政措施内容如图 4-3 所示。

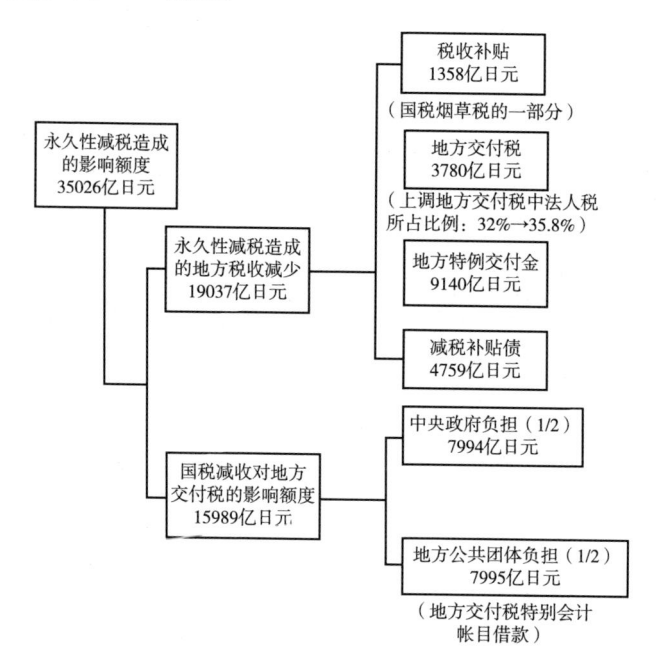

图 4-3 2000 年度对因永久性减税造成的收入减少进行补贴的措施

第四章 地方交付税总额的计算方法

四 地方交付税总额的计算方式

1999年度，中央政府拟对地方财政出现的以下两种情形采取相应的措施：其一，由于对某些税种实施永久性减税，地方公共团体的财政收入减少，因而，应采取适当措施补偿地方财政来源不足额；其二，地方公共团体的财政收入还会产生其他项目的巨额亏空，中央政府要采取相应措施，补偿这一类地方财政来源不足额。

迄今为止，由于中央政府实施特别减税措施，导致地方公共团体的财政收入有所减少。为了对这一额度进行补偿，中央政府通过发行减税补贴债来筹措资金。如今由于对某些税种实施了永久性减税措施，地方公共团体的财政收支出现了巨额亏空。众所周知，解决这一问题的根本方法就是进行彻底的税制改革。但在现阶段，中央政府的财政收支状况不容乐观，只能采取以下临时性措施，予以应对：其一，将烟草消费税（属于国税）的一部分移交给地方公共团体来支配；其二，上调地方交付税中法人税所占的比例；其三，创设地方特例交付金。上述三种财政措施都很到位，能够弥补地方税减收部分的3/4。通过上述措施对接受地方交付税的地方公共团体和不接受地方交付税的地方公共团体的财政运营都能产生积极的影响。另外，提高地方交付税中法人税所占的比例是对自1966年以来的税制进行了一定程度的改革，意义重大。

日本地方制度调查会在《1999年度的各地方公共团体的财政措施的意见稿》中对上述这些措施表示肯定，具体内容如下。

[参考] 日本地方制度调查会《关于1999年度的各地方公共团体的财政措施的意见稿》

（抄录，1998年12月11日）

这次，中央政府对某些税种出台永久性减税措施，这有着重要的意义。这是中央政府为刺激日本经济所采取的措施的重要组成部分。现阶段，各地方公共团体的财政收支状况十分严峻。而地方分权制度正在实施过程中，如要按期落实这一制度，需要有充裕的地

日本新地方财政调整制度概论

方财政收入作为经济后盾。如果中央政府要求各地方公共团体也进行一定程度的减税，那么就应出台一些补偿措施：其一，调整中央政府和地方公共团体的税源分配比例；其二，加强和充实地方公共团体的财政税收，改善地方公共团体的财政收支状况。与此同时，中央政府的财政收支状况也十分严峻，仅仅依靠中央政府采取措施是远远不够的。中央政府对某些税种实施永久性减税，这导致地方公共团体财政收支状况恶化。要彻底解决这一难题，只有进行深度的税制改革。而现阶段，这一目标无法实现，只能出台一些临时性措施：其一，将属于中央政府国税收入的烟草消费税的一部分移交给地方公共团体；其二，上调地方交付税中法人税所占的比例；其三，创设地方特例交付金（暂称）。通过上述这三项措施，能够补偿地方税减收总额度的3/4。由于对国税实施了减税措施，地方交付税收也相应减少。这部分减少额由中央政府和地方公共团体各自出资一半予以负担。上述这些措施可以说都很到位，有值得肯定之处。

在讨论中央政府对某些税种实施永久性减税问题时，日本自治省提出了以下主张：由于减税措施是无期限的，亦即永久性的。因此，这在某种意义上属于力度很大的制度改革，所以应采取配套的永久性财政措施，确实保障地方公共团体的财政收入长期稳定。特别是这次减税数额巨大，而且没有提及如何筹措财政收入来补偿这部分亏空，这一措施势必会对地方公共团体的财政收支造成较大的负面影响。因此，当务之急是切实采取相应配套改革措施，保障地方公共团体有稳定的财政收入。

在讨论如何应对中央政府实施的减税措施对地方公共团体财政收入造成的负面影响时，有人主张应该处理好每年度地方公共团体的财政收支均衡问题。这样一来，就可以应对减税带来的负面影响。但是，这种主张过于乐观，不可取。由于中央政府对某些税种实施了永久性减税政策，加剧了地方公共团体的财政收支亏空程度。中央政府和地方公共团体应采取相应措施弥补这一财政收支亏空。就中央政府和地方公共团体的经费负担比例问题，地方公共团

第四章 地方交付税总额的计算方法

体和日本财务省展开了激烈的争论。地方公共团体对地方财政危机忧心忡忡，对财务省展开了游说活动。经过一系列努力，它们最终得到日本财务省的理解，采取了上述财政措施。

除此之外，地方公共团体和财务省还就以下问题进行了激烈争论：其一，地方交付税总额问题；其二，中央政府对某些税种采取的永久性减税造成了地方税减收问题。为了保障地方公共团体财政的正常运营，需要采取相应措施补偿这些亏空。有人主张只要保障地方交付税总额，就可以弥补地方税收入减少部分，但是，日本国家法律对地方税有明确的规定。在现行的租税制度下，不应该不顾地方公共团体的强烈反对，而强制命令其实施减税政策。在法律层面，这是最棘手的问题。不仅如此，这次由中央政府实施的减税措施是永久性的，而且数额巨大。有些地方公共团体并未接受中央政府拨付的地方交付税，对这部分地方公共团体应该采取相应的财政收入补偿措施。而且即便将地方交付税拨付给这部分地方公共团体，也不能弥补由于永久性减税造成的地方税税收减少。这一点需要中央政府的相关部门认真考虑。

由上述可知，日本中央政府采取的永久性减税措施导致地方公共团体财政收入出现巨额亏空。要弥补地方公共团体的这部分财政收支亏空，只有采取彻底的税制改革才能根本解决。除此之外，地方公共团体还出现了单年度的经常性账目收支不均衡问题。为了解决这一问题，1998年度出台了1998年度至2000年度制度改革方案。这一方案就如何补偿地方财政来源不足额中地方交付税的亏空部分做了明确规定：由中央政府和地方公共团体各自拿出一半资金来补偿这项亏空。

日本国会在审议地方交付税调整方案时，就上述财政措施进行了讨论，其详情如下：一部分人主张"现阶段，地方公共团体的财政收支状况极不乐观，1996年度以来，连续四年都符合地方交付税法第6条之3第2项的相关规定。除了因为中央政府实施永久性减税措施给地方公共团体的财政收支状况带来负面影响之外，还有其他原因导致了地方公共团体的财政收支失衡，就这部分财政来

日本新地方财政调整制度概论

源不足额，应该通过改革地方财政制度或者上调地方交付税税率，予以彻底解决"。但是，又有人认为：现阶段，中央政府和地方公共团体的财政收支状况都很严峻，没有足够的财政收入支持大规模的地方税制、财政制度改革。当务之急是改善地方公共团体的财政收支状况，让地方公共团体的财政工作正常运营。为此，要尽快采取一系列经济刺激措施，使日本经济走上复苏轨道。等日本经济形势有所好转后，再讨论地方税制改革、财政制度改革问题。

今后，随着地方分权制度的不断推进，地方公共团体应该继续努力，使地方行政、地方财政健康运营，为此，充实和加强地方公共团体的财政收入基础至关重要。要和《地方分权制度推进计划》相结合，努力建立健全的、完善的地方税制体系，使收入、消费、资产之间取得平衡，使税源分布更趋合理，以稳定地方税收。为了实现这一目标，当务之急是积极出台有力措施，设立法人税外形标准课税制度。外形标准课税是指将公司或工厂的占地面积、职工人数、资本金以及附加价值等作为课税基础，计算税额。这种方式直观、客观，能够间接推测纳税人的纳税能力。这一制度能够充实和保障地方税税收和地方财政来源。

现阶段，地方公共团体的财政收支状况依然十分严峻，因而暂时停止财政结构改革法的实施。但是，从中长期来看，财政结构改革十分必要，势在必行。鉴于这一情况，该地方公共团体应该坚持不懈地精简行政机构，裁撤冗员，提高办事效率，有效配合地方分权制度的改革。为此，推进行政改革的同时，在财政支出上要有重点，努力健全和完善财政体制。这是现阶段的财政工作重点。

日本中央政府和地方公共团体的财政收支状况都不容乐观。在这种情况下，今后一段时期，地方公共团体和中央政府的国库当局会唇枪舌剑，争论不休。但是，有一点他们还是达成了共识，其具体内容如下：从地方交付税特别会计账目借款来补偿财政亏空这一做法只不过是临时性措施而已。因此，要另想办法确实保障地方交付税总额，这势在必行。通过实施长期性的财政措施，支持配合实施彻底的地方税制、财政制度改革。只有这样才能从根本上解决问题。

第五章 地方公共团体的财政收支计划

第一节 制订地方公共团体财政收支计划的意义

地方公共团体的财政收支计划是一种机制或者制度,是中央政府为了保障地方财政收入而实施的,大致内容如下。①采用合理可行的方法计算得出整个地方公共团体的年度财政收入额度和财政支出额度。②通过上述数据研判地方公共团体是否具有以下能力:其一,能否完成中央政府法令所规定的公共事业建设项目和行政事务;其二,按照中央政府要求的水准实施行政服务,提高该地方居民的福利水平。③如果财政收入匮乏,应该采取以下措施改善地方公共团体的财政收支状况:改革地方行政制度和地方财政制度,或者根据地方交付税法第6条之3第2项的相关规定变更地方交付税税率。④应该通过健全和完善地方交付税制度来保障各地方公共团体的财政收入。但是,从长期来看,地方交付税总额的确定要和解决地方公共团体财政收支不均衡的问题结合在一起进行。⑤1975年度以后,日本经济高速增长的势头已经有所衰减,税收增长乏力。鉴于这一事实,在制订地方公共团体的财政收支计划时,要参考实施地方财政平衡交付金时期的成功经验,可以适当采用当时的一些做法。

第二节 地方公共团体财政收支计划的历史沿革

一 制订地方公共团体财政收支计划的具体经过

1948年度以后,日本中央政府为了出台合理可行的地方财政政策，开始着手调查并了解地方公共团体的财政收支状况。二战后，由于进行了各种各样的财政制度改革，各个地方公共团体的行政事务总量剧增。而且，当时还发生了严重的通货膨胀。物价高涨对各地居民的日常生活造成了严重影响，地方公共团体的财政支出显著增加。对日本中央政府来说，在精准掌握各地方公共团体的年度财政收入和财政支出情况的基础上，采取合理有效的措施，使地方公共团体的财政工作顺利进行是当务之急。

二 地方财政平衡交付金制度和地方公共团体的财政收支计划

1950年度，日本中央政府制定了地方财政平衡交付金制度，因此，地方公共团体的财政收支计划又被赋予了新的使命。在实施地方财政平衡交付金制度时期，地方财政平衡交付金法第6条第1项就每年度中央政府拨付给地方公共团体的交付金总额做了以下规定："首先计算得出该年度各个地方公共团体的基准财政需求额超出基准财政收入额的部分，再将各个地方公共团体的这一超出额相加，得出的数字就是确定交付金总额的基础。"但是，在实际执行过程中，出现了以下情况：计算各个地方公共团体的财政来源不足额，并将这些数字相加。以此得出的数字作为确定地方财政平衡交付金所需额度的基础，进而将地方财政平衡交付金的额度列入中央政府预算。这一系列做法在技术上是非常困难的。因此，灵活应用以前就存在的地方公共团体的财政收支计划会事半功倍。将根据地方公共团体以前的财政收支计划计算得出的财政来源不足额作为地方财政平衡交付金，计入中央政府的一般会计预算账目。另外，地方财政平衡交付金法第7条做了以下规定："委员会每年度按照以下具体事项计算得出下一年度的地方公共团体的年度财政收入和财政支出总额的估算额，进而制作成文件。然后，将文件呈递内阁，再经内阁提交国会，进而进行公布实施。"这样一来，地方公共团体的财政收支计划就有了法律根据。

第五章 地方公共团体的财政收支计划

三 地方交付税制度时期地方公共团体的财政收支计划

从1954年度起,地方财政平衡交付金制度被废止,开始实施地方交付税制度。地方交付税的总额是由所得税、法人税、酒税等三种国税的一定比例构成的,通过地方公共团体的财政收支计划来直接计算地方交付税总额。而今,这样做已经没有了法律依据。但是,地方交付税法第6条之3第2项规定:中央政府每年度都向地方公共团体拨付普通交付税,假如普通交付税的总额一直和各个地方公共团体计算得出的财政来源不足额之和显著背离的话,必须改革地方行政制度、地方财政制度或者变更地方交付税税率。要根据地方公共团体的年度财政收入和财政支出盈余和亏空的实际情况来研判地方交付税税率是否恰当。地方公共团体的财政收支计划在法律形式上和每年度的地方交付税总额的确定没有直接关系。但是,在现实的政治、经济生活中,如果日本内阁在中央政府财政收支状况失衡的情况下,向国会提交地方公共团体的财政收支计划,是不可能获得通过的。因此,每年度制订地方公共团体财政收支计划时,要保障地方交付税所需的额度。在此基础上,才能向国会提交地方公共团体的财政收支计划。

这样一来,要从统计学角度对每年度的地方公共团体的财政收支亏空情况进行全面了解。为此,必须参照地方公共团体的财政收支计划进行测算。除此之外,日本中央政府上调地方交付税税率、发行特例地方债、从地方交付税特别会计账目借款、拨付地方特例交付金等一系列地方财政措施都是以地方公共团体的财政收支计划为基础进行的。因此,现阶段的地方公共团体的财政收支计划与地方财政平衡交付金制度相比,其重要性越发明显。

第三节 地方公共团体财政收支计划所起的作用

一 保障地方公共团体的财政收入额度

各地方公共团体要顺利实施日本中央政府法令法规所规定的行

日本新地方财政调整制度概论

政事务或者承担实施公共事业建设项目，提高当地居民的福利水平，为地方居民提供一定水准的行政服务，都需要有充裕和稳定的财政来源作为保障。在现阶段，上述财政来源是通过地方交付税制度来保障的。但是，要计算所有地方公共团体的财政来源不足额，进而得出地方交付税的总额，必须通过地方公共团体的财政收支计划才能实现。也就是说，地方公共团体的财政收支计划从宏观上保障了地方公共团体的财政来源。

因此，如果地方公共团体财政收支计划的计算内容不够合理或者不够精准的话，会对地方公共团体的行政事务的顺利运营产生负面影响，而且地方公共团体的财政收入也得不到保障，地方公共团体的财政收支状况也会恶化。1955年度以前，发生过数次地方财政危机。有人指出，导致地方财政危机的根本原因是地方公共团体的财政收支计划制订得不合理。1955年1月10日，相关部门进行了工薪收入情况调查。1956年度，在制订地方公共团体财政收支计划时，就以上述工薪调查结果为基础，全面修改了工资相关经费的计算内容。这对此后的地方财政重建工作走上正常轨道起了重要作用，其贡献应大书特书。另外，地方公共团体的财政收支计划为改革地方行政制度、财政制度提供了重要的参考数据。不仅如此，它还对地方公共团体的财政收支状况产生了重大影响，为采取必要的财政收入措施提供了重要数据依据。

二 地方公共团体的行政工作、财政工作的基本方针

现阶段，日本中央政府要求全国各地方公共团体采用整齐划一的标准处理地方行政业务。为此，地方公共团体必须拥有与其行政业务量相适应的财政收入。不论是接受中央政府拨付地方交付税的地方公共团体，还是没有接受中央政府拨付地方交付税的地方公共团体，其地方财政收入都要受到地方税制的改革动向、国库补贴负担金制度的内容、地方债的总额等地方财政整体动向的影响。

在地方公共团体的财政收支计划中，要将每年度地方公共团体的行政服务，因行政制度、财政制度改革而造成的相关经费的增减

第五章 地方公共团体的财政收支计划

额度等以标准形式累计算到每年度的财政支出计划中。另外，将日本的经济动向、税制改革、财政制度改革等内容也写进地方公共团体的财政收支计划中。然后，将该年度的财政收入估算额计入年度财政收入额度中，以此来明确当年该地方公共团体的财政收支状况。在此基础上，由日本中央政府出台地方财政收入措施，切实保障地方公共团体拥有稳定的财政收入。因此，每个地方公共团体在进行财政运营之际，应该将以下内容作为其财政工作的行动方针：其一，因各项制度改革而造成的相关经费额度增减的大体趋势；其二，地方税以及其他财政收入的动向。这两项内容都要写进地方公共团体的财政收支计划中。只有这样，才能保障地方公共团体的财政工作健康合理地进行。

三 日本中央政府的施政方针

日本中央政府的一般会计账目的年度财政支出额度约四成是拨付给地方公共团体的。地方公共团体的财政收入约三成是日本中央政府拨付的地方交付税。也就是说，日本中央政府的财政收支情况和地方公共团体的财政收支情况关系密切。中央政府的施政内容中有一部分是关于提高国民福利水平的，而这部分行政业务的大多数由地方公共团体负责具体实施。因此，中央政府在编制预算后，在预算执行阶段，有必要确认地方公共团体是否能够接受这一预算，并对其内容进行消化理解。日本国会在审议预算或者法案之际讨论地方公共团体的财政收支计划，也是基于这个理由。

第四节 地方公共团体财政收支计划的结构

一 地方公共团体财政收支计划的实质

1. 用通常标准进行计算

以下对地方公共团体财政收支计划的实质内容进行说明：其一，地方公共团体的财政收支计划并非是对地方公共团体该年度的实际

日本新地方财政调整制度概论

收支估算额进行测算；其二，以通常使用的标准客观推测地方公共团体的经费和收入；其三，将上述各项经费和收入以都、道、府、县和市、镇、村为单位进行公布，显示各地方公共团体之间的均衡状况；其四，在上述公布的财政收支情况中，其经费额度是按照通常水准公布的；其五，与此相应的税收都采用以标准税率计算的收入估算额；其六，将以超出标准税率课税获得的收入和一部分其他收入作为地方公共团体的自主性财政运营财政收入列入计划外财政收入额度。

另外，以下各项财政费用不计入财政支出账目：其一，对日本中央政府所辖的设施进行的捐款等违法或者不当的使用；其二，超出国家公务员工资水准的工资费用；其三，偿还发行退休金公债本息所需的经费；其四，很多公营企业由于经营不善，出现赤字，这部分经营赤字从一般会计账目拨出资金进行弥补；其五，中央政府的公共事业建设项目由地方公共团体负责实施，中央政府从国库拨出资金负担一定比例的经费，地方公共团体不仅要负责上述公共事业项目的建设，还要负担一部分经费，其中超出地方公共团体负担能力的这一部分经费；其六，超出其他标准水准的各种经费。

以下各类经费不计入财政收入账目：其一，超额课税带来的税收；其二，各方捐款等所谓的税外负担；其三，通过处理、变卖公有财产等获得的临时性收入；其四，实际征收额度超出当时计划征收的税收额度；其五，退休金公债等的额外发行债；其六，名不正言不顺的各项公债；其七，中央政府国库委托金以外的地方公共团体的受委托收入等。①

2. 普通会计账目的纯计额

地方公共团体的财政收支计划是指地方公共团体普通会计账目的年度收入和年度支出的纯计额。纯计额是指在计算和统计过程中，除去重复部分的汇总额度。这一纯计额中不包含公营企业的会计账目、营利性事业单位的会计账目、国民健康保险事业会计账

---

① 针对高速路建设管理公司等发行的特别转贷债应计入地方公共团体的财政收支计划额度之中。

第五章 地方公共团体的财政收支计划

目、老人保健医疗事业会计账目等。将从普通会计账目向根据经费负担区分而设置的其他事业会计账目的拨款列入地方公共团体的财政收支计划中。

3. 单年度的地方公共团体的财政收支情况

地方公共团体的财政收支计划是指下一年度地方公共团体的单年度的财政收支估算额，这一估算额中并未包含上一年度事业经费余额转入部分或者上一年度的结算余额。另外，因为地方公共团体的财政收支计划是按当初预算基准累加计算得出的数据，因此，以下在年度之初未预料到的相关经费并未计算在内：其一，该年度根据日本人事院的建议，调整工资所需经费的额度（此前调整部分除外）；其二，用于当年救灾、灾后重建事业经费等的预备性经费。但是，以下各项经费要计入地方公共团体的财政收支计划：对自然灾害受灾地区实施赈灾和救灾措施以及灾后重建所需费用。从1968 年度起，中央政府拨出预备经费予以应对此类事情（又称追加性财政需求额度），2000 年度的预备经费额高达 5700 亿日元（其中，600 亿日元为救灾和灾后重建费用）。而在年度中途产生的地方税的自然增收、地方交付税、国库支出金、地方债等调整性费用额度不计入地方公共团体的财政收支计划。

4. 对地方公共团体的年度财政支出额度按性质进行分类

在制订地方公共团体的财政收支计划时，地方公共团体的年度财政支出额度不是按照目的而是按照性质进行分类。这样做可以使地方公共团体的财政结构、经费的使用去向等指标一目了然。

5. 地方公共团体的财政收支计划和年度财政收支结算不同

通过地方公共团体的财政收支计划并不能够全盘了解现实政治、经济生活中的各个地方公共团体的实际年度财政收入和财政支出状况。地方公共团体的财政收支计划具有以下功能：其一，采用标准化水准来衡量地方公共团体的年度财政收入和财政支出状况；其二，通过上述措施保障地方公共团体拥有足够的财政收入，为实施标准化的行政业务提供物质基础；其三，可以作为衡量地方公共团体每年度的财政运营状况的指标。因此，在制订地

日本新地方财政调整制度概论

方公共团体的财政收支计划之际,要注意以下几种情形。下面列举实例进行说明:①在测算公务员的工资相关费用时,要做如下调整:要按照国家公务员的工资水准进行,教职员工和警察的人数不是指实际定员、定编人数,而是以标准法定数和政令指定数为基准计算的;②地方公共团体有3300个,所有的地方公共团体的实际财政运营业绩的结算额度中包含地方税收入的自然增减额度、基金的积累额度、支出额度以及各个地方公共团体所特有的特定财政收入。由上述可知,地方公共团体的财政收支计划额度和结算额度虽然在一定程度上有相关关系,但是性质迥异。

在表5-1中,对1997年度地方公共团体的财政收支计划和该年度的纯计结算额度进行了比较。通过简单比较可以发现:结算额的年度财政收入额为128282亿日元,超出地方公共团体财政收入计划额14.7%;年度财政支出额为106142亿日元,超出地方公共团体财政支出计划额12.2%。除此之外,还需要注意以下事实:①财政年度中途,中央政府有可能调整预算额度,追加实施公共事业建设项目。为此,应采取相应的地方财政措施。可以把这些地方财政措施看作对地方公共团体财政收支计划的适度调整。②由于地方公共团体财政收支计划的计入方法很不一致,需对其进行适当调整。因此,扣除了1996年度、1997年度的余额转入部分,而1998年度的余额转入部分则计算在内。与此同时,在估算地方公共团体的财政收支计划之际,以下项目被列在地方公共团体的财政收支计划之外:其一,超额课税收入额度;其二,基金公积金;其三,从基金公积金中支出的额度。这些地方公共团体财政收支计划外的结算额要予以扣除。在这种情况下,会产生若干差异。这样一来,结算额(亦称决算额)的年度财政收入额为38724亿日元,超出地方公共团体财政收入计划额4.4%;年度财政支出额为55079亿日元,超出地方公共团体财政支出计划额6.3%。

第五章 地方公共团体的财政收支计划

表 5-1 1997 年度地方公共团体的财政收支计划与结算额的比较

单位：亿日元

区分	计划额①	同比增长	调整计划额②	同比增加	结算额③	同比增长	调整结算额④	同比增长	背离率比较 单纯(③-①)	背离率比较 实质(④-②)
财政收入										
Ⅰ 地方税	370143	9.6	361457	7.0	361555	3.0	355945	3.2	-8588	-5512
Ⅱ 地方让与税等	10733	-46.3	10806	-46.3	10805	-45.9	10805	-45.9	72	-1
Ⅲ 地方交付税	171276	1.7	171276	1.4	171276	1.4	171276	1.4	0	0
Ⅳ 国库支出金	132589	1.5	138789	-1.0	143724	-2.8	139291	-1.2	11135	502
Ⅴ 地方债	121285	-6.4	133023	-3.7	140786	-9.8	136918	-8.0	19501	3895
Ⅵ 使用费、手续费	15077	2.1	15077	21	24143	0.1	21613	-0.4	9066	6536
Ⅶ 杂项收入	49493	-4.0	49493	-4.0	146589	0.7	82797	1.6	97096	33304
财政收入合计	870596	2.1	879921	1.0	998878	-1.4	918645	-0.9	128282	38724
财政支出										
Ⅰ 工资经费	232163	1.5	251819	1.9	269287	1.9	267597	2.5	37124	15778
Ⅱ 一般行政经费	179836	2.7	161410	2.1	276048	-0.7	247308	1.0	96212	85898
Ⅲ 公债费	96403	8.8	96403	8.8	102660	8.7	96373	10.6	6257	-30
Ⅳ 维修费	9613	2.8	9613	2.8	11065	0.9	11065	0.9	1452	1452
Ⅴ 投资性经费	310692	0.0	318787	-2.8	282536	-8.0	277515	-6.7	-28156	-41272
普通建设（补贴事业经费）	97477	-0.3	102275	-9.0	110607	-7.2	102145	-8.1	13130	-130
普通建设（单独事业经费）	200273	0.1	199726	0.1	154521	-7.7	157990	-7.2	-45752	-41736
Ⅵ 公营企业投款	31189	-2.5	31189	-2.9	35142	-0.9	25142	-0.9	3953	3953
Ⅶ 未接受地方交付税的团体水准超额经费	10700	28.9	10700	28.9					-10700	-10700
财政支出合计	870596	2.1	879921	1.0	96738	-1.4	935000	-0.2	106142	55079

注：在表中，对地方公共团体的财政收支计划和结算额进行了实质性比较，在①中加上所需的调整，计算得出②。与此同时，在③中加上计划和结算的计入方法差异以及转入额等进行调整，计算得出④。

255

二 地方公共团体财政收支计划中财政收入和财政支出的计算方法

1. 地方公共团体的年度财政收入额度的计算方法

(1) 地方公共团体的税收收入的计算方法

在现行制度下,地方公共团体的税收收入额度的计算方法如下。①在现行制度下,按照标准税率进行课税。但是,可以通过提高课税标准以及加大征收力度来提高地方税税收额度。在此基础上,对这一增收额度进行估算,得出一个数值。②该年度由于进行税制改革,税收额度会有所增减。计算得出这一增减额的数值。③将①的估算数值加减②的估算数值,就可以得出地方公共团体的税收收入。

另外,有一部分税收属于超额课税所得,这部分税收并未计入地方公共团体的财政收入计划。从 1981 年度开始,中央政府规定法定外普通税不计入地方公共团体的财政收支计划。

(2) 地方让与税的计算方法

地方道路让与税以及特别吨位让与税包括属于国税的地方道路税以及特别吨位税的税收估算额。而其他让与税则包括以下几种:其一,石油天然气让与税,这部分税收相当于属于国税的石油天然气税收入估算额的 1/2;其二,航空燃料让与税,这部分税收相当于属于国税的航空燃料税收入估算额的 2/13;其三,机动车重量让与税,这部分税收相当于属于国税的机动车重量税收入估算额的 1/4。

(3) 地方特例交付金的计算方法

由于日本中央政府对某些税种实施永久性减税措施,地方税收入相应减少。为了弥补地方税收入减少的一部分额度,1999 年度,中央政府设立了地方特例交付金制度。地方特例交付金也是一种财政收入来源,在一定程度上可以替代地方税。

地方特例交付金总额的计算方法如下。①由于中央政府对某些税种实施永久性减税措施,地方税收入有所减少,对每年度的地方

第五章　地方公共团体的财政收支计划

税收入减少总额进行估算。②将烟草税的一部分移交给地方公共团体，上调地方交付税中法人税所占比例。估算得出这两部分的额度，通过这一方法来补偿地方公共团体的税收减少额度。③将①的总额的 3/4 减去上述②中两部分的额度，就能得出地方特例交付金的总额。

将经过上述计算过程得出的地方特例交付金总额，以各自的税收减少估算额为基础，交付给所有的都、道、府、县以及市、镇、村（包含特区）等地方公共团体。

（4）地方交付税额度的计算方法

地方交付税额度的计算方法如下。①将所得税、法人税、酒税、消费税以及烟草税这五种国税计入中央财政预算额，规定这五种国税各自在国税总额中所占的比例（2000 年度的所得税、酒税各自占国税总额的 32%，法人税占 35.8%，消费税占 29.5%，烟草税占 25%），将预算额乘以上述比例得到一些数额。②对上一年度以前年度的五种国税进行结算。结算余额得出正数或者负数，亦即超出或者亏空。用①的数值加减②的数值得到一个数值。③由于计算失误导致对上一年度以前的年度拨付了过多的地方交付税额，要求地方公共团体返还多拨付部分。将用①的数值加减②的数值得到一个数值，加减返还多拨付部分得到的数值就是地方交付税额度。但是最近几年，几乎每年都采取特例措施，因此，地方交付税的额度每年都有所增加。

（5）中央国库支出金的计算方法

将中央政府对地方公共团体的普通会计账目拨付的财政负担金、财政补贴款、地方交付金以及委托金计入中央政府的预算额度。中央国库支出金中除了国库补贴负担金之外，还包含交通安全措施特别交付金，国有设施等所在市、镇、村的补贴交付金，地方道路修建临时交付金等。在中央政府拨付给地方公共团体的国库补贴负担金中，有一部分是对地铁、上水道、下水道、工业用水等地方公营企业会计账目的建设经费的财政补贴，这部分经费不计入国库支出金。另外，中央政府对日本国民健康保险事业、老人保健医疗事业等的拨款直接计入地方公共团体的特别会计账目，因而这部分款项也不计入国库负担金。

地方公共团体受中央政府委托处理国民养老金事务、国会议员选举事务等，都需要一定的行政经费。迄今为止，这部分行政费用不需要地方公共团体负担。因此，并未列入地方公共团体的财政收支计划。但是，为了让地方公共团体的财政收支计划规模更接近实际情况，从1971年开始，将日本中央政府委托给地方公共团体办理的行政事务所需经费列入地方公共团体的财政收支计划中。而且其财政来源就是中央政府交付的委托金。这部分委托金计入每年度的地方公共团体财政收入额度。

(6) 地方债的计算方法

日本中央政府在制订财政投资计划、融资资金计划的同时，也会制订地方债发行计划。地方债里包括一般会计债以及公营企业债中的普通会计账目部分。另外，地方债中不包括以下额度：其一，中央政府借贷给都、道、府、县的市、镇、村层面的地方公共团体的资金；其二，超出地方债发行计划而得到审批的所谓地方债框架外债务额度。

(7) 使用费以及各种行政服务手续费的计算方法

根据该年度的经济增长率和结算额增长率等因素确定使用费和各种行政服务手续费的增长比例，将这一比例乘以上一年度的计划额而计算得出使用费以及各种行政服务手续费。但是，高中阶段的学费以及幼儿园学费等收入金额较大，应适当调整这部分财政收入的单价。在这种情况下，所产生的增收部分另行估算。

(8) 其他杂项收入的计算方法

其他杂项收入也要参照使用费和各种行政服务手续费的计算方法，参考该年度的经济增长率、结算额的增长率等确定其他杂项收入增长率。具体的计算方法是乘以上一年度的计划额而得出。杂项收入的主要内容如下：分担金、负担金、公积金利息、投资回报额度、理财收入额度、地方公共团体所拥有的财产出售收入额度、租税滞纳金、加算金，自行车赛、赛马、摩托艇、赛车、彩票等博彩

第五章　地方公共团体的财政收支计划

业收益金，利用保育设施、养老设施的一部分居民个人所负担的费用等。但是就幼儿园（保育所）的部分负担金做了以下规定：在年度财政支出中，从国库负担金的儿童措施经费账目中扣除一部分负担金。因此，这部分经费不计入地方公共团体的年度财政收入额度。

另外，对各种贷款要及时予以回收。迄今为止，一般认为及时回收贷款对研判直接性的一般性财政来源并没有参考价值，因此，没有将这一额度列入地方公共团体的财政收支计划中。但是，中央政府对工商行政等进行借贷的比重越来越大。基于这一现实，为了让地方公共团体的财政收支计划的规模更趋于实际情况，从 1971 年度开始，将年度内贷款回收金计入地方公共团体的财政收支计划；从 1978 年度开始，将跨年度的贷款回收金也计入地方公共团体的财政收支计划。

2. 地方公共团体的年度财政支出额度的计算方法

地方公共团体财政收支计划经费的计算不是按照行政目的而是按照经费性质来分类的。以下以 2000 年度为例，进行如下说明。

（1）工资相关经费的计算方法

根据各单位公务员人数以及工资单价将公务员人数分为义务教育教职员工人数、警官人数、警务人员人数、消防公务员人数、一般公务员人数、高中教员人数、大学教员人数及其他类学校教员人数、官员人数以及议会议员人数等，在此基础上，计算得出工资相关经费。2000 年度的公务员人数以及工资单价是以 1998 年 4 月 1 日进行的工资实际情况调查结果为基础而计算得出的。需要注意的是，从事义务教育（指的是小学六年和初中三年）的教职员工不在此列。

①公务员人数

下面分以下几种情况对公务员人数进行说明。其一，教职员工的公务员人数。以该年度义务教育费用国库负担金的预定人数为基础计算得出义务教育教职员工的公务员人数。以上一年度的学校基本调查结果为基础计算得出其他教职员工人数。其二，根据中央政府的政令编制计算得出警官的人数。其三，一般公务员人数的计算

日本新地方财政调整制度概论

方法。以实际工资调查结果为基础，每年度通过修改相关法令对公务员人数进行适当增减。因为各地居民的福利水平有所提高，要求增加社会福利相关职业的公务员人数。根据具体情况，按照中央政府制定的标准，削减编制，减少公务员人数。其四，从事国库补贴拨付相关业务的公务员人数以及中央政府委任的公务员人数。以前，这部分人员所需经费包含在一般性行政经费中。但是，从1975年度开始，规定要将这部分经费计入工资相关经费中，而且包含在地方公共团体财政收支计划的公务员人数中。

2000年度，地方公共团体财政收支计划规定：为了纠正计划内的公务员人数和实际公务员人数的背离现象，采取相应措施，裁减一般公务员和消防公务员共计3000人。另外，在将工资情况调查结果作为计算基础使用之际，要注意以下情况：在上述这一调查结果中，由市、镇、村层面的地方公共团体出钱支付的义务教育教职员工在现行制度下是不适合将其作为计算基础的，因此，这部分工资经费并未包含在地方公共团体的财政收支计划中。

②工资单价

根据地方公务员法第24条的相关规定，一般公务员的工资水平按照国家公务员的工资待遇来确定。但是，在现实生活中，一般公务员的工资水平要略微高于国家公务员。因此，按照公务员的学历、工龄等具体指标把公务员分成若干类，套用国家公务员工资单价进行计算。警官以及教职员工的工资要按照警察法第56条以及教育公务员特例法第25条之5的相关规定，以国家公务员的工资为基准，具体以根据实际工资调查结果得出的平均基本月工资为基准。而从事义务教育的教职员工的工资则适用义务教育费用国库负担金的预算单价，除基本工资以外，还有生活补贴、岗位津贴等。原则上，这些额度参照国家公务员的相关待遇来计算，而年中、年末的全勤奖等收入则不计算在内。

在地方公共团体财政收支计划中，就一般公务员的工资单价的计算方法做了如下规定：第一，根据1998年4月1日的工资发放情况调查结果得出都、道、府、县及市、镇、村层面的地方公共团

第五章 地方公共团体的财政收支计划

体的一般公务员的平均月基本工资;第二,用上述月基本工资除以拉氏指数,将得到的这一数值作为国家公务员标准工资单价;第三,对以后的工资晋升做了相关规定,2000年度一般岗位的工资晋升幅度包括破格晋升以及公务员的新旧交替等因素在内,定为0.4%;第四,根据上一年度日本人事院的工资上调建议,使工资上调年度平均化(2000年度,一般岗位的工资上调比例在都、道、府、县及市、镇、村层面的地方公共团体都是0.27%);第五,上调工资额度需要具备一定的经费亦即工资改善经费作为支撑。从1969年度开始,从财政预算中预留出预备经费(2000年度为0.5%)来支付这部分经费。

③特殊岗位的工资

特殊岗位公务员是指以下人员:知事(包括都、道、府、县知事)、市长、镇长、村长、议会议员(包括国会议员和地方议会议员)、地方自治法中规定的行政委员会委员。上述人员的工资以及报酬要参考工资调查结果,并参照中央政府的特殊岗位以及国会议员的年薪改革方案来确定。

④高级文职官员的养老金

符合第二次世界大战前日本高级官员养老金制度的相关规定者由地方公共团体支付给高级官员养老金,具体额度参照中央政府的文官养老金预算额度进行计算。

(2)一般性行政经费

一般性行政经费大致分为以下两类:其一,"附带国库补贴负担金"的行政经费;其二,"不附带国库补贴负担金"的行政经费。

①附带国库补贴负担金的行政经费

由中央政府对投资性经费以外的一般性行政经费拨付国库补贴负担金,这部分国库负担金根据法令或者预算规定的补贴负担比例等计算得出。因为补贴单价和补贴对象范围等与实际情况不符,未将地方公共团体超额负担的经费部分计算在内。而且,在办理国库补贴负担金相关行政事务时,需要配有专门公务员来负责此事,就这部分公务员的工资也有相关规定。从1975年度起,规定这部分

日本新地方财政调整制度概论

公务员的工资不计算到附带国库补贴负担金的一般性行政经费中，而是另行计入工资相关经费中。

②不附带国库补贴负担金的一般性行政经费

不附带国库补贴负担金的一般性行政经费包含以下具体内容：内部管理经费、增强各地方公共团体活力计划所需经费、社会福利体系所需经费、私立大学经常性经费补贴、领土保全对策所需经费（亦称国防经费）、推进日本国际化进程所需经费、环保经费、对中小企业进行贷款所需经费。上述这些经费都是地方公共团体在独自完成中央政府交给的一般性行政任务时所需的费用。不附带国库补贴负担金的一般性行政经费的计算方法较为复杂，具有综合性特点。有的年份可能在财政年度中途就会产生追加性财政需求额度，为了筹措这项经费（2000年度为5700亿日元），从1968年度开始，将其计入不附带国库补贴负担金的一般性行政经费。

1989年，日本各地方公共团体开始着手实施故乡建设计划（软实力部分）。地方居民可以自由参加，自主性、主体性地发挥主观能动性和创造性，重振故乡雄风。从1999年度开始，树立重振故乡理念，具体包括"创造性""经济再生""培养人才""地区间的横向联合"等内容。这些措施都要求地方居民发挥其主观能动性，提高地方社会的综合实力。为了保障这项事业的顺利实施，将"建设充满活力和创意的故乡计划"所需经费计入上述一般性行政经费。

经过一系列制度改革，国库补贴负担金终于可以作为一般性财政来源由地方公共团体自由支配了。这部分财政收入和以前的地方公共团体负担的经费都计入上述一般性行政经费。

（3）公债费用

通过上年度的结算额可以得出该年度的本金利息偿还额，其中政府资金和计入地方债计划中的民间资金，其全额作为必要额度计入公债费用。另外，计算得出上一年度以后新发行的公债（列入地方债计划的部分）的利息支付额，并列入公债费用。

还有一些公债是在地方债计划外发行的，从性质上说，不属于地方公共团体财政收支计划的内容。这部分公债主要包括退休金债以

第五章　地方公共团体的财政收支计划

及中央政府借给都、道、府、县层面的地方公共团体的贷款等。这部分款项仅占整体的一成左右，其他九成（从 1969 年度到 1985 年度为八成）的本金利息偿还金要计入地方公共团体的财政收支计划。

（4）维修费

道路、河流、港湾、中小学校舍、政府办公楼等都属于由地方公共团体维护管理的公共设施。维修、管理这些公共设施所需费用都要计入地方公共团体财政收支计划中的财政支出账目。每年度都以上一年度的计划额度为基础，综合考虑原材料等维修单价的上涨等因素而计算得出。为了有效地使用公共设施，年年增加维修管理费用。

（5）投资性经费

投资性经费大体分为以下两类：其一，由中央政府直接管理的公共事业建设项目负担金、由国库补贴负担金（公共事业建设项目费用及公共事业措施费用）资助的投资性经费；其二，未接受国库补贴负担金资助的投资性经费。

①由中央政府直接管理的公共事业建设项目负担金

地方公共团体对由中央政府直接管理的公共事业建设项目也要负担一部分费用（亦称地方公共团体公共事业负担金）。这部分公共事业建设项目负担金以各年度的中央政府预算为基础，根据法律法规所规定的负担比例计算得出。

②由国库补贴负担金资助的投资性经费

公共事业费用（其中还包含公共灾害救济费用）、失业措施费用都是以各年度中央政府的财政预算为基础，根据法律法规或者财政预算规定的国库补贴负担比例计算得出。因此，和接受国库补贴负担金资助的一般性行政经费一样，因为补贴单价等不符合实际情况，地方公共团体超额负担的部分并未计算在内。

③未接受国库补贴负担金资助的投资性经费

从 1969 年开始，中央政府将投资性经费分为一般事业费用和特殊事业费用。一般事业费用由两种费用构成：一是地方公共团体独自承担的普通建设事业费用；二是赈灾和灾后重建事业费用。普通建设事业费用的计算方法如下：上一年度的普通建设事业费用由

日本新地方财政调整制度概论

到国库补贴金的资助，并列入了地方公共团体的财政收支计划，而且普通建设事业费用中的各项事业费用的额度都有所增加。以此为参考，计算得出现在的普通事业建设费用。

赈灾和灾后重建事业费用中既包括往年的赈灾和灾后重建费用，也包括当下的赈灾和灾后重建事业费用。这两种赈灾和灾后重建事业费用的计算方法如下。首先要找到三个参照物：一是上一年度发生的灾害的估算额、赈灾和灾后重建事业事业费用，二是上述二者与单独的赈灾和灾后重建事业费用的实际比例，三是该年度的具体实施比例。在其基础上，再计算得出所需费用。

特别事业费用由以下各项经费构成：a. 中央政府制订的长期计划事业费用，包括道路修建、治理荒山、水利工程、港湾建设、废弃物处理设施等；b. 人口过密地区、人口过于稀少地区、地区发展失衡等措施事业费用；c. 搞活地方经济所需的公共事业费用、建设故乡事业费用、地区综合治理特别措施所需的事业费用、地方公共团体负责实施的特别公共事业所需费用（临时地方道路修建事业费用、临时高中建设事业费用、临时河流整修事业费用）等。上述这些费用有以下两个特点：一是以特别地方债为其收入来源；二是其目的是为了有计划地修建和充实公共设施。

中央政府制订了公共事业投资基本计划。其具体内容如下：一是从1995年度到2007年度，公共事业建设项目投资额要达到630万亿日元；二是制订各种五年计划，决定这五年间的公共事业建设项目的总量；三是上述公共事业需要大量的地方公共团体独自负担的事业经费。为了筹措这项费用，要将其作为长期计划事业经费计入公共事业投资基本计划。

建设故乡事业费用的基本内容如下：其目的是使故乡充满活力和创造力，地方居民要积极参与这项建设事业，发挥自主性和主观能动性，为此所需费用就是建设故乡事业费用。从1999年开始，树立重振故乡理念，具体包括"创造性""经济再生""培养人才""地区间的横向联合"等内容。为了保障这项事业的顺利实施，中央政府设置了搞活地方经济事业费用。

第五章 地方公共团体的财政收支计划

（6）公营企业拨款

日本公营企业的主要业务内容是上水道、交通、医院、下水道等的基础建设和维护管理。中央政府应划拨款项，予以一定比例的资助。其具体数额要根据经济负担区分，以各年度的中央政府预算和公营企业的结算统计数据为基础计算得出，并将其划分为收益估算拨款和资本估算拨款，列入财政收支计划。

（7）超出未从中央政府接受地方交付税的地方公共团体平均水准的必要经费

地方财政是所有地方公共团体的财政收入之和。每年度，各个地方公共团体的财政收支状况参差不齐。制订地方公共团体的财政收支计划的目的之一，就是统计各个地方公共团体的地方财政收支数据，搞清楚整个地方财政的实际情况。

但是，如果忽略各个地方公共团体的财政收支状况，而制订地方公共团体的财政收支计划，会出现以下不合理现象：将未从日本中央政府接受地方交付税的地方公共团体的财政来源超出额（盈余额）用于弥补其他财政收支亏空的地方公共团体的财政来源不足额部分。

为了避免这一不合理现象的发生，对地方公共团体的财政收支计划做了以下调整：以标准尺度计算得出未从日本中央政府接受地方交付税的地方公共团体的年度财政收入额度及其年度财政支出额度，将上述年度财政收入超出财政支出的部分在地方公共团体的财政收支计划上作为"超出未从中央政府接受地方交付税的地方公共团体平均水准的必要经费"，不论经费属于什么性质，一并列入年度财政支出栏中。

三 经费的累积计算方法

对计入地方公共团体财政收支计划经费的分类方法，现阶段尚无定论，其具体情况如下。①经费分类的作用之一是地方公共团体在编制预算时将其作为指导方针。从这个角度讲，土木、教育、卫生、民生等各个行政项目都要计算标准行政费用。将其累积计算是无可厚非的。②各个地方公共团体按照通常的水准处理各种行政事

日本新地方财政调整制度概论

务，为此，需要工资费用、机械费用、厂房费用、办公场所费用等各项经费。这些费用都属于经常性经费。要弄清楚这些经常性经费和公共事业经费等的资本支出情况，按性质分类是最恰当的。从理论上讲，两种区分办法都是合理的。而在实际政治生活、经济生活中，后者的分类方法更为合理。这是因为将地方公共团体单独实施的公共事业建设项目按照行政项目分类、设定，事实上是不可能的。要搞清地方公共团体的财政收支结构，从与中央政府财政的相互关系以及和国民经济统计的相互关系来讲，非常方便。

除此之外，相关人士就如何制订精准的地方公共团体的财政收支计划提出了中肯的建议，详情如下：①鉴于一般性行政经费和地方公共团体单独实施的公共事业建设项目所需经费和财政结算额发生了背离，应通过彻底改良计算方法予以解决；②当年度中途，地方税自然增收、各种公积金有所增长时，应通过某种形式在数据上予以反映；③如果情况发生变化，即便是年度中间，也要适时地调整地方公共团体的财政收支计划；④应该敦促和支持各地方公共团体进行行政制度、财政制度改革。①

---

① **有关中央政府和地方公共团体的相互关系的答辩**
（1989年12月20日，临时行政改革推进审议会）

1. 在制订地方公共团体的财政收支计划之际，应该制定一个合理机制，反映出以下情况：如有必要，为了反映年度内地方公共团体财政收支的增减情况，应重新进行计算；或者在下一年度以后的财政收支估算额中反映出这一增减额。

2. 每年度要将地方公共团体的财政收支计划和地方财政的真实运营情况进行对比，发现两者之间的背离现象，并具体分析造成背离的主要原因。将这些内容写成书面材料，予以公布。另外，要将这一分析结果在下一年度以后的地方公共团体的财政收支计划制订过程中有所反映，以期健全和完善地方财政制度，使之高效运转。

有关地方公共团体的财政结构改革的一点思考
（1996年7月10日，日本财政制度审议会）

3. 地方公共团体的财政收支计划是出台地方财政措施的基础。因此，在制订地方公共团体的财政收支计划之际，要注意以下几点。其一，如上所述，敦促各地方公共团体自立、自主，不断努力。其二，要开源节流。在财政收入方面，要正确估算地方税、设施使用费、各行行政服务手续费、杂项收入等的额度。与此同时，要彻底压缩财政支出额度。其三，切实抓好定编员工作。与此同时，根据经济、社会形势的变化情况以及地方公共团体的实际财政状况，对由地方公共团体单独实施的公共事业建设项目进行重新评估。

第五章　地方公共团体的财政收支计划

有人认为在现阶段，地方公共团体的财政收支计划是地方公共团体的整体计划，过于笼统，不易操作。其实，以前的做法更为合理：以都、道、府、县及市、镇、村为单位，或者按照从中央政府接受地方交付税的地方公共团体和未从中央政府接受地方交付税的地方公共团体来分别计算，制订详尽的地方公共团体财政收支计划。这是因为如果不明确制订各级单位的详细计划，地方公共团体的财政收支计划就无法为地方财政运营提供指导纲领（直到1962年度，地方公共团体的财政收支计划中都附有都、道、府、县及市、镇、村层面的地方公共团体的详细材料）。但是，基于以下原因，上述建议不可行：其一，地方公共团体的财政收支计划是在中央政府编制预算后制订的，时间短，任务重；其二，因为在财政年度之初，每个地方公共团体以及地方公共团体的下属行政机构能领到的国库补贴负担金额度尚不确定，无法细化财政收支计划的内容。

相关法律规定地方公共团体应向日本国会提交地方公共团体的财政收支计划。但是，在国会中并不对此计划进行审议、表决。鉴于这一情况，有人主张地方公共团体的财政收支计划至关重要，应该在国会上进行审议的基础上，表决通过。这一意见确有合理之处，而且在以下的措施中有所体现。地方交付税总额是根据地方公共团体的财政收支计划计算得出的，为了保障地方交付税的总额，日本国会对地方交付税法调整法案进行了审议、表决。实际上，这一表决就是对上述建议的反映。

四　每年度地方财政来源不足额的计算方法

每年度都测算地方公共团体的财政来源不足额。这一措施是出台地方财政措施的前提条件，与中央政府编制预算同时进行。地方公共团体的财政来源不足额通过上述的累积计算方法推测新一财政年度的财政收入和财政支出得出。具体的计算方法如下：a. 地方交付税仅仅估算法定比例的拨款额以及从地方交付税特别会计账目借款的本息偿还额；b. 地方债仅仅估算财政来源对策债和减税补贴债以外的经常性账目部分债务；c. 通过以上办法，推测经常性账目的财政收入和财政支出的不足额,这就是地方公共团体的财政来源不足额。

为了补偿上述地方公共团体的财政来源不足额,日本中央政府采取了以下措施:一是上调地方交付税税率;二是采取特例加算措施;三是从地方交付税特别会计账目借款。上述措施通常要在日本财务省制定的中央政府预算草案表决前实施。在日本内阁会议确定了中央政府预算额度之后,运用日本国库支出金、地方公共团体负担额度等精确数据制订出地方公共团体的财政收支计划。地方公共团体的财政收支计划最终要经过日本内阁会议讨论决定,之后提交日本国会。这样一来,其年度财政收入和年度财政支出才能取得收支均衡。地方交付税制度创立以来,首次实现了地方财政的收支平衡。

第五节　2000年度地方公共团体的财政收支计划

通过上述累积计算方法,制订了2000年度地方公共团体的财政收支计划(见表5-2)。而且,每年度在制订地方公共团体财政收支计划之际,都要公示地方公共团体财政收支计划的制订方针,包括该年度地方财政措施和地方税制度的改革内容等。

《2000年度地方公共团体财政收支计划制订方针》的具体内容如下。

《2000年度地方公共团体财政收支计划制订方针》

2000年度,各地方公共团体的财政收支状况依然严峻。鉴于这一现状,一方面,在年度财政支出上,中央政府彻底贯彻重点分配有限的财政收入、有效合理地使用经费的原则。另一方面,要节俭经费,高效、合理地使用经费,并将其作为政府的工作重点来抓:一是采取必要措施,促进日本经济的复苏;二是加强与地方居民生活息息相关的社会资本投资;三是建立和实施老人看护保险制度;四是日本已经进入低生育率、老龄化社会,应该出台有力措

第五章　地方公共团体的财政收支计划

施，提高地方居民的福利水平。

在确保地方公共团体的财政收入方面，要采取以下措施：一是推进地方公共团体经费负担的公平化、合理化；二是确实保障地方交付税的所需额度；三是由于地方公共团体还在不断产生巨额财政收支亏空，中央政府需要出台必要的财政补贴或者弥补措施，不要让地方公共团体的财政收支亏空影响地方财政的正常运营。根据以上精神，测算得出 2000 年度的地方公共团体的财政收入和财政支出总额。

1. 在地方税方面，中央政府出台了以下永久性减税措施。首先，继续下调个人居民税的最高税率，并按照一定比例减税。其次，下调法人税税率。最后，为快速应对最近几年的社会、经济形势，采取了以下措施：一是由于对 2000 年度的固定资产税重新评估，对土地相关固定资产税以及城市建设税进行了调整；二是对宅基地等不动产购置税的课税标准采取了特例措施；三是为了整理、优化非课税特别措施，采取了必要措施。

2. 为了让地方财政工作顺利进行，采取了以下补偿和财政补贴措施。

（1）由于中央政府对某些税种实施了永久性减税措施，对地方财政收入产生了负面影响。对除此之外的地方财政来源不足额的估算，采取了以下措施。

①1998 年度，决定在 1998 年度至 2000 年度进行地方税制改革。以这一改革方案为基础，出台一些相应办法，补偿地方公共团体的财政来源不足额中地方交付税的不足额部分。具体做法如下：一是将一般会计账目的加算额拨入地方交付税特别会计账目；二是将 1998 年度的结算措施延期至 2001 年度以后；三是中央政府和地方公共团体就其剩余额各自出资一半，予以补偿；四是就地方交付税采取的措施之外部分，通过增发建设地方债进行补偿。

②根据上述计算结果，2000 年度地方财政来源不足额估计为 98673 亿日元。对这部分不足额，采取了以下措施进行补偿。

A. 对地方交付税不足额部分采取的处理办法如下：首先，对

日本新地方财政调整制度概论

1998年度部分进行结算，结果减额1981亿日元，将这部分款项进行延期。其次，增额72392亿日元，这一增额的具体构成如下：一是来自中央政府的一般会计账目的加算额为7500亿日元（其中，按照地方交付税法附则第4条之2第2项的相关规定，加算额为2087亿日元，该条款的第6项规定加算额为3913亿日元，临时特例加算额为1500亿日元）；二是从地方交付税特别会计账目借款64892亿日元。

对从地方交付税特别会计账目所借的64892亿日元的本息偿还问题，中央政府做了以下规定：一是中央政府和地方公共团体各自负担一半，各32446亿日元；二是中央政府所负担部分的借款偿还所需财政来源要在2001年度之后从一般会计账目转入地方交付税特别会计账目，并在法律中对这一措施做出明文规定。

B. 增发24300亿日元的建设地方债（亦称财政来源对策债）。

（2）由于中央政府对某些税种出台了永久性减税政策，对地方公共团体的财政收入影响巨大。对此，采取了以下措施予以应对。地方税减收19037亿日元，通过以下办法予以补偿：一是变更中央政府和地方公共团体的烟草税税率，以此来增加地方公共团体的烟草税税收；二是上调地方交付税中法人税所占的比例；三是由中央政府拨付地方特例交付金，发行地方债（根据地方财政法第5条特例发行减税补贴债）；三是由于地方交付税减收15989亿日元，由中央政府和地方公共团体对半负担予以弥补。

（3）由于采取了上述一系列措施，2000年度的地方交付税总额为214107亿日元，与前一年度相比，增加了2.6%，地方公共团体的财政收入有了保障。另外，1993年就投资性经费一事，对国库补贴负担比例进行了调整。原来从一般会计账目向地方交付税特别会计账目拨款额为6561亿日元，而根据法律规定，2006年度以后，要将此额度加算到地方交付税总额中。

3. 有些地方公共团体应对财政困难的能力较差。为此，从公

第五章　地方公共团体的财政收支计划

营企业的金融公库资金中借款，通过发行地方债来偿还。2000年度，采取临时性特例措施，允许其拆东墙补西墙。另外，有些地方公共团体借了利息较高的公款，也通过发行地方债来偿还。对这些地方公共团体采取特别交付税措施，予以财政补贴。

4. 2000年4月，中央政府开始实施老人看护保险制度。为了让地方公共团体根据本地区的实际情况采取综合性措施予以应对，出台了以下措施进行支援：①出台老人看护保险制度措施；②由地方公共团体单独出资建设敬老院等老人看护相关服务设施；③为了办理老人看护等具体行政事务，要相应增加公务员人数；④采取必要措施，筹措上述措施所需经费。

5. 在现行的国民健康保险制度下，医疗费高昂。因此，都、道、府、县层面的地方公共团体对中央政府和地方公共团体共同实施的事业补贴400亿日元。为此，要采取相应的地方财政措施予以资助，其具体内容如下：①延长一年支付时间；②筹措地方交付税特例措施款项360亿日元（相当于地方公共团体从中央政府接受的地方交付税的额度）；③拨付给未从中央政府接受地方交付税的地方公共团体40亿日元调整债。另外，为了让其他国民健康保险制度稳定运营，出台相应的财政措施。

6. 中央政府拨付一部分财政补贴款给母子保健推进费用的一部分，这一项国库补贴负担金的总额为13亿日元，并规定将这部分国库补贴款转化为一般性财政来源。与此同时，采取必要的地方财政措施。

7. 中央政府就地方债出台了以下措施：①为了应对地方财政收入不足问题，采取了相应措施；②地方公共团体财政收支状况极为严峻，但是，一方面要确保地方公共团体财政的健康运营，另一方面要建设充满活力的地方社会；③为了实现上述目标，要积极创造条件，促使地方公共团体自立，让本地区成为富有个性、充满魅力的地方，让地方居民能够在这里安居乐业；④为了给21世纪地方社会的进一步发展打下坚实的物质基础，采取一系列措施，刺激经济，使之复苏；⑤上述内容是各地方公共团体工作的重点。为了

日本新地方财政调整制度概论

圆满完成这些工作，计划发行地方债163106亿日元（其中，普通会计账目为111271亿日元，公营企业会计账目为51835亿日元）。

8. 根据社会、经济形势的变化，适时调整地方公共团体的设施使用费、各种行政服务手续费等。

9. 要振兴地方经济，稳定就业形势，将本地区建设成自主、自立充满活力的地方。加大与地方居民生活息息相关的社会资本的投资力度，强化防灾、赈灾、灾后重建措施，让地方居民感觉到安全。采取综合性经济措施，提高地方居民的福利水平。搞活农村、山村、渔村地区的经济。为了实现上述目标，出台了以下具体措施。

（1）随着地方分权制度的不断推进，地方公共团体所起的作用也越来越大。振兴地方经济，加大与地方居民生活息息相关的社会资本的投资力度势在必行。为此，采取了以下办法：一是保障中央政府管辖的公共事业建设相关经费的总额；二是奠定21世纪地方社会发展的物质基础，采取必要的经济措施；三是在投资性经费方面，保障地方公共团体单独进行的公共事业建设项目的所需经费额度，为将来的进一步发展搞好基础建设；四是有重点、有计划地搞一批建设项目，以推进与地方居民生活相关的基础建设和振兴地方经济所不可或缺的公共事业建设项目；五是上述项目具体包括搞活地方经济的重点项目，与其他地区共享的公共事业，利用本地区的文物、历史文化遗产振兴地方经济建设美好故乡事业，领土维护（亦称国防）事业，地方城市闹市区的再开发事业等。

（2）为了给21世纪地方社会的发展奠定坚实的物质基础，进行一些公共事业建设（软实力部分）。除此之外，促进教育信息化建设，支援农村、山村、渔村等故乡建设事业，开发森林资源，振兴山村经济。与此同时，提高地方社会居民的福利水平，应对低生育率、老龄化等社会难题。保持领土完整，搞好环境保护，重新开发地方城市的闹市区。给中小企业提供全方位的金融服务，促进地区信息化建设，促进地方社会的国际化进程。

第五章 地方公共团体的财政收支计划

（3）出台相应措施，提高消防能力，防止自然灾害的发生，加强抢险救灾、灾后重建工作，确实保障地方居民的生命和财产安全。

（4）日本很多地区人口稀少。要采取强有力的措施，促进这些地区的自立，对其所需财政收入予以保障。

10. 加强地方公营企业的经营、经济建设的物质基础，加大对上水道、下水道、交通、医院等与地方居民生活密切相关的社会建设的投资力度。根据社会经济形势的变化，积极投资建设新兴产业。为此，根据中央政府和地方公共团体的经费负担比例，将所需经费从一般会计账目转入公营企业会计账目。

11. 合理运营地方财政业务、行政业务，确立健康、稳定的财政秩序。为此，出台了以下措施。

（1）对中央国库补贴负担金采取的措施是：制定合理的国库补贴负担单价，改善国库补贴负担基准。

（2）通过削减一般岗位的定员、定编，使定员、定编管理更趋合理。为此，要尽量压缩一般性行政经费开支。

（3）财政年度中途有可能发生变故，因此要根据实际情况灵活应对，并且在财政收入上给予大力支持。

表 5-2　2000 年度地方公共团体的财政收支计划

单位：亿日元，%

| (1)地方公共团体的年度财政收入明细 ||||
区分	2000年度A	1999年度B	增减额（A-B）	增减率
A 年度财政收入明细				
Ⅰ 地方税	350568	352957	-2389	-0.7
Ⅱ 地方让与税	6141	6131	10	0.2
1. 地方道路让与税	2929	2874	55	1.9
2. 石油天然气让与税	148	152	-4	-2.6
3. 航空燃料让与税	159	163	-4	-2.5
4. 机动车总量让与税	2792	2830	-38	-1.3
5. 特别吨位让与税	113	112	1	0.9
Ⅲ 地方特例交付金	9140	6399	2741	42.8

日本新地方财政调整制度概论

续表

(1) 地方公共团体的年度财政收入明细

区分	2000年度 A	1999年度 B	增减额（A－B）	增减率
Ⅳ 地方交付税	214107	208642	5465	2.6
Ⅴ 国库支出金	130384	132359	－1975	－1.5
1. 义务教育公务员工资负担金	30224	30404	－180	－0.6
2. 其他普通补贴负担金	44401	45563	－1162	－2.6
①生活低保费用负担金	12281	11499	782	6.8
②儿童保护费用等负担金	7571	7272	299	4.1
③老人看护费用负担金	704	4453	－3749	－84.2
④儿童抚养补贴负担金	2508	2258	250	11.1
⑤居民福利事业费用负担金	1049	3111	－2062	－663
⑥其他补贴负担金	20288	16970	3318	19.6
3. 公共事业补贴负担金	45505	46461	－956	－2.1
①普通建设事业费用补贴负担金	45122	46108	－986	－2.1
②赈灾和灾后重建事业费用补贴负担金	383	353	30	8.5
4. 失业措施事业费用负担金	197	153	44	28.8
5. 国有设施等所在市、镇、村补贴交付金	232	232	0	0.0
6. 国有设施等所在市、镇、村调整交付金	60	60	0	0.0
7. 交通安全措施特别交付金	882	890	－8	－0.9
8. 电源场地促进措施等交付金	1712	1638	74	4.5
9. 特定防卫设施周边建设调整交付金	125	125	0	0.0
10. 特别行动委员会相关特定防卫设施周边建设调整交付金	44	44	0	0.0
11. 石油储藏设施措施等交付金	68	73	－5	－6.8
12. 地方道路修建临时交付金	6934	6716	218	3.2
Ⅵ 地方债	111271	112804	－1533	－1.4
Ⅶ 使用费以及各种行政服务手续费	15903	15566	337	2.2
Ⅷ 杂项收入	51786	50458	1328	2.6
年度财政收入合计	889300	885316	3984	0.5

第五章 地方公共团体的财政收支计划

续表

(2) 地方公共团体的年度财政支出明细

区分	2000年度A	1999年度B	增减额(A−B)	增减率
B 年度财政支出				
Ⅰ 工资相关经费	236642	236922	−280	−0.1
1. 工资	235783	235972	−189	−0.1
①义务教育教职员工	67938	68579	−641	−0.9
②警务人员	26047	25894	153	0.6
③一般公务员及义务教育以外教员及其特殊职务	141798	141499	299	0.2
2. 恩给费	859	950	−91	−9.6
Ⅱ 一般性行政经费	197087	192745	4342	2.3
1. 有国库补贴负担金者	89007	86523	2484	2.9
①生活低保费用	16358	15314	1044	6.8
②儿童保护费用	15206	14602	604	4.1
③老人保护费用	1541	9028	−7487	−82.9
④支付老人医疗费用	9473	11514	−2041	−17.7
⑤老人看护费用	9486	—	9486	皆增
⑥儿童抚养补贴费用	3343	3011	332	11.0
⑦居民福利事业费用	2123	6252	−4129	−66.0
⑧其他一般性行政经费	31477	26802	4675	17.4
2. 没有国库补贴负担金者	108080	106222	1858	1.7
Ⅲ 公债费用	120991	113882	7109	6.2
Ⅳ 维修费用	10043	9870	173	1.8
Ⅴ 投资性经费	284187	294788	−10601	−3.6
1. 中央政府直辖公共事业负担金	11501	11708	−207	−1.8
2. 公共事业费用	87384	89817	−2433	−2.7
①普通建设事业费用	86772	89258	−2486	−2.8
②赈灾和灾后重建事业费用	612	559	53	9.5
3. 失业救济事业费用	302	263	39	14.8
直辖、补贴事业	99187	101788	−2601	−2.6
4. 一般事业费用	45287	48264	−2977	−6.2
①普通建设事业费用	44506	47515	−3009	−6.3
②赈灾和灾后重建事业费用	781	749	32	4.3

续表

(2)地方公共团体的年度财政支出明细

区分	2000年度 A	1999年度 B	增减额(A-B)	增减率
5.特别事业费用	139713	144736	-5023	-3.5
①长期计划事业费用	56775	60388	-3613	-6.0
②人口过密过疏措施事业费用	17851	18402	-551	-3.0
③横向市、镇、村等振兴修建事业费用	2989	3114	-125	-40.0
④搞活地方经济计划事业费用	7500	7500	0	0.0
⑤建设故乡事业费用	10000	11650	-1650	-14.2
⑥地区综合建设特别措施事业费用	5731	6520	-789	-12.1
⑦城市生活环境治理特别措施事业费用	3591	3664	-73	-2.0
⑧紧急防灾基础设施事业费用	2590	2820	-230	-8.2
⑨特别单独事业费用	20907	21867	-960	-4.4
⑩临时经济措施事业费用	8000	8000	0	0.0
⑪发展基础设施事业费用	3000	—	3000	皆增
⑫防止自然灾害事业费用	779	811	-32	-3.9
计入地方单独事业账目	185000	193000	-8000	-4.1
Ⅵ公营企业支出款	32750	32709	41	0.1
1.收益计算款	18564	19273	-709	-3.7
2.资本计算款	14186	13436	750	5.6
Ⅶ超过未接受地方交付税的地方公共团体的平均水准的必要经费	7600	4400	3200	72.7
年度财政支出合计	889300	885316	2984	0.5

第六节　地方公共团体财政收支计划的问题点

一　现行的地方公共团体财政收支计划

1. 现行的地方公共团体财政收支计划

有人指出，现行的地方公共团体财政收支计划存在若干问题，具体表现在其总体规模没有反映出地方财政的现实情况。以前对地方公共团体的财政收支计划还有更为极端的批评意见："按理说，应该按照相关规定，根据地方公共团体的实际情况计算得出地方公共团体的财政支出额度。但是，在现行的地方公共团体财政收支计划

第五章　地方公共团体的财政收支计划

下，财政支出额度或者规模被不当低估。以这一低估的数额为基础来估测地方公共团体的财政收支状况，进而出台地方财政收入措施。这种做法是扭曲的，不充分的。因此，现行的地方公共团体财政收支计划对地方财政来说不仅没有用，而且是有害的，应该立刻予以废除，改为使用简单易行的地方财政收支预测方法"。[①]

不仅如此，日本中央政府也认为现行的地方公共团体财政收支计划中有一些财政支出是不恰当的或者纯属浪费。而且由于地方公共团体的工作作风散漫，本应征收的税款也无法保证。这都给地方公共团体的财政运营带来了困难。因此，不能以现实中的地方财政收支状况为基础来讨论地方财政收入措施。每年度在出台地方财政措施前，首先要确定地方公共团体的年度财政收入和支出的累积计算基础。只有这样，才能取得国库当局的谅解，中央政府和地方公共团体才能就地方财政收入政策进行商讨。在现阶段，地方公共团体的财政收支计划正是起着这个作用。

2. 工资费用的计算方法

有人认为，不仅地方公共团体财政收支计划的总体规模有问题，而且工资费用的计算方法也有问题，主要表现在规模过小上。事实上，工资相关经费计划和结算额之间有一定的背离。仔细观察这一背离现象，可以发现是在年度中途进行工资改革或者调工资时，有一些公务员属于小时工的缘故，因此工资计划很难制订。除此之外，主要原因是工资单价之差和公务员数之差。在地方公共团体的财政收支计划中，工资单价用的是国家公务员的标准单价，实际工资额不能高于国家公务员。

地方公共团体也在按照国家公务员的编制，削减计划，削减地方公务员的编制。除此之外，中央政府就某些特定的公务员岗位也确定了总的编制额度。地方公共团体也应按照这一标准来确定当地

[①] 比如，公营企业金融公库总裁三好重夫在1974年3月的日本地方财务协会会刊《地方财政》上刊登了《论地方财政的意义》一文。文章主张废除地方公共团体的财政收支计划。

的编制额度。下面以警察为例进行说明。警察法中规定了各都、道、府、县警务人员的编制标准，各地方公共团体都按照这个标准执行。另外，教职员工也是如此，相关法律就教职员工的编制也有规定，各都、道、府、县的中小学、高中教职工人数的编制是有一定标准的。而各都、道、府、县对所有的一般公务员的编制问题，还没有明文规定。1998年4月1日，中央政府进行了工资调查，并统计出了公务员人数。市、镇、村层面的地方公共团体设置了一些义务教育教职员工编制，从性质上说，不能列入地方公共团体的财政收支计划。因此，地方公共团体有编制的公务员人数是以用1998年4月1日统计出的公务员数减去市、镇、村设置的义务教育教职员工人数所得数值为基础的。之后，随着清扫设施和社会福利设施的增加，业务量加大，会需要更多的公务员。因此，每年都多预留出一些公务员编制。

由上述可知，地方公共团体财政收支计划中的公务员人数是按照标准编制计算得出的。因此，地方公共团体实际录用的公务员数通常要比地方公共团体财政收支计划中估测的人数多。另外，虽然地方公共团体的财政收支计划中规定了削减公务员编制，但是，地方公共团体根据自己的实际情况，并未削减那么多人。这样一来，就会产生偏差或者背离。地方公共团体财政收支计划制订的目的是保障所有地方公共团体执行全国统一标准的行政事务，并为此提供足够的财政收入。鉴于这一点，即便发生上述背离或者偏差现象，按理说也不应予以纠正。

但是，实际上还是在努力纠正地方公共团体财政收支计划中公务员人数和实际公务员人数之间的偏差。纠正人数偏差的依据就是上述工资情况调查结果，而且每五年对偏差纠正一次。在这种情况下，要因地制宜，实事求是。一定不要追认或者默认现状，一味迁就地方公共团体，对认为非纠正不可的一定不要手软，而对合理的偏差可以容忍。

3. 其他情形

除了上述意见外，还有人对地方公共团体的财政收支计划提出

第五章　地方公共团体的财政收支计划

了其他意见：一是有人主张将地方公共团体的财政收支计划分为都、道、府、县层面的财政计划和市、镇、村层面的财政计划两部分；二是修改地方公共团体的财政收支计划；三是将地方公共团体的财政收支计划提交国会，审议通过后才能执行；四是一般性行政经费和投资性经费中有一部分是由地方公共团体单独承担的公共事业建设项目所需经费，这部分经费也应依据一定的基准列入地方公共团体的财政收支计划；五是地方公共团体还负责实施中央国库负担一定比例经费的公共事业建设项目，在这一过程中，地方公共团体的经费负担过重，这部分超额负担额也应列入地方公共团体的财政收支计划；六是地方公共团体的财政收支计划不应限定在一个年度，也不应年年制订，而是要制订长期性的地方公共团体财政收支计划。

从1976年度到1980年度，相关部门开始着手制订长期的地方公共团体财政收支计划。第一步就是制订《中央政府的财政收支估算方案》。以此为基础，制订了地方财政收支估算方案。但是基于以下原因，从1981年度起，就不再制订地方财政收支估算方案：①日本的经济形势动荡不安；②日本中央政府制订了《财政中期展望》，在财政支出方面采用了年度顺延积累负担方式。而用这个办法估算地方财政收支状况是极为困难的；③地方公共团体对按照中央政府的估算标准来预测地方税收的方法感到担忧。因为这样做有可能对地方公共团体形成误导。

1984年度，中央政府向众议院提交地方交付税制度改革法案，其目的是改善中长期的地方公共团体财政收支状况。众议院地方行政委员会对这一法案进行了审议。在审议法案过程中，制订了地方公共团体的财政收支状况参考估算方案，以此作为基本资料，对地方公共团体的财政收支状况进行了中长期展望。但是，基于以下两个原因，就这一方案进行了慎重的讨论，而没有立即下结论：其一，这个估算方案计算方式过于机械，过于武断，并没有体现地方公共团体财政收支的真实情况；其二，这一估算方案有可能让人产生误解，认为地方公共团体的财政收支状况良好。基于上述原因，日本中央政府每年都制订并公布中央政府财政收支计划的草案，地方公共团体却没有相应制订并公布地方公共团体的财政收支状况草案。中央政府的年度财政支出额度对地方公共团体的年度财政收入和财政支出影响很大。但是，地方公共团体的个别年度财政收入和财政支出项目很难和中央政府的估算一一对应。而且日本全国有3300个地方公共团体，数目庞大。因此，所有地方公共团体的财政收支预测和中央政府的财政收支预测迥然不同。除此之外，相关人士还建议在制订地方公共团体的财政收支计划之际，应该让地方公共团体的代表参加，集思广益。因为，只有这样才能制订出合理可行的财政收支计划。

二 地方公共团体财政收支计划的合理化

如上所述，每年度中央政府都采取地方财政措施。具体做法是根据地方公共团体财政收支计划计算的结果来大致确定地方公共团体财政来源不足额，然后予以补偿。这也是制订地方公共团体财政收支计划的主要目的。地方公共团体财政收支计划的计算方法恰当与否直接关系到地方公共团体的财政收入得到保障的程度，意义极为重大。现行的各地方公共团体财政收支计划的计算方法有诸多不当之处，具体表现在以下几个方面。

1. 地方公共团体的财政收支计划和实际情况不相符

地方公共团体的财政收支计划具有保障地方公共团体财政收入的功能，给地方公共团体的决算以及地方公共团体的实际财政运营指明了方向，具有重要的参考价值。假如地方公共团体财政收支计划的内容和决算额度发生较大的偏离，有必要对整个计划做一个中长期调整。

表 5-3 清楚地显示了地方公共团体的财政收支计划和实际情况的偏离程度以及产生这一偏差的具体过程。在地方公共团体的财政年度支出方面具有以下特征：①在一般性行政经费项目上，经常性地发生大幅度的偏离；②由地方公共团体单独实施的公共事业建设项目受日本经济周期的影响，各年度之间的波动较大，而近年来，日本经济一直萧条，因此产生了负面偏离。

第五章 地方公共团体的财政收支计划

表 5-3 地方公共团体的财政收支计划和结算额度的比较

单位：亿日元，%

_	地方公共团体的年度财政收入情况								
年度	1989	1990	1991	1992	1993	1994	1995	1996	1997
地方税 A	286461	307907	326780	340240	329455	317691	328925	337815	361457
地方税 B	308941	326111	343132	339273	330470	320390	331719	344908	355945
地方税 C	22480	18204	16352	-967	1015	2699	2794	7093	-5512
地方税 D	7.8	5.9	5.0	-0.3	0.3	0.8	0.8	2.1	-1.5
地方让与税 A	14534	16558	17746	18838	19509	19122	19863	20135	10806
地方让与税 B	14822	16627	17193	18778	20224	19050	19393	19970	10805
地方让与税 C	288	69	-553	-60	715	-72	-470	-165	-1
地方让与税 D	2.0	0.4	-3.1	-0.3	3.7	-0.4	-2.4	-0.8	-0.0
地方交付税 A	134553	143279	148887	156792	154351	155320	161529	168891	171276
地方交付税 B	134553	143279	148887	156792	154351	155320	161529	168891	171276
地方交付税 C	0	0	0	0	0	0	0	0	0
地方交付税 D	0.0	0.0	0.0	0.0	0.0	0.0	0.0	0.0	0.0
国库支出金 A	105960	110105	113746	130985	147848	153467	162413	140163	138789
国库支出金 B	104243	108910	112445	130900	147551	152815	161667	140915	139291
国库支出金 C	-1717	-1195	-1301	-85	-297	-832	-746	752	502
国库支出金 D	-1.6	-1.1	-1.1	-0.1	-0.2	-0.5	-0.5	0.5	0.4
地方债 A	55851	57933	59852	76985	125050	119198	153034	138114	133023
地方债 B	54943	61359	69946	100149	138042	138585	175420	148877	136918
地方债 C	-908	3426	10094	23164	12992	19387	22386	10763	3895
地方债 D	-1.6	5.9	16.9	30.1	10.4	16.3	14.6	7.8	2.9
使用费、手续费 A	11102	11624	12203	12758	13354	14101	14495	14774	15077
使用费、手续费 B	16458	17378	18023	18815	19718	20523	21068	21690	21613
使用费、手续费 C	5356	5754	5820	6057	6364	6422	6573	6916	6536
使用费、手续费 D	48.2	49.5	47.7	47.5	47.7	45.5	45.3	46.8	43.4
杂项收入 A	34404	37106	40778	43693	46841	49395	50496	51581	49493
杂项收入 B	66562	78319	84446	84109	89803	87984	88769	81482	82797
杂项收入 C	32158	41213	43668	40416	42962	38589	38273	29901	33304
杂项收入 D	93.5	111.1	107.1	92.5	91.7	78.1	75.8	58.0	67.3
合计 A	642865	684512	719992	780291	836408	828474	890755	871473	879921
合计 B	700522	751983	794072	848816	900159	894667	959565	926733	918645
合计 C	57657	67471	74080	68525	63751	66193	68810	55260	38724
合计 D	9.0	9.9	10.3	8.8	7.6	8.0	7.7	6.3	4.4

日本新地方财政调整制度概论

续表

地方公共团体的年度财政支出额度

年度			1989	1990	1991	1992	1993	1994	1995	1996	1997
工资相关经费		A	191220	207550	219351	227435	234116	237874	243011	247059	251819
		B	205036	219831	230437	237880	243206	249757	255181	260949	267597
		C	13816	12281	11086	10445	9090	11883	12170	13890	15778
		D	7.2	5.9	5.1	4.6	3.9	5.0	5.0	5.6	6.3
一般性行政经费		A	124124	130330	141079	148136	143796	147613	158136	158025	161410
		B	169562	191397	216219	226398	217104	229250	247794	244921	247308
		C	45438	61067	75140	78262	73308	81637	89658	86896	85898
		D	36.6	46.9	53.3	52.8	51.0	55.3	56.7	55.0	53.2
公债费用		A	61691	59035	58442	60698	65547	89215	76939	88623	96403
		B	61598	60642	60563	61207	65292	90666	78768	87123	96373
		C	-93	1607	2121	509	-255	1451	1829	-1500	-30
		D	-0.2	2.7	3.6	0.8	-0.4	1.6	2.4	-1.7	-0.0
维修费用		A	7434	7585	7692	8179	8674	8953	9168	9347	9613
		B	8526	9484	10203	10712	10994	10946	11275	10966	11065
		C	1092	1899	2511	2533	2320	1993	2107	1619	1452
		D	14.7	25.0	32.6	31.0	26.7	22.3	23.0	17.3	15.1
投资性经费		A	212716	223030	237548	281592	339742	308486	362606	327992	318787
		B	215967	238614	255133	295412	338427	293049	344265	297602	277515
		C	3251	15584	17585	13820	-1315	-15437	-18341	-30390	-41272
		D	1.5	7.0	7.4	4.9	-0.4	-5.0	-5.1	-9.3	-12.9
普通建设国库补贴		A	83564	83735	86088	101534	130585	105105	140796	112355	102275
		B	85265	85730	87545	104486	132262	102664	140149	111173	102145
		C	1701	1995	1457	2952	1677	-2441	-647	-1182	-130
		D	2.0	2.4	1.7	2.9	1.3	-2.3	-0.5	-1.1	-0.1
单独实施的普通建设		A	112451	120328	133840	163095	188063	184926	196377	199536	199726
		B	113049	132550	149184	173662	183496	172495	176835	170315	157990
		C	598	12222	1534	10527	-4567	-12431	-19542	-29221	-41736
		D	0.5	10.2	11.5	6.5	-2.4	-6.7	-10.0	-14.6	-20.9
公营企业拨款		A	17640	18440	20443	22751	26333	28233	30595	32127	31189
		B	23028	24347	26667	29132	32029	33325	35497	35468	35142
		C	5388	5907	6234	6381	5696	5092	4902	3341	3953
		D	30.5	32.0	30.5	280	21.6	18.0	16.0	10.4	12.7
其他		A	28040	38542	35447	31500	18200	8100	10300	8300	10700
		B	0	0	0	0	0	0	0	0	0
		C	-28040	-38542	-35447	-31500	-18200	-8100	-10300	-8300	-10700
		D	-100.0	-100.0	-100.0	-100.0	-100.0	-100.0	-100.0	-100.0	-100.0
合计		A	642865	684512	719992	780291	836408	828474	890755	871473	879921
		B	683717	744315	799222	860741	907052	906993	972780	937029	935000
		C	40852	59803	79230	80450	70644	78519	82025	65556	55079
		D	6.4	8.7	11.0	10.3	8.4	9.5	9.2	7.5	8.3

注：1. 表中的 A 是调整后的计划额度，B 是调整后的决算额度，C 是 B-A，D 是 C/A。

2. 对"地方税"进行了以下调整，亦即地方公共团体的财政收支计划额扣除成为减收补贴债的对象的减收额度。

第五章 地方公共团体的财政收支计划

地方公共团体年度财政收入有以下特征：①在杂项收入方面，贷出款项账目相差额度加大，大幅度的偏离现象一直在持续；②地方债受到计划外债务发行的影响，也持续产生偏离；③地方公共团体所辖的公共设施使用费、各种行政服务手续费等计划额度与实际情况严重背离。

其中，一般性行政经费的偏离或者背离现象尤为值得注意。这是因为日本今后人口生育率低、老龄化等社会问题会日益突出，必须投资建设综合性地方福利设施，提高相关服务水平。这些措施都会增加地方公共团体的财政支出额度。因此，有必要进一步充实一般性行政经费的额度和具体内容。在由国库负担一定比例经费，由地方公共团体具体实施的公共事业建设项目方面，投资性经费的计划额度和决算额度大致吻合。但是，为了不让地方公共团体产生超额经费负担，应该下大力气优化一般性行政经费和国库补贴负担基准，使之日趋合理。

2. 优化工资相关费用的计算方法

在地方公共团体的财政收支计划中，就工资费用特别是地方公务员的工资水平做了规定。①不能单纯根据地方公共团体的经济效益来计算工资。②由于中央政府的工资水平在发生变动，也在相应地进行工资改革，因此，地方公务员的工资单价和计算方法都要相应进行调整。③由于法律修改和行政业务量的增加等造成所需公务员人数的增加，为了应对这一变化，应该采用适当的计算办法进行核算。根据工资实际情况调查报告得出的公务员人数和地方公共团体财政收支计划上的人数发生了偏离，要在对其具体内容进行核查与分析的基础上，对地方公务员的人员编制进行调整。

第二编
浅析日本地方交付税的计算方法

第六章 地方交付税的计算方法概要

第一节 地方交付税分配的基本结构

现行的地方交付税的分配结构内容如下。

一 地方交付税的种类

地方交付税的种类依据地方交付税法第6条之2的相关规定划分，分为普通交付税（占地方交付税总额的94%）和特别交付税（占地方交付税总额的6%）两种。普通交付税占地方交付税的绝大部分，以下就其具体的分配方法进行重点论述。在分配额等的计算上，一定要本着客观、公平的原则进行。但是，这样一来，不免让人感到日本全国范围内普通交付税的分配过于整齐划一。

而普通交付税的分配方式如果千篇一律的话，就会产生诸多弊端。为了消除这些弊端，日本中央政府制定了特别交付税制度。换句话说，特别交付税制度是对普通交付税制度的有效补充。

在以后章节中会对特别交付税的计算方法进行详细论述。需要指出的是在计算的时候，要尽量使用客观性数据。但是，特别交付税担负着特殊使命。因此，要根据每个地方公共团体具体的财政收支状况因地制宜。这样一来，有的分配额多，有的分配额就会少。也就是说，在重视客观性的同时，也不能忽视各个地方公共团体的具体财政收支情况。在这一点上，特别交付税与普通交付税有所不同。

二 普通交付税的计算方法

根据地方交付税法第10条的相关规定，按照以下计算公式计算得出各个地方公共团体的每一年度的普通交付税额度：基准财政需

日本新地方财政调整制度概论

求额－基准财政收入额＝财政来源不足额（亦即财政赤字）。

（1）当所有地方公共团体的财政来源不足额之和小于普通交付税总额时，该地方公共团体的财政来源不足额等于该地方公共团体的普通交付税额。假如普通交付税总额超出所有地方公共团体的财政来源不足额之和的话，按照地方交付税法第6条之3第1项的相关规定，该超出额加算到该年度的地方交付税的总额中。迄今为止，这样的事例在计算阶段尚未出现过，而在演算阶段出现过几次。

（2）当所有地方公共团体的财政来源不足额大于普通交付税的总额时，该地方公共团体的财政来源不足额－调整减额＝该地方公共团体的普通交付税额。每个地方公共团体的调整减额按照以下计算公式计算得出：

调整减额＝该地方公共团体的基准财政需求额×
[（所有地方公共团体的财政来源不足额之和－普通交付税总额）÷
财政来源不足的地方公共团体的基准财政需求额之和]

上述计算公式的主旨是按照财政来源不足的地方公共团体的基准财政需求额的一定比例额度减去普通交付税的不足额。这一比例称作通常调整比例。在迄今为止的事例中，这一比例大致为0.1%。在刚刚创设地方财政平衡交付金制度的时候，也曾按照财政来源不足额比例得出的额度减去普通交付金的不足额。如果按照这个计算公式，财政来源不足额越大，亦即财政实力越弱的地方公共团体减额就会越大。因此，这种计算方法非常不合理。因而，从1952年度开始改为现在的方式。

有人主张：当普通交付税总额不足时，应该进行减额调整。具体做法是按基准财政收入额减去不足额部分。但是，又有人提出反对意见：按照常理，当普通交付税总额不足时，应该压缩年度财政支出额度，不应一味地依赖增征租税。因此，第一种建议未被采纳。当普通交付税额不足时，应该用上述计算公式进行减额调整。在这种情况下，有的地方公共团体调整后的减额会大于财政来源不足额。这样一来，就会产生以下奇怪现象：尽管属于财政来源不足

第六章 地方交付税的计算方法概要

的地方公共团体,这些地方公共团体从中央政府那里却得不到普通交付税(将这样的地方公共团体称作"因调整而未获得普通交付税的地方公共团体")。这样一来,对普通交付税制度的实施也会产生负面影响(亦即调整减额余额大于财政来源不足额越多,普通交付税的缺额也越大)。因此,按照地方交付税法第10条第6项的相关规定,其不足额部分通过对该年度特别交付税的总额进行减额,予以弥补。

三 基准财政需求额的计算方法

普通交付税的计算根据就是基准财政需求额。基准财政需求额是指各地方公共团体标准的一般性财政来源需求额。这一额度是按照客观的计算方法计算得出的。具体办法要根据地方交付税法第11条的相关规定,按照以下计算公式计算得出:

$$基准财政需求额 = \Sigma 各行政项目的[单位费用 \times (测定单位数值 \times 调整系数)]$$

在计算各行政项目的标准经费额度之际,经常性经费和投资性经费要分别计算。在地方交付税制度刚刚实施时,原则上将经常性经费和投资性经费计入同一经费项目里。但是,为了更准确地计算得出基准财政需求额,从1969年开始,将二者分开计算。

基准财政需求额的计算方法如下:将地方公共团体的财政需求额分为若干项主要的行政项目,各个主要行政项目按照"单位费用 × (测定单位数值 × 调整系数)"这一公式计算得出标准经费,所有行政项目经费之和就是基准财政需求额。但是,最近几年广泛采用将地方债本息偿还的一部分计入投资性经费的办法。昭和五十年代(1975~1984年)、1994年度以后,为了应对地方公共团体的财政赤字不断增加的事态,大量发行地方债。地方债的本息偿还额度的大约80%都计入了投资性经费账目。除此之外,通过弥补法人居民税和法人事业税的减收部分代替法人税相关税目的结算。

为此，又发行了地方债。这一地方债又称减收补偿债。这部分债务的本息偿还金，道、府、县将80％的额度，市、镇、村将75％的额度计入了投资性经费账目。

四 基准财政收入额的计算方法

基准财政收入额能够客观地、合理地反映各个地方公共团体的财政收入实力，亦即地方税、地方让与税等的收入额。基准财政收入额的具体计算方法要根据地方交付税法第14条的相关规定来进行。原则上，各种税目按照以下公式分别予以计算，在此基础上，得出各种税目之和，这就是基准财政收入额。具体计算公式如下：

（用客观方法测算的课税标准额）×（标准税率或者一定税率）×（道、府、县:80％；市、镇、村:75％）×捕捉（亦称随机）征税率①

五 村、镇合并导致的地方公共团体的财政来源不足额的计算特例

如上所述，各地方公共团体的财政来源不足额等于该地方公共团体的基准财政需求额和基准财政收入额的差额。但是，如果发生市、镇、村合并的情况，就要根据市、镇、村合并特例法第11条第2项的相关规定处理。市、镇、村合并的年度以及之后的10年间，按照以下计算方法进行处理：业已实现合并的市、镇、村的财政来源不足额不得低于在该年度4月1日仍然以该市、

---

① 1. 法人居民税、法人事业税、居民所得税中的让渡所得税以及特别吨位税，依然采用结算制度。固定资产税以正误形式也采用了结算措施。
2. 地方让与税其让与估算额全额都计算在内。
3. 从1983年度开始，一段时期内，交通安全措施特别交付金的收入估算额全额都计算在内（依据地方交付税法附则第7条的相关规定）。
4. 从1999年度开始，一段时期内，由于中央政府对某些税种永久性减税，地方税收相应减额。为了弥补其中部分减额，中央政府向地方公共团体拨付了地方特例交付金。其交付额为：道、府、县80％，市、镇、村75％，都计算在内（依据地方特例交付金法第14条的相关规定）。
5. 按照相关法令规定，有的税种要免除地方税，课税率不应均一。在这种情况下，由于上述措施造成地方税收减额，其减额的75％乃至80％都要从基准财政收入额中扣除。

第六章　地方交付税的计算方法概要

镇、村合并前的区域存续情况下计算得出的数额之和。之后的 5 年，不得低于上述合计额的一定比例。也就是说，如果按照合并前的市、镇、村的每个区域计算得出的财政来源不足额之和较大的话，那么较大的额度便是合并后该地方公共团体的财政来源不足额。

比如：a 市、b 镇、c 村合并为 A 市的话，其财政来源不足额如下。

		基准财政需求额	基准财政收入额	财政来源不足额
	A 市	100	80	20
合并前的 市、镇、村	a 市	50	60	-10
	b 镇	30	15	15
	c 村	20	5	15
	合计	100	80	30（-10）

合并前的 a 市属于财政收入超出财政需求的地方公共团体的话，就会得出上述结果。在这种情况下，A 市的财政来源不足额为 30。如上述事例所示，由于市、镇、村合并，地方交付税的计算方法对合并后的市、镇、村极为不利。因此，为了弥补这一损失，采取了合并市、镇、村的财政来源不足额特例计算办法。这也是为了消除市、镇、村合并带来的弊端而出台的财政措施。

六　东京都以及东京都特区的特例

根据地方交付税法第 21 条的相关规定，东京都及其特区的地方交付税、基准财政需求额和基准财政收入额的计算办法如下：①东京都全部区域准照道、府、县层面的地方公共团体来计算其地方交付税额度、基准财政收入额和基准财政需求额；②东京都的特区准照市、镇、村来计算其地方交付税额度、基准财政收入额和基准财政需求额；③根据上述标准计算得出的基准财政需求额之和以及基准财政收入额之和，作为东京都及其特区的基准财政需求额与基

日本新地方财政调整制度概论

准财政收入额。

设置东京都及其特区的特例制度，原因在于东京都及其特区在行政事务分配和税源分配方面，与其他道、府、县层面的地方公共团体的措施不同。如果将二者完全按照一般的道、府、县及市、镇、村层面的地方公共团体的标准来分别计算的话，得出的结果会非常不合理。也就是说，消防、下水道等公共事业，通常由市、镇、村来处理。但是，东京都的特区则由东京都来处理。而且为了应对此类公共事业行政事务处理特例，在税源分配上，在东京都特区，由东京都来征收市、镇、村居民税、法人税，固定资产税，城市建设税，特别土地保有税以及事业所税。

由于在行政事务分配以及税源分配上采取了特例措施，东京都及其特区的基准财政需求额、基准财政收入额、财政来源不足额（或者超出额）的计算结果如表 6-1 所示。东京都及其特区都出现了财政收入盈余。1977 年度以后，东京都及其特区都是财政收入有盈余的地方公共团体。鉴于上述特例措施，东京都将在其所辖特区征收的市、镇、村居民税、法人税，固定资产税以及特别土地保有税税收的一定比例作为特区财政调整交付金拨付给其所辖特区。东京都及其特区财政调整交付金的计算方法大体上按照地方交付税的办法来实施，具体情况如下。

表 6-1 东京都及其特区的普通交付税的调查结果

单位：亿日元

区分		现行制度	转账需求额及收入额详情		转账后
东京都	基准财政需求额 A	17484	消防费用	1260	22715
			城市建设费用	596	
			下水道费用	300	
			保健卫生费用	24	
			清扫费用	1569	
			公债费用	1482	
			合计	5231	

第六章　地方交付税的计算方法概要

续表

区分		现行制度	转账需求额及收入额详情		转账后
东京都	基准财政收入额 B	17712	市、镇、村法人居民税 固定资产税 特别土地保有税 办公场所税 高尔夫球场利用税交付金 特别吨位让与税 航空燃料让与税 合计	3522 8702 38 722 1 3 7 12995	30707 ※ -6784 23923
	交付基准额 E(＝A－B)	-228			-1208
特区	基准财政需求额 C	16468	-5231		11237
	基准财政收入额 D	20059	-12184		7875 ※6784 14659
	交付基准额 F(＝C－D)	-3591			-3422
	合计(E＋F)	-3819			-4630

注：1. ※是东京都及其特区财政调整交付金的1999年初的计算额度。
2. 基准财政收入额的B栏以及D栏的区别是由基准税率的差异造成的。

[参考] 东京都及其特区的财政调整制度

（1999年度）

1. 东京都及其特区的财政调整制度的意义

（1）东京都及其特区的财政调整制度的作用

东京都及其特区的财政调整制度虽然并未包含在地方交付税制度体系内，但是与地方交付税制度很类似，是一种特殊的财政调整制度。这一制度的适用范围限定在东京都及其特区之间，以及特区之间。根据日本自治法的相关规定：东京都特区拥有处理和一般的市、镇、村不同的行政事务的权限，而且在税制方面也拥有特例。东京都及其特区之间的行政制度、财政制度关系和一般的道、府、县及其市、镇、村之间的关系相比，独具特色。现行的日本地方自治

日本新地方财政调整制度概论

制度也考虑到了这一因素。属于东京都特区管辖的行政事务和属于特区区长及其行政机构权限管辖的行政事务的处理、管理以及执行都需要一定的行政经费。就这一行政经费，东京都根据日本地方自治法的相关规定要采取一定措施，在东京都及其特区之间以及特区之间进行必要的调整（日本地方自治法第282条第2项的相关规定）。而且通过条例形式制定了东京都及其特区的财政调整制度，通过政令形式制定了特区财政调整交付金制度以及特区财政调整纳付金制度。

东京都特区财政调整交付金和特区财政调整纳付金制度详情如下：各特区的行政事务处理所需行政经费都要计入财政需求额账目，当这一财政需求额超出日本地方税法所规定的应征收的财政收入额时，东京都通过拨付一般性财政来源来补偿这一财政来源不足额；而当特区财政收入额超出其财政需求额时，超出部分应上缴东京都当局。这样就能够对东京都及其特区之间的财政进行调整。与此同时，可以调整和均衡特区之间财政收支状况的差异，保障各特区拥有必要的财政收入。

（2）东京都及其特区的财政调整制度的特色

在以后的章节也会讲到，东京都所辖各特区的财政需求额以及财政收入额的计算方法大致按照地方交付税制度来实施。从这一意义上讲，可以说是地方交付税制度在特定地方公共团体内部的缩影。但是，东京都及其特区的财政调整制度的最大特色是不仅为财政收入不足的地方公共团体提供资金周转，还可以将财政收支有盈余的地方公共团体的盈余额收缴上来。换言之，这是采用逆向交付税的思维方式。通过这一措施，实现了东京都所辖特区间的财政收支均衡。从这一角度来说，这比地方交付税制度的财政平衡功能更彻底。当然，在采用逆向地方交付税方式时不要忽视东京都及其特区之间行政制度、财政制度上的特殊性以及两者关系的历史上的渊源，不能盲目模仿，东施效颦。这是因为东京都及其特区之间的财政调整制度和中央政府与地方公共团体之间实施的地方交付税的背景和情况迥异（后面也会讲到，从2000年度开始，东京都及其所辖特区的纳付金制度废止）。

第六章 地方交付税的计算方法概要

2. 东京都及其所辖特区的财政调整制度的沿革

东京都及其所辖特区的财政调整制度的历史可以上溯到 1947 年。当时，第二次世界大战刚刚结束，新型地方公共团体的自治政治制度刚刚起步。为了调整东京都所辖特区之间财政收支能力的不均衡，根据特区税条例实行了非均一课税（亦即非一刀切课税）的方法。即便如此，仍有一些特区财政收支状况入不敷出。为了弥补其财政来源不足，准照地方配付税制度，通过制定特区配付税条例，由东京都当局分配一般性财政来源。这一时期尚未制定让财政收支状况较好的特区向东京都上缴财政收支盈余部分的制度。

1950 年，按照美国夏普使节团提交的建议的精神，在日本中央政府与都、道、府、县及市、镇、村层面的地方公共团体之间重新进行行政事务的分工。与此同时，改革地方税制、地方财政制度，创立地方财政平衡交付金制度。随着这些制度改革的不断深化，东京都及其特区的财政调整制度也进入了新的发展阶段。具体来说，废除了根据特区税条例制定的非均一课税制度以及特区配付税条例。与此同时，新制定了东京都特区财政调整条例（1950 年，制定了东京都所辖特区特别纳付金条例以及东京都特区财政调整条例），按照地方财政平衡交付金制度的相关规定测算财政来源不足额。另外，首次设立让财政收入超出财政需求的地方公共团体上缴其超出额的制度。

1952 年，日本中央政府修改了地方自治法以及该法的实行命令。东京都及其特区财政制度也因此有了法律根据。1953 年以后，东京都也仿照地方财政平衡交付金法的相关规定，采取了以下类似措施：如果有的特区按照地方财政平衡交付金法的相关规定，计算得出的财政需求额超出了按照该法相关规定计算得出的财政收入额，东京都当局会向该特区拨付特区财政平衡交付金，来弥补该超出额部分。而且将特区财政平衡交付金计入东京都的财政预算计划。另外，如果有的特区的财政收入额超出了财政需求额，其超出部分应上缴给东京都。东京都应向财政收入不足的特区拨付财政平衡交付金。财政收入有盈余的特区应向东京都上缴盈余部分。这些都在东京都条例中有明文规定。特区的财政需求额和财政收入额的

日本新地方财政调整制度概论

计算方法，之后逐年得到改善，更趋合理。

1964年，中央政府修改了地方自治法。之后，东京都的行政事务权限大幅向其所辖特区下放。与此同时，东京都及其特区的财政调整制度也相应进行了改革。通过修改地方自治法的施行法令，以前的特区财政平衡交付金改为特区财政调整交付金，财政收入盈余的特区上缴的纳付金改为财政调整纳付金，而且其具体内容也得到了充实。具体来说，以前特区财政调整交付金（以下简称"财政调整交付金"）的基本额实际上是计入东京都的预算额度的，为以下两个数额之和：其一，东京都征收的特定税收额的一定比例；其二，特区财政调整纳付金（以下简称"财政调整纳付金"）。而当特区财政调整交付金的基本额不足，或者各特区的财政来源不足额产生剩余的情况下，要采取必要的调整措施。与此同时，要根据条例的相关规定，确定特区财政调整交付金的计算方法。1965年、1966年，东京都大幅度修改了计算方法，使之尽量接近地方交付税的计算方法。之后对其计算方法又不断进行了改进。

3. 东京都所辖特区财政调整交付金以及财政调整纳付金的计算方法

（1）特区财政调整交付金的基本额的计算方法

根据日本地方自治令第210条之11的相关规定，特区财政调整交付金的基本额是以下三个额度之和：一是东京都所征收的固定资产税和市、镇、村居民税及法人税税收额的一定比例；二是从1973年度开始，将特别土地保有税税收额的一定比例也列入了特区财政调整交付金；三是该年度财政收支有盈余的特区应该上缴东京都的财政调整纳付金。相关条例又规定了固定资产税，市、镇、村法人居民税以及特别土地保有税（以下简称"调整三税"）的收入额在特区财政调整交付金中所占的比例。1976年度以后，将该比例定为44%[①]。另外，在这里，固定资产税，市、镇、村法人居民

[①] 这一比例1970年度为32.25%，1971年度及1972年度为36.75%，1973年度及1974年度为40%，1975年度为43%。

第六章 地方交付税的计算方法概要

民税的收入额指的是决算额。因此，各年度的财政调整交付金的基本额度的计算方法如下。①该年度的固定资产税，市、镇、村法人居民税以及特别土地保有税的税收估算额乘以一定比例得到一个数值。②上一年度以前各年份的基本额的基础是"调整三税"的收入估算额。这一估算额和最终确定的收入额之间有个差额。② ± ①所得值就是各年度的财政调整交付金的基本额。这一点和计算地方交付税总额的方法如出一辙。

普通交付金的基本额有时会持续和普通交付金的所需额发生显著偏离。在这种情况下，根据日本地方自治令第210条之16的相关规定，可以变更固定资产税，市、镇、村法人居民税以及特别土地保有税等的收入额在特区财政调整交付金中所占的比例。地方交付税法也规定可以调整所得税、法人税、消费税、烟草税和酒税等五种国税在地方交付税中所占的比例。

（2）特区财政调整交付金的种类等

日本地方自治令第210条之12规定：东京都所辖特区财政调整交付金可以分为普通交付金和特别交付金两类。每一类交付金的基本额是财政调整交付金的基本额乘以一定比例所得值。1999年度，根据相关条例规定，普通交付金占特区财政调整交付金的95%，特别交付金占特区财政调整交付金的5%。而且相关法律条文规定普通交付税的基本额大致是财政调整交付金的一定比例。对各特区应拨付的普通交付金额度可以根据（3）所述方法计算得出。当普通交付税基本额不足应拨付各特区的普通交付金额度之和（以下简称"普通交付税所需额"）时，将该不足额加算到普通交付金的基本额中，这样就能得出普通交付金的总额。在这种情况下，相当于该不足额的额度通过为运用财政调整制度而设立的特别会计账目从一般会计账目借款来筹措。相反，假如普通交付金的基本额超出了普通交付金所需额的话，采取以下措施进行处理：一是如果从上述的一般会计账目借了款的话，就应该用超出额部分先偿还借款；二是假如偿还借款以后仍然有剩余的话，将剩余额结转到下一年度的

日本新地方财政调整制度概论

普通交付金的总额账目中（根据日本地方自治令第210条之15的相关规定，以下简称"总额补偿措施"）。这一措施实际上属于一种年度间财政收入调整制度，很有特色，是地方交付税制度所不具备的。

（3）普通交付金的计算方法

对东京都所辖特区来说，为了处理日常行政事务，必须从东京都获得普通交付金。①比照地方交付税的基准财政需求额的计算方法计算得出财政需求额（以下简称"基准财政需求额"）；②根据地方税法的相关规定，东京都特区课税税收额要比照地方交付税的基准财政收入额的计算方法（直到1974年，这一标准税率为90%，从1975年开始增至85%），来计算得出其财政收入额（以下简称"基准财政收入额"）；③对于①的基准财政需求额超出②的基准财政收入额的东京都特区，由东京都当局拨付普通交付金，普通交付金的交付额是指该特区的基准财政需求额超出其基准财政收入额的部分（根据日本地方自治令第210条之13第1项的相关规定）。

特区基准财政需求额的计算方法大体上和地方交付税的基准财政需求额的计算原理相同。具体计算步骤如下：①将日常处理的行政项目进行分类，每个行政项目都设定一个或者数个测定单位；②调整后的上述测定单位数值乘以单位费用得到一个数值；③将②的数值相加就可以得出基准财政需求额。这和地方交付税的基准财政需求额的算法略有不同，现将其要点列举如下。

首先，东京都所辖特区基准财政需求额的测定单位过于具体和烦琐。比如："总务管理费用"以人口、面积为测定单位，而"儿童福利费用"则以人口、特区所辖保育所（或者幼儿园）的儿童数、私立保育所儿童数为测定单位。和地方交付税的基准财政需求额还有一点不同就是，测定东京都所辖特区基准财政需求额时考量的是数量有限的特区财政需求额，力求精准反映实际情况。

其次，其中的一部分经费的计算方法，特区基准财政需求额和

第六章　地方交付税的计算方法概要

地方交付税的基准财政需求额也有所不同。地方交付税的计算方法是另外设置（或者说作为例外）测定单位、调整额、单位费用来进行计算。而特区则采用了计算得出个别所需额度的方式。公务员的退休金、计入国民健康保险事业会计账目的拨款就属于这种方式。对公务员退休金进行核算的年度的上一年度退休公务员进行了调查，计算得出了特别岗位和教育首长以外的公务员所领到的实际金额。在此基础上，以这一金额为基准财政需求额计算得出公务员的退休金。与地方交付税相比，特区的测定单位的数值调整种类较少。现阶段正在使用的是种类调整、阶段调整、密度调整、形态调整等四种基准。

以道路桥梁费用为例，对因道路宽度、桥梁种类而产生的经费差额进行调整就属于种类调整；根据测定单位数值的增减情况、单位费用或增或减，对此进行调整就是阶段调整；儿童人口占总人口比例、老人人口占总人口比例等因密度不同会造成一定差异，因儿童抚养补贴支付件数、强令住院结核患者的数量指标的多少也会造成差异，对这些差异进行调整就是密度调整；制定相关法律，对适用于环境污染对健康造成的危害进行补偿的特区给予经费补偿，但是，因为这一措施造成了特区间的职能差别，而且地域之间征用土地经费有单价差，这些因素造成了行政服务水准的差异，对这些差异进行适当调整就是形态调整。

东京都所辖特区基准财政收入额由东京都所辖特区所征收的普通税、利息交割税、地方消费税交付金、购车税交付金、地方特例交付金、地方道路让与税、机动车重量让与税以及交通安全措施特别交付金等构成。根据日本地方自治令第210条之13的相关规定，特区标准税率为85%，比地方交付税标准税率（75%）高出10%。这10%的额度的计算方法如下：在基准财政需求额的计算项目中，设立"其他行政经费"以及"调整经费"等项目，以人口为测定单位，上述两项费用各为东京都所辖特区区民税的5%。这一计算方法考虑到了特区之间财政收入的均衡情况。上述额度的计算根据是上一年度的调整额或者该计算年度的调整估算额。另

日本新地方财政调整制度概论

外，在过去两年间，普通税的征收有过多或者过少的情况。在过去一年中，让与税和交付金的拨付也存在过多或者过少的情况。对上述两种情况进行了仔细核算。

（4）特别交付金的拨付

在计算得出普通交付金金额之后，有的特区会发生以下情况：一是可能会发生自然灾害等，为了赈灾会产生特别财政需求；二是财政收入可能会有所减少；三是发生其他特殊情况的可能。对于上述特区，根据其具体情况拨付特别交付金（日本地方自治令第210条之13第2项）。这种情况类似于地方交付税的特别交付金。

（5）财政调整纳付金的上缴

根据日本地方自治令第210条之14第1项的相关规定，东京都所辖特区要将其基准财政收入额超出基准财政需求额的部分上缴给东京都当局。假如有的特区不向东京都上缴财政调整纳付金，东京都可以根据实际情况，按照日本地方自治令第210条之14第2项的相关规定采取以下必要措施：按照日本地方税法的相关规定，东京都须将暂时替该特区征收上来的烟草税返还给该特区，但是，东京都有权将这部分烟草税充作该特区的财政调整纳付金。在这种情况下，可以视作该特区已经向东京都上缴了财政调整纳付金，而且东京都已经返还了该特区的特区烟草税。

（6）有关拨付时间以及其他事项的规定

除此之外，对财政调整交付金以及财政调整纳付金的拨付时间以及对拨付金额、拨付时间有错误或者虚假记录的情况采取以下相关措施：其一，比照地方交付税的办法制定专门条例；其二，与地方交付税相比，对普通交付金的拨付时间做了更为详尽的规定；其三，规定每月予以拨付（4～6月为概算期，7月至第二年3月为核算期）；其四，以1999年度初为例，财政调整交付金中，普通交付金的交付额为61776100万日元，特别交付金的交付额为3391800万日元，没有特区向东京都当局上缴财政调整纳付金。

第六章　地方交付税的计算方法概要

七　日本中央政府制定法律修改地方自治法的部分内容，同时部分修改了东京都特区财政调整制度

1998 年，日本中央政府制定第 54 号法律，对日本地方自治法的一部分进行了修改。这样一来，将东京都所辖特区定位为一般的地方公共团体，东京都所辖特区不再是内部的地方公共团体。为了提高东京都所辖特区财政运营的自主性，对东京都所辖特区财政调整制度做了修改，使之更接近地方交付税制度。此法律从 2000 年 4 月 1 日开始生效。其详细情况如下。

（1）明确将东京都所辖特区的财政收入保障条款写入了法律条文

此前，日本地方自治法规定，"根据政令的相关规定，通过条例形式采取必要措施"，并没有提及具体措施内容。而这次通过修改相关法律，对东京都所辖特区的财政调整制度做了一下修改。

①明确规定东京都所辖特区的行政服务水准要实现均衡化，并保障其财政收入。为此，东京都应向其所辖特区拨付特区财政调整交付金，使得"其所辖特区能够完成相同水准的行政事务或服务"。

②特区财政调整交付金的资金来源为固定资产税，市、镇、村法人居民税，特别土地保有税等三税的一定比例。

在①中规定东京都所辖特区被定位为一般的地方公共团体，因此，东京都应为其提供财政收入保障。保障方法要和其他的一般市、镇、村一样，在法律上做出明文规定。将来东京都会向其所辖特区移交部分行政事务事业，因此，财政需求情况也会相应有所变化。为了应对这一事态，东京都特区财政调整制度规定要为特区提供必要的财政收入，使其"能够实施标准化的行政事务或服务"。在此基础上，保障东京都所辖特区在将来能够自主性地进行财政运营。

在②中明确指出将固定资产税，市、镇、村法人居民税及特别土地保有税等三种税收的一定比例作为特区财政调整交付金的资

301

金。与此同时，明确规定上述三种税收的一定比例额度具有特区固定财政收入的性质，和地方交付税所起作用相同。这样一来，东京都所辖特区财政运营的稳定性就会有所提高。

（2）废除总额补贴办法

如上述 [**参考**] 3（2）所述，以前实行的制度采用的是总额补贴办法。但是，如果采取这一办法的话，根据东京都相关条例，交付金总额随着基准财政需求额的计算方式不同，会相应发生变化。因此，这一措施会助长特区在财政运营上对东京都产生依赖心理。因而，为了提高东京都所辖特区财政运营的自主性，决定废除总额补贴办法。

这样一来，有可能发生以下情况，亦即普通交付金的基本额和按照每个特区分别计算得出的财政来源不足额之和不一致。因此，需要采取相应措施，对这一情况进行调整，具体的调整办法应参照地方交付税制度的相关规定制定。如果基本额小于所需额度，就要通过调整比例按照财政来源不足的特区的基准财政需求额的比例予以削减。如果基本额大于所需额度，那么就要将其加算到特别交付金中。

因此，在法律制度上，要保障为东京都所辖特区提供财政收入，而具体措施要参照地方交付税的办法。短期内，要按照上述方法进行调整。但是，从中期来看，假如普通交付金的基本额持续和普通交付金的所需额出入较大的话，应该变更调整比例。只有这样，才能保障东京都所辖特区的财政收入。

（3）废除纳付金制度

如上述 [**参考**] 3（5）所述，纳付金制度可以合理调整东京都所辖特区之间的财政收入不均衡状况，使之在中长期内趋于合理。但是，有人指出这一制度也有不足之处，具体内容如下：其一，东京都让其所辖特区将所征的税收暂时上缴上来，这一措施意味着限制了其所辖特区的征税权；其二，尽管东京都设立特例，将固定资产税，市、镇、村法人居民税，特别土地保有税等三种税的征收权归属东京都，并以此来调整特区之间税收来源的不均衡状

第六章　地方交付税的计算方法概要

况。但是，纳付金制度不仅调整了上述三种税，还对东京都所辖特区的固有税种进行了调整。因此，为了对特区的课税权表示尊重，同时提高特区财政运营的自主性，废除了纳付金制度。

（4）固定资产税，市、镇、村法人居民税，特别土地保有税等三税的分配比例

此前的相关制度对固定资产税，市、镇、村法人居民税，特别土地保有税等三税的分配方案做了如下规定：将各个特区的需求额相加计算得出其财政需求总额，按照各特区所需额度确定上述三种税收的分配比例（亦称调整比例），定为44%，剩余部分作为东京都的财政收入。1990年，日本地方制度调查会指出："通过确定东京都及其所辖特区的财政收入分配比例来保持对其所辖特区的调整税拨付比例的中期性稳定。"1994年，东京都及其特区协议方案指出："以过去数年的决算额为基础，将东京都及其所辖特区双方的需求额相加，根据其财政来源不足额的比例来确定上述三种税收的分配比例"。

这次又对相关法律进行了进一步修改，对调整比例也做了以下说明：在（1）中也已明确指出，"为了使东京都所辖特区都能够实施同一水准的行政事务或服务"，东京都向特区拨付特区财政交付金，亦即进行调整的目的是使得特区的行政服务水准实现均衡化，保障东京都所辖特区拥有足够的财政收入。而调整比例的基准就是"所有的东京都所辖特区都能在同一水准行使行政职责"。

从2000年度开始，由于对东京都及其所辖特区进行了制度改革，对各自的行政事务、业务重新进行了分工。在这种情况下，将固定资产税，市、镇、村法人居民税，特别土地保有税等三税分配给特区的分配比例上调至52%。

[参考] 有关东京都及其所辖特区的制度改革的答辩意见

（日本地方制度调查会，1990年9月20日）

东京都及其所辖特区的财政调整制度

在设有特区的东京都管辖地区，应该恰当处理东京都及其所辖

特区的财政收入分配问题。而且东京都所辖特区之间存在着税源分布不均问题。在这种情况下，为了让所有东京都所辖特区都能够以统一的水准实施行政职能，必须维持东京都及其所辖特区的财政调整制度。与此同时，也要提高东京都所辖特区的财政运营的自主性。为此采取了下列措施。

①由于此次进行了东京都及其所辖特区制度改革，东京都及其所辖特区之间进行了行政事务分工。为了保障东京都所辖特区有足够财政收入行使其行政职能，东京都须向其所辖特区拨付东京都特区财政调整交付金。而东京都特区财政调整交付金就是固定资产税，市、镇、村法人居民税，特别土地保有税等三税的一定比例。因此，东京都及其所辖特区之间通过确定上述三税的分配比例，使得两者之间财政收入的分配保持长期稳定。

②废除每年度实施的总额补贴办法和纳付金制度。

③改善和简化东京都及其所辖特区财政调整交付金的计算方法，使之更趋合理。

第二节　有关日本地方交付税的计算方法的论争

日本地方交付税制度自创立以来，相关人士不断努力，对其计算方法进行改善，使之日趋合理。而今，在发达国家中，日本地方交付税制度也是最优秀的财政制度，可圈可点之处颇多。

但是，日本地方交付税在每年度地方公共团体财政收入中所占比重越来越大。因此，地方交付税分配额度对地方公共团体的财政运营产生了重大影响。正是这个原因，很多人对其计算方法提出了修改意见。最近几年，要求改革地方交付税计算方法的呼声越来越高。

1998年5月，日本内阁会议制订了《地方分权制度推进计划》，对地方交付税的计算方法做了明确规定。以下在对现行地方交付税的计算方法提出的修改意见进行综述的基础上谈一谈笔者的看法。

第六章　地方交付税的计算方法概要

一　对地方交付税的计算方法的简化

社会经济形势瞬息万变，对地方公共团体的财政收支状况影响巨大。地方交付税的计算方法要适应形势的变化。为此，要集思广益，听取多方意见。迄今为止，经过多次反复修改，地方交付税的计算方法日趋缜密。但是，地方交付税的计算方法更趋复杂，令人费解，其负面作用也不容小觑。即便仅采用人口以及面积计算基准财政需求额，其分配结果也会有很大的出入。因此，有人主张应从速痛下决心简化地方交付税特别是其基准财政需求额的计算方法。

日本中央政府根据相关法律，要求地方公共团体分担一定比例的行政职能和公共事业建设项目，并要求地方公共团体维持一定水准的行政服务。为此，中央政府必须保障地方公共团体拥有足够的财政收入。这一点在日本自治法和日本地方财政法中都有明文规定。为了给各地方公共团体提供财政收入保障，需精确计算得出地方交付税的额度。为此，仅仅以人口和面积作为分配标准就过于简单，必须准确掌握地方公共团体所要执行的行政事务和所承担的公共事业建设项目的总量。

即便是人口、面积完全相同的地方公共团体，因为以下的社会条件迥异，其行政服务所需经费也会有很大的差异：其一，是否有孤岛、山地；其二，自然条件不同，寒暖程度相差较大；其三，白天人口的流入、流出；其四，人口老龄化的程度；其五，社会资本是否完善和充实。在计算地方公共团体的基准财政需求额时，要想如实反映上述情况，必须使用更为复杂的计算方法。表6-2对以下额度做了详细比较：①1999年度的日本47个都、道、府、县的基准财政需求额；②将各都、道、府、县基准财政需求额的总额乘以各地方公共团体的人口（0.8）以及面积（0.2）的比例计算得出的额度。结果发现，约四成地方公共团体的基准财政需求额有20%以上的出入，在现实生活中是很难采用的。[①]

[①] 将人口比例定为0.8，将面积比例定为0.2，原因在于最近几年在分析基准财政需求额总额时，人口与面积之比大致是8:2。

表6-2 按照人口、面积计算得出的基准财政需求额比例结果比较（道、府、县）

（人口8：面积2）单位：百万日元

区分	1995年度的人口数(人)	总面积（平方公里）	1999年度基准财政需求额 A	比例结果 人口(A×0.8)	比例结果 面积(A×0.2)	合计 B	比较 C(B-A)	比较 C/A(%)	地方公共团体数(个)
31 鸟取	614929	3507.08	203764	84570	40078	124648	-79116	-38.8	6
41 佐贺	884316	2439.18	234966	121618	27874	149492	-85474	-36.4	
36 德岛	832427	4144.78	241193	114482	47366	161848	-79345	-32.9	
32 岛根	771441	6707.26	268776	106094	76649	182743	-86033	-32.0	
18 福井	826996	4188.62	233646	113735	47867	161602	-72044	-30.8	
47 冲绳	1273440	2267.88	287293	175133	25917	201050	-86243	-30.0	
37 香川	1027006	1875.68	228650	141242	21435	162677	-65973	-28.9	8
19 山梨	881996	4465.37	235193	121299	51029	172328	-62865	-26.7	
39 高知	816704	7104.49	262678	112319	81189	193508	-69170	-26.3	
42 长崎	1544934	4091.73	350768	212471	46759	259230	-91538	-26.1	
30 和歌山	1080435	4724.64	272542	148590	53992	202582	-69960	-25.7	
16 富山	1123125	4246.96	269976	154461	48553	202994	-66982	-24.8	
44 大分	1231306	6337.7	305202	169338	72426	241764	-63438	-20.8	
17 石川	1180068	4184.91	264932	162292	47824	210116	-54816	-20.7	
46 鹿儿岛	1794224	9186.62	419220	246755	104983	351738	-67482	-16.1	10
25 滋贺	1287005	4107.36	265415	176999	45909	222908	-42507	-16.0	

第六章　地方交付税的计算方法概要

续表

区分	1995年度的人口数(人)	总面积(平方公里)	1999年度基准财政需求额 A	比例结果 人口(A×0.8)	比例结果 面积(A×0.2)	合计 B	C(B-A)	比较 C/A(%)	地方公共团体数(个)
45 宫崎	1175819	7733.95	296196	161707	88382	250089	-46107	-15.6	
38 爱媛	1506700	5675.87	319036	207213	64863	272076	-46960	-14.7	
35 山口	1555543	6110.17	328884	213930	69826	283756	-45128	-13.7	
2 青森	1481663	9606.27	359953	203769	109778	313547	-46406	-12.9	
6 山形	1256958	9323.34	313546	172886	106545	279411	-34315	-10.9	
43 熊本	1859793	7402.71	381604	255773	84596	340369	-41235	-10.8	
29 奈良	1430862	3691.09	267989	196783	42181	238964	-29025	-10.8	
24 三重	1841358	5776.28	355530	253237	66010	319247	-36283	-10.2	
5 秋田	1213667	11612.11	331138	166913	132701	299614	-31524	-9.5	6
15 新潟	2488364	12582.29	519240	342218	143788	486006	-33234	-6.4	
33 冈山	1950750	7111.65	372261	268282	81270	349552	-22709	-6.1	
13 东京	11773605	2186.28	1748441	1619194	24991	1644185	-104256	-6.0	
9 枥木	1984390	6408.28	356831	272908	73232	346140	-10691	-3.0	
3 岩手	1419505	15278.22	373232	195221	174596	369817	-3415	-0.9	
8 茨城	2955530	6093.78	475776	406467	69638	476105	329	0.1	10
10 群马	2003540	6363.16	345346	275542	72717	348259	2913	0.8	
4 宫城	2328739	7284.61	398397	320266	83247	403513	5116	1.3	

307

日本新地方财政调整制度概论

续表

区分	1995年度的人口数(人)	总面积(平方公里)	1999年度基准财政需求额 A	比例结果 人口(A×0.8)	比例结果 面积(A×0.2)	合计 B	C(B−A)	比较 C/A(%)	比较 地方公共团体数(个)
20 长野	2193984	13585.22	450827	301733	155249	456982	6155	1.4	
7 福岛	2133592	13782.48	436000	293428	157503	450931	14931	3.4	
26 京都	2629592	4612.72	398164	361641	52713	414354	16190	4.1	
28 兵库	5401887	8391.22	797954	742907	95893	838800	40846	5.1	
34 广岛	2881748	8476.34	468124	396320	96866	493186	25062	5.4	
21 岐阜	2100315	10598.18	388390	288851	121114	409965	21575	5.6	
40 福冈	4933393	4969.31	675725	678477	56788	735265	59540	8.8	
22 静冈	3737689	7779.31	541720	514035	88900	602935	61215	11.3	3
23 爱知	6868336	5154.51	879563	944585	58905	1003490	123927	14.1	
27 大阪	8797268	1892.76	1065119	1209866	21630	1231496	166377	15.6	
12 千叶	5797782	5156.05	700248	797354	58922	856276	156028	22.3	2
11 埼玉	6759311	3797.25	783815	929591	43394	972985	189170	24.1	
14 神奈川	8245900	2415.11	869324	1134038	27599	1161637	292313	33.6	2
1 北海道	5692321	83452.28	1244115	782851	953674	1736525	492410	39.6	
合计	125570246	377793.62	21586702	17269364	4317341	21586705	3	0.0	47

注：1. 人口、面积所使用的资料是1995年度的人口普查数据。1999年和1998年10月1日也沿用了这一数据。
2. 1999年度的基准财政需求额中不包括错误额。

308

第六章　地方交付税的计算方法概要

1998年5月,日本中央政府制订了《地方分权制度推进计划》,该计划就地方交付税的计算方法的简化问题做了如下规定。

［参考］地方分权制度推进计划
（1998年5月）

第四,整理中央国库补贴负担金,并使之合理化;充实和保障地方税收入。

4. 充实和确保地方税收入

（2）地方交付税

c. 由于对中央政府和地方公共团体的职能分工进行了部分改革,通过法令形式废除了强制地方公共团体执行中央政府行政事务的相关条例。为了应对这一新情况,对地方交付税制度的应用方法进行了适当调整。结合地方公共团体的实际情况,采取得力措施,尽量简化地方交付税的计算方法,让地方公共团体能够自主进行财政运营。

如上所述,如果地方公共团体要实施法律、法规中规定的行政事务、公共事业的话,必须要有稳定的财政收入。地方交付税的目的就是保障日本地方公共团体拥有足够的财政收入。地方交付税的计算方法之所以烦琐,是因为日本中央政府强制地方公共团体具体实施一些行政事务或者公共事业项目建设。因此,要想简化地方交付税的计算方法,应尽量减少中央政府对地方公共团体的强制命令。《地方分权制度推进计划》也持此观点。

另外,地方交付税制度本身也有进一步简化的余地。因此,1998年、1999年在计算地方交付税额度时,废除了很多不适应社会经济形势变化,没有存在价值的各种调整系数,同时对各种调整系数进行了阶段性压缩和整理。

二　地方交付税计算方法的法定化

在计算地方交付税额度时,其单位费用、测定单位的数值以及数值调整等基本事项都在相关法律中有明文规定。但是，测定单位采用的具体数值、调整系数的具体计算公式都由日本财务省的相关条例做了具体规定。有人就这一点提出了以下反对意见：日本财务省的条例权限过大，所辖范围也太广，行政部门的权限也太大。应该将调整系数等诸多指标、指数以法律形式确定下来，限制日本财务省以及行政部门的权限。

诚然，地方交付税的计算方法等应尽量以法律形式做出明文规定。上述日本《地方分权制度推进计划》对此做了详细阐述："为了进一步简化地方交付税的计算方法，在计算普通交付税的基准财政需求额时，要采取以下措施：其一，尽可能使用可信度高、客观性强的统计数据作为测定单位；其二，在此基础上，使用根据调整系数计算得出的财政需求额；其三，将这一财政需求额作为法定的单位费用，计算得出普通交付税的基准财政需求额。"1999年，根据上述这一方针，以应用调整系数计算得出的财政需求额为单位费用计算得出以下数值：①"其他教育费用"项目中的公立大学的运营经费；②私立大学的行政补贴经费；③公立幼儿园的运营经费；④"老年人保健福利费用"中的老年人医疗费用；⑤"林野行政费用"中的公有林维管费用等。在此基础上，将上述计算过程、方法等以法律形式做出了明文规定，扩大了法定事项的适用范围。

但是，日本地方公共团体的自然、社会条件复杂多样。如果每个地方公共团体都要确定单位费用的话，单位费用种类繁多，计算方法就会过于复杂。而且日本地方公共团体的行政形势、财政形势复杂多变。如果将所有的调整系数法定化的话，会产生以下弊端：其一，不能够顺应形势变化，准确计算得出基准财政需求额；其二，会使地方交付税制度过于僵化。还有人主张应该公布所有的调整系数的计算根据，虽然已经以说明书形式公布了很多详细的计算根据。但是，还要进一步采取得力措施，让一般日本公众对此有更深的了解。

三 地方交付税计算方法的中立性

日本地方交付税法第1条就开宗明义地指出："日本地方交付

第六章　地方交付税的计算方法概要

税制度的目的是保障日本地方公共团体拥有稳定的一般性财政来源。"该法第3条第2项又规定："日本中央政府在向地方公共团体拨付地方交付税之际，要尊重地方公共团体的自治权利，不得提任何附加条件，以此来限制日本地方公共团体对地方交付税的具体用途。"就这一点，有人提出了反对意见："公共事业经费调整措施将地方公共团体所负担的部分公共事业项目建设经费及其本息偿还款直接反映在基准财政需求额的计算过程中。这一做法无异于中央政府将自己的政策意图强加给地方公共团体，严重损害了地方交付税制度的中立性。"但是，中立性的具体界定较为复杂。因此，如果过于拘泥于此，就会妨碍地方交付税发挥应有的财政调整功能。比如，有些地方公共团体的社会资本投资滞后，为了改变其落后面貌，有必要大搞公共事业建设。有些公共事业建设项目需要由地方公共团体根据中央政府发展国民经济而制订的综合计划来具体实施。地方公共团体在进行公共事业建设时，也要负担部分经费。日本地方交付税制度的宗旨是保障日本各地方公共团体有足够实施该公共事业建设的财政收入。而中央政府向地方公共团体拨付的地方交付税额度要根据地方公共团体所承担的公共事业项目建设的总量来确定。基于这一考虑，现阶段，中央政府一直在采取公共事业项目建设经费调整措施。灾后重建事业项目等，有些是地方公共团体不得已而实施的。这些公共事业项目建设所需经费的本息偿还金也计算在调整事业费里。这也是基于同样的考虑。

部分由地方公共团体单独进行的公共事业项目建设也采取了上述措施。这样做有如下两个目的。其一，尽管有些地方公共团体财政基础薄弱，为了振兴地方经济，也必须建设一些必要的基础设施和公共设施。采取上述措施可以为其提供资金保障。其二，中央政府为地方公共团体提供足够的资金保障，让各个地方公共团体按照本地区的实际情况，自主性、主观能动性地搞公共事业项目建设。也就是说，在计算地方交付税额度时，要考虑到各个地方公共团体面临的共同难题。为解决这些难题，必须保障地方公共团体具有充裕的财政收入，这正是地方交付税制度的精神实质。上述日本

日本新地方财政调整制度概论

《地方分权制度推进计划》就这一点指出:"在讨论日本地方交付税的计算方法时,要注意灵活应用以下两个办法:其一,静态的计算方法,亦即以人口、面积等基本指标为计算基础;其二,动态的计算方法,亦即将地方公共团体实际承担的公共事业建设项目总量作为计算基础。"

但是,有人对此措施持反对意见:"这些措施的目的是将地方债的实际偿还额直接反映在地方公共团体的基准财政需求额中。这导致各地建了大量的美术馆、博物馆、剧场等设施,但是使用率极低,甚至空置。这无疑是在浪费老百姓纳的税。"因此,日本《地方分权制度推进计划》就此做了如下规定:"虽然地方交付税的目的是保障地方公共团体拥有稳定的财政收入,但是这些经费要用在赈灾、灾后重建,社会效应能够惠及本地区以及以外的公共事业项目建设、由于地区分布不均导致的缺失的公共事业项目建设、为了解决人口流出过于严重的地区的社会问题的公共事业项目建设上。为此,要对此前的地方交付税制度的不合理之处做相应修改。新采取的改革举措也要限定在最小范围内。"

有人指出:"根据现行的地方开发相关法律,在计算地方公共团体的基准财政需求额之际,扣除了免征的地方税部分或者因差别课税造成的地方税减收部分。这样做是将日本地方交付税制度当做执行日本中央政府产业政策的手段,是和地方交付税制度的中立性原则背道而驰的。"而且近年来,根据这些个别性法律条文,频频实施所谓的税收减额补贴措施。这种案例有增加趋势。在这种情况下,日本第二次行政改革审议会于1989年12月在"就中央政府和地方公共团体的关系进行的答辩"中提议:"应该修改中央政府的税收减额补贴制度"。但是不可否认,要缩小日本各地区间的财政收支差距,设置地方税课税特例不可或缺。因此,在用地方立法形式为地方税征收设立特例之际,通过地方交付税途径,采取税收减少补贴措施是合情合理的,所以不能一概否定。《地方分权制度推进计划》指出:"日本地方交付税属于地方公共团体所共同享有的财政收入。利用地方交付税所采取的上述措施属于特例财政措施。

第六章　地方交付税的计算方法概要

因此,在迄今为止出台的措施中,适用期限已满者,要对其必要性、适用对象等重新进行考量。与此同时,将新的特例措施限定在最小范围内。"

四　彻底调整地方公共团体的财政收入

日本各个地方公共团体的财政支出状况和财政收入能力参差不齐。为了使所有的地方公共团体都能保持一定水准的行政能力、行政服务水准,需要为其提供相应的财政收入。这就是日本地方交付税制度的目的。但是,如果"一刀切"式地使地方公共团体之间的税收完全保持一致的话,地方公共团体就会产生怠惰情绪,不会自主性努力开源节流,最终会影响到地方公共团体的自主性财政运营。因此,现行的地方公共团体的基准财政收入额的计算办法是不将地方税收估算额的一部分(道、府、县为20%,市、镇、村为25%)计算在内。也就是说,在现阶段,通过地方交付税进行财政调整时,其限度是税收估算额的75%~80%。

如上所述,采取特例措施,地方税收入的一部分不计算在内。为了做到这一点,相应地通过累计单位费用等方式将标准财政需求额的一部分从地方公共团体的基准财政需求额中刨除。但是,有人指出:"地方公共团体的行政服务水准均一化是中央政府的既定方针,不能任意变更。因此,应该尽量将地方公共团体的行政需求额度计入地方公共团体的基准财政需求额。"这样一来,地方税收入较少的县(相当于中国的省)以及市、镇、村的相关人士提议:"通过将标准税率上调至75%或者80%,以此来充实地方公共团体的基准财政需求额的计算内容,加大财政收入调整力度。"

最近,很多人强烈要求充实公园、下水道、清扫等方面的市政建设经费。1976年度以后,日本中央政府出台了地方公共团体的财政增收措施,通过发行地方债来筹措公共事业投资资金,其本息偿还额计入地方公共团体的基准财政需求额。基于这一考虑,有人建议提高标准税率。另外,最近还有人主张:"要进一步提高地方公共团体开源节流、增加地方税收入的积极性。因此,最好下调基准税率（也就是说，现行的留存财政来源率为 20% 或 25%，应进一步上调）。现在的财政收入留存制度有利于调动地方公共团体增加税收的主观能动性。尤其是对地方公共团体的基准财政需求额和基准财政收入额较为接近的地方公共团体的促进作用更明显，值得期待。但是，有些地方公共团体基准财政收入额较少，与地方交付税的规模相比，地方税税收最多才能增加 20% ~ 25%，如小巫见大巫。地方税在整个地方公共团体的财政收入中所占比例过小，因此，增加地方税收入的主观能动性不强。"

1950 年，日本中央政府在创设地方财政平衡交付金制度之初，规定这一标准税率一律为 70%。但是，由于计入地方公共团体的基准财政需求额的范围不断扩大，标准税率不断提高。1953 年度，道、府、县提高至 80%；1964 年度，市、镇、村上调至 75%。这一税率一直保持到现在。迄今为止，各方人士对标准税率水准议论纷纷。有人提议将地方公共团体的财政需求额标准化，计入基准财政需求额。但是，标准化的程度很难精确。地方交付税制度的主要职能就是在不损害地方公共团体自主性的前提下，实现财政收入的均衡化。比照这一职能，进行财政来源调整是问题的核心。另外，地方公共团体之间的财政收支状况参差不齐。有人主张："为了消除这一差距，对没有从日本中央政府接受地方交付税的地方公共团体应采取以下措施：德国各州之间采取水平式的财政调整制度，其实质就是逆向交付税制度，应该引进这一制度。具体做法是将相当于一般性财政来源的盈余额部分上缴给国库，再通过国库将其拨付给财政收支亏空的地方公共团体。"但是在现阶段，要实施这一制度，困难重重。

五 地方交付税计算方法的客观性和妥当性

在计算地方公共团体的基准财政需求额和基准财政收入额之际，尽量使用客观方法和数据测定地方公共团体的财政需求额与财政收入实力。但是，如果计算结果与现实情况出入太大的话，也不会得到地方公共团体的认可。在日本中央政府创立地方交付税制度之初，计算地方公共团体的基准财政需求额时所使用的测定单位数

第六章　地方交付税的计算方法概要

值以及各种调整系数的基础数据，原则上采用人口数据以及其他指定的统计材料。这是因为地方公共团体不能肆意干涉这些数据。在计算地方公共团体的基准财政收入额时，原则上使用国税统计数据。除非迫不得已，一般不使用反映地方公共团体实际征税情况的数据。

但是，最近几年情况有所变化。日本公立高中的学生数以及公立幼儿园数等地方公共团体可以根据自己的政策好恶予以增减。这样的数据也被用于计算地方公共团体的基准财政需求额的基础或者根据。另外，还将市、镇、村居民税课税状况调查表、固定资产税概要调查表等中数值用于计算居民税、固定资产税等地方公共团体的基准财政收入额。因此，要下大力气制定切合地方公共团体现实情况的计算依据。但这样一来，客观性会大打折扣。在这种情况下，一部分地方公共团体会人为地尽量少报告居民税、固定资产税等数据，以获得更多的地方交付税拨款。但最终会露馅，并被中央政府勒令退还多要求的部分地方交付税。因此，笔者痛感有必要改良地方交付税制度，以维持其客观性。

第七章　日本地方公共团体基准财政需求额的计算方法

第一节　日本地方公共团体的行政项目和测定单位

一　行政项目的确定过程

要合理计算得出地方公共团体真实的行政需求总额（亦即一般性财政来源额度），必须将行政需求额按照部门来统计。而在现实生活中，日本地方公共团体的行政需求额是通过预算额或者决算额来确定的。因此，地方公共团体的基准财政需求额的测定单位，原则上通过日本地方自治法的相关实施规则规定的预算方式中的款项区分来确定。

但是，这样做的话，款项区分数目较多，而且性质类似。所以，要合理、高效地测定各个地方公共团体的整体财政需求额就没有必要将测定单位数值和款项数值等同，而应该将性质不同的费用项目归入同一款项，作为测定单位分别进行计算。特别是应该分别计算经常性经费和投资性经费。[①]

另外，以公债偿还费用为测定单位的地方公共团体也要区分计算。基于这一考虑，日本中央政府对现行的地方公共团体基准财政需求额的行政项目区分（计算项目）做了明文规定，如表 7–1 所示。

[①] 直到 1968 年度，地方公共团体每个经费项目的基准财政需求额的经常性经费和投资性经费都是统一计算的。但是，从 1949 年度开始剥离出来，地方公共团体基准财政需求额的计算方法得到了极大改善。

第七章 日本地方公共团体基准财政需求额的计算方法

表 7－1 （1） 计算得出的地方交付税费用项目和预算费用项目的关系（1999 年度）

（道、府、县）

已计算得出的交付税费用项目以测定单位			日本地方自治法实施规则	
经常性经费	土木工程费用	警察费用 / 道路桥梁费用 / 河流水利费用 / 港湾费用 / 渔港费用 / 其他土木工程费用	警察员人数 / 道路面积 / 河流长度 / 港湾（停泊设施的长度）/ 渔港（停泊设施的长度）/ 人口	（款） 1. 议会费用 2. 总务费用	（项） 1. 议会费用 1. 总务管理费用 2. 计划费用 3. 征税费用 4. 市、镇、村振兴费用 5. 选举费用 6. 防灾费用 7. 统计调查费用 8. 人事委员会费用 9. 监察委员会费用
	教育费用	小学教育费用 / 初中教育费用 / 高中教育费用 / 特殊教育学校教育费用 / 其他教育费用	教职员工数 / 教职员工数 / 学生人数 / 教职员工数 / 儿童及学生数 班级数 / 公立大学学生数、私立学校学生数		
	民生福利费用	生活低保费用 / 社会福利费用 / 卫生费用 / 老年人保健福利费用 / 劳动费用	村镇人口 / 人口 / 人口 / 65 岁以上人口 / 70 岁以上人口 / 人口	3. 民生费用 4. 卫生费用	1. 社会福利费用 2. 儿童福利费用 3. 生活低保费用 4. 赈灾费用 1. 公共卫生费用 2. 环境卫生费用 3. 保健所费用 4. 医药费用

317

续表

（道、府、县）

已计算得出的支付税费用项目以及测定单位				日本地方自治法实施规则	
				（款）	（项）
经常性经费	产业经济费用	农业行政费用	农户数	5. 劳动费用	1. 劳政费用
		林野行政费用	公有财产以外的林野面积		2. 职业训练费用
			公有林野面积		3. 失业措施费用
		水产行政费用	水产业从业人数		4. 劳动委员会费用
		工商行政费用	人口	6. 农林水产业费用	1. 农业费用
	其他行政费用	计划振兴费用	人口		2. 畜产业费用
		征税费用	户口数		3. 农地费用
		恩给费用	恩给获得者数		4. 林业费用
		其他各项费用	人口		5. 水产业费用
	土木工程费用	道路桥梁费用	道路长度	7. 工商费用	1. 商业费用
		河流水利费用	河流长度		2. 工矿业费用
		港湾费用	港湾（外部设施长度）		3. 观光费用
			渔港（外部设施长度）	8. 土木工程费用	1. 土木管理费用
		其他土木工程费用	人口		2. 道路桥梁费用
	教育费用	高中教育费用	学生数		3. 河川海岸费用
		特殊教育学校教育费用	班级数		4. 港湾费用
	民生福利费用	社会福利费用	人口		
		老年人保健福利费用	65岁以上人口		
投资性经费	产业经济费用	农业行政费用	耕地面积		
		林野行政费用	林野面积		
		水产行政费用	水产业从业人数		

318

第七章 日本地方公共团体基准财政需求额的计算方法

续表

（道、府、县）

已计算得出的交付税费用项目以及测定单位			日本地方自治法实施规则	
			（款）	（项）
其他行政费用	计划振兴费用	人口		
	其他各项费用	人口		
		面积		
	灾后重建费用		9. 警察费用	5. 城市建设费用
	地方税减收补贴债偿还费用			6. 住宅费用
	地方财政特例措施债偿还费用		10. 教育费用	1. 警察管理费用
	临时财政特例债偿还费用			2. 警察活动费用
	财政来源对策债偿还费用			1. 教育总务费用
	减税补贴债偿还费用			2. 小学教育费用
其他经费	地方改善措施特定事业债等偿还费用			3. 初中教育费用
	环保事业债等偿还费用			4. 高中教育费用
	大型石油联合企业债等偿还费用			5. 特殊学校教育费用
公债费用	地震灾害预防设施债偿还费用			6. 社会教育费用
	灾后重建债利息支付费用		11. 灾后重建费用	7. 保健体育费用
	临时税收补贴债偿还费用		12. 公债费用	1. 农林水产设施灾后重建费用
	灾民生活恢复债偿还费用		13. 各项支出	1. 公债费用
	促进农村、山区、渔村发展措施费用	农业、林业以及渔业从业人数		1. 普通财产获得费用
				2. 公营企业贷款
				3. 利息支付金
				4. 高尔夫球场利用税交付金
				5. 特别地方消费税交付金
			14. 预备费用	6. 机动车购买税交付金
				7. 利息结算金
				1. 预备费用

319

日本新地方财政调整制度概论

表 7-1（2） 计算得出的地方交付税费用项目和预算费用项目的关系（1999 年度）

（市、镇、村）

已计算得出的交付税费用项目		计算得出的交付税费用项目以及测定单位		地方自治法实施规则	
				（款）	（项）
经常性经费	消防费		人口		
	土木工程费用	道路桥梁费用	道路面积		
		港湾费用	港湾（停泊设施的长度） 渔港（停泊设施的长度）		
		城市建设费用	计划区域人口		
		公园费用	人口		
		下水道费用	人口		
		其他土木工程费用	人口		
	教育费用	小学教育费用	儿童数 班级数 学校数	1. 议会费用	1. 议会费用
		初中教育费用	学生数 班级数 学校数	2. 总务费用	1. 总务管理费用 2. 征税费用 3. 户籍居民基本台账费用 4. 选举费用 5. 统计调查费用 6. 监察委员费用
		高中教育费用	教职员工数 学生人数	3. 民生费用	1. 社会福利费用 2. 儿童福利费用 3. 生活低保费用 4. 赈灾费用
		其他教育费用	人口 公立幼儿园儿童数	4. 卫生费用	1. 保健卫生费 2. 清扫费用
	民生福利费用	生活低保费用	城市人口	5. 劳动费用	1. 失业措施费用 2. 民生等各项费用
		社会福利费用	人口		
		保健卫生费用	人口		

320

第七章 日本地方公共团体基准财政需求额的计算方法

续表

(市、镇、村)

已计算得出的交付税费用项目以及测定单位			地方自治法实施规则	
			(款)	(项)
经常性经费	劳保福利费用	老年人保健福利费用	65岁以上人口	
			70岁以上人口	
	产业经济费用	清扫费用	人口	
		农业行政费用	农户数	6. 农林水产业费用	1. 农业费用
		工商行政费用	人口		2. 林业费用
		其他产业经济费用	林业、水产业以及矿业从业人数		3. 水产业费用
	其他行政费用	计划振兴费用	人口	7. 工商行政费用	1. 工商行政管理费用
		征税费用	户籍数		
		户籍居民基本台账费用	户籍数		
		其他各项费用	人口		
投资性经费	土木工程费用	道路桥梁费用	面积	8. 土木工程费用	1. 土木工程管理费用
			道路长度		2. 道路桥梁费用
		港湾费用	港湾(外部设施长度)		3. 河川费用
			渔港(外部设施长度)		4. 港湾费用
		城市建设费用	计划区域人口		5. 城市建设费用
		公园费用	人口		6. 住宅费用
		下水道费用	人口	9. 消防费用	1. 消防费用
		其他土木工程费用	人口		
	教育费用	小学教育费用	班级数	10. 教育费用	1. 教育总务费用
		初中教育费用	班级数		2. 小学教育费用
		高中教育费用	人口		3. 初中教育费用
		其他教育教育费用	人口		4. 高中教育费用
					5. 幼儿园教育费用
					6. 社会教育费用

321

日本新地方财政调整制度概论

续表

(市、镇、村)

已计算得出的交付税费用项目以及测定单位			地方自治法实施规则	
			(款)	(项)
经常性经费	民生福利费用	社会福利费用		
		老年人保健福利费用		7. 保健体育费用
		清扫费用		
	产业经济费用	农业行政费用		
		其他产业经济费用		
		水产行政费用		
	其他行政费用	计划振兴费用		
		其他各项费用		
其他经费		灾后重建费用	11. 灾后重建费用	1. 农林水产设施灾后重建费用
		边远地区措施补贴债偿还费用		
		地方税减收特例措施债偿还费用		
		地方财政措施特例债偿还费用		
		临时财政特例债偿还费用		
		财政来源对策债偿还费用		
	公债费用	减税补贴债偿还费用	12. 公债费用	1. 公债费用
		地方税改善措施特定事业债等偿还费用		
		人口稀疏地区措施债等偿还费用		
		环保事业债等偿还费用		
		大型石油联合企业债等偿还费用		
		地震灾害预防设施债利息支付费用		
		灾后重建补贴债等偿还费用		
		临时税收补贴债偿还费用		
			13. 各项支出	1. 普通财产获得费用
				2. 公营企业贷款
			14. 预备费用	1. 预备费用
促进农村、山区、渔村、发展措施费用				农业、林业以及渔业从业人数

测定单位列: 人口 / 65岁以上人口 / 人口 / 农户数 / 林业、水产业以及矿业从业人员 / 水产业从业人数 / 人口 / 人口 / 面积

322

第七章　日本地方公共团体基准财政需求额的计算方法

另外，和根据日本地方自治法实施规则第 15 条规定的预算模式实施的款项区分进行了对比，详情见表 7 – 1。①

二　测定单位

1. 测定单位的定义

要想合理地、客观地测定各个行政部门的行政需求额度，必须获得能够正确反映其行政需求额变化的数量单位，将此称为测定单位。地方交付税法第 2 条第 6 号对测定单位做了以下定义："中央政府向地方公共团体拨付每年度普通交付税时所使用的单位叫做测定单位。每种地方行政单位都要设立，而且每种地方行政单位都要测定其数量"。

2. 测定单位采用的标准

测定单位采用的原则或者基准如下。

（1）测定单位要具有妥当性

采用测定单位数值的第一要件就是必须精准反映该行政项目的财政需求额，通常使用相关参数作为判定测定单位准确度的晴雨表。假如某个行政项目的财政需求额是某个数值的参数的话，两者的相关参数为 1.00。因此，测定单位的数值的相关参数越接近 1.00，就越理想。在表 7 – 2 中计算得出了消防行政费用与人口、房屋使用面积的两个数值的相关参数。

消防行政费用通常会按照该地方公共团体管辖区内房屋使用面积的比例而有所增减。但是，按照相关参数进行分析，发现将人口作为测定单位的数值更为合适。因此，在创立地方财政平衡交付金制度之初，曾经采用房屋使用面积作为消防费用的测定单位数值，而现在则改为采用人口作为测定数值。但是，河流水利费用等并没

---

① 这一计算模式以一般会计账目作为对象。因此，里面不包括公营企业、准公营企业的相关支出费用项目（如下水道费用等）。但是，在计算地方交付税的行政项目中，一般性财政来源负担（拨款）较大的费用项目（如下水道费用等）要作为独立费用项目处理。而国民健康保险等相关费用以及公营住宅建设费用由于在日本地方财政法第 11 条之 2 中另有规定，因此，不作为独立行政项目来处理。

323

有相关参数。为了弥补这一缺陷，使用了调整系数。这一点在后面部分会详细讲述。

表7-2 消防费用和人口、房屋使用面积的相关度

市、镇、村名	1997年度消防费用等决算额（百万日元）	1995年度人口普查人数（千人）	1997年度房屋使用面积（千平方米）
仙台市	10870	971	47708
冈山市	5561	616	36270
柏　市	3810	318	12761
富士宫市	1423	120	7299
加西市	669	52	4734
和歌山县岩出町	408	42	2028
奈良县大宇陀町	201	10	558
奈良县十津川村	71	5	291
岐阜县小坂町	130	4	328
合　计	23143	2138	111977
平均值	2571	238	12442

另外，有的费用项目用单一的测定单位数值是无法计算得出精确的需求额的，因此，需要使用多个测定数值。例如市、镇、村的小学教育费用和初中教育费用（经常性经费）使用了儿童数目、学生数目、班级数目以及学校数目。而道、府、县以及市、镇、村的高中教育费用（经常性经费）则使用了教职员工数目和学生数目。

在使用多个测定单位数值时，如果是道路费用的话，其经常性经费和投资性经费则先分别使用道路面积和道路长度两个数值计算得出各自的测定单位，在此基础上，计算各自不同的经费。现阶段，这种算法较为普遍。而以前在计算地方公共团体的农业行政费用时，用农户数做测定单位计算得出其标准费用的六成，而用耕地

第七章　日本地方公共团体基准财政需求额的计算方法

面积做测定单位计算得出其标准费用的四成。[①]

另外，用多重相关系数判断多个测定单位数值的正确与否。

（2）测定单位要具有客观性

中央政府要公正、公平地向地方公共团体分配地方交付税，必须公正地计算得出地方公共团体的基准财政需求额和基准财政收入额。因此，测定单位的数值是计算基准财政需求额的三个要素之一，其客观性对计算地方公共团体的基准财政需求额极为重要。测定单位数值要具有很高的公众信用度，不给地方公共团体留有肆意介入的余地，要求其具有客观性不言而喻。在进行日本全国人口普查时，根据统计法的规定，要求相关人员如实汇报，否则会被处以刑罚，这就保证了统计数值的准确性。测定单位数值也应参照人口普查的办法实施。日本建设省国土地理院负责国土面积调查，不受任何团体或个人的干扰，客观性极强。测定单位的客观性也要采取

---

① 1. 按照地方公共团体的规模，任意抽出其中一个地方公共团体。
  2. 相关参数按照以下公式计算得出：

$$\gamma = \frac{\frac{1}{n}\sum_{i=1}^{n}(x_i - \bar{x})(y_i - \bar{y})}{S_x \cdot S_y}$$

γ：相关参数；$\bar{x}$、$\bar{y}$ 是 x、y 的平均值。
S_x、S_y：标准偏差值

$$S(标准偏差值) = \sqrt{\frac{1}{n}\sum_{i=1}^{n}(x_i - \bar{x})^2}$$

  3. 由上述样本计算得出的相关参数：人口 = 0.99298，房屋的使用面积 = 0.97044
  4. 多重相关系数由下列公式计算得出：

$$R_z \cdot xy = \sqrt{1 - \frac{S_z^2 \cdot XY}{\delta Z^2}}$$

$$R_z^2 \cdot xy = \frac{\gamma^2 zx + \gamma^2 zy - 2\gamma zx\gamma zy\gamma xy}{1 - \gamma^2 xy}$$

$R_z \cdot xy$：多重相关的相关系数

$$S_z^2 \cdot xy = \frac{\sum[z - (a + bX + cY)]^2}{n}$$

$$S_z^2 = \frac{\sum(z - \bar{z})^2}{n}$$

γ：x、y、z 分别组合而成的单纯相关系数
$S^2z \cdot xy$：回归平面 $Z = a + bX + cY$ 周边分散
az^2：平均 z 周边分散。

日本新地方财政调整制度概论

类似的措施予以保证。

从这一点来讲，道路的长度、面积以及高中在校人数等数值经常会受到地方公共团体政策的影响，这是应该予以规避的。1950年9月21日，美国夏普使节团在报纸上刊登文章，连篇累牍地对地方财政平衡交付金的实施状况进行了评论，其中提到了以下情况。

地方公共团体为了分配到更多的地方交付税，大幅增加测定单位数值。因此，在决定测定单位之际，日本地方财政委员会应该给测定单位下个明确定义，避免地方公共团体直接左右测定单位的数值。但是，从长远角度来看，就某种行政业务而言，在中央政府向地方公共团体拨付地方交付金之际，需要有一个客观的尺度来衡量地方公共团体的财政需求额。道路问题尤其如此。地方公共团体为了维护和改良道路，需要大量费用。要测定这一费用的额度仅仅将该地方公共团体道路的实际情况和范围作为考量尺度是远远不够的。如果按照现状持续发展的话，地方公共团体的财政支出会更多。但是，第一个年度要规定一个测定尺度，要做到既容易计算又容易处理，而且具有很强的说服力。应该说，日本地方财政委员会使用其所选择的测定尺度是值得肯定的，而且将这些测定尺度的使用仅限于地方财政平衡交付金制度开始实施的最初两三年内。不仅如此，还要广泛宣传，让日本社会了解最终要向新的测定标准过渡。这样一来，在使用时就不会产生负面影响。

……

现在的学校数目不尽合理。原则上，地方公共团体所需要的学校数目要根据人口分布情况来确定。但是，很难制订出一套简单易行且很公平的计算方案。与此同时，要考虑到对地方财政平衡交付金产生的影响。下面以学校为例进行详细说明。事实上，在现实生活中，可以左右学校建设方式的

第七章　日本地方公共团体基准财政需求额的计算方法

情况并不是很多。因此，这个方案可以先放一放。同样，有些课程要求有正式学籍。把学生数作为测定单位是无可厚非的。但是，考虑到日本各地有为数众多的私立高中，而高中对学籍的要求并不太严格。在这种情况下，与其将在校学生人数作为测定单位，不如将该地方公共团体的适龄儿童人数作为测定单位更为恰当。要鼓励地方公共团体设立高等教育机构。为此，中央政府要在地方财政平衡交付金的拨付上给予适当奖励或者补贴，提高其办高等教育的积极性。这样就会事半功倍。

（3）测定单位要具有简明性

测定单位所使用的数值要简单明了。符合这一条件的有人口数、儿童数、学生数、班级数、学校数等，使用起来非常方便。而道路面积等在计算过程中容易出错，不太适合用作测定单位数值。

3. 测定单位数值的采纳情况

只有符合上文所列标准的测定单位数值才能使用，具体情况见表7-1。127个行政项目中，有29个以人口为测定单位，占整体的比重最大。以公债偿还费用为测定单位的行政项目有27个。测定单位的数值采纳情况可以分为以下几类。

（1）使用日本中央政府指定的统计调查结果作为测定单位数值

中央政府指定的统计调查结果包括人口普查等数据，一般都是根据法令、法规的相关规定，由专业统计调查机构在严格履行手续的基础上精确统计出来的，通常都公之于众。因此，其可信度极高，容易得到，使用起来也很方便。而且中央政府指定的统计调查结果的内容、种类都很丰富，其中，大多选择目的费用项目和具有相关关系者作为测定单位。

①以人口普查结果作为测定单位的

以人口为测定单位的有以下费用项目：道、府、县层面有

"其他土木工程费用""其他教育费用""生活低保费用""社会福利费用""卫生费用""老年人保健福利费用""劳动费用""工商行政费用""计划振兴费用""其他各项费用"。市、镇、村层面有"消防费用""城市建设费用""公园费用""下水道费用""其他土木工程费用""其他教育费用""生活低保费用""社会福利费用""保健卫生费用""老年人保健福利费用""清扫费用""工商行政费用""计划振兴费用""其他各项费用"。

以户口数为测定单位的有以下费用项目：道、府、县层面有"征税费用"，市、镇、村层面有"征税费用"以及"户籍居民基本台账费用"，以林业、水产业以及矿业的从业人数为测定单位的有市、镇、村部分的"其他产业经济费用"。

②以学校基本调查结果作为测定单位的

以高中学生人数为测定单位的有：道、府、县层面以及市、镇、村层面的"高中教育费用"；以小学以及中学的儿童数、学生数、班级数以及学校数为测定单位的有：市、镇、村层面的"小学教育费用""初中教育费用"；以各种特殊教育学校的班级数目为测定单位的有：道、府、县层面的"特殊教育学校教育费用"；以高职、高专以及高等院校学生人数为测定单位的有：道、府、县层面的"其他教育费用"；以私立学校的幼儿、儿童以及学生人数为测定单位的有：道、府、县层面的"其他教育费用"；以公立幼儿园的幼儿数为测定单位的有：市、镇、村层面的"其他教育费用"。

③以农业、林业普查结果作为测定单位的

以农户数为测定单位的有：道、府、县以及市、镇、村层面的"农业行政费用"；以耕地面积为测定单位的有：道、府、县层面的"农业行政费用"；以公有林以外的林野面积为测定单位的有：道、府、县的"林野行政费用"。

④以渔业普查结果作为测定单位的

以水产业从业人数为测定单位的有：道、府、县层面的"水产行政费用"。

第七章　日本地方公共团体基准财政需求额的计算方法

（2）以必备台账的记载数值或数据为测定单位的

根据相关法令规定，地方公共团体必须设立台账（亦即账簿或账本）。记录在台账上的数值虽然不如中央政府指定的统计调查结果那样可信度高，但是，其中有很多和通常作为测定对象的行政项目中的财政需求额之间有很强的关联性。因此，很多都作为测定单位。

①以道路台账作为测定单位的

以道路（含桥梁）的面积以及长度为测定单位的有：道、府、县以及市、镇、村层面的"道路桥梁费用"。

②以河流现状台账的记载数值为测定单位的

以河流长度为测定单位的有：道、府、县层面的"河流水利费用"。

③以港湾台账以及渔港台账的记录数值为测定单位的

以港湾（包含渔港）的停泊设施的长度以及外围设施的长度为测定单位的有：道、府、县以及市、镇、村层面的"港湾费用"。

（3）以相关政府机构的告示、公布数据、审批、调查等结果作为测定单位的

根据相关法令、法规或者政府主管部门的权限，相关政府机构分别进行调查，将其结果予以公示。这部分要尽量选用公众认可的、可信度高的作为测定单位。

以面积作为测定单位的

以日本建设省国土地理院公布的面积作为测定单位的有：道、府、县以及市、镇、村层面的"其他各项费用"。

（4）以法律规定的数值作为测定单位的

以通过法令形式规定的各个地方公共团体的数值及其计算方法为测定单位，其具体例子如下。

①以警察职员人数作为测定单位的

以日本警察法施行令规定的基准计算得出的警察职员人数为测定单位的有：道、府、县层面的"警察费用"。

日本新地方财政调整制度概论

②以教职员工人数作为测定单位的

以《日本公立义务教育各类学校的班级编制以及教职员工编制标准法》规定的标准计算得出的小学以及中学的教职员工编制为测定单位的有：道、府、县层面的"小学教育费用"以及"初中教育费用"；以《公立高中的设置、配置以及教职员工编制标准法》规定的基准计算得出的公立特殊教育学校的教职员工编制为测定单位的有：道、府、县层面的"特殊教育学校教育费用"。

（5）以其他标准作为测定单位的

除了上述测定标准之外，在一定时期内，用实际数目作为测定单位的有：官员退休金、抚恤金（亦称恩给费用）领取人数、公债费用的本息偿还金（包括道、府、县以及市、镇、村层面的"灾后重建费用"，市、镇、村层面的"边远地区措施事业债偿还费用"等）、地方债的发行许可额度（包括道、府、县以及市、镇、村层面的"地方税减收补贴债偿还费用""财政来源对策债偿还费用"等）。在这种情况下，日本财务省普通交付税条例规定必须配备记载着以数值为计算根据的事项的台账。

4. 测定单位数值的历史沿革

迄今为止，根据日本社会形势、经济形势、财政环境的变化，日本中央政府对测定单位数值进行了数次修改。1950年度，日本中央政府创设了地方财政平衡交付金制度。1954年度，地方财政平衡交付金制度向地方交付税制度转换。将二者测定单位数值和现在的情况进行对比（见表7-3），可以发现以下事实：其一，整体来讲，测定单位数目增多；其二，特别是以公债偿还金为测定单位数值的增加很多；其三，以根据教职员工人数等法令规定计算得出的公务员数为测定单位数值的比重在增加。在1950年度的社会福利费用以及卫生费用的测定单位数值中，设施数以及设施利用人数等非常多。这是因为日本厚生省所管辖的国库补贴款的多数统一到地方财政平衡交付金中，变化程度有所缓和。

第七章　日本地方公共团体基准财政需求额的计算方法

表 7 – 3　（1）用作测定单位的数值的变化过程

（道、府、县层面的地方公共团体的数据）

项目	测定单位		
	1950 年度	1954 年度	1999 年度
警察费用	—	警察职员人数	警察职员人数
土木工程费用			（道路桥梁费用）1967 年合并
1. 道路费用	道路面积	道路面积	道路面积、道路长度
2. 桥梁费用	桥梁面积	桥梁面积	
3. 河流水利费用	河流长度	河流长度	河流长度
4. 港湾费用	船舶吞吐量	港湾（含渔港）停泊设施长度	港湾（含渔港）停泊设施长度
		港湾（含渔港）的防波堤长度	港湾（含渔港）的外围设施长度
5. 其他土木工程费用	人口、面积	人口、面积	人口
教育费用			
1. 小学教育费用	儿童人数	儿童人数	教职员工人数
	班级数	班级数	
	学校数	学校数	
2. 初中教育费用	学生数	学生数	教职员工人数
	班级数	班级数	
	学校数	学校数	
3. 高中教育费用	学生数	学生数	教职员工人数
			学生数
4. 特殊教育学校教育费用（1979 年创设）	—	—	教职员工人数 儿童以及学生数 班级数
5. 其他教育费用	人口	人口	人口
			公立学校学生数
			私立学校学生数
民生福利费用			

日本新地方财政调整制度概论

续表

项目	测定单位		
	1950年度	1954年度	1999年度
1. 生活低保费用（1957年创设）	—	—	村镇人口
2. 社会福利费用	领取低保人数 儿童福利设施容纳人数 暂时避难所容纳人数 人口	人口	人口
3. 卫生费用	结核病患者人数 法定传染病患者数 性病患者报告人数 精神病院病床数 食品产业就业人数 人口	人口	人口
4. 老年人保健福利费用（1994年创设）			65岁以上人口 70岁以上人口
5. 劳动费用	工厂企业数 工厂企业职工人数 失业人数	工厂企业就业人数 失业人数	人口 —
产业经济费用			
1. 农业行政费用	农业就业人数 耕地面积	耕地面积 农业就业人数（含畜产业）	农户数 耕地面积
2. 林野行政费用	民有林野面积 林业就业人数	民有林野面积	公有林以外的林野面积 公有林野面积 林野面积
3. 水产行政费用	水产业就业人数	水产业就业人数	水产业就业人数
4. 工商行政费用	工商业就业人数	工商业就业人数	人口
（战争灾害复兴费用）	战争灾害受灾面积	战争灾害受灾面积	—
其他行政费用			
1. 计划振兴费用（1992年创设）	—	—	人口

第七章 日本地方公共团体基准财政需求额的计算方法

续表

项目	测定单位		
	1950 年度	1954 年度	1999 年度
2. 征税费用	税额 纳税人数	道府县税税额	户数
3. 恩给费用 (1958 年创设)	—	—	领取人数
4. 其他各项费用	人口	人口	人口、面积
(公债费用)	灾后重建、防空事业费用公债本息偿还额	—	—
灾后重建费用(1954 年创设)	—	灾后重建事业公债本息偿还额	灾后重建事业公债本息偿还金
地方改善措施事业债等偿还费用(1970 年创设)	—	—	地方改善措施特定事业费用、地方改善措施事业费用以及为筹措此费用发行的地方债的本息偿还金
环保事业债等偿还费用(1971 年创设)	—	—	环保事业债本息偿还金
因搞大型石油联合企业等周边防灾区域内的绿地设施建设发行的地方债,这一债务的偿还费用(1976 年创设)	—	—	因搞大型石油联合企业等周边防灾区域内的绿地设施建设发行地方债,这一债务的本息偿还金
地方税减收补贴债偿还费用(1976 年创设)	—	—	地方税减收补贴债额金(1979~1988 年)
财政来源对策债偿还费用(1977 年创设)	—	—	财政来源对策债额度(1994~1998 年)
地震灾害预防设施事业债偿还费用(1980 年创设)	—	—	地震灾害预防设施债本息偿还金

333

日本新地方财政调整制度概论

续表

项目	测定单位		
	1950年度	1954年度	1999年度
地方财政特例措施债偿还费用（1983年创设）	—	—	地方财政特例债额度（1982～1993年）
临时财政特例措施债偿还费用（1986年创设）	—	—	临时财政特例债额度（1987～1998年）
减税补贴债偿还费用（1995年创设）	—	—	道府县个人居民税减税补贴债额度（1994年、1996～1998年）
临时税收补贴债偿还费用（1998年创设）	—	—	临时税收补贴债额度（1998年）
灾后重建债利息支付费用（1991年创设）	—	—	为借给公益法人资金而发行灾后重建债利息支付额度
灾民生活恢复债偿还费用（1999年创设）	—	—	支援灾民生活债偿还额度
促进农村、山区、渔村发展措施费用（1995年创设）	—	—	农业、林业、渔业从业人数

注：括号内的经费项目现在已经废除。

表7-3 （2）用作测定单位的数值的变化过程

（市、镇、村层面的地方公共团体的数据）

项目	测定单位		
	1950年度	1954年度	1999年度
警察消防费用（消防费用）			
（1. 警察费用）	警官数		—
2. 消防费用	房屋面积数	人口	人口
土木工程费用			（道路桥梁费用）1967年合并
1. 道路费用	道路面积	道路面积	道路面积

第七章 日本地方公共团体基准财政需求额的计算方法

续表

项目	测定单位		
	1950 年度	1954 年度	1999 年度
2. 桥梁费用	桥梁面积	桥梁面积	道路长度
3. 港湾费用	船舶吞吐量	港湾（含渔港）停泊设施长度	港湾（含渔港）停泊设施长度
		港湾（含渔港）的防波堤长度	港湾（含渔港）的外围设施长度
4. 城市建设费	城市人口	城市人口	城市人口
5. 公园费用（1972 年创设）	—	—	人口
6. 下水道费用（1967 年创设）	—	—	人口
7. 其他土木工程费用	人口	人口、面积	人口
教育经费			
1. 小学教育费用	儿童人数	儿童人数	儿童人数
	班级数	班级数	班级数
	学校数	学校数	学校数
2. 初中教育费用	学生数	学生数	学生数
	班级数	班级数	班级数
	学校数	学校数	学校数
3. 高中教育费用	学生数	学生数	教职员工数
			学生数
4. 其他教育费用	人口	人口	人口
			公立幼儿园儿童数
民生福利费用			
1. 生活低保费用	—	—	市区人口
2. 社会福利费用	—	人口	人口
	人口		
	儿童福利设施容纳人数		
	领取低保人数		

日本新地方财政调整制度概论

续表

项目	测定单位		
	1950 年度	1954 年度	1999 年度
3. 卫生费用	人口	人口	（保健卫生费）（1964 年开始变更）
	食品产业就业人数 人口 幼儿园病床数 性病患者报告人数 保健所数		人口
4. 清扫费用（1964 年创设）	—	—	人口
5. 老年人保健福利费用（1994 年创设）	—	—	65 岁以上人口 70 岁以上人口
（6. 劳动费用）	工厂企业数 工厂企业职工人数	失业人数	—
产业经济费用	人口	人口	—
1. 农业行政费用（1957 年创设）	—	—	农户数
2. 工商行政费用（1957 年创设）	—	—	人口
3. 其他产业费用（1957 年创设）	—	—	林业、水产业以及矿业的从业人数 —
（4. 战争灾害复兴费用）	战争灾害受灾面积	战争灾害受灾面积	
其他行政费用			
1. 计划振兴费用（1992 年创设）	—	—	人口
2. 征税费用	税额 纳税人数	市镇村税额	户数
3. 户籍事务费用	原籍人口	原籍人口户数	（户籍居民基本台账费用）（1971 年开始变更）

第七章　日本地方公共团体基准财政需求额的计算方法

续表

项目	测定单位		
	1950 年度	1954 年度	1999 年度
4. 其他各项费用 （公债费用）	人口 灾后重建、防空事业费用公债本息偿还额	人口 —	户籍数 户数 人口 —
灾后重建费用（1954年创设）	—	灾后重建事业公债本息偿还额	灾后重建事业公债本息偿还金
边远地区措施事业债偿还费用（1963年创设）	—	—	边远地区措施事业费用以及为筹措这一款项发行的地方债本息偿还金
地方改善措施事业债偿还费用（1970年创设）	—	—	地方改善措施特定事业费用、地方改善措施事业费用以及为筹措此费用发行的地方债的本息偿还金
人口稀疏地区措施事业债偿还费用（1971年创设）	—	—	人口稀疏地区措施事业债本息偿还金
环保事业债偿还费用（1971年创设）	—	—	环保事业债本息偿还金
因搞大型石油联合企业等周边防灾区域内的绿地设施建设发行地方债，这一债务的偿还费用（1976年创设）	—	—	因搞大型石油联合企业等周边防灾区域内的绿地设施建设发行地方债，这一债务的本息偿还金
地方税减收补贴债偿还费用（1976年创设）	—	—	地方税减收补贴债额度（1979～1988年）

日本新地方财政调整制度概论

续表

项目	测定单位		
	1950 年度	1954 年度	1999 年度
财政来源对策债偿还费用（1977 年创设）	—	—	财政来源对策债额度（1994～1998 年）
地震灾害预防设施事业债偿还费用（1980 年创设）	—	—	地震灾害预防设施债本息偿还金
地方财政特例措施债偿还费用（1983 年创设）	—	—	地方财政特例措施债额度（1982～1993 年）
临时财政特例债偿还费用（1986 年创设）	—	—	临时财政特例措施债额度（1987～1998 年）
减税补贴债偿还费用（1995 年创设）	—	—	市、镇、村居民税减税补贴债额度（1994 年、1996～1998 年）
临时税收补贴债偿还费用（1998 年创设）	—	—	临时税收补贴债额度（1998 年）
灾后重建债利息支付费用（1991 年创设）	—	—	为借给公益法人资金而发行灾后重建债利息支付费用
促进农村、山区、渔村发展措施费用（1995 年创设）	—	—	农业、林业、渔业从业人数

注：括号内的费用项目现在已经废除。

5. 有关设立各种台账的问题

由上述可知，测定单位数值很多都记入了由日本法令规定必须设立的台账中。因此，要获得准确的资料，必须完善台账制定工作，所以日本地方交付税法第 5 条规定必须设立以下各类台账：

第七章　日本地方公共团体基准财政需求额的计算方法

"其一，道路等设施的相关情况根据各种法令规定必须设立台账记录；其二，公债台账、官员退休金和抚恤金支付台帐等法律、法规中虽然没有明文规定，但属于对计算地方交付税不可或缺的资料，也必须设立台账。"但是，下面也会讲到，日本设立台账的工作现状并不尽如人意。

（1）道路台账

道路的面积、长度，桥梁的面积、长度等都记录在道路台账中，在计算道路桥梁费用时，作为测定单位数值来使用。日本道路法第 28 条规定必须设立道路台账，其内容一般由图纸、文书构成。但是，在现实生活中，其内容非常复杂，并非所有地方公共团体都能按照这个模式设立台账。根据道路法施行规则第 4 条之 2 的相关规定，道路台账的记载事项中应具备文书以及图纸等要素。而在现实生活中，有的仅记录了一部分，很不完整。但是，在计算地方交付税过程中，认为它能满足必要条件，也将之视为道路台账（请参照普通交付税财务省省令附则第 3 条第 1 项的相关规定）。

但有的路线并未记录在道路台账中，针对这种情况，现阶段采取临时措施，暂将记录在道路、桥梁现状文书中的数值作为测定单位（根据普通交付税财务省省令附则第 2 条第 2 项的相关规定）。从实施地方财政平衡交付金制度时期开始，道路桥梁费用的测定单位数值一直使用记载在道路台账中的数值。在没有确认道路台账工作进展状况的前提下，就采用其数据是有风险的，应该尽早按照日本道路法第 28 条的相关规定完成道路台账的建立工作。而制作符合法定条件的台账耗资巨大、耗时较长，这一现状不可忽视，因此，采取了特例措施。

另外，1979 年度以后，日本自治省规定新数据一定要使用道路台账的数据，否则不予承认。1988 年度以后，还有一些线路没有制作道路台账。因此，自治省规定这些数据在使用时要打一些折扣。一些地方公共团体已经制作了道路台账，付出了艰辛的努力。这样做是为了在设有道路台账和没有设立道路台账的地方公共团体之间取得均衡。在设立道路台账之际，道路的长度、面积都要采用实际测绘的数据。如果仅仅引用地图上的数据，在计算地方交付税时是不会被采纳的。

(2) 河流现状台账

根据日本河流法第 12 条的相关规定，制作河流的现状台账。记录在河流现状台账上的河岸的长度等数据是计算河流治理、利用所需财政经费的基础。按理说，各地方公共团体必须制作数据精确、全面的河流台账。但是，测量、制作河流图纸耗资巨大。因此，还有很多河流区间尚未制作河流台账。在这种情况下，根据普通交付税财务省省令附则第 3 条第 5 项的相关规定，对以下两种数据采取了特例措施，暂时允许使用。一是 1999 年度以前的数据，根据日本旧河流法第 2 条第 1 项的相关规定予以认定，但要采用记录在告示中的数值。二是 1965 年 4 月 1 日以后的数据，根据日本河流法第 4 条或者第 5 条的相关规定，一些河流区间被指定为一级河流或者二级河流，记录在这一区间的河流现状台账上的数值也予以采纳。

(3) 港湾台账以及渔港台账

港湾费用（包含渔港）的测定单位是记录在该年度的上上年度末至今的港湾台账上的停泊设施和外围设施的长度。其具体内容如下：一是根据日本港湾法第 49 条之 2 的相关规定，制作港湾台账；二是根据渔港法第 36 条之 2 的规定制作渔港台账。还规定每年 3 月 31 日开始制作台账。另外，由于灾害、工程竣工等情况，数值可能发生变动。在这种情况下，要将其详细经过记录下来，予以保存。

(4) 公债台账

地方公共团体每次发行地方债，都要按照资金、项目类别分别记录在公债台账上。另外，还要附上偿还年份，予以妥善保管。有些地方债采取实际额度偿还方式，将地方债的本息偿还金额度作为测定单位、调整系数的计算基础。根据日本地方交付税法第 5 条第 1 项以及第 2 项的相关规定，必须设立地方交付税公债台账。在台

第七章　日本地方公共团体基准财政需求额的计算方法

账上记录上述具体事项，作为测定单位的计算基础。公债台账的编制工作大致分为两部分：一是计入公债费用的部分；二是计入公共事业费用调整的部分。在此基础上，再按照各种公共事业债进行区分，分别设立公债台账（根据普通交付税财务省省令第 3 条第 3 项以及第 4 项、附则第 4 条第 1 项的相关规定）。

中央政府之所以强制地方公共团体设立公债台账是基于以下原因：本息偿还金被用作基础数值或者测定单位，而这一金额是根据地方公共团体的调查报告得出的。通常的做法是将法律、法规规定的数值或者中央政府指定的统计调查作为基础数值。二者相比，显然，前者亦即根据地方公共团体的调查报告得出的金额可信度以及客观性要比后者弱得多。

1975 年度以后，一些地方债（含财政来源对策债、地方税减收补贴债等）将地方债的允许发行额作为基础数值或测定单位。在此基础上，根据理论系数计算各年度的偿还额。这种方式属于理论偿还方式，就采取理论偿还方式发行的公债偿还费用没有设立公债台账的硬性规定。因此，可以把地方债发行审批书以及地方债用途报告的复印件充作公债台账。

（5）恩给费用支付台帐

道、府、县层面的地方公共团体的恩给费用的测定单位采用的是恩给领取者人数。其具体数值是该年度的上一年度从该道、府、县领取恩给以及退休金的人数。因此，这些数据采用恩给费用支付台帐上的数据。

（6）固定资产税的概要调查报告

"其他各项费用"的测定单位采用的是面积数。其中"宅地面积"以及"水田、旱地面积"采用的是记录在固定资产税概要调查报告上的数据。因此，在写固定资产概要调查报告时，注意不要遗漏土地用途变更记录。

6. 有关测定单位数值的争论

一段时期以来，对测定单位数值的采用基准争议颇多。如在计算地方公共团体的基准财政需求额时，重点是放在客观性、中立性

日本新地方财政调整制度概论

上,还是放在妥当性和统一性、整体协调性上。在地方财政平衡交付金制度创立之初,将重点放在了客观性和中立性上。但是,最近的趋势是倾向于将重点放在妥当性和整体协调性上。比如 1950 年 9 月 21 日,美国夏普使节团在报纸上刊登文章,就测定单位数据做了如下论述。

> 原则上,行政事务的测定单位数据是一个重要尺度,可以衡量地方公共团体正在实施的某一行政业务或者建设项目是否有必要。因此,这一尺度必须能明示现实社会中地方公共团体所实施的行政事务的必要性。特别是要研判地方公共团体所承担的特殊行政事务是否有必要。为此,需要一个客观尺度。这一尺度尽量不要受到地方公共团体所采取的措施或者行为的干扰。日本地方财政委员会对这一原则的必要性和重要性有着清醒的认识。因此,在日本相关法律允许范围内,写入了日本地方财政委员会的规章制度中。举例来说,警务人员需求人数的确定并不是根据在职的警务人员的实际人数,而是根据日本国家法律所规定的地方公共团体必须配备的人数。因此,即便地方公共团体主张实际需要人数超过了标准人数,想要多获得一些财政补助,地方财政平衡交付金的拨付或者分配也不为所动。
>
> 但是,有的时候,地方财政平衡交付金的计算基础至少在几年内会受到地方公共团体行为的干扰。导致这一现象的原因如下:其一是日本地方财政委员会工作堆积如山,公务繁忙;其二是由于尚未真正理解衡量地方公共团体的财政需求额度的尺度以及均衡计划的精神实质,难免会受到地方公共团体行为的影响;其三是地方公共团体"上有政策下有对策",会变相采取"明修栈道,暗度陈仓"的方式修改上述尺度。而日本地方财政委员会也会采取一些较为宽松的暂定措施,避免这一事态的发生。这样一来,现有的道路、桥梁面积及其长度就被作为道路维修费用的需求尺度,将学校数和班级数作为估算教

第七章 日本地方公共团体基准财政需求额的计算方法

育费用的尺度。采用这些数据得出了现在的地方公共团体的基准财政需求额。但是，这样做，地方财政平衡交付金制度是不会发挥其应起到的作用的。而在地方财政平衡交付金制度刚刚实施的两三年间，使用这些数据不会产生太大的负面作用。但是，如果地方财政平衡交付金一直采用这一数据的话，就会不合时宜。地方公共团体会不断修建新路，其标准需求额亦即地方财政平衡交付金的交付额也会相应增加。而且地方财政平衡交付金的增额也必须满足新路维修费用所需额度。因此，如果测定单位不正确，那么地方公共团体有可能骗取地方财政平衡交付金。或者由于维修费用减额，不仅影响地方公共团体的财政收入，而且地方公共团体也会猜测平衡交付金会减额。这样一来，有的地方公共团体不愿将沙土路铺成沥青路面，或者偷工减料。教育费用需求额度的测定方式也是如此。本来，将设施分配给更多的小学才能最有效地使用学校资金，但是，为了获取更多的地方财政平衡交付金，地方公共团体有可能将班级人数规模缩小，增加班级数目。如果将学生数作为测定单位的话，会产生以下弊端：地方公共团体会利用政策漏洞，不当增加在校人数，或为了延长学生在校时间，挪用资金建一些非义务制的学校，结果导致小学教学条件变差。

的确，谁都不希望出现上述弊端。产生上述弊端有着更深层的原因，详情如下。中央政府要鼓励地方公共团体采取某种措施，必须进行政策诱导，而地方财政平衡交付金就是一种有效的经济手段。在某种意义上说，这也是地方财政平衡交付金的缺陷。因此，应尽可能通过其他途径或另外筹措奖励资金予以鼓励，不应不当使用地方财政平衡交付金制度。因此，要从速确定简单易行的测定单位，而且不为地方公共团体的各种不当措施所左右。

这样一来，地方财政平衡交付金制度执行起来就会容易得多。比如，确定道路费用需求额的测定单位，就会在某种

日本新地方财政调整制度概论

程度上不受现存道路网数据的影响。但是，对于都、道、府、县层面的地方公共团体来说，这一措施实行起来相当困难。道路的实际所需费用可以分配给各市、镇、村区域内现存的道路。另外，各地方公共团体可以根据面积、人口密度、交通量、地势等测定单位，分别计算得出各自所需费用额度。然后将各都、道、府、县等地方公共团体的费用合计得出费用标准。各地方公共团体内通常将本地区现存的道路网作为一般标准来使用。应设立全国道路计划委员会，并由这个委员会决定上述道路网是否可以作为测定单位，而且决策过程要公平、公正。

相比之下，教育问题不像道路问题那样迫切。减少班级人数、增加班级数目的做法也并非一无是处。但是，从技术层面来看，日本地方财政委员会无权鼓励或诱导地方公共团体减少班级人数、增加班级数目。实际上，由于一些地区人口稀少，地方公共团体也很为难，迫不得已才将一定数量的学生分成几个班级。班级数目或许是测定教育费用最容易的方法。但是，通常情况是地方公共团体自行决定减少规模较大的班级数目，增加小班级的数目。因此，地方财政平衡交付金尽量不要给这一地方公共团体的具体决策带来影响。假如能够设计出其他尺度来衡量人口分布对教育费用需求额产生的影响的话，就应该立即废除将班级数目作为教育费用需求额的测定单位。在现实生活中，存在地理因素等的差异，各地方公共团体的情况也并非一致。因此，可以考虑采用学校分布（含学校数、学校规模以及课程）作为测定单位。（以下内容省略）

特别需要引起注意的是，中央政府在确定测算单位之际，如果过分追求妥当性，会损害客观性和中立性。比如就道路桥梁建设所需费用而言，在对道路进行审批之际，对国道和都、道、府、县道路等分门别类，要进行客观评估。如果使用记录在道路台账上的数

第七章 日本地方公共团体基准财政需求额的计算方法

据，不会有任何问题。但是，一般的市、镇、村级道路只要经过市、镇、村议会表决就可以审批下来，没有第三方机构对其决策的合理性和可行性进行评估、监督，其客观性会受到质疑。实际上就有这样很不合情理的案例。比如，某些地方公共团体为了获得地方交付税的增额在农村修建了一些道路，而且根本不打算将其按照市、镇、村道路体系标准进行管理。这样的道路工程竟然获批（就这一案例，在相关县政府地方科的督导下，进行了整治）。因此，有人建议："考虑到道路台账的准备进度尚不令人满意，应采取临时措施，将人口和可居住面积作为一般市、镇、村层面的地方公共团体道路的测定单位。"

现阶段，将农村道路的长度作为市、镇、村的农业行政费用的投资形态调整数值。这一做法也是有问题的。因此，明确规定费用调整金额不能进一步增加额度。不仅如此，还要讨论今后投资性经费调整制度是否有必要继续存在下去。有人认为，当前教育费用的计算方式也存在问题。非义务制的公立大学的学生数、公立幼儿园的儿童数也计算在了标准财政需求额中。这一做法严重损害了地方交付税制度的中立性。曾几何时，这一建议很有说服力。但是，现如今公立大学和公立幼儿园不断普及，最近有人提出这样做是有问题的。其实，公立高中也经历了这样一个过程。客观性和中立性等判断标准并非是一成不变的，而是随着社会经济形势的变化而变化的。上述例子便是明证。以上的争论焦点主要是经常性经费的计算问题，而对投资性经费计算方法的争论，角度和内容都有所不同。

日本地方交付税制度的目的有二：一是调整和缩小地方公共团体之间财政收入能力的差距；二是以此为基础，缩小地方公共团体之间行政服务水准的差距。因此，在计算投资性经费之际，测定单位数据的采用也要顺着这一思路进行。在地方交付税制度刚开始实施的阶段，港湾费用的投资性经费是将已有的外围设施、船舶停泊设施的长度作为测定单位数据。在此基础上，计算得出港湾折旧费用。地方公共团体在建设港湾时，通过发行地方债来筹措经费。因此，需要用港湾折旧费用来偿还地方债的本息。如果采用这一算法的话，对公共设施较为完善的地方公共团体是有利的，而对公共设施建设滞后的地方公共团体是不利的。正是这个原因，出台了投资形态调整、公共事业项目建设经费补偿等措施。这一点在后面章节中也会讲到。

按照这一思路，最近一段时间采取的措施是通过发行地方债来筹措所需的投资性经费。将地方债的本息偿还金直接作为测定单位数据，或者将其作为公共事业项目建设经费的一部分来处理。这样一来，就可以将地方债本息偿还金计入地方公共团体的基准财政需求额。最近，为了解决地方公共团体的财政收支亏空问题，不断发行地方债。这一客观形势加速了上述趋势。有人建议："应该通过增加单位费用额度充实和加强一般性财政来源来筹措投资性经费，应从速改变一味依赖发行地方债来筹措地方财政收入的做法。"但是，从中长期来看，日本中央政府和地方公共团体的财政状况不佳，依靠发行地方债实属不得已而为之。

在发行地方债时，要制定相应目标，努力缩小地方公共团体之间行政服务水准的差距（以前，一般认为公共事业项目建设经费补贴款应该担负起此项功能，但是，今后公共投资的工作重心有所转变，主要投资到与地方居民生活密切相关的设施）。正是这个原因，从1984年开始，出台了以下财政措施：发行"城市建设特别措施事业债"，将其本息偿还金的一部分计入地方公共团体的基准财政需求额。这样一来，就可以以地方公共团体为主体，建设地方公共团体的基础设施。迄今为止，城市建设属于由中央政府通过国库进行补贴的公共事业建设项目。从中可以看出，城市建设的主体发生了变化。

有人主张："将各种国库补贴款（特别是细小的、低效的补贴款）归拢起来，创设第二种或者另类的地方交付税制度。"但是，在现阶段，"城市建设特别措施债"和地方公共团体的基准财政需求额挂钩，各种国库补贴负担金具有代替地方交付税的一面。这一模式已经固定下来，没有必要再创设第二种地方交付税制度。日本

第七章　日本地方公共团体基准财政需求额的计算方法

第二次《地方分权制度推进计划》在接受地方分权委员会第五次建议的基础上，创设了综合财政补贴制度。

第二节　单位费用

一　单位费用的定义

地方公共团体的财政需求额（一般性财政来源需求额）亦即基准财政需求额，是指各个行政项目根据以下公式计算得出的额度之和：

单位费用 ×（测定单位数值 × 调整系数）

因此，单位费用是计算地方公共团体的基准财政需求额的三个要素之一，它所显示的是各个行政项目的每个测定单位的一般性财政来源需求额。道、府、县或者市、镇、村的每个行政项目的单位费用，具备通常标准条件的地方公共团体或者具备标准规模设施的单位费用按照以下公式计算得出：

单位费用 =（标准年度财政支出－国库补贴负担金等的特定财政收入）÷测定单位数值

赈灾和灾后重建所需公共事业费用以地方债的本息偿还金为测定单位，其单位费用只不过显示出了计算的比例。日本地方交付税法第2条第7号的相关规定对单位费用做了以下定义："每个道、府、县或者市、镇、村中，具备标准条件的地方公共团体要以合理的、妥当的水准执行地方行政事务或为地方居民提供行政服务，或者维持标准化的公共设施。在这种情况下，需要一定的行政经费。以此经费为基准计算得出的各个测定单位的每个单位的费用就是单位费用（如该测定单位数值适用于地方交付税法第13条第1项的相关规定。在适用该规定以后的测定单位的每个单位的费用就是单位费用）。但是，以国库补贴款、国库负担金、各种行政服务手续费、公共设施使用费、分担金以及其他类似收入、

日本新地方财政调整制度概论

地方税收入中相当于基准财政收入额以外的收入为财政收入的部分除外。单位费用的第二层含义是为了得出用于计算普通交付税的每个地方行政项目的经费额度,乘以测定单位数值所得额度。这一额度就是单位费用"。

根据日本地方交付税法第 12 条第 3 项的相关规定,单位费用在该法的附表中有所显示。日本地方交付税法第 12 条第 4 项规定:"因为地方行政制度改革以及其他特别事由,必须对上述的单位费用进行变更时,如果日本国会处于闭会期间,可以通过中央政府发出的政令对该项单位费用采取特例措施。在这种情况下,中央政府必须在下次国会采取措施修改法律。" 也就是说,允许通过政令决定单位费用额度。但是,执行这一规定的案例就有一个,亦即 1954 年度修改户籍居民登记费的单位费用(请参看 1954 年政令第 258 号的相关规定)。

二 单位费用的计算方法

1. 标准地方公共团体的选定

从道、府、县或者市、镇、村层面的地方公共团体中选出符合标准条件的地方公共团体或者标准设施,从而计算得出其费用。这就是单位费用。标准条件具体是指:一是人口规模、面积、人口密度以及其他行政规模等在道、府、县及市、镇、村层面的地方公共团体中处于平均水准的指标;二是自然条件、地理条件、产业结构等没有特殊性(亦即不适用寒冷程度调整条款,城市化程度处于平均水平);三是既不属于人口急速增加的地方公共团体,也不属于人口急速减少的地方公共团体。现阶段,标准地方公共团体的具体例子如下:在道、府、县层面的地方公共团体中,标准县的人口为 170 万,面积为 6500 平方公里;在市、镇、村层面的地方公共团体中,标准市的人口为 10 万,面积为 160 平方公里。

地方财政平衡交付金制度在创立之初,在讨论制定制度方案的过程中,将市、镇、村的标准地方公共团体分为大城市、普通

第七章 日本地方公共团体基准财政需求额的计算方法

城市和村镇等三类,最终统一为城市。其规模如下。人口规模因费用项目不同,而有所不同。从1951年度开始,统一为以下标准:道、府、县层面,标准县的人口为170万;市、镇、村层面,标准市的人口为10万。这一点在地方交付税制度中得到了继承。

[参考] 日本地方财政平衡交付金制度创立初期的标准地方公共团体或者标准设施

①警察费用——警务人员数为160人的警察署。

②消防费用——房屋使用面积为48.3万坪(1坪=3.3平方米)左右的地方公共团体。

③道路费用——道、府、县层面:道路面积为1457万平方米左右的地方公共团体。

市、镇、村层面:道路面积为190万平方米左右的地方公共团体。

④桥梁费用——道、府、县层面:桥梁面积为17.7万平方米左右的地方公共团体。

市、镇、村层面:桥梁面积为4.12万平方米左右的地方公共团体。

⑤河流水利费用——境内河流长度为323.1万米左右的道、府、县。

⑥港湾费用——船舶吞吐量吨数为674.2万吨左右的港湾。

⑦城市建设费用——城市建设区域内人口(亦即市区人口)为8.4万左右的地方公共团体。

⑧其他土木工程费用——道、府、县层面:人口为186.7万、面积为7700平方公里左右的地方公共团体。

市、镇、村层面:人口为8.5万、面积为39.8平方公里左右的地方公共团体。

⑨小学教育费用——道、府、县层面:学校数是指根据文部省(相当于教育部)计算得出的每个学校的财政需求额;儿童数目为23.85万人,班级数目为4900个左右的地方公共团体。

日本新地方财政调整制度概论

市、镇、村层面：学校数是指根据文部省计算得出的每个学校的财政需求额；儿童数目为9600人，班级数目为208个左右的地方公共团体。

⑩初中教育费用——学校数目和小学教育费用的情况相同；学生人数以及班级数目：道、府、县层面：学生数为12.7万人，班级数为2000个左右的地方公共团体。

市、镇、村层面：学生数为4617人，班级数为92个左右的地方公共团体。

⑪高中教育费用——一定平均规模的普通课程的高中。

⑫其他教育费用——道、府、县层面：人口为186.6万左右的地方公共团体。

市、镇、村层面：人口为8.5万左右的地方公共团体。

⑬社会福利费用——道、府、县层面：人口为150万左右的地方公共团体。

市、镇、村层面：人口为8.5万左右的地方公共团体。

儿童福利设施利用人数以厚生省（相当于中国的劳动保障部）计算得出的平均每人的单价为基础，不指定标准地方公共团体。

领低保人数、暂时住进社会福利院的人数以用各总数除以厚生省计算得出的各种总经费得出的数值为基础，不指定标准地方公共团体。

⑭卫生费用——道、府、县层面人口为180万左右，市、镇、村层面人口为8.5万左右的地方公共团体。

食品产业营业人数（或者就业人数）、保健所数以用各总数除以厚生省计算得出的各种总经费得出的数值为基础，不指定标准地方公共团体。

结核病患者人数、法定传染病患者数、性病患者报告人数、精神病院病床数、小儿结核病疗养所数以用各总数除以厚生省计算的各种总经费得出的数值为基础，不指定标准地方公共团体。

⑮劳动费用——道、府、县层面：工厂数为7.5万、工厂工人

第七章　日本地方公共团体基准财政需求额的计算方法

数为30万左右的地方公共团体；市、镇、村层面：工厂数为350、工厂工人数为2.5万左右的地方公共团体。

⑯农业行政费用——耕地面积为10.8万町步（1町步=9900平方米）、农业从业人数为14.1万左右的道、府、县。

⑰林野行政费用——民营林野面积为27.5万町步、林业从业人员数为2638左右的道、府、县。

⑱水产行政费用——水产业从业人数为6000左右的道、府、县。

⑲工商行政费用——工商业的从业人数为4万左右的道、府、县。

⑳产业经济费用——人口为8.6万左右的市、镇、村。

㉑战争灾害复兴费用——道、府、县层面：受灾面积为338万坪；市、镇、村层面：受灾面积为155万坪（1坪=3.3平方米）。

㉒征税费用——道、府、县和市、镇、村各自将基准财政收入额的5%作为征税费用，用基准财政收入额以及纳税者数分别除以征税费用的1/2，得出的数值为单位费用。

㉓其他各项费用——道、府、县层面：人口为180万左右的地方公共团体，市、镇、村层面：人口为8.5万左右的地方公共团体。

㉔公债费用——就灾后重建事业债以及防空相关事业债计算其金额。

按照各项行政费用，各选定几个与上述基准相近的地方公共团体为标准地方公共团体。另外，在市、镇、村层面，各费用项目都将"城市"选定为标准地方公共团体。这样做的理由如下：大城市财政实力雄厚，行政服务水准很高，不适合做标准团体；而村镇行政活动规模小，财政实力薄弱，因此，其内容也有失公允。

2. 行政服务水准的具体确定方法

单位费用的计算基准是指地方公共团体"在合理、妥当的水准上，实施地方行政事务或者维持标准设施所需要的经费"。但是，"合理而且妥当的水准""标准设施"等概念并非绝对。其具体内容要根据每个时期的社会经济形势来决定。其水准至少要符合

日本新地方财政调整制度概论

国家法令所规定的行政水准，超过这一水准多大程度才算合适尚无定论。日本地方财政平衡交付金制度在创立之初，其目标就是将地方公共团体的决算额作为基础，保障其最小限度的必要经费水准。在此基础上，累计得出地方公共团体的经费额度。之后，日本经济发展迅速，地方公共团体的行政服务水准也大幅度提高。因而，单位费用层面上的行政水准也有一定程度的提高。行政服务水准是计算每年度单位费用的基础，在多数情况下，与市民要求的行政服务水准相去甚远，广为诟病。

地方公共团体受到批评和指责的原因如下。其一，不论什么时代，地方公共团体也无法提供完全让市民满意的行政服务，当局对此几乎持绝望态度。其二，对每个具体的行政项目所设定的行政水准略低于全国平均水平。为了弥补这一不足，比如在"其他各项费用"中，计入相同经费或者笼统计入。其三，在计算地方公共团体的基准财政收入额时，将标准的地方税收入估算额的一部分刨除在外。这一点在后面的章节中也会谈到。为了对此采取补救措施，对地方公共团体单独实施的公共事业项目建设经费的水准进行若干压缩。

不管怎么说，在现阶段，地方公共团体的财政收入属于宏观经济范畴，通过制订地方公共团体的财政收支计划予以保障。因此，行政服务水准最终要由地方公共团体的财政收支计划的年度财政支出的具体内容来决定（单位费用的计算要按照各个行政项目，以标准地方公共团体和标准设施为前提，在微观层面上进行。而地方公共团体的财政收支计划则是在宏观层面上来计算。两者虽然不会发生直接冲突，但两者的目的都是让中央政府每年度给地方公共团体提供必要的财政收入，使其能够以合理、恰当的水准顺利完成行政任务，为当地居民服务。既然如此，所追求的行政服务水准应该保持一致）。而行政服务水准恰恰是单位费用的计算根据或者前提。而且每年度的单位费用的计算实际上都是按照地方公共团体的年度财政支出计划的具体内容来进行的。日本中央政府和地方公共团体的年度财政支出规模、内容最终都

第七章　日本地方公共团体基准财政需求额的计算方法

是以地方税收入为后盾的。行政服务水准是计算单位费用的前提，从长期来看，行政服务水准会由租税制度（亦即租税负担水准）来决定。

3. 标准经费的计算方法

地方公共团体的行政工作一定要维持"合理而且妥当的水准"。每年度要针对标准化的地方公共团体制订标准预算。在此基础上，才能实现这一目标。列入标准预算的行政事务范围较广，主要有以下几项。其一，日本法律规定地方公共团体必须处理的行政事务。其二，虽然法律上没有明文规定，但是全国各地的其他地方公共团体都在实施。这类行政事务也必须进行妥善处理。其三，还有一些普遍性的行政事务，中央政府拨出部分国库负担金给予支持。日本地方财政法第10条及第10条之3所列的行政事务就属于这种情况。根据该法第11条之2的相关规定，对该项行政事务地方公共团体也要负担部分费用。而这部分费用就用于计算地方交付税的地方公共团体的财政需求额（一部分通过特别交付税来筹措）。其四，其他行政事务。这部分行政事务要根据其普遍性和必要性的程度进行取舍。即便是有国库补贴款支持的行政事务，也未必非执行不可。另外，还有一些行政事务的经费需要通过中央政府的委托经费筹措。原则上，地方公共团体不必负担任何经费。因此，将这部分行政事务从标准地方公共团体的行政事务范围内刨除。还有一些行政事务，尽管中央政府的法令、法规规定需要由地方公共团体来承担，但是仅有一小部分地方公共团体承担了这类行政事务。这类行政事务在技术上很难计入单位费用，因此，通过经费调整或者特别交付税的途径计入地方公共团体的财政需求额。

标准预算是经过以下过程编制出来的：其一，要计算得出地方公共团体为了完成上述行政事务所必需的经费；其二，按照地方公共团体通常使用的年度财政收入和支出的区分方式，对上述行政事务所需经费进行分类整理。经费的累计要领因经费种类而异，一般情况下，大致采用以下基准：按照地方公共团体财政收支计划中规定的工资水准，亦即国家公务员的工资水准来决定工资额度。公务

日本新地方财政调整制度概论

员人数或者地方公务员人数要根据各省厅（相当于中国的各部委）规定的基准来执行，或者根据实际调查结果来决定。但是，从宏观角度讲，必须按照地方公共团体财政收支计划的思路进行。有些公共事业建设项目，中央政府向地方公共团体拨付部分国库补贴负担金。除此之外，还有一些一般性行政经费。这两部分行政经费原则上要在该年度的中央政府预算中规定地方公共团体应该负担的经费总额。这一总额应该和全国所有地方公共团体的基准财政需求额的总额相符。生活低保、儿童补贴等费用由中央政府确定一定的基准，根据这一基准计算得出经费额度（因此，在计算地方交付税时，一般不让地方公共团体出现超额负担情况。假如国库补贴款的单价和基准不合理的话，就其不合理部分抑或超额负担部分，在计算地方交付税的过程中，不必采取任何财政来源措施）。对一些地方公共团体承担的公共事业建设项目，中央政府负担一部分国库补贴款（亦即地方财政法第16条规定的补贴款）。在计算这一类项目的地方公共团体行政事务经费时，应除去不具有普遍性的部分，大部分经费要考虑计入中央政府预算额度。还有一部分地方公共团体单独实施的公共事业建设项目和一般性行政事务经费，中央政府不予拨付国库补贴款，由地方公共团体负担全额。计算这部分经费额度时，要综合参考地方公共团体的财政收支计划、地方公共团体的决算状况等因素。在这种情况下，在计算消耗品、办公用品等费用的单价时，要参考在中央政府预算中使用的统一单价。

投资性经费的计算方法的形成经历了一个曲折过程。在实施地方交付税制度的初期，广泛采用了折旧费用计入方式（首先计算再次取得整个设施时的价格，之后用使用年数除以减去其残存价格的一成得到一个数额。每年度都记录这个数额）。但是，采用这一方式的前提是当初就存在完好无缺的设施或者设备，为了更新这一设施或者设备，必须筹措必要的财政来源。但是，这种做法是静态的。而今，行政目的是不断扩大社会资本的投入。很显然，设备折旧方式已经滞后于时代的发展。因此，1969年度以后，原则上废除了这种折旧制度。而今，大部分投资性经费都采用计划事业费用

第七章　日本地方公共团体基准财政需求额的计算方法

计入方式。这种方式的具体内容如下：其一，针对各种公共设施的建设状况，设定一个改善目标水准；其二，为了弥补差距，需要一些事业经费，将这一事业经费计入财政年度计划。改善目标水准具体是指：如果是国家长期计划的行政事务，就是其长期计划所规定的目标；除此之外，要以其所管辖的省厅（相当于中国的部委）的公共事业计划为参考来制订。

迄今为止，投资性经费的相当一部分来自一般性财政来源。但是，昭和五十年代（1975～1984年）以及1994年度以后，一般性财政来源出现大幅度亏空。迫不得已，只能通过发行地方债来筹措投资性经费。因此，在计算地方公共团体基准财政需求额时，对投资性经费等事业经费进行了整理，开始尝试将其计入地方债。因而，在计算地方公共团体的单位费用时，投资性经费的一部分也转入地方债账目。转入地方债账目的具体办法如下：其一，将国库补贴款负担的公共事业建设项目的年度财政支出累计到标准预算中；其二，压缩上述年度财政支出额度，使之与地方债发行额相吻合。有人认为，将投资性经费通过发行地方债来筹措等于放弃了地方交付税的财政收入保障功能，对此颇有诟病。这一点在后面的章节中也会讲到。但是，要恢复原来的制度，中央政府和地方公共团体应该通力协作，加强和充实税收来源。这是先决条件。

4. 扣除特定财政来源

地方公共团体的单位费用的计算方法如下：其一，以地方公共团体的标准经费为基准；其二，扣除"以国库补贴款、国库负担金、各种行政服务手续费、公共设施使用费、分担金、其他类似的收入以及地方税收入中相当于基准财政收入额以外的收入为财政来源"的部分。这样计算得出的数额就是单位费用。"补贴款"和"负担金"中包含国库补贴负担以及都、道、府、县层面的补贴负担金，但不具有普遍性意义的除外。另外，国库支出金中，国有设施所在市、镇、村的补贴交付金，国有设施等所在市、镇、村的调整交付金，为促进国家重点电力设施建设而设置的交付金，特定国防设施周边基础建设的调整交付金不在应扣除的特定财政来源之列。这是因为通过上述一系列交付金筹集到的经费计入了地方公共团体的标准经费。另外，对日本地方财政法第 10 条之 4 中所列的行政事务支付国库委托金。因为该行政事务从一开始就未包含在"地方行政范围"内，这一国库委托金也不在应扣除的特定财政来源之列。除此之外，以下例子属于应扣除的特定财政来源之列，在计算地方公共团体的单位费用时应从标准经费中将这些收入刨除，详情如下：其一，各种手续费、地方公共团体的公共设施使用费；其二，土地改良过程中产生的受益者负担金，亦称"分担金"，这些属于"类似于其他的收入"；其三，遗失物、产品等的销售款、日本体育学校健康中心互助金等杂项收入。

上文中所说的"地方税收入中相当于基准财政收入额以外的收入"具体包含以下内容：其一，在地方公共团体基准财政收入额计算过程中刨除在外的所谓保留财政来源（以标准税率计算得出的法定普通税等，道、府、县层面为 20%，市、镇、村层面为 25%）；其二，标准税率超过课税额、法定外的地方税以及法定的目的税（计入地方公共团体的基准财政收入额的机动车购买税、轻油交易税以及办公场所税除外）。但是，在计算地方公共团体单位费用的过程中，从标准经费中作为特定财政来源而扣除的仅有属于目的税的城市建设计划税以及狩猎税两种。而将其他收入看作地方公共团体为了实施计入基准财政需求额中的财政需求以外的独立实施的公共事业所需经费，因而应该作为被扣除的财政来源，在计算单位费用时予以刨除。另外，针对保留财政来源，并未将其作为特定财政来源从年度财政支出额中扣除，而是在标准预算中，对地方公共团体单独进行的公共事业建设项目等的年度财政支出规模进行了压缩，压缩金额相当于保留财政来源额度。在压缩年度财政支出规模之际，对义务性经费、缺乏弹性的刚性经费要保障 100% 或者接近 100% 的水准。而对非义务性经费、地方公共团体单独实施的公共事业建设项目所需经费等弹性较大的经费要压低其计入比例。通过这一措施对整体水准进行适当调节。

第七章　日本地方公共团体基准财政需求额的计算方法

还有一些特定财政来源要从标准经费中刨除。在计算这些特定财政来源时，要采用平均额度或者理论性计算方式，和各地方公共团体的具体财政收入状况隔离开来。下面以中央政府的国库支出金为例进行说明。具体分为以下两类：第一类是有负担比例或者补贴比例规定的；第二类是没有负担比例或者补贴比例规定的。第一类的计算方法如下：一是根据其补贴比例或者负担比例计算得出国库支出金额度；二是在此基础上，针对标准预算中的年度财政支出额计算得出。第二类的计算方法是参照全国平均额度计算其额度。另外，地方公共团体的公共设施使用费、各种行政服务手续费等其他收入的计算方法如下：一是法令中规定了金额者，那么以这一金额为基础进行计算；二是其他部分要参照行政规模等，根据其实际收入来确定其额度。

另外，地方债属于特定财政来源，但是和其他特定财政来源有所不同。因此，不作为刨除的对象，而是将年度财政支出压缩至和地方债相近或者完全相同的额度（直到 1955 年度，相关法律条文才将其作为可以刨除的特定财政来源。但是，实际上其单位费用的计算方法与现在相同）。地方债既用于特定财政来源，也用于投资性经费。而最终必须用其他财政来源来偿还。因此，严格来讲，这称不上是真正意义上的财政来源。正是因为这个原因，在计算地方公共团体的单位费用时不把它作为特定财政来源。而在计算地方公共团体的基准财政需求额时，一些项目经费要将其相当于地方债的部分刨除。另外，采取以下措施筹措地方债的本息偿还财政来源：一是其中的一部分通过把地方债发行许可额度或者本息偿还额度作为测定单位数据，或者通过调整公共事业建设项目所需经费来筹措；二是另一部分通过笼统计入以人口、面积为基准的投资性经费的形式来筹措。

5. 单位费用的计算方法

单位费用的计算方法如下：其一，按照上述办法计算得出每一项地方行政事务的一般性财政来源所需额度；其二，用标准地方公共团体或者标准设施所设想的测定单位的数值除以上述一般性

日本新地方财政调整制度概论

财政来源所需额度，得到的数值就是单位费用。但是，该标准地方公共团体或者标准设施所涉及的测定单位数值，如果适用日本地方交付税法第13条第1项的种类调整条款的话，用该种类调整进行调整后的数值除以一般性财政来源所需额度就可以计算得出地方公共团体的单位费用。下面以道、府、县的"水产行政费用"为例进行说明。其测定单位是水产业从业人数，进而可以细分为海上水产业和内陆水域水产业两种。而且每种水产业的单位费用差别很大，因此，提前计算种类调整后的数据，然后用于计算单位费用。

[**参考**] 日本地方财政平衡交付金制度刚刚起步的时期（1950年度），在计算地方公共团体的单位费用之际，采取了以下步骤：①以选定的标准地方公共团体（府、县主要是指冈山县、枥木县，其城市里有很多符合标准地方公共团体的条件）1949年度的当前预算额度为基础计算得出财政需求额；②从这一财政需求额的实际平均值中扣除平均特定财政来源得到一个数值；③用该标准地方公共团体的测定单位数值分别除以②的数值得到的额度便是单位费用。将这一单位费用乘以调整后的测定单位的数值计算得出总的财政需求额。再将这一数值加上因下一年度的制度改革、数值增加而造成的财政需求额。根据各费用项目的强制性程度，将标准税率压缩调整为70%，得到30%的保留财政来源额度。然后，用调整后的测定单位数值的总数除以这一数值而得到一个数额。这就是最终的地方公共团体的单位费用。

6. 地方公共团体的单位费用的计算案例

以上大致介绍了单位费用的计算方法。在实际计算过程中，因为情况较为复杂，难度较大。下面以1999年度市、镇、村部分的"社会福利费用"（经常性经费）为例进行详细说明，详情如下。假定有一个人口规模为10万的标准地方公共团体，其社会福利费

第七章 日本地方公共团体基准财政需求额的计算方法

用的行政规模如表7-4所示。按照相关法令，将涉及社会福利费用的行政事务内容细分为"社会福利事业费用""儿童福利费用""残疾人福利费用"等。在此基础上，设定一个标准地方公共团体，计算上述各项行政事务所需的公务员数目，如表7-5所示。进而将各项目所需的工资费用、物品费用等费用相加得出地方公共团体的年度财政支出额度。将预期能带来收益的国库支出金等特定财政来源相加得出地方公共团体的年度财政收入额度。两者相减就可以计算得出标准地方公共团体的详细行政项目中所需要的一般性财政来源的额度。详细项目中的"儿童福利费用""儿童福利设施费用"的计算内容详情如表7-6所示。

表7-4 标准地方公共团体的行政规模

项目	行政规模	项目	行政规模
人口	100000人	社会福利设施	
福利事务所	1处	保育所	11处
民生委员·儿童委员	190人	儿童福利设施	3处
福利事务工人员		国家下拨的设施	1处
福利事务接待员等	28人	儿童游乐园	6处
残疾人员福利司	1人		
智障人员福利司	1人		

表7-5 公务员配置

单位：人

细目	细节	课长	公务员A	公务员B	合计
1. 社会福利事业费用	社会福利共同费用	1	7	2	10
	厚生共同公务员数	—	3	4	7
2. 儿童福利费用	（1）儿童福利费用	—	2	2	4
	（5）儿童福利设施费用	—	3	3	6
3. 残疾人员福利费用	（1）残疾人共同费用	—	1	—	1
4. 智障人员福利司	（1）智障人员福利司设置费用	—	1	—	1
5. 儿童补贴费用	儿童补贴费用			1	1
	合　计	1	17	12	30

日本新地方财政调整制度概论

表 7-6 标准地方公共团体的行政经费计算内容详情（节选）

细目	2. 儿童福利费用	细节	（5）儿童福利设施费用

地方公共团体的财政支出额度

经费区分	金额（千日元）	计算内容
工资费用	42720	公务员 A：8800000 日元 × 3 人 = 26400000 日元
		公务员 B：5440000 日元 × 3 人 = 16320000 日元
工资	1219	儿童福利设施：4800 日元 × 110 人次 = 528000 日元
		儿童游乐园：4800 日元 × 6 处 × 24 日 = 691000 日元
劳务费用	1446	放学后的儿童培养事业（亦即课外活动）(1/3)
差旅费用	76	
财政需求额	12874	儿童福利设施：225900 日元 × 3 处 = 678 千日元
		儿童游乐园：67300 日元 × 6 处 = 404000 日元
		放学后的儿童培养事业(1/3)：11342000 日元
		其他费用：450000 日元
劳务费用	428	通信运输费用：151000 日元
		其他费用：277000 日元
原材料费用	370	
办公用品采购费用	5570	办公设施
		儿童福利设施：2000000 日元 × 3 处 × 1/5 = 1200000 日元
		保育所：1400000 日元 × 11 处 × 1/5 = 3080000 日元
		其他费用：450000 日元 × 1 处 × 1/5 = 90000 日元
		儿童游乐园：1000000 日元 × 6 处 × 1/5 = 1200000 日元
国库负担金、补贴款及交付金	1582	民间儿童福利设施建设促进费(1/3)：1582000 日元
年度财政支出 a	66285	

地方公共团体的财政收入额度

项目	金额（千日元）	计算内容
中央政府国库支出款项	4790	放学后的儿童培养事业费用补贴款：12788000 日元 × 1/3 = 4263000 日元
		民间儿童福利设施建设促进费用补贴款：1582000 日元 × 1/3 = 527000 日元

第七章 日本地方公共团体基准财政需求额的计算方法

续表

细目	2. 儿童福利费用	细节	（5）儿童福利设施费用
县政府支出款项	4790	放学后的儿童培养事业费用补贴款：12788000日元×1/3＝4263000日元	
		民间儿童福利设施建设促进费用补贴款：1582000日元×1/3＝527000日元	
财政收入共计 b	9580		
减去一般性财政来源			
a − b	56705		

这样一来，将按照各个细小项目计算得出的标准地方公共团体所需一般性财政来源的额度累计相加得出一个数额。用标准地方公共团体的测定单位（在这种情况下，这一标准地方公共团体的人口为 10 万）除以上述数额得到的数额就是单位费用。以下将社会福利费用的计算基础用表 7 - 7 加以简要说明。标准地方公共团体所需一般性财政来源的额度为 6.2971 亿余日元，除以 10 万人口后，将余数进行处理所得结果为 6300 日元。这就是 1999 年度的地方公共团体的单位费用。除此之外，各费用项目的单位费用计算基础要参照每年度出版的《地方交付税制度解析》（单位费用编）。

表 7 - 7　单位费用的计算根据

单位：千日元

细目	详情	总额	特定财政来源 中央、县支出款	其他	计	一般性财政来源 A	单位费用（A ÷ 100000 人）（日元）
1. 社会福利费用	①社会福利共同费用	131997				131997	
	②各项社会福利费用	39596				39596	
	小计	171593				171593	

361

续表

细目	详情	总额	特定财政来源 中央、县支出款	特定财政来源 其他	特定财政来源 计	一般性财政来源 A	单位费用（A÷100000人）（日元）
2.儿童福利费用	①儿童福利费用	28535				28535	
	②儿童措施费用	630345	470351	380	470731	159614	
	③儿童委员费用及儿童福利审议会费用	958				958	
	④青少年福利措施费用	10253				10253	
	⑤儿童福利设施费用	66285	9580		9580	56705	
	小计	736376	479931	380	480311	256065	
中略							
5.儿童补贴	儿童补贴经费	131200	120348		120348	10852	
6.工资改善费用		1129				1129	
7.财政需求追加额		6050				6050	
	合　计	1420159	790060	380	790440	629719	6300

三　针对单位费用计算方法的各种批判

1. 市、镇、村的标准地方公共团体三分论

有人主张尽量增加标准地方公共团体的数目，缩小调整系数的操作范围，以此为前提，计算地方公共团体的单位费用。很多人主张在市、镇、村层面的地方公共团体，至少在大城市、普通城市和村镇都各设定一个标准地方公共团体，分别计算其单位费用。诚然，增加标准地方公共团体数目来计算单位费用的措施优点很多：其一是可以更准确地计算地方公共团体的基准财政需求额；其二是其单位费用的计算内容会更一目了然。但是，另一方面，大城市、普通城市、村镇的标准地方公共团体会对其他地方公共团体的单位费用的计算内容不满意。因此，用适当的系数调整道、府、县及市、镇、村各自确定的单位费用，得到的额度会广为认可。因此，

第七章　日本地方公共团体基准财政需求额的计算方法

这一措施较为合理，既可以顺应瞬息万变的社会经济形势，又可以更合理地计算地方公共团体的基准财政需求额。如果增加了标准团体的数量，计算地方交付税的工作量也会相应增加，整体上的地方交付税计算过程也会变得复杂。

很多大城市和村镇的相关人士主张增加标准地方公共团体的数目。然而，这些标准地方公共团体只有按照现行的调整系数逐渐增加（大城市主要通过形态调整，村镇主要通过阶段性调整逐渐增加数目），才能更灵活机动地应对日本社会经济形势的变化。而在所有的大城市、普通城市和村镇各自设定标准地方公共团体的话，大城市和村镇之间存在较大差异。因此，计算得出的地方公共团体的基准财政需求额未必比现行方式更符合实际情况。

此外，还有人指出："标准地方公共团体的条件（道、府、县层面的标准地方公共团体为人口 170 万的县，市、镇、村层面的地方公共团体为人口 10 万的城市）和地方财政平衡交付金时期相比没有任何变化。因此，应该上调城市人口规模。"但是，昭和 20 年代（1945~1954 年）末期，经过市镇村的大规模合并，产生了很多人口不足 5 万的城市。考虑到这一情况，没有必要立即变更标准地方公共团体的规模。

2. 充实单位费用的计算内容

还有一种观点对现行地方公共团体的单位费用的计算方法提出了批评。批评的理由是认为其计算内容有问题。具体来说，是并未真实、正确地反映出地方公共团体的实际情况，应该下决心进行大幅度整改。标准税收额的道、府、县以及市、镇、村，分别有20%、25%的额度未计入基准财政收入额。为了应对这一情况，应在整体上压缩相应额度的基准财政需求额。另外，以下情况需引起注意：a. 有很多经费来源是博彩收益等，并未计入地方公共团体的基准财政收入额；b. 还有笼统计算共同经费的情况；c. 通过各种调整措施增加计入额度；d. 用相当于地方交付税总额 6% 的特别交付税筹措财政需求额度。

第三节 调整系数

一 概论

1. 调整测定单位数值的必要性

地方公共团体的基准财政需求额的计算方法如下：一是按照（单位费用×测定单位数值）这一计算公式得出各个地方公共团体的各种费用项目的额度；二是将上述额度相加，得出基准财政需求额。各个地方公共团体的人口规模、人口密度、城市化程度、气象条件等因素参差不齐。因此，每个测定单位的行政费用也有很大差距。无视这一实际情况，计算地方公共团体的基准财政需求额会产生以下后果：其一，基准财政需求额不会真实反映各个地方公共团体的合理且水准恰当的财政需求额；其二，普通交付税的分配会极不公平。

为了避免上述不合理情况的产生，可以采取以下措施：对社会、自然条件类似的地方公共团体设置各不相同的单位费用。但是，这一措施的弊端是必须设定多个单位费用，这会令基准财政需求额的计算过程更为复杂。因此，在现行的地方交付税制度下，单位费用应该采取以下方案：其一，道、府、县以及市、镇、村的各费用项目的测定单位都要设定一个单位费用；其二，各地方公共团体的社会自然条件不同，因此行政成本也各异；其三，根据行政成本差异产生的具体事由或增加或减少测定单位数值，也就是说，通过采用调整系数得出适当结果。

调整系数种类越多，地方公共团体的基准财政需求额的计算越准确。但是，这样做也有弊端，亦即调整种类过多，基准财政需求额的计算方法也越复杂。因此现阶段，采用以下方法进行完善。地方公共团体的各种条件都具有一定的共性。对此，在能得到客观数据的范围内决定其调整项目。

2. 调整系数体系

1999年度，在计算地方公共团体的基准财政需求额之际，使

第七章 日本地方公共团体基准财政需求额的计算方法

用了调整系数。这一调整系数可以系统地分为以下几种。

（1）种类调整。测定单位有很多种，每种测定单位及其单位费用都有差别。

（2）阶段调整。根据测定单位数值的多少，分阶段对该行政项目所需经费额度实行递增或递减。

（3）密度调整。根据人口密度的变化，对该行政项目所需经费额度予以递增或递减

（4）形态调整。该行政项目所需经费的每个测定单位的额度根据地方公共团体的形态（亦即城市化程度等）分别有所增加或有所减少。

（5）寒冷度调整。该行政项目所需经费的每个测定单位的额度根据寒冷程度或者积雪程度的不同，其额度会有所增加。

（6）人口急剧增加的地方公共团体或者人口急剧减少的地方公共团体，亦即实施了市、镇、村合并的地方公共团体的特例。有的测定单位数值急剧增加，对这些地方公共团体实施人口激增调整措施。有的地方公共团体测定单位数值急剧减少，对这些地方公共团体实施人口数值剧减调整措施。

（7）合并调整。市、镇、村在合并之后，必须修建各种公共设施。与此同时，因为行政一体化需要经费，缩小行政服务水准和居民税负的差距也需要增加财政经费。为了计算这一经费的具体额度，应用合并调整方式。详细内容请参照第五章"市、镇、村合并与地方交付税"部分的相关内容。

（8）财政能力调整。在计算"灾后重建费用"中由地方公共团体单独实施的灾后重建事业债偿还费用以及小型灾害重建所举债务偿还费用之际，有些地方公共团体其偿还额与标准财政收入相比处于较高水平，对这些地方公共团体要提高其计入比例。这一调整方式俗称财政能力调整。在调整测定单位数值之际，有些费用项目适用于种类调整。在这种情况下，首先对其实施种类调整措施，之后，再依次实施其他调整措施（但是，在计算灾后重建所需经费时，对进行财政能力调整后的数值进行种类调整）。

日本新地方财政调整制度概论

对阶段调整、密度调整、形态调整以及寒冷度调整的其中两项以上实施调整时，要采取以下措施：一是通过两个以上的事由确定一个调整系数；二是按照每个事由，连乘或者加算调整系数得到的比例就是最终调整系数。人口剧增调整、人口剧减调整、合并调整都采取同样的计算方式。对按照各种事由计算得出的调整系数是采取连乘还是加算措施，根据以下具体情况决定。比如阶段调整和形态调整，其经费的增减之间有很强的关联性，在这种情况下，采用连乘的方式。比如形态调整（投资形态调整）和寒冷程度调整，如果相互之间没有关联或者关联度很小的话，则采用加算方式。日本地方交付税财务省省令第6条第5项以及该省令附表1（3）具体规定了各费用项目的各种调整系数的连乘、加算措施。另外，还有一种方法是通过两个以上的事由确定一个调整系数。虽然现阶段并未采用这种方式，但是，也不乏与之相似的案例。在寒冷度调整中，为了计算除雪工作所需经费，需要得出积雪程度系数。而这一系数要按照形态调整种类和地区来决定（1979年创设）。根据各种调整项目的性质，将其分为以下两类。

其一，基于计算技术的需要而适用。测定单位种类、地方公共团体的规模、社会、自然条件参差不齐，每个测定单位的行政经费会有差异。因此，需要对此差异进行适当调整。属于这一类型的调整措施有种类调整、阶段调整、密度调整、形态调整以及寒冷度调整。这些调整方式从创设地方财政平衡交付金制度之初就已经开始应用。其二，还有人口剧增调整、人口剧减调整、合并调整以及财政能力调整等调整方式。其目的是出台相应政策措施，使地方公共团体相互之间的财政收入分配更趋合理。形态调整中的投资形态调整也属于这一类型。在创设地方财政平衡交付金制度之初，并未实际应用后者进行调整，之后才逐渐追加。特别是进入昭和40年代以后（1965~1974年），这一比重迅速提高。有人批判这一倾向妨害了地方交付税制度的中立性。最近，地方公共团体的财政收支状况和社会经济形势变化显著。在这种情况下，为了维持标准税率不变（道、府、县为80%，市、镇、村为75%），使所有地方公共团体的财政工作顺利进行，第二种类型的调整措施不可或缺。不仅如此，还要进一步加强这一措施。

第七章　日本地方公共团体基准财政需求额的计算方法

3. 调整方法的历史沿革

地方交付税制度中也规定了地方公共团体基准财政需求额的计算方法。这大体上继承了地方财政平衡交付金制度的计算方法。不仅如此，对测定单位数值的调整方法也有所继承。1950年度，日本中央政府创设了地方财政平衡交付金制度。1951年，制定了地方财政平衡交付金制度的测定单位数值的调整方法。今天的调整项目的最核心部分就是在这一时期形成的。其具体内容如下：①种类调整（当时规定为第5号调整方案），②阶段调整，③密度调整，④形态调整，⑤寒冷度调整。

与今天相比，当时的调整系数的计算方法从整体上看较为简单。但是，种类调整、阶段调整系数的计算方法和今天相差无几。而且当时寒冷度调整系数的计算根据的资料相当丰富。之后，密度调整和形态调整的内容也进一步得到补充，比创设制度之初更为复杂、细致。而测定单位数值的调整方法不是一蹴而就的，而是有一个变化过程，其实质就是地方交付税制度的发展史。长期以来，相关人士为了正确了解因社会经济形势变化而产生的地方公共团体的财政需求额进行了不懈的努力。从测定单位数值的调整方法的沿革中也能看到他们的奋斗进程。

通过法令、法规等形式，地方公共团体的行政事务量和公共事业建设项目承担量有所增加。因此，在国会审议过程中，不少国会议员对普通交付税的计算方法提出了建议。地方公共团体也希望让普通交付税的计算方法更切合实际。在这种情况下，增加了调整系数的数量。这样一来，地方交付税的计算方法更趋精致和复杂。但是，中央政府根据法律、法规要求地方公共团体实施部分行政事务，并承担公共事业项目建设，而且要维持一定的行政服务水准。与此同时，地方公共团体根据日本地方自治法、地方财政法要求中央政府保障地方公共团体的财政收入。根据上述法律的规定，中央政府必须通过地方交付税履行保障地方公共团体财政收入的职责。为此，需要计算地方公共团体的财政需求额。

地方公共团体的实际情况和财政收支状况参差不齐，有的财政

日本新地方财政调整制度概论

实力强，有的财政实力较弱，而且有的地方公共团体有其特殊的财政需求。因此，各地方公共团体之间对地方交付税的计算方法的简化措施意见分歧很大。但是，日本中央政府对地方公共团体提供必要的财政来源保障是日本的基本国策。其目的是让地方公共团体能够更自主、更主观能动地进行财政运营。因此，应该按照《地方分权制度推进计划》简化地方交付税的计算方法。

4. 有关调整系数的争论

相关人士就地方公共团体的基准财政需求额的计算方法展开了激烈争论。意见分歧最大的是调整系数，尤其是形态调整系数的计算方法。争论的焦点可以分为以下两大类：一是调整系数的计算方法的形式；二是调整系数计算方法的内容。

（1）关于调整系数的计算方法形式的争论

在地方交付税法第13条里对测定单位的数值调整的基本机制和各费用项目应该适用的调整种类做了明确规定。另外，日本自治省省令对各调整系数以及两个以上的调整系数的具体应用方法做出了详细规定。有人对这一点提出了批评意见："调整系数对地方公共团体的基准财政需求额的计算至关重要。将调整系数的决策权委托给行政部门，会招致中央官僚的肆意干涉，非常危险。因此，应该通过法律条文将其明确化。这样才符合财政民主主义的精神。"之所以出现上述批评意见，是因为这些人对基准财政需求额中运用调整系数计算得出的额度的比例极高这一点非常不满（比如，1998年度，各费用项目调整前的测定单位数值乘以单位费用所得额度之和除以市、镇、村部分的基准财政需求额的经常性账目部分所得比例为1.254）。针对这一批评意见，有人提出以下反驳意见。

①如果将调整系数法定化，因其基础数据受到时间限制，只能获取上一年度秋季的数据。在每年8月计算普通交付税，而要更准确地计算得出该年度的财政需求额度，需要最近时期的新数据。因此，时间上不符合规定。

②现阶段，地方财政形势极不稳定，固定不变的调整系数会带来不良后果。

第七章 日本地方公共团体基准财政需求额的计算方法

③现阶段,在决定调整系数之际,需要事前充分听取各地方公共团体以及全国知事会议、全国市长会议、全国村镇会议等负责人的意见。不仅如此,由日本自治省省令规定每年度的调整系数。而在制定和修改省令之际,需要提前经过地方财政审议会的审议。地方财政审议会是一个专门机构,可以将地方公共团体的意见反映到地方公共团体的财政制度和税收制度的运用层面。地方交付税法规定在决定计算方法之际,要充分征求相关地方公共团体的意见。因此,这一措施充分体现了财政民主主义的精神实质。

另外,还有人批评说:"中央政府通过自治省省令对调整系数,特别是形态调整系数(尤其是计算行政服务质量差异的系数)的计算根据(包含系数增减理由)等做了明确规定。但是决策过程从未公布于众。中央政府对地方公共团体的负责人以及对这一点一直表示关注的学者、研究人员的要求和意见置若罔闻。"自治省财政局地方交付税科、财政科的相关负责人每年执笔编纂《地方交付税制度解析(调整系数篇)》(由财团法人地方财务协会发行),在书中就这一点进行了详细阐述。书中指出,为了回答上述研究人员提出的质疑,最近几年,自治省财政局地方交付税科经过不懈努力,对普通形态调整的种类和地区的修改理由、种类、地区决策的评分分配的理论根据、显示行政质量差异系数的根据等进行了改良。

(2) 有关调整系数内容的争论

在讨论调整系数的计算内容时,最有代表性的意见之一就是希望中央政府痛下决心,简化整个调整方法体系。这一意见的具体内容如下。

①将单位费用分为大城市、普通城市和村镇三类。这样就可以从根本上简化计算调整系数的方法。

②阶段调整和形态调整互为部分抵消关系。两种调整方法的并存使得调整方法日趋复杂。鉴于这一情况,将两种方法合二为一,即可消除弊端。

③就投资性经费采取了以下措施:将地方债的本息偿还计算方式恢复如前,废除使计算方法复杂化的投资形态调整系数等。

日本新地方财政调整制度概论

今后,在对上述意见进行充分商讨的基础上,对其合理部分应予以采纳。

原则上没有人对简化调整系数有异议。但是,涉及一个具体问题,每年都有很多人要求追加选择项目数量。特别是在密度调整、投资形态调整方面,这一倾向更加明显。社会经济形势瞬息万变,这些意见很多都是切中时弊的,应该予以采纳。但是,原则上,计算方法应该简单易懂,应该按照《地方分权制度推进计划》,合理地简化计算方法。

各地方公共团体的财政支出状况和财政收入能力参差不齐。因此,第二个争论的焦点是应该采取多大力度对这一状况进行调整。地方交付税制度的目的是尽可能缩小地方公共团体之间财政收入能力的差距。与此同时,保障所有地方公共团体都具有一定水准的行政服务水准。但是,完全消除地方公共团体之间的财政收入能力差距未必是件好事。这样一来,地方公共团体就会产生依赖心理,丧失主动增加税收的积极性,对地方财政的自主性运营产生负面影响。因此,在计算基准财政收入额之际,道、府、县和市、镇、村层面的标准税收估算额分别定为80%和75%。基于对上述基准财政收入额的计算方法的考虑,在计算基准财政需求额时,意见分歧很大,互不相让。其具体情况如下:一是是否应该容忍地方公共团体之间的行政水准的参差不齐现状;二是是否应该制定调整系数,缩小地方公共团体之间的行政水准的差距;三是在计算投资性经费时,是否应该积极稳妥地缩小地方公共团体之间的社会资本积累差距。

也就是说,有人主张:"国库补贴负担金制度和地方债制度应该担负起缩小地方公共团体之间的社会资本积累差距的职责。而地方交付税制度在这一问题上应该持中立态度。"而另一种意见主张:"缩小地方公共团体之间的差距是地方交付税制度的重要使命,责无旁贷。因此,在计算投资性经费额度之时应该采取有力措施,缩小公共设施建设水准的差距。"简言之,前者的主要观点是应该废除投资形态调整系数措施,而后者认为应该进一步充实投资形态调整系数的内容,使之日臻完善。昭和五十年代(1975~1984年)和1994年度以后,为了弥

第七章　日本地方公共团体基准财政需求额的计算方法

补一般性财政来源的不足额部分，就公共事业建设项目所需经费中地方公共团体负担的部分，采取了发行地方债来筹资的措施。对所发行的地方债进行还本付息之际，要考虑不要和迄今为止的基准财政需求额计算措施产生错位现象，而要将本息偿还额的一定比例计入每年度的基准财政需求额。有人主张应根据该地方公共团体的财政能力，就此计入比例设置不同等次（也就是说，要应用财政能力调整系数）。

有人主张："在发行财政来源对策债时，要计算地方公共团体的基准财政需求额。这一计算方式属于临时措施，并对投资性经费的计算方法做了变更，能够直接而且以完整的方式掌握各地方公共团体的实际投资需求。因此，就这一点而言，可以说在一定程度上抵消了保留财政来源的必要性。因此，应该保留财政调整系数措施。"这种意见有很强的说服力。在计算经常性经费之际，要灵活应用普通形态调整方式（亦即调整行政服务质量差距）。在这种情况下，地方公共团体的城市化程度越高，越需要具备高质量的行政服务能力，其每个测定单位的行政费用也就相应较高。因此，应在大城市、中等城市、小城市亦即村镇之间设置较大调整系数差。特别是大城市（所谓的政令指定城市亦即人口为 50 万以上的城市）应该适用更高的调整系数。

就这一点，有人指出："近年来，城市化进程加速，消防、清扫、社会福利等城市行政服务的地区差异逐渐缩小。如果继续使用原来的调整系数的话，就会扩大发达地区和落后地区的行政服务水准的差距。大城市以及其他市、镇、村之间调整系数差距很大，特别是行政职能差距较大。这一点可以理解。但是，由于现阶段采用的调整系数之差过大，导致行政质量差距过大。这是不合情理的。"普通形态调整导致地方公共团体之间行政服务质量有较大的差距。这一差距在今后一段时期应阶段性缩小。为此，要和阶段调整措施结合起来，采取配套措施。

二　种类调整

1. 制度现状与解说

日本地方交付税法第 13 条第 1 项规定："测定单位包括面积，

高中学生人数，道、府、县税税额等。各测定单位中又细分为不同种类，而且各种单位费用又有所不同。根据每个种类的每个单位的费用差别的具体情况对该测定单位的数据进行适当调整。"将这一调整措施称为"种类调整"。

早在地方财政平衡交付金制度创设之初，日本就开始运用种类调整方法了。当时将其列为第5个调整事由，称为第5号调整。1954年度，对此调整方式进行了改革，现阶段，其定位不同于其他的调整方式。

如上所述，在调整测定单位数值之际，原则上实行种类调整。对数值进行种类调整之后，再进行其他形式的调整。在表7-8中，以道、府、县（亦即北海道、大阪府、京都府以及其他各县）部分的高中教育费用为例，介绍了种类调整系数的具体情况。而且，每门课程每个学分的经费的计算方式与单位费用的计算方式相同。

表7-8 高中教育费用（以学生数为测定单位）的种类调整系数（1999年度）

单位：日元

区 分		平均单位费用（系数）
全日制课程	普通学科等	70100　　（1.00）
	商业学科和家庭学科	74018　　（1.06）
	卫生护理学科	111267　　（1.59）
	农业学科	151000　　（2.16）
	工业学科	144500　　（2.06）
	水产学科	598271　　（8.41）
定时制课程	独立学校	193181　　（2.76）
	合立学校	131831　　（1.88）
预科	职业科	347000　　（4.95）
专科	其他	67689　　（0.97）

注1. 上表是根据1999年度道、府、县的经常性经费数据制作的。

2. 括号中的数字是种类调整系数，是用全日制普通课程平均每个学生的经费除以各门课程平均每个学生的经费得出的。

3. 定时制课程平均每个学生的经费要比全日制课程高一些。这是因为在标准设施条件下学生数比预想的要少。

第七章　日本地方公共团体基准财政需求额的计算方法

2. 有关制度改革的论争

尽管相关人士对其他调整方式诟病颇多，现阶段，基本上还没有人对种类调整提出批评意见。但是，有人指出应简化地方公共团体的基准财政需求额的计算方法，测定单位经费有差异者应该分别确定各自独立的测定单位以及单位费用。迄今为止，由于制定了数量众多的测定单位，基准财政需求额的计算方法日益复杂，带来诸多不便。因此，通过种类调整进行处理。现阶段，地方交付税的计算完全实现了电算化。增加计算公式并不复杂，而且人工劳动量也不大，因而，应将种类项目分解。具体来说，单位经费不同，其测定单位也应有所不同，要计算得出每个测定单位的单位费用。

三　阶段调整措施

1. 现行制度与定义解说

（1）应用阶段调整的理由

每个测定单位的行政费用都具有一定的规模效应。因此，测定单位额度越多的地方公共团体所需行政费用越少。相反，测定单位额度越小的地方公共团体所需行政费用越高。比如，市、镇、村的内部管理经费中有"其他各项费用"一项，将人口作为测定单位来计算。人口多的市、镇、村和人口少的市、镇、村，其市、镇、村长都是一个人，而且其议会议员的法定人数、公务员人数都不是按照人口比例来设置的。地方公共团体的规模越大，分摊到每个地方居民的行政经费就越少。相反，地方公共团体的规模越小，分摊到每个地方居民的行政经费就越多。

如上所述，将地方公共团体所需行政费用项目根据测定单位数值的多少分为几个阶段，单位经费会相应或高或低。这样一来，就能够更准确地计算地方公共团体的基准财政需求额。这种方法就是阶段调整。阶段调整早在地方财政平衡交付金制度创设之初就已经得到应用。现阶段的调整思路、应用项目、应用方法等调整系数的基本结构与当初相比变化甚微。

起初，阶段调整措施主要应用于经常性经费项目。1960年度

日本新地方财政调整制度概论

以后，开始将投资性经费倾斜式地计入财政实力薄弱的地方公共团体。这一时期，开始将阶段调整措施作为实施政策的手段来使用。这样一来，和当初相比，阶段调整措施的性质有所变化。1969 年度，将行政经费细分为经常性经费和投资性经费两种。这时，废除了投资性经费中的阶段调整措施，吸收合并到了投资形态调整措施中。

（2）阶段调整系数的计算方法

用于阶段调整措施的调整系数的计算方法如下。其一，以标准地方公共团体的标准经费为基础，在测定单位数值的每个阶段，准照标准经费计算得出该阶段地方公共团体的财政需求和单位经费。其二，以此为指标，通过超出累退或者超出累进的方法计算得出用于阶段调整措施的调整系数。也就是说，将数值设定为几个阶段，求出每一个段差部分的增减比例，将这一比例分别与各地方公共团体的数值相对应，顺次计算得出阶段调整系数。

当一个地方公共团体以其人口为测定单位的经费超出了标准地方公共团体时的情况如下。

各阶段人口数量（人）	地方公共团体财政需求额（千日元）	地方公共团体的单位经费（日元）
100000（标准地方公共团体）	20000	200（法定单位费用）
150000	27000	180
250000	35000	140
400000	44000	110

上表计算得出了各阶段地方公共团体的财政需求额以及单位费用，每一阶段的单位经费的递减率按照下面的计算公式求出。标准地方公共团体人口为 10 万。人口为 15 万的城市，超出标准地方公共团体的人口 5 万。所超出的 5 万人部分乘以一个数值就可以使 15 万人阶段的单位数值正好等于 180 日元。这个数值就是递减率，可以通过下列计算公式得出：

第七章 日本地方公共团体基准财政需求额的计算方法

$$\frac{(100000+50000\times 递减率)\times 200}{150000}=180$$

$$递减率=\frac{150000\times 180-100000\times 200}{50000\times 200}=\frac{27000000-20000000}{10000000}=0.7$$

也就是说,超出人口为 10 万的标准地方公共团体 5 万人,处于 15 万人口阶段的递减率为 0.7。

人口为 25 万的地方公共团体的单位费用递减率的计算方法如下:一是设定标准地方公共团体的人口为 10 万,该地方公共团体的人口超出标准地方公共团体的人口 15 万,首先运用上述递减率计算得出超出 5 万人部分的递减率;二是设定标准地方公共团体的人口为 15 万,该地方公共团体超出标准地方公共团体的人口 10 万,而 25 万人阶段的单位经费为 140 日元,求出这时的递减率。具体计算公式如下:

$$\frac{(100000+50000\times 0.7+100000\times 递减率)\times 200}{250000}=140$$

$$递减率=\frac{(250000\times 140)-(100000+50000\times 0.7)\times 200}{100000\times 200}$$

$$=\frac{35000000-(20000000+7000000)}{20000000}=0.4$$

也就是说,超过标准人口为 15 万的地方公共团体的 25 万人部分的递减率是 0.4。

下面对人口超过 25 万达到 40 万这一阶段的情况进行分析。当这一阶段的单位经费为 110 日元时,计算其递减率。具体计算公式如下:

$$\frac{(100000+50000\times 0.7+100000\times 0.4+150000\times 递减率)\times 200}{400000}=110$$

$$递减率=\frac{400000\times 110-(100000+50000\times 0.7+100000\times 0.4)\times 200}{150000\times 200}$$

$$=\frac{44000000-(20000000+7000000+8000000)}{30000000}=0.3$$

也就是说,递减率为 0.3。

日本新地方财政调整制度概论

利用这一递减率可以计算得出人口为 33 万的地方公共团体的阶段调整系数。具体计算公式如下：

$$100000 人 \times 1 = 100000 人$$
$$50000 人 \times 0.7 = 35000 人$$
$$100000 人 \times 0.4 = 40000 人$$
$$80000 人 \times 0.3 = 24000 人$$
$$共计 330000 人 \to 199900 人$$
$$\frac{199900 人}{330000 人} = 0.6030 \approx 0.603$$

以上是人口规模超出标准地方公共团体的地方公共团体的情况。下面对人口规模小于标准地方公共团体的地方公共团体的情况进行分析。

各阶段人口数量 （人）	地方公共团体财政需求额 （千日元）	地方公共团体的单位经费 （日元）
100000（标准地方公共团体）	20000	200（法定单位费用）
80000	17600	220
60000	14400	240
40000	10400	260

下面计算各阶段的地方公共团体的财政需求额以及单位经费。上表中的地方公共团体的规模都不足标准地方公共团体的人口规模。其各阶段的扩增率按照以下公式计算得出。

首先看人口规模为 8 万的地方公共团体的情况，少于标准公共团体人口 2 万。要计算的是这 2 万人部分乘以某一调整比例（亦即递增系数）得到的数值与该地方公共团体的数值相加，人口在 8 万阶段的单位数值正好是 220 日元，进而求出用于不足额数值的扩增率。其具体计算公式如下：

$$\frac{(80000 + 20000 \times 扩增率) \times 200 日元}{80000} = 220 日元$$

$$扩增率 = \frac{80000 \times 220 日元 - 80000 \times 200 日元}{20000 \times 200 日元}$$

第七章 日本地方公共团体基准财政需求额的计算方法

$$=\frac{17600000\text{ 日元}-16000000\text{ 日元}}{4000000\text{ 日元}}=0.4$$

由上述可知，人口规模小于人口为 10 万的标准地方公共团体的地方公共团体，其不足部分亦即 2 万人部分的扩增率为 0.4。

下面分析一下人口为 6 万的地方公共团体这一阶段的情况。比人口为 10 万的标准地方公共团体少 4 万人，其中的 2 万人按照上述扩增率计算，剩余的 2 万人乘以某一扩增率所得数额，加入 6 万人口中。这样，在人口为 6 万这一阶段的单位经费就为 240 日元。扩增率计算公式如下：

$$\frac{(60000+20000\times0.4+20000\times\text{扩增率})\times200\text{ 日元}}{60000}=240\text{ 日元}$$

$$\text{扩增率}=\frac{60000\times240\text{ 日元}-(60000+20000\times0.4)\times200\text{ 日元}}{20000\times200\text{ 日元}}$$

$$=\frac{14400000-13600000}{4000000\text{ 日元}}=0.2$$

由上述计算过程可知，人口不满 10 万的地方公共团体，差额为 2 万人至 4 万人部分（2 万人）的扩增率为 0.2。

以下对人口为 4 万的地方公共团体这一阶段的情况进行分析。其与人口为 10 万的标准地方公共团体的人口差距为 6 万人。这 6 万人中的 4 万人部分按照上述扩增率来计算。还剩 2 万人的扩增率需要计算。这一扩增率乘以 2 万人加上 4 万人，那么人口为 4 万的地方公共团体的单位经费为 260 日元。可按照下列公式计算这一扩增率：

$$\frac{(40000+20000\times0.4+20000\times0.2+20000\times\text{扩增率})\times200\text{ 日元}}{40000}=260\text{ 日元}$$

$$\text{扩增率}=\frac{40000\times260\text{ 日元}-(40000+20000\times0.4+20000\times0.2)\times200\text{ 日元}}{20000\times200\text{ 日元}}$$

$$=\frac{10400000-10400000}{4000000}=0.0$$

也就是说，一些地方公共团体人口规模小于人口为 10 万的标准地方公共团体，而且二者的差距为 6 万人。这 6 万人中，4 万人到 6

日本新地方财政调整制度概论

万人之间 2 万人的扩增率为 0.0。用这一扩增率可以计算得出人口为 5 万的地方公共团体的阶段调整系数，计算公式如下：

50000 人 × 1.0 = 50000 人
8 万人至 10 万人的地方公共团体：20000 人 × 0.4 = 8000 人
6 万人至 8 万人的地方公共团体：20000 人 × 0.2 = 4000 人
6 万人以下的地方公共团体：10000 × 0.0 = 0 人
合计：5 万人→62000 人

$$\frac{62000}{50000} = 1.24$$

上述计算递减率或扩增率的计算公式可以用以下一般公式来表述。
当地方公共团体的人口规模超出标准地方公共团体的人口规模时：

$$d_n = \frac{\sum a_n \cdot \alpha - (S + \sum a_n) \cdot \beta_n - \sum a_{n-1} d_{n-1} \cdot \alpha}{a_n \cdot \alpha}$$

当地方公共团体的人口规模小于标准地方公共团体的人口规模时：

$$d_n = \frac{(S - \sum a_n) \cdot \beta n - \sum a_{n-1} d_{n-1} \cdot \alpha}{a_n \cdot \alpha}$$

上述计算公式中的数学符号的意义如下：

d_n：调整比例（亦称补正率）

S：标准地方公共团体的相关数值

a_n：数值增减差

α：法定单位费用

β_n：单位经费增减差

另外，适用于各费用项目的阶段调整系数基本上与上述例子思路相同，都是用一般算式计算。

就一般计算公式的意义说明如下。

随着测定单位数值的增加，单位费用递减（超出标准地方公共团体的地方公共团体的情况）。这种情况参照图 7-1，就会一目了然。

① （$S + a_1$） 数值阶段

这一阶段地方公共团体的财政需求额为：（$S + a_1$）（$\alpha - \beta_1$）。

第七章　日本地方公共团体基准财政需求额的计算方法

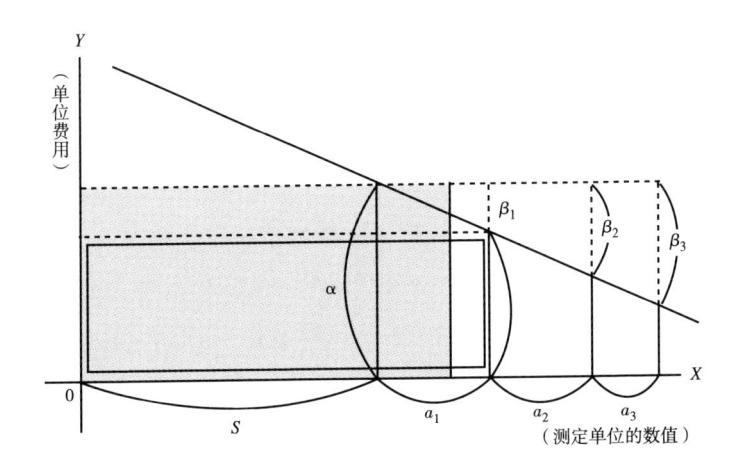

图 7–1

注：图中数学符号的意义如下：
X 轴：测定单位数值
Y 轴：单位费用
S：标准地方公共团体（或者标准设施）的数值
a_1，a_2，…，a_n：增加的数值
α：法定单位费用
β_1，β_2，…，β_n：减少的单位费用额度

这一数值等于 $(S_\alpha + a_1 d_1 \alpha)$（$d_1$ 是调整比例，是所求的比例）。

也就是说，这一阶段地方公共团体的财政需求额的计算方法如下：在标准地方公共团体的数值上加上增加数值可得到该阶段的数值，再乘以递减的单位费用所得到的费用就是这一阶段地方公共团体的财政需求额，亦即 $(S+a_1)(\alpha-\beta_1)$。这一数值等于 $(S_\alpha + a_1 d_1 \alpha)$：增加数值乘以调整比例，乘以递减数值，乘以法定单位费用所得数值，加上标准地方公共团体的财政需求额 $S\alpha$。因此，$(S+a_1)(\alpha-\beta_1) = S\alpha + a_1 d_1 \alpha$。

进一步计算就是：$S\alpha + a_1\alpha - (S+a_1)\beta_1 = S_\alpha + a_1 d_1 \alpha$

$a_1 d_1 \alpha = a_1 \alpha - (S+a_1)\beta_1$

$$d_1 = \frac{a_1\alpha - (S+a_1)\beta}{a_1\alpha}$$

②在 $(S+a_1+a_2)$ 数值阶段的情况下，和上述情况解题思路一致：

$$(S+a_1+a_2)(\alpha-\beta_2) = S\alpha + a_1 d_1\alpha + a_2 d_2\alpha$$
$$S\alpha + (a_1+a_2)\alpha - (S+a_1+a_2)\beta_2 = S\alpha + a_1 d_1\alpha + a_2 d_2\alpha$$
$$a_2 d_2\alpha = (a_1+a_2)\alpha - (S+a_1+a_2)\beta_2 - a_1 d_1\alpha$$
$$\therefore d_2 = \frac{(a_1+a_2)\alpha - (S+a_1+a_2)\beta_2 - a_1 d_1\alpha}{a_2\alpha}$$

③在 $(S+a_1+a_2+a_3)$ 数值阶段的情况下,和上述情况解题思路一致:

$$d_3 = \frac{(a_1+a_2+a_3)\alpha - (S+a_1+a_2+a_3)\beta_3 - (a_1 d_1 + a_2 d_2)\alpha}{a_3\alpha}$$

④因此,$(S+a_1+a_2+a_3,\cdots,a_n)$ 数值阶段的计算公式如下:

$$d_n = \frac{\sum a_n\alpha - (S+\sum a_n)\beta_n - \sum a_{n-1} d_{n-1}\alpha}{a_n\alpha}$$

下面对随着数值减少单位费用递增的地方公共团体的情况进行分析,详情如下。

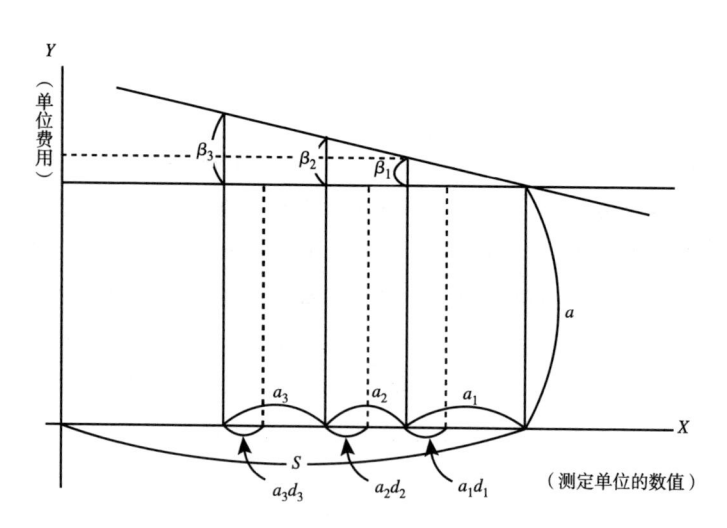

图 7-2

注:图 7-2 中数学符号的意义如下:
$a_1,a_2,a_3,\cdots,a_n$:不足标准规模的数值
$\beta_1,\beta_2,\beta_3,\cdots,\beta_n$:不断增加的单位费用额度

第七章 日本地方公共团体基准财政需求额的计算方法

① $(S-a_1)$ 数值阶段的情况：

这一阶段的地方公共团体的财政需求额用 $(S-a_1)(\alpha+\beta_1)$ 表示。

这一数值等于 $(S\alpha-a_1+a_1d_1)\alpha$，其计算过程如下：不足标准规模的数值 (a_1) 乘以调整比例所得数值，加上该阶段的数值 $(S-a_1)$ 所得数值，乘以法定费用。

因此：

$$(S-a_1)(\alpha+\beta_1) = (S-a_1+a_1d_1)\alpha$$

进而：

$$S\alpha - a_1\alpha + S\beta_1 - a_1\beta_1 = S\alpha - a_1\alpha + a_1d_1\alpha$$
$$\therefore d_1 = \frac{(S-a_1)\beta_1}{a_1\alpha}$$

② $(S-a_1-a_2)$ 数值阶段的计算方法和上述公式思路相同：

$$(S-a_1-a_2-a_3)(\alpha+\beta_2) = (S-a_1-a_2+a_1d_1+a_2d_2)\alpha$$
$$S\alpha - a_1\alpha - a_2\alpha + S\beta_2 - a_1\beta_2 - a_2\beta_2 = S\alpha - a_1\alpha - a_2\alpha + a_1d_1\alpha + a_2d_2\alpha$$
$$\therefore d_2 = \frac{[S-(a_1+a_2)]\beta_2 - a_1d_1\alpha}{a_2\alpha}$$

③ $(S-a_1-a_2-a_3)$ 数值阶段的计算方法如下：

$$(S-a_1-a_2-a_3)(\alpha+\beta_3) = (S-a_1-a_2-a_3+a_1d_1+a_2d_2+a_3d_3)\alpha$$
$$S\alpha - a_1\alpha - a_2\alpha - a_3\alpha + S\beta_3 - a_1\beta_3 - a_2\beta_3 - a_3\beta_3 = S\alpha - a_1\alpha - a_2\alpha - a_3\alpha + a_1d_1\alpha + a_2d_2\alpha + a_3d_3\alpha$$
$$d_3 = \frac{[S-(a_1+a_2+a_3)]\beta_3 - (a_1d_1+a_2d_2)\alpha}{a_3\alpha}$$

日本地方财政平衡交付金制度设立之初，就采用了以下两种方法：其一，以测定单位的每个阶段的单位经费的分布状况为基础，通过最小自乘法求出回归方程式 $y=a+bx$；其二，通过上述回归方程式，用超出累退或者超出累进的方法求出计算阶段调整系数。

阶段调整系数案例的具体内容如下。

以下以1999年度的市、镇、村层面的地方公共团体的社会福

日本新地方财政调整制度概论

利费用为例，对阶段调整系数进行说明，详情如下。

以标准地方公共团体的公务员人均一般性财政来源需求额为基础，按照表7-9左栏的方式将人口数量划分为若干个阶段；按照计算标准地方公共团体的单位费用的先例，进行公务员配置；按照表7-10计算其所需财政经费，计算其各阶段的单位费用。以此为基础，计算得出社会福利费用的阶段调整系数。

表7-9 按人口比例制作的公务员配置表

单位：人

人口规模 \ 区分	科长	公务员A	公务员B	合计
4000	—	1	2	3
8000	—	2	2	4
12000	—	3	2	5
20000	—	4	3	7
30000	1	5	3	9
100000	1	17	12	30
250000	1	32	23	56
400000	2	42	33	77
1000000	3	79	64	146
2000000	4	131	99	234

表7-10 按人口比例求出的地方公共团体的财政需求额以及单位费用

单位：千日元，人

细目 \ 人口规模	4000	8000	12000	20000	30000	100000	250000	400000	1000000	2000000
1. 社会福利事业费用	20094	32099	40720	57201	77007	171593	307362	436788	822963	1308397
2. 儿童福利费用	9110	17833	28338	49748	72315	256065	595212	908477	2128447	4165122
3. 残疾人福利费用	5447	8106	11079	17083	25380	74932	193634	301324	774793	1483566
4. 智障者福利费用	6220	9613	12905	20497	31999	109098	268329	420248	1028276	2027839

第七章　日本地方公共团体基准财政需求额的计算方法

续表

细目 \ 人口规模	4000	8000	12000	20000	30000	100000	250000	400000	1000000	2000000
5. 儿童补贴费用	1633	1755	1877	2902	4046	10852	24409	37968	86760	162640
6. 工资改善费用	98	143	187	258	353	1129	2094	2862	5406	8734
7. 财政需求追加额	528	765	1001	1385	1895	6050	11222	15340	28976	46812
合计	43130	70314	96107	149074	212995	629719	1402262	2123007	4875681	9203110
单位费用 Z(日元)	10783	8789	8009	7454	7100	6300	5609	5308	4876	4602
Z/单位费用	1.712	1.395	1.271	1.183	1.127	1.000	0.890	0.843	0.774	0.730

阶段调整系数

A. 测定单位数值在 100000 人以上的地方公共团体的情况如下：

$$d_n = \frac{\sum a_n \alpha - (S + \sum a_n)\beta_n - \sum a_{n-1} d_{n-1} \alpha}{a_n \alpha}$$

$S = 100000$ 人　　　$\alpha = 6300$ 日元

$a_1 = 150000$　　　$\beta_1 = 691$

$a_2 = 150000$　　　$\beta_2 = 992$

$a_3 = 600000$　　　$\beta_3 = 1424$

$a_4 = 1000000$　　$\beta_4 = 1698$

单位：千日元

n	a_n	$a_n \alpha$ ①	$\sum a_n \alpha$ ②	$S + \sum a_n$	$(S + \sum a_n)\beta_n$ ③	$a_{n-1} d_{n-1} \alpha$	$\sum a_{n-1} d_{n-1} \alpha$ ④	⑤(②-③-④)	d_n (⑤÷①)
1	150000	945000	945000	250000	172750	—	—	772250	0.82
2	150000	945000	1890000	400000	396800	774900	774900	718300	0.76
3	600000	3780000	5670000	1000000	1424000	718200	1493100	2752900	0.73
4	1000000	6300000	11970000	2000000	3396000	2759400	4252500	4321500	0.69

B. 测定单位数值不足 100000 人的地方公共团体的情况如下：

日本新地方财政调整制度概论

$$d_n = \frac{(S - \sum a_n)\beta_n - \sum a_{n-1}d_{n-1}\alpha}{a_n\alpha}$$

S = 100000 人		α = 6300 日元	
a_1 = 70000		β_1 = 800	
a_2 = 10000		β_2 = 1154	
a_3 = 8000		β_3 = 1709	
a_4 = 4000		β_4 = 2489	
a_5 = 4000		β_5 = 4483	
a_6 = 3000		β_6 = 6876	

单位：千日元

n	a_n	$a_n\alpha$ ①	$S - \sum a_n$	$(S - \sum a_n)\beta_n$ ②	a_{n-1} $d_{n-1}\alpha$	$\sum a_{n-1}$ $d_{n-1}\alpha$ ③	④ (②-③)	d_n (④÷①)
1	70000	441000	30000	24000	—	—	24000	0.05
2	10000	63000	20000	23080	22050	22050	1030	0.02
3	8000	50400	12000	20508	1260	23310	-2820	-0.06
4	4000	25200	8000	19912	-3024	20286	-374	-0.01
5	4000	25200	4000	17932	-252	20034	-2102	-0.08
6	3000	18900	1000	6876	-2016	18018	-11142	-0.59

C. 系数

人口为 100000 以上的地方公共团体		人口不足 100000 的地方公共团体	
100000 人	1.00	该团体的数值	1.00
100000 ~ 250000 人	0.82	70000 ~ 100000 人	0.05
250000 ~ 400000 人	0.76	70000 ~ 80000 人	0.02
400000 ~ 1000000 人	0.73	80000 ~ 88000 人	-0.06
1000000 人以上者	0.69	88000 ~ 92000 人	-0.01
		92000 ~ 96000 人	-0.06
		96000 人以上者	-0.59

2. 有关阶段调整制度改革的争论

相关各方对阶段调整制度本身并没有太大意见，意见最大的是每个数值阶段的扩增率和递减率太高。也就是说，不足标准地方公共团体相关数值的地方公共团体中，有些地方公共团体测定单位非常少，调整比例只能达到一定阶段。因此，阶段调整系数非常高。从 1998 年度开始，基于以下原因，在计算阶段调整系数时采取了如下改良措施。

首先，在行政规模较小的地方公共团体中，有的公务员属于双

第七章 日本地方公共团体基准财政需求额的计算方法

肩挑，而且，这种情况因地方公共团体而异。设置标准公务员配置有一定的局限性。

其次，行政规模小的地方公共团体即便测定单位减少，每个基础单位的一般性财政来源也并没有相应增加。

另外，递减率适用于超出标准地方公共团体的阶段调整数值。通过运用普通形态调整系数，其阶段调整系数有所增加。而人口为50万以上的城市、东京都特区的递减率较为显著。因此，会削弱调整系数的效果。

鉴于上述情况，有人主张将普通形态调整方式和阶段调整方式合二为一。现阶段，在进行阶段调整时，将东京都所辖特区当做一个市来对待。但是，这一做法并不符合东京都所辖特区的实际情况。因此，有人主张在进行阶段调整时，将东京都所辖特区分别作为独立市来对待。①

四 密度调整

1. 密度调整制度的现状与含义

随着人口密度的增减，地方公共团体的行政费用会相应发生递减或递增。对这一情况进行适当调整就是密度调整。在设置地方财政平衡交付金制度之初，日本中央政府就很重视密度调整措施，将其定位为第2号调整措施。在创设密度调整制度之初，中央政府的相关部门就将人口密度（每平方公里的人口数）的多寡作为衡量是否应对地方公共团体予以调整的重要尺度。之后，由于社会经济形势发生变化，地方公共团体的行政事务越来越复杂，越来越高度化。为了适应这一形势，需要更精准地计算地方公共团体的基准财政需求额。因此，密度调整事由逐年增加。在制度创设之初，密度调整具有很强的中立性。根据地方公共团体的人口密度的多寡、机动车

---

① 东京都的每个特区都设有行政首长、议会、各种行政委员会等机构。这些机构的存在都导致财政需求额的增加。将这些经费的增加部分都一并计入"其他各项费用"，进而进行调整。这就是所谓的普通形态调整措施。

交通量的大小，所需行政费用会或高或低。密度调整就是要将这一倾向反映在地方公共团体的基准财政需求额的计算过程中。但是最近几年，"密度"的定义、外延较以前有所扩展，是指"测定单位数值等的一定的数值和特定数值之比"。不仅如此，还计入了特定的教育行政费用和社会福利行政费用等。这一措施给地方公共团体的行政业务水准的提高带来了积极影响。这些调整措施政策色彩浓厚。很多人认为这一做法有损地方交付税制度的中立性。表7-11列举了各种费用项目的指标（人口密度除外）。这些指标用于1999年度的密度调整。

表7-11　用于密度调整措施的各种费用项目的指标

道、府、县层面的地方公共团体	
费用项目	具体指标
道路桥梁费用	每一公里道路的12小时平均交通量
各种特殊教育学校教育费用（儿童及学生数）	市、镇、村设立的各种特殊教育学校附属幼儿园的幼儿数 市、镇、村设立的各种特殊教育学校附属小学和初中的儿童数和学生数 市、镇、村设立的各种特殊教育学校附属高中的学生数 都、道、府、县设立的各种特殊教育学校附属幼儿园的幼儿数
生活低保费用	领取生活补贴人数 领取生活低保人数
社会福利费用	使用保育所的人数 使用智障救护设施的人数
卫生费用	结核病患者强制住院人数 精神病患者住院人数 都、道、府、县所属医院病床数 都、道、府、县所属医院所借债务本息偿还金 都、道、府、县所属大学附属医院病床数 都、道、府、县所属大学附属医院所借债务本息偿还金 都、道、府、县所属康复医院病床数 自来水水源开发事业所借债务本息偿还金 水资源开发公团负担金 自来水水源普及事业本息偿还金 上水道开发一般会计账目所举债务偿还本息 都、道、府、县所属护士学校学生数 减额对象被保护者 减额对象户数 一般被保险人数

第七章　日本地方公共团体基准财政需求额的计算方法

续表

道、府、县层面的地方公共团体	
费用项目	具体指标
老年人保健福利费用 （65 岁以上人口）	需要上门看护服务的户数 进入敬老院的人数
劳动费用	工厂企业等从业人数
农业行政费用	耕种总面积
工商行政费用	从事工商业的法人数 工商会以及工商会议所数量 小规模工商业法人数
计划振兴费用	外国青年职工招聘数目 自治体地方公务员合作交流培训招聘人数
其他各项费用	用于防灾的直升机架数 美军士兵、军属人数 为美军提供的土地面积 为自卫队提供的土地面积
市、镇、村层面的地方公共团体	
费用项目	具体指标
道路桥梁费用	每一公里道路的 12 小时平均交通量
各种特殊教育学校教育费用（儿童及学生数）	市、镇、村设立的各种特殊教育学校附属的幼儿园的幼儿数 市、镇、村设立的各种特殊教育学校附属的幼儿园的幼儿数
生活低保费用	领取生活补助人数 领取生活低保人数
社会福利费用	使用保育所的人数 使用智障救护设施的人数
卫生费用	结核病患者强制住院人数 精神病患者住院人数 都、道、府、县所属医院病床数 都、道、府、县所属医院所借债务本息偿还金 都、道、府、县所属大学附属医院病床数 都、道、府、县所属大学附属医院所借债务本息偿还金 都、道、府、县所属康复医院病床数 自来水水源开发事业所借债务本息偿还金 水资源开发公团负担金 自来水水源普及事业本息偿还金 上水道开发一般会计账目所举偿还债务本息 都、道、府、县所属护士学校学生数 减额对象被保护者 减额对象户数 一般被保险人数

日本新地方财政调整制度概论

续表

市、镇、村层面的地方公共团体	
费用项目	具体指标
老年人保健福利费(65岁以上人口)	需要上门看护服务的户数 进入敬老院的人数
劳务费用	工厂企业等就业人数
农业行政费用	耕种总面积
工商行政费用	从事工商业的法人数 工商会以及工商会议所数量 小规模工商业法人数
计划振兴费	外国青年职工招聘数目 自治体地方公务员合作交流培训招聘人数
其他各项费用	用于防灾的直升机架数 美军士兵、军属人数 为美军提供的土地面积 为自卫队提供的土地面积

密度调整具体案例（1999年度）如下。

（1）道、府、县层面的地方公共团体的"生活低保费用"

道、府、县层面的地方公共团体的生活低保费用项目如下：一是用于低保相关行政事务所需经费；二是社会福利事务所的行政事务所需经费（社会福利事务所掌管的行政事务。这些行政事务经费并不是通过社会福利费用、老年人保健福利费用筹措的）。因此，通过密度调整系数 I 计算社会福利主要事务所所需经费，通过密度调整系数 II 计算负责生活低保的行政事务所需经费。

①密度调整系数 I

根据领取生活低保户数设置社会福利主事（亦即负责人）。设置社会福利主事所需经费因领取生活低保者占村、镇总人口的比例而递增或递减。因此，用领取生活低保者中接受生活补贴者数目除以村镇人口所得数值，计算得出一个比例，进而用这一比例进行密度调整。之所以使用接受生活补贴人数是因为其在领取低保者中占到九成，其动向对整个领取低保者的影响巨大。

将上述密度划分为以下若干个阶段，如表7-12左栏所示。计算得出标准地方公共团体的财政需求额，用其来计算单位费用。将

第七章 日本地方公共团体基准财政需求额的计算方法

这一方法应用在密度调整系数计算上。进而，按照表7-12的内容，设定一个主事数目，按照表7-13计算得出相关经费，求出各阶段的单位费用（见表7-13）。接着，求出各阶段的单位费用和单位费用之比，以此为基础，求出表7-14的阶段调整系数。

表7-12　各密度阶段的公务员人数配置

单位：人

密度阶段 (800000人/A)	接受生活 补贴者人数(A)	公务员A	公务员B	合计
350	2286	37	3	40
250	3200	49	4	53
170（标准地方公共团体）	4703	74	4	78
100	8000	113	8	121
55	14545	199	15	214
20	40000	537	37	574

注：标准地方公共团体的社会福利主事数。
现阶段的从业人数（124人-62人）+指导员（16人）=78人。
刨除现阶段的从业人员，老年人福利设施的工作人员为8人，负责家庭儿童的相关人员为8人，其他社会福利设施的工作人员为46人。

表7-13　各密度阶段的地方公共团体的财政需求额

单位：千日元

经费区分＼密度阶段	350	250	170（标准地方公共团体）	100	55	20
A	376594	498899	740827	1142955	2018448	5425277
B	-364234	-241929	—	402127	1277620	4684449
C	-349665	-232252	—	386042	1226515	4497071
D	3639621	3757034	3989286	4375328	5215801	8486357
平均单位费用Z （D/800000）	4550	4696	4990	5469	6520	10608
Z/单位费用	0.912	0.941	1.000	1.096	1.307	2.0126

注：A：主事费用（单价×主事数）
　　B：和标准地方公共团体主事费用的差额（A-740827日元）
　　C：B×0.96（计入率）
　　D：C+3989286000日元（标准地方公共团体的一般性财政来源需求额）

389

主事费用单价的详情

单位：日元

	公务员 A	公务员 B
工资费用	9140000	5660000
特殊职务津贴	12800×12 个月 = 153600	—
工资改善费用	45700	28300
差旅费用	222064	—
其他事务费用(A、B 共同)	3535000÷170 人 = 20794	—
	7409000÷78 人 = 94987	
合　计	9677145	6179745

表 7-14　各阶段调整系数的计算

阶段	阶段
250～　　1/P(0.84P+25.60)	100～170　1/P(0.86P+23.80)
170～250　1/P(0.82P+30.60)	55～170　1/P(0.84P+25.80)
	～55　1/P(0.84P+25.80)

注：P = 该地方公共团体的密度。

在这种情况下，领取生活低保者中接受生活补贴人数的计算方法如下：a. 统计出在该都、道、府、县区域内，从 1998 年 4 月 1 日到 1999 年 3 月 31 日接受生活补贴者的每个月的总人数；b. 统计出在该市区域内，从 1998 年 4 月 1 日到 1999 年 3 月 31 日接受生活补贴者的每个月的总人数；c. 用（a-b）乘以密度调整系数 Ⅱ 中的"各种领取生活低保人数的比例"得到的数目就是领取生活低保者中接受生活补贴的人数。

②密度调整系数 Ⅱ

生活低保费用与领取生活低保人数成正比，而与村镇人口关系不大。因此，其计算方法如下：a. 用村镇人口除以生活低保领取人数得到一个数值；b. 用 a 的数计算得出密度；c. 对 b 计算得出的密度与标准地方公共团体密度的差额进行调整。在这种情况下，进行以下计算：统计出在该都、道、府、县区域内，i. 从 1998

第七章 日本地方公共团体基准财政需求额的计算方法

年 4 月 1 日到 1999 年 3 月 31 日每个月接受生活补贴者的总人数；ⅱ. 统计出在该市区域内，从 1998 年 4 月 1 日到 1999 年 3 月 31 日接受生活补贴者的每个月的总人数；ⅲ. 用（ⅰ-ⅱ）乘以密度调整系数Ⅱ中的"各种领取生活低保人数的比例"得到的数目就是领取生活低保者中接受生活补贴的人数。

具体的计算公式如下：

$$（密度调整系数Ⅱ-1）= \frac{1}{4990\ 日元 \times A} \times [148200\ 日元 \times (B - 14618\ 人 \times \frac{A}{800000\ 人})]$$

$$= \frac{148200\ 日元}{4990\ 日元} \times \frac{B - 14618\ 人 \times \frac{A}{800000\ 人}}{A}$$

$$= (\frac{B \times 100}{A} - 1.827) \times 0.297$$

上述计算公式中数学符号的意义如下：

A：负责领取生活低保者业务单位的相关数值。

B：该地方公共团体的生活领取生活低保人数等于各接受生活补贴区域的一年的补贴人数乘以各接受生活补贴区域内领取生活低保人数得到的数值之和

4990 日元：单位费用

148200 日元：领取生活低保者的人均计入额

（参考）生活补贴费用单价（一般性财政来源年额）

51467 日元 × 12 月 × 道、府、县负担比例（0.25）× 计入率（0.96）≈ 148200 日元

14618 人：标准地方公共团体的生活低保领取人数，由以下计算公式得出

表 7-15　密度调整系数 Ⅰ

该地方公共团体的密度在 170 以上的		该地方公共团体的密度小于 170 的	
170	1.00	该地方公共团体的密度	1.00
170~250 的数目	0.82	0~70 的数目	0.14
250 以上的数目	0.84	70~115 的数目	0.16
		115~170 的数目	0.16

日本新地方财政调整制度概论

表7-16 标准地方公共团体的领取低保人数

单位：人

补贴种类	标准团体人员 a	乘积率 B b	c (a×b)	c×1/12
生活补贴	56436	1.0000	56436	
住房补贴	48756	0.3024	14743	
教育补贴	5580	0.1314	733	
医疗补贴（住院）	10908	6.2166	67811	
医疗补贴（住院以外）	86964	0.4064	35342	
其他补贴	192	1.7982	345	
共　计	208836	—	175410	14618

表7-17 各种领取生活低保人数的比例

单位：人，日元

补贴类别	领取生活低保者的人数增加比例			补贴种类单价差率		A×B× 1/12
	1999年度 a	1998年度 b	A (a/b)	人均单价 c	B (c/51467)	
生活补贴	775101	771711	1.0044	51467	1.0000	0.0837
住房补贴	669667	658603	1.0168	15566	0.3024	0.0256
教育补贴	76626	82545	0.9283	6764	0.1314	0.0102
医疗补贴（住院）	149847	144137	1.0396	319950	6.2166	0.5386
医疗补贴（住院以外）	1194544	1096580	1.0893	20915	0.4064	0.0369
其他补贴	2567	2608	0.9843	92547	1.7982	0.1475

注：1. A栏是与1998年度相比，1999年度领取生活低保人数的推测增长率。
2. B栏是生活补贴的人均单价为1.000时，各自的人均补贴单价的比例。
3. 之所以A×B×1/12是因为领取生活低保人数是一年的人数，因此，要计算得出每月人数。
4. 其他项目补贴的92547日元为生育、生计、丧葬、庆典补贴的平均单价。

（2）市、镇、村层面的地方公共团体的"社会福利费用"

在将人口作为测定单位，计算社会福利费用所需基准财政需求额时，人口和幼儿园运营经费未必成正比。因此，以计入标准地方公共团体的幼儿园儿童数占人口的比例为基准，对其财政需求额相应进行增减。为此，进行了密度调整。

第七章　日本地方公共团体基准财政需求额的计算方法

密度调整（幼儿园儿童人数）的计算方法如下：

$$(密度调整系数-1) = \frac{1}{A \times 6300 \text{日元}} \times (B \times \alpha - 1434 \text{人} \times \frac{A}{100000 \text{人}}) \times C$$

$$= (\frac{B \times \alpha \times 100}{A} - 1.434) \times D$$

$$\alpha = \frac{\beta}{98900 \text{日元}}$$

$$\beta = \frac{(a-b) \times 12 \times 0.25}{c}$$

上述计算公式中数学符号的含义如下：

A：测定单位的数值（人口）

B：该地方公共团体的幼儿园儿童人数

C：人口为 50 万以上的城市以及核心城市的儿童人均所需运营经费为 220689 日元，其他市、镇、村的儿童人均所需运营经费为 110344 日元

D：人口为 50 万以上的城市以及核心城市为 0.350，而其他的市、镇、村为 0.175

a：上一年度支付额（1998 年 10 月）

b：上一年度征收额（1998 年 10 月）

c：上一年度的幼儿园入园人数（1998 年 10 月）

6300 日元：单位费用

1434 人：计入标准地方公共团体的幼儿园儿童数

98900 日元：上一年度幼儿园儿童数保育单价（市、镇、村负担的一般性财政来源平均年额）

0.25：市、镇、村负担比例（2.5/10）

以下是对计算公式的具体说明。

i．"地方公共团体的幼儿园儿童人数"的详情如下（1999 年 4 月的数字）。a. 根据日本厚生省报告的案例（1972 年 11 月 28 日厚生省训令第 14 号），向厚生省大臣汇报了"首日在籍人员"。b. 每个市、镇、村的公营、私营的幼儿园儿童数（个人经营，都、道、府、县设立幼儿园幼儿数除外）。c. 该地方公共团体 1998 年度以前设立的边远地区幼儿园。其中一部分在 1998 年

393

日本新地方财政调整制度概论

度接受了特别保育事业国库补贴款,并做了特别保育事业实际业绩报告。其中规定的"附表 3 之 2 边远地区保育事业费用等"的"边远地区幼儿园"的"日均入园儿童数"(1999 年 4 月 1 日之前,被边远地区幼儿园接收的儿童数除外)。d. 以上数值之和即为"该地方公共团体的幼儿园儿童人数"。

ii. 1998 年 10 月,根据日本厚生省报告范例,向日本厚生省大臣做了题为"第 78 之 2 各费用征收阶层的幼儿园人数以及运营费用"的"保育单价支付额"的报告。而市、镇、村的保育单价就是其计算基础。通过这一保育单价支付的费用就是"上一年度支付额"。

iii. 1998 年 10 月,根据厚生省报告范例,向日本厚生省大臣做了题为"第 78 之 2 各费用征收阶层的幼儿园人数以及运营费用"的"根据征收金基准额征收的费用"的报告。而市、镇、村的征收金基准额就是其计算基础。通过这一"征收金基准额征收的费用"就是"上一年度征收额"。

iv. 1998 年 10 月,根据日本厚生省报告范例,向日本厚生省大臣做了题为"第 78 幼儿园入园人数"的"首日幼儿园在籍儿童数"的报告。而市、镇、村"公营""私营"的合计入园人数是其计算基础,也是"上一年度幼儿园入园人数"。

(3)市、镇、村层面的地方公共团体的"老年人保健福利费用"(65 岁以上人口)

在以 65 岁以上人口为测定单位,计算地方公共团体的老年人保健福利费用所需基准财政需求额时,65 岁以上人口未必和接受上门看护服务的老人数目和入住养老院老人数目成正比。因此,用该地方公共团体的密度和标准地方公共团体的密度之差进行调整。从 1999 年度开始,对以前的密度调整系数 Ⅰ(接受上门看护服务的老人数目)以及密度调整系数 Ⅱ(养老院入住人数)统一进行密度调整。另外,随着老人医疗费用的单位费用化,此前的密度调整系数 Ⅲ 被废除。新的密度调整系数的计算方法如下:

第七章 日本地方公共团体基准财政需求额的计算方法

$$（密度调整系数-1）=\frac{1}{67500\,日元\times A}\times(B-453\,户\times\frac{A}{18000})\times C\times 0.9+$$

$$\frac{1}{67500\,日元\times A}\times\{[G\times 0.8450\times(E\times 1.0119-58\times\frac{A}{18000})]+$$

$$[H\times 0.7980\times(F\times 1.0576-252\times\frac{A}{1800})]\}$$

$$=(\frac{B\times 10}{A}-0.252)\times D\times 0.9+[\frac{(0.8551E+1.3442F)\times 10}{A}-0.205]\times I$$

上述计算公式中数学符号的含义如下：

A：该地方公共团体的测定单位数值

B：该地方公共团体接受上门看护服务的老人户数

C：接受上门看护服务的老人户数每户单价

　　人口为 50 万以上的城市、中心城市：217938 日元

　　其他市、镇、村：108969 日元

D：人口为 50 万以上的城市、中心城市：0.323

　　其他市、镇、村：0.161

453 户：计入标准地方公共团体的接受上门看护服务的老人户数

E：该地方公共团体 1999 年 4 月 1 日的养老院需要看护服务的老人数目

F：该地方公共团体 1999 年 4 月 1 日的特别养老院需要看护服务的老人数目

G：养老院需要看护服务的老人人均单价

　　市：1046200 日元

　　村镇：523100 日元

H：特别养老院需要看护服务的老人人均单价

　　市：1666800 日元

　　村镇：833400 日元

I：市 1.550，镇村 0.775

0.8450：养老院的援助率

0.7980：特别养老院的援助率

1.0119：养老院需要看护服务的老人数目预测增长率

1.0576：特别养老院需要看护服务的老人数目预测增长率

日本新地方财政调整制度概论

58人：标准地方公共团体的养老院需要看护服务的老人数目

252人：标准地方公共团体的特别养老院需要看护服务的老人数目

2. 密度调整制度改革的相关争论

就密度调整制度而言，由于"密度"的定义和外延过于宽泛，致使地方公共团体的基准财政需求额的计算方法复杂烦琐。与此同时，密度调整还反映了地方公共团体当局的政策取向。但是，有人指出这样做妨害了地方交付税制度的中立性。鉴于以上理由，很多人主张不应再扩大密度调整的适用对象，密度调整的计算内容也不应过于复杂烦琐。另外，大体上对密度调整制度异议不大，但对于幼儿园、保育所措施费用的计算方式等个别问题应该进一步让密度调整的计算内容接近行政事务的实际情况。笔者个人认为，不应妨害经常性经费所需基准财政需求额计算过程的中立性，也不应使计算方法过于复杂。为此，所应采取的基本方针是借鉴《地方分权制度推进计划》的简化措施，缩减密度调整的内容。

五　形态调整制度

1. 形态调整制度的现状与具体含义

（1）形态调整制度的意义

根据地方公共团体特别是市、镇、村层面的地方公共团体的"形态"，亦即人口规模、城市化程度等具体情况，所需行政经费会发生或高或低的情况。形态调整就是对这一行政经费进行适度调整。因市、镇、村层面的地方公共团体的形态，亦即人口规模、城市化程度等不同，行政服务的质量也会有所不同，而且市、镇、村层面的地方公共团体的行政职能也会产生差距。这就是行政经费或高或低的根本原因。地方财政平衡交付金制度创立之初，中央政府就开始应用形态调整措施。在计算地方公共团体基准财政需求额的过程中，形态调整的影响力逐年提高。现阶段，形态调整已经成为最大的调整项目，用于调整地方公共团体之间基准财政需求额的差距。除此之外，还可以计算大城市与中小城市、城市与农村、山村与渔村之间行政事务质量的差距，并予以适度调整。因为形态调整

第七章 日本地方公共团体基准财政需求额的计算方法

直接涉及地方公共团体相互之间财政收入的调整，其在 5 个调整项目中起到了最重要的作用。正是因为如此，对形态调整内容的作用等议论纷纷，褒贬不一。

（2）形态调整的制度体系

形态调整的具体种类如下：

普通形态调整	行政服务质量之差造成的财政需求额之差	由城市形态程度之差造成的财政需求额之差 由偏僻程度之差造成的财政需求额之差 由农业地区、林业地区的专业化程度之差造成的财政需求额之差
	行政职能大小造成的财政需求额之差	—
经常性形态调整	对小学以及中学的教职员工等平均年龄差距造成的工资单价之差进行适当调整	
投资形态调整	投资形态调整	用国道、府道、县道尚未修建的长度比例等客观指标来调整投资性经费之差
	投资形态调整 Ⅱ 以及 Ⅲ	因为在政策上计入了特定的行政事业经费而予以调整
	行政事业所需经费调整	将公共事业建设项目经费的地方公共团体负担额以及筹措这一额度而发行的地方债本息偿还额作为指标计入投资性经费

以上对形态调整制度体系进行了概述。因市、镇、村的形态（城市化程度）不同，行政事务经费或有所增加，或有所减少。对其进行调整就是普通形态调整。而经常性形态调整并非市、镇、村调整数据的累计，而是对都、道、府、县本身形态的调整。运用各种指标显示投资性经费的必要度，为此实施投资形态调整。除普通形态调整是在地方交付税制度创立初期确立的之外，其他调整方式都是后来才逐步创立的。

（3）普通形态调整的制度体系

①普通形态调整制度用于调整因行政服务质量差距造成的财政需求之差

由于市、镇、村的城市化程度，偏僻程度或者农业、林业的专

日本新地方财政调整制度概论

业化程度各异，其行政服务的质量也参差不齐。因而，各地方公共团体的财政需求额也相应有所不同。应该将这一点准确反映到地方公共团体的基准财政需求额的计算过程中。在这种情况下，使用普通形态调整方式。在实施普通形态调整过程中，最重要的是根据市、镇、村的城市化程度，对行政经费的增减进行适度调整。早在地方财政平衡交付金制度创设之初，中央政府相关部门就开始采取普通形态调整措施。其他种类的调整方式则是在昭和三十年代（1955~1964年）后半期才出现的，主要是为了应对人口过疏这一社会问题。其具体情况如下。

A. 市、镇、村的城市化程度参差不齐，造成财政需求情况迥异。为此，普通形态调整要反映这一财政需求的差异。这就是分区普通形态调整制度。

（a）调整系数的使用方法

不论是经常性经费还是投资性经费，随着市、镇、村城市化的不断发展，地方公共团体的财政需求都有一定的增加趋势。其中，消防行政费用、城市计划费用、保健卫生费用中这种倾向更为显著。按照城市化程度，将市、镇、村划分为若干个类别。每个类别的行政服务质量都有差距。在将这些差距系数化的基础上，进行合理调整。将市、镇、村的分类称为区级划分。都、道、府、县的调整系数原则上按照以下方式确定：确定管辖区内的各类地区的测定单位数值，再乘以各类地区的系数得到一些数值，进而将这些数值相加。以上述相加的数值作为调整依据。有些费用项目，政府所在地的行政经费所占比重较大，因此使用都、道、府、县政府所在地的市级系数。

这里所说的普通形态调整措施是通过市、镇、村的区级划分来进行的，而以前则只是将每个地区的系数用于测定单位数值。但是，按照这个方法，如果其评价分数差一分，相应会被下调一个区级。这样一来，地方公共团体的基准财政需求额就会少算数亿日元。相反，如果评分增加一分，就会上调一个区级。那么，地方公共团体的基准财政需求额就会显著增加。不仅如此，这一调整措施

第七章　日本地方公共团体基准财政需求额的计算方法

影响非常大。因此，有人主张予以调整或者修正。因此，现阶段，在各区级都设定基准点（亦即该区级的最低评分）系数。在计算每个地方公共团体的调整系数之际，按照图 7-3 所示的办法实施。评分的多少是决定区级划分的重要基础，根据评分的多少，调整系数会有所增加。这就是形态调整系数的连续化机制。

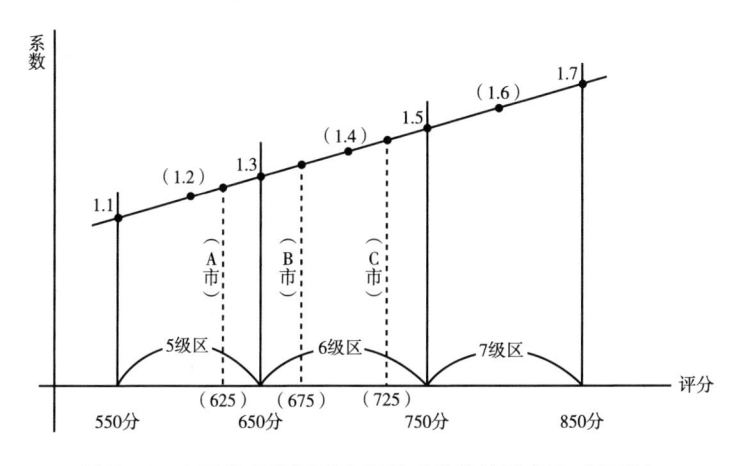

图 7-3　各区级的普通形态调整系数的计算方法（示例）

在现阶段，各种费用项目的各区级系数和各区级的基准点亦即最低评分是相对应的。各个地方公共团体的调整系数，获得最高评分的地方公共团体的系数要和最高区级的基准点系数取得一致。为此，拟使用下列计算公式进行计算：

$$\gamma = 基准点系数 + (该地方公共团体的评分 - 基准评分) \times x$$

在图 7-3 中，各区级的基准评分如下：5 级区为 550 分，6 级区为 650 分，7 级区为 750 分。各区级的系数如下：5 级区为 1.1，6 级区为 1.3，7 级区为 1.5。因此，A 市的评分为 625，B 市的评分为 675，C 市的评分为 725。各个市的调整系数按照以下计算公式计算得出：

A（A 市的调整系数）= 1.1 + (625 - 550) × x

$$x = \frac{1.3 - 1.1}{650 - 550} = \frac{0.2}{100} = 0.002$$

日本新地方财政调整制度概论

$\therefore A = 1.1 + 75 \times 0.002 = 1.25$

B（B 市的调整系数）$= 1.3 + (675 - 650) \times x$

$x = \dfrac{1.5 - 1.3}{750 - 650} = \dfrac{0.2}{100} = 0.002$

$\therefore B = 1.3 + 25 \times 0.002 = 1.35$

C（C 市的调整系数）$= 1.3 + (725 - 650) \times x$

$x = 0.002$

$\therefore C = 1.3 + 75 \times 0.002 = 1.45$

另外，在普通形态调整系数实现连续化之前，各区级的系数按照中等评分规格来确定，属于同一区级的市、镇、村使用相同系数。例如图 7-3 中，符合 5 级区中等评分的系数为 1.2，符合 6 级区中等评分的系数为 1.4。按照以前的方式，A 市的调整系数为 1.2，B 市以及 C 市的调整系数为 1.4。

(b) 区级划分措施

各地方公共团体为了提供标准化行政服务所需经费因市、镇、村的城市化程度而有所不同。为了将这一情况反映在地方公共团体的基准财政需求额的计算中，应用了普通形态调整方式。运用普通形态调整方式的前提是按照城市化程度，将市、镇、村划分为若干区级。这就是区级划分。如何划分区级对普通形态调整制度来说至关重要。

在现行制度下，将所有的市、镇、村大致分为两类：一是"Ⅰ类地区"，是该地区的中心城市；二是"Ⅱ类地区"，是指中心城市以外的市、镇、村。根据各自的城市化程度，划分为 1 级区到 10 级区。在进行区级划分之际，也要尽量切合Ⅰ类地区、Ⅱ类地区的性质，选择能够精准体现地方公共团体财政需求的指标。

选择和运用以下各类指标对评分进行计算。值此之际，要确定各指标的比重和评分标准。市、镇、村的城市化程度对地方公共团体的行政经费的额度影响巨大。行政经费和各指标相关度也很大，各评分段的市、镇、村数的分布也有所不同。在综合考虑以上因素，进行反复分析和估算的基础上，经过长年探索，终于形成现在

第七章　日本地方公共团体基准财政需求额的计算方法

的局面（另外，各种指标的比重以及在计算评分之际，都尽量使用最新的国势调查，亦即人口普查结果。调查结果每隔五年更新一次）。以下是1999年Ⅰ类地区的具体情况。

ⅰ. 人口集中地区的人口数目

ⅱ. 经济结构指数（第二、第三产业就业人数占总就业人数的比例）

ⅲ. 宅基地平均价格指数（用全国平均宅基地价格除以该市、镇、村的宅基地价格得到的比例）

ⅳ. 白天流入市区的人口

以上述内容为指标，对各类指标进行打分：人口集中地区的人口为600分；经济结构为50分；宅基地平均价格指数为50分；白天流入市区的人口为1300分。其分数之和如下：

评分数值	区级划分
950分以上	10级区
900~950分	9级区
850~900分	8级区
750~850分	7级区
650~750分	6级区
550~650分	5级区
450~550分	4级区
350~450分	3级区
200~350分	2级区
不足200分的拥有市、人口集中地区的村镇以及市、镇、村中的核心村镇	1级区

在计算各类指标的评分时，要综合考虑与各所在的市、镇、村的行政经费需求额的相关关系，市、镇、村的分布状况等因素。1999年度的具体情况如下。

ⅰ. 人口集中地区的人口数目

人口集中地区的人口数目是根据下表中与"A"的区级相应的各计算公式计算得出的（不满整数的余数四舍五入，该数值不足74时，以74计，该数值超过600时，以600计）。

日本新地方财政调整制度概论

A 的分类	计算公式
5000～25000	A/1000 × 6.9333 + 4.67
25000～50000	A/1000 × 2.40 + 118
50000～100000	A/1000 × 1.38 + 169
100000～400000	A/1000 × 0.43 + 264
40000～90000	A/1000 × 0.208 + 352.8
900000 以上者	A/1000 × 0.0286 + 514.26

注：A/1000 所得数值中的非整数要四舍五入。

计算公式中数学符号的含义如下：

A：用 1995 年度的人口集中地区的人口数目除以 1995 年度人口数目（是指通过人口普查令调查得出的截至 1995 年 10 月 1 日的人口集中地区的人口数目，下同）所得比例不满 0.80 的市、镇、村以 1.00 计；该比例为 0.80～1.00 的市、镇、村以 1.05 计；该比例为 1.00 的市、镇、村以 1.10 计，分别乘以该市、镇、村 1995 年度人口集中地区的人口数目得到的数值。

ⅱ. 经济结构指数

经济结构指数是根据下表中与 "B" 的区级相应的各计算公式计算得出的（不满整数的余数四舍五入，该数值为负数时，以 0 计）。

B 的分类	计算公式
90 以下	B × 0.89 - 40.05
90 以上	B - 50

注：计算公式中数学符号的含义如下：

B：用经济结构（是指用各行业就业人数总数除以 1995 年通过人口普查令调查得出的各行业就业人数中 D 矿业，E 建筑业，F 制造业，G 电气、煤气、供热以及自来水等公共事业，H 运输以及通信业，I 批发业、零售业、饮食业，J 金融及保险业，K 房产业，L 服务业，M 公务以及无法分类的产业 N 之和）乘以 100 得到的数值（不满整数的余数四舍五入）。

ⅲ. 宅基地的平均价格指数

宅基地平均价格指数是根据下表中与 "C" 的区级相应的各计算公式计算得出的（当该数值超过 50 时，以 50 计）。

ⅳ. 白天流入市区人口

白天流入市区人口是根据下表中与 "D" 的区级相应的各计算公式计算得出的（当该数值出现小数点时，四舍五入。该数值为负数时，以 0 计，该数值超过 300 时，以 300 计）。

第七章 日本地方公共团体基准财政需求额的计算方法

C 的分类	计算公式
100 以下	$C \times 0.250$
100 ~ 200	$C \times 0.100 + 15$
200 ~ 300	$C \times 0.100 + 15$
300 以上	$C \times 0.033 + 35$

注：计算过程中如果出现小数点，四舍五入。

计算公式中数学符号的含义如下：

C 的计算过程如下：①用 62899 日元（全国宅基地的平均价格）除以宅基地平均价格指数（根据日本地方税法第 411 条的相关规定得出登记在土地课税台账以及土地补充课税台账的宅基地的平均价格。这里的平均价格是指根据日本地方税法第 388 条第 1 项的相关规定，日本自治省大臣或者东京都、北海道、各府、各县知事确定的该市、镇、村 1997 年度的宅基地的平均价格），然后按照自治省大臣规定的固定资产评估基准得到的比例乘以 100 得到一个数值（出现小数点的四舍五入）。②用所有宅基地的平均价格（用宅基地的总面积除以上述调查报告中记载的宅邸价格总额得到的数值，有小数点的四舍五入）除以记载到 1997 年度固定资产税概要报告中的宅基地评估总面积为 10 平方公里以上的市、镇、村的工商业住宅区的宅基地平均价格（记载到该调查报告中的商业地区、工业地区以及住宅地区的宅基地的确定价格之和除以这些地区宅基地面积之和得到的数值）得到一个数值（小数点以后四舍五入）。③其中②的数值为 1.5 ~ 2.0 者以 1.25 计，其中②的数值为 2.00 以上者以 1.50 计，其他的市、镇、村以 1.0 计。④用①乘以③的数值，便得到 C 的数值。

D 的分类	计算公式
1000 ~ 6000 人	$D/1000 \times 17.00 + 48.00 - E$
6000 ~ 11000 人	$D/1000 \times 8.00 + 102.00 - E$
11000 ~ 55000 人	$D/1000 \times 0.91 + 179.99 - E$
55000 ~ 110000 人	$D/1000 \times 0.27 + 251.15 - E$
110000 ~ 220000 人	$D/1000 \times 0.23 + 219.70 - E$
220000 人以上	$D/1000 \times 0.06 + 256.80 - E$

注：D/1000 所得数值中不是整数的要四舍五入。

计算公式中数字符号的含义如下：

D：白天流入市区人口（根据人口普查令调查，载入 1995 年人口普查报告的"常住地、工作地、就学地点的年龄，5 岁为一个阶段，男女人口以及 15 岁以上的就业人口"中的"常住地人口"中的"县内其他市、镇、村就业及就学"的"总数"和"在其他县就业及就学"的"总数"之和，下同）

E 的数值计算方法如下：①1995 年度的人口减去白天流出市区人口（根据人口普查令调查，载入 1995 年人口普查报告的"常住地、工作地、就学地点的年龄，5 岁为一个阶段，男女人口以及 15 岁以上的就业人口"中的"常住地人口"中的"县内在其他市、镇、村就业及就学"的"总数"和"在其他县就业及就学"的"总数"之和，下同）得到一个数值；②白天流入市区人口加上①的数值，除以 1995 年度的人口，得到一个比例（小数点后面两位数四舍五入）；③②的数值不足 1.00 的市、镇、村，用 1.00 减去该比例，乘以 167 得到的数值（出现小数点时，四舍五入），其他的市、镇、村以 0 计。

日本新地方财政调整制度概论

Ⅱ类地区受其核心城市（Ⅰ类地区）的影响，根据受影响程度，其行政经费需求额度也参差不齐。因此，采用了以下指标，进而综合考虑其各自指标和行政经费的相关程度，进行了下述评分。

ⅰ．距离Ⅰ类地区的距离	300 分
ⅱ．白天流出市区人口比例（白天流出市区人口占常住人口的比例）	300 分
ⅲ．经济结构	200 分
ⅳ．宅基地的平均价格指数	200 分

各指标的评分计算过程如下：Ⅱ类地区的评分由上述总评分来确定。另外需要注意的是，一些地方公共团体的一部分市、镇、村属于Ⅰ类地区，另一部分属于Ⅱ类地区（比如东京都八王子市属于大城市的卫星城市，而且在某种程度上，还具有核心城市的功能）。在这种情况下，选择对该地区有利的一方。

Ⅱ类地区的详情如下：

评分	区级划分
950 分以上	10 级区
900～950 分	9 级区
850～900 分	8 级区
800～850 分	7 级区
750～800 分	6 级区
700～750 分	5 级区
600～700 分	4 级区
500～600 分	3 级区
350～500 分	2 级区
350 分以下	1 级区

在计算各类指标的评分时，要综合考虑其指标和整体行政经费需求的关系和每个阶段的指标的市、镇、村数目的分布等因素，具体情况如下。

ⅰ．距离Ⅰ类地区的距离

一般来讲，Ⅱ类地区的市、镇、村的行政经费需求距离Ⅰ类地

第七章　日本地方公共团体基准财政需求额的计算方法

区越近越有所增加，而且Ⅰ类地区城市评分越高，亦即区级越高，对行政经费需求的影响越大。在计算评分方式时，要对上述内容有所反映。以下的数字是根据与表中"A"的区级相应的计算公式计算得出的（该数字为负数时，以0计）

A 的分类	计算公式
200～350 分	30－(B×10－200)×0.35
350～650 分	A×0.0667＋7－(B×10－200)×0.35－(B×10－400)×0.70
650～950 分	A×0.6－340－(B×10－200)×0.35－(B×10－400)×0.70
950～990 分	A×1.4－1100－(B×10－200)×0.35－(B×10－400)×0.70
990 分以上	A×1.4－1100－(B×10－250)×0.42－(B×10－500)×0.79

注：计算过程中出现小数点要四舍五入。(B×10－200)、(B×10－250)、(B×10－400)、(B×10－500)等的结果为负数的话均以0计。当(B×10－200)的结果大于200时，以200计；当(B×10－250)的计算结果大于250时，以250计。
计算公式中数学符号的含义如下：

A：Ⅰ类地区的评分。

B：市、镇、村层面的政府所在地（村镇级政府位于市、镇、村内的话，该市、镇、村政府可以位于以下地点：按照日本地方税法第411条的相关规定，在该市、镇、村区域内，登记在1964年度的固定资产税课税台账上的宅基地的每3.3平方米价格最高的地点。这就是市、镇、村政府所在地，下同）和Ⅰ类地区的市、镇、村政府（如果是东京都特区的话，为山手线车站；如果是大阪市的话为大阪环状交通线路）所在地的最短距离，根据旅行时最经济、最常用的线路，交通工具为铁路，包含长途大巴等数据进行计算。水路以及陆路按实际距离计算。而仅用陆路旅行的话，实际距离减去1千米得到的数据就是实际距离。该实际距离不足1千米的话，按实际距离计算。在其他情况下，以市、镇、村政府机构的所在地以及Ⅰ类地区市、镇、村政府所在地为起点的陆路的实际距离各减去0.5千米，就得出该陆路的实际距离。该实际距离不足0.5千米的话，按实际距离计算。各区间的实际距离中不足0.1千米的舍去。

ⅱ. 白天流出市区人口比例

白天流出市区人口的绝对数多的市、镇、村即便其比例较低，也会受到Ⅰ类地区的影响。因此，在计算其评分时应该考虑到这一点。根据与下表中白天流出市区人口栏的"C"的区级相对应的计算公式得出其评分（当该数为负数时，以0计，白天流出市区人口不满1100人的市、镇、村，其评分为200，白天流出市区的人口为1100～43000的市、镇、村，其评分为250，白天流出人口为43000以上的市、镇、村其评分为300，上述评分均为上限）。

白天流出市区人口	C 的分类	计算公式
43000 人以下	12 以下	C×18.2－118
	12～23	C×6.4＋33
	23～34	C×4.5＋67
	34 以上	C×1.4＋172
43000～86000 人	12 以下	C×21.8－142
	12～23	C×10.0
	23～34	C×2.7＋168
	34 以上	C×1.8＋199
86000 人以上	12 以下	C×21.8－142
	12～23	C×14.5－54
	23～34	C×1.8＋239
	34 以上	300

注：计算过程中如出现小数点，四舍五入。
计算公式中数学符号的含义如下：
C 为白天流出市区人口比例，其计算方法如下：用 1995 年度的人口数目除以白天流出市区人口数目得到的比例，乘以 100 得到的数值（出现小数点时，四舍五入）。

iii. 经济结构指数

根据与下表中白天流出市区人口栏的"D"相对应的计算公式得出其评分（当该数出现小数点时，四舍五入；当该数为负数时，以 0 计）。

D 的分类	计算公式
70 以下	D×4.20－189.00
70～90	D×3.50－140.00
90 以上	D×2.50－50.00

注：计算公式中数学符号的含义如下：
D 为经济结构乘以 100 得到的数字（如果出现小数点，四舍五入）。

iv. 宅基地平均价格指数

根据与下表中白天流出市区人口栏的"E"的区级相对应的计算公式得出其评分（当该数超过 200 时，以 200 计）。

第七章　日本地方公共团体基准财政需求额的计算方法

E 的分类	计算公式
10 以下	E × 5.00
10 ~ 110	E × 0.90 + 41
110 ~ 220	E × 0.27 + 110
220 ~ 330	E × 0.23 + 119
330 以上	E × 0.07 + 172

注：计算过程中如果出现小数点，四舍五入。
计算公式中数学符号的含义如下：
E 为宅基地平均价格指数。

B. 系数的具体计算方法

对按照以各区级的市、镇、村的行政服务内容为基础计算得出的经费或增或减，这就是各个区级的普通形态调整系数。从内容上来看可分为两种：一是全部费用项目都适用的共同系数；二是适用于每个具体费用项目的具有特色的个别系数。地方交付税制度创设之初，共同系数所占比重极高，而最近几年，个别系数所占比重较高。

（a）共同系数的具体情况

此前，从共同系数可以看出各区级的工资之差，而今只能看出调整补贴、通勤补贴以及住房补贴等的地区差别。运用各区级市、镇、村的上述津贴支出额的实际工资水平调查结果（日本中央政府公布的正式统计数据），通过其平均值计算得出共同系数的数值。在此期间，在计算共同系数之际，也是根据各区级的工资水准之差、地方公务员的学历结构之差等调查得出工资的实际情况。然后，根据这一调查结果计算出基本工资之差。这样做的目的并非是为了计算工资水准之差，而是因为工资之差容易计算，并且能够以此衡量各区级之间行政服务质量的差距。但是，在日本地方公务员法第 24 条第 3 项中，中央政府就工资水准制定了明确的行政指导方针。其具体内容如下：地方公务员的工资水准应该比照国家公务员的工资水准执行。要搞清楚工资水准差距的实际情况是有实际困难的。因为这与日本中央政府的规定有矛盾。最近几年，地方公务员的学历结构也有所提高，各区级之间的地方公务员的学历结构差距越来越小。因此，废除了对基本工资差距的衡量。共同系数的计算结果如表 7 - 18 所示：用Ⅰ类地区

日本新地方财政调整制度概论

6级区的工资、调整补贴、年终全勤奖、通勤补贴、住房补贴以及其他补贴之和除以各级区的工资、调整津贴、年终全勤奖、通勤补贴、住房补贴以及其他补贴之和就能得出道、府、县层面的共同系数。

用Ⅰ类地区4级区的工资、调整补贴、年终全勤奖、通勤补贴、住房补贴以及其他补贴之和除以各级区的工资、调整补贴、年终全勤奖、通勤补贴、住房补贴以及其他补贴之和就能得出市、镇、村层面的各区级的中间部位评分的共同系数。以这一中间部位评分的调整比例为基础，按照下述方法计算得出基准评分的调整比例，将其作为共同系数。之所以将中间部位调整比例作为基准评分的调整比例，是因为政府相关部门实施了普通形态调整系数的连续化措施。

将Ⅰ类地区1级区以及Ⅱ类地区1级区的中间部位评分（率）和Ⅰ类地区2级区以及Ⅱ类地区2级区基准评分的共同系数相连，通过这条直线计算得出Ⅰ类地区1级区以及Ⅱ类地区1级区的共同系数。另外，Ⅰ类地区10级区、9级区、8级区还详细设置了相应的调整补贴支付比例。

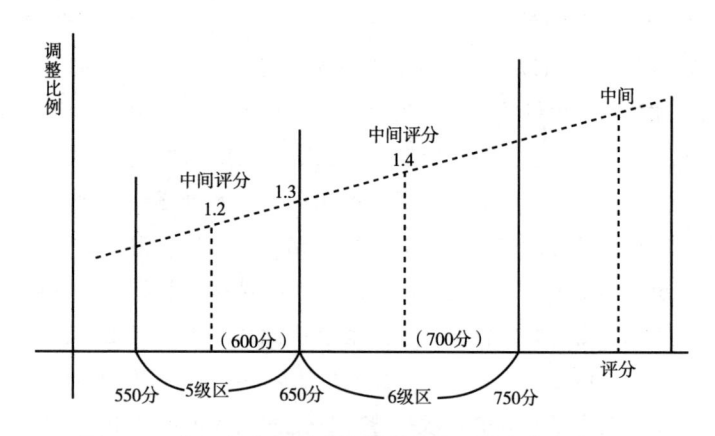

图7-4 各区级普通形态调整的通用系数变换方法说明

注：5级区（550~650分）的中间部位评分的调整比例为1.2
6级区（650~750分）的中间部位评分的调整比例为1.4
6级区的基准评分的调整比例（亦即共同系数）用以下计算公式求出：

$$6级区的基准评分的共同系数 = \frac{1.4 \times (650 - 600) + 1.2 \times (700 - 650)}{700 - 600} = 1.3$$

第七章 日本地方公共团体基准财政需求额的计算方法

表 7-18 共同系数的计算（1999 年度）

单位：日元，%

区级	工资等 A	调整补贴 B 支付额	调整补贴 B 比例	年终全勤奖 C	通勤、住房补贴 D	加班补贴 E	基金负担 F	G(A+B+C+D+E+F)	G/608197	共同系数 市、镇、村	共同系数 道、府、县
I 类地区 10 级区 a		38098	12.0	159627	22957	23593	555	679519	1.117	1.116	1.101
I 类地区 10 级区 b		31748	10.0	156700	22957	23148	545	669787	1.101	1.100	1.085
I 类地区 9 级区 a		31748	10.0	156700	21038	23148	545	667868	1.098	1.096	1.082
I 类地区 9 级区 b		19049	6.0	150847	21038	22259	525	648407	1.066	1.065	1.050
I 类地区 8 级区 a	434689	19049	6.0	150847	19280	22259	525	646649	1.063	1.061	1.048
I 类地区 8 级区 b		9525	3.0	146458	19280	21593	510	632055	1.039	1.035	1.024
I 类地区 7 级区		6350	2.0	144995	16914	21370	505	624823	1.027	1.021	1.012
I 类地区 6 级区	基本工资 298940	3175	1.0	143531	14205	21148	500	617248	1.015	1.011	1.000
I 类地区 5 级区	家庭补贴 9806	1587	0.5	142799	11930	21037	497	612539	1.007	1.004	1.000
I 类地区 4 级区	管理岗补贴 8738			142068	10019	20926	495	608197	1.000	0.999	1.000
I 类地区 3 级区	其他补贴 117125			142068	8414	20926	495	606592	0.997	0.996	1.000
I 类地区 2 级区	退休金 43496			142068	6765	20926	495	604943	0.995	0.993	1.000

日本新地方财政调整制度概论

续表

区级	工资等 A	调整补贴 B 支付额	调整补贴 B 比例	年终全勤奖 C	通勤、住房补贴 D	加班补贴 E	基金负担 F	G(A+B+C+D+E+F)	$\dfrac{G}{608197}$	共同系数 市、镇、村	共同系数 道、府、县
Ⅰ类地区 1 级区	互助负担金 73629	20636		142068	4984	20926	495	603162	0.992	0.992	1.000
Ⅱ类地区 10 级区	管理岗特别补贴 80	14287	6.5	151579	14481	22370	528	644283	1.059	1.050	1.044
Ⅱ类地区 9 级区		6350	4.5	148653	13170	21926	518	633243	1.041	1.030	1.026
Ⅱ类地区 8 级区		3175	2.0	144995	11977	21370	505	619886	1.019	1.014	1.004
Ⅱ类地区 7 级区		1587	1.0	143531	10893	21148	500	613936	1.009	1.007	1.000
Ⅱ类地区 6 级区			0.5	142799	9906	21037	497	610515	1.004	1.001	1.000
Ⅱ类地区 5 级区				142068	9906	20926	495	607187	0.998	0.998	1.000
Ⅱ类地区 4 级区				142068	7814	20926	495	605992	0.996	0.995	1.000
Ⅱ类地区 3 级区				142068	6463	20926	495	604641	0.994	0.993	1.000
Ⅱ类地区 2 级区				142068	5098	20926	495	603276	0.992	0.991	1.000
Ⅱ类地区 1 级区				142068	3172	20926	495	601350	0.989	0.989	1.000

注：Ⅰ类地区 8～10 级的 a、b 所指地区如下：
Ⅰ类地区 10 级区 a→东京都特区，Ⅰ类地区 10 级区 b→Ⅰ类地区 10 级区 a 以外的地区
Ⅰ类地区 9 级区 a→Ⅰ类地区 9 级区 b 以外的地区，Ⅰ类地区 9 级区 b→福冈市
Ⅰ类地区 8 级区 a→北九州市，Ⅰ类地区 8 级区 b→Ⅰ类地区 8 级区 a 以外的地区

第七章 日本地方公共团体基准财政需求额的计算方法

（b）个别系数的计算方法

根据区级划分进行普通形态调整，在计算调整系数中的个别系数时要考虑各种行政费用项目的特性。与此同时，要将因市、镇、村的城市化程度之差造成的行政服务质量的差距反映在地方公共团体的基准财政需求额的计算过程中。行政水准差距的具体内容是计算个别系数的基础，其市、镇、村层面的主要费用项目如下。个别系数以各区级的市、镇、村的行政事务所需决算额以及相应法令规定为基础计算得出。

消防费用：消防能力的水准参差不齐，出动次数也有所不同。

道路桥梁费用：原材料的单价差、道路铺设程度等。

城市计划费用（投资性经费）：公共事业建设项目所需量的差距。

公园费用（投资性经费）：公共事业建设项目所需量的差距。

下水道费用：普及率的差距、处理质量的差距。

清扫费用：因废弃物处理量的差距（包含白天流入市区人口产生的废弃物）、交通量的差距而造成的搬运经费、处理质量的差距。

将共同系数和个别系数相加，进行区级划分，通过区级划分计算普通形态调整系数。下面以消防费用为例进行说明，如表 7 – 19 所示。

表 7 – 19　消防费用的普通形态调整系数计算结果（1999 年度）

区级	共同系数 A	B(A × 0.785)	个别系数 C	B + C	调整系数公式
I类地区 10 级区 a	1.116	0.876	0.771	1.647	0.006120 – 4.1670
I类地区 10 级区 b	1.100	0.864	0.771	1.635	0.006120 – 4.1790
I类地区 9 级区 a	1.096	0.860	0.657	1.517	0.002360 – 0.6070
I类地区 9 级区 b	1.065	0.836	0.657	1.493	0.002320X – 0.5950
I类地区 8 级区 a	1.061	0.833	0.644	1.477	0.000320X + 1.2050
I类地区 8 级区 b	1.035	0.812	0.644	1.456	0.000400X + 1.1160
I类地区 7 级区	1.021	0.801	0.597	1.398	0.000580X + 0.9630
I类地区 6 级区	1.011	0.794	0.475	1.269	0.001290X + 0.4305
I类地区 5 级区	1.004	0.788	0.340	1.128	0.001410X + 0.3525
I类地区 4 级区	0.999	0.784	0.254	1.038	0.000900X + 0.6330

日本新地方财政调整制度概论

续表

区级	共同系数 A	B(A × 0.785)	个别系数 C	B + C	调整系数公式
Ⅰ类地区 3 级区	0.996	0.782	0.173	0.955	0.000830X + 0.6645
Ⅰ类地区 2 级区	0.993	0.780	0.087	0.867	1.000
Ⅰ类地区 1 级区	0.992	0.779	0.046	0.825	1.000
Ⅱ类地区 10 级区	1.050	0.824	0.588	1.412	0.000840X + 0.6140
Ⅱ类地区 9 级区	1.030	0.809	0.536	1.345	0.001340 + 0.1390
Ⅱ类地区 8 级区	1.014	0.796	0.479	1.275	0.001400 + 0.0850
Ⅱ类地区 7 级区	1.007	0.790	0.414	1.204	0.001420 + 0.0680
Ⅱ类地区 6 级区	1.001	0.786	0.346	1.132	0.001440 + 0.0520
Ⅱ类地区 5 级区	0.998	0.783	0.299	1.082	0.001000X + 0.3820
Ⅱ类地区 4 级区	0.995	0.781	0.221	1.002	0.000800X + 0.5220
Ⅱ类地区 3 级区	0.993	0.780	0.191	0.971	0.000310X + 0.8160
Ⅱ类地区 2 级区	0.991	0.778	0.149	0.927	1.000
Ⅱ类地区 1 级区	0.989	0.776	0.100	0.876	1.000

注：1. X 是市、镇、村层面的地方公共团体的评分，调整系数不足 1.000 的以 1.000 计。

2. 东京都特区为 1.953，共同系数乘以 0.785 的原因在于它只适用于工资部分，0.785 这一数值的计算根据如下：

标准地方公共团体的一般性财政来源总额：1048945000 日元（1.000）；其中，工资费用为 823659000 日元（0.785）；其他部分为 225286000 日元（0.215）。

C. 因所在地区的偏僻、偏远程度不同，地方公共团体的财政需求额也相应有所不同。为此，对其进行调整（边远、偏僻地区调整）

边远地区的调整措施

边远地区的调整措施是普通形态调整措施之一，于 1964 年度开始实施。边远地区调整措施的目的如下：有些市、镇、村处于边远岛屿等地方，因为这个原因，其各种行政经费也有所增加。也就是说，差旅费用、通信运输费用以及投资性经费等也要计入地方公共团体的基准财政需求额。

具体应用

上述边远地区的调整措施仅适用于市、镇、村。因为属于边远地区，出差、路费等费用会有所增加。因此，这些费用都应计入应用费用项目。在具体操作上，要参照道、府、县的偏僻地区调整措

第七章　日本地方公共团体基准财政需求额的计算方法

施,将"其他各项费用"的人口数量作为测定单位,统一计算。除了差旅费用、通信运输费用等经常性经费之外,还要将建筑费用等投资性经费造成的财政需求额计入。因此,边远地区调整措施既适用于经常性经费,也适用于投资性经费。适用于边远地区调整的市、镇、村的类型如下:

i. 从该市、镇、村的政府所在地到县厅(相当于中国的省政府)所在地的铁路换算距离在 200 公里以上的市、镇、村。

ii. 除 i 以外的市、镇、村。这些市、镇、村要参加县厅所在地召开的为期 1 天的会议,需要在这里住 2 晚 3 日。这些市、镇、村都是由日本自治省大臣指定的。①

调整方法

i. 根据边远程度给边远地区的市、镇、村打分,根据该分数分为 6 个区级。各个区级要设定"区级调整比例"(A)。在这种情况下,根据处于边远岛屿的市、镇、村等的特殊情况,可以适当增加调整比例。

ii. 由于经常性经费造成财政需求额增加。这一增加的财政需求额根据数值增减递减或者递增。除"区级调整比例"之外,还有"人口阶段调整比例"(B)、"人口减少数调整比例"(C)、"附属岛屿调整比例"(D)。

iii. 经常性经费的边远地区调整系数的计算公式是 $(A \times B \times C + 1.000) + D$,投资性经费的边远地区调整系数的计算公式是 $A \times C + 1.000$,其运用方法采用加算方式。

边远地区的评分

按照以下方法,将边远地方的市、镇、村分为 6 个区级: a. 计算从边远市、镇、村到县厅所在地的距离; b. 计算从边远市、镇、村到县厅分理处或县厅事务所的距离; c. 处于边远岛屿的市、

---

① "铁路换算距离"是指用最经济的一般线路或方法进行旅行时的距离。如果该区间能够使用铁路,以铁路路程计算。如果该区间不能使用铁路(只能使用水路或者陆路),以其实际路程的两倍距离计算。

镇、村的管辖内的交通状况等按照一定公式计算，以得出的数字之和为基准进行了区级分类。

区级划分	评分分数合计
6 级区	800 分以上
5 级区	600～799 分
4 级区	400～599 分
3 级区	200～399 分
2 级区	100～199 分
1 级区	99 分以下

各要素分数的计算方法

i．从市、镇、村政府所在地到县厅所在地的距离分数。

由铁路换算距离划分区级	分数	
	基本距离部分	所增加的距离部分
1000 公里以上的市、镇、村	～1000 公里　680 分	超出基本距离的，每超出 10 公里，为 4 分
800 公里～999 公里的市、镇、村	～800 公里　530 分	
600 公里～799 公里的市、镇、村	～600 公里　400 分	
400 公里～599 公里的市、镇、村	～400 公里　220 分	
200 公里～399 公里的市、镇、村	～200 公里　100 分	
出差日程为 2 日 3 晚的市、镇、村	70 分	

ii．从市、镇、村政府所在地到以该市、镇、村所在区域为管辖区域的道、府、县分理处或地方事务所（包含综合事务所）的距离分数。

由铁路换算距离进行区分	分数
400 公里以上的市、镇、村	210 分
270 公里～399 公里的市、镇、村	180 分
200 公里～269 公里的市、镇、村	120 分
130 公里～199 公里的市、镇、村	90 分
70 公里～129 公里的市、镇、村	30 分

iii．处于边远岛屿的市、镇、村根据管辖内交通状况的得分。
1964 年 4 月 1 日边远岛屿市、镇、村的交通状况得分以该日

第七章　日本地方公共团体基准财政需求额的计算方法

的居民登记人口为基础，按照以下计算公式得出：

$$\frac{(A \times 40) + (B \times 80) + (C \times 150) + (D \times 250) + E}{F}$$

计算公式中数学符号的含义如下：

A：指下述边远地区的居民登记人口：这一边远地区的分数为 25 分至 30 分，是从该市、镇、村的政府所在地到其所辖边远地区的距离的分数（以下简称"交通要素分数"）。该分数根据边远地区公共设施综合建设财政措施法律实施规则附表 1 的要素 7 以及附表 2 的要素 3 的先例计算得出

B：交通要素分数为 50～75 分的边远地区的居民登记人口

C：交通要素分数为 75～100 分的边远地区的居民登记人口

D：交通要素分数为 100 分以上的边远地区的居民登记人口

E：该市、镇、村居民登记人口减去 A、B、C、D 所得数值

F：该市、镇、村的居民登记人口

（b）穷乡僻壤的调整措施

穷乡僻壤调整措施是普通形态调整的重要内容之一，1960 年度开始正式应用到实践当中。其目的是要计算下述两个额度：其一，是支付给在穷乡僻壤工作的地方公务员（包含教师）的特别地区补贴（包含偏僻地区补贴）额度（包含准特别地区补贴所需额度）；其二，由于地处穷乡僻壤，进行公务联络多有不便。为此，与其他地区相比，一般性行政经费会相应有所增加。财政需求额也会相应增加。穷乡僻壤调整措施可以计算得出这一财政增加额。

具体应用

穷乡僻壤地区的调整措施也适用于道、府、县层面的地方公共团体。因为地处穷乡僻壤，有些费用项目会增加，因而财政需求额也会相应增加。穷乡僻壤调整措施可以应用到这些费用项目中。这样一来，不仅行政事务会变得烦琐，而且很难得出正确的计算结果。因此，以"其他各项费用"为测定单位的地方公共团体一律计入穷乡僻壤调整措施对象。穷乡僻壤调整措施要计算两个额度：其一，支付给在穷乡僻壤供职的地方公务员的特殊补贴；其二，与

日本新地方财政调整制度概论

穷乡僻壤进行公务联络等造成一般性行政费用的增加额。因此，穷乡僻壤调整措施仅适用于经常性经费。

调整方法

根据穷乡僻壤的偏僻程度，计算得出每个市、镇、村层面的地方公共团体的指数。各指数阶段经费会有所增加，以这一增加幅度为基础，计算得出一个比例。用这一比例乘以各指数阶段的人口得到若干个数值。用将这几个数值相加所得数值除以未乘该比例之前的人口所得比例就是调整系数。

阶段指数的计算方法

一般认为最能广泛反映穷乡僻壤偏僻程度的是处于穷乡僻壤的小学、初中的教职员工的数量。因此，应根据穷乡僻壤的教育振兴法实施规则，将穷乡僻壤的学校级别确定的基准作为基础。按照以下计算公式得出该都、道、府、县的各市、镇、村的指数，根据这一指数阶段分成几个小组，如下所示。

计算公式：

$$\frac{A \times 4 + B \times 8 + C \times 12 + D \times 16 + E \times 20 + F \times 25 + G}{H}$$

计算公式中数学符号的含义如下：

A：根据穷乡僻壤教育振兴法实施规则第3条第2项或第3项的规定，指定若干个穷乡僻壤的学校。比照这些学校计算得出小学以及初中在职的教职员工数

B：该市、镇、村所属的1级小学或初中在职的教职员工人数

C：该市、镇、村所属的2级小学或初中在职的教职员工人数

D：该市、镇、村所属的3级小学或初中在职的教职员工人数

E：该市、镇、村所属的4级小学或初中在职的教职员工人数

F：该市、镇、村所属的5级小学或初中在职的教职员工人数

G：该市、镇、村所属的无级别小学或初中在职的教职员工人数

H：该市、镇、村所属的小学或初中在职的教职员工人数的合计数

对计算公式的具体说明如下。

ⅰ. 上述级别划分参照了根据穷乡僻壤教育振兴法第5条之2的相

第七章　日本地方公共团体基准财政需求额的计算方法

关规定，通过条例方式指定的 1998 年 4 月 1 日的级别。

ⅱ. 教职员工人数是指根据学校基本调查规则调查得出的 1998 年 5 月 1 日的教职员工人数，是根据市、镇、村所属学校教职员工工资负担法第 1 条的规定，由都、道、府、县负担的工资数目。

ⅲ. 在市、镇、村所属的联办学校供职的教职员工人数除以居住在该市、镇、村的儿童数或学生数，所得结果（除不尽的话，余数四舍五入）作为相关市、镇、村的教职员工人数。在这种情况下，区级（级别）参照该学校的区级。①

区级划分	指数
1 级区	1.00 ~ 2.00
2 级区	2.00 ~ 4.00
3 级区	4.00 ~ 6.00
4 级区	6.00 ~ 10.00
5 级区	10.00 ~ 14.00
6 级区	14.00 ~ 18.00
7 级区	18.00 ~ 22.00
8 级区	22.00 以上

D. 对因农业、林业、水产业及矿业的专业化程度之差造成的财政需求额度之差进行调整

（a）通过对农业区级实施地域划分进行调整

通过对农业区级实施地域划分进行调整属于普通形态调整措施之一，创设于 1967 年度，适用于市、镇、村层面的地方公共团体。一些经济落后的市、镇、村与要求有一定差距，通过对农业区级实施地域划分进行调整的目的是为了缩小这一差距，夯实农业经济基础，并为此筹集财政收入。也就是说，有些地方公共团体其农业所占比重很大，这一调整的目的是增加农业行政费用的单位经费。具体的调整方法如下：其一，农业就业人数÷全部就业人数，得到一

---

① 4、8、12、16、20、25 为各区级的补贴支付率。

日本新地方财政调整制度概论

个比例；其二，（水田＋旱田＋牧场×0.1）÷（水田＋旱田＋牧场×0.1＋宅基地面积），得到一个比例；其三，用上述两个比例将市、镇、村划分为5个区级，根据区级阶段增加单位经费。

评分基准的详情如下。

农业就业人数比例		耕地比例	
百分比(%)	评分	百分比(%)	评分
60 以上	700 分	85 以上	300 分
40～60	以 59% 为 690 分，以下每 1% 减 10 分	70～85	以 84% 为 290 分，以下每 1% 减 10 分
40 以下	以 39% 为 495 分，以下每 1% 减 5 分	45～70	以 69% 为 145 分，以下每 1% 减 5 分
		45 以下	以 44% 为 24 分，以下每 1% 减 1 分（结果为负数的话，以 0 计）

区级划分（1999 年度）的详情如下。

评分	区级划分
900 分以上	5 级区
800～900 分	4 级区
700～800 分	3 级区
600～700 分	2 级区
500～600 分	1 级区
500 分以下	无级区

调整系数（1999 年度）的详情如下。

区级划分	调整系数
5 级区	1.31
4 级区	1.24
3 级区	1.18
2 级区	1.13
1 级区	1.09
无级区	1.00

第七章 日本地方公共团体基准财政需求额的计算方法

(b) 通过对林业等区级实施地域划分进行调整

通过对林业等区级实施地域划分进行调整的措施属于普通形态调整之一。这一制度创设于1968年度，适用于市、镇、村的地方公共团体。通过对林业等区级实施地域划分进行调整的目的是加强财政来源，实施公共事业项目建设，以有效振兴落后地区的市、镇、村、山村、渔村等的经济。也就是说，对林业等就业人数构成比较高的地方公共团体采取措施，增加其"其他产业经济费用"等单位经费。具体的调整方法如下。

其一，用林业、渔业、矿业就业人数除以全部就业人数得到一个比例；其二，林业面积除以总面积得到一个比例；其三，用上述两个比例进行评分。用评分之和将市、镇、村分为5个区级，就该区级阶段进行递增调整。

评分基准的具体内容如下。

就业人数比例		林野比例	
百分比(%)	评分	百分比(%)	评分
20以上	700分	80以上	300分
20以下	以19%为685分，以下每1%减15分	60~80	以79%为295分，以下每1%减5分
		40~60	以59%为197分，以下每1%减3分
		40以下	以39%为138分，以下每1%减2分

区级划分（1999年度）的具体情况如下：

评 分	区级划分
900分以上	5级区
800~900分	4级区
700~800分	3级区
600~700分	2级区
500~600分	1级区
500分以下	无级区

日本新地方财政调整制度概论

调整系数（1999年度）的具体情况如下：

区级划分	调整系数
5级区	1.60
4级区	1.50
3级区	1.40
2级区	1.30
1级区	1.20
无级区	1.00

②通过行政职能差距进行调整

市、镇、村是指从人口超过100万的大城市到人口不足1000的村庄，在日本自治法上同样作为"市、镇、村"来对待，但是，其行政处理能力参差不齐。因此，根据自治法、地区保健法、建筑基准法等现行法律，按照市、镇、村规模对其行政职能设置了等级。根据这些法律、法令规定确定各个市、镇、村行政职能的差距，进而计算得出各地方公共团体的财政需求额度差额。在此基础上，将财政需求额度差额反映在地方公共团体的基准财政需求额的计算中。这就是通过行政职能差别，进行形态调整。

通过行政职能差别进行形态调整的系数按照以下两种方法得出：其一，在通过划分区级确定形态调整系数之际，添加调整比例，而调整比例的添加要和行政职能的不同造成的财政增加额相吻合；其二，行政职能各异的市、镇、村分别采用不同的形态调整系数。

在都、道、府、县层面的地方公共团体所处理的行政事务中，有些是市、镇、村层面的地方公共团体根据行政职能的不同处理的。因此，都、道、府、县的财政负担也相应减轻。道、府、县层面的地方公共团体的行政经费需求额也会有所减少。为了实现这一目的，确定了形态调整系数。表7-20所示的内容有二：一是

第七章　日本地方公共团体基准财政需求额的计算方法

1999年度，适用于通过行政职能差距进行的形态调整的费用项目；二是通过行政职能之差划分市、镇、村。

③普通形态调整的应用例子

以下通过有代表性的经费使用，对普通形态调整的应用例子进行说明。

A. 市层面的地方公共团体的消防费用

（a）通过行政职能差距进行调整

1961年，日本消防厅在第2号告示中确定了"消防能力基准"，规定市区人口为10000以上的闹市区配备常备消防设施，人口密集区域的人口为5000~10000的区域设置消防团常备人员，在其他区域设置消防团。在计算消防费用之际，也大体按照上述分类标准将市、镇、村划分为"市及常备化村镇"（1971年第170号政令规定必须在当年4月1日在一些市、镇、村设置消防本部以及消防署，常备化村镇就是指这些村镇），"常备化村镇以外的人口密集地区，人口在5000以上的村镇"以及"其他村镇"。在此基础上，计算得出设置常备消防（并置消防团）、消防团常备人员（并置消防团）或者消防团所需必要经费。

表7-20　行政职能差距系数的运用状况（1999年度）

费用项目	市、镇、村分类
消防费用	市以及常备化村镇、新型常备化村镇、常备化村镇以外的人口集中地区人口在5000人以上的村镇、其他村镇 指定城市,中心城市,其他市、镇、村
城市计划费用	指定城市,中心城市,其他市、镇、村
其他土木工程费用	
（道、府、县层面）	特区、宅基地建造规章指定城市、其他指定城市、宅基地建造规章指定中心城市、其他中心城市、设置主事的城市,其他市、镇、村
（市、镇、村层面）	特区、宅基地建造规章指定城市、其他指定城市、宅基地建造规章指定中心城市、其他中心城市、设置主事的城市、设置有限定条件的特定行政机构的市、镇、村,其他市、镇、村

日本新地方财政调整制度概论

续表

费用项目	市、镇、村分类
其他教育费用(人口)	
(道、府、县层面)	指定城市,其他市、镇、村
(市、镇、村层面)	指定城市,其他市、镇、村
生活低保费用	
(市、镇、村层面)	指定城市,中心城市,其他市、镇、村
社会福利费用	
(道、府、县层面)	指定城市,中心城市,其他市、镇、村
(市、镇、村层面)	指定城市,中心城市,其他市、镇、村
卫生费用、保健卫生费用	特区、设置保健所的城市、指定城市、中心城市,以及其他市、镇、村
老年人保健福利费用	
(65 岁以上人口)	
(道、府、县层面)	指定城市,中心城市,其他市、镇、村
(市、镇、村层面)	指定城市,中心城市,其他市、镇、村
工商行政费用	
(道、府、县层面)	中小企业指导市,其他市、镇、村
(市、镇、村层面)	计量市、中小企业指导市,其他市、镇、村

常备化村镇以外的村镇要设置消防团,所需经费会较高。考虑到这一因素,对上述行政职能差距做以下处理:以"市及常备化村镇"为基准,计算得出的下表中的比例分别乘以 0.6 ("常备化村镇以外的人口密集区域人口为 5000 以上的村镇")和 0.4 ("其他村镇")。1999 年度是"新型常备化村镇"(政令规定必须在当年 4 月 2 日至翌年 4 月 1 日之前,必须在一些市、镇、村设置消防本部以及消防署"。新型常备化村镇就是指这些村镇)的筹备期。因此,在新型常备化村镇中对从 4 月 2 日到 10 月 1 日开始实施消防活动的乘以 0.8,对从当年 10 月 2 日到翌年 4 月 1 日开始进行消防活动的乘以 0.6。但是,"新型常备化村镇"中,截至 1999 年 6 月 1 日业已设置消防本部和消防署,配备有公务员编制消防人员,

第七章　日本地方公共团体基准财政需求额的计算方法

并进行消防活动的（包含满足这一条件的一部分设有事务所的村镇），按照"常备化村镇"来对待。

区级划分	共同系数 A	B(A×0.785)	个别系数 C	B + C	调整系数的计算公式
Ⅰ类地区 10 级区 a	1.116	0.876	0.771	1.647	0.006120 − 4.1670
Ⅰ类地区 10 级区 b	1.100	0.864	0.771	1.635	0.006120 − 4.1790
Ⅰ类地区 9 级区 a	1.096	0.860	0.657	1.517	0.002360 − 0.6070
Ⅰ类地区 9 级区 b	1.065	0.836	0.657	1.493	0.002320X − 0.5950
Ⅰ类地区 8 级区 a	1.061	0.833	0.644	1.477	0.000320X + 1.2050
Ⅰ类地区 8 级区 b	1.035	0.812	0.644	1.456	0.000400X + 1.1160
Ⅰ类地区 7 级区	1.021	0.801	0.597	1.398	0.000580X + 0.9630
Ⅰ类地区 6 级区	1.011	0.794	0.475	1.269	0.001290X + 0.4305
Ⅰ类地区 5 级区	1.004	0.788	0.340	1.128	0.001410X + 0.3525
Ⅰ类地区 4 级区	0.999	0.784	0.254	1.038	0.000900X + 0.6330
Ⅰ类地区 3 级区	0.996	0.782	0.173	0.955	0.000830X + 0.6645
Ⅰ类地区 2 级区	0.993	0.780	0.087	0.867	1.000
Ⅰ类地区 1 级区	0.992	0.779	0.046	0.825	1.000
Ⅱ类地区 10 级区	1.050	0.824	0.588	1.412	0.000840X + 0.6140
Ⅱ类地区 9 级区	1.030	0.809	0.536	1.345	0.001340 + 0.1390
Ⅱ类地区 8 级区	1.014	0.796	0.479	1.275	0.001400 + 0.0850
Ⅱ类地区 7 级区	1.007	0.790	0.414	1.204	0.001420 + 0.0680
Ⅱ类地区 6 级区	1.001	0.786	0.346	1.132	0.001440 + 0.0520
Ⅱ类地区 5 级区	0.998	0.783	0.299	1.082	0.001000X + 0.3820
Ⅱ类地区 4 级区	0.995	0.781	0.221	1.002	0.000800X + 0.5220
Ⅱ类地区 3 级区	0.993	0.780	0.191	0.971	0.000310X + 0.8160
Ⅱ类地区 2 级区	0.991	0.778	0.149	0.927	1.000
Ⅱ类地区 1 级区	0.989	0.776	0.100	0.876	1.000

注：1. X 是市、镇、村层面的地方公共团体的评分，调整系数不足 1.000 的以 1.000 计。

2. 东京都特区的调整系数为 1.953。

其中 0.785 这一调整系数的计算根据如下：

标准地方公共团体的一般性财政来源总额为 1048945000 日元（1.000），其中工资经费为 823659000 日元（0.785），其他部分经费为 225286000 日元（0.215）。

(b) 根据行政服务质量差距进行调整

普通形态调整系数正确地反映了各区级的行政服务质量差距，其调整系数的计算方法如下：占一般性财政来源总额的工资费用的比例，乘以各区级的共同系数所得比例，加个别系数（由于消防队出动次数增加、消防队员人数增加等原因，因市、镇、村的区级高低，个别系数会有所不同。因此，要考虑个别系数这一因素），便得到普通形态调整系数。综合考虑上述内容，计算得出市级层面的常备化村镇的调整系数。

B. 市层面的地方公共团体的卫生保健费用

对卫生保健费用进行普通形态调整，除了通过行政服务质量差距外，还可以就以下各类城市通过行政职能差距系数进行适当调整：其一，中央政府根据区域保健法第5条的相关规定，用政令方式确定的城市（设置保健所的城市）；其二，根据自治法第252条之22第1项的相关规定，用政令方式确定的城市（中心城市）；其三，根据自治法第252条之19第1项的相关规定，用政令方式确定的城市（人口为50万以上的城市）。

设置保健所的城市

设置保健所的城市所增加的行政经费的计算基础如表7-21所示。假如人口为1700000的都、道、府、县（标准地方公共团体）所辖区域均为设置保健所的城市，将从都、道、府、县经费中扣除的经费（不需要的经费）计入一般性财政来源的额度相加，之后乘以100000/1700000计算得出设置保健所的城市所增经费。

表7-21 设置保健所的城市因行政职能差距所增加的经费（1999年度）

单位：千日元

费用项目	设置保健所的县、市多余经费计入一般性财政来源 A	B[A×(100000/1700000)]
保健所费用	3164911	
防治结核病措施费用	91210	

第七章 日本地方公共团体基准财政需求额的计算方法

续表

费用项目	设置保健所的县、市多余经费计入一般性财政来源 A	B[A×(100000/1700000)]
预防传染病费用	91858	
母子保健费用	79888	
环境卫生管理监督费用	143785	
食品卫生监督管理费用	506990	
废弃物处理费用	180562	
家庭用品、建筑物等卫生监督管理费用	45200	
医疗行政管理费用	47504	
医药行政管理费用	20489	
各项卫生费用	11174	
财政需求追加额	107329	
工资改善费用	20024	
合　　计	4510924	265348

F 代表设置保健所的城市所增经费计入一般性财政来源的额度（人口以 10 万为基数）为 265348000 日元

G 代表标准地方公共团体的一般性财政来源为 359864000 日元

H 为 F 与 G 相加得到的额度 625212000 日元

设置保健所城市的经费增加率为：H ÷ G = 1.737

（b）中心城市

中心城市所增经费的计算基础如表 7-22 所示。 i . 假如人口为 17 万的都、道、府、县（标准地方公共团体）所辖区域均为有资格设置保健所的城市，将从都、道、府、县经费中扣除的经费（不需要的经费）计入一般性财政来源的额度相加所得额度；ii . 假如该都、道、府、县所辖区域均为中心城市，将从都、道、府、县经费中扣除的经费（不需要的经费）计入一般性财政来源的额度，和 i 的额度相加所得额度，乘以 100000/1700000 计算得出中心城市所增经费。

日本新地方财政调整制度概论

表7-22 中心城市因行政职能差距所增加的经费（1999年度）

单位：千日元

费用项目	设置保健所的县、市多余经费计入一般性财政来源 A	中心县、市多余经费计入一般性财政来源 B	C (A+B)	D[C×(100000/1700000)]
保健所费用	3164911	9140	3174051	
防治结核病措施费用	91210	14835	106045	
预防传染病费用	91858	42224	134082	
母子保健费用	79888		79888	
卫生研究所费用		296657	296657	
环境卫生管理监督费用	143785		143785	
食品卫生监督管理费用	506990	47017	554007	
废弃物处理费用	180562		180562	
家庭用品、建筑物等卫生监督管理费用	45200		45200	
医疗行政管理费用	47504		47504	
医药行政管理费用	20489		20489	
各项卫生费用	11174		11174	
财政需求追加额	107329	9830	117159	
工资改善费用	20024	1834	21858	
合　　计	4510924	421537	4932461	290145

E代表中心城市所增经费计入一般性财政来源的额度（人口以10万为基数）为290145000日元

F代表标准地方公共团体的一般性财政来源为359864000日元

G为E与F相加得到的额度650009000日元

中心城市经费增加率为：G÷F=1.806

（c）人口为50万以上的城市

人口为50万以上的城市所增经费的计算基础如表7-23所示。i．假如人口为17万的都、道、府、县（标准地方公共团体）所辖区域均为中心城市，将从都、道、府、县行政经费中扣除的经费（不需要的经费）计入一般性财政收入来源的额度；ii．假如该都、道、府、县所辖区域均为人口为50万以上的城市，将从都、道、府、县经费中扣除的经费（不需要的经费）计入一般性财政来源

第七章 日本地方公共团体基准财政需求额的计算方法

的额度，和 i 的额度相加所得额度，乘以 100000/1700000 计算得出人口为 50 万以上的城市所增经费。

表 7-23 人口为 50 万以上的城市因行政职能差距所增加的经费（1999 年度）

单位：千日元

费用项目	设置保健所的县、市多余经费计入一般性财政来源额度 A	中心县、市多余经费计入一般性财政来源额度 B	人口在 50 万以上的城市多余经费计入一般性财政来源额度 C	D(A+B+C)	G[C×(100000/1700000)]
保健所费用	3164911	9140		3174051	
防治结核措施费用	91210	14835		106045	
预防传染病费用	91858	42224		134082	
母子保健费用	79888		33989	113877	
精神保健医疗费用			717001	717001	
精神保健中心运营费用			6248	6248	
卫生研究所经费用		296657		296657	
环境卫生管理监督费	143785			143785	
食品卫生监督管理费	506990	47017		554007	
废弃物处理费用	180562			180562	
家庭用品、建筑物等卫生监督管理费用	45200			45200	
医疗行政管理费用	47504			47504	
医药行政管理费用	20489			20489	
各项卫生费用	11174			11174	
财政需求追加额	107329	9830	1278	118437	
工资改善费用	20024	1834	238	22096	
合　　计	4510924	421537	758754	5691215	334777

E 代表人口为 50 万以上的城市所增经费计入一般性财政来源的额度（人口以 10 万为基数）为 334777000 日元

F 代表标准地方公共团体的一般性财政来源为 359864000 日元

G 为 E 与 F 相加得到的额度 694641000 日元

人口在 50 万以上的城市经费增加率 G÷F = 1.930

通过以上公式计算得出用于对保健卫生费用进行普通形态调整的调整比例，如表 7-24 所示。

日本新地方财政调整制度概论

表7-24 对保健卫生费用进行的普通形态调整

区级划分	共同系数A	指定城市、中心城市、设置保健所城市(特区)以外的市、镇、村 B(A×0.519)	个别系数C	B+C	调整系数 公式D	人口为50万以上的城市 调整系数公式 (D×1.930)	中心城市 调整系数公式 (D×1.806)	设置保健所的城市(特区) 调整系数公式 (D×1.737)
I类地区10级区a	1.116	0.579	0.767	1.346	0.000660X+0.7190	—	—	0.001146X+1.2490
I类地区10级区b	1.100	0.571	0.767	1.338	0.000660X+0.7110	0.001274X+1.3720	—	—
I类地区9级区a	1.096	0.569	0.740	1.309	0.000580X+0.7870	0.001119X+1.5190	—	—
I类地区9级区b	1.065	0.553	0.740	1.293	0.000620X+0.7350	0.001197X+1.4190	—	—
I类地区8级区a	1.061	0.551	0.715	1.266	0.000540X+0.8070	0.001042X+1.5580	—	—
I类地区8级区b	1.035	0.537	0.715	1.252	0.000700X+0.6570	0.001351X+1.2680	—	—
I类地区7级区	1.021	0.530	0.664	1.194	0.000580X+0.7590	—	0.001047X+1.3710	0.001007X+1.3180
I类地区6级区	1.011	0.525	0.604	1.129	0.000650X+0.7065	—	0.001174X+1.2760	0.001129X+1.2270
I类地区5级区	1.004	0.521	0.555	1.076	0.000530X+0.7845	—	0.000957X+1.4170	0.000921X+1.3630
I类地区4级区	0.999	0.518	0.529	1.047	0.000290X+0.9165	—	—	0.000504X+1.5920
I类地区3级区	0.996	0.517	0.505	1.022	0.000250X+0.9345	—	—	—
I类地区2级区	0.993	0.515	0.479	0.994	0.000187X+0.9566	—	—	—
I类地区1级区	0.992	0.515	0.466	0.981	1.000	—	—	—

第七章 日本地方公共团体基准财政需求额的计算方法

续表

区级划分	共同系数 A	指定城市,中心城市,设置保健所城市(特区)以外的市、镇、村 B(A×0.519)	个别系数 C	B+C	调整系数公式 D	人口为50万以上的城市 调整系数公式 (D×1.930)	中心城市 调整系数公式 (D×1.806)	设置保健所的城市(特区) 调整系数公式 (D×1.737)
Ⅱ类地区10级区	1.050	0.545	0.659	1.204	0.000700X+0.5390	—	—	0.001216X+0.9360
Ⅱ类地区9级区	1.030	0.535	0.638	1.173	0.000620X+0.6150	—	—	—
Ⅱ类地区8级区	1.014	0.526	0.615	1.141	0.000640X+0.5970	—	—	—
Ⅱ类地区7级区	1.007	0.523	0.592	1.115	0.000520X+0.6990	—	—	—
Ⅱ类地区6级区	1.001	0.520	0.576	1.096	0.000380X+0.8110	—	—	—
Ⅱ类地区5级区	0.998	0.518	0.556	1.074	0.000440X+0.7660	—	—	—
Ⅱ类地区4级区	0.995	0.516	0.524	1.040	0.000340X+0.8360	—	—	—
Ⅱ类地区3级区	0.993	0.515	0.501	1.016	0.000240X+0.8960	—	—	—
Ⅱ类地区2级区	0.991	0.514	0.469	0.983	0.000220X+0.9060	—	—	—
Ⅱ类地区1级区	0.989	0.513	0.438	0.951	1.000	—	—	—

注:1. X是市、镇、村层面的地方公共团体的评分,调整系数不足1.000的以1.000计。
2. 0.519这一调整系数的计算数据根据如下:
(用于工资费用的一般性财政来源+工资改善费用)÷一般性财政来源总额=(185730+929)÷359864=0.519

429

日本新地方财政调整制度概论

(4) 经常性形态调整的制度体系

① 经常性形态调整制度的宗旨

根据日本地方交付税法第13条第4项第3号之3的相关规定，对地方公共团体的行政经费进行了调整。其中，经常性形态调整适用于经常性经费。各地方公共团体的人口年龄结构和市、镇、村的区级划分关系不大。但是，由于这些因素造成了行政服务经费的差异。为了估测各区级的行政服务经费的经常性经费部分，从1979年度开始，新出台了经常性形态调整措施。

此前，形态调整系数通常是以市、镇、村的区级划分为基础计算得出的（亦即普通形态调整）。与此同时，也允许对其进行特别调整，亦即投资形态调整。之所以说特别就是因为投资性经费的调整并非以市、镇、村的区级划分为基础。不仅如此，经常性经费中也有和市、镇、村区级划分无关的（比如，根据中小学新入学人数的多少，各个地方公共团体的教职员工编制的增减情况也有所不同。因此，各个都、道、府、县的教职员工的平均工资额度差异很大）。因此在同一年，对日本地方交付税法进行了修改。不仅如此，还对上述形态调整的有关规定的一部分进行了修改。这样一来，经常性经费也适用于不以市、镇、村区级划分为基础的形态调整。

1999年度的经常性形态调整系数所适用的费用项目及其内容如下：

费用项目	道、府、县层面	市、镇、村层面	内容	备注
警察费用	○		反映了警官年龄差造成的工资差	1996年~
小学教育费用	○		反映了教职员工年龄差造成的工资差	1979年~
初中教育费用	○			1979年~
高中教育费用	○			1986年~
计划振兴费用		○	反映了搞活地区经济计划（软件设施事业）中的事业费用分配中的非劳动人口比例和年轻人定居率	1999年~

第七章　日本地方公共团体基准财政需求额的计算方法

续表

费用项目	道、府、县层面	市、镇、村层面	内容	备注
其他产业经济费用		○	反映了林业、水产业、矿业就业人数所需经费的单价差	1992 年～
其他各项费用(面积)		○	反映了领土保全措施的软件设施事业费用分配中的水田、旱田以及森林面积的比例	1998 年～
促进农村、山区、渔村发展措施费	○	○	反映了第一产业就业人数比例	1995 年～

② 经常性形态调整系数的计算方法

下面以道、府、县层面的地方公共团体的"小学教育费用"为例，对经常性形态调整的适用方法进行说明。该都、道、府、县管辖区内市、镇、村所属小学教职员工的经常性形态调整系数通过以下公式计算得出：

A≥1.000 的都、道、府、县，亦即教职员工人均工资单价高于全国平均水准的地方公共团体：

$$(A-1) \times 0.3 \times \alpha + 1.000$$

A<1.000 的都、道、府、县，亦即教职员工人均工资单价低于全国平均水准的地方公共团体：

$$(A-1) \times 0.3 \times \alpha + 1.000$$

上述计算公式中数学符号的含义如下：

A：平均工资月额比例 = B÷344978

B：根据日本义务教育费用国库负担法第 2 条补充条款的相关规定和政令第 3 条第 1 项第 2 号之 1 的相关规定，确定了教职员工工资等国库负担额的最高限度。根据这一规定，假定 1997 年 5 月 1 日在职的该都、道、府、县所辖区域内的市、镇、村所属小学教员或者辅导员均为国立小学的小学教员或辅导员。根据这一数据计算得出 1997 年 4 月的工资合计额除以该教员以及辅

日本新地方财政调整制度概论

导员数目所得额度,这就是 B 的额度(单位:日元)

344978:指用和各都、道、府、县平均月工资相同的方法计算得出的全国市、镇、村所属的小学教员或者辅导员 1997 年 4 月的平均月工资(单位:日元)

α:0.940(1999 年度的标准地方公共团体的工资费用比例)

0.3:计入比例

(5)投资形态调整的制度体系

①投资形态调整制度的概要

因费用项目不同,所应用的调整方式也有所不同。1966 年度以前,一直通过区级调整、阶段调整、密度调整(包含事业费用调整)、形态调整、特别形态调整、人口剧增调整等方式进行调整。1967 年度,日本中央政府对此制度进行了修改,将投资性经费的基准财政需求额计算方式统一到投资形态调整方式中。

投资形态调整方式的具体内容如下。其一,尚未修建的道路所占比例、机动车的交通量、学校校舍不足的面积、荒地面积所占比例、农地面积所占比例、人口集中地区所占比例等都是显示投资性经费的必要程度的客观指标。投资形态调整系数通过这一指标计算得出。其二,根据公共事业项目建设所需经费等地方公共团体负担额或者一定的基准计算得出所需公共事业项目建设经费,以及为实施特定的公共事业项目建设所发行的地方债的本息偿还额的一定比例。将这两项费用计入基准财政需求额就是"公共事业项目建设经费调整"。

另外,在产煤地区的市、镇、村,由于煤矿关闭,产生了一定的行政经费需求和财政需求。为了计算这一财政需求额,采取了投资形态调整方式。这一调整方式带有一定的政策色彩,属于投资形态调整Ⅱ以及投资形态调整Ⅲ,要和一般性投资形态调整区别对待。

A. 投资形态调整的具体情况

(a)投资形态调整措施的应用项目

第七章　日本地方公共团体基准财政需求额的计算方法

地区	费用项目	测定单位
道、府、县层面的地方公共团体	道路桥梁费用	道路长度
	河流水利费用	河流长度
	港湾费用	外围设施的长度
	其他土木工程费用	人口
	高中教育费用	学生数
	特殊教育费用	班级数
	社会福利费用	人口
	老年人保健福利费用	65岁以上人口
	农业行政费用	耕地面积
	林野行政费用	林野面积
	水产行政费用	水产业从业人数
	计划振兴费用	人口
	其他各项费用	人口
		面积

地区	费用项目	测定单位
市、镇、村层面的地方公共团体	道路桥梁费用	道路长度
	港湾费用	外围设施长度
	城市建设费用	城市建设区域人口
	公园费用	人口
	下水道费用	人口
	其他土木工程费用	人口
	高中教育费用	学生数
	其他教育费用	人口
	社会福利费用	人口
	老年人保健福利费用	65岁以上人口
	农业行政费用	农户数
	其他产业经济费用	林业、水产业以及矿业从业人数
	计划振兴费用	人口
	其他各项费用	人口
		面积

（b）投资形态调整系数的计算方法

投资形态调整系数按照以下两种方法计算得出。

ⅰ．以人口为测定单位的费用项目以外的各种应用项目

通过这种方式计算投资性经费形态调整系数时，需要选择若干

指标。这些指标和该费用项目投资性经费的单位费用的计算内容关系密切，可以显示其必要程度。用根据该指标计算得出的各都、道、府、县的数值除以全国平均数值将其指数化。将这些指数分别乘以和单位费用计算内容中的该指标有相关关系部分的比重得到的数值相加，这样就能得到投资形态调整系数。

ⅱ. 以人口为测定单位的费用项目

在各个适用费用项目设定以下两个比例，计算得出投资形态调整系数：其一是按照标准人口比例（用该地方公共团体的人口除以标准地方公共团体的人口所得比例）计算得出一个比例；其二是按照人口比例计算得出一个比例。另外，根据标准人口比例均等计算得出投资性经费。这一方法此前在阶段调整时也曾使用过。

（c）用于投资形态调整的各费用项目的指标如表7–25所示

表7–25　用于投资形态调整的各费用项目的指标（1999年度）

道、府、县层面的地方公共团体的投资形态调整情况	
费用项目	具体指标
道路桥梁费用	尚未修建的国道、府道、县道的长度比例 国道、府道、县道交通量 每公里道路长度的人口 每公里道路长度的面积 标准道路长度比例（用该府、县的国道、府道、县道的长度除以3700公里亦即标准地方公共团体的国道、府道、县道的长度得到的数值） 土地价格比例 人口集中地区人口 交通事故发生件数 地方公共团体管理下的已经改良的道路的长度
河流水利费用	每公里河流长度的人口比例 标准河流长度比例（用该道、府、县的河流长度除以5000公里亦即标准地方公共团体的河流长度得到的数值） 每公里河流的防沙指定地面积比例 每公里河流的可居住地面积比例

第七章　日本地方公共团体基准财政需求额的计算方法

续表

道、府、县层面的地方公共团体的投资形态调整情况	
费用项目	具体指标
港湾费用 （港湾外围设施长度） （渔港外围设施长度）	特定的重要港湾比例 重要港湾比例 地方港湾比例 第一种渔港比例 第二种渔港比例 第三种渔港比例 第四种渔港比例
其他土木工程费用	街道拥挤程度 人口集中地区的人口比例 标准人口比例（用该道、府、县的人口除以1700000人亦即标准地方公共团体的人口得到的数值） 土地价格比例 海岸周围的市、镇、村的人口比例 人口密度 都、道、府、县的各类单位就业人数 对在都、道、府、县产煤地区开发事业就业并退休者支付特例补贴金，并确定接受这一补贴的人数
高中教育费用	学生人均校舍的改建面积 学生人均一般校舍以及室内操场的不足面积 学生人均校舍不足面积 标准学生人数比例（用该道、府、县的学生总数除以43500人亦即标准地方公共团体的学生数得到的数值） 学生预定增加数的比例
各特殊教育学校教育费用	班级数比例Ⅰ（盲校的小学以及初中的比例） 班级数比例Ⅱ（盲校的高中的比例） 班级数比例Ⅲ（聋哑学校的小学以及初中的比例） 班级数比例Ⅳ（聋哑学校的高中的比例） 班级数比例Ⅴ（盲校的小学以及初中的比例） 班级数比例Ⅵ（残疾人学校的小学以及初中的比例）
社会福利费用	标准人口比例 指定城市（人口为50万以上）以及中心城市以外的人口比例 指定城市区域内的人口比例 中心城市区域内的人口比例

日本新地方财政调整制度概论

续表

道、府、县层面的地方公共团体的投资形态调整情况	
费用项目	具体指标
老年人保健设施费用	65岁以上标准人口比例（用该道、府、县的65岁以上人口除以300000人亦即标准地方公共团体的65岁以上人口数得到的数值） 指定城市（人口为50万以上）以及中心城市以外的65岁以上人口比例 指定城市（人口为50万以上）以及中心城市内的65岁以上人口比例
农业行政费用	水田面积比例 旱田以及果树园的面积比例 牧野面积比例 林野面积比例 标准耕地面积比例（用该道、府、县的耕地面积除以95000公顷亦即标准地方公共团体的耕地面积得到的数值）
林野行政费用	林道长度比例 荒地面积比例 需要造林的土地面积比例 林野面积比例 人工造林面积比例 标准林野面积比例（用该道、府、县的林野面积除以350000公顷亦即标准地方公共团体的林野面积得到的数值） 山村人口比例
水产行政费用	沿岸渔业人口比例 渔业就业人口比例
计划振兴费用	标准人口比例
其他各项费用 （人口部分）	标准人口比例 人口过疏地区等人口比例 半岛地区人口比例 人口密度
（面积部分）	可居住地面积比例

第七章　日本地方公共团体基准财政需求额的计算方法

续表

市、镇、村层面的地方公共团体的投资形态调整情况

费用项目	具体指标
道路桥梁费用	国道长度比例 道、府、县道路的长度比例 土地价格比例 道路建设比例Ⅰ 道路建设比例Ⅱ 道路建设比例Ⅲ 非永久性桥梁长度比例 交通事故发生件数比例 每公里道路长度的人口 人口集中地区人口 交通事故发生件数 地方公共团体管理下的已经改良的道路的长度
港湾费用 （港湾外围设施长度） （渔港外围设施长度）	特定的重要港湾比例 重要港湾比例 地方港湾比例 第一种渔港比例 第二种渔港比例 第三种渔港比例 第四种渔港比例
城市建设费用	可居住土地的价格比例
公园费用	标准人口比例（用该市、镇、村的人口除以100000人亦即标准地方公共团体的人口得到的数值） 土地价格比例
下水道费用	收费的水量 超额资本费单价 下水道的使用费单价比例
其他土木工程费用	标准人口比例 市、镇、村的各类单位的就业人数 白天流入市区人口的增加比例 对在市、镇、村产煤地区开发事业就业并退休者支付特例补贴金，并确定接受这一补贴的人数
高中教育费用	普通学科学生数 商学科以及家庭学科的学生数 卫生看护学科学生数 农业学科学生数 工业学科学生数 水产学科学生数

日本新地方财政调整制度概论

续表

市、镇、村层面的地方公共团体的投资形态调整情况

费用项目	具体指标
其他教育费用	标准人口比例 各类特殊教育学校幼儿园的班级数 各类特殊教育学校小学、初中的班级数 各类特殊教育学校高中的班级数
社会福利费用	标准人口比例
老年人保健设施费用	65岁以上标准人口比例（用该市、镇、村的65岁以上人口除以18000人亦即标准地方公共团体的65岁以上人口数得到的数值）
农业行政费用	水田、旱田以及牧场的面积比例 农道长度比例
其他产业经济费用	林业就业人口比例 水产业就业人口比例 矿业就业人口比例
计划振兴费用	标准人口比例 65岁以上人口比例
其他各项费用 （人口部分）	标准人口比例 1999年度短期急剧减少数目 1998年度短期急剧减少数目 矿业就业人数减少人口比例 地方债余额比例
（面积部分）	可居住地面积比例 人口集中地区面积比例 第一产业就业人数比例 经济结构（第二产业就业人数以及第三产业就业人口比例）

注：之所以在标准人口比例、标准学生数比例等指标中使用"标准"二字，是因为各地方公共团体都均等地计入了财政需求额的一定部分。

(d) 1999年度投资形态调整的具体情况

ⅰ．道、府、县层面的地方公共团体的"道路桥梁费用"

为了对道、府、县的道路桥梁费用进行投资形态调整，需采取以下措施：一是投资形态调整Ⅰ，用于计算道路的一般性投资需求

438

第七章　日本地方公共团体基准财政需求额的计算方法

额；二是投资形态调整Ⅱ，用于促进交通安全设施的建设。投资形态调整Ⅰ的含义如下：一些经费包含在单位费用的计算数据中。这些经费中包含道路的首次改建经费。道路改建经费的必要程度因尚未修建的道路长度、未铺设的长度、非永久性桥梁长度等而有所不同。第二次改建的必要性因交通量、拥挤程度而异。因此，在各种经费中设置各种指标。根据这些指标测定经费的必要程度，合理计算得出财政需求额度。这就是投资形态调整Ⅰ。其系数的计算方法如下：

$$\text{投资形态调整Ⅰ系数} = \left(\frac{A}{0.490} \times 0.35 \times \beta + \frac{B}{4939} \times 0.05 \times \alpha + \frac{C}{0.497} \times 0.05 + \frac{D}{2.114} \times 0.10 + E \times 0.25 + 0.20\right) \times F$$
$$= (A \times 0.714 \times \beta + B \times 0.000010 \times \alpha + C \times 0.101 + D \times 0.047 + E \times 0.250 + 0.20) \times F$$

上述计算公式中数学符号的含义如下：

A：国道、府道、县道尚未修建长度占整体的比例。从1997年4月1日的道路统计年报中（以下简称"道路年报"）的国道、府道、县道（位于人口为50万以上的城市区域内者除外。下同）的实际长度减去道路年报中已经修建的长度所得到的数值除以国道、府道、县道的实际长度得到的数值。这就是A的数值。另外，公式中0.490是A的全国平均数。

B：国道、府道、县道的交通量，亦即记载在交通量累计表中的国道、府道、县道的交通量。另外，公式中4939这一数据是B的全国平均量。人口为50万以上的城市在内的道、府、县，其中α为以下所确定的比例，其他都（亦即东京都）、县为1。北海道为1.008，宫城县为1.038，千叶县为1.017，神奈川县为1.094，爱知县为1.027，京都府为1.064，大阪府为1.054，兵库县为1.026，广岛县为1.034，福冈县为1.064。

C：每公里道路的人口数。用国道、府道、县道的实际长度（是测定单位数值，用于计算1999年度的数值，以下简称"测定单位数值"）除以人口数（人口为50万以上的大城市的道、府、

日本新地方财政调整制度概论

县要减去人口为 50 万以上的城市人口）得到的数值。但是，人口为 2200~5000 的都、道、府、县所辖的地方公共团体，其人口乘以 0.534 得到一个数值，再加 1.025 即为每公里道路人口。人口为 5000 以上的都、道、府、县所辖的地方公共团体，其人口数乘以 0.091 得到的数值加上 3240 得到的数值即为每公里道路的人口数。另外，0.497 为 C 的全国平均数。

D：每公里道路的面积（人口为 50 万以上大城市的道、府、县是减去人口 50 万以上的城市面积数），是指用测定单位数值除以面积所得数值。另外，公式中 2.114 为 D 的全国平均数。

E：标准道路长度比例，是指用测定单位数值除以 3700 公里所得到的数值。

F：北海道以及冲绳县为 0.90，其他都、府、县为 1.00。

β：用全国平均数除以土地价格比例（用土地评估总面积除以土地价格总额得到的数值）得到的数值不足 1.00 的都、道、府、县以 1.00 计，其他都、道、府、县为按照下述公式①计算得出的数值。

在一段时期内，将交通安全措施特别交付金计入地方公共团体的基准财政收入额的一个项目。因此，对建设交通安全设施所需经费进行调整。这就是投资形态调整 II 系数，其计算公式如下：

$$(投资形态调整 II 系数 - 1) = \frac{(B \times \alpha + C \times \beta + D \times \gamma) - A \times E \times 306000 \text{日元}}{A \times 7015000 \text{日元}} \times \delta^{②}$$

---

① 土地价格总额以及土地评估总面积分别为该都、道、府、县内市、镇、村的 1998 年度固定资产税概要调查数值的合计。
  ① $1 \leq \gamma < 2$ 时，$\beta = 0.075\gamma + 0.925$
  ② $2 \leq \gamma < 10$ 时，$\beta = 1.075$
  ③ $10 \leq \gamma < 15$ 时，$\beta = 1.2$
  ④ $15 \leq \gamma < 20$ 时，$\beta = 1.3$
  ⑤ $20 \leq \gamma$ 时，$\beta = 1.4$
  γ：用全国平均数除以土地价格得到的数值。
② 306000 日元：单位费用中相当于交通安全措施特别交付金的道路长度的单价。
  7015000 日元：单位费用。

第七章 日本地方公共团体基准财政需求额的计算方法

上述计算公式中数学符号的含义如下：

A：测定单位数值

B：1995 年，经过人口普查得出了人口集中地区的人口数据。但是，人口为 50 万以上的道、府、县的人口集中地区人口（B′ + B″）根据下列公式计算得出：

B′ =（B – b）×（2/3）（小数点后面数字四舍五入）

B″ = b ×（1/4）（小数点后面数字四舍五入）

b：B 中人口为 50 万以上的城市的人口集中地区的人口

C：1997 年、1998 年发生的交通事故件数之和。包括人口为 50 万以上的城市在内的道、府、县的交通事故发生件数（C′ + C″）通过以下公式计算得出：

C′ =（C – c）×（2/3）（小数点后面数字四舍五入）

C″ = c ×（1/4）（小数点后面数字四舍五入）

c：C 中人口为 50 万以上的城市 1997 年、1998 年发生的交通事故件数之和

D：截至 1998 年 4 月 1 日，都、道、府、县管理的国道（包含指定区间）以及都、道、府、县业已改良的道路长度

E：投资形态调整系数Ⅰ

α：人口为 50 万以上的道、府、县为 247 日元，其他都（东京都）、县为 210 日元

β：人口为 50 万以上的道、府、县为 28170 日元，其他都（东京都）、县为 19100 日元

γ：人口为 50 万以上的道、府、县为 121570 日元，其他都（东京都）、县为 86450 日元

δ：1999 年度为 0.5

ⅱ．市、镇、村层面的地方公共团体的"道路桥梁费用"

为了对市、镇、村层面的地方公共团体的"道路桥梁费用"进行投资形态调整，应用投资形态调整Ⅰ，计算道路的一般性投资需求额度。除此之外，为了促进交通安全设施的建设，应用投资形态调整系数Ⅱ。另外，市、镇、村中人口为 50 万以上的城市为了

日本新地方财政调整制度概论

管理位于该区域内的国道、府道、县道，要将国道、府道、县道和道、府、县道一样对待。在承担道路等公共事业项目建设时，需要支付征地费用。考虑到这一实际情况，通过征用土地价格的每平方米单价差进行调整。

投资形态调整 I 系数的计算方法如下：

$$\text{投资形态调整 I 系数} = [A \times \alpha_1 \times 20.0 + B \times \alpha_2 \times 2.3 + C \times 0.40$$
$$\text{（北海道内的市、镇、村为 0.45）} + D \times 1.22 + E \times 1.31] \times$$
$$\beta_1 + F \times 65 + G \times \beta_2$$

上述计算公式中数学符号的含义如下：

A：国道长度比例（包含桥梁，仅适用于人口为 50 万以上的城市）是用测定单位数值除以国道长度得到的数值

B：道、府、县道长度比例（包含桥梁，仅适用于人口为 50 万以上的城市）是用测定单位数值除以道、府、县道长度得到的数值

C：道路建设比例 I，是指以测定单位数值除以市、镇、村道中面积为 4.5 平方米以上的道路长度得到的数值

D：道路建设比例 II，是指用测定单位数值除以市、镇、村中面积为 2.5 平方米~4.5 平方米的道路长度得到的数值

E：道路修建比例 III，是指用测定单位数值除以市、镇、村中面积为 1.5 平方米~2.5 平方米的道路长度得到的数值

F：非永久性桥梁长度比例，是指用测定单位数值除以市、镇、村木桥以及石桥的长度（小数点后面两位数四舍五入）得到的数值

G：交通事故件数比例，是指用测定单位数值除以 1996 年、1997 年交通事故件数的平均值（小数点后面数字四舍五入）得到的数值

α_1：北海道内人口为 50 万以上的城市为 0.5，其他人口为 50 万以上的城市为 1.0

α_2：北海道内人口为 50 万以上的城市为 0.9，其他人口为 50 万以上的城市为 1.0

第七章　日本地方公共团体基准财政需求额的计算方法

β_1：是指土地价格比例（用土地评估总面积除以通过 1998 年度固定资产税概要调查得出的土地价格总额乘以 1000 得到的数值）按照以下公式计算得出的数值：

① 土地价格比例为 101000 以下的地方公共团体：

$$\gamma = 1.00$$

$$\beta_1 = \gamma \times 0.3 + 0.7$$

② 土地价格比例为 101000 至 337000 的地方公共团体：

$$\gamma = 土地价格比例 / \delta_1$$

$$\beta_1 = \gamma \times 0.3 + 0.7$$

③ 土地价格比例为 337000 以上的地方公共团体：

$$\gamma = \frac{337000 + （土地价格比例 - 337000） \times 0.5}{\delta_1}$$

$$\beta_1 = \gamma \times 0.3 + 0.7$$

上述计算公式中数学符号的含义如下：

δ_1：101000。上述计算公式中的 γ 小于 1997 年度的 γ，亦即地方公共团体的土地价格比例按照以下公式计算得出：

1999 年度的 $\gamma \times 0.5$（※1）+ 1997 年度的 $\gamma \times 0.5$（※2）= γ' ①

β_1：$\gamma' \times 0.3 + 0.7$

β_2：大城市为 0.1，其他市、镇、村为 0.2

投资形态调整 II 系数的计算方法如下：

$$（投资形态调整 II 系数 - 1） = \frac{(B \times \alpha + C \times \beta + D \times \gamma) - A \times E \times 18000 \text{日元} \times \delta}{A \times 746000 \text{日元}} ②$$

上述计算公式中数学符号的含义如下：

A：测定单位数值

B：1995 年人口普查得出的人口集中地区人口

C：1997 年、1998 年的交通事故发生件数之和

D：截至 1998 年 4 月 1 日，市、镇、村层面的地方公共团体维护管

---

① （※1）部分，2000 年度为 1.0，（※2）部分，2000 年度为 0。
② 18000 日元：单位费用中相当于交通安全措施特别交付金的道路长度单价。
746000 日元：单位费用。

日本新地方财政调整制度概论

理的国道和道、府、县道（以上仅限于人口为 50 万以上的城市）以及市、镇、村已改良道路的长度

E：连乘调整系数

α：人口为 50 万以上的城市为 178 日元，特区以及其他市、镇、村为 99 日元

β：人口为 50 万以上的城市为 20310 日元，特区以及其他市、镇、村为 9580 日元

γ：人口为 50 万以上的城市为 44870 日元，特区以及其他市、镇、村为 13760 日元

δ：1999 年度为 0.5

iii. 道、府、县层面的地方公共团体的"高中教育费用"。

道、府、县层面的地方公共团体的高中教育费用所需投资需求额受校舍、室内操场的不足面积、需要改建的校舍面积大小的影响。为了反映这一实际情况，实施了投资形态调整措施。道、府、县层面的地方公共团体的高中教育费用的投资形态调整计算公式如下：

$$投资形态调整系数 = \left(\frac{A}{0.102} \times 0.1 + \frac{B}{0.989} \times 0.7 + \frac{C}{12.542} \times 0.2\right) \times 0.5 + D \times 0.5 + E \times 0.30$$

上述计算公式中数学符号的含义如下：

A：学生人均校舍需要改建面积

　0.102：全国学生人均校舍需要改建面积（平方米/人）

B：一般校舍以及室内操场的学生人均不足面积

　0.989：一般校舍以及室内操场的全国学生人均不足面积（平方米/人）

C：学生人均校舍不足面积

　12.542：全国学生人均产业振兴校舍不足面积

D：标准学生数比例

E：学生数预定增加比例（E≤1 时，按 E＝1 论）

对上述公式的详细说明如下。

第七章　日本地方公共团体基准财政需求额的计算方法

其一，"一般校舍的学生人均需要改建面积"以及"一般校舍以及室内操场的学生人均不足面积"是指以下数值：以 1998 年 5 月 1 日文部省大臣（相当于中国的教育部长）调查的公立高中需要改造的校舍面积以及一般校舍、室内操场的不足面积为参考，用测定单位数值除以这一不足面积所得的数值。

其二，日本文部省大臣调查得出了截至 1998 年 5 月 1 日的公立高中的产业振兴校舍不足面积。以此为参考，用测定单位数值中普通学科以外的学科的学生数除以这一面积就是学生人均产业振兴校舍不足面积。

其三，以测定单位数值除以标准地方公共团体的高中的学生数 43500 人所得的数值为"标准学生数比例"。之所以使用这一比例是为了均等地计算公共事业费用。标准地方公共团体的高中的 43500 名学生数的详细情况如下：全日制学生为 37080 人，高中夜校学生为 6160 人，本科、专科为 260 人，共计 43500 人。

其四，截至 1998 年 5 月 1 日，该都、道、府、县区域内的初中在校人数（文部省进行的学校基本调查得出的人数）乘以 1998 年度公立高中全日制课程的升学率得到一个数值。用测定单位数值中全日制课程的学生数除以这一数值得到的比例就是"预定增加的学生数比例"。

iv．市、镇、村层面的地方公共团体的"高中教育费用"

市、镇、村层面的地方公共团体的高中教育费用单位费用的计算对象是标准高中（选择一所高中全日制课程的普通学科作为标准）。普通学科之外的学科与普通学科相比，行政业务量要大得多。为了计算得出所增加的行政需求额，需要应用投资形态调整措施。其系数的具体计算公式如下：

投资形态调整系数

$$= \frac{B \times 1.00 + C \times 1.35 + D \times 2.86 + E \times 2.96 + F \times 2.28 + G \times 1.97}{A}①$$

---

① 本科、专科学生也包含在普通学科里。

日本新地方财政调整制度概论

上述计算公式中数学符号的含义如下：

A：测定单位数值（学生数）

B：普通学科等学生数

C：商学科以及家庭学科学生数

D：卫生看护学科学生数

E：农业学科学生数

F：工业学科学生数

G：水产学科学生数

V．道、府、县层面的地方公共团体的"社会福利费用"

将标准人口比例用作指标，设定均等计算比例和按人口计算的比例计算得出道、府、县层面的地方公共团体社会福利费用的投资形态调整系数，其计算公式如下：

$$投资形态调整系数 = A \times 0.5 + (B + C \times 0.5 + D \times 0.55) \times 0.5①$$

上述计算公式中数学符号的含义如下：

A：标准人口比例 = 1700000 人 ÷ 该地方公共团体的人口

B：人口为 50 万以上的城市（亦称指定城市）、中心城市以外的人口比例 =（该地方公共团体的人口 – 指定城市以及中心城市的人口）÷ 该地方公共团体的人口

C：指定城市的人口比例 = 指定城市的人口 ÷ 该地方公共团体的人口

D：中心城市区域内的人口比例 = 中心城市的人口 ÷ 该地方公共团体的人口

vi．市、镇、村层面的地方公共团体的"社会福利费用"

将标准人口比例用作指标，设定均等计算比例和按人口计算的比例计算得出市、镇、村层面的地方公共团体的社会福利费用的投资形态调整系数。根据日本地方自治法的规定，将道、府、县行政

---

① 人口为 50 万以上的城市以及中心城市的道、府、县的比例有所折扣是因为根据日本地方自治法的规定，道、府、县行政事务的一部分移交给人口为 50 万以上的城市以及中心城市。

第七章　日本地方公共团体基准财政需求额的计算方法

事务的一部分移交给人口为 50 万以上的城市以及中心城市。因此，投资形态调整系数有所增加。其计算方法如下：

$$投资形态调整系数 = (A \times 0.3 + 0.7) \times B$$

上述计算公式中数学符号的含义如下：

A：标准人口比例 = 100000 人 ÷ 该地方公共团体的人口

B：权限差率（人口为 50 万以上的城市为 2.0，中心城市为 1.9，其他市、镇、村为 1.0）

vii. 道、府、县层面的"其他各项费用"（人口部分）

为了使用标准人口比例、人口过疏地区等的人口比例以及半岛地区人口比例，增加计入县级地方公共团体代行的公共事业的总量。需对道、府、县层面的其他各项费用采取投资形态调整措施。1999 年度的调整系数计算基础如下。另外，从 1999 年度开始，废除了通过人口指数进行阶段区级的措施。

$$投资形态调整系数 = \frac{10227000000 \text{日元(均等部分)} + 932 \text{日元} \times A(\text{人口})}{4070 \text{日元(单位费用)} \times A(\text{人口})} +$$

$$\frac{(1560 \text{日元} \times B(\text{人口过疏地区人口}) + 385 \text{日元} \times C(\text{半岛地区人口}))}{4707 \text{日元(单位费用)} \times A(\text{人口})}$$

$$= \left(\frac{1700000}{A} \times 1.478 + 0.229\right) + \frac{B}{A} \times 0.383 + \frac{C}{A} \times 0.095$$

viii. 道、府、县层面的地方公共团体的"其他各项费用"（面积）

使用水田、旱田面积以及宅基地面积，对道、府、县层面的地方公共团体的其他各项费用（面积）进行投资形态调整措施。1999 年度的调整系数的计算公式如下：

$$投资形态调整系数 = (A \times 0.75 + 0.25) + \frac{B \times 3493}{总面积}$$

上述计算公式中数学符号的含义如下：

$$A: \frac{水田、旱田面积 + 宅基地面积}{总面积}$$

B：通过以下公式计算得出的比例：$\frac{\gamma}{\delta} \times 100 \times \frac{1}{6.2}$①

ix. 市、镇、村层面的地方公共团体的"其他各项费用"（人口）

投资形态调整系数 I 的计算方法如下：

投资形态调整系数 I

$= \frac{465000000 \text{日元}(均等部分 B) + 4169000 \text{日元}(人口比例部分 C) \times A(人口)}{2000 \text{日元}(单位费用) \times A(人口)}$

$= \frac{100000 \text{人}}{A} \times 0.233(\alpha) + 2.085(\beta)$

但是，人口为 100000～300000 的市、镇、村，B 为 352300000 日元，C 为 1111 日元（α 为 1.762，β 为 0.556）；人口为 300000～500000 的市、镇、村，B 为 254500000 日元，C 为 1637 日元（α 为 1.273，β 为 0.819）；人口为 500000 以上的市、镇、村，B 为 291400000 日元，C 为 1565 日元（α 为 1.457，β 为 0.783）。

仅限于 1998 年度至 2001 年度，根据日本产煤地区临时措施法第 6 条，其市、镇、村（人口为 50 万以上的城市，从 1987 年度到 2001 年度的各年度的公营比赛、博彩收益之和超过该城市各年度的基准财政需求额之和的 1/2 的市、镇、村，以及 1995 年人口普查人口数量超过 1960 年人口普查人口的 1.332 倍亦即全国平均人口的市、镇、村除外）运用 1995 年人口普查人口、矿业职工人数减少比例等通过以下公式计算得出投资形态调整系数 II：

---

① γ 通过以下公式计算得出：1993～1996 年的"公共固定资产"中的"一般政府"额度之和（《县民经济计算年报》，据经济企划厅调查数据）

δ＝1993～1996 年的"县内总支出"额度之和（《县民经济计算年报》，据经济企划厅调查数据）

$\frac{\gamma}{\delta} \times 100$ 所得数值，小数点后一位数四舍五入

6.2 为 $\frac{\gamma}{\delta} \times 100$，是全国平均数

第七章 日本地方公共团体基准财政需求额的计算方法

$$（投资形态调整系数 II - 1）= \frac{[(A - 0.002) \times 3500 \text{日元} \times B] + C}{2000 \text{日元（单位费用）}}$$

上述计算公式中数学符号的含义如下：

A：矿业职工人数减少比例：

$$\frac{(a_1 \times 0.4) + (a_2 \times 0.6) + (a_3 \times 0.8) + a_4 + a_5 + a_6 + a_7}{1995 \text{年人口普查}}$$

a_1 = 1960 年人口普查矿业职工人数 - 1965 年人口普查矿业职工人数

a_2 = 1965 年人口普查矿业职工人数 - 1970 年人口普查矿业职工人数

a_3 = 1970 年人口普查矿业职工人数 - 1975 年人口普查矿业职工人数

a_4 = 1975 年人口普查矿业职工人数 - 1980 年人口普查矿业职工人数

a_5 = 1980 年人口普查矿业职工人数 - 1985 年人口普查矿业职工人数

a_6 = 1985 年人口普查矿业职工人数 - 1990 年人口普查矿业职工人数

a_7 = 1990 年人口普查矿业职工人数 - 1995 年人口普查矿业职工人数

另外，公式中的 0.002 是 "A" 的全国平均数。

B：公债费用负担比例，与（1995 年度末的地方债余额 ÷ 1995 年人口普查人口）÷ 355241 日元所得数值（全国平均）相应的比例：

    0.00～1.00 时为 1.0

    1.00～1.25 时为 1.2

    1.25～1.50 时为 1.4

    1.50～1.75 时为 1.6

    1.75～2.00 时为 1.8

    2.00～2.50 时为 2.0

    2.50～3.00 时为 2.2

    3.00 以上时为 2.4

C：通过人口阶段区级按照下列公式计算得出的单价：

C_1：5000 人以下者为

$$\frac{1}{1995 \text{年人口普查人口数}} \times (2080 \text{日元} \times 1995 \text{年人口普查人口数} + 0 \text{千日元})$$

C_2：5000～10000 人者为

$$\frac{1}{1995 \text{年人口普查人口数}} \times (1300 \text{日元} \times 1995 \text{年人口普查人口数} + 3900000 \text{日元})$$

C_3：10000～50000 人者为

$$\frac{1}{1995 \text{年人口普查人口数}} \times (1140 \text{日元} \times 1995 \text{年人口普查人口数} + 5500000 \text{日元})$$

C_4：50000～100000 人者为

$$\frac{1}{1995 \text{年人口普查人口数}} \times (180 \text{日元} \times 1995 \text{年人口普查人口数} + 53500000 \text{日元})$$

C_5：100000 人以上者为

$$\frac{1}{1995 \text{年人口普查人口数}} \times (135 \text{日元} \times 1995 \text{年人口普查人口数} + 58000000 \text{日元})$$

投资形态调整系数Ⅲ的计算方法如下：短期（两年间）人口减少 5% 以上的市、镇、村（大城市除外）用登记在居民基本台账上的人口进行计算。

$$(\text{投资形态调整系数Ⅲ} - 1) = \frac{[A + (B \times 0.5)] \times 60000 \text{日元}}{\text{测定单位（人口）} \times \text{单位费用（2000 日元）}}$$

上述计算公式中数学符号的含义如下：

A：$c \times (0.970 - a/c)$①

---

① 这个计算公式适用于以下的市、镇、村：
①[$c \times (0.950 - a/c)$] 为 100 人以上的市、镇、村；②c 以及 a 减少 3% 以上且在 1000 人以上的市、镇、村。

第七章 日本地方公共团体基准财政需求额的计算方法

B：d × (0.970 − b/d)①

　　a：截至 1999 年 3 月 31 日登记在居民基本台账上的人口

　　b：截至 1998 年 3 月 31 日登记在居民基本台账上的人口

　　c：截至 1997 年 3 月 31 日登记在居民基本台账上的人口

　　d：截至 1996 年 3 月 31 日登记在居民基本台账上的人口

60000 日元：已减少人口的人均计算单价

X．市、镇、村层面的地方公共团体的"其他各项经费"（面积）

适用于投资性经费的调整措施种类仅有投资形态调整一种，从 1987 年开始加上了产业结构调整，目的是让其反映地区经济状况。投资形态调整系数的计算方法如下：

$$投资形态调整系数 = \frac{1}{483000 \text{日元（单位费用）} \times 0.935 \text{（面积 A）}} \times$$

$$\left\{ [\alpha \times B(\text{可居住面积})] + \beta \times C(\text{人口集中地区面积}) + \gamma \times A(\text{面积}) \right\} \times$$

$$D \times 0.935 + E \times 0.065 = \left[\frac{B}{A} \times 0.85(\delta) + \frac{C}{A} \times 14(\varepsilon) + 0.65 \right] \times$$

$$D \times 0.935 \times E + 0.065$$

上述计算公式中数学符号的含义如下：

C：1990 年人口普查的人口集中地区面积 × 0.4 + 1995 年人口普查人口集中地区面积 × 0.6

D：面积除以 1995 年人口普查人口集中地区面积所得数值小于 1.35 的指定城市（亦即人口为 50 万以上的城市）为 2.40，面积除以 1995 年人口普查人口集中地区面积所得数值小于 1.35 的中心城市为 1.47，面积除以 1995 年人口普查人口集中地区面积所得数值在 1.35～3.5 的指定城市为 1.50，面积除以 1995 年人口普查人口集中地区面积所得数值在 1.35～3.5 的中心城市为 1.17，面积除以 1995 年人口普查人口集中地区面积所得数值在 3.5～5.0 的指定城市为 1.30，面积除以 1995 年人口普

---

① 这个计算公式适用于以下的市、镇、村：
① [d × (0.950 − b/d)] 为 100 人以上的市、镇、村；②d 以及 b 减少 3% 以上且在 1000 人以上的市、镇、村。

日本新地方财政调整制度概论

查人口集中地区面积所得数值在 3.5~5.0 的中心城市为 1.10，面积除以 1995 年人口普查人口集中地区面积所得数值在 3.5~5.0 的其他地方公共团体为 1.00

$$E: \left(\frac{a}{0.060} \times 0.5 + \frac{b+c}{0.940} \times 0.5\right) \times \left(\frac{80}{面积} + 0.5\right)$$

  a：第一产业就业人数除以所有就业人数，0.060 是全国第一产业就业人数比例

  b：第二产业就业人数除以所有就业人数

  c：第三产业就业人数除以所有就业人数，0.940 是全国第二产业和第三产业就业人数比例

α：可居住面积每平方公里的单价为 384000 日元

β：人口集中地区面积每平方公里的单价为 6322000 日元

γ：每平方公里的面积单价为 294000 日元

指定城市的 α 为 9032000 日元，β 为 10387000 日元（δ 为 20，ε 为 23）。指定城市以外的市、镇、村的详情如下：面积为 1000 平方公里以上的人口密度为 270 以上的市、镇、村的 α 为 9032000 日元，β 为 10387000 日元（δ 为 20，ε 为 23）；面积为 600 平方公里~1000 平方公里的人口密度为 270 以上的市、镇、村的 α 为 4516000 日元，β 为 9483000 日元（δ 为 10，ε 为 21）；面积为 400 平方公里~600 平方公里的人口密度为 270 以上的市、镇、村的 α 为 3613000 日元，β 为 9032000 日元（δ 为 8，ε 为 20）；面积为 200 平方公里~400 平方公里的人口密度为 270 以上的市、镇、村的 α 为 1806000 日元，β 为 8129000 日元（δ 为 4，ε 为 18）；面积为 100 平方公里~200 平方公里的人口密度为 270 以上的市、镇、村的 α 为 1129000 日元，β 为 7226000 日元（δ 为 2.5，ε 为 16）。

0.065：单位费用中用于倾斜分配的比例

0.935：单位费用中用于倾斜分配以外的比例

  市、镇、村区域中有的湖沼、水池、海滩横跨两个以上的市、镇、村，在这种情况下，如果湖沼、水池、海滩的界线明确，按照以下办法计算：用该市、镇、村的面积除以该湖沼、水池或海滩的面积得到的数值（小数点后面三位数四舍五入）加 1 得到的数值乘以上述各类

第七章　日本地方公共团体基准财政需求额的计算方法

公式中的"0.65"得到一个数值（小数点以后两位数四舍五入）。

②公共事业建设项目经费调整

（a）公共事业建设项目经费调整制度的概要

上面讲了投资形态调整制度，下面讲一下"公共事业建设项目经费调整"制度。在各地方公共团体承担的公共事业建设项目经费以及中央政府的直属公共事业建设项目经费中，地方公共团体负担的部分经费为指标，测定投资性经费的必要程度。这就是"公共事业建设项目经费调整"。这一调整的目的是将每年度地方公共团体的投资性经费的现实财政需求额反映到基准财政需求额中。迄今为止，"河流水利费用""港湾费用"等公共事业建设项目经费中，一部分是由地方公共团体负担的。而地方公共团体所负担的金额也要计入基准财政需求额。这一基准财政需求额和各地方公共团体的现实财政需求额毫无关系，其精确数值通过客观指标、数值计算得出。而在现实生活中，假如这些公共事业建设项目在特定地区、特定期间集中进行的话，基准财政需求额和现实财政负担之间会有很大差距。这会给地方公共团体的财政运营带来诸多困难。考虑到这一点，1962年度以后，日本政府设立了调整制度。当初是作为"密度调整"措施来应用的。1967年度，对投资性经费的调整种类进行了整理。值此之际，上述调整制度性质发生了改变，演变为一种投资形态调整措施。

（b）公共事业项目建设经费调整制度所适用的费用项目

公共事业项目建设经费调整制度所适用的费用项目的具体内容如下表所示。

区级划分	费用项目	测定单位
道、府、县层面的地方公共团体	道路桥梁费用	道路长度
	河流水利费用	河流长度
	港湾费用	外围设施长度
	其他土木工程费用	人口
	高中教育费用	学生数
	农业行政费用	耕地面积
	林野行政费用	林野面积
	计划振兴费用	人口
	其他各项费用	人口

日本新地方财政调整制度概论

续表

区级划分	费用项目	测定单位
市、镇、村层面的地方公共团体	道路桥梁费用	道路长度
	港湾费用	外围设施长度
	城市建设费用	城市计划区域人口
	公园费用	人口
	下水道费用	人口
	其他土木工程费用	人口
	小学教育费用	班级数
	中学教育费用	班级数
	高中教育费用	学生数
	其他教育费用	人口
	清扫费用	人口
	农业行政费用	农户数
	其他产业经济费用	林业、水产业以及矿业从业人口数
	计划振兴费用	人口
	其他各项费用	人口
		面积

（c）公共事业建设项目经费调整系数的计算方法

公共事业建设项目经费的调整方法有以下若干种：其一，将该年度公共事业建设项目地方公共团体负担的经费的一定比例计入；其二，得出所需要的公共事业建设项目经费的计算基础的数据，将这一数据乘以一定单位得到的数据计入相关账目；其三，为了实施特定的公共事业项目建设发行大量地方债。将地方债的本息偿还额的一定比例计入相关账目。从 1994 年度开始，为了弥补地方公共团体的财政来源不足额，发行财政来源对策债。针对一般性公共事业、义务教育设施事业、废弃物处理设施建设等，废除该年度公共事业调整措施，开始缩减公共事业建设项目经费。

（d）公共事业项目建设经费调整系数的具体应用案例

以下从具有代表性的行政经费角度对公共事业项目建设经费调整案例进行说明（1999 年度）。

第七章　日本地方公共团体基准财政需求额的计算方法

ⅰ. 港湾费用（县级）调整系数的应用

将该年度地方公共团体的港湾的地方债本息偿还额的30%计入公共事业项目建设经费。1998年度、1999年度都发行了临时公共事业项目建设债。与此同时，不再对公共事业项目建设经费中地方公共团体负担的部分额度采取公共事业经费调整措施。

具体的计算公式如下：

$$（公共事业项目建设经费调整系数-1）= \frac{(B \times 0.3)}{9080 日元 \times A}①$$

上述计算公式中的数学符号的含义如下：

A：该地方公共团体的港湾的外围设施长度

B：为实施港湾事业建设发行地方债，为此支付本息偿还额

ⅱ. 高中教育费用（县级）的调整系数

从1990年度到1992年度，高中学生人数有所增加。为了应对这一现实，需要建设标准化高中。为此，所需公共事业项目建设经费需要发行地方债。上述地方债的本息偿还金、临时高中建设事业债和其中大规模改造事业需要地方公共团体单独出资的部分、特别老旧设施改建事业债的本息偿还等经费，理论上将上述经费计入高中建设事业经费进行调整。其计算公式如下：

（公共事业项目建设经费调整系数-1）=

$$\frac{\sum_{n=2}^{4}\{[(A_n - A_{n-1})② \times B_n] + (C_1 \times 0.0766 + C_2 \times 0.0815 + C_3 \times 0.0840 + C_4 \times 0.0854 + C_5 \times 0.0869 + C_6 \times 0.0894 + C_7 \times 0.0592 + C_8 \times 0.0130 + C_9 \times 0.0110 + C_{10} \times 0.0060 + D_6 \times 0.0674 + D_7 \times 0.0455 + D_8 \times 0.0136 + D_9 \times 0.0108 + D_{10} \times 0.0057)\}}{53600 日元 \times A_n}$$

上述计算公式中数学符号的含义如下：

A_n：n 年度的测定单位数值（学生数）

B_n：乘以 n 年度学生增加数的单价，其计算方法如下：n-1 年度

---

① 9080日元是单位费用，0.3是计入比例。调整系数小数点后面三位数四舍五入。

② 当$(A_n - A_{n-1})$为负数时，$(A_n - A_{n-1})$以0计。

日本新地方财政调整制度概论

发行公债，其债务规模相当于标准设施所需经费。1999年度这一债务的学生人均本息偿还额（理论计算值）乘以计入率（1999年度为0.5）所得到的数值就是上述单价

$B_2 = 68800$ 日元

$B_3 = 74900$ 日元

$B_4 = 80200$ 日元

C_n：n年度允许发行的临时高中建设事业债的地方债许可额度中大规模改建事业地方公共团体单独负担的部分，分别乘以以上额度所得比例可以计入1999年度的本息偿还金（理论计算值）

0.0766：1989年度允许发行债务部分

0.0815：1990年度允许发行债务部分

0.0840：1991年度允许发行债务部分

0.0854：1992年度允许发行债务部分

0.0869：1993年度允许发行债务部分

0.0894：1994年度允许发行债务部分

0.0592：1995年度允许发行债务部分

0.0130：1996年度允许发行债务部分

0.0110：1997年度允许发行债务部分

0.0060：1998年度允许发行债务部分

D_n：n年度允许发行的临时高中建设事业债的地方债许可额度中老旧设施改建事业的公债发行许可部分

0.0674：1994年度允许发行债务部分

0.0425：1995年度允许发行债务部分

0.0136：1996年度允许发行债务部分

0.0108：1997年度允许发行债务部分

0.0057：1998年度允许发行债务部分

53600日元：1999年度的单位费用

iii. 农业行政费用（市、镇、村层面）的调整系数

将土地改良等公共事业项目建设经费中的地方公共团体负担额以及地方债的本息偿还金、地方公共团体单独进行的乡村道路紧急

第七章　日本地方公共团体基准财政需求额的计算方法

建设事业所发行的地方债的本息偿还金等计入公共事业项目建设经费的调整对象（由于发行临时公共事业债，农业基础设施以及土地改良等都、道、府、县经营事业的实施，本年度和上一年度一样，终止了对该年度的公共事业项目建设经费的调整措施）。另外，从1996年度开始，将乡村道路紧急建设事业费用调整部分换为财政来源对策债，这部分也要计入本息偿还金。

$$(公共事业项目建设经费调整系数-1)=$$

$$\frac{B\times 0.35+C\times 0.35+D\times 0.35+\sum_{n=3}^{10}(E_n\times G_n)+\sum_{n=3}^{10}(F_n\times H_n)+\sum_{n=5}^{10}(I_n\times J_n)\times(\alpha\div 0.30)+\sum_{n=8}^{10}(K_n\times L_n)+\sum_{n=4}^{10}(M_n\times N_n)}{44500\,日元\times A}$$

上述计算公式中数学符号的含义如下：

A：该地方公共团体的农户数目（测定单位）

B：国营土地改良事业建设经费中地方公共团体所负担的经费额度（日本自治省大臣通知额度）

C：国有公司承担的土地改良事业经费中地方公共团体负担的经费额度（按农地建设公团法实施令第16条第2项规定的方法支付的额度除外）（日本自治省大臣通知额）

D：水资源开发国有公司承担的土地改良事业建设经费中地方公共团体的负担额度（日本自治省大臣通知额）

E_n：平成（1989年是平成元年）n年度允许发行的都、道、府、县经营的土地改良事业（仅用于农业基础设施建设）地方债（灾后重建债、环保事业债、税收减少补贴债、H4-H10调整预算债、地方财政特例措施债、临时财政特例债、公共事业等临时财政特例债、财政来源对策债〈临时公共事业债部分〉等不列入地方债计划中的地方债除外）的许可发行额度

F_n：平成（1989年是平成元年）n年度允许发行的都、道、府、县经营的土地改良事业（仅用于农业保障和管理设施建设、防灾事业）地方债（灾后重建债、环保事业债、税收减少补贴债、H4-H10调整预算债、临时财政特例债、公共事业等临时财政特例债、财政来源对策债〈临时公共事业债部分〉等不列

日本新地方财政调整制度概论

入地方债计划中的地方债除外）的许可发行额度

G_n: $G_3 = 0.047$，$G_4 = 0.045$，$G_5 = 0.045$，$G_6 = 0.044$；$G_7 = 0.043$，$G_8 = 0.028$，$G_9 = 0.006$，$G_{10} = 0.003$（计入30%的理论偿还比例）

H_n: $H_3 = 0.047$，$H_4 = 0.045$，$H_5 = 0.045$，$H_6 = 0.044$，$H_7 = 0.043$，$H_8 = 0.028$，$H_9 = 0.006$，$H_{10} = 0.003$（计入30%的理论偿还比例）

I_n: 为筹措乡村道路紧急建设事业经费，平成 n 年度允许发行的临时地方道路建设事业债（财政来源对策债部分除外）的额度

J_n: $J_5 = 0.030$，$J_6 = 0.023$，$J_7 = 0.021$，$J_8 = 0.008$，$J_9 = 0.006$，$J_{10} = 0.005$（计入30%的理论偿还比例）

K_n: 为筹措乡村道路紧急建设事业经费，平成（1989年是平成元年）n 年度允许发行临时地方道路建设事业债，其中一部分是乡村道路财政来源对策债，亦即 K_n

L_n: $L_8 = 0.027$，$L_9 = 0.021$，$L_{10} = 0.018$（计入100%的理论偿还比例）

M_n: 为筹措地方公共团体单独承担的农道修建等公共事业以及一般农道建设所需资金，平成（1989年是平成元年）n 年度允许发行的一般单独事业债额度（1992年度仅限于追加部分）

N_n: $N_4 = 0.042$，$N_5 = 0.042$，$N_6 = 0.045$，$N_7 = 0.041$，$N_8 = 0.022$，$N_9 = 0.006$，$N_{10} = 0.006$（计入30%的理论偿还比例）

α: 各地方公共团体财政能力指数（用基准财政需求额除以1995年度至1997年度各年度的基准财政收入额，得到的三年的平均值，小数点后面两位数四舍五入。比如5.34以5.3计算，5.35以5.4计算）套用计入率计算公式得出的计入比例（小数点后面三位数四舍五入。比如5.344以5.34计算，5.345以5.35计算）。但是，当 α 小于0.300时以0.300计；当 α 大于0.550时以0.550计

计入率计算公式如下：

第七章　日本地方公共团体基准财政需求额的计算方法

财政能力指数分类	计算公式（x = 财政能力指数）
0.60 以下	$\alpha = -0.1400x + 0.599$
0.60 ~ 0.75	$\alpha = -0.3000x + 0.695$
0.75 ~ 0.85	$\alpha = -0.5000x + 0.845$
0.85 ~ 0.95	$\alpha = -0.9500x + 1.228$
0.95 以上	$\alpha = -0.5000x + 0.800$

注：44500 日元为单位费用。

2. 形态调整制度的沿革

（1）形态调整方法的沿革

在地方财政平衡交付金制度设立之初，中央政府就有形态调整的思路。而当时的名称为"测定单位数值所属市、镇、村的规模调整措施"。市、镇、村的规模、性质有别，因而其行政职能、公务员工资、物价也各有不同。为了反映这一实际情况，采取了形态调整措施。从 1952 年度起，进行部分修改，更名为"测定单位数值所属市、镇、村形态调整措施"。在内容上，除了行政职能差别、工资差别和物价差别之外，还将行政服务质量差别列入观察对象。这一措施在 1954 年度地方交付税制度中得到了继承。

在向地方交付税制度过渡时期，进行形态调整时，行政职能差别系数与其他系数分别计算。对行政服务质量差别进行观察的系数具体分为以下两种情况：其一，在确定上述系数时，不分经常性经费和投资性经费；其二，主要通过工资差异计算得出的各种费用项目的共同综合系数（亦称主系数）的比重明显很高。1956 年度，中央政府创设特别形态调整制度，是第一次对形态调整制度进行改革，给形态调整制度体系带来了重大变革。这一调整制度的主要内容如下。

其一，在计算道、府、县层面的地方公共团体的基准财政需求额时，根据其发展滞后程度，适当增加计入投资性经费的计入比例；其二，发展滞后程度具体表现为县（相当于中国的省）的居民人均收入额、县居民的人均县税负担额以及经济结构（第二、第三产业就业人数比例）与全国平均数比例逆数（综合指标）、道

日本新地方财政调整制度概论

路改良率与全国平均数比例逆数等（个别指标）。1966年度，由于发行特别事业债，一段时期暂停了特别形态调整措施。从1967年度开始，将特别形态调整措施合并到投资形态调整措施中。

由于中央政府废除了特别事业债，1967年度对上述调整措施进行修改，恢复了投资性经费计入措施。将以前以种类调整措施、密度调整措施［交通量、人口密度、事业经费密度（公共事业经费等的地方公共团体负担额和以测定单位乘以单位费用方式进行的计算额的增差额）］、特别形态调整措施等形式计入的投资性经费统一合并到投资形态调整措施中，使其计算方法更趋合理化。1968年度，也对调整措施进行了修改。区级划分是大城市周围市、镇、村的形态调整的基础。为了正确计算得出区级系数，添加了与大城市闹市区的距离和昼夜间的人口差异等要素，在此基础上，创设了城市圈调整制度。

在计算地方公共团体的基准财政需求额时，将基准财政需求额度分为经常性经费和投资性经费两部分，1969年度，在修改调整措施时，各类调整项目也分为经常性经费调整和投资性经费调整。在这种情况下，全面修改了普通形态调整的地区划分，划分为甲级地区（中心城市）、乙级地区（大城市周围的市、镇、村）、丙级地区（其他市、镇、村）等三类地区。经过1969年度的修改，终于形成了今天的形态调整制度体系。这一体系由普通形态调整措施和投资形态调整措施构成。

在计算普通形态调整系数之际，各种费用项目使用共同系数（亦称母系数）。在创设地方交付税制度之初，这一共同系数中业已使用了各区级的市、镇、村公务员的基本工资差额、学历差别以及适用于国家公务员的工作单位补贴支付率之差等参数。以通过实际工资水准调查得出的调查数据为基础，求出各个区级小组的平均值，就会得出基本工资差额和学历差别。其实这是用市、镇、村公务员的实际工资额度计算得出的。有人指出，这一做法有悖地方交付税制度的客观性和中立性。但是，当时除此之外，没有更合适的指标反映市、镇、村的城市化程度差异造成的行政

第七章 日本地方公共团体基准财政需求额的计算方法

服务质量差别。而且每个市、镇、村的实际基本工资差别和学历差别并不适用于该地方公共团体。因为按照市、镇、村的区级求出平均值并将其系数化，不会损及地方交付税的客观性、中立性，是可以采用的。

各个市、镇、村的公务员的学历差距日益缩小。考虑到这一实际情况，1970年度，在计算共同系数时不再采用学历差距这个参数。1975年度，并未将市、镇、村的各区级的基本工资差距应用于地方交付税的计算，工资差距仅使用了调整补贴和通勤补贴差距。采取这一措施的理由如下：虽然市、镇、村各区级的基本工资差别可以观察出一般性行政服务质量差别，但是根据地方公务员第24条第3项的规定解释，地方公务员的工资并不符合其水准应比照国家公务员的工资这一国家的指导方针。

值此之际，为了缓和对地方公共团体的基准财政需求额的计算产生的负面影响，将人口集中地区的人口比例、经济结构比例、宅基地平均价格指数以及消费者物价指数比例用作确定共同系数的指标。为了使上述指标和以各区级的行政服务质量之差为基础的财政需求额相关度达到最高，设置了比重。由于共同系数的计算要素的相对比重较低，1978年度进行了修改，仅将调整补贴差别、通勤补贴差别以及住房补贴差别作为观察工资差别的指标。这一办法一直延续到今天。

（2）种类划分、区级划分方法的历史沿革

形态调整措施主要有以下两种：其一，市、镇、村层面的形态调整措施，就这一点，法律上有明文规定，目的是观察行政职能的差距；其二，行政服务质量差别形态调整，通过这一措施可以观察由市、镇、村的规模、性质不同造成的行政经费的不同。因此，有必要结合行政需求采用合适的指标划分市、镇、村。在创立地方财政平衡交付金制度之初，地方公共团体的行政经费在很大程度上受到该地区的物价水平和工资水平的影响。因此，按照国家公务员的供职地补贴支付区域划分标准，将全国的市、镇、村划分为特级地区、甲级地区、乙级地区和丙级地区4个级别。

日本新地方财政调整制度概论

经过 1952 年度的修改，地方财政平衡交付金的计算方法已与现在的计算方法相差无几。与此同时，经过这一年的修改，形态调整的区域划分方式演变为现在的区级划分方式。也就是说，根据市、镇、村形态亦即城市化程度可以推测行政服务质量的差异。为此，可以通过各市、镇、村的人口、经济结构（用各产业总就业人数除以第二、第三产业就业人数所得比例）、居民可居住地区的密度（宅基地、水田、旱田面积与人口的比例）以及工作地区补贴支付率的评分等，将其分为 7 个区级。

其目的是通过人口以及经济结构，推测该地方公共团体的结构或者性质；通过工作地区补贴支付率（一般认为这一比较可以反映出各地区的物价差距）以及各地方公共团体的居民可居住地区密度推测该地方公共团体所处的环境。1952 年度区级划分的具体计算方法如下：

人口得分	600 分（150 万人以上的市为 600 分）
经济结构得分	300 分（90% 以上的市为 300 分）
居民可居住地密度得分	300 分（15000 人以上的市为 300 分）
工作地区补贴支付率	550 分（支付率为 25% 的团体，而且人口为 500000 以上的市为 550 分）

上述分数之和如下：

1750	7 级区（东京都 23 区和大阪市）
1500～1750	6 级区（上述以外的大城市）
1200～1500	5 级区
900～1200	4 级区
600～900	3 级区
300～600	2 级区
300 以下	1 级区

上述措施就是区域分级的计算方法，在地方交付税制度中得到了继承。但是，此做法颇受诟病。原因是仅凭微弱的评分差距，区级就会有所不同，进而导致在计算地方公共团体的基准财政需求额

第七章　日本地方公共团体基准财政需求额的计算方法

时产生较大出入。在这种情况下，从 1955 年度开始，改为 20 个级区。但是，计算方式依然如故。这样一来仅以些微评分之差，就会给区级划分带来重大影响，市、镇、村层面的地方公共团体的基准财政需求额也会产生很大出入。这是一个不容忽视的问题。因此，从 1976 年度开始，日本政府采取普通形态调整系数的连续化措施。通过这一措施，上述问题得到了顺利解决。

就市、镇、村层面的地方公共团体的区级划分，分为以下若干阶段，分别采取了相应措施：其一，1968 年度，新设立城市圈调整制度。这一点前面已经讲过；其二，1969 年度，经过进一步修改，分为甲级地区（中心城市的 8 级区至 1 级区）、乙级地区（大城市周围市、镇、村的 8 级区至 1 级区）以及丙级地区（其他市、镇、村的 4 级区至 1 级区。1969 年度为无级区，1970 年度为 1～3 级区，从 1971 年度开始成为 4 级区）。

1978 年度进行改革，废除丙级地区，合并为甲级地区（中心城市的 10 级区至 1 级区）以及乙级地区（大城市周围市、镇、村的 8 级区至 1 级区）。1998 年度，中央政府对此进行了修改，更名为"Ⅰ级地区"和"Ⅱ级地区"，时至今日。除此之外，中央政府还创设了市、镇、村层面的区级划分制度，用于区级划分以外的普通形态调整。其创设年度详情如下：

①穷乡僻壤调整措施	1960 年度
②边远地区调整措施	1964 年度
③通过划分农业区级进行调整	1967 年度
④通过划分林野区级进行调整	1968 年度

从 1979 年度开始，在道、府、县层面的地方公共团体上，不再将市、镇、村的区级划分作为调整基础，而是创设了经常性形态调整措施来计算形态调整系数，并在现实生活中加以应用。

3. 形态调整制度论争

（1）形态调整制度的概况

在各种调整措施中，日本朝野对形态调整制度的争议最大。原

日本新地方财政调整制度概论

因有以下两个：其一，在计算地方公共团体基准财政需求额的过程中，形态调整制度的影响最大；其二，对系数的计算方法及其理论根据有意见分歧。

对形态调整制度的第一种意见是形态调整的方法过于复杂和难以理解，应该对其进行简化。对形态调整制度的第二种意见是划分区级的具体方法和计算调整系数的根据不够明确，没有说服力，应该从数据上或统计学上，证明现行的区级划分方法以及调整系数的计算方法如实地反映了地方公共团体的财政需求额的实际情况。

最近几年，每当进行制度改革，制度改革负责人都会对第二种批判意见进行详细解说。总之，相关人员应该再接再厉，对上述形态调整制度进行进一步阐释，使其内容更加容易理解，让处理地方公共团体相关业务的直接负责人以外的人也能理解。

（2）对普通形态调整的批评意见

对普通形态调整制度的批评也时有耳闻。第一种批判意见就是关于区级划分。普通形态调整制度对各个市、镇、村的财政需求计算影响巨大，因此其现行指标是否恰当、各指标的比重安排是否合理成为批判和争论的焦点。

有人反对以市、镇、村为单位来确定区级。比如在大城市圈，其市、镇、村之间并不存在应该予以调整的行政服务质量差距。因此，应该在大城市圈这一行政单位内采取相同的区级划分（比如以下情况就是明证。可以假设用离东京都闹市区的距离以及白天从市区流出的人口比例等指标表示标准点差。而东京都下属的市、镇、村的行政需求额并没有这种差距。因此，东京都内的市、镇、村应该划分到同一个级区）。

第二种批评意见认为区级间的系数差距过大，特别是人口为 50 万以上的大城市（亦称指定城市，其 I 级地区的 10 级区、9 级区、8 级区）及其以下级别的城市之间的行政服务质量差距系数过大。相关城市对这一现状尤其不满。为了回应上述批评意见，最近几年，相关人员每年度都致力于系数的修改，以期缩小指定城市的计算水

第七章　日本地方公共团体基准财政需求额的计算方法

准及其以外的市、镇、村的计算水准的差距。

（3）对经常性形态调整的批评意见

根据日本教育系统公务员特例法第 25 条之 5 的相关规定，公立中小学的教职员工的工资，"在当前一段时期内，以国立学校的教育系统公务员工资种类及其额度为基准来确定"。因此，各都、道、府、县层面的地方公共团体的教职员工的人均工资单价差额主要是由于教职员工的平均年龄或者在职年数之差产生的。有人认为，中小学教职员工的平均年龄差距是由各个地方公共团体的人事管理工作不当造成的。但是，这一看法并不完全正确。这主要是以下原因造成的：儿童年龄层次的学生数有增有减。因此，教职员工的编制也相应有所增减。

因此，要将中小学教职员工的工资相关经费计入地方公共团体的基准财政需求额。值此之际，应该反映出各都、道、府、县的教职员工人均工资单价差额。这样做不会损害地方交付税的中立性。另外，教职员工的工资相关经费占都、道、府、县财政的比重加大。考虑到这一因素，维持现状也是迫不得已的。

因为年龄构成有差距，这造成了各类人员的工资差距。然而，从中长期来看，必须设法使工资差距平均化、标准化，而且上述调整措施并不适合于一般职位或岗位。鉴于上述情况，调整措施有悖系数调整措施的简化原则，因此应该阶段性地缩减，将来在适当时期彻底废除。

4. 投资形态调整论争

最近，对投资形态调整措施的批评不绝于耳。第一种批评意见是对公共事业项目建设经费调整的意见较大。公共事业项目建设经费调整措施将公共事业项目建设经费的地方公共团体经费负担额度反映到了基准财政需求额的计算过程中。这样一来，地方交付税的分配会涉及中央政府各省厅（亦即各部委）的政策，进而影响到国库补贴款的分配。这样一来，会有损于地方交付税的中立性，会使得地方交付税变成国库补贴款。因此，相关人士强烈反对。另外，虽然使用客观指标可以计算所需投资性经费，但是，有一定的限度。因此，有人主张对一部分经费必须采取公共事业项目建设经费调整措施。一般来讲，发达地区的地方公共团体主张前者，而落后地区的地方公共团体（这些地方公共团体公共事业经费分配比例较高）则主张后者。

第二种批评意见将矛头指向了投资形态调整系数Ⅱ和投资形态调整系数Ⅲ。由于产煤地区的市、镇、村层面的地方公共团体的财政收支状况不断恶化，中央政府的财政救济措施不可或缺。但是，地方交付税制度的性质不适合此类救济措施。因此，有人主张应该灵活运用中央政府的国库补贴款制度。但是，相关地方公共团体则针锋相对，强烈要求对上述调整措施予以加强和充实。

第三种批评意见针对的是投资形态调整的指标，要求用具体数据和具体的计算公式证明各指标和投资需求的相关程度。

六　寒冷度调整制度

1. 寒冷度调整制度的现状与含义

（1）寒冷度调整制度的历史沿革

与全国平均水平相比，有些地区气温明显偏低，积雪量大。因此，应考虑针对北海道等寒冷地区的地方公共团体拨付冬季取暖费补贴、电费、冬季取暖费、水费、除雪费用等。除此之外，中央政府还要向地方公共团体支付扶危济困费用、投资性经费（建筑物等折旧费用增加部分）。因此，地方公共团体的财政需求额有所增加。为了将上述财政需求增加额在地方公共团体的基准财政需求额中有所反映，采取了寒冷度调整措施。这一措施在地方财政平衡交付金制度设立初期，就已经开始实施了。而且，当时调整系数的理论根据比较详细、完整，其调整方法的基本内容时至今日变化不大。

（2）寒冷度调整系数的理论体系

寒冷度调整理论体系如下：

①通过工资差额进行调整

②通过寒冷度进行调整

③通过积雪度进行调整

第七章 日本地方公共团体基准财政需求额的计算方法

（3）寒冷度调整的区域分级

用于寒冷度调整的区域分级按照以下要点确定，按照寒冷程度以及积雪程度进行的区域分级如日本自治省省令附表所示。按照寒冷度调整的事由进行分级，详情如下。

①通过工资差额进行区域分级。这一分级措施按照该年度4月1日市、镇、村的行政区域进行。《有关国家公务员的寒冷地区补贴法》附表以及寒冷地区补贴支付规则附表第1规定了支付区域分级。市、镇、村政府或者村镇政府所在地就属于这类区域分级。市、镇、村的区级划分根据上述措施进行。

②a. 从1951年到1953年三年间，在全国气象观测点进行观测，将观测到的最高气温在15摄氏度以下的天数相加得到一个数值；b. 用a的数值除以30得到的天数（年平均天数），以365日为100计算得出一个指数；c. 将1月以及2月的平均最低气温（用1月以及2月的合计天数除以3年间的1月以及2月的合计天数得到的平均气温），以零下22摄氏度为100，以10摄氏度为0得出一个指数；d. 根据b指数、c指数的平均指数制作寒冷指数图（由日本气象协会制作）。通过上述寒冷指数图按照下表决定寒冷度区域分级。

区域分级	指数
无级区域	40以下
1级区	40~46
2级区	46~52
3级区	52~58
4级区	58~64
5级区	64以上

区域划分根据该年度4月1日市、镇、村的区划来确定，市、镇、村的区域分级由该市、镇、村政府或者村镇政府所在地所属的指数阶段区分来确定。

③根据该年度 4 月 1 日市、镇、村的区域现状进行积雪程度区域划分。日本气象协会根据道、府、县等提交的资料按照每公里单位计算得出的"长年平均积雪积算值"（从 1968 年到 1987 年 20 年间的平均值）来确定市、镇、村的区域分级。在确定市、镇、村的区域分级之际，原则上要依据该市、镇、村政府或者村镇政府所在地的长年平均积雪积算值。如果该市、镇、村的 1/2 面积所属的地区的长年平均积雪积算值比该市、镇、村政府或者村镇政府所在地的所属地区高，那么，这样的市、镇、村的区域分级由其 1/2 的面积所属区域的长年平均积雪积算值来决定。区域分级按照下表内容进行：

区域分级	长年平均积雪积算值(厘米/每天)
无级区域	650 以下
1 级区	650～2500
2 级区	2500～8500
3 级区	8500～15500
4 级区	15500 以上

长年平均积雪积算值的计算方法。

A. a. 求出各观测地点观测期间内每年每月的日积雪积算值之和；b. 分月合计 a 的值，除以观测年数得到的数值；c. 将 11 月至第三年 5 月的 b 的值相加计算得出观测地点的"长年平均积雪积算值"。

B. 通过地形因子解析得出表达观测地点的"长年平均积雪积算值"和地形因子（用数量表达土地形状）关系的公式。用这一公式计算得出全国每公里单位的"长年平均积雪积算值"。

（4）寒冷度调整比例的计算方法（1999 年度）

按照以下要点，以地方公共团体的财政需求额增加比例的形式，来决定各种事由的调整比例。

第七章　日本地方公共团体基准财政需求额的计算方法

①工资差额调整比例

标准地方公共团体的财政需求额是各费用项目的单位费用的计算基础。公务员数是寒冷地区补贴的计算基础。从地方公共团体的财政需求中求出公务员数，然后乘以各地区的人均支出额得出财政需求增额。这一增额和标准地方公共团体的财政需求额之比就是工资差额调整比例。另外，根据日本国家公务员寒冷地带补贴法律以及寒冷地带补贴制度的规定，冬季取暖费补贴支付额比照国家公务员水准计算。

②寒冷度调整比例

（a）经常性经费的寒冷度调整比例

寒冷度调整比例就是取暖燃料费、取暖设施更新费用的财政需求增额之和与标准地方公共团体的财政需求额之比。

ⅰ．冬季取暖燃料费

冬季取暖燃料费因建筑物而异，通过火炉数和每台火炉的燃料增加费用，按照以下公式计算得出：

办公场所：$\dfrac{建筑物的总面积（平方米）\times 0.75}{43\,平方米} \times A$

学校：$\dfrac{建筑物的总面积（平方米）\times 0.50}{66\,平方米（或74\,平方米）} \times B$（66平方米=砖混结构建筑，74平方米=钢筋水泥结构建筑）

A 和 B 是平均每台火炉的燃料增加费用，各区级的额度如下：

区级划分	A（日元）	B（日元）
1级区	22500	17200
2级区	40500	30900
3级区	51100	39000
4级区	72800	55600
5级区	93500	71400

ⅱ．冬季取暖设施更新费用

冬季取暖设施更新费用因建筑物而异，通过火炉数和每台火炉的燃料增加费用，按照以下公式计算得出：

日本新地方财政调整制度概论

办公场所：$\dfrac{建筑物的总面积（平方米）\times 0.75}{43 平方米} \times A$

学校：$\dfrac{建筑物的总面积（平方米）\times 0.60}{66 平方米（或 74 平方米）} \times B$ 或 C（B→小学、初中、各类特殊教育学校、C→高中）

A、B、C 是平均每台火炉的更新费用，各区级的额度如下：

区级划分	A（日元）	B（日元）	C（日元）
1 级区	3110	7530	7250
2 级区	3930	12190	11700
3 级区	4630	15460	14750
4 级区	5290	21630	20490
5 级区	7740	29160	27350

注：0.75 以及 0.60 是建筑物总面积中需要暖气设备的面积比例。

（b）投资性经费的寒冷程度调整比例

各标准地方公共团体建筑物的改建费用、翻修费用乘以各类地区的增加比例计算得出的地方公共团体的财政需求增额，再除以标准设施的一般性财政来源额所得到的比例就是投资性经费的寒冷度调整比例，如下所示。

区级划分	办公场所	学校
1 级区	0.02	0.02
2 级区	0.03	0.04
3 级区	0.04	0.06
4 级区	0.05	0.08
5 级区	0.06	0.10

③积雪度调整比例

（a）经常性经费的积雪度调整比例

经常性经费的积雪度调整比例是指除雪费用的财政需求增额和标准地方公共团体的财政需求额之比（道路除雪费用在道路桥梁

第七章 日本地方公共团体基准财政需求额的计算方法

费用中另算)。建筑物种类不同，除雪费用也有所不同。每平方米所需除雪人数和平均每人的日工资由以下计算公式得出：

所需除雪费用 = 建筑物总面积(平方米)×每平方米所需除雪人数×除雪人员的日工资

各类地区每平方米的除雪人数如下表所示。

区级划分	办公场所	学校
1级区	0.031	0.020
2级区	0.118	0.060
3级区	0.227	0.133
4级区	0.227	0.133

注：除雪人员日工资为13700日元。

(b) 投资性经费的积雪度调整比例

各标准地方公共团体建筑物的改建费用、翻修费用乘以各类地区的增加比例计算得出的财政需求增额，再除以标准设施的一般性财政来源额所得到的比例就是投资性经费的积雪度调整比例。

区级划分	办公场所	学校
1级区	0.03	0.03
2级区	0.06	0.06
3级区	0.09	0.09
4级区	0.09	0.09

(5) 寒冷度调整的实际案例

寒冷度调整案例的代表性经费数目如下。

①市、镇、村层面的地方公共团体的道路桥梁费用

(a) 以道路面积为测定单位的（经常性经费）

工资差别

用各类地区的寒冷地区补贴支付额除以标准地方公共团体的一般性财政来源总额248635000日元所得的比例为工资差别寒冷度调整比例。

日本新地方财政调整制度概论

区级划分	公务员人均支付额 A（日元）	总支出额 B（A×9人）（千日元）	调整比例（B÷248635000 日元）
8级区	153882	1385	0.006
7级区	143443	1291	0.005
6级区	134352	1209	0.005
5级区	118873	1070	0.004
4级区	90180	812	0.003
3级区	63589	572	0.002
2级区	43747	394	0.002
1级区	25878	233	0.001

寒冷度调整措施

因道路冻结造成路面损坏，计算得出其修复所需费用，再除以标准地方公共团体的一般性财政来源所得的比例就是寒冷度调整比例。另外，北海道地区人口为50万以上的城市所管理的国道和北海道所管辖道路（省道），其中央政府的负担比例和其他地方公共团体不同。因为国道均为指定区间，北海道地区人口为50万以上的城市的调整比例为0.081。

区级	5级区	4级区	3级区	2级区	1级区
冻结道路损坏修复费用 A（千日元）	61661	34185	24115	6713	3729
调整比例（A÷248635）	0.248	0.137	0.097	0.027	0.015

积雪度调整措施

道路除雪所需费用因除雪量的多少、除雪道路的类别、道路的宽窄而异。1999年度，人口为50万以上的城市以及该城市行政长官管理的国道，都、道、府、县以及市、镇、村层面的道路的调整比例的计算基础或根据如表7-26所示。继上一年度，本年度的除雪所需费用与城市化程度关系密切。因此，Ⅰ类区的8~10级区其市、镇、村的计算基数为1.20，Ⅰ类地区的7级区以及6级区的市、镇、村的计算基数为1.05，Ⅰ类区的5级区以及4级区的市、镇、村的计算基数为1.02，其他地区的市、镇、村的计算基数为

第七章　日本地方公共团体基准财政需求额的计算方法

1.00。上述计算基数分别乘以以下调整比例所得到的系数就是积雪度调整比例。

　ⅰ．国道以及都、道、府、县道路

人口为50万以上的城市有权管理其境内的国道以及都、道、府、县道路。因此，在国道和都、道、府、县道路管理上和都、道、府、县地位相同。因此，在计算人口为50万以上的城市境内的国道和府、县道路的积雪度调整比例时，其计算基础是计算道（北海道）、府、县调整比例的计算根据的单位额。

人口为50万人以上的城市中，适用于寒冷度调整比例的城市有札幌市和仙台市。札幌市的国道，其中央政府的负担比例和其他地方公共团体不同。因为国道均为指定区间，国道和北海道管辖地区适用的寒冷度调整比例分别为0.226和0.679。仙台市的国道（指定区间）的寒冷度调整比例为0.241，国道（其他区间）以及县道的寒冷度调整比例为0.361。

表7-26　各类地区积雪度调整比例

分类 \ 区级	4级区	3级区	2级区	1级区
(1)道路面积(平方米)	2000000			
(2)需要除雪排雪的面积(平方米)	2000000			
(3)每台机械标准能力(平方米)	63000	71000	79000	91000
(4)所需机械台数[(2)/(3)](台)	32	28	25	21
(5)除雪排雪天数(日)	130	110	90	45
(6)机械租金(千日元) [(4)×24200/1日×(5)]	100700	74500	54500	22900
(7)机械燃料费等(千日元) [(4)×5900/1日×(5)]	24500	18200	13300	5600
(8)各项除雪费用(千日元)	38500	34500	30600	26900
(9)除雪运输费用(千日元)	68200	55900	43400	31000
(10)路面整修导致的维修费用增加(千日元)	35600	35600	35600	35600
(11)合计[A=(6)+(7)+(8)+(9)+(10)](千日元)	267500	218700	177400	122000
调整比例(A/248635)	1.076	0.88	0.713	0.491

ⅱ．市、镇、村层面的地方公共团体的道路的调整比例

市、镇、村层面的地方公共团体的除雪费用因降雪量的多少、道路面积的大小而有所不同。根据道路面积大小计算除雪费用有多有少（包含消雪、融雪设施的维修等费用）。要计算得出实际所需费用，需要按照道路面积的分类进行调整。区级划分调整比例的计算根据如表 7 - 27 所示。以这一调整比例为基础，综合考虑根据道路面积大小而得出的除雪面积比例、排雪面积比例的实际情况，按照表 7 - 27 的数据计算各类道路面积的调整比例。

（b）以道路长度为测定单位的（投资性经费）

寒冷度调整比例

在寒冷地区，进行道路新建、道路改建、桥梁的重新架设时，为了防止冻结、流水等造成危害，采用了特殊工序。因此，经费就会有所增加。以这一增加的经费比例确定调整比例。经费增加率因地区而异，因此，按照表 7 - 28 的数据计算各地区的调整比例。

表 7 - 27　道路面积的调整比例

区级划分	路面宽度 6.5 米以上	路面宽度 4.5~6.5 米	路面宽度 2.5~4.5 米	路面宽度 1.5~2.5 米	桥梁
4 级区	0.699	0.538	0.377	0.183	0.430
3 级区	0.572	0.440	0.308	0.150	0.352
2 级区	0.463	0.357	0.250	0.121	0.285
1 级区	0.319	0.246	0.172	0.083	0.196
无级区	0.000	0.000	0.000	0.000	0.000

表 7 - 28　各类地区寒冷度调整比例

区级	5 级区	4 级区	3 级区	2 级区	1 级区
千日元/公里 A	936	845	813	785	769
调整比例（A ÷ 746 - 1）	0.255	0.133	0.090	0.052	0.031

北海道人口为 50 万以上的城市以及其行政长官管理的境内国道和都、道、府、县道路，其中央政府的负担比例和其他地方公共

第七章 日本地方公共团体基准财政需求额的计算方法

团体不同。因为国道均为指定区间，北海道人口为 50 万以上的城市所适用的寒冷度调整比例各为 0.123。

积雪度调整

积雪、寒冷地区的道路比其他地区又长又宽，在设计上都具有积雪地区的结构等特殊性（包含不能扩展宽度处的相关防雪设施的设备）。鉴于这一实际情况，需要增加相应经费。为了计算这一经费，进行了适度调整。根据积雪地带的等级分类的不同，采取不同的调整方法。其具体情况如表 7-29 所示。

人口为 50 万以上的城市需要负担其所管辖的指定区间的国道的经费。其他区间的国道以及道、府、县道进行管理及其经费负担比例和市、镇、村道路不同。因此，以道、府、县调整比例的计算根据亦即单位额为基础计算得出以下比例，这就是国道和道、府、县道所使用的调整比例。札幌市的调整比例为 0.359，仙台市的调整比例为 0.132。

表 7-29 各区级的积雪度调整比例

区级	4	3	2	1
（1）标准地方公共团体道路长度（米）	500000	500000	500000	500000
（2）规格有所改良的道路长度（宽度 5.5 米以上）[（1）×0.1]（米）	50000	50000	50000	50000
（3）除雪剩余宽度（米）	3.10	3.10	2.30	0.80
（4）除雪剩余面积[（2）×（3）]（平方米）	155000	155000	115000	40000
（5）该年度规格有所改良的道路增加面积[（4）×0.04]（平方米）	6200	6200	4600	1600
（6）所需经费[（5）×41200]（千日元）	255400	255400	189500	65900
（7）同上地方公共团体负担额[（6）×1/3]（千日元）	85100	85100	63200	22000
（8）其他各项经费（千日元）	17900	17900	17000	10700
（9）所需经费额[（7）+（8）]（千日元）	103000	103000	80200	32700
（10）系数[（9）÷372810]（千日元）	0.276	0.276	0.215	0.088

②市小学教育费用——以班级数为测定单位的（经常性经费）
工资差别

区级划分	公务员人均工资支付额 a(日元)	总支付额 b(a×1人)(日元)	调整比例 (b/16304000日元)
8级区	153882	154000	0.009
7级区	143443	143000	0.009
6级区	134352	134000	0.008
5级区	118873	119000	0.007
4级区	90180	90000	0.006
3级区	63589	64000	0.004
2级区	43747	44000	0.003
1级区	25878	26000	0.002

寒冷度调整

标准设施的财政需求额是计算单位费用的基础，其调整比例的计算方法如下：a. 用于取暖燃料以及设施更新所需费用导致财政需求额增加；b. 将 a 的财政需求增额之和除以标准设施的一般性财政来源额所得的比例为寒冷度调整比例。

区级	5级区	4级区	3级区	2级区	1级区
取暖燃料费(千日元)	3713	2891	2028	1607	894
设施更新费用等(千日元)	1516	1125	804	634	392
合计 a(千日元)	5229	4016	2832	2241	1286
调整比例(a÷16304)	0.321	0.246	0.174	0.137	0.079

详细情况如下：

区级划分	取暖燃料费	设施更新费用
5级区	71400 日元×52 台＝3713000 日元	29160 日元×52 台＝1516000 日元
4级区	55600 日元×52 台＝2891000 日元	21630 日元×52 台＝1125000 日元
3级区	39000 日元×52 台＝2028000 日元	15460 日元×52 台＝804000 日元
2级区	30900 日元×52 台＝1607000 日元	12190 日元×52 台＝634000 日元
1级区	17200 日元×52 台＝894000 日元	7530 日元×52 台＝392000 日元

注：火炉数：钢筋材料的为（5000平方米×0.60）÷74平方米＝41台，钢筋之外材料的为1215平方米×0.60÷66平方米＝11台，共计52台。

第七章 日本地方公共团体基准财政需求额的计算方法

积雪度调整

按照以下方法计算除雪费用,进而用标准设施的财政需求额除以除雪费用得到的比例为积雪度调整比例。

区级	4级区	3级区	2级区	1级区
除雪费用a(千日元)	11330	11330	5110	1699
调整比例(a÷16304)	0.695	0.695	0.313	0.104

详细情况如下。

区级划分	除雪费用等
4级区	13700日元×827人=11330000日元
3级区	13700日元×827人=11330000日元
2级区	13700日元×373人=5110000日元
1级区	13700日元×124人=1699000日元

2. 寒冷度调整制度改革论争

地方财政平衡交付金制度创立之初,日本中央政府就采取了寒冷度调整措施。在调整方法上,各方并没有意见分歧。而争论的焦点是如何充实和加强寒冷度调整的内容。冬季,寒冷地区下雪后清除道路积雪工作至关重要。社会经济形势不断变化,除雪费用不断上升。因此,很多人主张提高寒冷度调整比例。在计算寒冷度调整比例之际,还要考虑雪质等因素(如北陆地区的雪质水分大,很重。因而,学校等处扫雪和除去房顶积雪等工作量也会加大)。

另外,还有人指出:"鉴于气象条件特殊,导致地方公共团体的财政需求额增加的不仅仅是积雪和寒冷程度。台风经常出没的地区、冬季降雨降雪较多的地区(北陆地区、山阴地区)、高温地带(夏季空调费用)等也是需要采取调整措施的。"除此之外,也有人指出:"地形(低洼潮湿地区需要排水)、地质(关东火山喷发物堆积地层、关东台地)条件特殊也会导致财政需求额的增加,也应该对相关地方公共团体采取调整措施。"

道路除雪费用每年度变动较大，因此，拟由中央政府拨付的普通交付税来解决这一问题。但是，在普通交付税的计算方法上，不是采用最近几年的平均值，而是以降雪量最少的年份为基础。因此，和各年度的实际财政需求额之间会有较大的差距。有人主张应该采取措施，通过中央政府拨付特别交付税的方式弥补这一差额。

七　数值剧增调整和数值剧减调整

1. 数值剧增调整和数值剧减调整的制度现状与相关术语的释义

（1）数据剧增调整措施

在日本地方交付税法第13条第9项中规定了数值剧增调整系数计算特例。其基本思路有以下三点。

①以人口为测定单位的费用项目是以人口普查之日为基准的。因此，毫无疑问，调查当时的数值是正确的。但是，调查工作结束之后，经济形势和相关数据等会发生变化，如果还以当初调查的数据为依据，无异于刻舟求剑。人口（65岁以上和70岁以上）有所增加的话，行政经费就会相应增加。与人口相关的数值可作为测定单位。因此，采取某种形式对与人口相关的数值进行调整，以实际增加的数值为基础计算财政需求额非常必要。"数值置换"方式就是其中的主要措施之一（亦即人口剧增调整系数Ⅰ）。

②如果人口增加显著，投资性经费也会大幅度增加。比如，当人口急速增加时，城市下水道的建设、维修，社会福利设施的修建就成为当务之急。因此，为了计算地方公共团体的上述投资性经费的增加额度，必须采取微调或者修正措施。"投资增额"就属于这种情况。

③如果户数增加的话，因为要建立居民基本台账，地方公共团体的财政需求额度也会相应增加。因此，有必要出台相关措施，计算增加的财政需求额（户数激增调整）。1999年度实施的数值剧增调整费用项目、户数剧增的地方公共团体的范围以及调整系数的计

第七章　日本地方公共团体基准财政需求额的计算方法

算方法如下。

（a）人口剧增调整系数Ⅰ（数值置换）

人口剧增调整系数Ⅰ的具体适用项目如下：道、府、县层面的地方公共团体为"其他各项费用"（人口）中的经常性经费，市、镇、村层面的地方公共团体为"其他各项费用"（人口）中的经常性经费。人口剧增调整系数Ⅰ属于"数值置换"类型，适用于以人口为测定单位的经常性经费。具体的时间段是从为采集测定单位数值而进行的人口普查时期到本年度的计算基准日亦即1999年4月1日，反映了这一时期的人口增加情况。1995年9月30日至1999年3月31日，登记在居民基本台账上的人口增加率超出全国平均增加率1.005的地方公共团体适用于这一调整措施。以前对各种费用项目一一进行调整，明显过于烦琐。为了简化计算程序，从1998年度开始，在"其他各项费用"（人口）项目上采取笼统式计算方法。其具体计算公式如下：

人口剧增调整系数Ⅰ － 1 =
$$\left(\frac{1999年3月31日居民基本台账登记人口数}{1995年9月30日居民基本台账登记人口数} - 1.005 \right) \times \alpha$$

α：道、府、县层面的地方公共团体为：5.3
　　市、镇、村层面的地方公共团体为：4.5

（b）65岁以上人口剧增调整系数Ⅰ（数值置换）

65岁以上人口剧增调整系数Ⅰ所适用的费用项目如下：道、府、县层面的地方公共团体为"老年人保健福利费用"中（65岁以上人口）的经常性经费；市、镇、村层面的地方公共团体为"老年人保健福利费用"中（65岁以上人口）的经常性费用。"数值置换"适用于65岁以上人口剧增调整系数Ⅰ。1996年3月31日至1999年3月31日，登记在居民基本台账上的65岁以上人口增加率超出全国平均增加率1.117的地方公共团体适用于这一调整措施。其具体计算公式如下：

65岁以上人口剧增调整系数Ⅰ － 1 =
$$\frac{1999年3月31日65岁以上居民基本台账登记人口数}{1996年3月31日65岁以上居民基本台账登记人口数} - 1.117$$

日本新地方财政调整制度概论

（c）70岁以上人口剧增调整系数Ⅰ（数值置换）

70岁以上人口剧增调整系数Ⅰ所适用的费用项目如下：道、府、县层面的地方公共团体为"老年人保健福利费用"（70岁以上人口）；市、镇、村层面的地方公共团体为"老年人保健福利费用"（70岁以上人口）。以70岁以上人口为测定单位的"老年人保健福利费用"，其"数值置换"适用于70岁以上人口剧增调整系数Ⅰ。1996年3月31日至1999年3月31日，登记在居民基本台账上的70岁以上人口增加率超出全国平均增加率1.145的地方公共团体适用于这一调整措施。其具体计算公式如下：

70岁以上人口剧增调整系数Ⅰ -1 =
$$\frac{1999年3月31日70岁以上居民基本台账登记人口数}{1996年3月31日70岁以上居民基本台账登记人口数} - 1.145$$

（d）户数剧增调整系数

户数剧增调整系数所适用的费用项目如下：道、府、县层面的地方公共团体为"征税费用"，市、镇、村层面的地方公共团体为"征税费用"。以户数为测定单位的经常性经费（征税费用以及居民户籍基本台账），其"数值置换"适用于户数剧增调整系数。1995年9月30日至1999年3月31日，登记在居民基本台账上的户数增加率超出全国平均增加率1.044的地方公共团体适用于这一调整措施。其具体计算公式如下：

户数剧增调整系数 -1 =
$$\frac{1999年3月31日居民基本台账登记户数}{1995年9月30日居民基本台账登记户数} - 1.044$$

（e）人口剧增调整系数Ⅱ（投资增额）

人口剧增调整系数Ⅱ所适用的费用项目如下：道、府、县层面的地方公共团体为"其他各项费用"（人口）中的经常性经费；市、镇、村层面的地方公共团体为"其他各项费用"（人口）中的经常性经费。

其一，道（北海道）、府（大阪府、京都府）、县层面的地方

第七章　日本地方公共团体基准财政需求额的计算方法

公共团体：有些地方公共团体其人口剧增数目在一定比例以上，对这些地方公共团体应该增加其投资性经费。为此进行的调整或者微调措施就是人口剧增调整系数Ⅱ，通过"其他各项费用"（人口）笼统计算。之所以这样做是基于以下原因：从 1969 年度开始用"其他各项费用"（人口）指数来笼统计算设施或者建筑物建设事业经费。为此，修改单位费用。

具体计算公式如下：

人口剧增调整系数Ⅱ - 1 =

$$\left(\frac{1995 年人口普查人口数}{1990 年人口普查人口数} - 1.032 + \frac{1999 年 3 月 31 日居民基本台账登记人口数}{1995 年 9 月 30 日居民基本台账登记人口数} - 1.005 \right) \times 3.0$$

其二，市、镇、村层面的地方公共团体：迄今为止，按照各费用项目进行调整。为了简化计算方式，从 1997 年度开始以"其他各项费用"（人口）为基础一并计算。在处理市、镇、村的人口剧增调整系数Ⅱ时，人口增加率特别大的市、镇、村继续增加计入比例。其具体计算公式如下：

人口剧增调整系数Ⅱ - 1 =

$$\left(\frac{1995 年人口普查人口数}{1990 年人口普查人口数} - 1.032 + \frac{1999 年 3 月 31 日居民基本台账登记人口数}{1995 年 9 月 30 日居民基本台账登记人口数} - 1.005 \right) \times 3.1 \times \alpha$$

以下两种情况要将上述计算公式中的 3.1 置换为 4.3，以增加计入比例：其一，人口为 2000 以上，人口普查的人口增加率为 1.100 以上的市、镇、村（人口 50 万以上的大城市除外，下同）；其二，人口普查的人口增加率与居民基本台账登记人口的增加率之和为 2.105 以上的市、镇、村。

另外，[（1990 年人口普查人口数÷1985 年人口普查人口数 - 1.042）×1/2 - （1995 年人口普查人口数÷1990 年人口普查人口数 - 1.032）] = A，将用该公式计算出的系数 A 为正数的地方公共团体代入由下面计算公式得出的系数 α：$\alpha = A \times 1.2$。

日本新地方财政调整制度概论

(f) 65 岁以上人口剧增调整系数 Ⅱ （投资增额）

65 岁以上人口剧增调整系数 Ⅱ 所适用的费用项目如下：市、镇、村层面的地方公共团体的"老年人保健福利费用"（65 岁以上人口）中的投资性经费。65 岁以上人口剧增调整系数 Ⅱ 是一种调整或者微调措施，针对一定比例以上的 65 岁以上人口剧增团体增加投资性经费的计入比例。

65 岁以上人口剧增调整系数 Ⅱ $-1=$

$$\left(\frac{1995 年人口普查人口数}{1990 年人口普查人口数} - 1.452 + \frac{1999 年 3 月 31 日 65 岁以上的居民基本台账登记人口数}{1996 年 3 月 31 日 65 岁以上的居民基本台账登记人口数} - 1.117\right) \times 1.2$$

（2） 数值剧减调整系数

数值剧减调整系数是根据日本地方交付税法第 13 条第 9 项的相关规定，计算调整系数的特例措施。其基本思路有以下两点。

①与人口变动较小的相同规模的地方公共团体相比，人口急剧减少的地方公共团体其经常性经费的人均单价较高。通过调整或微调措施调整这一状况，让其反映在地方公共团体的基准财政需求额中。这样一来，就可以维持这些地方公共团体的行政服务水准（人口剧减调整）。

②有些地方公共团体，其班级数、学校数、农户数以及林业等从业人数急剧减少。班级数等急剧减少导致地方公共团体的基准需求额大幅度减额，对地方公共团体的财政运营造成的负面影响很大。为了将其负面影响限定在最小范围内，需采取相应措施，减缓其基准财政需求额的剧减程度（班级数剧减调整、学校数剧减调整、农户数剧减调整、从业人数剧减调整）。

1999 年度数值剧减调整系数的适用费用项目、各种数值剧减的地方公共团体的范围以及调整系数的计算方法如下。

(a) 人口剧减调整系数

人口剧减调整系数所适用的费用项目如下：道、府、县层面的

第七章 日本地方公共团体基准财政需求额的计算方法

地方公共团体为"其他各项费用"（人口）中的经常性经费，市、镇、村层面的地方公共团体为"其他各项费用"（人口）中的经常性经费。

人口急剧减少的地方公共团体其经常性经费的人均单价也较高，需要将其在基准财政需求额中得到反映。这一措施就是人口剧减调整。按理说，人口如果减少了就应该合并公共设施，相应减少行政运营经费。然而，由于人口剧减，地方公共团体无法立即采取这样的措施。假如按照测定单位的减少比例，减少地方公共团体的基准财政需求额的话，会给该地方公共团体的财政运营带来重大影响。为了缓和剧变程度，采取了在一定程度上增加人口流入量的措施。

i. 道、府、县层面的人口剧减调整系数

与此同时，在道、府、县层面也采取了人口剧减调整系数措施。其调整内容如下：其一，过去15年间的人口减少额度（参见计算公式Ⅰ）；其二，从上次的人口普查到本次人口普查5年间的人口减少数额（参见计算公式Ⅱ）。人口剧减调整系数和"其他各项费用"一并计算。通过计算公式Ⅰ和计算公式Ⅱ分别计算得出其调整系数，选择其中较大的一个。

计算公式Ⅰ：

$$人口剧减调整系数 - 1 = \left[\frac{1980\ 年人口普查人口数\ A}{1995\ 年人口普查人口数\ C} - 1\right] \times 0.4 \times 1.4$$

计算公式Ⅱ：

$$人口剧减调整系数 - 1 = \left[\frac{1990\ 年人口普查人口数\ B}{1995\ 年人口普查人口数\ C} - 1\right] \times 5.0 \times \alpha^{①}$$

---

① 1. 适用于$(A \div C - 1)$以及$(B \div C - 1)$为正数的地方公共团体；2. 但是，为了应对阪神淡路大地震，采取了特别财政援助措施和补贴措施，制定了相关法律。对符合该法律第2条第1项规定的特定的受灾地方公共团体采取了以下措施。

计算公式Ⅱ中的1990年人口普查人口所采用的数值是以下较大的一个：一是根据下列计算公式计算得出的 D；二是 1990 年度人口普查人口。

$$D = 1990\ 年度人口普查人口 \times \frac{1994\ 年\ 9\ 月\ 30\ 日的居民基本台账登记人口}{1990\ 年\ 9\ 月\ 30\ 日的居民基本台账登记人口}$$

日本新地方财政调整制度概论

α = 复原率, 1999 年度的复原率为 0.2

ⅱ. 市、镇、村层面的人口剧减调整系数

1999 年度市、镇、村层面的人口剧减调整措施如下：其一，通过逐年调整变更复原率；其二，对从 1970～1990 年、从 1975～1995 年的人口普查人口减少部分进行了计算（参见计算公式Ⅰ）；其三，对从 1990～1995 年的人口普查人口减少的部分进行了计算（参见计算公式Ⅱ）。数值剧减调整系数采用按照下列计算公式Ⅰ和计算公式Ⅱ计算得出的系数中较大的一个。适用于计算公式Ⅰ的地方公共团体所采用的系数是将计算公式Ⅲ的数值加到根据计算公式Ⅰ得出的数值。此前，对各个费用项目分别进行调整。因为要简化计算过程，从 1998 年开始，在"其他各项费用"（人口）中一并计算得出。

计算公式Ⅰ：

$$A = \frac{1970\ 年人口普查人口 - 1990\ 年人口普查人口数}{1995\ 年人口普查人口数}$$

$$B = \frac{1975\ 年人口普查人口数}{1995\ 年人口普查人口数} - 1$$

人口剧减调整系数 $-1 = (A \times 0.08 + B \times 0.32) \times 3.6$ [①]

计算公式Ⅱ：

$$C = \frac{1990\ 年人口普查人口数}{1995\ 年人口普查人口数} - 1$$

人口剧减调整系数 $-1 = \left(\frac{1990\ 年人口普查人口数}{1995\ 年人口普查人口数} - 1\right) \times 0.3 \times 3.6$ [②]

[①] 1. A 或者 B 为负数的话,负数以 0 计;2. 假如 1995 年人口普查人口数 ≥ 1970 年度人口普查人口数,就不适用于上述计算公式。

[②] 1. C 为负数的话,负数以 0 计;2. 但是,为了应对阪神淡路大地震,日本中央政府采取特别财政援助措施和补贴措施,并制定了相关法律。对符合该法律第 2 条第 1 项相关规定的特定的受灾地方公共团体采用以下措施:C 中的 1990 年人口普查人口所采用的数值是以下较大的一个：一是根据下列计算公式计算得出的 D；二是 1990 年人口普查人口数。

$$D = 1990\ 年人口普查人口数 \times \frac{1994\ 年 9 月 30 日的居民基本台账登记人口数}{1990\ 年 9 月 30 日的居民基本台账登记人口数}$$

第七章　日本地方公共团体基准财政需求额的计算方法

所减少的人口复原率的状况

年度	复原率（计算公式Ⅰ）				复原率（计算公式Ⅱ）
	1960~1980年	1965~1985年	1970~1990年	1975~1995年	
1993	0.08	0.08	0.24	—	0.5
1994	0.04	0.04	0.32	—	0.3
1995	—	—	0.40	—	0.1
1996	—	—	0.32	0.08	0.9
1997	—	—	0.24	0.16	0.7
1998	—	—	0.16	0.24	0.5
1999	—	—	0.08	0.32	0.3

适用计算公式Ⅰ的系数的市、镇、村层面的地方公共团体要加上根据计算公式Ⅲ计算得出的系数（从1986年度开始使用）。

计算公式Ⅲ：

$$\frac{E \times 3200 \text{ 日元}}{1995 \text{ 年人口普查人口数} \times 12000 \text{ 日元}} \text{①}$$

E = 1990 年人口普查人口数 − 1995 年人口普查人口数

（b）班级数以及学校数剧减调整系数

班级数以及学校数剧减调整系数所适用的市、镇、村层面的费用项目如下：其一是"包含班级数、学校数在内的小学教育费用"中的经常性经费；其二是"包含班级数、学校数在内的初中教育费用"中的经常性经费。从1992年度开始，当该年度的数值不小于过去5年的任何数值时，不适用于这一调整系数。

班级数（学校数）剧减调整系数 − 1 =

$$\frac{(B-A) \times 0.9 + (C-B) \times 0.7 + (D-C) \times 0.5 + (E-D) \times 0.3 + (F-E) \times 0.1}{A} \text{②}$$

---

① E 为负数的话，负数以 0 计。
② (B − A)、(C − B)、(D − C)、(E − D)、(F − E) 为负数的话，负数以 0 计；当 A 的数值不小于 B、C、D、E、F 中的任何一个数值时，(B − A)、(C − B)、(D − C)、(E − D)、(F − E) 的数以 0 计；0.9 为第一年度的计入率，0.7 为第二年度的计入率，0.5 为第三年度的计入率，0.3 为第四年度的计入率，第五年度为 0.1。以上是 5 年的数据。

日本新地方财政调整制度概论

上述计算公式中数学符号的含义如下：

A：测定单位的数值（班级数、学校数）

B：根据学校基本调查得出的 1998 年 5 月 1 日市、镇、村的小学或初中的班级数（学校数）

C：1997 年 5 月 1 日市、镇、村建立的小学或初中的班级数（学校数）

D：1996 年 5 月 1 日市、镇、村建立的小学或初中的班级数（学校数）

E：1995 年 5 月 1 日市、镇、村建立的小学或初中的班级数（学校数）

F：1994 年 5 月 1 日市、镇、村建立的小学或初中的班级数（学校数）

（c）农户数剧减调整系数

从 1981 年度开始，道、府、县层面的地方公共团体在"农业行政费用"中采取了农户数剧减调整措施。通过置换测定单位来缓和农户数剧减带来的负面影响。1990 年、1995 年两次进行了实际农业、林业从业人数调查。以 1990 年的调查结果获得的农户数为基础，恢复了这 5 年间农户数减少的两成。市、镇、村层面的地方公共团体也在"农业行政费用"中采取了农户数剧减调整措施。从 1972 年度开始，农户数开始显著减少。从这时起，开始采取措施，通过置换测定单位数值来缓和农户数的剧减。1990 年、1995 年两次进行了实际农业、林业从业人数调查。以 1990 年的调查结果获得的农户数为基础，复原这 5 年间农户数减少的三成。

农户数剧减调整系数 $-1 = [(B-A) \div A] \times \alpha$

计算公式中数学符号的含义如下：

A：1995 年农业调查得到的农户数

B：1990 年农业调查得到的农户数

α：复原率，如下表所示

第七章 日本地方公共团体基准财政需求额的计算方法

年度	道、府、县	市、镇、村
1996	0.5	0.9
1997	0.4	0.7
1998	0.3	0.5
1999	0.2	0.3
2000	0.1	0.1（预定）

注：仅适用于结果为正数的地方公共团体。

（d）从业人数剧减调整系数

道、府、县层面的地方公共团体在"其他产业经济费用"中采取了从业人数剧减调整措施。其调整对象是1985年人口普查得到的数值和1995年人口普查得到的数值之间的剧减数。与此同时，阶段性地反映出各产业的经费差异。在"其他产业经济费用"中采取了形态调整，计入地方公共团体的基准财政需求额的比例有所增加。如果和其他项目费用一样，有的市、镇、村层面的地方公共团体的基准财政需求额会大幅减少。因此，这次变更了计算公式，通过乘以普通形态调整I系数和II系数、寒冷度调整系数，对数值进行了复原。

$$X = (E - B) \times 3.14 + (F - C) \times 0.51 + (G - D) \times 0.27$$
$$\text{从业人数剧减调整系数} - 1 = 1/A \times X \times 0.2 \times H \times I \times J$$

但是，如果由 $[(E + F + G) - A] \times K \times 0.22$ 计算得出的数值大于由 X 计算得出的数值的话，以 $[(E + F + G) - A] \times K \times 0.22$ 计算得出的数值为准，数值为负数时以 0 计。

计算公式中数学符号的含义如下：

A：通过1995年人口普查得到的"林业、渔业以及矿业的从业人数"

B：通过1995年人口普查得到的"林业的从业人数"

C：通过1995年人口普查得到的"渔业的从业人数"

D：通过1995年人口普查得到的"矿业的从业人数"

E：通过1985年人口普查得到的"林业的从业人数"

F：通过1985年人口普查得到的"渔业的从业人数"

G：通过1985年人口普查得到的"矿业的从业人数"

H：普通形态调整 I 系数

I：普通形态调整 II 系数

日本新地方财政调整制度概论

J：寒冷度调整系数

K：经常性形态调整系数

3.14、0.51、0.27：反映的是林业、水产业、矿业的从业人员的人均经费之差，阶段性地接近经常性形态的数值

0.2：计入率

(e) 市、镇、村层面的地方公共团体的"其他各项费用"（人口）的投资形态调整Ⅲ（短期剧减调整）

市、镇、村层面的地方公共团体的"其他各项费用"（人口）中除了上述（a）~（d）的数值剧减调整措施（都是经常性经费）之外，还在投资性经费项目中应用短期剧减调整系数。在更新通过人口普查得出的人口数据之前，使用上次人口普查得出的人口数据，对人口减少的地方公共团体进行调整。在更新人口普查的人口数据之后，也要采取进一步措施，缓和人口剧减带来的突变，还出台了相应的财政措施。但是，也有以下特殊事例需要引起注意：由于社会经济环境发生变化，煤矿关闭，大型企业倒闭或者规模缩小，有些市、镇、村的人口在短时期内急剧减少。不仅如此，这些市、镇、村还要处理废弃不用的公共设施，提前偿还所借的地方债。因此，会产生紧急的财政需求，给该市、镇、村层面的地方公共团体的财政运营带来困难。正是在这一背景下，1987年度，相关部门采取了短期剧减调整临时措施，限期一年。1988年度，相关部门进一步完善了上述计算公式。迄今为止，各年度都采取了上述临时措施。1999年度，相关部门也继续采用这一临时措施。其具体计算公式如下：

$$投资形态调整系数Ⅲ - 1 = \frac{[A + (B \times 0.5)] \times 60000\ 日元}{测定单位(人口) \times 单位费用}①$$

$A = c \times (0.970 - a \div c)$

$B = d \times (0.970 - b \div d)②$

---

① 适用于符合下面计算公式①或②的市、镇、村。
　①$c \times (0.950 - a \div c)$为100人以上的市、镇、村
　②c 到 a 是人口减少3%以上且减少额度为1000人以上的市、镇、村

② 适用于符合下面计算公式①或②的市、镇、村。
　①$d \times (0.970 - b \div d)$为100人以上的市、镇、村
　②d 到 b 是人口减少3%以上且减少额度为1000人以上的市、镇、村

第七章　日本地方公共团体基准财政需求额的计算方法

上述计算公式中数学符号的含义如下：

a：登记在1999年3月31日居民基本台账的人口数

b：登记在1998年3月31日居民基本台账的人口数

c：登记在1997年3月31日居民基本台账的人口数

d：登记在1996年3月31日居民基本台账的人口数

2. 有关制度改革的论争

早在实施地方财政平衡交付金制度时期，相关部门已经采用了人口剧增调整系数。昭和三十年代（1955～1964年），人口开始迅速向东京、大阪、名古屋等三大城市圈集中。在这种背景下，从昭和三十年代中期到昭和四十年代（1965～1974年），相关人士强烈要求增加公共事业项目投资的内容。另外，日本人口过疏化倾向不断加重。农村、山区、渔村等地区人口、儿童、学生数量减少，测定单位数值减少，进而很多地方公共团体的基准财政需求额也随之减少。即便这些地方公共团体人口有所减少，也不能立即削减地方公共团体的公务员人数。因此，实际财政需求并未减少。这样，维持健全、完善的财政运营越发困难。

因此，到了昭和四十年代（1965～1974年），要求对人口减少速度较快、减少数量较多的地方公共团体采取调整措施。大城市周边的市、镇、村，人口增加趋势放缓。但是，在人口急剧增加时期，建学校需要征地，还发行了大量的地方债，债台高筑，本息偿还负担沉重。很多相关人士强烈要求采取相应措施，帮助相关地方公共团体渡过财政难关。

有人对人口剧增调整系数的计算方法提出了以下建议："调整系数的计算基础不应该定为全国人口增加率，而是该地方公共团体的人口增加率，亦即1.00。"但是，由于地方公共团体的单位费用是将部分全国人口增加因素考虑在内计算的，因此，应该减去全国平均人口增加率。这在理论上是正确的。

八　合并调整措施

1. 合并调整措施的概要

如果将市、镇、村合并，阶段调整系数就会降低。这是阻碍

日本新地方财政调整制度概论

市、镇、村进行合并的主要原因。因此，为了消除这一弊端，早在地方财政平衡交付金制度时期，就采用了阶段调整特例措施予以应对。实施了市、镇、村合并的地方公共团体，在合并后几年内采取了以下措施：在计算阶段性调整系数之际，按照各市、镇、村合并以前的数据分别计算其阶段性调整以后的数值。

1955年，制定了新的市、镇、村建设促进法。根据该法第23条第1项的相关规定，要积极促进市、镇、村合并。为此，进一步采取了一些调整措施，增加计入地方公共团体的基准财政需求额的投资性经费的比例。前面已经讲过，通过阶段性特例调整措施提高计入地方公共团体的基准财政需求额的比例。因此，新市、镇、村建设促进法中的相关措施是在考虑到这一结果的基础上制定的。1965年，制定了市、镇、村合并特例法。此前，中央政府积极推动市、镇、村合并。这一时期，开始转变方针，仅仅对因合并造成的相关经济损失进行补偿。只有合并后的市、镇、村财政来源不足额计算特例亦即合并计算措施保留了下来。同时，这一法律还规定了一些过渡性措施。仅限于1962年5月10日以后到1967年3月28日合并的市、镇、村，在合并后10年间适用合并调整措施。

1972年5月15日，冲绳县回归日本本土。在这种情况下，日本中央政府对合并后的市、镇、村采取了以下特例措施：冲绳回归特别措施法（1971年第129号法律）第150条规定，截至1978年3月31日，根据市、镇、村合并特例法（1965年第6号法律）第2条第1项进行合并的冲绳的市、镇、村，在合并后10年间适用于合并调整措施。1995年，修改了市、镇、村合并特例法。为了推进合并后的市、镇、村的建设，出台了相关财政措施，引进了新型合并调整措施。之所以出台这一合并措施是因为考虑到根据市、镇、村合并计划，地方公共团体单独承担的公共事业建设项目也会增加。因而，投资性经费也会有所增加。1999年，经过对上述法律进行修改，投资性经费可以通过新设立的合并特例债来筹措。这一合并措施是对迄今为止的相关措施的重组。考虑到以下因素而采取了综合性财政措施：一是行政一体化所需财政经费；二是适当缩

第七章 日本地方公共团体基准财政需求额的计算方法

减因行政服务水准差距、居民负担水准差距等造成的临时性经常性经费。

2. 合并调整措施的具体应用方法

合并调整措施的具体应用方法的详细内容请参照第十章"市、镇、村合并与地方交付税"第二节的第三部分"合并调整措施的应用方法"。

九 财政能力调整措施

1. 财政能力调整措施的概要

日本地方交付税法第 13 条第 10 项调整法对财政能力调整措施做了以下规定："在将地方公共团体单独承担的灾后重建事业债本息偿还金以及小型灾害债偿还金计入地方公共团体的基准财政需求额之际，有的地方公共团体其偿还额与标准财政收入额相比，比例偏高。对这部分地方公共团体，提高其计入基准财政需求额的比例。这就是财政能力调整。"欠发达地区的县（相当于中国的省）强烈要求提高特定债（特定债具体是指从 1946~1955 年，允许发行的一般性公共事业债、失业措施事业债以及义务教育设施建设事业债。由于当时正处于地方公共团体的财政危机之中，允许发行地方债来弥补一般性财政来源不足。一般来讲，财政实力越弱的地方公共团体其比重越高）偿还额计入地方公共团体的基准财政需求额的比例（当时为 25%）。因此，与其全国范围内一起提高计入基准财政需求额的比例，不如重点提高债务偿还压力大的地方公共团体的计入比例。债务偿还费计入基准财政需求额的比例最高达95%。

长期以来，欠发达地区的地方公共团体就一直主张进一步提高债务偿还额计入基准财政需求额的比例，彻底实施地方公共团体之间的财政来源均衡化。这就是出台财政能力调整措施的主要原因。1980 年度，由于偿还了全部特定债，财政能力调整制度大体上被废除了。现阶段，这一措施仅仅适用于地方公共团体单独承担的灾后重建公共事业债以及小型灾害债。其中小型灾害债的含义如下：

日本新地方财政调整制度概论

1982 年，对地方交付税法的一部分进行了修改，制定了 1982 年第 45 号法律。以此为基础，为了应对法律修改后的巨大灾害，规定实施特例财政援助（亦称"激特法"）。根据这一法律第 24 条的相关规定，1982 年度以后，允许发行公共事业土木工程设施等小型债务，其本息偿还金计入地方公共团体的基准财政需求额。

截至 1981 年，公共事业土木工程设施等小型灾害债务的本息偿还金按照以下办法处理：1982 年，对法律进行修改以前，根据上述"激特法"第 24 条的相关规定，用中央政府的本息补贴款筹措本息偿还金的一部分，剩余部分通过地方交付税（灾后重建费用中地方公共团体单独承担的灾后重建费用）计入地方公共团体的基准财政需求额。1982 年，中央政府治理整顿了财政补贴款，使之更趋合理化。为此，废除了本息还款补贴制度，统一采取拨付地方交付税措施。1982 年度以后，允许发行小型灾害债，从地方公共团体单独承担的灾后重建费用中独立出来，在灾后重建费用项目中新设了一个项目。考虑到灾后重建事业会增加普通会计账目的财政负担，从 1995 年度开始，当地方公共团体偿还其单独实施的灾后重建债务时，提高了计入基准财政需求额的比例。随着这一措施的出台，对地方公共团体单独实施的灾后重建所举债务以及小型灾害债的特别（财政力量）调整系数做了修改。

2. 财政能力调整系数的应用方法

（1）都、道、府、县层面的地方公共团体调整系数的应用方法

地方公共团体因单独实施灾后重建事业以及小型灾害赈灾而发行了地方债。为此，要偿还其本息。这部分本息偿还金要计入该年度地方公共团体的基准财政需求额。如果有的地方公共团体的本息偿还额超过了标准财政收入额的 0.1%，根据该地方公共团体的财政实力，因单独实施灾后重建事业而举债，其本息偿还额最高 85.5% 可计入基准财政需求额；而因小型灾害赈灾而举债，其本息偿还额最高 95% 可计入地方公共团体的基准财政需求额，计入率都大幅度提高。上述内容就是道、府、县层面的特别财政能力调整措施。

第七章　日本地方公共团体基准财政需求额的计算方法

标准财政收入额的平均额的计算方法如下：①前三年度的基准财政收入额（刨除加减错误额度得到的额度，再次计算后得到的额度）；②地方道路让与税、石油天然气让与税、航空燃料让与税以及交通安全措施特别交付金的额度；③将②的各项分别乘以1.25得到一些数额（不足1000日元的四舍五入）；④将③的各项之和除以3便可得出标准财政收入额的平均额。

（2）市、镇、村层面的调整系数的应用方法

地方公共团体因单独实施灾后重建事业以及小型灾害赈灾而举债（农地等小型灾害债除外），为此，要偿还其本息。这部分本息偿还金要计入该年度基准财政需求额。如果有的地方公共团体的本息偿还额超过了标准财政收入额的0.1%，根据该地方公共团体的财政实力，因单独实施灾后重建事业而举债，其本息偿还额最高85.5%可计入基准财政需求额；而因小型灾害赈灾而举债，其本息偿还额最高95%可计入基准财政需求额，计入率都大幅度提高。上述内容就是市、镇、村层面的特别财政能力调整措施。

特别财政能力调整措施并不适合于小型灾害债中的农地等小型灾害债。在计算指数（这一指数是计算调整系数的基础）之际，本息偿还金并不适合特别财政能力调整措施。原因是通过种类调整，已经100%计入了地方公共团体的基准财政需求额。如果在此基础上运用财政能力调整措施的话，所筹措的财政来源就会达到100%以上。

标准财政收入额的平均额的计算方法如下：①前三年度的基准财政收入额（刨除加减错误额度得到的额度，再次计算后得到的额度）；②特别吨位让与税、地方道路让与税、石油天然气让与税、机动车重量让与税、航空燃料让与税以及交通安全措施特别交付金的额度；③将②的各项分别乘以1.3333得到一些数额（不足1000日元的四舍五入）；④将③的各项之和加特别吨位让与税，然后除以3便可得出标准财政收入额的平均额。

第八章 投资性经费和基准财政需求额

地方财政调整制度的主要目的是弥补地方公共团体经常性经费的不足。纵观地方财政调整制度的发展历程，也是围绕这一点进行的。基于这一原因，基准财政需求额的计算方法在经常性经费的计算上更成熟一些。而投资性经费的财政来源在很大程度上是依靠发行地方债来筹措的。因此，对地方公共团体的基准财政需求额的计算方法虽几经修改，仍然还有诸多问题亟须解决。以下将对投资性经费的基准财政需求额的计算方法的历史沿革进行梳理，与此同时，对上述计算方法的不同观点及其思路做一简单介绍。

第一节 投资性经费所需基准财政需求额计算方法的历史沿革

一 地方财政平衡交付金时期的投资性经费所需基准财政需求额的计算方法

在现行地方交付税制度下，地方公共团体的基准财政需求额的计算方法是在继承了其前身地方财政平衡交付金制度的基准财政需求额计算方法的基础上形成的。地方财政平衡交付金制度在创立之初，地方财政的一般性财政来源非常短缺、拮据，因此，基准财政需求额的计算的工作重点是经常性账目经费的计算。对投资性经费采取了以下措施：其一，设定一个标准设施，根据该设施的使用寿命确定其折旧费用；其二，每年度将折旧费用计入单位费用。

另外，上述所说只不过是设想而已，而现实生活中的公共事业建设项目经费的大部分是靠发行地方债来筹措的。而地方债必须还本付息。用于偿还地方债的财政来源是计入与上述折旧费用相关的

第八章　投资性经费和基准财政需求额

基准财政需求额的。与此同时，地方公共团体也必须负担部分灾后重建费用。而地方公共团体所负担额度的大部分也是靠发行地方债来筹措的。地方债还本付息所需经费的 95% 计入基准财政需求额。各地方公共团体可以独自进行一些地方公共事业建设。为此，所需经费是标准收入额的 30%，这部分收入不计入基准财政收入额。

如上所述，在地方财政平衡交付金制度创立之初，在计算投资性经费相关基准财政需求额时，要预先设定一个标准设施，这是个前提步骤，在此基础上，计入其折旧费用。这种计算方法属于静态计算方法。在昭和二十年代（1945~1954 年）后半期，一般性财政来源不足。在这种情况下，依靠发行地方债来筹措经费进行地方公共事业建设，有时甚至连提高工资所需财政来源也靠发行地方债来筹集。这样一来，地方债本息偿还费用逐年累增。昭和二十年代末期，开始出现严重的地方财政危机。地方债的过度发行是其主要原因。

二　特别形态调整措施的实际应用

1955 年末，中央政府出台地方财政来源强化措施。其目的是重建地方财政，使之恢复财政收支平衡。从 1956 年度开始，公共事业建设费用，特别是接受国库补贴的公共事业建设费用的地方公共团体负担部分尽可能用一般性财政来源来筹措。因此，地方债发行额大幅度减少。与此同时，与投资性经费相关的基准财政需求额增加。欠发达地区的道、府、县的公共设施陈旧，建设资金没有着落，因此，静态计算方式是无法确保这些地区必要的投资性经费的。从 1956 年度开始，中央政府针对道、府、县尤其是欠发达地区的道、府、县，出台了特别形态调整措施（俗称欠发达地区形态调整措施）。

这一调整的基准有以下两个：一是个别指标，反映各地方公共团体的道路未改良率、木桥使用率等公共设施需修建的迫切程度；二是综合指标，反映经济结构和财政能力的反差。具体来说，计算了欠发达地区的道、府、县的道路费用、桥梁费用、河流水利费用以及其他土木工程费用（按面积计算）、农业行政费用、林野行政费用中的投资性经费的增额。这一调整方式是一种动态地计算投资性经费的有益尝试。

另外，迄今为止，公共事业建设费用的地方公共团体所负担部分是通过发行地方债筹措的。从1957年度开始，将上述地方债本息偿还金归入"特定债偿还费用"，将其中的一部分（25%）计入基准财政需求额。德岛县等欠发达地区的道、府、县当时因为公债费用包袱沉重，陷入了严重的财政危机。通过上述措施，这些地区的地方财政走上了重建轨道，可以说特别形态调整措施功不可没。

三 投资性经费计算方法的动态化

1957年，经过对上述计算方法的进一步改良，投资性经费计算方法的动态化出现了以下新的动向，详情如下：将道路长度、木桥的长度作为测定单位，设立了道路改良费用、木桥替换费用等项目，还将人口剧增带来的变化也考虑在内，对投资性经费进行了增额。

从1959年度开始，引进了投资性经费的综合计算方式。以人口以及面积为基准，综合计算投资性经费财政来源。在计算过程中，将人口作为测定单位，设定了阶段调整系数。这样一来，地方公共团体规模越小，人均投资性经费就越多。这一做法对欠发达地区的道、府、县等地方公共团体有利。

从1961年度开始，制定相关法律，促进"欠发达地区的开发"，鼓励这样的地区搞公共事业项目建设。与此同时，采取特例措施，明确中央政府的经费负担比例。有些道、府、县的地方公共团体财政实力较弱，这一做法可以加大经费补贴力度，使其能够承担并完成公共事业建设项目。

四 采用事业费用调整方法

从1962年度开始，在港湾费用以及其他土木工程费用中的海岸建设费用中运用了密度调整方法。其主要内容是将公共事业建设

第八章　投资性经费和基准财政需求额

费用的地方公共团体负担额的一部分直接计入基准财政需求额。这一方式俗称公共事业费用调整措施。其具体计算方法如下：①为各年度的地方负担额；②通过此前的折旧费用计算方式得出一个额度；③将①－②的额度的一定比例（当初的比例为25%）计入公共事业费用调整额中。

客观地、间接地采集各地方公共团体的各种财政需求数据，经计算后就是基准财政需求额。但是，这一基准财政需求额并未反映各地方公共团体的实际财政状况。而公共事业费用调整措施则将公共事业建设所需经费的地方公共团体负担额的一部分直接反映在基准财政需求额的计算过程中。采用公共事业费用调整措施之初，很多人认为这一措施会损害地方交付税的中立性，会将地方交付税变成有附加条件的中央政府国库补贴款，因此表示强烈反对。但是，此前的折旧费用计算方式不能正确计算得出港湾费用和海岸费用的实际财政需求额。而且，当时正好制订了港湾建设5年计划。公共事业建设项目投资集中到了特定的港湾。在这种背景下，需要将地方公共团体的实际负担额如实反映到基准财政需求额的计算过程中。因此，将公共事业费用调整措施限定在港湾费用以及海岸费用上，而且通过将计入率压低25%来将因采用公共事业费用调整措施产生的弊端减少到最小限度。

要确定地方交付税制度中的投资性经费额度，必须计算得出地方公共团体的基准财政需求额。毫无疑问，采用公共事业费用调整措施会对基准财政需求额的计算思路或者理念带来重大变革。之后，公共事业费用调整措施逐步扩大适用对象范围，其计入率或者算入率也逐渐提高。港湾费用、河流费用的计入率曾一度提高至80%。

五　新设投资形态调整措施

1966年度，为了进一步搞好地方公共团体的财政工作，中央政府发行了特别公共事业债1200亿日元。与此同时，仅限1966年度，暂时停止公共事业费用调整以及特别形态调整措施的实施。1967年度，中央政府又恢复了上述两项措施。借此机会，新出台了"投资形态调整"措施，对此前用于计算或者计入投资性经费的各种调整措施进行了整合。具体有以下两项主要内容：其一，"投资形态调整"措施，通过机动车的交通流量等指标进行调整；其二，将原来的临时措施"事业费用调整"措施制度化、常态化。而且，公共事业费用调整的适用方式在后来也多样化了，主要有以下方式：其一，将公共事业建设费用等地方公共团体负担额的一部分计算在内；其二，将中小学校舍的新建、扩建、增建费用，危房改建费用，一般废弃物处理设施等新增费用，农村道路、林道的修建费用等进行理论上的计算时所需要的必要公共事业费用也计算在内；其三，为了筹措港湾费用、河流水利费用、义务教育设施费用、一般废弃物处理设施费用、公共下水道费用等建设事业费用而发行的地方债的还本付息费用的一部分计算在内。

六　废除折旧费用计入方式

1969年度，日本政府进行了制度改革，详情如下。原来，折旧费用原则上计入投资性经费。但此时，这一方式被废除。取而代之的措施是将计划性公共事业费用亦即标准公共事业费用或者调整式公共事业费用按照一定计划计算在内。迄今为止，各类费用项目中，将经常性经费和投资性经费混在一起计算。而经过这次改革，改变了上述做法，将其分开计算。测定单位数值也根据其实际需要采用了不同的数值。经常性经费和投资性经费的分离使得投资性经费的计算更为精准。不仅如此，地方公共团体的基准财政需求额的计算方法在整体脉络上也清楚易懂了。因此，经过1969年度的改革，基准财政需求额的计算方法也日趋合理、日臻完善，在基准财政需求额的计算制度形成过程中具有划时代的历史意义。

七　发行债务筹措财政来源和基准财政需求额的计算方法

1976年度，为了进一步筹集资金，搞好地方公共团体的财政工作，中央政府发行财政来源对策债12500亿日元。迄今为止，投资性经费是通过综合性计算方式计入基准财政需求额的。其中的

第八章　投资性经费和基准财政需求额

4500 亿日元按理说也应用于投资性经费，但是被用于偿还地方债。而且其本息偿还金的 100% 计入地方公共团体的基准财政需求额。另外的 8000 亿日元本来也是用于投资性经费的一部分的。投资性经费是通过公共事业费用调整措施或者计划性事业费用的计算方式计入基准财政需求额的。而这 8000 亿日元被用来偿还地方债。而且其本息偿还金的 100% 乃至 80% 的额度要计入基准财政需求额。

1977 年度，将挪用到地方债的综合性计入额复原。除此之外，将投资性经费挪用到地方债的措施依然如前，其本息偿还金也计入基准财政需求额。这些措施和上一年度的做法一样。之后，除了 1982 年度、1985 年度、1986 年度、1988 年度、1989～1993 年度外，将投资性经费挪用为地方债（发行财政来源对策债）的做法一直延续至今。

第二节　投资性经费所需基准财政需求额计算方法的合理化措施

一　地方债的应用以及本息偿还金的基准财政需求额的计算方法

最近几年，日本中央政府和地方公共团体的财政状况欠佳，日本经济前景也不容乐观。因此，现阶段，很难期望地方公共团体的一般性财政来源会有起色。要筹措用于公共事业项目建设的投资性经费，必须依靠发行地方债解决。这一措施今后还会持续一段时间。因此，在计算地方交付税中用于公共事业项目建设的投资性经费时，也要先将地方债因素考虑在内。今后，需要将地方公共团体的基准财政需求额的计算方法进一步阳光化、透明化。与此同时，要使公共事业项目建设投资性经费的计算方法更趋合理。为此，要进一步推动地方分权制度的进程（1998 年 5 月，制定了《地方分权制度推进计划》），更需要将公共事业项目建设投资性经费的计算方法合理化、高效化。因此，要深化改革，采用合适的测定单位和调整方法。

二 将地方公共团体单独承担的公共事业项目和中央国库补贴的公共事业项目区别对待

在计算公共事业项目建设投资性经费之际，首先要计算出地方公共团体的基准财政需求额。在这一过程中，要将地方公共团体单独实施的地方公共事业建设项目、在中央政府国库补贴款的资助下实施的公共事业建设项目、完全由中央政府国库负担的公共事业项目区别对待。地方公共团体单独进行的公共事业建设项目是由各地方公共团体有选择地实施的项目。因此，应尽量避免将各地方公共团体的实际额度原封不动地反映到地方公共团体的基准财政需求额中。也就是说，每年度地方公共团体单独实施的公共事业建设项目的一定比例原则上应该根据以下客观基准计算得出：人口（DID人口、城市计划区域人口、各产业和行业就业人口）、面积（可居住面积、耕地面积、林野面积等）、道路长度以及面积、河流长度等数据以及改变地区行政水准的落后面貌所需要的必要投资额等。

地方公共团体每年度都有部分公共事业项目不借助中央政府的财政补贴或者有附加条件的补贴，而单独实施一些公共事业建设项目。各年度之间，在工程量上或者资金上会有一些起伏变化，可以用发行地方债的办法进行年度之间的调整，使之均衡化。地方债的偿还，原则上计入地方公共团体的基准财政需求额（单位费用方式），或者由基准财政需求额来埋单。而基准财政需求额也是根据一定的客观基准计算得出的，如果地方政策有需要的话，在不违反地方交付税分配的公平性原则下，可以将地方债的本息偿还金的一部分计入地方交付税。现阶段，从振兴地方经济这一政策出发，地方公共团体单独实施的公共事业建设项目所需经费中也包括地区综合建设事业债、临时地方道路建设事业债等的部分本息偿还金。除此之外，主要以人口以及面积为测定单位，笼统地计入基准财政需求额。在这种情况下，适用公共事业建设项目投资性经费调整法，目的是将其经费的一部分均等计算。一些财政实力较弱的地方公共团体可以采取这一措施渡过财政难关。因为这样做，比用于地方公

第八章 投资性经费和基准财政需求额

共团体单独实施的公共事业建设项目的财政来源的标准税收额少20%~25%。最近几年，用于投资性经费调整措施的指标有所增加，计算方法等日趋复杂。今后要采取相应措施简化计算方法。

另外，有人主张："有的地方公共团体人口急剧增长，应将其公共设施建设征地费用计入地方公共团体的基准财政需求额。"中央政府认为义务教育设施非常重要，从国库拨款给予高比例补贴，用于征地。剩余不足部分经费允许地方公共团体通过发行地方债筹措。用标准税收入的25%额度以及综合性计入额来偿还地方债的本息。之所以采取上述措施是因为考虑到人口急速增加的地方公共团体将来税收会有大的提高。总而言之，地方交付税属于地方公共团体的共享财政收入。公共事业建设用地会成为该地方公共团体的永久性资产。直接使用地方交付税来支付这一费用毕竟是不合适的。有一些公共事业建设项目属于中央政府国库补贴对象，根据日本地方财政法第16条的相关规定，应该拨付奖励性补贴款。地方公共团体有权决定是否承担这些公共事业项目的建设。从这层意义上讲，本质上和地方公共团体单独实施的公共事业建设项目没有什么区别。因此，国库补贴的公共事业建设项目的基准财政需求额和地方公共团体单独实施的公共事业项目建设一样，也应该采用客观的、间接的方法计算，而不应该将现实中地方公共团体的具体负担额体现在基准财政需求额中。但是，现阶段，从财政制度层面讲，清扫设施等属于中央政府奖励性补贴款的拨付对象。这些清扫设施对维护居民的生活环境不可或缺，因此要和下面讲到的中央国库负担的公共事业一样对待。

根据日本地方财政法第11条之2的相关规定，国库负担公共事业建设项目中地方公共团体的负担额可以直接计入基准财政需求额。但是，道路维修、农业基础设施建设等公共事业每年度实施，有一定的持续性和定量性。而且，以道路长度、面积、耕地面积等客观数值为基准。在某种意义上说，这一措施具有合理性，可以计入基准财政需求额。这些公共事业可以维持现行的计算方式。

港湾、渔港等建设项目，河流水利，小学、初中和高中新建、增建、扩建、危房改造等公共事业，城市建设事业，公共下水道建设事业，地铁建设事业等都是由一般会计账目负担。而一般会计账目负担部分因年度和地方公共团体不同，经费金额变动剧烈。用客观性基准无法计算其精确的需求额，因此，此前主要通过公共事业费用调整措施计算其基准需求额。这是因为这些公共事业关乎全体日本国民的切身利益，对整体国民生活水准的提高至关重要。即便将国库补贴负担的公共事业项目建设的实际情况体现在基准财政需求额的计算过程中，也符合日本地方交付税制度的精神实质，属于这一类的公共事业。现阶段，地方公共团体负担额部分允许通过发行地方债筹措。一段时期内，允许其将地方债的本息偿还额计入基准财政需求额。灾后重建费用依然可以采用现行方式。

三　地方政策性经费的计算方法

有人认为，"在计算公共事业建设项目投资性经费之际，如果将为缩小地区差异而支出的地方政策性经费计入基准财政需求额的话，会有悖地方交付税制度的精神"，因此，对此持反对意见。地方交付税制度的目的是在计算地方公共团体的实际财政需求额度的基础上，予以充实并保障其财政来源。持反对意见者的具体理由在于对所谓"地方公共团体的实际财政需求额"的含义的理解上：各地方公共团体为了在现行制度下保障地方居民的福利水平，必须维持一定的行政水准，而维持一定水准的行政服务所需经费应该依据客观性基准来计算，而不应该利用地方交付税制度来实施缩小地区之间的差异、不均衡这一中央政府的地方政策。诚然，落实中央政府的政策固然重要，但是不应毫无原则地利用地方交付税制度，而是应该发挥国库补贴款和发行地方债的作用。

如上所述，对地方交付税制度性质的认识因人而异，可以说这正是继承了地方财政平衡交付金制度以来的传统。而经济社会形势瞬息万变，地区之间的人口流动非常活跃，地方公共团体之间的经济实力差距日益扩大。在这一背景下，如果上述传统的认识过于根深蒂固，在新的财政环境下就无法充分发挥地方交付税制度的调整

第八章　投资性经费和基准财政需求额

功能。比如道路改良、土路铺设沥青、提高道路质量以达到道路修建5年计划中的水准等都需要巨额经费。将这些经费计入"地方公共团体的实际财政需求额",也不会违反地方交付税制度的精神实质。还有一些地方公共团体学龄儿童数量剧增,为此需要筹措巨额经费,修建小学、初中和高中,想必无人反对将这些经费计入"地方公共团体的实际财政需求额"。

由上述可知,"地方公共团体的实际财政需求额"的内容和额度会随着社会、经济形势的变化而变化。以静态眼光看待这一事物无异于刻舟求剑,因此动态眼光不可或缺,特别是公共事业建设项目投资性经费更是如此。地方公共团体为了应对环境的变化,会产生数额庞大的经费需求。因此,应该积极采取措施,从制度上允许将这部分新的需求计入地方政策性经费。当然,上述经费中,如果中央政府对地方公共团体所从事的公共事业项目很感兴趣,可以根据中央政府拨款和地方公共团体负担额的原则规定,由中央国库补贴负担金项目支付经费的一部分。一些人反对将地方交付税用于这些经费的支出。这种反对意见是不合情理的,恕难苟同。比如通过采取投资形态调整措施将一定额度的经费计入地方公共团体的基准财政需求额。如果这一公共事业符合全体日本国民的利益,可以将其列为"地方公共团体的实际财政需求额"。这不仅有助于提高地方公共团体的行政水准,而且不违反地方交付税制度的精神实质。

还有一些公共事业建设项目是根据日本全国综合开发计划实施的。其目的是吸引居民来地方定居。假如这些项目符合所有地方公共团体居民的利益,这些项目所需经费应该根据其实际需要和实际情况通过发行地方债筹措,并计入地方公共团体的基准财政需求额。比如有些项目是为了解决地方公共团体的财政难题。在这种情况下,不管是否属于中央政府国库补贴负担对象,应该以地方公共团体为主体做出判断,综合性地、有计划地实施。公共事业建设项目所需经费也要通过发行地方债或者通过使用地方交付税筹措。基于这一思路,1984年,当局发行了"建设故乡特别措施公共事业债"(亦称地方综合建设特别公共事业债)。而且将这一债务的本息偿还金的一部分计入地方公共团体的基准财政需求额。之后，"各县建设特别措施事业""推动地方公共团体的经济建设事业""故乡建设事业"等所需经费也计入了地方公共团体的基准财政需求额。就上述措施，相关各方颇有诟病，认为"这是变相地将地方交付税变成了中央政府的财政补贴款"（比如日本经济企划厅调查局在《1997年度的地方经济报告》第3章第2节之5"基准财政需求额的计算方法"中这样指出）。但是，因为上述公共事业建设项目符合所有地方公共团体居民的切身利益，有利于地方公共团体根据自己的实际情况，主体性地推进地方分权建设进程，提高行政服务水准。因此，从动态角度来看，应该将上述"地方公共团体的实际财政需求额"计入基准财政需求额。

基于以上思路，在《地方分权制度推进计划》中指出："在讨论地方交付税的计算方法之际，应该综合采用以下两种方式：其一是静态的计算方式，是以人口、面积等基本指标为基础的；其二是动态的计算方式，计算根据是地方公共团体实施的公共事业建设项目的总量"。在这种情况下，在将地区综合建设事业债的本息偿还金计入基准财政需求额之际，应考虑采用财政实力调整措施，提高财政实力较弱的地方公共团体的财政需求额计入率。除此之外，通过采取投资形态调整措施将提振产煤地区经济措施费用计入地方公共团体的基准财政需求额。这类经费是日本中央政府为了应对地方经济的衰退，实施产业转型政策带来的。这一经费本来应该直接通过中央政府的交付金解决，但是，中央政府措施不利，导致相关地方公共团体财政运营困难。在这种情况下，相关部门又不能放弃经营，关张歇业。因此，中央政府只有出台临时性措施，将其作为特例计入地方交付税的资助范围。但是，这样做也是迫不得已的。

第九章　地方公共团体基准财政收入额的计算方法

第一节　基准财政收入额的意义和计算对象税目

日本地方交付税法第 2 条第 5 号规定：为了合理估测各地方公共团体的财政能力或财政收支状况，需要通过某种方法计算得出其基准财政收入额。具体包括以下三项收入额：其一是法定普通税收入，用标准税率来计算，也包括类似于普通税的收入额；其二是地方让与税收入；其三是交通安全措施特别交付金估算额。基准财政收入额是与地方公共团体的基准财政需求额相对应的概念。基准财政需求额属于地方公共团体的财政需求额之一，通过一般性财政来源筹措。因此，地方公共团体的财政收入也属于基准财政收入额。地方公共团体的收入通常仅限定于一般性财政来源。但是，在这种情况下，一般性财政来源的外延要比地方财政法第 4 条之 3 第 1 项定义的部分更为宽泛。具体来讲，包括以下内容。

从都、道、府、县层面的地方公共团体来看，主要有以下财政收入：法定普通税，机动车购买税，轻油交易税，国有资产所在都、道、府、县的交付金，地方特例交付金，地方道路让与税，石油天然气让与税，航空燃料让与税以及交通安全措施特别交付金。但是，以下内容不在计算范围之列：法定普通税额中拨付给市、镇、村的利息补贴交付金，地方消费税交付金，高尔夫球场使用税交付金，特别地方消费税交付金，轻油交易税中拨付给人口为 50 万以上的城市的轻油交易税交付金额度，机动车购买税中拨付给市、镇、村的机动车购买税等。上述收入中，都、

日本新地方财政调整制度概论

道、府、县交付金和法定普通税一样，都具有一般性财政来源的性质。以下各种税收都列入该范围：其一，机动车购买税，这属于与高速路相关的特定目的财政来源；其二，轻油交易税、地方道路让与税、石油天然气让与税；其三，航空燃料让与税，其目的是修建机场及其周边设施；其四，交通安全措施特别交付金，用于修建交通安全设施。之所以将上述收入列入计算范围是因为以下两个原因：一是上述税收都用于特定目的，同时综合性较强，其性质接近一般性财政来源；二是额度较大，能够对地方公共团体的财政来源均衡带来重大影响。

市、镇、村层面的地方公共团体，以下收入计入计算范围：法定普通税，办公场所税，利息补贴交付金，地方消费税交付金，高尔夫球场使用税交付金，特别地方消费税交付金，机动车购买税交付金，地方特例交付金，国有资产所在市、镇、村的交付金，地方道路让与税，机动车重量让与税，航空燃料让与税，特别吨位让与税，交通安全措施特别交付金。人口为50万以上的大城市和都、道、府、县一样，加上以下两种收入：其一，轻油交易税交付金，属于与高速路收费相关的特定目的财政来源；其二，石油天然气让与税。另外，以下收入不计入地方公共团体的基准财政收入额。其一，狩猎税、洗澡税以及城市建设税，都属于特定目的税。其金额较大，涉及面也比较广。但是，从性质上来看，属于受益者负担金。其二，各个地方公共团体有权决定是否征收城市建设税。正是因为这个原因，和使用费、手续费等一样，在计算相关费用项目的单位费用过程中采取的措施是将其作为特定财政来源扣除（因此，不征收城市建设税的地方公共团体也要扣除），不列入基准财政收入额的计算对象。法定外普通税以及法定外目的税是否征收由各地方公共团体来决定，因此也不计入基准财政收入额的计算对象。

基于以下原因，赛马、自行车赛、赛艇、赛车等公益性比赛收益不计入基准财政收入额：其一，虽然上述收益属于一般性财政来源，但是，从历史上看，原来这些事业的收益都用于日本战后的重

第九章　地方公共团体基准财政收入额的计算方法

建和复兴，因而属于极为特殊的财政收入；其二，通过向公营企业金融公库上缴纳付金，在相当大的程度上实现了收益均沾；其三，在分配特别交付税和审批地方债发行之际，对上述收益金都有所考虑。另外，一些县一级的地方公共团体凭借地利，充分享受到了发电水利使用费用之收益。而其他县一级的地方公共团体则只能羡慕。实质上，这些收入可作为一般性财政来源使用。而现行制度规定，原则上这些收益只用于河流整修费用，因此，不适合做基准财政收入额的计算对象。在计算河流整修、疏浚所需经费调整额时，从河流整修费用的地方公共团体负担额中扣除水利发电使用费用收入额的一定比例。通过这种方法实现地方公共团体之间财政的来源均衡。

第二节　标准税率和财政收入均衡化措施的局限性

基准财政收入额并非是各地方公共团体的一般性财政来源额度的全部。其中要刨除地方让与税和交通安全措施特别交付金的部分。都、道、府、县层面的地方公共团体的地方税部分（含相当于地方税的部分），占一般性财政来源额度的80%；市、镇、村层面的地方公共团体的地方税部分（含相当于地方税的部分），占到一般性财政来源额度的75%。因此，在计算基准财政收入额之际，要将标准税率或者一定税率乘以80%或75%。将计算基准财政收入额时所用的税率称作"标准税率"；将以这一标准税率计算得出的各种税目的额度称作"标准税额"。计算基准财政收入额时不使用标准税率或者一定税率，而是使用80%或75%这一标准税率。之所以采取这样的措施是基于以下理由。

（1）基准财政收入额是和基准财政需求额相对的概念。在计算基准财政需求额时不可能完全掌握所有地方公共团体的财政需求。因此，在计算地方公共团体的财政收入额时也要相应留出余地。

（2）各地方公共团体在计入基准财政收入额之外，还需有一

日本新地方财政调整制度概论

定的财政收入剩余,用这部分款项可以实行部分适合于本地区的独自政策或者公共事业建设项目。如果将100%的地方公共团体的财政收入额都用于计算基准财政收入额,那么,地方公共团体将没有余力按照自己的切实需要搞地方经济建设和基础设施建设。这样一来,就会从财政收入结构上限制地方公共团体自主性的行政运营,地方公共团体也就丧失了开源节流,增加地方税收入的积极性。这一弊端影响巨大,不容忽视。

与上述税目相比,将地方让与税以及交通安全措施特别交付金的全额都计入地方公共团体的基准财政收入额。之所以采取这样的措施是基于以下理由:其一,这些收入和各地方公共团体的征税努力程度无关;其二,根据中央政府规定的基准来交付。这与上述税目的性质迥然不同。1950年9月21日,美国夏普使节团就日本的地方财政平衡交付金制度发表评论,对之所以未将标准税率(亦即算入率)定为100%的理由做了如下论述。

> 本法律规定基准财政收入额是指按照标准税率计算,是法定税目收入额的70%。因此,在计算平衡交付金之际,以标准年度财政收入的70%为基准。地方公共团体可以将其现行税率定在标准税率以上,至少能够调动地方公共团体的征税积极性。假如采用标准年度财政收入的100%作为地方公共团体的基准财政收入额,采用标准税率进行征税的地方公共团体为了使地方财政收入有所盈余,会故意低估折旧资产,并隐匿资产。因为这样做也不会受到地方财政委员会的监视。而且在分配平衡交付金之际,如果不仔细核查,地方税收入减少部分就会由平衡交付金来补偿。当然,原则上,日本地方财政委员会在计算平衡交付金时,是以标准化程度的效率征收到的税收为基础的。至少在第一年,由于日本地方财政委员会日理万机,根本无暇仔细研究各地方公共团体在多大程度上对其财产进行了客观评估。事实上,日本地方财政委员会将这一重任托付给了都、道、府、县的知事们。娱乐饮食税以及各种事业税等其

第九章　地方公共团体基准财政收入额的计算方法

实施程度因地而异。而且，都、道、府、县层面的地方公共团体没有中立性行政机构对其进行评估、监察、监督。在这一背景下，都、道、府、县层面的地方公共团体很难抵御逃税、漏税等不当行为的诱惑。各地方共同体不会竭尽全力按照法定税目进行征税。如果日本地方财政委员会对此失察，将地方公共团体少征部分税收用平衡交付金予以补偿的话，就会产生下面的后果：各地方公共团体每征收 100 日元，至少会得到 30 日元好处。

在前面章节论述单位费用的部分已经讲过：日本地方交付税法第 2 条第 7 号规定："在计算单位费用之际，要刨除以地方税收入中相当于基准财政收入额以外的额度为财政收入的部分，亦即刨除 20% 或者 25%。"刨除的这部分额度按照人口以及其他测定单位数值的大小按比例压缩。与此同时，地方税收入的 20%～25% 要与地方税收入的多寡成正比，并保留在地方公共团体。因此，与财政规模相比，地方税收入越多的地方公共团体，其保留的财政收入就越多。因此，地方税收入少的地方公共团体从一开始设立地方财政平衡交付金制度时就强烈要求尽量提高计入基准财政收入额的比例，对地方公共团体之间的财政收支状况不均衡现象进行调整和纠正。另外，有人主张，因为暂时性的地方税收入和地方交付税总额增加了，因此应该提高标准税率。比如，1972 年 12 月 27 日，日本财政制度审议会在报告中指出。

　　有关调整标准税率事宜。日本地方交付税制度规定：在计算地方公共团体的基准财政收入额时要使用标准税率。1954 年度，在创设地方交付税制度之初，道、府、县层面的标准税率为 80%；市、镇、村层面的标准税率为 70%。1964 年度，市、镇、村的标准税率由 70% 上调至 75%。之后，这一税率一直到今天都未曾有所变化。然而，最近情况有所不同。与 1964 年度相比，地方税收入和地方交付税总额都大幅度提高，

日本新地方财政调整制度概论

地方公共团体的基准财政需求额的计算方法也日趋合理。因此，今后要把掌握地方公共团体的财政需求额度当作工作重点来抓。通过提高标准税率，进一步完善了地方公共团体之间的财政调整功能。因为这正是设立地方交付税制度的最终目的。有必要对这一问题进行深入研究。

之所以出现主张提高标准税率的趋势还有以下两个原因：其一，日本中央政府加强了对地方公共团体财政运营的管制；其二，迄今为止，中央政府国库对地方公共团体的财政补贴力度很大，提高标准税率可以减轻国库的财政负担。1982 年 7 月 30 日，日本第二次临时行政调查会就行政改革进行了第三次答辩。在答辩中，从加强地方公共团体的自主性、自律性角度，就提高标准税率做了如下论述。

> 地方公共团体之间的财政收入调整策略
> 地方公共团体必须自主地、主观能动地提供中央政府要求的标准行政服务，除此以外还要提供其他地方行政服务。然而，地方公共团体之间自留财政收入等状况参差不齐。为此，有必要出台相关措施纠正和调整地方公共团体之间的财政来源不平衡问题。只有这样，地方公共团体才能自主性、自律性地行使行政职责。尽管各地方公共团体之间税源分配不均，还要采用地方标准税收的一定比例。这一措施导致各地方公共团体的自留财政收入差距加大。为了缩小这一差距，拟采取下调该比例的方法，实现财政来源的均衡。

1982 年 9 月 7 日，日本地方制度调查会在《地方行政、财政制度改革方式意见》中主张上调标准税率会有损地方公共团体财政运营的自主性、自律性，并对上调标准税率提出了以下反驳意见。

第九章　地方公共团体基准财政收入额的计算方法

在基本问题答辩中，提出要坚持"选择与负担"的改革理念，提高地方公共团体的财政运营效率，使之更趋合理化。但是要实现这一目标，还有很多问题需要解决。而改革理念和具体问题之间还有很大差距，需要综合多方面进行考虑。有的地方公共团体财政收支计划的制订方法采用单年度收支方式，需要进行改革。有人主张通过上调用于计算地方交付税的基准财政收入额的标准税率实现地方公共团体之间财政来源的均衡。这样做会对地方公共团体财政运营的自主性和自律性造成负面影响。还有人主张通过改革地方让与税的分配方式、法人事业税的分割标准加大财政收入调整力度，增强超额课税和法定外普通税的灵活性。但是，这样做既不符合制度的性质、机制和目的，而且在运营上也有很大的局限性。因此，在做出决策并实施之际应该慎重。

日本中央政府创立地方财政平衡交付金制度之初，道、府、县和市、镇、村的标准税率的比例都是70%。1953年度，由于恢复了义务教育费用由中央国库负担的制度，道、府、县的标准税率比例上调至80%；1964年度，将市、镇、村的标准税率上调至75%。1964年度，在修改地方交付税法之际，在上调标准税率的同时，加大了对城市建设费用、清扫费用等城市相关经费的投入力度。这样一来，普通交付税并未从城市大量流入村镇。

另外，在基准财政收入额的计入比例上，道、府、县和市、镇、村层面的地方公共团体拉开了档次。这样做是因为：其一，道、府、县和市、镇、村的行政内容有所不同；其二，对基准财政需求额中的财政需求的掌握程度不同。也就是说，都、道、府、县的行政事务中有很大部分是中央政府委托办理的，或者是根据法令规定的标准实施的。因此，其行政内容千篇一律，整齐划一。而且，实施这种行政业务的地方公共团体数目较少，很容易细致地掌握应该计入基准财政需求额的具体内容。与此相比，市、镇、村层面的地方公共团体的情况较为复杂，详情如下：既有人口数百万的大城市，又有边远地区的村落，规模参差不齐。而且，其行政内容和都、道、府、县相比，自主性、独立性较强。因此，很多行政经费是不能通过基准财政需求额来掌握的。在这种情况下，不同的行政内容要求有不同的财政经费，需要灵活处理。因而采取的措施是让市、镇、村的标准税率低于高一级的地方公共团体的标准税率。

由上述可知，基准财政收入额的计入率和基准财政需求额的计算内容密切相关。要求各地方公共团体提高征税积极性，开源节流，以此来确保自主性财政收入额度。因此，基准财政收入额的计入率问题非常重要，在变更之际需要慎重考虑。

第三节 地方公共团体基准财政收入额的计算基础

地方公共团体的基准财政需求额并非是根据地方公共团体的实际情况计算得出的财政需求额。基准财政收入额具有该地方公共团体的一般性财政来源的性质。各地方公共团体之间，课税标准、租税征收率都有所不同。假如基准财政收入额都使用实际数据，计算结果会有失公平，会削弱地方公共团体的征税积极性。因此，在计算基准财政收入额之际采取了以下措施：其一，尽量选择客观性较强的资料作为计算征税标准的基础；其二，使用标准税率和标准征收率进行计算；其三，和地方公共团体现实中的征税状况（如超额征税等）、征税积极性等毫无关系，而是合理掌握其应该具有的财政收支能力。

能否保障基准财政收入额的客观性对确保地方财政调整制度的公平性至关重要，而在向地方交付税制度过渡时期采取的方针即便稍欠妥当，也要保障其客观性。具体措施是尽可能多地用一些国税统计数据等客观资料，以防止地方公共团体的肆意介入。固定资产的估价水准是固定资产征税的基础，保证估价水准的客观性至关重要。中央政府从创设地方财政平衡交付金制度之初就很重视这项工作。1950年9月22日，美国夏普使节团就这一点

第九章 地方公共团体基准财政收入额的计算方法

做了如下论述。

诚然，假如地方公共团体能够自由决定固定资产税税率的话，会发生以下情况：可以用低于合理市价的比例（比如8%）来估价固定资产。通过调高与这一较低估价额相应的税率，将税收与之保持在相同价位，再运用上述方式增加交付金额。如上所述，实际上，交付金方式的估价以及各种行政服务手续费也较低，维持在0.56%。在这种情况下，不会有太大困难。如果要下调固定资产税的征税标准的话，会带来诸多弊端。有几种方法可以解决这些问题。最简单的方法如下：由日本地方财政委员会采用样本或者其他基准复查地方公共团体评估的课税标准。如果发现低得离谱，要相应调整平衡交付金。还有一种方法：让和市、镇、村没有任何经济关系的中立机构对其财产进行估价，不和征税挂钩。也可以让都、道、府、县或者市、镇、村层面的地方公共团体来实施。但是后者要由日本地方财政委员会监督实施。这样一来，对日本地方财政委员会来说，要比一个一个监督地方公共团体的负担减轻许多。地方财政委员会本身也可以在全国范围内进行估价。但是那样一来，会加重中央集权化倾向，是不可取的。

之后，居民税的征税方式发生了变更，与地方税相关的统计资料也逐渐完善起来。因此，最近几年，多采用一些居民税的征税状况调查、固定资产税概要调查等资料。这些资料都是根据地方公共团体的报告制作的。1999年度，用于计算地方公共团体的基准财政收入额的基础资料大致可以分为以下几种情况。

（1）使用政府相关部门调查得出的课税对象的数量

基准财政收入额可以计算地方公共团体的标准税收，可以客观地掌握课税对象的数量。该课税对象数量乘以标准的每个单位的税额（单位额）就可以得出基准财政收入额，如下表所示例子。

日本新地方财政调整制度概论

道、府、县层面的地方公共团体的居民税以及市、镇、村居民税中的均等税、所得税	上一年度纳税人数
个人事业税	上一年度纳税人数
高尔夫球场使用税（含交付金）	该地方公共团体的高尔夫球场的使用人数
特别地方消费税	餐饮业、旅馆业等的销售额
固定资产税（土地、房屋）	平均价格、占地面积、房屋面积
机动车税	该地方公共团体内拥有固定车位的机动车台数

（2）使用实际征税记录的情况

在计算普通交付税之际，应该尽量避免将各地方公共团体的实际征税记录作为计算基础。但是，在计算基准财政收入额时，满足以下条件者，可以有选择地使用以下的征税记录（包括税额、征税标准等）作为计算基础：其一，税目上不受地方公共团体的课税左右的；其二，在计算基准税额时，地方公共团体不能肆意干涉的。如下表所示例子。

道、府、县层面的地方公共团体的居民税以及市、镇、村层面的地方公共团体的居民税中的所得税（分离让渡所得部分、退休金部分）	该年度初调整额（分离让渡所得部分） 上一年度调整额（退休金部分）
道、府、县居民税以及市、镇、村居民税中的法人税	最近年度课税标准额
道、府、县居民税以及市、镇、村居民税中的利息税、法人事业税	上一年度课税标准额
地方消费税	最近年度课税标准额
烟草税	上一年度课税标准额
特别土地保有税	上一年度课税标准额

其中，道、府、县层面的地方公共团体的居民税以及市、镇、村层面的地方公共团体的居民税所得部分（分离让渡所得部分）和法人税、利息税以及法人事业税等每年度额度变动很大，而且这些税目对该地方公共团体的财政运营影响很大。因此，一是要通过

第九章　地方公共团体基准财政收入额的计算方法

特别交付税进行调整；二是在下一年度以后计算基准税额时，对实际税收额和基准税收额进行结算（日本地方交付税法附则第8条）。

（3）使用中央政府拨付或者让渡的实际税额的情况

这一额度是中央政府根据一定水准进行拨付或者让渡，与地方公共团体的征税业绩没有关系。以上一年度或者该年度拨付或者让渡的额度为基础计算得出。

例如：地方道路让与税、石油天然气让与税、航空燃料让与税、特别吨位让与税、利息交付金、地方消费税交付金、交通安全措施特别交付金、地方特例交付金等。另外，特别吨位让与税及利息交付金适用于结算制度。

第四节　税率和征收率

标准税率（地方消费税、烟草税、矿区税、特别土地保有税等没有规定标准税率的，使用日本地方税法中规定的税率）乘以80%（道、府、县层面）或75%（市、镇、村层面），便可计算出用于计算标准税额的税率。有关国有资产所在市、镇、村的交付金及纳付金的法律第3条第1项规定的比例（相当于税率）乘以80%或者75%所得到的比例（亦称基准率），用于都、道、府、县交付金及其纳付金和市、镇、村交付金及其纳付金。利息交付金、地方消费税交付金以及高尔夫球场使用税交付金等因为没有税率或者类似的比例，应根据规定的基准计算得出的额度75%计入基准财政收入额。

基准财政收入额忽视了滞纳部分、转入下一年度部分的因素，因此，用于计算标准税额的征收率并非单纯的征收率，而是一种捕捉性亦即随机性征收率，将滞纳或者亏欠部分的比例也考虑在内。各税目都要考虑其性质或者课税的难易度等因素，制定出标准比例，这就是捕捉征收率。比如，法人事业税、烟草税为100%，所得税为97.5%。

第五节 市、镇、村标准税额的计算方法

各税目的标准税额分为两类。其一，道、府、县和市、镇、村的各税目的标准税额。这部分税额直接计算各都、道、府、县和市、镇、村的额度即可；其二，一旦计算得出都、道、府、县的税额或者征税标准等的总额，就可以根据这一总额计算得出各市、镇、村的额度，亦即日本自治省大臣分配额度。比如市、镇、村居民税中的均等税和小型机动车税等属于前者，市、镇、村居民税中的所得税和市、镇、村烟草税等属于后者。

将市、镇、村的标准税额的一部分分为两个阶段来计算是基于以下两个原因：其一，用于计算基础的统计资料中有的无法得到各市、镇、村层面的地方公共团体的数值；其二，与道、府、县相比，地方公共团体的数目众多，不能够一一确认每个市、镇、村具体的征税状况。具体来说，结合都、道、府、县的总额，由都、道、府、县层面的地方公共团体根据具体规则计算得出市、镇、村层面的地方公共团体的标准税额。另外，在采用由都、道、府、县层面的地方公共团体根据规则计算市、镇、村的标准税额的方法时，原则上要参照都、道、府、县的总额的计算方法。

第六节 免税特例

在计算地方公共团体的基准财政收入额之际，有些是法律上规定为非课税部分或者是在法定免税率以下的部分。这些部分要通过某些方法或者实际业绩从计算对象中刨除。一部分免征税或者施行非均等课税，具体由地方公共团体处理。这部分的计算方法不必采取上述措施。这是因为从性质上说，本来就属于地方公共团体的基准财政收入额。

原则上虽说如此，如表9-1所示，但是，基于政策考虑或者通过特别立法，也允许采取例外措施。都、道、府、县或者市、

第九章　地方公共团体基准财政收入额的计算方法

表 9-1　税收减额补贴制度一览（1999 年 4 月）

法律依据	制度创设年度（交付税）	制度适用期间 开始时期	制度适用期间 结束时期	制度适用的行业	财政收支条件	购买价格条件	就业人数增加条件	适用税目 企业税	适用税目 房产税购置税	适用税目 固定资产税	有无特别折旧
欠发达地区工业开发促进法	1962	指定日期	1963 年后解除指定	制造业		2300 万日元以上		○	○	○	○
煤炭采掘法	1962	2000 年 2 月 25 日解除指定		制造业等		2300 万日元以上	道路运输业 15 人			○	○
人口过疏措施法	1970	公示日期	2000 年 3 月 31 日	制造业旅馆业				○	○	○	○
农工业法	1972	实施计划决定日（1937 年 12 月 31 日）	1954 年后解除指定	工业（制造业等）	地区所在市镇村不足 0.4	2600 万日元以上	工业以外的事业为 15 人以上		○	○	○
冲绳振兴法	1973	指定日期	2002 年 3 月 31 日	制造业信息通信业		1000 万日元以上（旅游业地区除外）5000 万日元以上（旅游业地区）		○	○	○	

517

日本新地方财政调整制度概论

续表

法律依据	制度创设年度（交付税）	制度适用期间 开始时期	制度适用期间 结束时期	制度适用的行业	财政收支条件	购买价格条件	就业人数增加条件	适用税目 企业税	适用税目 房产购置税	适用税目 固定资产税	有无特别折旧
工业分布法	1973	法律第5条第1项认定日期	5年后取消认定	制造业		2400万日元以上				○	
新产业法	1963	指定日期	2001年3月31日解除指定	制造业等	县不足0.46，市、镇、村不足0.72	7亿日元以上	50人以上		○	○	
特殊工业法	1965	指定日期	2001年3月31日解除指定	制造业等		7亿日元以上	50人以上		○	○	
首都地区法	1966	指定日期	5年后解除指定	制造业等	县不足0.46，市、镇、村不足0.72	7亿日元以上	50人以上		○	○	
近畿地区法	1966	指定日期	2001年3月31日解除指定	制造业等	县不足0.46，市、镇、村不足0.72	7亿日元以上	50人以上		○	○	
中部地区法	1968	指定日期	2001年3月31日解除指定	制造业等	县不足为0.46，市、镇、村不足0.72	7亿日元以上	50人以上		○	○	

第九章 地方公共团体基准财政收入额的计算方法

续表

法律依据	制度创设年度（交付税）	制度适用期间 开始时期	制度适用期间 结束时期	制度适用的行业	财政收支条件	购买价格条件	就业人数增加条件	适用税目 企业税	适用税目 房产购置税	适用税目 固定资产税	有无特别折旧
半岛振兴法	1966	公示日期	2001年3月31日	制造业		2300万日元以上		○	○	○	○
景区法	1988	基本设想公布日期（1999年3月31日）	1996年3月31日或5年后（1998年3月31日采取暂定措施）	教育文化设施	县不足0.46，市、镇、村不足0.72	1亿日元以上（由于采取出借措施2亿日元以上）			○	○	○
关西学研法	1988	建设计划批准日期	2001年3月31日	文化学术研究设施	县不足0.50，市、镇、村0.72	2亿日元以上				○	○
工业集约法	1989	工业园区批准日期（1994年3月31日）	5年后或者发生不符合该地区的情况	软件业等	县不足0.50，市、镇、村不足0.74	1亿日元以上	10人以上			○	○
多极分散法	1989	基本设想日期（2001年3月31日）	5年后或者发生不符合该地区的情况	核心民间设施（需要相关大臣公示）	县不足0.50，市、镇、村不足0.74	5亿日元以上（每个构成措施在1亿日元以上）	10人以上		○	○	○

519

日本新地方财政调整制度概论

续表

法律依据	制度创设年度（交付税）	制度适用期间 开始时期	制度适用期间 结束时期	制度适用的行业	财政收支条件	购买价格条件	就业人数增加条件	适用税目 企业税	适用税目 房产购置税	适用税目 固定资产税	有无特别折旧
山村振兴法	1991	改善山村计划认定日期（2001年3月31日）	3年后	森林保护事业、耕地保护事业	县不足0.50，市、镇、村不足0.74	2300万日元以上				○	○
特定商业集散法	1991	基本设想公布日期（2000年3月31日）	3年后	培训设施等	县不足0.50，市、镇、村不足0.74	3亿日元以上（购物中心）3000万日元以上（商业区）				○	○
地方据点法	1993	基本计划批准日期（2000年3月31日）	5年后或者发生不符合该地区的情况	产业业务设施、文教设施	县不足0.50，市、镇、村不足0.73	2亿日元以上				○	○
荒岛法	1993	公示日期	2000年3月31日或者发生不符合该地区的情况	制造业		2300万日元以上		○		○	○
山区法	1994	事业计划认定日期（2001年3月31日）	3年后	农林业培训设施	县不足0.50，市、镇、村不足0.72	2300万日元以上				○	○
水利法	1994	公示日期（2001年3月31日）	5年后	制造业、旅馆业	市、镇、村不足0.72	2300万日元以上				○	○

第九章 地方公共团体基准财政收入额的计算方法

续表

法律依据	制度创设年度（交付税）	制度适用期间 开始时期	制度适用期间 结束时期	制度适用的行业	财政收支条件	购买价格条件	就业人数增加条件	适用税目 企业税	适用税目 房产购置税	适用税目 固定资产税	有无特别折旧
进口法	1995	当初计划或变更计划公布日期（2000年3月31日）	5年后	促进进口基础设施建设	县不足0.50，市、镇、村不足0.72的特定受灾地区	3亿日元以上				○	
	1995年			进口货物流通促进事业		3500万日元以上			○		
海湾法	1995年	建设计划批准日期（2000年3月31日）	5年后或者发生不符合该地区情况	核心设施等（需要相关大臣公示）	县不足0.50，市、镇、村不足0.72的特定受灾地区	10亿日元以上（每个相关设施1亿日元以上）				○	○
间市区法	1999年	基本计划公布日期（2000年3月31日）	3年后	外来人员、当地居民便利设施、培训设施以及会议设施	县不足0.49，市、镇、村不足0.72	3亿日元以上（批准的特定事业计划）3000万日元以上（批准的中小零售商业高度化事业计划）			○	○	○
奄美岛振兴法	1999年	1999年4月1日	2001年3月31日	制造业 旅馆业		2300万日元		○	○	○	○

注：工业集约法于1988年开始实施。其目的是将产业精华部分亦即重点产业集中在某一区域，实现地区产业的集约化，建设工业园区（截至2005年3月31日）。

521

镇、村层面的地方公共团体在实施免征税或者非均等课税时，要满足一定的条件。这样一来，就可以将因免征税或者非均等课税而减收的全部或者部分从该年度的基准财政收入额中扣除。也就是说，通过计算普通交付税，采取措施补贴减收部分。

另外，《地方分权制度推进计划》指出："在计算基准财政收入额之际，根据个别法律，采取相应措施扣除因地方税免征税造成的税收减收额部分。这些措施属于特例财政措施，灵活运用了属于各地方公共团体共享财政收入的地方交付税。鉴于这一事实，当迄今为止采取的这些措施到期后，要重新考虑其必要性和对象等，对出台的新措施要采取审慎的态度。"

第七节 标准税额的计算方法

下面简要列举主要税目的标准税额的计算方法（1999年度）。

一 道、府、县层面的地方公共团体的标准税额的计算方法

1. 法人事业税的计算方法

（1）1999年度法人实施的事业所征收的事业税（以下简称"法人事业税"）的标准税额的计算方法为 $(a+b) \pm c$，其中：a. 计算得出1999年度的标准税额；b. 1998年度标准税额的精算额、1997年度的标准税额的精算额、1996年度标准税额的精算额、1998年度以前各年度的标准税额；c. 日本自治省大臣认为应该进行调整的额度。

①以从1998年6月到1999年5月的调整额为基础，计算得出1999年度标准税额的估算额。另外，用于计算1999年度标准税额的乘积率为 α 和 β，α 为日本财务省省令附表第6之2固定的比例，β 为1.00（其中，东京都为1.58，大阪府为1.48，爱知县为1.05，神奈川县为1.05，北海道、青森县、岩手县、秋田县、山形县、福岛县、新潟县、富山县、石川县、福井县、山梨县、长野县、奈良县、和歌山县、鸟取县、岛根县、冈山县、山口县、德岛县、香

第九章 地方公共团体基准财政收入额的计算方法

川县、爱媛县、高知县、佐贺县、长崎县、熊本县、大分县、宫崎县、鹿儿岛县以及冲绳县为0.95)。

②以1998年度的调整额为基础,对1998年度的标准税额进行精算,对相当于法人事业税的精算预定额的1/3进行精算。但是,有些都、道、府、县层面的地方公共团体上一年度的基准财政收入额为15000亿日元以下。这些都、道、府、县层面的地方公共团体中,其乘积率不足0.975。其具体计算方法如下:用上一年度该都、道、府、县的标准财政规模,除以道、府、县居民税的法人税、利息税以及法人事业税的未精算额之和,得到的数值加1后得到的比例不足0.975的都、道、府、县(仅限于该年度的前三年度以内允许发行道、府、县居民税的法人税、利息税、法人事业税的减收补贴债的都、道、府、县。以下简称"对象都、道、府、县")。对这些都、道、府、县层面的地方公共团体的未精算部分进行精算。

③1997年度未精算部分仅为该法人事业税的未精算额的1/2。但是,对都、道、府、县层面的地方公共团体的未精算部分全额实施精算。

④对1996年度未精算部分予以全额精算。

(2) 1999年度的标准税额的计算方法

标准税额为下列①到⑤的额度之和。

①1999年度的估算标准税额按照以下公式计算得出:

$$[A + B + C + D + (E + F) \times \alpha \times \beta + G + H] \times 0.8$$

上述计算公式中数学符号的含义如下:

A:这一额度的具体内容如下。a. 有些企业法人在1999年2月1日以后业务年度才结束。将其利润所得作为课税标准,同时也是该业务年度法人事业税标准课税的额度(有的企业法人在两个或两个以上的都、道、府、县设有办事处或分公司,在该都、道、府、县的课税标准额应该按照日本地方税法第72条之48以及第72条之49的相关规定来处理。以下简称"课税标准额")。b. 将 a 的额度乘以日本地方税法第 72 条之 22 第 1 项以及第 2 项规定的标准税率（以下简称"标准税率"）得到一个数额。c. 上述 b 数额中还有一个数额是从 1999 年 4 月 1 日到 1999 年 5 月 31 日应交纳的税额（没有根据日本地方税法第 6 条的相关规定课税，或者征收了非均等课税，由此造成地方公共团体税收减额。这种情况可视作包含日本自治省大臣调查的额度。根据日本地方税法第 72 条之 26 的相关规定，应交纳的税额为日本自治省大臣调查的税额。以下简称"调查税额"）。d. 该期间内，该事业年度的法人事业税额中应退税的额度，也是 1999 年度财政支出应退税的额度。c 减去 d，便得出 A 的数额

B：计算方法如下。a. 1999 年 2 月 1 日以后业务年度结束的企业法人，将其收入金额作为征税标准，进而视作该事业年度的法人事业税的课税标准额；b. 将 a 的数值乘以标准税率得到一个数额；c. 上述 b 数额中有一部分是从 1999 年 4 月 1 日到 1999 年 5 月 31 日的调整额；d. 该期间内，该业务年度的法人事业税额的 1999 年度的财政支出退税额。c 减去 d，便得出 B 的数额

C：计算方法如下。a. 1999 年 1 月 31 日以前业务年度结束的企业法人，其利润所得作为征税标准，进而视作 1999 年 1 月 31 日以前结束的事业年度的法人事业税的课税标准额；b. 将 a 的数值乘以标准税率得到一个数额；c. 上述 b 数额中有一部分是 1999 年 4 月 1 日到 1999 年 5 月 31 日的调整额；d. 该期间内，该业务年度的法人事业税额的 1999 年度的财政支出退税额。c 减去 d，便得出 C 的数额

D：计算方法如下。a. 1999 年 1 月 31 日以前业务年度结束的企业法人，其收入金额作为征税标准，进而视作 1999 年 1 月 31 日以前结束事业年度的法人事业税的课税标准额；b. 将 a 的数值乘以标准税率得到一个数额；c. 上述 b 数额中有一部分是从 1999 年 4 月 1 日到 1999 年 5 月 31 日的调整额；d. 该期间内，该业务年度的法人事业税额的 1999 年度的财政支出退税额。c

第九章　地方公共团体基准财政收入额的计算方法

减去 d，便得出 D 的数额

E：计算方法如下。a. 1998 年 2 月 1 日到 1999 年 1 月 31 日业务年度结束的企业法人，其利润所得作为征税标准，进而视作该事业年度的法人事业税的课税标准额；b. 将 a 的数值乘以标准税率得到一个数额；c. 上述 b 数额中有一部分是从 1998 年 6 月 1 日到 1999 年 3 月 31 日的调整额；d. 该期间内，该业务年度的法人事业税额的 1998 年度的财政支出退税额。c 减去 d，便得出 E 的数额

F：计算方法如下。a. 1998 年 2 月 1 日到 1999 年 1 月 31 日业务年度结束的法人，其利润所得作为征税标准，进而视作该事业年度的法人事业税的课税标准额；b. 将 a 的数值乘以标准税率得到一个数额；c. 上述 b 数额中有一部分是从 1998 年 6 月 1 日到 1999 年 3 月 31 日的调整额；d. 该期间内，该业务年度的法人事业税额的 1998 年度的财政支出退税额。c 减去 d，便得出 F 的数额

G：计算方法如下。a. 1999 年 1 月 31 日以前业务年度结束的企业法人，其利润所得作为征税标准，进而视作 1999 年 1 月 31 日以前结束事业年度的法人事业税的课税标准额；b. 将 a 的数值乘以标准税率得到一个数额；c. 上述 b 数额中有一部分是从 1998 年 6 月 1 日到 1999 年 3 月 31 日的调整额；d. 该期间内，该业务年度的法人事业税额的 1998 年度的财政支出退税额。c 减去 d，便得出 G 的数额

H：计算方法如下。a. 1999 年 1 月 31 日以前业务年度结束的企业法人，其收入金额作为征税标准，进而视作 1999 年 1 月 31 日以前结束事业年度的法人事业税的课税标准额；b. 将 a 的数值乘以标准税率得到一个数额；c. 上述 b 数额中有一部分是从 1998 年 6 月 1 日到 1999 年 3 月 31 日的调整额；d. 该期间内，该业务年度的法人事业税额的 1998 年度的财政支出退税额。c 减去 d，便得出 H 的数额

α：为日本财务省省令附表第 6 之 2 规定的比例

日本新地方财政调整制度概论

β：为 1.00（但是，东京都为 1.58；大阪府为 1.48；爱知县为 1.05；神奈川县为 1.05；北海道、青森县、岩手县、秋田县、山形县、福岛县、新潟县、富山县、石川县、福井县、山梨县、长野县、奈良县、和歌山县、鸟取县、岛根县、冈山县、山口县、德岛县、香川县、爱媛县、高知县、佐贺县、长崎县、熊本县、大分县、宫崎县、鹿儿岛县以及冲绳县为 0.95）

②1998 年度的标准税额的精算额如下。

以下（a）中规定的额度减去（b）规定的额度得到一个额度（以下简称"1998 年度精算预定额"），进而减去该额度的 2/3（不足 1000 日元的余数舍去，下同）而得到一个额度。其中，都、道、府、县层面的地方公共团体为 1998 年度精算预定额的全额。

（a）为通过以下计算公式计算得出的额度：

$$(I + J + K + L) \times 0.8 + M$$

上述计算公式中数学符号的含义如下：

I：a. 1998 年 2 月 1 日到 1999 年 1 月 31 日业务年度结束的企业法人，将其利润所得作为征税标准，进而视作该事业年度的法人事业税的课税标准额；b. 将 a 的数值乘以标准税率得到一个数额；c. 上述 b 数额中有一部分是从 1998 年 4 月 1 日到 1999 年 3 月 31 日的调整额；d. 该期间内，该业务年度的法人事业税额的 1998 年度的财政支出退税额。c 减去 d，便得出 I 的数额

J：a. 1998 年 2 月 1 日到 1999 年 1 月 31 日业务年度结束的企业法人，其收入金额作为征税标准，进而视作该事业年度的法人事业税的课税标准额；b. 将 a 的数值乘以标准税率得到一个数额；c. 上述 b 数额中有一部分是从 1998 年 4 月 1 日到 1999 年 3 月 31 日的调整额；d. 该期间内，该业务年度的法人事业税额的 1998 年度的财政支出退税额。c 减去 d，便得出 J 的数额

K：a. 1999 年 1 月 31 日以前业务年度结束的企业法人，其利润所得作为征税标准，进而视作该事业年度的法人事业税的课税标准额；b. 将 a 的数值乘以标准税率得到一个数额；c. 上述 b 数额中有一部分是从 1998 年 4 月 1 日到 1999 年 3 月 31 日的调整

第九章 地方公共团体基准财政收入额的计算方法

额；d. 该期间内，该业务年度的法人事业税额的 1998 年度的财政支出退税额。c 减去 d，便得出 K 的数额

L：a. 1999 年 1 月 31 日以前业务年度结束的企业法人，其利润所得作为征税标准，进而视作该事业年度的法人事业税的课税标准额；b. 将 a 的数值乘以标准税率得到一个数额；c. 上述 b 数额中有一部分是从 1998 年 4 月 1 日到 1999 年 3 月 31 日的调整额；d. 该期间内，该业务年度的法人事业税额的 1998 年度的财政支出退税额。c 减去 d，便得出 L 的数额

M：1998 年度税收减收补贴债中，相当于法人事业税额度的 80% 的额度

（b）1998 年度日本财务省省令附则第 14 条第 1 项第 1 号的额度

③1997 年度标准税额的精算额如下：

a. 有些都、道、府、县的地方公共团体适用于 1998 年度财务省（相当于中国的中央部委）省令附则第 14 条第 2 号，在第 2 号中规定了上一年度的法人事业税过大过小额度；b. 从 a 中减去的额度（以下简称"1997 年度未精算额"）；c. 从 b 中减去 b 的 1/2 额度（不足 1000 日元的余数舍去，下同）得到的额度便是 1997 年度的标准税额的精算额。但是，对象为都、道、府、县层面的地方公共团体的 1997 年度的标准税额的精算额是适用于 1998 年度财务省省令附则第 14 条第 1 项第 2 号中规定的都、道、府、县的扣除额的全额。

④1996 年度标准税额的精算额如下。

1996 年度标准税额的精算额为适用于 1998 年度的日本财务省省令附则第 14 条第 1 项第 3 号中规定的都、道、府、县的扣除额的全额。

⑤1998 年度以前各年度的标准税额为日本自治省大臣确定应该调整的额度。

（3）欠发达地区工业开发促进法造成的减收额

根据日本欠发达地区工业开发促进法第 5 条的相关规定，当

都、道、府、县层面的地方公共团体由于实施免征税或者非均等课税措施造成税收减额时，减额部分可以列为由中央政府通过地方交付税进行财政补贴的对象。根据下列方法计算得出的额度应从标准税额中扣除。

①法律依据

符合欠发达地区工业开发促进法、煤炭采掘法、人口过疏措施法、农工业法、冲绳振兴法、边远岛屿振兴法、奄美岛振兴法的相关规定的有下列情况：其一，由于免征税或者非均等课税造成税收减少者；其二，根据半岛振兴法，由于非均等课税造成税收减少者。

②扣除额度

对于符合上述法律规定的事业所征收的事业税，在三年间（以下情况为五年：其一，符合人口过疏措施法规定的个人经营的畜牧业、水产业、薪炭制造业；其二，符合冲绳振兴法规定的事业的事业税），从基准税额中扣除根据以下计算公式得出的额度：

$$A \times \alpha \times 0.8 + B \times (\alpha - \beta) \times 0.8$$

上述计算公式中数学符号的含义如下：

A：免征税所依据的课税标准额

B：非均等课税所依据的课税标准额

α：标准税率

β：非均等课税之际的税率

但是，当$(\alpha-\beta)<0$时，视作$(\alpha-\beta)=0$；当$(\alpha-\beta)>\alpha\times$税收减收补贴比例时，视作$(\alpha-\beta)=\alpha\times$税收减收补贴比例。

税收减收补贴比例如下表所示。

地域划分	第一年度	第二年度	第三年度
欠发达地区工业开发促进法、煤炭采掘法、人口过疏措施法、农工业法、冲绳振兴法、边远岛屿振兴法、奄美岛振兴法	1	1	1
半岛振兴法	1/2	1/4	1/8

第九章　地方公共团体基准财政收入额的计算方法

2. 房产税（亦称不动产取得税）

（1）1999年度的标准税额的计算方法

房产税的标准税额以上一年度以及上上年度的房产税的课税标准等额度为基准，运用以下计算公式计算得出。符合欠发达地区工业开发促进法第5条相关规定的都、道、府、县层面的地方公共团体都从标准税额中减去各自根据以下（2）中的计算公式得出的税收减收额。

$$\frac{(A+B)}{2} \times 0.02463108$$

上述计算公式中数学符号的含义如下：

A：1997年度《关于道、府、县税的课税状况等的调查》（以下简称"课税状况调查"）第26表《关于房屋的调查》的"课税标准"栏的合计以及第28表《关于土地的调查》的"课税标准"栏的合计之和（1997年度课税标准额）

B：1998年度《关于道、府、县税的课税状况等的调查》（以下简称"课税状况调查"）第26表《关于房屋的调查》的"课税标准"栏的合计以及第28表《关于土地的调查》的"课税标准"栏的合计之和（1998年度课税标准额）

0.02463108：[0.34×0.994×3/100（标准税率）＋0.66×0.806×4/100（标准税率）]×0.98（捕捉征收率）×0.8（计入率）

0.34、0.66：根据1998年度的实际数据计算得出的课税标准额的税率应用比例

0.994、0.806：从1999年度的地方公共团体的财政收支计划推测出的课税标准额的全国平均增长率

（2）欠发达地区工业开发促进法等造成的减收额度

①法律依据

符合欠发达地区工业开发促进法、煤炭采掘法、人口过疏措施法、农工业法、冲绳振兴法、边远岛屿振兴法以及奄美岛振兴法的规定的有下列情况：其一，由于免征税或者非均等课税造成税收减少者；其二，根据新产业法、特殊工业法、首都地区法、近畿地区

法、中部地区法、关西学研法、疗养地法、多极分散法、山村振兴法、特定农山村法、特定商业集散法、地方据点法、FAZ法、闹市区法以及半岛振兴法，由于非均等课税造成税收减少者。

②扣除额度

对购买符合上述法律条件的房屋或者土地所征收的房产税，从基准税额中扣除根据以下计算公式得出的额度：

$$A \times 0.032 + B \times (0.032 - C \times 0.8)$$

上述计算公式中数学符号的含义如下：

A：免征税所依据的课税标准额

B：非均等课税所依据的课税标准额

C：非均等课税时的税率。需要注意的是，当该税率超过0.04时，视作0.04；适用于近畿地区法、首都地区法以及中部地区法者，FAZ法中，适用于FAZ省令第2条之2者，其税率不足0.02时，视作0.02

计算公式中的乘积率0.032通过以下公式得出：（4/100）（标准税率）×（80/100）（计入率）

1981年，中央政府修改了地方税法。如果根据此前的标准税率（3%）计算的话，也要按照此前的相关办法处理。

二 市、镇、村层面的地方公共团体的标准税额的计算方法

1. 市、镇、村层面的地方公共团体的居民税所得比例的计算方法

a. 根据课税状况调查报告，确定各都、道、府、县以及各大城市的各课税标准阶段的有资格纳所得税者；b. 用a乘以根据各阶段纳税人的估算比例，计算得出理论上的纳税人数量；c. 将b乘以平均税额和调整比例（将各都、道、府、县以及大城市的每个课税标准阶段的纳税人数乘以各阶段的平均税额得到的数额相加求出该地方公共团体的平均税额，再除以全国平均额得到的比例就

第九章 地方公共团体基准财政收入额的计算方法

是调整比例）得到的数值就是市、镇、村居民税所得比例。其详细情况如下。

（1）通过下面的公式①计算得出的该年度标准税额加减通过公式②计算得出的分离让渡所得精算额得到的额度，就是市、镇、村层面的地方公共团体的居民税所得比例的标准税额。

①该年度大城市的标准税额以及该年度该都、道、府、县区域内的大城市以外的市、镇、村的标准税额的总额

1998年度，日本中央政府实施了特别减税。这对1999年度的地方税收造成了重大影响；1999年度，日本中央政府再次实施了永久性减税。这一措施也造成了地方公共团体的税收减额。基于这一情况，进行了以下计算：a. 根据公式（a）和（b）计算得出减税前的该年度的标准税额；b. 根据公式（c）计算得出1998年度特别减税导致的1999年度税收减额估算额；c. 利用公式（d）计算得出由于永久性减税导致的税收减额估算额。（a－b－c）得出的额度，就是①的额度。

（a）该年度大城市的标准税额以及该年度该都、道、府、县区域内的大城市以外的市、镇、村的标准税额的总额［不受（c）以及（d）的减收影响下的额度］。

$$[(131500 日元 \times \alpha) \times A - B + C + D] \times 0.731$$

如果（131500日元×α）所得结果出现不足1日元的余数，四舍五入。

上述计算公式中数学符号的含义如下：

131500日元：一般所得课税部分（剔除短期分离让渡所得部分、长期分离让渡所得部分、股票等让渡所得部分以及退休金部分），理论上的平均每个人的全国平均单位税额

α：各大城市以及各都、道、府、县（大城市以外的市、镇、村的合计）的单位税额调整比例［参见财务省省令附表第12（2）的B］，3400日元×α是一般所得课税理论上的平均每个纳税人的该大城市或者该都、道、府、县的单位税额

531

日本新地方财政调整制度概论

A：经过以下计算公式得到的数值：a.《1998年度市、镇、村课税状况等的调查结果》（以下简称"课税状况调查"）第12表正面"市、镇、村居民税"的"合计"栏，表开头部分"具备资格者"栏的该都、道、府、县内的每个市、镇、村的数目之和（1998年度的具备资格者数目）；b. 将a各乘以财务省省令附表第12（1）规定的比例（全国有纳税义务者/有纳税资格者的比例）所得数值（小数点后面的数字四舍五入）；c. 以上述b为基础，计算得出该大城市数的合计数或者该都、道、府、县区域内的大城市以外的市、镇、村数的合计数（亦即1998年度的理论纳税人数）；d. 财务省省令附表第12（2）的A中规定的各大城市或者各都、道、府、县的增长率。c×d所得数目即A的数额（小数点后面的数字四舍五入）（1999年度理论上义务纳税人数）。（131500日元×α）×A是一般所得课税的标准税额

B：按照以下公式计算得出：a."课税状况调查"第12表正面"市、镇、村居民税"的"合计"表开头"税额扣除额"中"合计"栏的该大城市的额度或者该都、道、府、县区域内的大城市以外的市、镇、村的额度之和（1997年度的税额扣除额）；b. 将上述a乘以0.992得到的数字就是B的数额（不足500日元的，零头舍去，500日元至1000日元之间的数额以1000日元计）

C：按照以下公式计算得出：a."课税状况调查"第20表正面"1997年度"中的"合计"栏，表开头"税额"栏（退休金的分离课税税额）的该大城市的额度或者该都、道、府、县区域内的大城市以外的市、镇、村的额度之和（1997年度的退休金所得额）；b. 将上述a乘以1.019得到的数字就是C的数额（不足500日元的，零头舍去，500日元至1000日元之间的数额以1000日元计）

D：按照以下公式计算得出：a. 1999年度之初短期分离让渡所得、长期分离让渡所得以及股票等让渡（亦称转让）所得（以下简称"分离让渡所得"）调整的额度；b. 日本自治省大臣以a的额度为基础调查得出的该大城市的额度或者该都、道、府、县区

第九章　地方公共团体基准财政收入额的计算方法

域内的大城市以外的市、镇、村的额度之和。这就是 D 的额度 0.731：75/100（基准财政收入额的计算比例）×97.5/100（捕捉征收率）

（b）大城市以外的市、镇、村该年度的标准税额的分配［不受（c）以及（d）的减税影响下的税额］。城市以外的市、镇、村的标准税额的计算方法如下：根据都、道、府、县的规则规定参照①的方式计算，而且要和根据①计算得出的大城市以外的市、镇、村的标准税额总额一致。但是，如果认为这种方式很难实现，在事前得到日本自治省大臣允许的情况下，可以按照该都、道、府、县的规则所规定的方法计算。

（c）1998 年度特别减税导致的 1999 年度税收减收估算额：

$$[(A + B) \times 0.975 - C] \times 0.75$$

当用上述公式计算得出的数值为负数时，以 0 计。

上述计算公式中数学符号的意义如下：

A：《1998 年度市、镇、村课税状况等的调查结果》（以下简称"课税状况调查"）第 61 表的开头部分"特别减税额"、表的正面"普通征收和市、镇、村居民税部分"的额度

B："课税状况调查"第 61 表的开头部分"特别减税额"、表的正面"特别征收和市、镇、村居民税部分"的额度

C：用于计算 1998 年度普通交付税的特别减税导致的税收减少估算额（市、镇、村居民税所得部分特例加算额除以 0.75 得到的数值）

0.975：捕捉征收率

0.75：基准财政收入额的计入比例

（d）永久性减税导致的税收减少估算额：

$$E \times 0.75$$

上述计算公式中数学符号的含义如下：

E：由于永久性减税造成的市、镇、村居民税所得部分减收估算额。通过该减收估算额，估算地方特例交付金的市、镇、村居

民税所得部分减收估算额。用相同的方法计算得出用最高税率的下调部分以及固定比例得出的税额扣除部分。但是,在计算特区居民税所得部分减收估算额时,将特区所在区域看作一个市、镇、村

②分离让渡所得的精算额:

$$F \times 0.731 - G \times 0.731$$

上述计算公式中数学符号的含义如下:

F:"课税状况调查"第59表的正面"市、镇、村居民税"的"合计"栏,表的开头"税额计算"部分中"短期分离让渡所得部分"的"小计"栏,"长期分离让渡所得部分"的"小计"栏的该大城市的额度或者该都、道、府、县区域内的大城市以外的市、镇、村的额度之和(不足500日元的,零头舍去,500日元至1000日元之间的数额以1000日元计)

G:上一年度地方交付税相当于上述①(a)中"D"的计算方法

(2)以下就单位税额的调整方法以及理论上有纳税义务的人数的计算方法做一下说明。

①如果整齐划一地统一使用全国平均的单位税额,超出或者不足全国水平的市、镇、村层面的地方公共团体,其单位税额就会或过大或过小。基于这一层考虑,在每个市、镇、村设置单位税额调整比例,对单位税额进行调整。单位税额调整比例是计算日本自治省大臣通知额的基础。这个调整比例以"课税状况调查"结果为基础,计算大城市、都、道、府、县以及日本全国的单位税额,将日本全国的单位税额和各都、道、府、县的单位税额之比定为调整比例。

②各个市、镇、村没有纳税资格的人数都有所不同,因此根据实际有纳税义务的人数来计算理论上有纳税义务的人数。

2. 固定资产税

(1) 土地固定资产税

土地固定资产税的标准税额的计算公式如下:

$$[(A \times B - C) \times 0.014 - D - E - (F - G + H + I)] \times 0.735$$

第九章 地方公共团体基准财政收入额的计算方法

上述计算公式中数学符号的含义如下：

A：平均价格具体是指由日本自治省大臣（人口为50万以上的市的市长）或者都、道、府、县知事（以及其他市、镇、村的长官）确定，并由各市、镇、村长官具体实施的"一般水田""一般旱田""宅基地""一般山林"以及"其他"的1999年度平均价格。"其他"是指记录在概要调查报告上的单位平均价格

B：土地面积是指截至1999年1月1日，登记在该市、镇、村的土地课税台账以及土地补充台账上的土地中，"一般水田""一般旱田""宅基地""一般山林"以及"其他"的各种土地用途的土地面积

C：通过调整负担比例等具体措施，来减轻课税标准额度。具体是指不足法定免税点者、适用课税标准特例者等通过调整负担比例等措施减轻的课税标准额、特定市区化区域农地的课税标准额的减轻额等

D：特定市区化区域耕地的减税额（日本地方税法附则第16条第4项的相关规定）

E：划入城市化政策范围内的区域内市区化区域耕地减税额（日本地方税法附则第29条之6第1项的相关规定）

F：宅基地化农田的1999年度的延迟征税措施所涉及的税额（日本地方税法附则第29条之5第1、3、7、8项的相关规定）

G：宅基地化农田的1998年度延迟征税措施取消所涉及的税额（日本地方税法附则第29条之5第9项的相关规定）

H：宅基地化农田的1998年度的偿还额（日本地方税法附则第29条之5第11、12项的相关规定）

I：宅基地化农田的1999年度的减税额（日本地方税法附则第29条之5第16、17项，第29条之6第1项的相关规定）

0.735：98/100（捕捉征收率）×75/100（算入率）

（2）房屋固定资产税

房屋固定资产税标准税额的计算公式如下：

$$\{[(A_1 \times B_1 + A_2 \times B_2)\langle 总价额\rangle - C - D]\langle 课税标准额\rangle \times 0.014 - E\} \times 0.735$$

日本新地方财政调整制度概论

上述计算公式中数学符号的含义如下：

A_1：指由日本自治省大臣（人口为 50 万以上的市的市长）或者都、道、府、县知事（以及其他市、镇、村的长官）确定，指示该市、镇、村长官执行的 1999 年度木制房屋平均价格

A_2：指由日本自治省大臣（人口为 50 万以上的市的市长）或者都、道、府、县知事（以及其他市、镇、村的长官）确定，指示该市、镇、村长官执行的 1999 年度非木制房屋平均价格

B_1：截至 1999 年 1 月 1 日登记在该市、镇、村房产课税台账以及房产补充课税台账上的木制房屋的使用面积（日本地方税法第 348 条规定的非课税项目除外）

B_2：截至 1999 年 1 月 1 日登记在该市、镇、村房产课税台账以及房产补充课税台账上的非木制房屋的使用面积（日本地方税法第 348 条规定的非课税项目除外）

C：符合日本地方税法第 351 条规定的 1999 年度该市、镇、村的木制房屋以及非木制房屋的不足法定免税点的价格之和

D：该市、镇、村房屋中，根据日本自治省大臣认为符合以下各项法律规定的课税标准特例造成的减少额而调查得出的额度：日本地方税法第 349 条之 3（仅限于第 9～11、16～18、20、21、23、25～31、34、36、38 项），日本地方税法附则第 15 条（仅限于第 1、3、15、17～19、21、42 项），日本地方税法附则第 15 条之 3（第 1 项及第 2 项），地方税法附则第 38 条第 2 项以及第 39 条第 4 项，1972 年地方税法调整法附则第 8 条第 3 项，1986 年 12 月地方税法调整法附则第 3 条第 10 项，1991 年地方税法调整法附则第 8 条第 3 项，1994 年地方税法调整法附则第 9 条第 2、4、5 项，1995 年地方税法调整法附则第 6 条第 3 项、第 5 项以及第 8 项，1996 年地方税法调整法附则第 6 条（仅限于第 7～10、20 项），食盐事业法附则第 46 条第 2 项，1997 年地方税法调整法附则第 9 条第 7 项以及第 10 项，1998 年地方税法调整法附则第 6 条（仅限于第 4、5、9 项）以及 1999 年地方税法调整法附则第 8 条第 12 项

第九章　地方公共团体基准财政收入额的计算方法

E：日本自治省大臣认为"以下各类房屋"符合"以下各项法律"的减税额规定，并根据此规定调查得出的额度。"以下各类房屋"具体指：新建住宅，新建中高层耐火建筑住宅，特定市区化区域的租赁住宅，闹市区二次开发设施建筑，住宅小区的设施、住宅、因阪神淡路大地震造成房屋减少或损坏而分配的房屋；"以下各项法律"是指：地方税法附则第 16 条（第 4 项除外）以及第 16 条之 2 第 13 项、1985 年地方税法调整法附则第 6 条第 6 项、1991 年地方税法调整法附则第 11 条第 2 项、1993 年地方税法调整法附则第 7 条第 5 项、1994 年地方税法调整法附则第 7 条第 8 项，以及 1995 年地方税法调整法附则第 6 条第 7 项

0.735：98/100（捕捉或随机征税率）×75/100（算入率）

（3）资产折旧

资产折旧标准税额的计算公式如下：

$A \times 0.0105 + B \times 0.0105 + D_1 \times 0.0105 + C \times 0.01029 + D_2 \times 0.01029$

上述计算公式中数学符号的含义如下：

A：根据日本地方税法第 389 条的规定，有些折旧资产由日本自治省大臣或都、道、府、县知事进行估价，决定价格。这些资产折旧所涉及的该年度固定资产税的市、镇、村的课税标准额就是 A 的数额（不包含以下额度：符合日本地方税法第 351 条正文规定的该折旧资产额度以及大规模折旧资产的都、道、府、县的课税标准额，下同）

B：根据日本地方税法第 743 条的规定，有些折旧资产由都、道、府、县知事进行估价，决定价格。这些资产折旧所涉及的该年度固定资产税的市、镇、村的课税标准额就是 B 的数额

C：根据日本地方税法第 410 条的规定，有些折旧资产由市长、镇长、村长官进行估价，决定价格。这些资产折旧所涉及的该年度固定资产税的市、镇、村的课税标准额就是 C 的数额

D_1：上年度以前的各年度 A 以及 B 中规定的市、镇、村的标准税额，经日本自治省大臣检查认为或者过大或者过小的额度

D_2：上年度以前的各年度 C 中规定的市、镇、村的标准税额，经

日本新地方财政调整制度概论

日本自治省大臣检查认为或者过大或者过小的额度

0.0105：1.4/100（标准税率）×75/100（算入率）

0.01029：1.4/100（标准税率）×98/100（捕捉征税率）×75/100（算入率）

（4）欠发达地区工业开发促进法特例

从由上述计算公式（1）到（3）计算得出的固定资产税的标准税额中扣除以下①以及②的额度之和。

①欠发达地区工业开发促进法第5条，煤炭采掘法第6条，新产业法第22条，特殊工业法第11条，首都地区法第33条之2，近畿地区法第47条，中部地区法第8条，农工业法第10条，冲绳振兴法第15条、第18条之4、第18条之6第4项以及第51条，工业再配置法第7条，半岛振兴法第17条，疗养地法第9条，关西学研法第11条，特定事业积聚促进法第12条，多极分散法第14条，人口过疏措施法第28条及其附则第9项，山村振兴法第14条，特定商业集散法第15条，边远岛屿振兴法第19条，地方据点法第12条，特定农山村法第16条，水特法第13条，FAZ法第15条，海湾法第14条，闹市区法第34条以及奄美岛振兴法第6条之9。

根据以上法律的规定从市、镇、村层面的地方公共团体的基准财政收入额中扣除的额度的计算方法如下：将符合课税免除等特例规定的期间课税标准额分为土地、房屋、折旧资产等几类，按照该分类标准根据以下公式计算得出的数额之和便是上述从市、镇、村层面的地方公共团体的基准财政收入额中扣除的额度。另外，适用本特例措施的期限为3年（与冲绳振兴法相关者为5年）。

具体计算方法如下。

（a）适用于欠发达地区工业开发促进法、煤炭采掘法、农工业法、冲绳振兴法、工业再配置法、人口过疏措施法、边远岛屿振兴法以及奄美岛振兴法的如下。

i．免征税的情况

适用于特例措施的免征税的课税标准额×1.4/100（标准税率）×75/100

第九章 地方公共团体基准财政收入额的计算方法

ⅱ．非均等课税的情况

适用于特例措施的非均等课税的课税标准额×[1.4/100(标准税率)
−该地方公共团体适用于非均等课税的税率]×75/100

（b）适用于新产业法、特殊工业法、首都地区法、近畿地区法、中部地区法、半岛振兴法、疗养地法、关西学研法、特定事业积聚促进法、多极分散法、山村振兴法、特定农山村法、特定商业集散法、地方据点法、水特法、FAZ法、海湾法、闹市区法者。

适用于特例措施的非均等课税的课税标准额×[1.4/100(标准税率)
−该地方公共团体适用于非均等课税的税率]×75/100

当该地方公共团体适用于非均等课税的税率超出0.014时以0.014计，而且其比例不足下表中所列各项比例时，以下表中所列各项比例计。

适用法律名称	第一年度	第二年度	第三年度
新产业法、关西学研法、特定商业集散法、FAZ法（仅限于财务省省令第2条以及闹市区法）	—	0.00467(1.4/100×1/3)	0.00933(1.4/100×2/3)
近畿地区法、首都地区法、中部地区法、FAZ法（仅限于财务省省令第2条之2）	0.007(1.4/100×1/2)	0.0105(1.4/100×3/4)	0.01225(1.4/100×7/8)
特殊工业法、工业园区促进法、山村振兴法以及特定农山村法	—	0.007(1.4/100×1/2)	0.0105(1.4/100×3/4)
半岛振兴法、休闲地法、地方据点法以及海湾法	—	0.0035(1.4/100×1/4)	0.007(1.4/100×2/4)
水特法	0.007(1.4/100×1/2)	0.007(1.4/100×1/2)	0.007(1.4/100×1/2)

注：关西学研法全名为关西文化学术研究城市建设促进法。长期以来，近畿地区文化学术研究基础雄厚。以此为基础，按照产业、大学和政府联手的思路，进一步将近畿地区亦即关西地区打造成日本文化、学术、产业基地，为日本乃至世界经济做出贡献。

（2）按照日本地方交付税法第14条之2的相关规定，从市、镇、村层面的地方公共团体的基准财政收入额中扣除的额度为以下的①以及②之和。

①日本地方交付税法第14条之2规定的土地或者房屋中，

②中规定之外的额度按照以下方法计算：将适用于该条规定的课税标准额分为与土地相关的和与房屋相关的，将这两类分别按照以下（a）和（b）计算的额度相加即可。

（a）与土地相关的计算公式：

$$A \times 0.0105 + B \times (0.0105 - C \times 0.75)$$

上述计算公式中数学符号的含义如下：

A：符合日本地方交付税法第14条之2相关规定的免征税的课税标准额

B：符合日本地方交付税法第14条之2规定的非均等课税的课税标准额

C：该市、镇、村使用B的非均等课税时适用的税率，超出0.014时以0.014计

（b）与房屋相关的计算公式：

$$A \times 0.00525 + B \times (0.0105 - C \times 0.75)$$

上述计算公式中数学符号的意义如下：

A：符合日本地方交付税法第14条之2规定的免征税的课税标准额

B：符合日本地方交付税法第14条之2规定的非均等课税的课税标准额

C：该市、镇、村使用B的非均等课税时适用的税率，不足0.007时以0.007计，超出0.014时以0.014计

②符合有关保存明日香村的历史风土以及维护明日香村生活环境的特别措施法第3条的相关规定的第二种历史风土保护区区域内的土地以及房屋的额度按照以下方法计算：将适用于该法第14条之2的相关规定的课税标准额分为与土地相关的和与房屋相关的，将这两类分别按照以下（a）和（b）计算的额度相加即可。

（a）与土地相关的计算公式。

$$A \times 0.00525 + B \times (0.0105 - C \times 0.75)$$

上述计算公式中数学符号的含义如下：

第九章 地方公共团体基准财政收入额的计算方法

A：符合日本地方交付税法第 14 条之 2 规定的免征税的课税标准额

B：符合日本地方交付税法第 14 条之 2 规定的非均等课税的课税标准额

C：该市、镇、村使用 B 的非均等课税时适用的税率，不足 0.007 时以 0.007 计，超出 0.014 时以 0.014 计

（b）与房屋相关的计算公式。

$$A \times 0.002625 + B \times (0.0105 - C \times 0.75)$$

上述计算公式中数学符号的含义如下：

A：符合日本地方交付税法第 14 条之 2 规定的免征税的课税标准额

B：符合日本地方交付税法第 14 条之 2 规定的非均等课税的课税标准额

C：该市、镇、村使用 B 的非均等课税时适用的税率，不足 0.0105 时以 0.0105 计，超出 0.014 时以 0.014 计

第八节　有关地方公共团体基准财政收入额的计算方法的论争

一　提高标准税率

长期以来，围绕如何计算地方公共团体的基准财政收入额问题争论不休，其中意见分歧最大的莫过于标准税率。欠发达地区的县以及欠发达地区的市、镇、村的相关人士主张："现行的地方行政内容和行政服务水准存在地区差异。要缩小这一差异，需采取以下措施：将道、府、县层面的地方公共团体的标准税率上调至 90%，将市、镇、村层面的地方公共团体的标准税率上调至 80% 乃至 85%。"这样一来，就可以充实地方公共团体基准财政需求额的计算内容。通过这一措施能够彻底实现地方公共团体之间财政来源的均衡。

而发达地区的县和发达地区的市、镇、村的相关人士则认为："现行的基准财政需求额的计算方法对欠发达地区的地方公共团体有利。

与发达地区的县和发达地区的市、镇、村相比，欠发达地区的平均每个人的地方税、地方让与税和加上地方交付税的一般性财政来源总额反而多。如果进一步上调现行标准税率，就属于过当调整。"

地方公共团体的基准财政收入额的算入率本来和基准财政需求额的计算水准互为表里，密切相关，在现阶段上调标准税率不合适。但是，将来在充实和加强城市需求额等基准财政需求额的计算内容时，同时提高标准税率，这样做更有效，更符合逻辑。

二　加强基准财政收入额的计算方法的客观性

长期以来，奈良县香芝町在用于计算地方交付税的市、镇、村居民税和固定资产税相关的基础数值上弄虚作假。1980年9月，这件事情曝光，给中央政府的相关人员带来很大震动。由于发生了上述丑闻，不再将市、镇、村层面的地方公共团体的报告作为用于计算居民税、固定资产税的标准税额的基础数据，而是使用国税统计以及其他客观性较强的数据来推测实际财政收支情况。

但是，现阶段，国税统计还没有按照市、镇、村分类。因此，在计算居民税所得比例、固定资产税的标准税额时，如果仅仅使用国税统计以及其他客观数据的话，会受到诸多限制。基于这一原因，不可能精确计算出基准财政收入额。

因此，当下应采取的措施是加强督导工作，严令各市、镇、村层面的地方公共团体准备相关课税台账和统计资料。对背信弃义、牟取私利的地方公共团体严惩不贷。但是，还要在各方面下大力气切实加强统计数据的客观性。

三　增加计算对象的收入

地方公共团体的基准财政收入额可以合理测定地方公共团体的财政实力。因此，有人主张："将赛马、自行车赛等所获得的收益也要计入计算对象，这样就可以实现收益均沾。"但是，现阶段，这些收益集中在某些地方公共团体，属于临时性收入，不应该计入计算对象，收益均沾可以通过敦促公营企业公库上缴收益的方法来

第九章 地方公共团体基准财政收入额的计算方法

实现。除此之外，还有人主张："将发电水利设备使用费、公有林收入、河流水产品销售收入（主要是采砂收费）等也列入地方公共团体的基准财政收入额。"

四 扩大精算对象的税目

根据日本地方交付税法附则第 8 条的规定，对居民税、所得税（分离让渡所得课税）、法人税以及利息税（含利息税交付金）、法人事业税、特别吨位让与税采取了精算措施。另外，根据日本自治省省令规定，对固定资产税中折旧资产部分、交付金、纳付金等，事实上也采取了精算措施。也有人主张对此外的税目、其他地方让与税也要进行精算。而地方税和地方让与税和年度当初的估算相比，势必有所出入，有的年度会超出，有的年度会不足。如果一一精算会使得地方公共团体的基准财政收入额更趋复杂，因此不宜扩大精算对象。

五 废除免税特例

为了让特定地区更容易招商引资，中央政府出台了相应的政策，允许免征前来投资企业的地方税。因此，这一减税措施会造成地方税的减收。中央政府会用各地方公共团体的共享财政来源亦即地方交付税来补偿地方税收入的减额部分。因此，有人主张中央政府这样做是为了实现自己的政策，不符合地方交付税的精神，应该叫停此类举措。

但是，从整体上看，采取各种立法措施，为地方招商引资会提高地方公共团体的行政服务水准，使各地方公共团体之间的财政收入均衡化、标准化。因此，为了实现这一目的使用地方交付税，并非和地方交付税的精神实质相悖。

如上所述，在《地方分权制度推进计划》中也提到："地方交付税属于地方公共团体的共同财政来源，运用这一财政来源实施免征税特例性财政措施，要限定在最小范围内。而且在迄今为止实施的特例措施到期之际，对其必要性、实施对象的条件等进行检查讨论，要将新的免征税措施限定在最小范围内"。

第十章 市、镇、村合并与地方交付税的关系

第一节 针对市、镇、村合并采取的财政措施

一 市、镇、村合并相关法律的历史沿革

1953年,日本政府实施《村镇合并促进法》。此后,村镇合并的进程加快。之后,日本政府又制定了《新市、镇、村建设促进法》,1965年,又制定《市、镇、村合并特例法》。这一法律规定可以在行政上和财政上采取特例措施,帮助市、镇、村合并。之后,《市、镇、村合并特例法》在延长实施了十年之后,又进行了部分修改。

在1995年3月末,对《市、镇、村合并特例法》又进行了大幅度修改。法律目的从"促进市、镇、村顺利合并"修改为"推进市、镇、村自主合并"。与此同时,法律定位也发生了显著变化。原来是扫清障碍,促进市、镇、村合并,而今变成了推进市、镇、村合并。鉴于这一变化,行政上、财政上的特例措施内容也更深入了一步。具体来说,创设了居民提案制度,为推进合并后的市、镇、村的建设积极出台财政措施。

进而,1999年,日本中央政府的相关部门又修改了《推进地方分权的相关法律制度的强化法律》(亦称地方分权制度综合法)。当时,也提及了推进市、镇、村合并的问题。具体规定设置合并协议会,延长合并过渡期,出台了振兴合并前的市、镇、村等措施,进而加强行政上、财政上的特例措施。

二 市、镇、村财政措施的历史沿革

表10-1所示的是有关市、镇、村合并的相关法律和财政特例

第十章 市、镇、村合并与地方交付税的关系

表 10-1 迄今为止的市、镇、村合并相关法律及其财政上的特例措施的历史沿革

市、镇、村合并相关法律	村镇合并促进法	新市、镇、村建设促进法	城市合并特例相关法律	市、镇、村合并特例法	市、镇、村合并特例法	市、镇、村合并特例法
法律适用期间	1953年10月1日~1956年9月30日失效。1965年3月29日废除	1956年6月30日~1961年6月29日部分失效。1965年3月29日废除	1962年5月10日~1965年3月29日废除	1965年3月29日~1975年3月28日。1975年3月29日~1985年3月31日。1985年4月1日~1995年3月31日	1995年4月1日~1999年3月31日	1999年4月1日~2005年3月31日
目的	促进市镇规模合理化。标准规模为1个镇（村）为8000人	促进合并后的新市、镇、村的建设和健康发展	推进城市合并。两个以上市区全部或者将两个以上市以及一个以上村镇的全部合并为一个市	促进市、镇、村合并、并就合并制定相关法律和特定措施	推进市、镇、村自主合并，为此制定相关法律和特定措施	推进市、镇、村自主合并，为此制定相关法律和特定措施
市镇村数	9868→3975	4668→3472	（废除时，3472）	3392→3234	3234→(3229)	
财政（地方交付税）合并调整特例措施	（△）阶段调整特例	○将合并后的标准地方公共团体十年间的临时性经费以及经常性经费不能缩减的额度计入。标准合并地方公共团体是将3个人口为4000的市、镇、村是为人口为12000的新市镇	○1971年开始简化计算方法	×	○根据合并后的市、镇、村的建设计划实施公共事业综合建设事业，为此发行地方债，并偿还本息。根据合并后的人口规模，适当增加合并所需经费	○适当增加行政经费，促进一体化，调整行政水准和居民负担水准差距

545

日本新地方财政调整制度概论

续表

市、镇、村合并相关法律		村镇合并促进法	新市、镇、村建设促进法	城市合并相关法律特例法律	市、镇、村合并特例法	市、镇、村合并特例法	市、镇、村合并特例法
合并计算		○每年度合并前后的基准财政需求额（事业费调整额除外）以及对基准财政收入额进行比较计算	○合并调整，有选择性地对合并进行计算	○合并调整，有选择地对合并进行计算	○期限为5年	○期限为10年（第六年以后分阶段性缩减）	○期限为15年（第十一年以后分阶段性缩减）
财政特例措施	（地方债）特例	○地方财政法之5特例	○	○	×	×	×
	考虑因素	×	×	×	○→适当调整。1985年以后由修改转为引进	○特别考虑	○特别考虑
	人口过疏措施债特例	×	×	×	×	○引进过程措施	○

注：1. 市、镇、村数目一栏内的括号内是截至1999年4月1日的数值。
2.《市、镇、村合并特例法》除上述内容外，1998年度也进行了修改。在合并之际，为了实施市政，人口统计数字定为4万以上。摘活人口过疏地区经济特别措施法。2000年3月31日到期。

第十章 市、镇、村合并与地方交付税的关系

措施的主要历史沿革。市、镇、村合并的每个历史时期都有其独特的社会背景和政治、经济形势。法律名称、目的和行政、财政特例措施一直在不断调整，日臻完善。这一期间所采取的财政措施尤为引人注目。具体表现在以下几个方面：在计算地方交付税时，灵活运用了合并调整、合并计算等方法；相关部门根据特例规定，在综合考虑其他因素的基础上，对地方债也采取了有力措施。从1995年开始，日本中央政府的相关部门出台了地方债和地方交付金的组合措施，用地方交付税偿还地方债的本息偿还金的一部分。

第二节 市、镇、村合并交付税的计算特例

一 市、镇、村合并交付税计算特例的概要

为了配合市、镇、村合并工作的顺利实施，日本中央政府相关部门出台了特例措施，计算地方交付税。其主要目的是为市、镇、村的合并扫清道路。基于这一目的，灵活运用了"合并计算法"。为此，还配套使用了"合并调整法"。

市、镇、村在合并之际，往往会发生财政拨款减少、财政收入不足状况加剧的现象。为了防止这一现象的发生，为市、镇、村合并扫清障碍，特采取了以下补救措施：市、镇、村合并后，在一定时期内，和合并前一样，相关负责部门对其拨付等额的普通交付税，使合并后的普通交付税的总额不低于合并前的各市、镇、村的额度之和。之所以这样做，是因为考虑到在合并之初，主要的经常性经费不可能有所节俭。

与上述的"合并计算"相比，"合并调整"也属于特例措施。这一措施是考虑到在市、镇、村合并之际，会产生临时的财政需求增加额，因此应将这一额度计算在内。具体分为以下三种情况：其一，考虑到经常性经费开支；其二，投资性经费开支；其三，经常性经费开支和投资性经费开支兼顾。总之，采取这些措施都是为了推进市、镇、村合并工作的顺利实施。

二 合并计算的应用方法

如上所述，市、镇、村在合并之际，往往会发生中央政府的财政拨款减少、财政收入不足状况加剧的现象。为了防止这一现象的发生，为市、镇、村合并扫清障碍，中央政府特采取了合并计算这一特例措施。通过这一措施，计算合并后市、镇、村的财政来源不足额。具体来说，分别计算两个财政来源不足额：一是市、镇、村合并后的财政来源不足额；二是分别计算合并前的市、镇、村的财政来源不足额，并求出其和。将上述两个财政来源不足额进行比较。如果后者（合并前的相关市、镇、村的财政来源不足额之和）额度大，那么就将后者的额度作为合并后市、镇、村的财政来源不足额（相当于普通交付税）。如果合并后的额度大就以合并后的额度为准。

比如 a 市、b 镇、c 村合并为 A 市。

		基准财政需求额	基准财政收入额	财政来源不足额
（合并后的新市）	A 市	100	80	20
（合并前）	a 市	50	60	-10
	b 镇	30	15	15
	c 村	20	5	15
	合计	100	80	30(-10)

假如合并前的 a 市是财政收支有盈余的地方公共团体，就会出现以上结果，A 市的财政来源不足额为 30。

1953 年，自日本政府制定《村镇合并促进法》以来，采取了上述合并计算措施。《市、镇、村合并特例法》规定适用期为 5 年（假如 4 月 1 日进行市、镇、村合并的话，为该合并年度以及之后的 5 年）。之后，1995 年对上述相关法律作了修改。为了使合并后的市、镇、村的财政运营顺利实施，将适用期延长为 10 年（假如 4 月 1 日进行市、镇、村合并的话，为该合并年度以及之后的 10

第十章 市、镇、村合并与地方交付税的关系

年)。与此同时,为了缓和制度变化的剧烈程度,采取了相应措施,在第六年以后阶段性地缩合并计算造成的增加额。进而,在地方分权制度综合法中,对 1999 年度的相关制度进行了修改,又将适用期延长至 15 年(第十一年之后阶段性缩减)。

1995 年,对该法律进行了修改,出台了过渡性、阶段性措施。将 1990 年 4 月 1 日以后合并的市、镇、村也作为 1995 年度合并计算的扩充适用对象。1999 年,对上述法律又进行了修改,采取了阶段性措施。同额(亦即与合并前额度相同)保障期抑或适用期(合并后 5 年内)的地方公共团体的阶段性缩减期延长至 10 年(图示如下)。

三 合并调整措施的应用方法

如上所述,为了积极推动市、镇、村合并,要计算得出在市、镇、村合并后的一定期限内,由于合并造成的财政需求额有所增加,要把这部分费用计入普通交付税。这一措施就是"合并调整",属于计算地方公共团体基准财政需求额的特例措施。具体分为以下三种情况:其一,主要是应对经常性账目经费;其二,应对投资性经费需求;其三,两种情形兼有。1956 年开始施行《新市、镇、村建设促进法》,其中出台了合并调整措施,属于第三种措施。

随着市、镇、村的合并,会增加以下必要的财政需求额:政府办公楼的新建、改建费用,电话线架设费用,新建连接村落、部落之间的道路费用,桥梁建设费用,小学校舍新建、改建费用,礼堂、室内体操场所建设费用,中学校舍新建、改建费用,传染病院、传染病房建设费用,诊所建设费用,土地改良费用(农业用水)、农村道路、林道新设、改良费用等。

上述费用属于投资性经费,对于新合并的市、镇、村增强一体性和认同感非常必要,而且这一费用逐年增加。还有一种是经常性经费,每年度不可能有所节俭。为了计算方便,将这些笼统称为"其他各项费用",专设调整项目,作为扩增系数计入根据其他规

549

日本新地方财政调整制度概论

1999年度对法律的修改

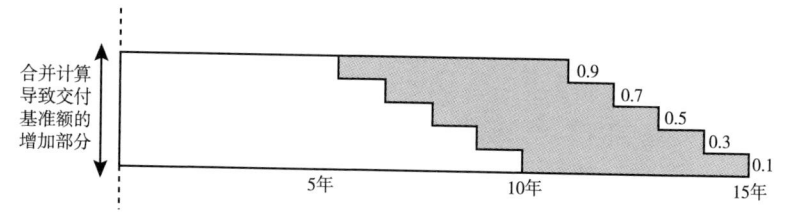

合并计算导致交付基准额的增加部分

0.9　0.7　0.5　0.3　0.1

5年　　10年　　15年

注：阴影部分是扩充部分。

合并后各年度的阶段性措施例子

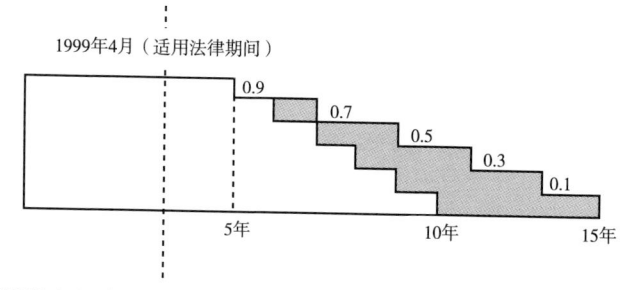

1999年4月（适用法律期间）

0.9　0.7　0.5　0.3　0.1

5年　　10年　　15年

（同额保障期抑或适用期的地方公共团体（1998～1994年度合并的地方公共团体）的阶段性措施）

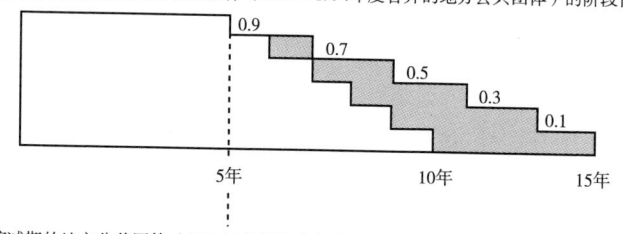

0.9　0.7　0.5　0.3　0.1

5年　　10年　　15年

（阶段性缩减期的地方公共团体（1993年合并的地方公共团体）的阶段性措施）

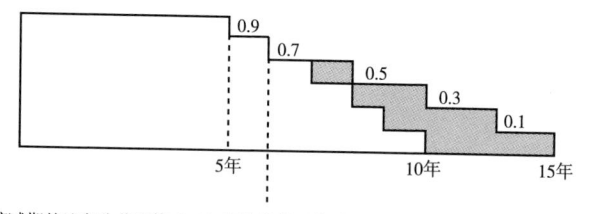

0.9　0.7　0.5　0.3　0.1

5年　　10年　　15年

（阶段性缩减期的地方公共团体（1992年合并的地方公共团体）的过渡性措施）

注：阴影部分是扩充部分。

定计算得出的调整系数。

下面以1971年度的案例为例进行说明。

第十章 市、镇、村合并与地方交付税的关系

$$调整系数 = \frac{A \times 3000000\,日元 + B \times 30\,日元}{单位费用 \times 人口} \times \alpha \times \beta$$

上述计算公式中数学符号的含义如下：

A：新设或者合并市、镇、村时，为相关合并市、镇、村的数目；编入合并的情况下为编入市、镇、村数

B：合并市、镇、村的人口普查时的人数

α：经历年数的递减率（合并之日所属年度以及之后的 5 年为 1.0，第六年以后第六年为 0.9，第七年为 0.7，第八年为 0.5，第九年为 0.3，第十年为 0.1）

β：因为市、镇、村的合并而升级为人口为 50 万以上的大城市时为 1.5，其他场合为 1.0

另外，早在地方财政平衡交付金制度时期，中央政府就实施了"阶段调整特例措施"。通过这一特例措施出现了增加额。通过上述调整计算得出的递增算入额就是在斟酌地方财政平衡交付金制度时期增加额的基础上形成的。与此同时，还设立了合并计算方式。在合并调整中也将每年度经常性经费的不可削减额度考虑在内。虽然是以合并调整方法为基础，但是希望有选择性地使用（由于使用合并计算方式而导致财政需求额增加。只有这一需求额大于合并调整造成的需求额，才使用合并计算方式）。

1965 年，制定了有关市、镇、村合并的特例法律。其中心思想是为实现市、镇、村合并廓清障碍，并未出台合并调整措施。鉴于这一情况，合并调整仅适用于以下两种情形：其一，适用于《新市、镇、村建设促进法》或者《城市合并法》的过渡性措施；其二，1971 年，冲绳回归日本，因此，中央政府制定了相关特别措施法律，适用于这一法律。1994 年 11 月，日本第 24 次地方制度调查会就"推进市、镇、村自主合并"进行了答辩，就市、镇、村合并的特例措施提出了以下看法："不仅要扫清市、镇、村合并的障碍，还要促进市、镇、村自主合并。自主合并意义重大。"在谈到与市、镇、村合并相关的财政措施时主张："为了使市、镇、村的合并顺利进行，中央政府应该出台相关的财政措施。"之后，

日本新地方财政调整制度概论

日本地方制度调查会的上述答辩内容受到重视。1995年，相关部门修改了相关法律，提出采取切实可行的财政措施，搞好合并后的市、镇、村的建设工作。

根据合并后的市、镇、村建设计划，合并后新成立的市、镇、村着手建设，多为地方公共团体单独实施的公共事业建设项目。为了筹措相关资金，使用地区综合建设事业债，并将使用率从75%上调至90%。与此同时，在计算地方公共团体的基准财政需求额时，引进了合并调整方式。由于要对相关债务偿还本息，合并后人口规模增加，这些因素必然导致临时性财政经费的增加。因此，应该出台相应措施，将增加的财政经费计入地方公共团体的基准财政需求额。具体来说，在合并调整中，将该地区综合建设事业债的15%额度计入财政需求额（加上通常业务的算入部分，根据实际财政能力，要将本息偿还金的45%~70%计入财政需求额）。根据合并后增加的人口规模（如果是新设合并市、镇、村的话，其人口为最大的旧市、镇、村除外的所有旧市、镇、村人口之和；如果是编入合并的话，其人口为编入市、镇、村的人口之和），合并后的市、镇、村人口，合并后的市、镇、村数的客观指标等计算临时性必要经费（其额度相当于建设新合并的市、镇、村单独实施的公共事业建设项目所需经费的7%，再加上最大相当于公共事业项目建设经费的63%的本息偿还金，新合并市、镇、村单独实施的公共事业建设项目经费最多有七成计入临时性财政经费）。

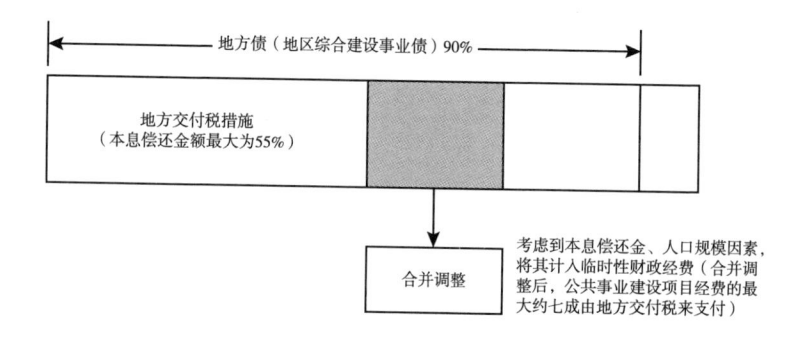

第十章　市、镇、村合并与地方交付税的关系

以下是 1998 年的案例以及计算公式：

$$调整系数 = \frac{\sum_{n=7}^{q}(B_n \times C_n) \times 0.15 + (D \times E + F) \times \alpha \times \beta \times G \times 0.007 \times H}{A \times 单位费用}$$

上述计算公式中数学符号的含义如下：

A：合并后市、镇、村的人口

B_n：为筹措合并后市、镇、村的建设事业所需经费，允许发行 n 年地区综合建设事业债的额度

C_7：1995 年度，0.033

C_8：1996 年度，0.026

C_9：1997 年度，0.013

D：从合并后的人口中减去参与合并的市、镇、村中合并前人口最多的市、镇、村的人口数（增加人口）

E、F：下表中的数目

根据增加人口数值区分	E 的数值	F 的数值
增加人口为 10000 以下	280	12200000
增加人口为 10000～100000	140	13600000
增加人口为 100000～200000	63	21300000
增加人口为 200000～300000	42	25500000
增加人口为 300000～400000	31.5	28650000
增加人口为 400000～500000	25.5	31050000
增加人口为 500000 以上	0	43800000

α：按照下面的公式计算得出的比例（小数点之后第三位四舍五入）

计算公式：$2 - 2/X$

X：相关合并市、镇、村的数目

β：按照下面的公式计算得出的比例（小数点之后第三位四舍五入，A≥80000 人的以 1 计算）：

$$0.0000075A + 0.4$$

日本新地方财政调整制度概论

G: "其他各项费用"中有一部分是公共事业项目建设投资性经费。其中,有的合并后的市、镇、村是以人口为测定单位的。该合并后的市、镇、村的寒冷度调整的寒冷度以及积雪度的比例之和加 1 所得到的比例就是 G

H: 有些新合并而成的市、镇、村,其合并日为该年度的上年度亦即 1998 年 4 月 2 日至该年度 4 月 1 日, H 为 1,其他的新市、镇、村为 0

另外,上述合并调整措施主要是将公共事业建设项目投资性经费的需求增加额因素考虑了进来。这一措施的宗旨是合并调整和合并计算二者兼顾。假如在合并计算中分别计算相关合并市、镇、村的财政来源不足额的情况下,通过合并调整计算财政需求增加额时,也要对相关市、镇、村的数据分别计算相加。迄今为止,合并后的市、镇、村的公共事业建设项目所需经费属于合并调整的对象。除此之外,为了振兴合并前的市、镇、村的经济,让合并后的市、镇、村民对新合并的市、镇、村有归属感,设立了基金。1999年,中央政府修改了《市、镇、村合并特例法》,新设地方债特例(亦称合并特例债),用于上述两项经费支出(使用率为 95%,其本息偿还金的 70% 计入地方公共团体的基准财政需求额)。在这种情况下,重组此前的合并调整内容,将工作重点放在合并后不久的经常性经费的增加额的经费筹措上。

具体来说,包括以下两项经费:其一是合并后不久行政一体化所需要的经费;二是纠正或者缩小行政服务水准、地方居民负担水准差距所需经费。为了筹措上述经费,新设合并调整项目,称为"其他各项费用"(以人口为测定单位的经常性经费)。

用合并市、镇、村的人口以及相关合并市、镇、村的数目通过以下计算公式计算得出:

$$\frac{5000 \text{日元} \times A + 100000000 \text{日元}}{12000 \text{日元(单位费用)} \times A} \times \left(\frac{B-2}{4} + 1\right) \times 0.2 \times C$$

当 A×(上述计算公式得出的调整系数)超过 50000 时,为 50000/A。

上述计算公式中数学符号的含义如下:

第十章　市、镇、村合并与地方交付税的关系

A：合并后的市、镇、村的人口
B：相关合并市、镇、村的数目
C：合并日为该年度前五年的4月2日至该年度的4月1日的新市、镇、村为1；其他的新市、镇、村为0（合并后五年间的措施系数）

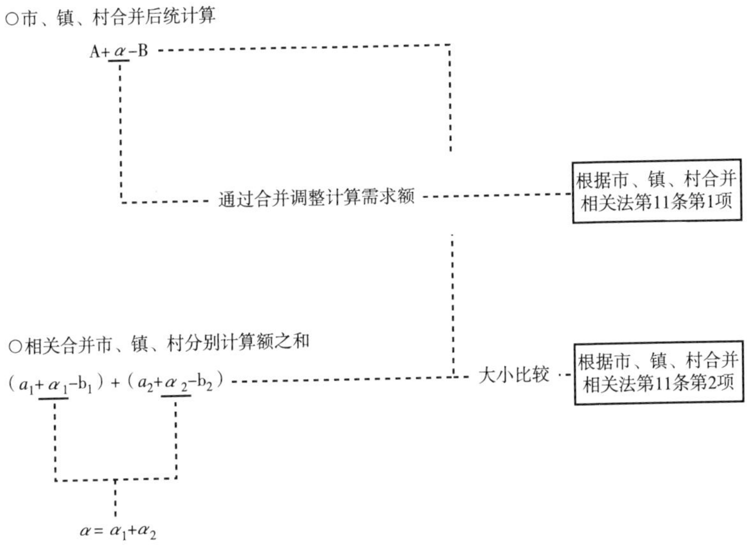

○市、镇、村合并后统计计算

$A + \alpha - B$

通过合并调整计算需求额 ┄┄┄ 根据市、镇、村合并相关法第11条第1项

○相关合并市、镇、村分别计算额之和

$(a_1 + \alpha_1 - b_1) + (a_2 + \alpha_2 - b_2)$ ┄┄┄ 大小比较 ┄┄┄ 根据市、镇、村合并相关法第11条第2项

$\alpha = \alpha_1 + \alpha_2$

图10-1　合并调整措施与合并计算的关系

注：A、a_1、a_2 为基准财政需求额
　　B、b_1、b_2 为基准财政收入额

第十一章　日本特别交付税制度

第一节　日本特别交付税制度的意义

在最近几年日本地方公共团体的财政收支计划中，地方交付税占地方公共团体的年度收入的比例约为20%。地方公共团体为了维持一定水准的行政服务，需要一定数额的一般性财政来源，而地方交付税为地方公共团体筹措此项财政收入提供了重要的经济保障。因此，地方交付税和其他财政收入性质迥异，对日本地方自治制度的健康发展至关重要。普通交付税占地方交付税总额的94%，因此，在计算普通交付税时，要尽最大努力确保其客观性和中立性。这一点在前面章节已经讲过，这里不再详述。

也就是说，在计算地方公共团体的基准财政需求额和基准财政收入额时，尽量使用客观性强、有公信力（亦称公共信用）的统计资料。不可否认，通过使用调整系数对各个地方公共团体的个别情况都给予了适当考虑。即便如此，也不能避免其计算结果在某种程度上整齐划一，过于僵硬。

根据日本地方交付税法第8条的相关规定，每年4月1日都计算普通交付税。而且，除了学校基本调查数据（每年5月1日进行调查）等一部分数据之外，统计资料的大部分都是用该年度4月1日以前的数据。因此，该年度以后发生的变故（比如由于发生自然灾害，财政需求额会有所增加，或者地方税收入以及其他财政收入的减少）都不会反映在计算结果中。如果靠普通交付税自身解决上述所有问题的话，普通交付税的计算方法会更加复杂，其客观性、中立性也会大打折扣。因此，将地方交付税总额的一部分剥离出来，能起到补充和完善普通交付税的作用。

第十一章 日本特别交付税制度

第二节 特别交付税的总额

根据日本地方交付税法第6条之2第3项的相关规定,特别交付税占地方交付税总额的6%。根据地方交付税法第6条之3第1项的相关规定,当普通交付税总额超出该年度各地方公共团体的财政来源不足额之和时,其超出额要计入该年度特别交付税总额中。另外,当每年度各地方公共团体的财政来源不足额之和超出普通交付税总额时,要进行调整,将财政来源不足额之和乘以调整比例,调整削减的财政来源不足额部分。由于在计算过程中,会出现除不尽的余数,普通交付税之额会小于调整后的财政来源不足额之和。在这种情况下,将该年度的特别交付税总额减额,计入普通交付税(日本地方交付税法第10条第6项)。

除此之外,根据日本地方交付税法第20条之2第4项以及日本地方财政法第26条的相关规定对普通交付税进行减额,将减额部分计入该年度的特别交付税总额。另外,根据上述规定以及地方交付税法第19条的规定,要返还普通交付税以及交纳的计入额。又根据日本地方交付税法第20条之3第1项、第2项的相关规定,返还的这部分金额要计入返还或交纳年度的下一年度或者下下年度的特别交付税的总额中。通过调整预算,地方交付税会有所增额。一般将增额的全部或者一部分计入下一年度。在这种情况下,特别交付税的全部或者一部分不用计入下一年度,而是计入年度之初的特别交付税中进行分配。比如,1980年度,通过调整预算,地方交付税增额4069亿日元,其中的120亿日元用于年度之间的机动调整,相当于增加额的6%即244亿日元用于处理农业冻害问题,因此,划入了1980年度的特别交付税;剩余的3705亿日元计入了下一年度。

特别交付税的比例有一个变化过程。在制定日本地方财政平衡交付金制度之初,普通交付税的计算方法很不完整。因此,暂且将地方交付金总额的10%定为特别交付金。之后,因为普通交付金的计算方法得到改善,从1952年起,日本中央政府将其下调为8%,进而在1958年下调到6%,一直延续至今。之后,随着地方交付税总额的增加,特别交付税的总额也有所增加。普通交付税的计算方法也非常细腻,没有必要通过特别交付税对普通交付税进行完善和补充。基于上述原因,不少人主张将特别交付税的比例下调至4%左右。主张下调特别交付税比例还有以下动机:在计算特别交付税之际,有的地方公共团体提高了全勤奖的支付比例,因此,中央政府针对这部分地方公共团体采取了交付税的减额措施。这些地方公共团体对此做法颇为不满。另外,中央政府还担心日本自治省大臣的决策权会过度膨胀。

在这种背景下,1976年,中央政府修改了地方交付税法。根据日本地方交付税法第15条第2项的相关规定:中央政府将特别交付税的拨付时期分为两次,一次是12月,另一次是3月。其中12月拨付的额度占特别交付税总额的1/3以内。12月拨付的特别交付税额度的计算内容将重点放在规定项目上。由于普通交付税的计算方法整齐划一,过于僵化,这些规定项目对普通交付税起了补充和完善的作用。3月拨付的特别交付税的额度重点是在调整项目之间进行分配,其目的是能够适应年度末的财政运营的总结工作。

第三节 特别交付税的计算方法概要

普通交付税的计算方法整齐划一,过于僵化,会产生诸多弊端。因此,日本中央政府向符合条件的地方公共团体拨付特别交付税,其目的就是纠正普通交付税的这些弊端。地方交付税法第15条第1项对特别交付税的事由做了以下规定。

①在计算基准财政需求额之际,未能考虑到地方公共团体的特别财政需求;②基准财政需求额中,有一些财政收入的加算额显著夸大;③在计算得出普通交付税额度之后,一些地方公共团体发生了自然灾害,为此产生了特别财政需求或者导致财政收入有所减

第十一章　日本特别交付税制度

少；④地方公共团体发生了其他特殊情况。

特别交付税的支付要综合考虑上述因素。总而言之，普通交付税的计算方法过于"一刀切"，有时候会夸大地方公共团体基准财政需求额的额度，而少算了基准财政收入额的额度。即便考虑了这些因素，有些地方公共团体普通交付税的额度还是太少，所以对这些地方公共团体支付特别交付税。特别交付税省令中对特别交付税的计算方法有详细规定，大致可以分为以下几种类型。

一　对基准财政需求额计算方法整齐划一的补充

如上所述，由于基准财政需求额的计算方法过于单一，无法如实反映特别财政需求，因此需要对此进行补充。具体来说，可以分为以下几种情况。

（1）基于计算理由

某些地方公共团体的财政需求具有一定程度的普遍性，但是并不具备将其列入普通交付税计算对象的基本条件，而且在具体计算上困难重重，所以，虽然这些财政需求具有普遍性，但毕竟属于临时性财政需求，因此，将其列为特别交付税的计算对象。比如在积雪寒冷地带设置冬季分校，一些农业、林业、渔业从业人员由于自然灾害受灾严重，中央政府相关部门对这部分人进行拨款，补偿其一定的损失，并为其支付借款的利息。另外，进行国土普查等也要产生相当大的财政需求。还有，为了保护重点文物，耗资巨大。选举地方公共团体的行政首长和选举地方议会议员等所需选举费用也不容忽视。这些经费都要准照普通交付税的计算办法，以报告或者统计获得的数值为基础计算得出所需额度。

（2）基准财政需求额计算方法"一刀切"、僵硬，对其采取补充完善措施

普通交付税的基准财政需求额由于计算方法过于"一刀切"，显得僵硬，从客观上看，和实际需求经费之间差异很大。因此，需要对此进行补充和完善。具体来说，以下几种情况需要纠正：其一，由于对行政事务进行精简，退休金支出额度相对偏多；其二，本来

同一年级的学生应该编在一个年级（亦称单级学校），但是由于师资力量、教学条件等的限制，把很多年级的学生编在一个年级（亦称复式年级学校）；其三，结核病患者众多；其四，领取生活低保人数显著增加。比如在单级学校、复式年级学校有下列具体情况需要引起注意：在市、镇、村层面的地方公共团体的基准财政需求额中，小学教育费用和初中教育费用以一个年级为单位进行计算，而实际上，在一个年级中，同时含有多个年级，因此，其实际财政需求额要略高一些。

（3）基于地区性原因进行补充和完善

这一项目的一部分与上述（2）中的内容有重复之处。因为日本各地方公共团体所处的地理条件、社会条件不同，会产生特殊的财政需求。在进行计算时，要将这一因素考虑在内。由于地理条件，进行公务联络时会需要大量经费，这一经费要考虑在内。遗憾的是，在计算普通交付税之际，这些因素或者完全没有考虑，或者仅考虑了其中一部分。

二 地方公共团体的基准财政收入额的计算偏差

在计算基准财政收入额之际，为了准确掌握其实际情况，要进行各种统计，获取准确数值，以这些数值作为计算基础。但是，这些数据多为上一年度或者上一年度之前的，将这些数据乘以增减率就求出该年度的估算额，但这样一来，就会和该年度的实际情况产生差异。属于上述情况的是一些计算结果明显夸大的项目。当然，因年度不同，在项目上会有若干差别。但是，迄今为止，多为以下项目：道、府、县的居民税或者市、镇、村居民税中的所得税、高尔夫球场使用税交付金、航空燃料让与税等。道、府、县居民税和市、镇、村居民税中的法人税部分以及事业税部分属于上述情况的典型。如果这些税种发生变动的话，会对日本财政产生巨大影响，而且计算过程烦琐，计算难度较大。因此，现阶段，根据日本地方交付税法附则第 8 条的相关规定，该年度以后三年内，在计算普通交付税时，对上述情况进行数据上的纠正或者调整。

第十一章　日本特别交付税制度

三　普通交付税计算日之后产生的各种情况

在计算得出普通交付税之后，地方公共团体产生了特殊的财政需求或者财政收入额有所减少，这种情况就属于特别交付税的计算对象。大雪、大风、水灾、火灾等灾害是最典型的事例。在发生大风、台风造成的自然灾害以及洪水灾害的情况下，由以下三个数据计算得出特别交付税金额：其一，公共灾害赈灾事业费用总额乘以一定比例（县部分为1.5%，市、镇、村部分为1%）所得到的数额；其二，受灾户数，死者、失踪者、残疾人的数目以及农作物受灾面积乘以一定单价得到的数额；其三，赈灾费用的补贴基本额的40%。另外，在发生特大火灾时，受灾户数乘以一定单价计算得出。鉴于上述情况对地方公共团体的影响巨大，除此之外，还要考虑具体情况。中央政府不仅要在灾害发生年度赈灾，之后也要采取后续措施，确保灾区的重建工作顺利开展。[①]

假如在该年度4月2日以后，由于村镇升级到市，或者与市合并，导致领取生活低保人数增加，财政经费也会随之增加。这种情况也属于特别交付税补贴项目。原因如下：每年度4月1日，计算地方公共团体的普通交付税拨付额，4月2日以后由于设市产生了新的财政需求。这一财政需求不计入该年度的普通交付税。

四　其他特殊情况

有些特殊事项不属于上述各种情形。在这种情况下，要斟酌具体情况，计算所需额度。但是，鉴于地方交付税的目的和性质，如果一一考虑特殊情况的话，其选择范围必然有一定的局限性。特殊事项的具体情况如下：其一，地方公共团体所处的土壤地带特殊，必然会产生特殊需求；其二，地方公共团体的涉外经费较多；其三，地方公共团体为了应对各种地方病、风土病也会需要特殊经

[①] 全部倒塌或者坍塌大半的房屋户数、浸水房屋户数乘以一定单价所得额度用于计算市、镇、村层面的地方公共团体的特别交付税额度。

费；其四，由于地势等原因，沙子单价较高；其五，积雪融化，路况受损严重；其六，蓄水池数目众多。总而言之，是否需要特别交付税要综合考虑各种因素以及行政事务的强制程度、客观性、妥当性等，要本着地方交付税的整体理念来做出具体判断。

五　基准财政需求额过大、基准财政收入额过小的减额

在计算特别交付税额度之际，要对上述的特殊财政需求采取相应措施。在计算普通交付税时，由于采取了"一刀切"的方法，可能导致基准财政需求额过大，或者基准财政收入额过小。日本中央政府要对过大部分的额度采取减额措施。假如基准财政收入额过小，按照上述基准财政收入额过大的相反情况来计算。基准财政需求额过大的具体表现是：其一，在道、府、县层面的地方公共团体，由于在该年度4月2日以后实施市的建制，生活低保费用出现了剩余额；其二，在市、镇、村层面的地方公共团体，加入健康保险组织的市、镇、村出现了市、镇、村互助负担金的剩余额。

除此之外，假如地方公共团体支付给地方公务员的季度末期奖金或者全勤奖的支出额超出了国家公务员的待遇，超出部分的额度就属于财政盈余额（在这种情况下，超出部分可视作基准财政需求额过大），应该将超出部分全额减额。另外，地方交付税担负着保障地方公共团体财政收入的使命，计算特别交付税额度之后，如果产生了财政需求增加额，减去下列两个数据的全部或一部分：其一，未接受特别交付税的地方公共团体的财政收入超出额；其二，在计算普通交付税时未计入的赛马、自行车赛等收入。之所以未计入这两项收入的原因如下：有的地方公共团体的财政收入出现盈余或者从赛马、自行车赛中获取了财政收入，对于这样的地方公共团体，如果和其他地方公共团体一样计算特别财政需求额并予以支付的话，就会有失平衡。

在减去上述减额项目时，采取以下措施：其一，在道、府、县层面的地方公共团体，从本节一～四的计算额中减去全部减额项目

第十一章　日本特别交付税制度

的计算额之和；其二，在市、镇、村层面的地方公共团体，按照以下公式计算得出：

$$A + \{[(B-C)+D]-E\}$$

上述计算公式中数学符号的含义如下：

A：指有关特别交付税的日本财务省省令（在以下公式符号说明中，一律简称为"省令"）第 3 条第 1 号、第 6 号以及第 5 条第 1 号的额度，亦称特定项目。里面包括对灾后重建的地方公共团体补贴贷款利息措施、与灾害相关的计算额等。属于这一项目的计算额，基于其性质或者政策上的原因等不对应减额项目实施减额

B：指省令第 3 条第 3 号以及第 5 条第 3 号的额度。这一额度也就是所谓的一般项目，都应对减额项目实施减额

C：指省令第 3 条第 4 号以及第 5 条第 4 号的额度。应减额项目中，公营博彩、赛马收益金等财政收入盈余额以外的项目之额度

D：指省令第 3 条第 2 号以及第 5 条第 2 号的额度，又称作准特定项目，具体是指以下项目：由于施行市的建制，用于支付生活低保费用增加的额度。这一增加额也要准照普通交付税的计算方法来计算。为此，只对财政收入盈余额实施减额措施

E：省令第 3 条第 5 号以及第 5 条第 2 号的额度。这一额度属于财政收入盈余额。特别交付税的交付对象是普通交付税额度少计算了的地方公共团体，因此，原则上要从特别财政需求额中减去财政收入盈余额

以下对上述计算公式进行说明：上述计算公式中，如果（B-C）为负数的话，以 0 计。也就是说，不必从准特定项目 D 中减去 C。原因如下：准特定项目是通过特别交付税这一简易方法筹措的，是本应该用普通交付税进行筹措的额度。因此，不必刨除公营博彩、赛马等收益。当 {[（B-C）+D] -E} 为负数时，以 0 计。也就是说，特定项目 A 没必要减去减额项目。基于其性质和政策方面的原因，特定项目额度不必减去减额项目，即可全额交付。因为市、镇、村的情况千差万别，上述措施仅适用于市、镇、村层面的

地方公共团体，而道、府、县层面的地方公共团体则不适用于上述措施。

第四节 特别交付税的计算方法

根据1998年度中央政府对符合相关条件的地方公共团体拨付的特别交付税的实际情况（12月和3月的合计），就特别交付税的计算过程做如下说明。

（1）与经济措施相关的计算额：1607亿日元

这一计算项目中包含1998年度日本政府出台的综合经济措施和因紧急经济措施产生的财政需求额度。1998年度，为了圆满实施紧急经济措施相关事业，日本中央政府采取了临时特例措施，将1300亿日元拨入特别交付税。这一额度也包括其中。

（2）与灾害、防灾措施相关的计算额：812亿日元

这一计算项目中包含该年度发生的自然灾害、除雪、防雪、干旱、寒冷灾害预防、救助措施，大型火灾、缺水应对措施，应对活火山喷发、山体滑坡、地震措施，农业贷款利息补贴措施，急救业务经费等。

（3）与阪神淡路大地震赈灾和灾后重建相关费用有关的计算额度：364亿日元

这一计算项目中包含阪神淡路大地震赈灾特例债、阪神淡路减税额、阪神淡路降低房租措施经费、临时搭建住宅撤除经费等。

（4）与公营企业健康运营措施相关的计算额：1050亿日元

这一计算项目中包含公立医院各项经费、解决上水道高收费问题经费、工业用水经营措施经费、合并处理净水设施经费、公营企业的负担经费等。

（5）与城市建设措施等相关的计算额：597亿日元

这一计算项目中包含活动校舍、人口剧增应对措施、青少年教育设施、自行车停车场建设措施、自行车乱停乱放应对措施等所需

第十一章　日本特别交付税制度

经费。

（6）与环境保护措施相关的计算额：534亿日元

这一计算项目中包含设置绿色隔离带、环境污染治理、采矿污染治理、二噁英防治措施以及其他环保措施所需经费。

（7）与地方经济振兴措施相关费用：107亿日元

这一计算项目中包含领先项目、地方基础设施建设、煤窑关闭以及善后处理、振兴故乡、繁华街道、商业区建设等所需经费。

（8）与应对人口稀少措施相关的计算额：1745亿日元

这一计算项目中包含建立冬季分校、复式班级和特殊班级、学校合并、偏远地区医疗、公务联络、码头、地方公交系统设立、边远岛屿航线、纠正电费通信费差价等措施。

（9）具体的减额项目如下。

①公营博彩、赛马、赛车等收益：199亿日元

②季度末以及年度全勤奖：0亿日元

③互助会负担金：13亿日元

④施行市建制带来的生活低保费用增加额：4亿日元

⑤施行市建制带来的社会福利费用增加额：2亿日元

⑥施行市建制带来的老年人保健福利费用增加额：2亿日元

⑦财政收入盈余额（仅含市、镇、村部分）：2774亿日元

合计：2993亿日元（其中，有效减额：293亿日元）

第五节　有关特别交付税的论争

一　有关特别交付税总额的论争

有人主张："为了避免中央政府对地方公共团体的行政工作、财政运营过度干涉，在改良分配方法的同时，要下定决心减少特别交付税总额（现阶段，占地方交付税总额的6%），将中央政府拨付地方公共团体的特别交付税的事由限定在灾后重建费用上"。

另外，对此有人持反对意见："普通交付税的计算方法过于简

单、整齐划一。而各个地方公共团体的财政收支状况参差不齐，仅靠普通交付税的话，是无法维持地方公共团体的行政和财政的健康运营的。现阶段，特别交付税占地方交付税总额的6%，这一比例应进一步扩大，而绝对不能减少"。

还有人主张："灾害相关项目各年度的计算额变动很大。为了应对这一复杂情况，应该将特别交付税的一部分（比如总额的1/3）剥离出来，建立第二种特别交付税，然后再进行分配。这样，该年度的计算额就会减少，剩余部分转入下一年度"。

二　有关特别交付税的计算方法的论争

有人主张："为了防止地方公共团体等肆意介入，应该通过法律形式对特别交付税的计算方法做出明文规定。"有人对此持反对意见："有些财政需求是难以预料的，不能够预先规定特别交付税的计算方法。特别交付税制度就是为应对这种突如其来的地方公共团体的财政需求而设立的。因此，具体的计算方法应该根据日本财务省省令处理"。

还有人指出："有些计算项目是在日本政府实施政策导向下设立的。将季度末或者年末全勤奖的超出支出额列为减额项目是将日本中央政府的政策意图强加给地方公共团体，有损地方交付税制度的中立性，应该废除。"对此，有人反驳说："这样的计算项目是必不可少的，可以确保地方公共团体的行政工作、财政工作顺利运营，将有限的特别交付税公平分配给财政运营捉襟见肘、真正需要资金援助的地方公共团体"。

第三编
其他国家的地方财政调整制度

第十二章　其他国家的地方财政调整制度

西欧各发达国家都设有地方财政调整制度，其内容多种多样。这是因为政治、经济、社会等各种因素复杂多样。具体表现如下：在国家政治体制上，有的国家是单一国家，有的国家实行联邦制；有的国家中央集权色彩较浓；中央政府和地方公共团体之间的行政事务分工以及税源分配情况也大相径庭。但是，大体而言，和日本地方交付税制度相比，其他国家的计算方法比较简单，对各地方公共团体的财政需求情况掌握也较为笼统。因此，地方公共团体之间的财政来源不均衡现象明显。换句话说，各个地方公共团体独立实施财政运营，责任明确。中央政府对地方财政的调整程度有限。这是西欧各国的共性。了解外国地方财政收支状况对日本地方财政调整制度的改良和改革具有参考价值，意义重大。以下对其他国家的地方财政调整制度进行概述。

第一节　美国的地方财政调整制度

美国属于联邦制国家。与其他联邦制国家相比，美国各州的权限相当大。地方税制、财政制度因州而异。与此同时，各州有一个明显的共性，就是财产税（Property Tax）在各地方公共团体（亦即各州）的税收中所占比重很大。而且，在地方财政运营上和日本明显不同。美国各州都依靠自己的力量满足本州的财政需求。这也是美国各州达成的共识。值得一提的是，美国曾一度实施全国范围的地方财政调整制度，称之为年度财政收入分配制度。但是现在，这一制度已经被废除了。

日本新地方财政调整制度概论

一 美国的财政收入分配制度

从 20 世纪 50 年代后半期到 20 世纪六七十年代，美国各州大兴土木，高速公路不断延伸。与此同时，对教育的投入也不断增加。因此，财政支出不断膨胀。在这种情况下，单靠各州大幅度增税是无法应对财政需求的。美国联邦政府不断向各州以及管辖的地方公共团体增加拨款。即便如此，还是杯水车薪。很多州政府要求美国联邦政府加大拨款力度。1972 年，尼克松总统签署了对各州政府的财政援助法案，法案正式生效。与此同时，创设财政收入分配制度，在全国范围内实施系统性的地方财政调整措施。

这一制度的具体内容如下：原则上，美国联邦政府向所有州以及拥有一般性行政职能的地方公共团体（不包括学校、消防部门、上下水道公司等执行特定行政职能的部门）拨付一定额度的交付金。交付金的金额根据人口、个人所得水平（亦即工资）、课税能力等各因素计算得出。联邦政府向各级地方公共团体拨付地方交付金的额度计算顺序如下：首先是以州为单位，接着以州所管辖的各县为单位，再就是以县以下的各级基层政府为单位。而且在计算各级政府的交付金额度的过程中，计算根据简单可行，而且都使用一般性指标。

此前，地方交付金的用途限定在公共事业建设项目等投资性经费以及 8 种特殊的运营、维护、管理费用上。但是，美国联邦政府在制定上述制度后，特别是 1976 年，修改了相关法律，废除了对地方交付金用途的限制。1980 年，美国联邦政府进一步修改相关法律，接受额度达到地方交付金总额的 1/3 的州被剥夺了接受交付金援助的资格。1980 年 10 月 1 日以后，只有州以下的基层行政单位才有资格从美国联邦政府领取交付金。

二 废除财政收入分配制度

由于上述交付金的支出和其他原因，美国联邦政府的财政支出不断增加。1981 年，里根入主白宫后，致力于削减美国联邦政府

第十二章　其他国家的地方财政调整制度

的财政支出，其目的是为了实现"小政府"这一执政理念。里根总统还标榜"新联邦主义"，尽量减少美国联邦政府对各州以及各基层行政机构的各种限制，努力构筑一种全新的中央政府和地方公共团体之间的关系。此前，联邦政府向各州及其下辖的各级地方公共团体拨付多达 77 种的个别性财政补贴。1981 年，制定综合性预算调整法，规定将上述财政补贴归并为综合补贴金，这一措施既减轻了与发放美国联邦财政补贴有关的行政事务总量，又大幅度削减了美国联邦财政支出额度，可谓一石二鸟。

但是，美国经济萧条，旷日持久，军备竞赛不断升级。因而，美国联邦政府的财政赤字不断膨胀。在这种情况下，里根政权进一步削减向各州及其下辖的各级政府的拨款额度，压缩美国联邦政府的财政开支。1985 年，里根总统和国会达成协议，决定废除财政收入分配制度。1986 年 9 月，美国联邦政府在拨付了最后一笔交付金后，废除了该制度。

1959 年，设立联邦政府和州政府间关系咨询委员会，负责调查研究联邦政府和其他地方公共团体之间的关系、关系调整方法，并向相关部门提出建议和忠告。但是，由于美国联邦政府的财政收支状况捉襟见肘，1985 年，撤销白宫预算管理局联邦政府和各州政府之间的联络处建制，还大幅削减美国联邦政府和各州政府间关系咨询委员会的预算。这势必会对美国联邦政府和各州及其下辖各级政府之间的关系造成一定负面影响。之后，历经老布什政权、克林顿政权的不断改革，时至今日，美国联邦政府不再实行财政调整制度。

第二节　英国的地方财政调整制度

英国地方政府的主要财政收入分为两大类：一是长期以来，从居民以及企业主那里征收的地方资产税；二是中央政府为了弥补地方政府的财政收入不足，拨付给地方公共团体的援助交付金。但是，撒切尔夫人上台后，废除了居民税，引进了新地方税，俗称

日本新地方财政调整制度概论

"人头税"（苏格兰从1989年4月开始实施，威尔士从1990年4月开始实施）。与以前不同的是企业主税（亦称事业主税）划归英国中央政府国税，随之地方交付金也更名为收入援助交付金。之后，英国百姓对人头税抵触很深，很多人都拒绝缴纳此税，形成了"不支付人头税传统"。1993年，梅杰上台后，废除了人头税，设立了市政建设税。这实质上是一种资产税，更多地考虑了人性化和社会性因素。同时，收入援助交付金制度依然实施。

英国政府财政支出分为经常性经费（占到地方财政预算的近九成）和资本性经费（和日本的投资性经费很类似。与日本相比，英国的地方公共团体所起的作用有限）两种。收入援助交付金基本上属于经常性账目经费。标准支出评估是收入援助交付金的计算基础。标准支出评估的对象也是经常性账目经费。理论上，资本经费要计入本息偿还金。如果不做特别说明，这里所说的税收制度基本上是指英格兰的税收制度。

一　收入援助交付金总额的计算方法

从新会计年度（每年4月开始）开始前半年左右，英国中央政府开始着手收入援助交付金总额的计算，并决定分配方案。首先由中央政府（具体由环境运输地区部）估算下一年度地方政府财政支出评估总额，而且要计算出地方政府的自主性财政收入（包括市政建设税和各种手续费）和中央政府对地方财政的拨款的各自比例。1996年度，中央政府的拨款占地方财政收入的80%左右。日本将特定税目的一定比例自动转为地方交付税，而英国没有这种制度。

二　英国收入援助交付金的分配方法

每年11月末，英国环境运输地区大臣公布英格兰各地方政府的"临时"标准财政支出评估报告和地方收入援助交付金额度。之后，在几周内，环境运输地区大臣和地方政府及其代表组织（以前地方政府的主要代表组织每个地区有三个，1997年以后合并，命名为地方政府协会）进行协商。在此基础上，于第二年1

第十二章 其他国家的地方财政调整制度

月末,最终决定标准财政支出评估额以及地方收入援助交付金额度。英国中央政府向各地方政府拨付的地方收入援助交付金额度是指标准财政支出评估额度减去企业主部分的分配额(先由各地方政府征收,上缴给英国中央政府国税,然后由中央政府按照地方政府的人口比例进行再分配)以及市政建设税(根据英国中央政府设定的标准税额)所得到的额度。以下对这一标准支出评估额(大致相当于日本地方交付税中地方公共团体的基准财政需求额)的计算方法和实际应用进行说明。

三 英国标准地方财政支出评估计算方法

英格兰现行的地方制度是"一元制和二元制的并存型政治制度"。在城市地区实施一元制(共计有114个地方公共团体,但是其权限和职能未必相同),其他地区为二元制(上层为34个地方公共团体,下层为238个地方公共团体),杂乱无章。日本在计算地方公共团体的基准财政需求额时,事先分为道、府、县层面和市、镇、村层面的地方公共团体。而英国并不进行区分,而是根据各个地方政府的职能权限予以相应分配(以1997年度为例)。

大分类(小分类)	1997年度(亿英镑)
教育(初等、中等、16岁以上、5岁以下以及其他)	178.4
个人福利服务(儿童、在家养老的老年人、敬老院老年人以及其他)	73.9
警察	30.9
消防	12.1
道路维护	17.6
其他行政服务(下层地方公共团体、上层地方公共团体、住宅补贴、铁路补贴、防洪措施、海岸保护、国立公园、利息收入)	72.1
资本性经费负担(相当于本息偿还金)	20.4
合 计	405.6

各大行政区的标准地方财政支出评估额的计算方法是将对象人口(警察费用按照警官人数,道路维修费用按照其重要程度而多

计算公里数）乘以单位费用和地区调整系数。各地方公共团体的单位费用有所不同，由全国统一的标准费用加上该地区因提供特有的行政服务而产生的费用构成。下面以初等、高等教育费用为例进行说明。有些地区靠领取低保生活的家庭孩子比例较高，在特定国家以外出生的孩子（多数为母语非英语的）比例较高；有些地区人口密度较低，单位费用就相应较高。地区调整系数的含义如下：在提供同等、同量的行政服务的情况下，各地区之间因为物价、工资水平等原因，单位费用参差不齐（因提供行政服务一方的原因造成的），英国中央政府采取相应措施，予以调整、平衡。大体上，城市地区单位费用较高。

上述英国的标准地方财政支出评估措施有以下三个特点。第一，和20世纪80年代以前相比，行政服务区划更为简洁。从地方政府的角度来看，中央政府采取的是"小政府"的执政理念，每个政策的"指标性、导向性"程度较小，给地方政府政策的制定和实施留下了较大的回旋余地。第二，正是因为这个原因，在计算单位费用时（特别是标准费用），不详细计算标准费用，而是全面使用回归分析方法（亦即统计学方法），尽量减少独立变数的个数。第三，回归分析方法是根据以往年度的实际支出数据进行的，简单、方便，易操作。但是，这一措施的缺点是容易巩固过去的财政支出模式，较为僵化。自20世纪80年代以来，英国朝野对这一做法一直有争议。20世纪80年代至90年代前半期，保守党政权的政策支柱就是削减中央政府的财政支出。有些地方政府接受中央财政拨款过多（多数是在工党主张下下拨的），广受诟病。人们戏称其为会哭的孩子有奶吃。正是在这样的背景下，英国中央政府出台相关措施，给预算额度设置上限（根据1984年地方收入援助交付金法的相关规定设置）。这样一来，地方政府不可能提供大幅超出标准水平的行政服务。

四 标准支出评估和预算上限的设定

如上所述，英国地方政府的经常性经费中，其自主性财政收

第十二章 其他国家的地方财政调整制度

入仅有市政建设税（以前为市民税）这一种地方税和各种行政服务手续费之类的收入。因此，给某个地方政府预算设置上限和直接设定该地方政府的地方税额（或者税率）具有相同的效果。

1985～1990年，负责该事务的大臣（当时的环境大臣）每年都设定相关基准。当时，有少数（12～20个）地方政府财政支出过高，通过设定预算上限，可以在"事后有选择性地"让这些地方政府负责执行。因此，当时这一制度对英国所有地方政府的预算产生的影响是极为有限的。但是，在废除地方收入援助交付金制度以后，特别是在1992年度以后对所有地方政府都设置了预算上限。

现阶段，英国中央政府（环境运输地区大臣）事前公布预算设置上限的草案，等所有地方政府的预算方案出炉后，再做出最终决定。下面以1998年度的预算基准为例进行说明。假如某个地方政府的预算收支"过剩"（具体是指这一预算额超出该地方政府的标准财政支出评估额的12.5%以上的情况）时，或者与上一年度相比，"增加额度"明显过多的话，就对该地方政府的财政支出额度进行限制（限制其市政建设税税率或者税额）。不属于过剩的"允许增加"的基准有以下两类：一是以"同一种类（如非大城市的地方政府）的地方政府使用相同的增加率"为基准；二是以标准地方财政支出估算额的各行政区划的增加率为基准（第573页表中的第六部分，不包括警察费用在内）。适用两个基准中较高的一个。额度增加的基准每年可能有所不同，而且根据地方政府的性质不同也有所不同。另外，即便属于"允许增加财政支出额度"的地方政府，整体上也不允许产生"过剩预算"，亦即超额预算。所对照的基准是12.5%。

第三节 法国的地方财政调整制度

法国的地方财政调整制度主要是指经常账目综合交付金制度。

日本新地方财政调整制度概论

一 经常账目综合交付金制度的历史沿革

1. 1979 年，法国政府创设经常账目综合交付金制度

1966 年 1 月，法国中央政府颁布法律，规定将附加价值税的课税对象扩展到商业活动领域。与此同时，废除了此前由地方政府征收的地方间接税（1941 年 11 月 6 日制定的法律）。这一地方间接税占到所有地方政府（县以及市、镇、村一级地方政府）收入的约 1/3，因此，有必要采取替代措施。

在这种情况下，法国中央政府根据上述法律，制定了相关制度。这一制度规定由中央政府征收的让与税的 85% 划拨给地方政府。1968 年 11 月 29 日，法国中央政府又进一步制定相关法律，引进了交付金制度，与地方让与税挂钩。但是，石油危机之后，法国经济萧条，税收增长乏力，各地方政府的财政收入不均衡。因此，1979 年，法国中央政府创设了经常账目综合交付金制度。这一制度的要点如下：一是和附加价值税挂钩，中央政府根据附加价值税额度向地方政府拨付交付金；二是在各地方政府之间进行财政收入调整；三是和以前的与给付税挂钩的交付金制度有一定的联系，避免制度变更过于剧烈。

法国中央政府每年在预算法中规定将与给付税挂钩的交付金纯收入估算额的一定比例作为交付金的财政来源。与此同时，采取相应措施，对实际额度进行调整，保障最低限度的增额。在交付金的分配上分为以下两部分：一是一般性交付金，分配给所有的地方政府；二是特殊交付金，分配给各地方政府，供其实施特殊公共事业项目建设。一般性交付金又分为定额交付金和调整性交付金。调整性交付金又分为以下两种：一是根据各地区居民的税负能力计算得出的额度；二是根据户籍税计算得出的额度。为了适应法国人口不断增加的形势，根据相关制度规定，将特别交付税部分进一步细分为定额交付金调整部分、最低人口调整部分、最低经常账目经费调整部分。但是，由于法国经济持续萧条，与给付税挂钩的交付金部分的税收增长乏力，这直接影响了经常账目综合交付金制度的实

第十二章　其他国家的地方财政调整制度

施,因为前者是后者的重要财政来源。由于调整性交付金总额严重不足,无法缩小因定额交付金造成的地方公共团体(亦即地方政府)之间财政收入的差距,而且各地方政府为了获得特别交付金,都使出了浑身解数。总之,这一制度的负面效应不容小觑。

2. 1985 年至 1986 年的法国地方财政调整制度改革

1985 年 11 月 29 日,法国中央政府对上述法律做了大幅度修改,对市、镇、村的财政收入影响巨大。改革的主要内容之一就是废除了定额交付金制度,制定了基础交付金制度。按照以往的制度,1967 年以后发生的人口变动,通过分配特别交付金予以解决。而基础交付金是将人口差距作为基本指标,将市、镇、村分为 1~2.5 几个阶段进行分配的。而人口差距又是以每个居民的市、镇、村经常账目经费和最新统计数据为基础的。基础交付金经过最后调整,其额度约占市、镇、村的 40%。

调整性交付金主要由以下两部分组成:一是根据地方居民的税负承受能力和地方政府的征税能力计算得出的额度;二是与课税额度相应的额度。前者的计算方法如下:将各市、镇、村的征税能力指数乘以全国平均分配值,在此基础上,用同等规模的整个市、镇、村每个居民的平均税负能力指数进行调整,计算得出(市、镇、村部分为 30% 多一点)。平均每个地方居民的征税所得额越少,后者的额度分配得越多(约为市、镇、村部分的 22.5%)。特别交付税部分通过项目的统一和整理,金额占到整体的 3%~4%,日趋合理。另外,法国中央政府加大了对旅游胜地等的特别交付金的拨付力度。

3. 1989 年以后欧洲统一的进程以及对平均化、标准化功能的重视

1989 年以后,欧洲形成统一的市场。因此,法国被迫下调附加价值税税率。经常账目综合交付金也随之相应调整。此前,经常账目综合交付金的初始额度仅仅和下一年度的消费者物价上涨率(估算额)挂钩,但是,1991 年 5 月 31 日,法国中央政府制定新的法律,规定 1991 年度的经常账目综合交付金的初始额度和消费者物价上涨率以及经济增长率的一半挂钩,1992 年以后的经常账目综合交付金的初始额度和消费者物价以及国民生产增长率的2/3挂钩。

　　法国的大城市近郊较为荒凉，远离主流社会，成为一个令人头疼的社会问题。20世纪90年代，城市的行政服务越来越受社会各阶层的重视。1991年5月13日，法国中央政府制定新的相关法律。这一法律规定：进一步充实经常账目综合交付金制度，将城市互助交付金和城市互助特别交付金引进到特别交付金中，而且对具体额度又做了以下规定：1991年度城市互助交付金的额度为4亿法郎，1992年度城市互助交付金的额度为7亿法郎，1993年度的城市互助交付金的额度为10亿法郎。实际享受此项政策恩惠的是以下人群：一是人口为1万以下的市、镇、村，拥有公营住宅1100套以上者；二是人口为1万以上，公营住宅数占人口的11%以上，每个居民的税负能力低于平均水平的市、镇、村。用于城市互助交付金的财政来源通过降低税负能力高的市、镇、村的经常账目综合交付金的特别交付金的最低保障率来筹措。

　　另外，城市互助特别交付金是指对不满足上述城市互助交付金基准的市、镇、村予以补贴的额度。在制定这一城市互助特别交付金制度的同时，制定了城市财政互助制度，城市互助特别交付金的一部分通过这一制度筹措。1993年，经常账目综合交付金制度的弊端开始逐步显现，详情如下。其一，市、镇、村是最低限度保障的对象。市、镇、村的总数约有36500个，其中约有30000个市、镇、村，人口为1万以上的500个市、镇、村中的约4/5接受最低限度保障。其二，由于法国中央政府出台财政措施助推市、镇、村联合体的成立，将交付金重点分配在市、镇、村道路的增加和维护上，已经没有余力进行再分配。

　　因此，迫不得已在没有找到新的财政来源的前提下，法国中央政府对经常账目综合交付金制度进行了改革。1993年12月31日，中央政府制定了相关法律，规定将经常账目综合交付金整合为两类：其一，定额交付金；其二，领域整合交付金。此前的基础交付金、特别交付金、最低限度保障交付金归属定额交付金，城市互助交付金和城市互助特别交付金以及市、镇、村联合体交付金归属领域整

第十二章　其他国家的地方财政调整制度

合交付金（其中，城市互助特别交付金整合到城市互助交付金中）。

市、镇、村的经常账目综合交付金制度中又新增了非城市互助交付金制度。1992年2月6日，法国中央政府通过法律形式制定了非城市地区开发交付金制度（后面会进行详述）。非城市互助交付金制度就是以此为蓝本形成的，主要有以下两种分配方式。

其一，人口为1万以下的市、镇、村的情况。原则上该市、镇、村是该区域的政府所在地，拥有该区域内的15%以上的人口。在这种情况下，将该市、镇、村与人口、规模相同的市、镇、村的平均税负能力相比较，根据该市、镇、村的税负能力、课税能力的偏离部分计算分配额。其二，人口为1万以下的市、镇、村的情况。当该市、镇、村的人均税负能力不及同等规模的市、镇、村的平均税负能力的一半时，根据每个居民的税负能力的偏离程度，市、镇、村道路的长度，幼儿、义务教育课程的儿童、学生数以及每公顷的课税能力的偏离程度（前三者各为30%，剩余为10%）进行分配。

二　法国的地方分权交付金制度

1982年以后，法国的地方分权政治进程进展迅速，由于中央政府将其部分权限移交给地方政府，地方政府的行政费用负担也有所增加。为了解决费用增加这一难题，法国中央政府设立了地方分权交付金制度。

三　职业税均衡基金

经常账目综合交付金仅从附加价值税中筹措财政来源。与此相比，财政平衡交付金制度的目的则是将职业税平均化、标准化。职业税属于地方税的一种。在省一级单位设有省职业税平衡基金，属于一种税制调整机构。该基金用于将辖区内的市、镇、村之间的职业税平均化、标准化。而国家职业税平衡基金功能与其相似。1992年2月6日，法国中央政府制定相关法律，将上述的非城市地区开发交付金引进了国家职业税平衡基金中。其具体分配方式有以下两种。

其一，人口为1万以下的市、镇、村的情况。原则上该市、镇、村是该区域的政府所在地。当该市、镇、村的人均税负能力不及同等规模的市、镇、村的平均税负能力的一半时，法国中央政府向所有居民拨付交付金。其二，人口为 3.5 万以下的市、镇、村联合体，在领域整合以及经济发展中能够行使权限，由各省省长决定相关分配事宜。

第四节 德国的地方财政调整制度

德意志联邦共和国（以下简称"德国"）在政治体制上采用的是联邦制，这一点在德国的国家基本法宪法中有明文规定。德国由 16 个州组成。这 16 个州既是国家的一部分，同时也是一个相对独立的政治实体，拥有独立的立法、行政以及司法权。这一点从财税制度上也可以看出来。德国各州所起的作用很大，有较强的独立自主性。但是，德国的联邦制属于"协调式联邦主义"。顾名思义，联邦和各州以及各州之间的关系是建立在合作基础上的。因此，为了维系整个联邦国家生活环境的统一性，德国联邦政府具有广泛的立法权，有权参与各州的部分行政事务，专门设有负责各州事务的政府大员，定期召开联络会议。在财政方面，德国联邦政府有权调整各州财政收入实力的差距，使之平均化、标准化。德国财政调整制度的主要内容及其特征如下：①对各州之间财政收支的状况和差距进行调整（分配销售税中的补充部分，对各州之间财政收支的状况进行狭义调整）；②德国联邦政府向各州政府拨付交付金；③各州政府向下辖的各市、镇、村拨付交付金。①在州这一相同层次中进行水平或横向的财政调整。②和③属于垂直型调整方式。

1990 年，东德与西德统一。这是一个历史性的大事件。之后数年间，德国地方财政调整制度发生了翻天覆地的变化，过渡时期长达四年。1995 年，整个德国实施了各州之间财政的调整，原来的东德部分也在同一个序列中进行了调整。与原西德部分相比，原东德地区财政实力非常差，这次要在统一后的德国范围内进行调整，会带来方方面面的影响。这是因为迄今为止，各州之间的财政

第十二章 其他国家的地方财政调整制度

实力较为均衡。这是财政调整的前提。原东德地区财政能力差，破坏了这一均衡。因此，如果不进行相关制度的改革，是无法在统一后的德国全境进行财政制度调整的。将财政调整对象扩展至原东德地区带来了以下两个结果：其一，各州的销售税分配额有所增加；其二，德国联邦政府大幅增加了向各州政府分配的交付税的额度。这样一来，此前背负着原东德地区的财政负担，原西德地区财政负担极为沉重，而经过财政调整，原西德地区的财政负担大为减轻。另外，德国联邦政府在财政调整制度中所起的作用越来越大。但是，有人批评说："现行的财政调整措施有些过头，导致各州之间竞争意识和自力更生意识严重削弱。"基于这一原因，原定于2004年进行的制度改革，提前提到了议事日程，人们对此展开了热烈讨论。下面在论述德国联邦、各州以及市、镇、村之间财政来源分配的基础上，对德国的地方财政调整制度进行阐述。

一 德国联邦、各州以及市、镇、村之间的财政来源分配

德国基本法第106条中对联邦政府、各州以及市、镇、村之间的财政来源分配做了明确规定，详情如下。税收根据其归属地，可以分为联邦税，州税，市、镇、村税以及共同税。各代表税目以及税收额（1997年）如下表所示：

单位：亿马克

联邦税	1421.7	州税	346.8	市、镇、村税	656.1
关税	69.0	遗产继承	40.5	营业税	486.0
石油税	660.1	机动车税	144.2	房产税	155.0
烟草税	211.6	房屋购置	91.3	地区性消费支出税（养狗税和饮料税等）	11.7
蒸馏酒税	46.6	啤酒税	17.0		
保险税	141.3				

共同税（6106.0）：
所得税（3341.0）、法人税（356.0）、销售税（2409.0）

共计：8530.6

上述四种税中，最能体现德国税制特色的是共同税。共同税是指税收归属德意志联邦和州政府双方的租税。其具体税目由所得税、法人税以及销售税组成。除法人税之外，市、镇、村也能分配到税收。共同税收入在税收总额中占70%以上，其分配额在财政来源分配上占重要地位。以下就各种共同税的分配情况进行详细说明。

（1）所得税

德意志联邦政府和州政府各分配到42.5%，市、镇、村分配到15%。1969年，开始向市、镇、村实施分配。根据居住地原则，工资收入在企业所在地征收。之后，交给企业职工所居住的州。

（2）法人税

德意志联邦政府和州政府各分配到50%。如果企业在多个州设有子公司或分厂，企业要在其总公司或公司总部所在州纳税。以该企业在各州的分厂或子公司职工领取的工资额为基础，将上述税收分割成几个部分，分别邮寄到各州。

（3）销售额税

先将全部税收的5.63%分配给德意志联邦政府，再将剩余的2.2%分配给市、镇、村。之后，将剩余额度以50.5%和49.5%的比例分别分配给德意志联邦政府和州政府。在分配给各州的额度中，最高25%按照各州的财政收支状况分配到各州，剩余额度按照各州的居民人数比例分配给各州（在下文第三部分详细论述）。[①]

另外，营业税属于市、镇、村税，不属于共同税，其收入的一部分也要上缴给德意志联邦政府以及州政府。因为与实际课税率相关，各市、镇、村的纳付金比例不同。1996年纳付金总额约

---

① 如上所述，分配方法相当复杂。这是因为在其他领域负担有所增加，作为补偿措施，变更了销售税分配比例。之所以首先分配给德意志联邦政府5.63%，是因为德意志联邦政府增加了养老保险补贴。这是对德意志联邦政府的补偿措施。由于废除了营业税中的营业资本税，作为补偿措施，将上述税收向市、镇、村分配。这些措施都是德意志联邦政府于1998年出台的。

第十二章 其他国家的地方财政调整制度

为460亿马克,其中,5.0%上缴德意志联邦政府,13.3%上缴州政府。德国基本法中对各自的共同税的分配比例做了规定,详情如下:德意志联邦政府和州政府的所得税以及法人税的分配比例相同。另有其他法律对市、镇、村的所得税分配比例、销售税分配比例以及营业税的上缴率做了专门规定。这样做意味着分配比例比较灵活,可以改动。实际上,迄今为止,根据当时中央和地方的财政收支状况,经常进行改动。在前面已经讲过,1995年,原东德各州也和原西德各州一起实施财政调整制度。原来销售额税的37%分配给各州,而此时这一比例提高至44%,幅度很大。此前,原西德地区的税负很重。通过这一调整措施,原西德地区的税负大为减轻。

德意志联邦税等所有共同税以及数目众多的州税,市、镇、村税等有关租税的所有事项都在德意志联邦法律中有所规定。但是,租税收入的全部或一部分归属各州或市、镇、村。就这部分税收的立法问题,亦即联邦税以外的税收的立法问题必须经过由各州代表组成的德意志联邦参议院的同意。因此,德意志联邦政府不能够单方面做出规定。

二 德国各州之间的横向财政调整

德国各州之间横向财政调整分以下两个阶段进行:一是销售税中所谓的"补充部分"的分配;二是在德国各州之间进行财政调整。在对销售税中的"补充部分"进行分配时,要注意以下事项:将销售税中的一部分分配给各州时,要根据各州的财政实力进行。具体办法如下:有的州其每个居民的平均税收额(分配给各州的所得税和法人税税收额、营业税纳付金额以及州税之和)如果小于整个德意志联邦的平均额度的92%,应该对其进行优先分配,直到其达到平均额度的92%。这一补充部分最高可达到向各州进行分配的总额度的25%。当各州的不足额之和超出这一比例时,要按照不足额比例将整体的25%分配给各州。补充部分之外,要按照居民数分配给各州。德国统一之前,各州之间租税征

日本新地方财政调整制度概论

收的能力相差无几，因此，接受分配的州是有限的。这一销售税的补充部分意义并不大。但是，将原东德地区纳入财政调整体系之后，原东德地区各州的租税征收能力很低，将补充部分进行了最大限度的分配。这种状态一直持续着，因而各州之间的财政调整措施越来越重要。1996年的销售税财政调整额达到140亿马克。通过分配销售税进行财政调整之后，对各州之间的财政收支状况进行了调整。

要在德国各州之间进行财政调整，需要求出各州的财政能力测定值和调整额测定值。财政能力测定值是指德国各州的财政收入（房产税、营业税、共同税的分配额）加上州内市、镇、村的财政收入额的一半得到的数值，这一数值是各州的实际财政能力。将各州的人口乘以整个德意志联邦每个人的平均财政能力测定值就能得出调整额测定值，这就是调整的目标值。这里计算的主要是财政收入方面的数值。财政能力测定值中扣除了海港建设和维护所需的财政负担。另外，在计算调整额测定值之际，根据大城市所在州（柏林、不来梅以及汉堡）的调整系数以及各市、镇、村的人口规模、人口密度进行调整，可以看出，在各州财政需求方面的调整措施是有限度的，但还是将这一因素考虑了进去。

当该州的财政能力测定值小于调整额测定值时，该州就成为领取调整金的州。相反，从财政能力测定值大于调整额测定值的州（亦即调整金负担州）领取调整交付金。这里的调整对象是调整额测定值和财政能力测定值之差。这一差额并不能够完全补偿。各州领取或者分担的额度亦即调整金领取州所领取的调整金的额度如下。

财政能力测定值相对于调整额测定值的不足额中，以下额度成为调整对象。

（1）小于调整额测定值的92%部分的不足额：对其不足额的全额进行调整。

（2）调整额测定值的92%~100%的不足额部分：对其不足额的37.5%进行调整（1996年度的实例）。

第十二章 其他国家的地方财政调整制度

（3）下萨克森州（财政能力测定值/调整额测定值）。

0.954（调整前）→0.971（调整后）=［0.954+（1-0.954）×0.375］

（4）萨尔州（同上）。

0.897（调整前）→0.95（调整后）=［0.897+（0.92-0.897）×1+（1-0.92）×0.375］

从萨尔州的例子可以看出，有的州其财政能力测定值小于调整额测定值的92%，在这种情况下，该州调整后的财政能力为调整额测定值的95%。换句话说，其财政能力至少要提高到调整额测定值的95%。

调整金负担州所负担的调整负担金的额度如下：

财政能力测定值超出调整额测定值的部分中，以下额度为调整对象。

（1）超出调整额测定值的100%~101%部分：对其超出额的15%进行调整。

（2）超出调整额测定值的101%~110%部分：对其超出额的66%进行调整。

（3）超出调整额测定值的110%部分：对其超出额的80%进行调整（1996年的实例）。

（4）黑森州（财政能力测定值/调整额测定值）。

1.172（调整前）→1.0535（调整后）=1.172-（0.01×0.15+0.09×0.66+0.072×0.8）

但是，调整金负担州的负担金总额由分配给调整金领取州的调整交付金的总额来决定。因此，要根据这一总额对各州的负担金额度进行调整。1996年，所需要的调整交付金总额超出了通过上述计算公式得出的负担金总额。因此，负担比例有所增加。上述列举的黑森州在实际调整后，其财政能力降低到调整额测定值的104.1%。通过在各州之间进行财政调整，各州的财政能力平均化、标准化程度有了一定比例的提高。1996年度调整交付金的总额为123亿马克。

三 德国各州之间的纵向财政调整

在对各州进行横向财政调整之际，没有过多考虑财政需求方面的因素。因此，在各州之间实施了财政调整措施之后，有的州的行政服务能力依然很差。对于这样的州要给予一般性财政补贴。为此，德国联邦政府向各州拨付联邦补充交付金。拨付联邦补充交付金就属于纵向财政调整（亦称垂直财政调整制度）。德国联邦对补充交付金的用途没有限制，领取联邦补充交付金的州可以自由使用。

长期以来，联邦补充交付金和销售税的一定比例挂钩，因此，其总额受到限制，而且其项目也受到限制。但是，经过 1995 年的制度改革，联邦补充交付金的额度和项目都大幅提高。现阶段，除财政能力较强的原西德地区的五个州以外，所有的州都领到了两种以上的联邦补充交付金。现在，联邦补充交付金的总额约为 250 亿马克，足以和横向财政调整额（含销售税的补充部分）相匹敌。德国联邦补充交付金所起的作用很大，已经超出了对各州之间的财政调整进行补充和完善的功能。

表 12-1 1996 年度的联邦补充交付金

单位：亿马克

名称	内容	交付额
补充交付金的不足额	对各州之间进行财政调整之后剩余的各州的财政能力和整体平均之间的差额的 90%。通过这一措施，财政能力至少提高到平均水平的 99.5%	50.1
特别财政需求补充交付金	对原东德地区各州拨付交付金，目的是充实其社会资本，提高其市、镇、村的财政能力	140.0
过渡期补充交付金	将原东德地区各州也纳入横向财政调整系统。原西德地区的各州受此影响，财政能力弱化。对这些州限期 10 年拨付交付金	12.1
财政重建特别补充交付金	对不来梅和萨尔两个州拨付交付金，目的是让其重建财政。在拨付交付金期间，要求这两个州严格预算工作，控制财政支出	34.0
行政运营特别需求补充交付金	对规模较小的州拨付交付金。目的是减缓其行政运营负担	15.4

第十二章　其他国家的地方财政调整制度

四　德国各州政府进行的市、镇、村间的财政调整

德国基本法第106条规定，德国各州必须将通过共同税获取的财政收入的一部分分配给下辖的市、镇、村。根据这一规定，德国各州政府向下辖的市、镇、村拨付交付金。通过这一措施，进行财政调整。各州通过立法措施对交付金的分配额度以及方法等具体事项做出明文规定。虽然各州之间情况参差不齐，但是基本部分大同小异，其概要如下。

1. 基本交付金

基本交付金的目的是弥补各市、镇、村的财政需求额和税收能力的差距。由德国各州政府向下辖的市、镇、村拨付交付金。这是这一制度的核心内容。下面以北莱茵－威斯特法伦州（以下简称"北威州"）为例，对其计算方法进行说明：其一，以其居民数为基数，加上学生数、失业人数以及就业人数，计算得出其财政需求额；其二，这一额度和税收能力（加上房产税收入以及共同税和营业税中的市、镇、村部分）之差的90%就是交付金金额。各州之间的财政调整采用的是财政能力的平均化和标准化。而上述办法则是补贴财政收入和财政需求的差额的办法。1997年度，北威州将总额为110亿马克的基本交付金拨付给其下辖的市、镇、村。

2. 财政需求交付金

对有特别财政负担的市、镇、村拨付财政需求交付金。具体包括下水道设施负担过重，市、镇、村内设有军事基地等情况（1997年度，北威州的财政需求交付金的额度为1.8亿马克）。

3. 特定目的交付金

特定目的是指城市再开发、学校建设等开发项目，对这些项目拨付特定目的交付金。上述两种交付金都属于一般性交付金。而特定目的交付金的用途有所限制，市、镇、村不能自由使用。因此，近年来其比例控制在很低的水平上（1997年度特定目的交付金的额度为13亿马克）。

第五节　加拿大的地方财政调整制度

加拿大是联邦制国家，原来是法国和英国的殖民地，之后合并而成。即便是今天，也是一部分加拿大人讲法语，另一部分加拿大人讲英语，两者之间动辄就发生矛盾。从这一点可以看出，加拿大国内各地区之间独立性较强。根据加拿大宪法第91条的规定，加拿大联邦和各州不属于垂直的上下级关系，而是对等关系。加拿大联邦政府向各州政府拨款可以大致分为平衡交付金和实施社会政策的联邦补助金。

一　平衡交付金

加拿大联邦政府向各州拨付平衡交付金的目的是消除各州之间财政收入能力差距，实现各州之间财政收入能力的均衡化。各州的财政收入能力是根据各州每个居民的平均财政收入能力计算得出的。因此，各州的人均平衡交付金分配额，其财政收入能力越高分配得越少，财政收入能力越低分配得越多。平衡交付金的详细情况如下。

1. 平衡交付金的法定地位

1982年，加拿大宪法第36条第2项规定："加拿大联邦议会以及加拿大政府在支出平衡交付金时受到以下原则约束：要保障加拿大各州以同等课税标准向居民提供几乎同等水准的公共行政服务。为此要保障各州有足够的年度财政收入。"平衡交付金的具体计算方法在"联邦财政调整法"以及"联邦财政调整法规则"中有明确规定。

另外，平衡交付金制度仅仅规定了从加拿大联邦政府向各州政府进行财政拨款的具体事项，没有只言片语提及向各州下辖的地方自治政府的财政拨款问题。在日本地方交付税制度中，提及了市、镇、村的概念，而加拿大的平衡交付金制度并未提及市、镇、村的问题。加拿大宪法对各州政府及其下辖地方自治政府的权限做了规

第十二章　其他国家的地方财政调整制度

定："地方自治政府是州政府的产物。"加拿大联邦政府根据宪法精神，将向各州下辖的地方自治政府实施财政拨款的权限下放给各州政府。

各州政府向其下辖的地方自治政府实施财政拨款，其中特定目的补助金占大部分（约90%）。有的州也实行一般性财政拨款制度，其宗旨和平衡交付金制度类似（比如科博克州等就是如此）。但是，这种制度所起的作用有限，而且完全不和平衡交付金制度挂钩。另外，加拿大联邦政府对两个小于州规模的标准州实施财政拨款。这一制度不同于平衡交付金制度（亦称平衡支出金制度）。

2. 平衡交付金的目的和性质

（1）财政调整功能

加拿大宪法第36条规定："财政调整的主要目的是缩小或消除各州政府之间年度财政收入能力的差距"。

（2）财政来源保障功能

由于对财政收入没有特别规定，规定从加拿大联邦政府的一般性财政来源中支出。因此，根据加拿大联邦政府的财政收支状况，对总额设置了一定额度的支出上限。在这种情况下，实际上，财政来源保障功能在一定程度上是受制约的。另外，形式上在加拿大宪法中能够找到这一制度的法律根据。对于财政能力较弱的州来说，这一财政来源保障功能是可以期待的。

3. 平衡交付金的总额及其计算方法和确定方法

加拿大联邦政府向各州拨付的交付金额度的基本计算方法是：计算全国标准化的每人平均财政收入和各州的每人平均财政收入之差。具体计算办法按照以下顺序进行。

（1）确定平衡化对象的具体收入来源（税目、其他收入种类）及其计算基准（税目在基本法中有明确规定，各税目的计算基准在法律规则中有所规定）。

（2）按照各财政收入项目计算出由（1）中确定的各财政收入得出的各州标准年度财政收入额。

（3）将（2）中计算出的各州标准年度财政收入额相加。然后将这一额度和五个标准州（安大略、英属哥伦比亚、魁北克、萨斯喀彻温、马尼托巴）的平均年度财政收入额用人均基准进行比较。假如前者小于后者，将其差额作为向该州拨付的交付金额；如果前者大于后者，则交付金额度为零。另外，将通过与五个标准州的比较来决定交付金额度的方式称为代表税体系。

（4）根据实际需要，将上限或者最低水准保障调整额加到通过（3）计算得出的交付金额度中，由此来确定实际交付金额度。通过这一方式确定的三个不予拨付平衡交付金的州是安大略、英属哥伦比亚和阿尔伯塔。

4. 平衡交付金的分配基准

根据加拿大宪法第36条的相关规定，平衡交付金仅考虑调整加拿大各州之间年度财政收入能力的差距，而未考虑各州财政需求方面的情况。在加拿大宪法中也笼统提到，"提供几乎同等水准的公共服务"，但是，就这一规定的具体内容还未涉及。根据加拿大联邦政府制定的"标准税目""标准计算基准"计算各州的"标准年度财政收入额"。因此，并未考虑到各州实际的税收和财政收入额。

5. 平衡交付金的决定过程

由于每五年就修改一次加拿大联邦政府和各州财政调整法，因此，制度框架会有所变更。通过修改法律规则，逐次对代表税体系进行技术上的变更（比如随着对各州的税制进行改革，开始变更标准化计算基准）。交付金额度以及实际拨付额在制度上都没有机会听取各州政府的意见，只有在通常的预算审议过程中才向加拿大联邦议会提交报告。

二 CHST 制度

1995年，加拿大联邦政府制定 CHST 制度。这一制度是将既定项目补助金（Established Programs Financing）、加拿大辅助计划（Canada Assistance Plan）合并而成的，其性质是综合性财政补贴

第十二章 其他国家的地方财政调整制度

金，具有一般目的财政拨款和特定目的财政拨款的性质。

CHST 的计算方法

以高等教育、医疗和社会福利三个领域为对象，将这三个领域的各州人均交付金额度平均化，确定其总额。用这一总额减去租税移交及其相应的平均额所剩额度，以现金方式交付。

第六节 韩国的地方财政调整制度

一 韩国的地方交付税制度概要

因为韩国的地方行政的结构、税收来源都偏重于大城市，由此产生了地区之间财政能力差距。地方交付税制度的目的就是要调整这一差距，促进地方行政的健康发展（韩国地方交付税法第1条）。地方交付税的法定拨付率为国内税收总额的 13.27%，将其 10/11 的金额作为地方公共团体的一般性财政来源（普通交付税）来分配。将 1/11 的金额用于特别交付税，对普通交付税整齐划一的计算方法不能覆盖的财政需求进行补偿。将这些额度称作法定交付额度。如果地方财政发生了不得已的财政需求，除了这一额度之外，另外增额拨付，将这一交付金称作"增额交付金"，在地方交付税收入中区别对待。

1. 韩国的普通交付税

普通交付税是一种财政收入，其目的是让地方公共团体维持基本行政服务水准，能够作为财政收入使用。针对每年度基准财政收入额不足基准财政需求额的地方公共团体，以其财政不足额为基础进行计算，并由韩国中央政府予以拨付。

这里所说的基准财政需求额的目的是合理测定各地方公共团体的财政需求额度。以此为基础，计算得出各地方公共团体的财政需求额。而基准财政收入额是指为了合理测定各地方公共团体的财政收入能力而计算得出的每个地方公共团体的财政收入额。

这二者的目的都是"合理测定"，因此，其计算方法在韩国法律中有明文规定，是以韩国官方公布的普遍使用的统计资料（比如中央政府指定的统计数据等有公信力的资料）为基础，通过客观方法计算得出的。

2. 韩国的特别交付税

因为普通交付税有一定局限性，无法全面正确地反映各地方公共团体的实际财政状况，并正确计算得出其财政收入额及财政需求额。因此，为了弥补此制度的漏洞，韩国中央政府制定了特别交付税制度，符合下列条件的予以拨付。

（1）当有特别财政需求，其估算方法不能够援用普通交付税计算所需的基准财政需求额的计算方法时。

（2）假如在计算得出普通交付税之后，发生自然灾害，造成特别财政需求或者财政收入较少时。

（3）因新建、恢复、扩建、修补地方公共团体的办公楼或者公共福利设施等原因，产生了特别财政需求时。

由于普通交付税计算方法整齐划一，这样估测出的财政需求或者财政收入和现实中的财政状况差距很大。因此，拨付特别交付税的目的就是要纠正上述误差。当然，特别交付税还有其他目的，如有计划地扩建和整修公共设施等。这些都对普通交付税起到了补充和完善作用。

3. 韩国的增额交付金

增额交付金是和占国内税收 13.27% 的地方交付税总额用途不同的财政收入。根据韩国地方交付税法第 4 条第 3 项的相关规定，当中央政府认为有必要时，可在法定交付税之外另外增加交付税。这就是增额交付税。地方交付税占国内税收总额的法定比例为 13.27%。增额交付税多多少少要比 13.27% 高一些。

二 韩国普通交付税的计算方法

1. 计算方式概要

按照韩国地方交付税法第 6 条第 1 项的相关规定，有些地方公共团体每年度的基准财政收入额未达到基准财政需求额，以这些地

第十二章　其他国家的地方财政调整制度

方公共团体的财政不足额为基础计算得出普通交付税额。这里所使用的基准财政需求额，要根据韩国地方交付税法施行令中规定的测定项目以及测定单位和地方交付税法施行规则中规定的单位费用和调整系数计算得出。统计资料要以该地方公共团体的行政长官制作、提交的资料为基础。

基准财政收入额要根据韩国地方税法规定的地方税的估算额和税外收入的一部分的推算结果计算得出。得出基准财政需求额和基准财政收入额之后，再计算各地方公共团体的财政不足额，然后将产生财政亏空的地方公共团体的不足额（财政有盈余的地方自治公共团体除外）相加。之后，让普通交付税的总额和财政不足额的总额一致便可求出调整比例。通过财政不足额和普通交付税的总额求出调整比例之后，用调整比例乘以各地方公共团体的财政不足额便得出普通交付税（见图 12-1）。

2. 基准财政需求额的计算

基准财政需求额的目的是合理测定韩国各地方公共团体的财政需求，根据一定的计算方法计算得出，具体计算方法是：其一，按照测定项目，将测定单位数值乘以该单位费用得到一个数额（即基础需求额）；其二，根据韩国法律法规必须支出的经费（即调整需求额）。将两个数额相加便是基准财政需求额。基准财政需求额的计算用公式如下：

基础财政需求额 = 基础需求额 + 调整需求额
基础需求额 = Σ（各项目测定单位数值 × 单位费用 × 调整系数）

按照各测定项目，测定单位数值乘以调整系数再乘以单位费用，得出基础需求额后，计算调整需求额中教育费用特别会计账目支出金与道路税征收交付金的需求而后相加。

（1）测定项目

测定项目是为合理计算韩国各地方公共团体的基准财政需求额而设定的需求测定项目，是前提条件。将地方预算按照功能、性质分类，以此为基础，将完成行政任务所需经费的种类标准化。这些

日本新地方财政调整制度概论

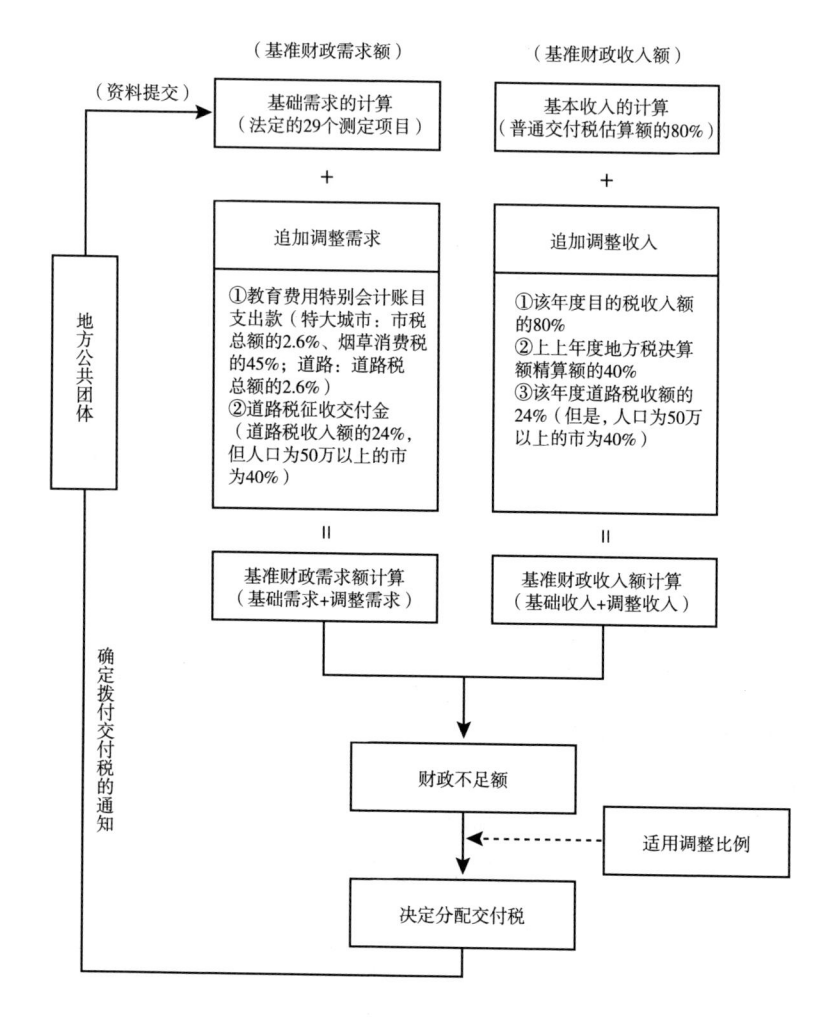

```
                    （基准财政需求额）              （基准财政收入额）
      （资料提交）    ┌─────────────────┐         ┌─────────────────┐
    ┌──────────────→│   基础需求的计算  │         │   基本收入的计算  │
    │               │ （法定的29个测定项目）│         │（普通交付税估算额的80%）│
    │               └─────────────────┘         └─────────────────┘
    │                        +                           +
    │               ┌─────────────────┐         ┌─────────────────┐
    │               │    追加调整需求   │         │    追加调整收入   │
    │               ├─────────────────┤         ├─────────────────┤
    │               │①教育费用特别会计账目│         │①该年度目的税收入额 │
   地               │ 支出款（特大城市：市税│         │ 的80%            │
   方               │ 总额的2.6%、烟草消费税│         │②上上年度地方税决算 │
   公               │ 的45%）；道路：道路税│         │ 额精算额的40%     │
   共               │ 总额的2.6%）       │         │③该年度道路税收额的 │
   团               │②道路税征收交付金    │         │ 24%（但是，人口为50万│
   体               │ （道路税收入额的24%，│         │ 以上的市为40%）     │
    │               │ 但人口为50万以上的市 │         │                  │
    │               │ 为40%）           │         │                  │
    │               └─────────────────┘         └─────────────────┘
    │                        =                           =
    │               ┌─────────────────┐         ┌─────────────────┐
    │               │  基准财政需求额计算 │         │  基准财政收入额计算 │
    │               │（基础需求+调整需求）│         │（基础收入+调整收入）│
    │               └─────────────────┘         └─────────────────┘
   确                        │                           │
   定                        └─────────────┬─────────────┘
   拨                                      ↓
   付                              ┌─────────────┐
   交                              │  财政不足额   │
   付                              └─────────────┘
   税                                      ↑           ┌─────────────┐
   的                                      ←─ ─ ─ ─ ─ ─│  适用调整比例  │
   通                                      ↓           └─────────────┘
   知                              ┌─────────────┐
    │                              │  决定分配交付税│
    └──────────────────────────────└─────────────┘
```

图 12－1　普通交付税的计算方法

测定项目要按照首尔特别市、大城市和道、市、郡的顺序来确定。韩国地方交付税法施行令第 5 条第 1 项规定，符合预算科目结构的有"道路费用""农业费用""河流水利费用""消防费用"等 29 个项目（47 个细小项目）。

上述测定项目如果分类过于笼统，计算起来就会缺乏准确性。但是如果分类过于烦琐，计算工作就会烦琐。因此，决定现行测定

594

第十二章　其他国家的地方财政调整制度

项目的原则是两者能够相辅相成，使得财政运营顺利进行。

（2）测定单位

测定单位是一种指标或者尺度，最适合于表示各项目的财政需求，其目的是合理、客观地计算各测定项目的财政需求额度。比如宣传、公关费用→人口数；征税费用→户数；工资费用→地方公务员编制；道路铺设费用→尚未修建的道路面积；河流水利费用→河流长度等。上述这些行政事务要按照部门分类，进而计算得出测定各部门财政需求量的单位。完成各地方公共团体的各种行政事务所需要的"经费数量"，就是该测定单位的额"数量"。测定单位必须是按照其比例经费额有所增减的单位，必须尽最大可能正确反映与所要测定的各测定项目相关的财政需求。现行的测定单位有27种，主要是一些统计资料。在计算基准财政需求额时，必须严格、客观、公信力很强，相关政府部门和地方公共团体不能肆意伪造、更改，而且简单易懂，容易操作。

（3）单位费用

首尔特别市、大城市和道、市、郡等具备标准条件的地方公共团体为了完成合理、符合一定水准的行政服务工作，或者维护标准设施，需要一定的经费。这一经费的每个单位的费用就是单位费用。单位费用是为了计算得出用于估算普通交付税的地方行政的各种经费额度乘以测定单位数值而得到的单价。

（4）调整基准财政需求额

调整基准财政需求额的含义如下：在计算基准财政需求额时，假如由于单位费用整齐划一，过于僵化，物价有所上升，各地方公共团体的基准财政需求额显著不合理的话，根据韩国地方交付税法第7条第3项的规定，采用一定的方式进行调整，使之接近实际财政需求额。调整基准财政需求额的前提条件是：各地方公共团体的实际情况和实际财政需求额参差不齐，而在全国范围内采用整齐划一的测定单位、单位费用。这样就不可能计算得出各地方公共团体的实际需求额。基准财政需求额的调整方法有两个：一是用调整系数；二是计算调整需求额，然后相加。

日本新地方财政调整制度概论

①调整系数

在计算基准财政需求额时，由于单位费用整齐划一，过于僵化，或许因为其他原因各地方自治公共团体的基准财政需求额明显不合理。在这种情况下，采用某种方法进行调整。这一调整指数就是调整系数。根据韩国地方交付税法施行规则第5条的规定，调整系数用公式计算得出，乘以测定单位系数。现阶段，适用于调整系数的经费有25个项目（39个小项目），适用于大城市、道、市、郡。

②调整需求额

调整需求额的适用对象如下：一些经费不能设定测定项目，其中一些经费虽然较为合理，但需求额本身因为其规模而不能够反映到需求额中，造成财政差距拉大。这些经费是在预料中的。

按照韩国地方交付税法施行规则第5条第2项的规定，现行的调整需求额要将道路征收交付金的需求额和教育费用特别会计账目拨款的需求额计入基础需求额。

道路征收交付金：相当于道路税收入额的24%（相当于人口为50万以上的市以及设立了非自治区的市所征收的道路税收的40%）。

教育费用特别会计账目拨款：相当于烟草消费税的45%、市道路税收入总额的2.6%。

3. 基准财政收入额的计算方法

为了合理测定韩国各地方公共团体的财政收入，按照韩国地方交付税法第8条的规定，计算该地方公共团体的财政收入额。这就是基准财政收入额。韩国地方交付税法第8条规定："按照基准税率计算得出的该地方公共团体的普通税的收入额就是基准财政收入额；相当于地方税法的标准税率的80%的税率就是基准税率。"

因此，基准财政收入额是一个与基准财政需求额相对应的概念。基准财政需求额在地方公共团体的财政需求中要充作一般性财政收入。地方公共团体的财政收入属于基准财政收入额的计算对象，也属于一般性财政来源。之所以只将普通税的一部分（现阶段为80%）作为基准财政收入额（属于一般性财政来源）来计算

第十二章 其他国家的地方财政调整制度

是基于以下原因。

（1）地方税属于自主性财政收入，地方公共团体在使用地方税时，要留有一定余地，使得地方税有一定的声誉，以保障地方财政有一定的伸缩能力。

（2）如果将地方税中的普通税全额计入基准财政收入额来分配普通交付税的话，地方税收入越少，普通交付税分配额就会越多。这样，不利于提高地方公共团体征税的积极性，毋宁说削弱了其征税积极性。因此，要想方设法扩充地方自治公共团体的财政实力，为此要积极征税。

参考文献

一 入门篇、概论之类的文献

1. 有关地方财税制度的入门篇、概论列举如下，仅供参考：

石原信雄・矢野浩一郎・辻誠二「地方財政制度」『新地方自治講座』（1978 年、第一法規出版）

矢野浩一郎「地方税財政制度」『地方公務員研修選書』（1996 年、学陽書房）

荻田保『地方財政講義』（1954 年、学陽書房）

自治省財政局『地方財政の仕組みとその運営の実態』（1996 年、地方財務協会）

柴田護『地方財政の仕組みと運営』〈新版〉（1979 年、良書普及会）

2. 有关地方交付税的入门篇、概论列举如下，仅供参考：

遠藤安彦「地方交付税」『現代地方自治全集 12』（1978 年、ぎょうせい）

谷本正憲・石井隆一「地方債と資金管理・地方交付税」『自治行政講座 8』（1986 年、第一法規出版）

岡本全勝『地方交付税—仕組みと機能』（1995 年、大蔵省印刷局）

兵谷芳康・横山忠弘・小宮大一郎「地方交付税」『地方自治総合講座 8』（1999 年、ぎょうせい）

二 专业书籍、基础理论书籍

下列书籍是专门解说地方交付税制度的基础理论的：

山本悟『精解地方交付税』（1975 年、地方財務協会）

参考文献

自治庁财政部财政课『地方交付税制度解说』（1954 年 11 月、地方财务协会）

三　地方交付税的解说书籍

按照地方交付税法的条文逐条解说地方交付税制度的书籍有：
远藤安彦『地府交付税法逐条解说』（1996 年、ぎょうせい）

四　关于制度沿革的解说书籍和文献

以下文献对了解地方财政调整制度的沿革大有裨益：

自治省财政局「地方财政制度资料」第 1 卷（1965 年）～第 37 卷（1997 年）

自治省财政局「地方交付税制度沿革史」（1969 年）、同第 2 卷（1977 年）、同第 3 卷（1989 年）

1956 年以后对地方交付税制度进行了改革。之后，每年度都发行自治省财政局编纂的『改正地方制度详解』（地方财务协会）。在地方财政平衡交付金方面请参考；

「シャウプ税制调查团の日本税制报告书」（1949 年 8 月）、「シャウプ税制调查团の日本税制第 2 次报告书」（1950 年 9 月）。

要了解第二次世界大战前的地方财政调整制度请参照：藤田武夫：『日本地方财政发展史』（1973 年、河出书房）

要想了解昭和 30 年代（1955～1964 年）前半期的地方财政调整制度变迁，可参考学术杂志『自治研究』（月刊、良书普及会），要想了解之后的变迁情况，请参照『地方财政』（月刊、地方财务协会）。要想了解地方财政调整制度成立之初的情况，请参照地方财政金融调查会编纂的《地方财政平衡交付金特集》（1950 年 11 月），府、县、市、镇、村的《金融与会计》。

除此之外，在全国市长会发行的月刊《市政》上，从 1967 年 7 月至 1971 年 1 月连载了三好重夫的《论地方财政》。三好重夫可以说是日本地方财政调整制度的创始人，年轻时曾任内务省官僚，对地方财政深有体会，痛感有必要创设地方财政调整制度。在上述连载的论著

日本新地方财政调整制度概论

中以经过 1940 年改革形成的战前的地方财税制度为主线，讲述了他自己为创设这一制度所经历的千辛万苦、制度产生的背景、当初的构思、制度化的整个过程。三好重夫对战后的地方财政平衡交付金制度和地方交付税制度进行了批判。这一系列论文具有重大的学术价值。

柴田护的『自治の流れの中で』（其副标题为"战后地方财税外史"，1974 年、ぎょうせい）是一本回忆录，书中的主要内容是地方财税制度的改革及其运用，颇有学术价值。柴田护从第二次世界大战后不久一直到 1970 年供职于自治省，官至自治事务次官，参与策划了第二次世界大战后的财税制度改革。1953 年秋就任自治厅财政科科长。之后，创设地方交付税制度。昭和 30 年代到昭和 40 年代（1955～1965 年），主持地方财税制度改革。因此，对制度改革的经过和相关人士的观点非常熟悉，回忆录中都有详尽论述。而且书中的数据、日期等详细、精确。很多解说书对地方交付税的始末缘由、制度的构成机制、目的也做了介绍，但是生硬难懂，不够详尽。因此，本书是一部优秀的论著。

五 专业文献

地方交付税制度研究会编纂了《地方交付税制度解说》（单位费用篇，调整系数、基准财政收入额篇）（地方财务协会），每年发行，是关于地方交付税制度最专业和权威的文献。从地方财政交付金制度时期开始，这一文献每年度发行，对了解过去的制度至关重要。自治省财政局交付税科、财政科编纂的《地方交付税制度解说——结构及其运用》（新版，1981 年，地方财务协会），向专业人士具体介绍地方交付税的计算方法，非常实用。

六 介绍外国地方财政调整制度的文献

自治省财政局编纂的《世界的地方财政制度》（1～6）（1976 年 5 至 1987 年 3 月，地方财务协会）文献对主要发达国家的地方财政调整制度做了介绍。除此之外，自治体国际化协会发行的《财务报告》也有很高的参考价值。

阅读日本书系选书委员会名单

姓名	单位、职务	专业
高原　明生（委员长）	东京大学　教授	中国政治、日本关系
苅部　直（委员）	东京大学　教授	政治思想史
小西　砂千夫（委员）	关西学院大学　教授	财政学
上田　信（委员）	立教大学　教授	环境史
田南　立也（委员）	日本财团　常务理事	国际交流、情报信息
王　中忱（委员）	清华大学　教授	日本文化、思潮
白　智立（委员）	北京大学　副教授	行政学
周　以量（委员）	首都师范大学　副教授	比较文化论
于　铁军（委员）	北京大学　副教授	国际政治、外交
田　雁（委员）	南京大学 中日文化研究中心研究员	日本文化

图书在版编目(CIP)数据

日本新地方财政调整制度概论/(日)石原信雄著;米彦军译.
—北京:社会科学文献出版社,2016.5
(阅读日本书系)
ISBN 978-7-5097-5430-6

Ⅰ.①日… Ⅱ.①石… ②米… Ⅲ.①地方财政-财政制度-研究-日本 Ⅳ.①F813.137

中国版本图书馆 CIP 数据核字(2013)第 303299 号

阅读日本书系
日本新地方财政调整制度概论

著　者 / 〔日〕石原信雄
译　者 / 米彦军
审　校 / 尹晓亮　王美平

出 版 人 / 谢寿光
项目统筹 / 祝得彬
责任编辑 / 王晓卿　胡亮　郭红婷　王青

出　　版 / 社会科学文献出版社·当代世界出版分社 (010)59367004
　　　　　地址:北京市北三环中路甲29号院华龙大厦　邮编:100029
　　　　　网址:www.ssap.com.cn
发　　行 / 市场营销中心(010)59367081　59367018
印　　装 / 北京季蜂印刷有限公司

规　　格 / 开 本:787mm×1092mm 1/16
　　　　　印 张:39　字 数:556千字
版　　次 / 2016年5月第1版　2016年5月第1次印刷
书　　号 / ISBN 978-7-5097-5430-6
著作权合同
登 记 号 / 图字01-2012-7553号
定　　价 / 136.00元

本书如有印装质量问题,请与读者服务中心(010-59367028)联系

▲ 版权所有 翻印必究